Ullstein

ÜBER DAS BUCH:

Am 6. August 1945 holten die USA zu einem harten, folgenschweren Schlag aus, der die Weltgeschichte prägen sollte: Der Bomber *Enola Gay* warf die erste Atombombe auf die japanische Stadt Hiroshima ab. Knapp ein Jahr vor diesem Abwurf erhielt Colonel Paul Tibbets einen Auftrag, der ihn in engste Verbindung zum sogenannten Manhattan-Projekt brachte. Dies war der Deckname für all jene Anstrengungen, die gemacht wurden, um eine Atombombe herzustellen, und daran hatten Präsident Roosevelt und sein Kriegsminister Stimson ebenso Anteil wie hochqualifizierte Wissenschaftler -Fermi und Bohr- aber auch Militärs wie General Curtis LeMay.
Tod über Hiroshima ist eines der faszinierendsten Bücher, die über den Zweiten Weltkrieg veröffentlicht worden sind. Es ist ein Tatsachenbericht, der auf Gesprächen, Tagebüchern, amtlichen Dokumenten sowie einer Fülle von veröffentlichtem und unveröffentlichtem Material basiert. Das Buch enthält nicht nur den ersten vollständigen Bericht über den Abwurf der Atombombe. Es schildert auch die komplette und bizarre Spionagegeschichte rund um das Manhattan-Projekt. Diese Geschichte handelt unter anderem von geheimen Zusammenkünften japanischer und amerikanischer Agenten in Europa und von verzweifelten Anstrengungen, Einfluß auf die Potsdamer Konferenz zu nehmen.

DIE AUTOREN:

Gordon Thomas und Max Morgan Witts, beide Briten, sind Rechercheure von internationalem Rang und Autoren von überaus erfolgreichen Büchern. *Das Schiff der Verdammten* wurde mit großer Besetzung verfilmt, und für *Das seltsame Schicksal der Morro Castle* erhielten sie den Edgar-Allan-Poe-Preis.

Gordon Thomas
Max Morgan Witts

Tod über Hiroshima

Die Bombe,
die die Welt veränderte

Ullstein

Zeitgeschichte
Ullstein Buch Nr. 33194
im Verlag Ullstein GmbH,
Frankfurt/M – Berlin
Titel der amerikanischen Originalausgabe:
Enola Gay
Ins Deutsche übertragen von Günter Panske

Ungekürzte Ausgabe

Umschlagentwurf:
Hansbernd Lindemann
Unter Verwendung einer Abbildung vom
Ullstein Bilderdienst

Die amerikanische Originalausgabe erschien
bei Stein & Day Publishers, New York

Die deutsche Erstausgabe erschien in der
Edition Sven Erik Bergh in der Europabuch AG

Printed in Germany 1995
Druck und Verarbeitung:
Clausen & Bosse, Leck
ISBN 3 548 33194 7

Juni 1995

Gedruckt auf
alterungsbeständigem Papier mit chlorfrei
gebleichtem Zellstoff

Die Deutsche Bibliothek –
CIP-Einheitsaufnahme

Thomas, Gordon:
Tod über Hiroshima: die Bombe, die
die Welt veränderte/Gordon Thomas;
Max Morgan Witts. [Ins Dt. übertr. von
Günter Panske]. – Ungekürzte Ausg. –
Frankfurt/M; Berlin: Ullstein, 1995
(Ullstein-Buch; Nr. 33194: Zeitgeschichte)
Einheitssacht.: Enola gay ⟨dt.⟩
ISBN 3-548-33194-7
NE: Morgan Witts, Max:; GT

Inhaltsverzeichnis

Personae 9

Kettenreaktion
— 1. September 1944 bis 27. Juni 1945 15

Beschleunigung
— 28. Juni 1945 bis 2. August 1945 265

Spaltung
— 3. August 1945 bis 8.16 Uhr, 6. August 1945 413

Schockwelle
— 6. August 1945, 8.16 Uhr bis Mitternacht 479

Nachwehen
— 7. August 1945 bis Mittag 15. August 1945 495

Epilog 503

Anmerkungen zu den Kapiteln 511

Besonderer Dank 531

Bibliographie 535

Das Flugzeug befand sich über dem Ziel, ehe irgendwer begriff, was es eigentlich vorhatte. Aus der Kanzel des Doppeldeckers regneten längliche Gegenstände, die an Fallschirmen befestigt waren. Im Luftwirbel des Propellers wurden sie weit über Miami Beach verstreut. Der Bombenschütze war zufrieden. Seine Werbefracht von Babe-Ruth-Candy-Tafeln hatte er direkt ins Zielgebiet befördert. Er war dreizehn Jahre alt, und bei diesem Werbegag machte er seinen ersten Flug. Von jenem Augenblick an war er der Fliegerei verfallen.

Der Junge war Paul Tibbets. Später wurde er Testpilot und einer der ersten Amerikaner, die im Zweiten Weltkrieg kämpften. Siebzehn Jahre nach der »Bombardierung« von Miami Beach mit Schokoladentafeln wurde er zu einem Einsatz abkommandiert, der viel mehr forderte als jeder Einsatz zuvor.

Ich wurde zu diesem Bombenjob geholt . . . Man sagte mir, ich würde mit einer einzigen Bombe eine ganze Stadt zerstören. Das war ein enormer Gedanke . . . In meiner Organisation arbeiteten dann ein Mörder, drei Totschläger und eine Reihe weiterer Schwerverbrecher. Alle waren aus der Haft ausgebrochen. Den Mörder hatte man zu lebenslänglich verurteilt, die Totschläger zu Strafen zwischen zehn und fünfzehn Jahren, die übrigen Schwerverbrecher zu drei bis fünf Jahren. Nachdem sie aus der Haft ausgebrochen waren, meldeten sie sich unter falschem Namen freiwillig zur Armee. Sie waren alle erfahrene Handwerker, vorwiegend Werkzeugmacher und Elektriker. Sie verstanden sich wirklich auf ihren Job, und wir brauchten sie. Wir sagten ihnen: Wenn sie uns keinen Ärger machten, würden wir unsererseits auch ihnen keinen Ärger machen. Als es vorüber war, riefen wir jeden einzeln herein, gaben ihnen ihre Akten und eine Schachtel Streichhölzer und sagten: »Verbrennt sie.« Sehen Sie, ich verwalte ja kein Polizeirevier. Ich leitete eine einzigartige Einheit.

— *Auszug aus 1975—1976 geführten Gesprächen zwischen den Verfassern und Brigadier-General Paul Warfield Tibbets, 111, USAF Ret., ehemals Kapitän der* Enola Gay, *des Bombers vom Typ B-29, der den Atombomben-Angriff auf Hiroshima flog.*

Personae

Einige der Personen, die im Bericht eine besondere Rolle spielen.

Politische Führung

Vereinigte Staaten von Amerika

Franklin Delano Roosevelt	32. Präsident
Harry S. Truman	33. Präsident
Henry L. Stimson	Kriegsminister
James F. Byrnes	Außenminister

Japan

Hirohito	Kaiser
Kantaro Suzuki	Ministerpräsident
Shigenori Togo	Außenminister
Naotake Sato	Botschafter in Rußland

Wissenschaftler

Vereinigte Staaten von Amerika

J. Robert Oppenheimer	Wissenschaftlicher Leiter, Los Alamos
Enrico Fermi	Leiter, Advanced Development Division
Niels Bohr	Physiker
Edward B. Doll	Physiker
Norman Ramsey	Physiker

Japan

Tsunesaburo Asada	Physiker, Berater der Kaiserlichen Japanischen Kriegsmarine

Militärs

Vereinigte Staaten von Amerika

Brigadier General Leslie R. Groves	Leiter, Manhattan Projekt (MED)
Captain William »Deak« Parsons, USN	Leiter, Ordnance Division, Los Alamos
General Curtis LeMay	Commander des 21. Bomberkommandos, dann Stabschef, Strategic Air Forces
Colonel Paul Tibbets	Commander, 509. Composite Group
Major Tom Ferebee	509. Group Bombardier
Captain Theodore »Dutch« van Kirk	509. Group Navigator
Major Charles Sweeney	C.O. 393. Bombardment Squadron der 509.
1. Lieutenant Jacob Beser	Radarstör-Offizier der 393.
2. Lieutenant Morris Jeppson	1. Ordnance Squadron, Elektronik-Offizier
Captain Claude Eatherly	Pilot, Kapitän der *Straight Flush*
und die Besatzungsmitglieder der *Enola Gay*:	
Captain Robert Lewis	Pilot
S/Sgt George »Bob« Caron	Heckschütze
S/Sgt Wyatt Duzenbury	Flugingenieur (Bordmechaniker)
S/Sgt Joe Stiborik	Radarmann
Sgt Robert Shumard	Hilfsbordmechaniker
Pvt Richard Nelson	Funker

dazu weitere über 1700 Angehörige der 509. Composite Group

Japan

Feldmarschall Shunroku Hata	Befehlshaber, 2. Hauptarmee, Hiroshima
Generalmajor Seizo Arisue	Leiter des Nachrichtendienstes, Kaiserliche Japanische Armee
Oberstleutnant Kakuzo Oya	Leiter der »amerikanischen« Nachrichtenabteilung, Kaiserliche Japanische Armee
Kapitänleutnant Mochitsura Hashimoto	U-Boot-Kommandant, Kaiserliche Japanische Kriegsmarine
Leutnant Tatsuo Yokoyama	Flakoffizier, Hiroshima
Leutnant Matsuo Yasuzawa	Pilot, Fluglehrer, Kaiserliche Japanische Armee
Feldwebelleutnant Hiroshi Yanagita	Kempei-Tai-Führer, Hiroshima

dazu weiter 40000 Soldaten und Offiziere in Hiroshima und:	
Feldwebeloffizier Kizo Imai	Artillerie-Offizier, Kaiserliche Japanische Kriegsmarine, Tinian

sowie weitere 500 Männer, die sich auf Tinian versteckt hielten

Zivilisten in Hiroshima

Senkichi Awaya	Bürgermeister
Kazumasa Maruyama	sein Hauptassistent
Dr. Kaoru Shima	ärztlicher Leiter, Shima-Klinik

dazu weitere 280000 Zivilisten in der Stadt.

Anmerkung des Verlags:

Übersetzer und Verlag erschien es nicht zweckmäßig, die militärischen Ränge, Einheiten und Sonderbezeichnungen aus dem Amerikanischen ins Deutsche zu übertragen, da im Amerikanischen zwischen der Zeit des Zweiten Weltkriegs und heute Änderungen, Verschiebungen und Anpassungen an die europäische Militärterminologie vorgenommen worden sind. Deshalb hätte eine Übersetzung möglicherweise zu Mißverständnissen geführt.
Die am häufigsten auftauchenden Begriffe seien dem Leser hier in der heute gültigen Version einander gegenübergestellt:

Bombardier	Bombenschütze
Group	Geschwader
Heavy Bombardment Squadron	Schwerbomberstaffel
Ordnance	Artillerie
Squadron	Staffel
Troop Carrier Squadron	Truppentransport-Staffel

Die Atombombe wird niemals funktionieren, und ich spreche als Sprengstoffexperte.
— *Admiral William D. Leahy, Stabschef bei Präsident Roosevelt, März 1945*

Jedweder kurzfristige militärische Vorteil, den die Vereinigten Staaten mit Hilfe von Nuklearwaffen erringen könnten, würde zunichte gemacht durch politische und psychologische Nachteile und den Schaden am amerikanischen Ansehen. Womöglich würden die Vereinigten Staaten sogar ein weltweites Rüstungswettrennen auslösen.
— *Albert Einstein an Präsident Roosevelt, April 1945*

Während wir unser Ziel bombardieren, wird es eine kurze Unterbrechung geben ... Mein Gott ...!
— *Captain Robert A. Lewis, USAAF, Co-Pilot der* ENOLA GAY, *6. August 1945*

Falls sie jetzt unsere Bedingungen nicht akzeptieren, können sie eine Vernichtung aus der Luft erwarten, wie sie die Welt noch nicht gesehen hat.
— *Präsident Truman, in der offiziellen Verlautbarung über den A-Bomben-Angriff auf Hiroshima, 6. August 1945*

Eine ungeheure Sache. Ich will nichts damit zu tun haben. Ich verlasse diese Welt. Die Bombe wird die Menschheit vernichten. Dann werden wir ganz von vorn anfangen müssen.
— *Reichsmarschall Hermann Göring, während einer Vernehmung über Kriegsverbrechen, 7. August 1945*

NEU! SENSATIONELLE AN-ATOM-BOMBEN!
HEREINSPAZIERT!
— *Schild vor einem Varieté am Times Square, New York, 8. August 1945*

Irgendwie glich Hiroshima nicht einer vom Krieg zerstörten Stadt, sondern dem Fragment einer Welt, die ihr Ende fand. Die Menschheit hatte sich selbst vernichtet, und die Überlebenden kamen sich jetzt vor wie gescheiterte Selbstmörder.
— *Yoko Ohta, Dichterin aus Hiroshima*

Manche vertreten die Auffassung, die Atombombe hätte niemals eingesetzt werden dürfen ... statt die Bombe abzuwerfen, hätten wir eher das Leben einer Million Amerikaner und einer Viertelmillion Briten opfern sollen bei verzweifelten Schlachten und Gefechten während einer Invasion in Japan. Die Bombe brachte den Frieden, doch diesen Frieden bewahren, das vermag allein der Mensch.
— *Winston Churchill, 16. August 1945*

Diese A-Bombe, die ist Dynamit!
— *Sam Goldwyn, Filmproduzent,*
bekannt für »unproportionierte« Aussprüche,
Hollywood, 20. August 1945

Auf meinem Feld habe ich ein paar Baumstümpfe, die ich gern raussprengen würde. Haben Sie für eine solche Aufgabe irgendwelche Atombomben von der entsprechenden Größe? Falls ja, so geben Sie mir doch postwendend Bescheid und teilen Sie mir auch mit, wieviel die Dinger kosten. Ich glaube, die wären mir lieber als Dynamit.
— *Brief eines Farmers aus Newport, Arizona,*
an ein nichtexistentes Atomic Bomb Corp., Washington DC,
21. August 1945

Wir haben keineswegs von Anfang an begriffen, daß uns nicht alle als Helden betrachten würden.
— *Robert Caron, USAAF Ret., Heckschütze in der* ENOLA GAY,
in einem Gespräch mit den Verfassern,
20. August 1975

Ich bedaure die Bürger von Hiroshima, doch an der Bombardierung ließ sich nichts ändern, da der Krieg damals noch im Gange war.
— *Kaiser Hirohito auf einer Pressekonferenz in Tokio*
nach der Rückkehr von seiner amerikanischen Reise,
November 1975

Kettenreaktion

1. September 1944 bis 27. Juni 1945

1. September 1944
2. USAAF HQ
Colorado Springs

Schon immer hatte er versucht, sich strikt an die Wahrheit zu halten. Log er einmal, so nie um seiner selbst willen, sondern anderen zuliebe. Paul Warfield Tibbets vermutete, daß der Mann, dem er sich jetzt in der Toilette gegenübersah, ihm die Frage gestellt hatte, um zu sehen, ob er diesmal lügen würde.

Der Mann trug die Uniform eines Colonels der U.S. Army: ein Rang über Tibbets. Wenige Minuten zuvor hatte er sich vorgestellt als: »Lansdale — Abwehr.«

Sodann hatte er Tibbets gebeten, in den Toiletten- bzw. Waschraum zu gehen, der neben jenem Büro lag, das General Uzal G. Ent, dem Kommandierenden General der 2. USAAF, gehörte. Und dort hatte Lansdale dann die Frage gestellt.

Vor sich sah Lansdale einen untersetzten, mittelgroßen Menschen mit einem Gesicht, das einem Komiker in Ruhestand zu gehören schien. Nichts in diesem Gesicht ließ auch nur im mindesten vermuten, daß dieser Mann einer der erfolgreichsten amerikanischen Bomberpiloten war, ein wahrer Kampfveteran. Als erster hatte er im Zweiten Weltkrieg eine B-17 über den Ärmelkanal zum Bombeneinsatz geflogen. Er war es auch gewesen, der General Dwight D. Eisenhower und General Mark Clark nach Gibraltar flog, gleichsam zum Auftakt der alliierten Invasion in Nordafrika. Er hatte Clark dann nach Algier gebracht, wobei er auf einem Flugplatz landen mußte, der durch Bomben und Bordwaffenbeschuß in eine Art Acker verwandelt worden war. Später hatte Tibbets den ersten amerikanischen Luftangriff über nordafrikanischem Gebiet geführt. Er kehrte in die Vereinigten Staaten zurück und übernahm die Verantwortung für die Testflüge bei der neuen B-29 Superfortress: das zu einer Zeit, da es fast als selbstmörderisch galt, diesen Bomber zu fliegen — der erste Pilot hatte dabei den Tod gefunden. Tibbets war mutig und besaß Füh-

rungsqualitäten. Er verstand es, Befehle zu geben, und man konnte sich darauf verlassen, daß sie schneller und besser durchgeführt wurden, als das für gewöhnlich der Fall war.
Allerdings gab es einige Leute, mit denen Tibbets seine Mühe hatte. »Narren« konnte er nicht ausstehen, und nach Tibbets Einschätzung gab es davon gar nicht so wenige. In seiner Art reserviert, fast schon verschlossen, wirkte er auf andere wie die Verkörperung soldatischer Korrektheit. Wenige nur wußten, daß er seine Sensibilität mit Hilfe einer geradezu stählernen Selbstkontrolle tarnte: Der Mann hinter der disziplinierten äußeren Erscheinung war eine scheue und kultivierte Persönlichkeit; und sehr tief empfand er den Tod eines jeden seiner Piloten, die beim Kampfeinsatz fielen. Doch von seinem Gesicht ließ sich nichts weiter ablesen als eine undurchdringliche Freundlichkeit und eine wache Intelligenz.
Lansdale wartete. Die Antwort auf seine Frage stand noch aus. Während der letzten drei Tage — wie hektisch waren sie doch gewesen! — hatte er über Tibbets alles herausgefunden, was er über diesen wissen mußte.
Das Jahr seiner Geburt: 1915. Der Ort: Quincy in Illinois. Sein Vater war Zuckerbäcker gewesen (Großhandel) und für seinen Sohn ein äußerst gestrenger Erzieher. Selbst den leisesten Verstoß gegen die vielen von ihm aufgestellten Vorschriften ahndete er unnachsichtig. Pauls Mutter, Enola Gay, war genauso mild, wie ihre ungewöhnlichen Vornamen klangen. Abgöttisch liebte sie ihren einzigen Sohn und widersetzte sich ihrem Mann, als dieser entschied, Paul mit dreizehn Jahren auf die Western Military Academy in Alton, Illinois, zu schicken. Später war sie es dann, die ihrem Sohn zuredete, Arzt zu werden. Schließlich riet sie ihm, trotz der starken Opposition in der Familie, in das U.S. Air Corps einzutreten. Seinen Wunsch, die Medizin zugunsten des Fliegens aufzugeben, nahm sie stillschweigend hin. Allerdings wurde in jenen schwierigen Zeiten nach der Wirtschaftskrise eine militärische Karriere nicht gerade mit Hochschätzung betrachtet: jedenfalls nicht von jener Mittelklassenschicht, zu deren »Stützen« Paul Tibbet's Vater gehörte.
Als sein Sohn sich 1937 zu eben dieser Laufbahn entschloß, lautete der abschließende Kommentar seines Vaters zu diesem Thema: »Du stehst auf deinen eigenen zwei Beinen.« Seine Mutter dagegen sagte: »Sohn, eines Tages werden wir

von Herzen stolz auf dich sein.« Sie schärfte ihm ein, sich immer »ordentlich zu kleiden«, niemals mehr zu versprechen, als er halten konnte, und stets die Wahrheit zu sagen.

Lansdale wußte, daß Tibbets sich während seiner gesamten erfolgreichen militärischen Laufbahn an diese Maximen gehalten hatte und daß sie ihm bei seiner weniger erfolgreichen Ehe eine nicht gering zu schätzende Hilfe gewesen waren.

Doch jene hervorstechendste Eigenschaft, Paul Tibbets Wahrheitsliebe, hatte Lansdale in die Lage versetzt, ihm in dieser etwas eigentümlichen Umgebung des Waschraums eine einzige, allerdings recht spezifische Frage zu stellen.

Tibbets zeigte keine sichtbare Reaktion. Dennoch fühlte er sich wie vor den Kopf geschlagen. Woher wußte dieser Fremde davon: von jenem privaten Erlebnis, das sich vor zehn — oder waren es zwölf? — Jahren ereignet hatte — ein Ereignis, von dem er selbst nicht mehr genau wußte, wann es geschehen war? Weshalb hatte Lansdale einer so *alten* Sache nachgespürt?

Tibbets versuchte, der Frage mit einem Mindestmaß an Reserviertheit zu begegnen. Er begriff sehr wohl, daß dies so etwas wie ein Angriff war auf sein Privatleben, auf sein Gefühl der Selbstachtung — eine kalkulierte Attacke. Nun gut — aber wie sollte er dem begegnen?

Er wußte nichts über Lansdale. Es war ihm unbekannt, daß dieser zu den noch nicht einmal hundert Personen auf der ganzen Welt gehörte, denen das »Manhattan Projekt« ein Begriff war, ein inhaltsschwerer Begriff: Herstellung der ersten Atombombe. In der Tat wußten nicht einmal viele der Wissenschaftler, die an diesem Projekt beteiligt waren, daß sie an einer solchen Waffe mitarbeiteten.

Schon recht bald würde man jemanden brauchen, der diese Bombe »an Ort und Stelle« brachte.

Tibbets konnte nicht ahnen, daß diese Begegnung im Waschraum von entscheidendem Gewicht sein würde: ob er für eine derartige Aufgabe geeignet war oder nicht.

Er begriff sehr wohl, daß Lansdales Frage mit seinen Funktionen als Abwehroffizier im Grunde nichts, aber auch gar nichts zu tun hatte. Daher hätte er ihre Beantwortung durchaus verweigern können. Sodann wäre es an ihm gewesen, den Waschraum durch eine der beiden Türen zu verlassen, unbehindert — um zu seiner konventionellen militärischen Welt

zurückzukehren, wo niemand es wagen würde, einem so vielfach ausgezeichneten Kriegshelden eine derart persönliche Frage zu stellen.
Tibbets entschloß sich, die Wahrheit zu sagen.
»Ja. Einmal bin ich von der Polizei am North Miami Beach verhaftet worden.«
»Weshalb?«
»Der Polizeichef in Surfside erwischte mich auf dem Rücksitz eines Autos . . . mit einem Mädchen«, gestand Tibbets.
Der Rest war rasch erzählt: seine Festnahme, Einsitzen in einer Zelle, Intervention eines Freundes der Familie: Richter Curry. Man hatte die Angelegenheit »vertuscht«.
Lansdale zeigte sich zufrieden.
Sein rückhaltloses Eingeständnis dieser »Rücksitzaffäre« (an den Namen des betreffenden Mädchens konnte Paul Tibbets sich kaum noch erinnern) sicherte dem Kriegshelden einen Platz in der Geschichte. Innerhalb eines Jahres sollte sein Name für alle Zeiten verbunden sein mit der Zerstörung von Hiroshima, einer japanischen Stadt, von der er bis zu diesem Zeitpunkt noch gar nichts wußte.
Vor drei Tagen hatte man Tibbets für diese Aufgabe überhaupt noch nicht in Betracht gezogen. Dann jedoch befand General Giles, der stellvertretende Chef des Stabs der Air Force, daß ein vormaliger Kandidat besser durch Tibbets ersetzt werden sollte. Die prompte Folge war, daß Lansdale Paul Tibbets überaus gründlich unter die Lupe nahm, wobei die geschickt inszenierte Begegnung im Waschraum der Gipfel war.
Lansdales Frage betreffs einer harmlosen Teenager-Sünde stellte so etwas wie einen abschließenden Test über Tibbets Charakter dar. Weshalb es notwendig war, diese Befragung in einer Herrentoilette vorzunehmen, würde Tibbets nie verstehen.

General Ent war erleichtert, als Lansdale Tibbets wieder in sein Büro führte. Er wollte diese Sache so schnell wie irgend möglich hinter sich bringen. Doch mochte General Ent auch über eine — im Sinn des Wortes — schlichte Aufrichtigkeit verfügen, der ein wenig verschlungenen Art von Lansdale schien er kaum gewachsen.
Fragend blickte er den Abwehroffizier an.

Lansdale nickte.
Jetzt stellte Ent die beiden Männer vor, die neben ihm saßen. Der eine war der Kapitän der US Navy, William »Deak« Parsons, den der General als »Sprengstoffexperten« bezeichnete, der in Wirklichkeit jedoch einer der einflußreichsten Männer beim Manhattan Projekt war; bei dem anderen handelte es sich um einen Zivilisten — Professor Norman Ramsey, 29jähriger Physiker von Harvard.
Ramseys vergleichsweise Jugend überraschte Tibbets. Er hatte sich Wissenschaftler stets mit grauen Haaren und gebeugten Schultern vorgestellt. Rein körperlich jedoch wirkten die beiden Männer so fit, als könnten sie Kampfangriffe fliegen, ungeachtet der Tatsache, daß Parsons' Kahlköpfigkeit ihn älter erscheinen ließ, als er war, 44 nämlich. Und irgendwie erschien es schon merkwürdig, daß dieser Kapitän der Kriegsmarine bei einer Besprechung der Air Force zugegen war.
»Haben Sie schon mal etwas von Atomenergie gehört?« fragte Ramsey in jenem nachdrücklichen und entschiedenen Tonfall, der einen Dozenten auszeichnet.
»Ja.«
»Woher?«
»Ich hatte Physik als Hauptfach belegt. Daher sind mir Begriffe wie Atome etc. nicht ganz unbekannt.«
Eine erwartungsvolle Pause trat ein.
»Was wissen Sie über die gegenwärtige Situation auf dem Gebiet?« fragte Parsons.
Tibbets blickte zu Ent. Doch nichts im Gesicht des Generals ermutigte ihn in irgendeiner Weise. Als Ent — wenige Tage erst war es her — zum erstenmal etwas vom Manhattan Projekt gehört hatte, war er eindringlich gewarnt worden: Ohne jedes Zögern werde man ihn vors Kriegsgericht stellen, sofern irgendein »Informationsleck« ihn als Schuldigen nachweise. Tibbets blickte zu Lansdale, und der Abwehroffizier nickte kaum merklich.
Seiner Stimme einen möglichst selbstbewußten Klang gebend, begann Tibbets zu sprechen. Soweit er wisse, hätten die Deutschen versucht, schweres Wasser herzustellen, um das Atom spalten zu können.
»Gut.« Ramseys bemessenes Lob schien eher auf einen Campus zu gehören als in das recht nüchterne Büro eines Kommandierenden Generals. Er schwieg, wog sehr sorgfältig

seine Worte — eine Verhaltensweise, mit der Tibbets noch sehr vertraut werden sollte.
Ramsey fuhr fort. »Die Vereinigten Staaten haben jetzt ein Atom gespalten. Wir bauen eine Bombe, die auf jenem Prinzip beruht. Die Bombe wird eine Sprengkraft besitzen, die jener von 20000 Tonnen konventionellen hochexplosiven Sprengstoffs entspricht.«
Ent sagte darauf, daß Tibbets eben diese Bombe abwerfen solle.

Im Grunde war es wohl ein Brief von Albert Einstein, den dieser fünf Jahre zuvor geschrieben hatte, der Paul Tibbets in das Büro des General Uzal G. Ent führte: der bewirkte, daß der 29jährige Pilot von Männern und Orten und Geschehnissen hörte, die so unglaublich schienen, daß Tibbets sich unwillkürlich fragte, ob er nicht in die Welt seines Lieblingsfilmstars, Buck Rogers, versetzt worden sei.
Einstein hatte den Brief in seinem Urlaubsquartier in Peconic, Long Island, unterzeichnet: am 2. August 1939. Das Schreiben enthielt eine nachdrückliche Warnung. In Nazi-Deutschland wie auch anderswo könne die Forschung auf dem Gebiet der Atomzertrümmerung zu einer Phase führen, wo »auf diese Weise außerordentlich sprengkräftige Bomben eines neuen Typs gebaut werden könnten. Eine einzige Bombe dieser Art, in einem Schiff transportiert und in einem Hafen zur Explosion gebracht, könnte einen solchen Hafen sowie das ihn umgebende Gebiet sehr wohl zerstören. Allerdings dürften diese Bomben für einen Transport per Flugzeug zu schwer sein.«
Alexander Sachs, der Finanzier, erklärte sich bereit, den Brief zum Weißen Haus zu befördern. Zwei Monate vergingen, ehe schließlich, am 11. Oktober 1939, Roosevelt Sachs empfing. Der Finanzier bestand darauf, Einsteins Brief laut vorzulesen. Roosevelt zeigte sich gelangweilt. Er mochte es nicht, daß man ihm vorlas. Die Unterredung endete damit, daß er Sachs erklärte, für die Vereinigten Staaten sei es »im gegenwärtigen Stadium verfrüht, sich zu engagieren«.
Sachs fühlte sich tief verletzt. Er bat Roosevelt um eine weitere Unterredung. Roosevelt willigte schließlich ein, und zwar fürs Frühstück am nächsten Morgen.
Sachs verbrachte eine schlaflose Nacht. Am nächsten Tag er-

zählte er dem Präsidenten die Geschichte von Robert Fulton, dem Erfinder des Dampfschiffs.
»Herr Präsident, Fulton legte seine Pläne Napoleon vor, der ihm darauf erwiderte, sie seien unpraktikabel. Und so ließ sich Napoleon die Chance entgehen, Frankreich jenes Wasserfahrzeug zu sichern, das es ihm ermöglicht hätte, in England eine Invasion zu starten und den Sieg zu erringen.«
Roosevelt überlegte. Dann manövrierte er seinen Rollstuhl so herum, daß er sich einem Schränkchen, einer Art Hausbar, gegenübersah. Er öffnete es und holte eine Flasche Napoleon-Cognac sowie zwei Gläser hervor. Großzügig schenkte er ein, reichte dem erschöpften Finanzier ein Glas und sagte: »Ihnen geht's doch wohl darum, daß die Nazis uns nicht in die Luft jagen?«
»Ganz recht.«
Roosevelt zitierte seinen militärischen Ratgeber, General Edwin »Pa« Watson, herbei.
»Pa, ich möchte, daß da was geschieht«, sagte der Präsident und reichte General Watson Einsteins Brief sowie weitere dazugehörige Dokumente.
»Aktion, Pa . . . Aktion!«
Diese Worte, wenn man so wollte, waren der Geburtsschrei des Manhattan Projekts.

Was den finanziellen Aspekt betraf, so betrugen die Kosten bei Roosevelts Ruf nach »Aktion« zunächst nur sechstausend Dollar. Dafür ließ sich jenes Material kaufen, das man im Anfangsstadium der Experimente brauchte, die schließlich zur Entwicklung einer Atombombe führten. Das Experiment, wie sich zeigen sollte, war erfolgreich.
Interessant scheint, was inzwischen in Großbritannien geschah: Vielleicht angespornt durch die Notwendigkeit, einen Krieg zu gewinnen, in den die Vereinigten Staaten noch nicht eingetreten waren, hatten sich im Frühjahr 1941 Wissenschaftler zu der Ansicht bekannt, daß die Herstellung einer Atombombe möglich sei. Ihre Zuversicht trug gleichsam über den Atlantik hinweg. Zwei amerikanische Wissenschaftler reisten nach England, um sich an Ort und Stelle zu informieren. Was sie herausfanden (basierend auf einem offiziellen britischen Bericht, in dem recht detailliert beschrieben wurde, was man — an Menschen, Material und Methode sowie an

Geld — zur Herstellung der Bombe brauchen würde), bot den letzten Anstoß zur Fortführung amerikanischer Untersuchungen.
Am 6. Dezember 1941 verfügte Roosevelt, daß beachtliche Mittel »flüssig« gemacht wurden für den ganz speziellen Zweck, eine Atombombe herzustellen.
Am Tag darauf ereignete sich Pearl Harbour.
Der japanische Angriff zwang Amerika zu dem, was es bislang nicht hatte: einen Krieg als Grund dafür, die Bombe zu bauen. Zudem lieferte Pearl Harbour später für viele Amerikaner die Rechtfertigung, die Atombombe auch einzusetzen.
Japan wollte Pearl Harbour angreifen, ohne offiziell den Krieg zu erklären. Diese Taktik hatten die Japaner erfolgreich in der Vergangenheit angewandt. Ihre Absicht war es allerdings gewesen, zwanzig Minuten vor Beginn des Luftangriffs die diplomatischen Beziehungen abzubrechen, was ihnen als Äquivalent für eine offizielle Kriegserklärung galt. Nach ihrem Dafürhalten würde dadurch den etwas vagen Bestimmungen der Konventionen von Den Haag völlig Genüge getan.
Die diplomatischen Beziehungen wurden nicht rechtzeitig abgebrochen. Der von den Japanern geplante »Überraschungsangriff« entpuppte sich in der Realität als »Überfall aus dem Hinterhalt«.
Roosevelt hatte Vergeltung geschworen. Das Manhattan Projekt schien eine Garantie dafür zu sein, daß diese Vergeltung ebenso furchtbar sein würde wie total.

Zeit und Geld bildeten die Schlüsselfaktoren beim Projekt. Bis zum September 1944 gab es dann genügend Geld, doch an Zeit mangelte es stets. Die Schar der europäischen Wissenschaftler, die am Projekt arbeitete, hegte die Befürchtung, Nazi-Deutschland könne mit dem Bau einer Atombombe früher fertig sein — und den Krieg gewinnen.
Sie verlangten mehr Geld und erhielten es, mit dem Segen des Präsidenten. Dennoch blieb Roosevelts Einstellung gegenüber dem Projekt Manhattan überraschend zwiespältig. Einerseits besaß er eine liebenswerte »Schwäche«. Er neigte dazu, Menschen zu vertrauen, und sprach sich dafür aus, den »Kuchen des Wissens« mit anderen zu teilen: Die Ergebnisse der amerikanischen Forschung sollten möglichst der ganzen Menschheit zugute kommen. Andererseits tendierte er aber

auch durchaus zur Verschwiegenheit, wenn nicht Geheimniskrämerei.
In diesem Fall lagen beide Tendenzen im Widerstreit miteinander. Und letztere behielt die Oberhand.
Noch 1944 betrieb er das Projekt, ohne daß etwa der Kongreß davon wußte. Die Mittel für das Unternehmen waren im Bundesetat »versteckt«. Schließlich betrug die Summe zur Finanzierung geheimen Geländes in den verschiedensten Teilen der USA nicht weniger als zwei Milliarden Dollar.
Gelände (»Site«) Y, bei Los Alamos in der Wüste von New Mexico, wurde im Oktober 1942 von Julius Robert Oppenheimer ausgewählt. Oppenheimer war der wissenschaftliche Direktor des Manhattan Projekts und hatte früher die Los Alamos Ranch School für Knaben besucht. Seine ehemaligen Klassenräume waren jetzt bevölkert mit weltberühmten Wissenschaftlern, darunter Enrico Fermi, Edward Teller und jener andere Gigant der europäischen Physik, Niels Bohr.
Unter Fermis maßgeblicher Beteiligung war am 2. Dezember 1942 jenes Schlüsselexperiment vonstatten gegangen, das die für die Herstellung einer Atombombe benötigte Kettenreaktion zeitigte. Dieses Experiment hatte er an einem bitterkalten Tag auf einem nicht mehr benutzten Squashfeld der University of Chicago durchgeführt. Für einen Augenblick war man dabei nicht ganz sicher gewesen, ob die entstehende Kernenergie womöglich nicht die ganze Stadt gefährde. Doch man kontrollierte die Kettenreaktion; und die Wissenschaftler hatten bewiesen, was sie beweisen wollten. Offiziell tauften sie diesen Prozeß der Kettenreaktion den »K-Faktor«, doch unter sich sprachen sie vom »Großen Gott K«.
Das nächste Problem, das es zu bewältigen galt, war technischer Natur: Wie konnte man »K« in ein Bombengehäuse zwängen?
Inzwischen schien das Problem seiner Lösung so nahe, daß man bereits Paul Tibbets in das Büro des General Ent rufen konnte, um ihm zu sagen, daß er eine Einheit befehligen und ausbilden sollte, die schließlich imstande sei, Atomschläge gegen Deutschland und Japan zu führen.
Ramsey und Parsons hatten Tibbets kurz, doch gründlich informiert über die Geschichte der Atombombe sowie über die damit zusammenhängenden Probleme. Jetzt, in Ents Büro, führte Lansdale das Wort.

»Colonel, ich möchte, daß Sie eines unbedingt verstehen. Das Wichtigste — das Allerwichtigste — sind die Sicherheitsbestimmungen. Dem Papier dürfen Sie so wenig wie nur irgend möglich anvertrauen. Und Sie werden ausschließlich denen etwas sagen, die es wissen müssen, um ihre Aufgaben richtig zu erfüllen. Klar?«

»Jawohl, Colonel. Klar.«

Ent schloß die Besprechung, indem er Tibbets die 393. Heavy Bombardment Squadron zuteilte, die in Nebraska stationiert war. Die fünfzehn dazugehörigen Bomberbesatzungen sollten den ersten atomaren Einsatzverband *(atomic strike force)* der Welt bilden. Ihr Ausbildungslager würde sich bei Wendover, Utah, befinden. Und der Deckname für die Beteiligung der Army Air Force am Projekt sollte lauten: *Silverplate.*

Tibbets wunderte sich, daß man für eine Waffe, »die so unbezweifelbar den Krieg revolutionieren würde«, eine so hausbackene Bezeichnung wählte; sehr lange dachte er darüber allerdings nicht nach. Was ihm jedoch zu schaffen machte, war die Vorstellung — der unausdenkbare Gedanke! —, daß eine einzige von einem Flugzeug abgeworfene Bombe die Sprengkraft von nicht weniger als 20000 Tonnen normalem hochexplosivem Sprengstoff haben sollte. In der Tat schien diese Vorstellung absolut unfaßbar: Um eine solche Bombenlast in gewöhnlicher Form über Feindgebiet zu transportieren und dort abzuwerfen, hätte man 2000 (!) Bomber benötigt.

Jetzt jedoch gab es für ihn Probleme, die dringlicher schienen. Er mußte versuchen, wenigstens einige jener Männer um sich zu sammeln, die bereits mit und unter ihm gedient hatten und denen er vertrauen konnte; er mußte Wendover in Augenschein nehmen; er mußte ein Ausbildungsprogramm entwerfen und schließlich und endlich: er mußte sich darauf vorbereiten, »mit einem Haufen Zivilisten zusammenzuarbeiten, die mich einen Blick in die Büchse der Pandora tun lassen würden«.

Als Tibbets bereits im Begriff war, das Büro zu verlassen, hielt General Ent ihn zurück.

»Colonel, wenn diese Sache Erfolg hat, werden Sie ein Held sein. Wenn sie scheitert, könnten Sie zum größten Sündenbock werden, den es je gab. Vielleicht machen Sie dann sogar mit dem Gefängnis Bekanntschaft.«

6. September 1944
Washington, D.C.

Der Mann mit dem Schlüssel zur Büchse der Pandora war an diesem Mittwochmorgen vor Wut noch außer sich. Seit Brigadegeneral Leslie Richard Groves entdeckte, was Niels Bohr getan hatte, waren zwar elf Tage vergangen, dennoch kochte er vor Wut, genauer: anfänglicher Unglauben hatte einem gewaltigen Zorn Platz gemacht. Der hochgewachsene und recht gut aussehende Leiter des Manhattan Projekts betrachtete es als unverzeihlich, daß Niels Bohr am 26. August um 4 Uhr nachmittags Präsident Roosevelt einen Besuch abgestattet hatte.

Bei diesem Besuch bat der Physiker Bohr den Politiker Roosevelt, er möge die entsprechenden amtlichen Stellen der Vereinigten Staaten dazu ermächtigen, das atomare Geheimnis den Wissenschaftlern der Welt mitzuteilen.

Der Physiker äußerte diese Bitte, ohne zuvor Groves konsultiert zu haben; und die Freiheit, die Bohr sich auf diese Weise herausgenommen hatte, ließ den Clark-Gable-Schnurrbart des Projektleiters vor Wut erzittern.

Bislang allerdings war es Groves unmöglich gewesen, *genau* herauszufinden, was Niels Bohr eigentlich zum Präsidenten gesagt hatte. Roosevelt ließ über solch private Unterredungen kaum etwas verlauten, geschweige denn, daß sie aufgezeichnet worden wären. Und was Bohr betraf, so hatte er Groves noch mehr in Rage gebracht, indem er sich ungeniert weigerte, Bericht zu erstatten.

Groves vermutete allerdings, daß Bohr so gesprächig, wenn nicht geschwätzig gewesen war wie eh und je. Fest stand jedenfalls: Roosevelt hatte Bohrs Bitte — sein *Ansuchen* — zurückgewiesen.

Beruhigend wirkte das auf Groves dennoch nicht.

Gerade zu diesem Zeitpunkt, da für die erfolgreiche Durchführung des Projekts Geschlossenheit von entscheidender Wichtigkeit gewesen wäre, zeigte sich bei den beteiligten Wissenschaftlern in immer stärkerem Maße Uneinigkeit. Der Grund dafür lag ziemlich klar auf der Hand. Einige der Wissenschaftler wußten inzwischen, was der amerikanische Geheimdienst in Erfahrung gebracht hatte: daß nämlich die Nazis in absehbarer Zeit nicht die Möglichkeit haben würden, eine atomare Waffe herzustellen. Die am Projekt arbeitenden Physiker und Chemiker begannen, sich in zwei Lager zu spalten — in jene, die nach wie vor die Bombe bauen wollten, und in solche, die meinten, das sei nicht länger nötig. Nicht wenige brachten folgendes Argument vor: Hitlers sogenannte »Festung Europa« schrumpfe zwar, doch lasse sich nicht ausschließen, daß irgendwo im verborgenen Nazi-Wissenschaftler über einer atomaren Waffe brüteten, mit der sie eines Tages alle Welt überrumpeln würden. Innerhalb der amerikanischen Gemeinschaft der Atomforscher wogte ein heftiger Streit hin und her.

Groves tolerierte die Debatten, obwohl er für die Schluß-mit-der-Bombe-Partei keinerlei Sympathie hegte. Er begriff ganz einfach nicht, wie die Leute einen solchen Standpunkt vertreten konnten — jetzt, nachdem all ihre Mühe, die Waffe herzustellen, endlich wohl Früchte tragen würde. Ungeduldig hatte er sich das Argument angehört: daß die Herstellung oder Nichtherstellung einer Atombombe eine moralische Verpflichtung gegenüber der Menschheit beinhalte. Für seinen Verstand, den Verstand eines Militärs, bedeutete das: Hier wurden Politik und Physik sozusagen zur Höhe einer *wissenschaftlichen* Staatsführung emporgehoben, und dafür gab es keinen, aber auch gar keinen Präzedenzfall. Was allerdings den Krieg in Europa und im Fernen Osten betraf, so konnte man sich's einfach nicht leisten, die Arbeit an jener Waffe abzubrechen, von der Groves meinte, sie könne kriegsentscheidend sein.

Er wußte genau, in welches der Lager die jeweiligen Wissenschaftler gehörten. Schließlich verfügte er über eine riesige Zahl von Sicherheitsagenten, die ihn auf dem laufenden hielten — auch wenn sie versäumt hatten, ihn über Bohrs bevorstehenden Besuch bei Roosevelt zu informieren.

Andererseits: seit er am 17. September 1942 die Leitung des Projekts übernommen hatte, war ihm ein solcher Affront noch nicht zugemutet worden. Es würde nicht wieder vorkommen. Die Sicherheitsmaßnahmen rund um die geheimen atomaren Laboratorien und das Versuchsgelände überall in Amerika wurden mehr und mehr verschärft. Es hatte Proteste dagegen gegeben. Groves ignorierte sie. Er dachte nicht im Traum daran, sich dadurch an seiner eigentlichen Aufgabe hindern zu lassen: an der Herstellung einer Atombombe.

Als Groves die Leitung des Manhattan Projekts übernommen hatte, war er nur dem Kriegsminister (»Secretary of War«) Henry Stimson verantwortlich gewesen und — gleichsam durch ihn — natürlich auch Präsident Roosevelt.
Beide wußten über diesen Mann mit seinen altmodischen Manieren vermutlich mehr als über irgendeinen anderen Offizier. Bei einem FBI-Informationsmeeting — der einzigen Gelegenheit der Agentur, sich mit dem atomaren Projekt zu befassen — kamen zum Beispiel Dinge wie folgende zur Sprache: Groves' Leidenschaft für Süßwaren, seine Besorgtheit um seinen Gesundheitszustand, seine sogenannte Midlife-Crisis, seine recht ehrgeizige Art, Tennis zu spielen, seine Fähigkeit, komplizierte mathematische Probleme während des Essens zu lösen. Dieses »Herumstochern« hatte auch ergeben, daß Groves während seiner Zeit in West Point als »glatt« oder auch »katzenhaft« galt. Im übrigen bewies er außerhalb seiner Arbeit kaum irgendwelche Interessen und war offenbar fest und auch glücklich verheiratet.
Stimson war zudem über Groves' professionellen Background im Bilde: Der Mann hatte sich bereits in West Point als Pionier bzw. Ingenieur hervorgetan und später am Pentagon mitgebaut. Der Ruf, den er genoß, lief hinaus auf die Plakatierung »bester Kasernenbauer der Army«.
Die Unterlagen über seine Dienstjahre bewiesen, daß Groves wahrhaft unermüdlich war und es in allem sehr genau nahm. Beauftragte man ihn damit, im Rahmen eines bestimmten Budgets sein Ziel zu erreichen, so schaffte er das auch. Zwar schien er Gleichrangige gegen sich aufzubringen und Untergebene in Angst und Schrecken zu versetzen, doch sowohl Stimson als auch Roosevelt hielten ihn für den geeignetsten Mann, jenes Projekt durchzuführen, das als das größte militärische Unternehmen der Weltgeschichte nicht nur gelten konnte, sondern mußte.
Von Anfang an arbeitete Groves fünfzehn Stunden pro Tag, sieben Tage in der Woche. Er gab das Tennisspiel auf, er setzte Pfund um Pfund an — kein Wunder, da er ja auch Pfund um Pfund an Süßigkeiten in sich hineinfraß, all jenen Konfekt, den er dort aufbewahrte, wo, in absoluter Sicherheit, auch die wichtigsten Geheimnisse des Projekts aufbewahrt waren.
Groves' Freunde beim Projekt Manhattan (und es waren nur

wenige) meinten, er verhalte sich nicht nur so, als ob er über Wasser schreiten könne, sondern als ob er diese Substanz höchstpersönlich erfunden habe. Dies waren zwar, gleichsam stellvertretend, nur die Worte eines einzelnen; doch auch ein anderer, wenn auch weniger grausam, meinte: »Er besitzt das eindrucksvollste Ego seit Napoleon.«

Achtundvierzig Jahre war er alt, und sein Vokabular schien gepfeffert genug, um selbst einem Bauarbeiter zu imponieren. Er entstammte derselben Gesellschaftsschicht wie die Generäle MacArthur und Patton. Doch was wesentlich tiefer beeindruckte, war seine Eigenart, bei einem Mißgeschick gleichsam von ganz innen her zu seufzen.

Letzten Endes war es wohl so: Niemand konnte seinem Feuerwerk aus Befehlen und Forderungen widerstehen. Jegliche Opposition wurde erstickt; und Argumente, die er für sinnlos hielt, stoppte er mit einem barschen »Genug«. Mit Industriediktatoren sprang er um wie mit Gefreiten, und während er sein Imperium aufbaute und darüber herrschte, trieb er seine Leute gnadenlos an bis zur Erschöpfung.

Er schmeichelte, er drohte; gelegentlich lobte er, selten nur entschuldigte er sich. Doch Groves' Leistungsvermögen war unglaublich. In nur zwei Jahren war es ihm gelungen, die Atombombe gleichsam von den Blaupausen bis zu jenem Stadium zu fördern, wo ein Test sozusagen unmittelbar in Sicht war.

Auf keinen Fall durfte er zulassen, daß Wissenschaftler wie Niels Bohr ihm das verwehrten. Er würde gegen sie kämpfen und sie, falls nötig, aus dem Weg räumen. Schließlich war da ein Krieg im Gang, gab es keine Zeit für lange Debatten — dies war die Zeit zum Handeln.

Beim Gedanken an die spezielle Atomstreitmacht, die gebildet werden sollte, hob sich seine Stimmung. Wenn die Leute auf ihrem geheimen Stützpunkt erst einmal mit ihrer Ausbildung begannen, so würde das einen weiteren Schritt vorwärts bedeuten. Tibbets Wahl zu ihrem Kommandeur hatte Groves gebilligt, denn er war davon überzeugt, daß der Colonel über alle dazu erforderlichen Voraussetzungen verfügte.

8. September 1944
Das Pentagon
Washington, D.C.

Während Tibbets in jenem Gebäudekomplex, an dem Groves mitgebaut hatte, in einer Art Behelfsbüro arbeitete, wurde ihm bewußt, wie ungeheuer groß seine Machtbefugnisse als Commander waren. Um zu bekommen, was immer er bekommen wollte, genügte es, den Decknamen *Silverplate* zu nennen. Eben dies hatte er auch getan, als er eine Art Suchaktion einleitete nach jenen Männern, die mit ihm in Europa, Nordafrika sowie beim Test- und Trainingsprogramm für die B-29 gedient hatten. Einige waren bereits ausfindig gemacht worden und befanden sich inzwischen auf dem Weg nach Wendover in Utah, andere wurden gerade in Marsch gesetzt.

Hier im Pentagon hatte General Henry Arnold, Chef der Army Air Force, geagt: »Colonel, falls Ihnen irgend jemand Schwierigkeiten macht, können Sie sich an mich wenden.«

Zwei Senior-Offiziere wurden von Arnold angewiesen, mit Tibbets enge Verbindung zu halten, sobald er in Wendover sei. Arnolds Order für sie klang kurz und bündig: »Beschaffen Sie ihm auf der Stelle, was immer er braucht.«

Als Tibbets Wendover besichtigt hatte, empfand er es als »das Ende der Welt, ideal«. Es befand sich nahe genug bei Los Alamos, um dieses bequem mit dem Flugzeug zu erreichen — ein wichtiger Punkt, denn Ramsey hatte ihn gewarnt: »Die Wissenschaftler werden Ihnen unentwegt den Nerv töten.« Vom Gebiet der Salton Sea im südlichen Kalifornien lag es nur rund 800 Kilometer entfernt, und das war ein ideales Bombenwurfgelände. Die Lage Wendovers wies einen weiteren Vorzug auf: Sicherheitsmaßnahmen wurden durch die Abgelegenheit wesentlich vereinfacht. Was an Quartieren, an Anlagen etc. bereits vorhanden war, reichte völlig aus, um Wendover sofort »in Gebrauch« zu nehmen.

Es war Tibbets klar, daß seine Leute den Ort hassen würden.

Doch es war seine Absicht, sie so hart einzuspannen, daß ihnen gar keine Zeit blieb, von ihrer Umgebung allzuviel wahrzunehmen.

Inzwischen war Tibbets zu der Ansicht gelangt, daß es für ihn eigentlich nur zwei mögliche Angriffsziele für den Bomben-

abwurf gab: Berlin oder Tokio. Die japanische Hauptstadt erschien ihm wahrscheinlicher, denn in Europa näherte sich der Krieg bereits dem entscheidenden Stadium.
Sollte Japan das Ziel sein, so brauchte Tibbets eine Basis, in deren Reichweite sich das japanische Imperium befand.
Ihm fiel ein, was er erst vor kurzem gelesen hatte: Im Pazifik waren die Marianen, eine Inselgruppe Mikronesiens, von amerikanischen Marineinfanteristen besetzt worden. Eine der Inseln war von den Zeitungen beschrieben worden als »der Ort, wo die Seebees den größten Flugzeugträger der Welt bauen werden«. Die Entfernung bis Japan betrug nur rund 2000 Kilometer. Der Name der Insel war Tinian.
Tibbets prägte ihn sich genau ein.

9. September 1944
Mount Futaba
Hiroshima

Sechs Wochen zuvor war Tinian gefallen, doch das vermochte Leutnant Tatsuo Yokoyamas Glauben an die Unbesiegbarkeit der Kaiserlichen Japanischen Armee nicht zu erschüttern.
Wie stets vor Schießübungen, so hielt Yokoyama auch an diesem Abend seinen vierzig Leuten eine kleine Rede voller Durchhalteparolen. Es handelte sich um die Flakeinheit auf dem Berg Futaba am nordöstlichen Rand von Hiroshima, und die Leute hörten zum soundsovielten Mal aus dem Mund ihres jungen Einheitsführers, daß am festen Glauben des Oberkommandos an den Endsieg nicht zu zweifeln sei.
Yokoyama entsprach der klassischen Karikatur vom Japaner, wie man sie in zahllosen Variationen in amerikanischen und britischen Zeitungen finden konnte. Er hatte tatsächlich vorstehende Zähne, eine fliehende Stirn und Schlitzaugen. Er war wirklich eine dürre, drahtige Gestalt in beuteliger Uniform mit unverkennbaren Säbelbeinen.
Doch der äußere Eindruck täuschte. Er war ein Scharfschütze, der noch auf 600 bis 700 Meter sein Ziel mit unfehlbarer Sicherheit traf. Er konnte 400 Patronen schleppen, die doppelte Menge dessen, was der amerikanische Infanterist trug, und er war imstande – und darauf gedrillt –, von einer Schüssel Reis und Fisch pro Tag zu leben. Kapitulation hielt er für die

größte Schande, die er seiner Familie und seinem Vaterland zufügen konnte.

Tief religiös, superpatriotisch und ein Anhänger totalitärer Grundsätze, glaubte er fest an die Göttlichkeit des Kaisers sowie daran, daß es die heilige Pflicht der Armee sei, den Herrscher zu beschützen. Im Dienste des Kaisers würde er vor keinem Opfer zurückschrecken, ganz gleich, ob es sich dabei um seine Familie, seine Soldaten oder um ihn selbst handelte.

Was er seinen Leuten an diesem Abend erklärte, war folgendes: Der »Rückzug« von den Marianen — den Inseln Saipan, Tinian und Guam — sei eine im voraus beschlossene Aktion gewesen, Teil eines äußerst sorgfältig durchdachten Plans, den Feind näher an Japan heranzulocken.

Dort, wie jedermann wisse, warte eine riesige Armee nur darauf, Amerika und seinen Verbündeten einen entscheidenden Schlag zu versetzen. Die Amerikaner könnten zwar eine *Schlacht* gewinnen, doch — das schärfte er seinen Leuten nachdrücklich ein — seit 1598 habe Japan keinen Krieg mehr verloren. Die »freiwillige Aufgabe« der Marianen durch die Japaner bedeute, daß sich der Tag nähere, an dem Feindmaschinen, von jenen Inseln gegen Japan zum Einsatz gestartet, endlich in die Reichweite ihrer Geschütze gelangen würden.

Im Hinblick auf eben diesen Moment trieb er seine Geschützbedienungen noch härter an. Leicht war das nicht. Es ödete sie genauso an wie ihn. Doch die Männer wußten, daß er sie beim geringsten Anzeichen von Nachlässigkeit streng bestrafen würde.

Unter seinen scharfen Befehlen wurden die Übungen genauso intensiv absolviert wie bisher. Die Geschützrohre schwenkten von Seite zu Seite, suchten gleichsam den Himmel über Hiroshima ab, um sich auf ihr Ziel einschießen zu können.

Yokoyama mischte sich bald hier, bald dort unter eine Geschützbedienung. Er trieb die Männer dazu an, sich vorzustellen, sie befänden sich schon jetzt im Kampfeinsatz — dies *sei* der Ernstfall.

Plötzlich entdeckte er im Mechanismus eines Geschützes ein Stück Putzwolle. Die Ladevorrichtung hatte geklemmt. Wütend befahl er, mit den bisherigen Übungen aufzuhören. Jetzt mußten sämtliche Bedienungen ihr Geschütz auseinandernehmen, säubern und wieder zusammensetzen.

Sodann kehrte er zu seinem Quartier zurück und vermerkte

den Vorfall im »Buch der Tagesmeldungen«. Zudem überlegte er sich, welche Strafe für die betreffende Geschützbedienung wohl angemessen sei. Die Männer würden eine Strafe erwarten.

Auch wenn Außenstehende das nun einmal nicht verstanden: Tatsuo Yokoyama wußte, daß die Armee halt anders war. In ihrem Kodex von Bestrafungen war sie ebenso unerbittlich wie gerecht; und jenen, die ihre Traditionen, ihre Autorität und ihre Art zu leben akzeptierten, bot sie einen, wenn man es so nennen wollte, väterlichen Schutz.

Während seiner Lern- und Lehrjahre hatte er sehr aufmerksam verfolgt, wie die Armee Japans Schicksal prägte. Als japanische Streitkräfte 1931 in die Mandschurei eindrangen, ohne Billigung durch das japanische Kabinett, war er erst elf Jahre alt. Der Geist des Militarismus mit all seinen kernigen Sprüchen, seinen Paraden und seiner Kraftprotzerei hatte für den Jungen und Jüngling mit den dürren Säbelbeinen etwas Unwiderstehliches.

Als die Armee in China einfiel, war er siebzehn. Drei Jahre später, im September 1940, kurz vor Yokoyamas zwanzigstem Geburtstag, unterzeichnete Japan einen Vertrag mit Deutschland und Italien, der die Achse Berlin—Rom zur Achse Berlin—Rom—Tokio erweiterte. Einige Wochen später jubelte er: als die Armee Französisch-Indochina besetzte, nachdem Nazi-Deutschland Frankreich besiegt hatte und die Franzosen ihren asiatischen Vorposten nicht mehr verteidigen konnten. Am 8. Dezember 1941 hatte er in aller Hast die Tokioter Abendzeitung gekauft, die den bislang großartigsten Triumph vermeldete — Pearl Harbour. Wie zahllose Japaner mit ihm, genoß er zutiefst die allgemeine nationale Stimmung, gemischt aus Chauvinismus, Aggression und Expansionismus.

Yokoyama hatte so manches über die Planung hinter dem Überfall auf Pearl Harbour erfahren, als er die Militärakademie für Offiziere in Tokio besuchte, in die er 1942 eingetreten war. Seine Instrukteure erklären, daß der junge Offizier, der weitgehend für den Erfolg des Angriffs verantwortlich zeichnete, seine diesbezügliche Grundausbildung in London erhalten habe. Sein Name war Minoru Genda, und er hatte dort als stellvertretender Marineattaché während der Jahre 1939 bis

1940 in der japanischen Botschaft gedient. Genda glaubte, Großbritannien könne den Krieg gegen Deutschland nicht gewinnen, und am Ende müsse Japan gegen Amerika kämpfen. Er war davon überzeugt, daß »wir, um zum Erfolg zu kommen, etwas tun mußten, was wir noch nie getan hatten; etwas, woran noch nie jemand gedacht hatte; etwas, von dem Amerika sich nichts träumen ließ«. Nachdem er, Anfang 1941, wieder nach Japan zurückgekehrt war, überzeugte er das Oberkommando davon, daß ein überraschender Luftangriff auf Pearl Harbour, von einem Flugzeugträger aus, sowohl durchführbar als auch militärisch erstrebenswert sei.
Der Luftangriff wurde mit 354 Flugzeugen durchgeführt. Leiter des Unternehmens war Mitsuo Fuchida, Kapitän dem Rang nach sowie ein außergewöhnlicher und sehr kühner Pilot und ein enger Freund von Genda. Fuchidas berühmtes »Tora-Tora-Tora-Signal« war es, das Admiral Yamamoto empfangen hatte, während er an Bord eines Schlachtschiffs im Hafen von Hiroshima auf das Zeichen zum Angriff wartete.
In der Militärakademie hatte man Yokoyama gelehrt, der Angriff auf Pearl Harbour sei genau das, was Amerika verdiene: für den Versuch, Japan ökonomisch zu strangulieren und diesem Land den ihm rechtmäßig zustehenden Platz in der Welt zu verwehren — Japan statt dessen auf den Rang jener untergeordneten Macht verweisend, den es einmal innegehabt hatte. Seine Instrukteure hatten einen kurzen Krieg vorausgesagt. Ein weiterer Schlag wie Pearl Harbour, kombiniert mit der russischen Niederlage durch Deutschland sowie Englands unausweichlichem Zusammenbruch — das würde Amerika zweifellos an den Verhandlungstisch bringen.
Ein halbes Jahr nach seinem Abgang von der Militärakademie fand er seinen Optimismus — eigentlich den Optimismus seiner Berater — bestätigt. Die Armee beherrschte mehr oder minder den Pazifik. Hongkong, Malaya, Singapore, Batan und Corregidor waren gefallen. Etliche seiner Freunde hatten den Tod gefunden; er beneidete sie. Seit seiner Kindheit war es für ihn so etwas wie eine feststehende Tatsache, daß es keinen größeren Ruhm gab, als für den Kaiser im Kampf zu sterben.
Als Yokoyama nach Hiroshima versetzt wurde, entdeckte er mit Genugtuung, daß sowohl Genda als auch Fuchida zu dieser Stadt in enger Beziehung standen. Genda war in der Nähe

geboren, und viele seiner Verwandten wohnten in Hiroshima. Fuchida kam gelegentlich mit dem Flugzeug, um Planungsbesprechungen beizuwohnen und anschließend alte Freunde zu besuchen.

Yokoyama träumte davon, diesen beiden Helden zu begegnen, um sich vor ihnen zu verbeugen und ihnen zu erklären, welch große Ehre es für ihn sei, in ihrer Nähe verweilen zu dürfen.

Sein dritter Held war Tojo.

General Hideki Tojo maß selbst mit seinen hohen Schuh- oder Stiefelabsätzen nur einssechzig. Er war kahlköpfig, trug eine randlose Brille, und sein Schnurrbart und seine Finger waren von Nikotin verfleckt. Dennoch ging für junge Offiziere wie Yokoyama von Tojo ein Charisma aus. Sie nannten ihn »das Rasiermesser«, eine Anspielung auf die skrupellose Art, in der er mit Widersachern verfuhr. Tojo war gleichsam Japans Architekt des Krieges gewesen, ein ewig wachsames Gehirn, in seiner Wirksamkeit weithin, ja fast überall spürbar. Als Kriegsminister wurde er 1941 zum Ministerpräsidenten ernannt.

Jetzt jedoch gab es ihn sozusagen nicht mehr.

Vor gut einem Monat, kurz vor dem Verlust der Insel Tinian, war Tojo zum Rücktritt gezwungen worden.

Als er diese Neuigkeit hörte, fühlte Yokoyama sich »eigentümlich unbewegt«. Er nahm an, daß es unter dem Druck der Armee zu Tojos Rücktritt gekommen war, und wenn die Armee etwas tat, so hatte sie stets gute Gründe dafür, wie Yokoyama wußte. Die Armee würde weiterhin das Land beherrschen — und den Krieg gewinnen. Yokoyama wünschte sich nur eine aktivere Rolle bei der Erringung des Sieges.

Nachdem er jetzt mit seiner Eintragung ins Dienstbuch fertig war, überlegte der Leutnant, auf welche Weise er seine Leute bestrafen sollte. Er entschied sich für zwei zusätzliche Exerzierübungen.

Zunächst jedoch wollte er das genießen, was für ihn zu einem allabendlichen Ritual geworden war. Er trat ans Fenster seines Quartiers und betrachtete die Stadt durch einen Feldstecher. Zwar würde sich innerhalb der letzten vierundzwanzig Stunden kaum irgend etwas verändert haben, doch der Anblick des schier endlosen Panoramas hatte für ihn stets etwas Beruhigendes.

Ein Jahr war es inzwischen her, daß sein Blick von diesem Aussichtspunkt nicht weit vom Gipfel des Futaba auf Hiroshima fiel. Eine Eigentümlichkeit prägte sich ihm unvergeßlich ein: Aus der Höhe betrachtet, glich die Stadt einer menschlichen Hand.

Streckte er, mit gespreizten Fingern, die Innenfläche nach unten gekehrt, seine rechte Hand aus, so hatte er, in den Umrissen, gleichsam ein verkleinertes Abbild von Hiroshima. Der Hafen, im Süden gelegen, befand sich an seinen Fingerspitzen; dahinter erstreckten sich die Bucht vom Hiroshima und die Inlandsee. Sein Handgelenk entsprach jenem Gebiet, wo sich der Otafluß, von den Hügeln im Norden herkommend, in ein breites Delta verzweigte. Die sechs Hauptarme dieses Deltas zerteilten die Stadt zu Inseln. Miteinander verbunden waren die Inseln durch 81 Brücken. Die Stadt, in der Hauptsache flaches Gelände, lag nur knapp über dem Meeresspiegel. Nahe bei seiner Handwurzel befand sich eine Art Festung, das Zentrum einer riesigen militärischen Operation.

Es bereitete Yokoyama ein eigentümliches Vergnügen, die verschiedenen wichtigen Punkte ausfindig zu machen, um sie dann gleichsam auf seinen Handrücken zu transponieren. An der Spitze seines Zeigefingers lag der Flugplatz mit den Militärmaschinen. Auf seinen Daumen plazierte er die Toyo-Industrieanlagen. Die Firma produzierte Gewehre sowie sogenannte Bettungen für Schiffsgeschütze. Am Ende seines kleinen Fingers befanden sich die Mitsubishi-Werke mit ihren Werften und Kränen.

In den Fabrikgebäuden dort sowie in weiteren kleineren Fabriken in der Stadt wurde in Schichten rund um die Uhr gearbeitet. Aufgrund einer vor kurzem erlassenen Verfügung wurden bereits dreizehnjährige Schulkinder zur Kriegsarbeit eingesetzt. In Hiroshima waren Jungen und Mädchen pro Tag acht Stunden damit beschäftigt, Waffen herzustellen. Nahezu jeder in der Stadt, ganz gleich, ob Mann oder Frau oder Kind, befand sich aktiv im Kriegseinsatz.

Yokoyama blickte zur Bucht, und er erinnerte sich, wie er sie im Hochsommer 1943 zum erstenmal gesehen hatte. Damals waren die Truppentransporter und die Handelsschiffe kaum zu zählen gewesen. Jetzt erschien ihm, im Vergleich dazu, die Bucht beinahe leer.

Der 23jährige Yokoyama, nur ein kleines Rädchen im Getriebe der Armee und ohne Zugang zu irgendwelchen bedeutenden Informationsquellen, ahnte nicht, daß sich die alliierte Seeblockade gegen Japan auszuwirken begann.

Bei Kriegsanfang besaß das Kaiserreich kaum genügend Handelsschiffe, um hinsichtlich der Gesamtzahl der Bruttoregistertonnen wenigstens jenes Minimum zu erreichen, das man für das eigene Überleben als unbedingt erforderlich betrachtete. In der Tat war Japan in starkem Maße abhängig von der Einfuhr so lebenswichtiger Güter wie Erdöl, Eisenerz, Kohle, Bauxit und Nahrungsmittel. Diese Tatsache ließ die japanische Handelsflotte naturgemäß zu einem Hauptangriffsziel werden. Bald waren achtzig Prozent dieser Flotte versenkt.

Jetzt, im September 1944, litten die meisten Fabriken in Hiroshima unter Materialknappheit. Die im Küstenwachdienst eingesetzten Patrouillenboote waren wegen Treibstoffmangels zur Untätigkeit verurteilt, und auf dem Flugplatz beschränkte man sich auf ein Minimum an Übungsflügen.

Dennoch erschien an diesem Abend der Krieg so weit entfernt wie eh und je. Zumindest hatte Yokoyama dieses Gefühl. Die Stadt dort unten wirkte so überaus friedvoll, eine riesige Ansammlung von Dächern mit schwarzen Ziegeln, eingebettet in das natürliche Delta und umgeben von grünen Hügeln und Bergen.

Doch Yokoyama wußte sehr genau, in welch starkem Maße Hiroshima durch einen Luftangriff verwundbar war. Um Schäden von nicht unbeträchtlichem Ausmaß anzurichten, brauchte ein Bomber seine Fracht im Grunde nur irgendwo innerhalb der »Schale« abzuwerfen. Abgesehen von einem nierenförmigen Hügel im östlichen Teil der Stadt (er war etwa 800 Meter lang und 70 Meter hoch), war Hiroshima geradezu unvorstellbar ungeschützt gegen die Zerstörungskraft großer Bomben.

In bestimmter Hinsicht ließ sich die Stadt mit San Francisco vergleichen: mit jenem San Francisco, das 1906 Opfer eines Erdbebens und eines Feuers geworden war. Wie die damalige kalifornische Metropole schien die Stadt »dafür gebaut, zu brennen«. Neunzig Prozent der Häuser bestanden aus Holz. Häufig klebten die Gebäude aneinander wie in großen Trauben. In einem Punkt allerdings ließ sich Hiroshima *nicht* mit San Francisco im Jahre 1906 vergleichen: Anders als damals in

der amerikanischen Stadt war hier in dieser japanischen das Feuerlöschgerät hoffnungslos veraltet und das zuständige Personal zudem schlecht ausgebildet.
Deutlich konnte Yokoyama von seinem Platz aus die Stadtgrenzen erkennen. Nur knapp die Hälfte des Geländes von Hiroshima war bebaut und nur ein Viertel wirklich dicht bebaut. Dort allerdings drängten die Menschen geradezu, etwa 15 000 pro Quadratkilometer. Unwillkürlich schüttelte er sich bei dem Gedanken, welches Schicksal sie bei einem schweren Luftangriff erleiden würden.
Um das nach Möglichkeit zu verhindern, befand sich seine Batterie hier oben auf dem Futaba.
Er sah, daß die Geschützbedienungen bereit waren. Eine weitere Übung begann. Yokoyama beobachtete die Leute. Mit bloßem Oberkörper standen sie da, in der warmen Abendluft glitzerten sie vor Schweiß. Laden, zielen, entladen. Eine rasche Folge scharfer Befehle, und ächzendes und stöhnendes Gehorchen – wie ein althergebrachtes Ritual, auf der einen wie auf der anderen Seite.
Diesmal war er mit seinen Männern zufrieden. Prompt führten sie seine Befehle aus – jene Befehle, die er ihnen bei jeder Übung gab, seit die Batterie im Mai 1943 zum Schutz Hiroshimas als Teil des Fliegerabwehrsystems abgestellt worden war. 21 Flakgeschütze der verschiedensten Kaliber sollten die Stadt gegen etwaige Luftangriffe verteidigen. Doch auch in diesem Jahr, dem dritten Kriegsjahr, war der Ernstfall noch nicht eingetreten.
Die eigentliche Übung war zu Ende. Sofort ließ Yokoyama das Strafexerzieren beginnen. Erster Abschnitt, zweiter Abschnitt. Aufmerksam beobachtete er, ob die Leute etwa in ihren Anstrengungen nachließen. Das hätte ihnen eine weitere Bestrafung eingebracht.
Er konnte zufrieden sein. Und so ließ er sie antreten und führte sie zu ihrem Quartier zurück. Dort hörte er aufmerksam ihrem Alltagsgeschwätz zu. Das gehörte ebenso zu seinem Dienst wie etwas anderes, das in der japanischen Armee üblich war: daß ein Offizier mit seinen Leuten aß und trank und sang, daß er ihnen aus seiner eigenen Tasche Geld lieh, daß er sie ins Haus seiner Eltern (in Yokoyamas Fall in Tokio) zu Besuch einlud. Ein solches Verhalten eines japanischen Offiziers war Tradition. Es erzeugte und förderte ein Gefühl

der Kameradschaft, ein Verhältnis zu seinen Leuten, in dem er sowohl die Vaterfigur war als auch ein enger Freund. Eben dies hatte entscheidend dazu beigetragen, die Kaiserliche Japanische Armee so einzigartig und schlagkräftig werden zu lassen.

An diesem Abend stellten ihm seine Leute eine vertraute Frage: Wann würden sie endlich zum Kampfeinsatz kommen?

Diese Frage begriff er nur zu gut. Denn Kampfbegier gehörte nun einmal zur Samurai-Tradition, gehörte zur 2000jährigen Geschichte Japans. Und diese Kampfbegier paarte sich mit absoluter Furchtlosigkeit: Mehr als jeder anderen Nation war es Japan gelungen, seinen Kriegern die Angst zu nehmen — für sie war der Tod ein Teil des Lebens.

Yokoyama erklärte seinen Männern, sie müßten sich noch gedulden. Insgeheim jedoch befürchtete er, daß sie womöglich nie zum Kampfeinsatz kommen würden: daß es ihnen wahrscheinlich niemals vergönnt wäre, jene besondere Erregung zu empfinden, von der die Samurai-Soldaten-Dichter schrieben — sofern der Wahrheit entsprach, was er während seines letzten Besuchs in der Stadt gehört hatte.

Ein Bekannter hatte davon gesprochen, ein Mann, der bei den hiesigen Behörden arbeitete. Yokoyama wies die Geschichte zurück. Schließlich war er Offizier, war überdies alles andere als ungebildet — die Geschichte schien absolut unglaubwürdig. Doch der Bekannte beharrte ausdrücklich auf seinem Standpunkt. Er habe diese Information aus »sicherer Quelle«, betonte er immer wieder, so daß Yokoyama schließlich nachdenklich wurde. War womöglich doch etwas Wahres daran? An der Behauptung nämlich, daß viele Einwohner von Hiroshima in San Francisco und Los Angeles Verwandte hätten, die Präsident Roosevelt ersucht haben sollen, Hiroshima von Angriffen zu verschonen, und daß der Präsident, als »Geste des guten Willens«, dem zugestimmt habe.

Falls das wirklich stimmte, so würden niemals Feindbomber nach Hiroshima kommen, und alles Exerzieren und aller Drill wären umsonst gewesen.

Der Gedanke hatte für Leutnant Tatsuo Yokoyama etwas Bedrückendes.

12. September 1944
USAAF Basis
Wendover

Tibbets behielt recht. Offiziere und Mannschaften der 393. Heavy Bombardment Squadron haßten Wendover. Sie haßen die sengende Sonne, die unwirtliche Wüste, die primitiven Unterkünfte, den Staub, das widerliche Trinkwasser, die Termiten, die Ratten, die abgelegene Lage.
Und sie haßten es, daß sie nicht wußten, weshalb sie sich hier befanden.
An diesem Morgen, dem zweiten ihres Hierseins, erwachten die Männer und fanden einen weiteren Grund zum Haß: Ein mächtiger Drahtzaun pferchte sie ein. Innerhalb dieser Umgrenzung gab es Warnschilder. Das größte befand sich neben dem Eingangstor der Basis. Der Text lautete:

WAS DU HIER HÖRST
WAS DU HIER SIEHST
LASS ES HIER
WENN DU VON HIER FORTGEHST

Wachen hielten jeden an, der das Gelände verlassen wollte.
Zu einer Reihe von Hangars und Werkstätten versperrten wahre Stacheldrahtverhaue den Zugang. Frisch gepinselte Schilder verkündeten, daß sich hinter diesen Sperren die Abteilungen für Ausrüstung, Bewaffnung, Technik sowie Radar befänden. Und auf jedem dieser Schilder war zu lesen:
RESTRICTED AREA (Sperrgebiet)
Um Hangar Nummer sechs war der Stracheldraht am dichtesten. Dort verkündete ein Schild:

TECH AREA »C«
MOST RESTRICTED

Was war eine Tech Area? Wieso »C«? Wo befanden sich »A« und »B«? Und weshalb »most restricted«, was ja in etwa soviel wie Sperr*st*gebiet hieß? Ein sonderbarer Superlativ.
Niemand schien auf diese Fragen eine Antwort zu wissen.
Manche versuchten, sich an den Militärpolizisten, welche die »Tech Area« bewachten, sozusagen gesprächsweise vorbeizu-

mogeln. Sie erhielten den knappen Bescheid: Wenn sie keine Ruhe gäben, würde man sie einbuchten.
Dies verstärkte noch das Gefühl der Frustration, der Ungewißheit, der Wut und des Hasses, welches die 393er empfanden.
Eine Woche zuvor hatten sie ihre Ausbildung in Nebraska beendet. Sie waren sehr stolz darauf, daß die Leistungen der Squadron deutlich über dem Durchschnitt lagen. Sie erwarteten, bald nach Übersee geschickt zu werden. Einige fühlten sich so »unternehmungslustig«, daß sie Seidenstrümpfe, Seife und Parfüms kauften, um mit ihrer Hilfe junge Engländerinnen und Französinnen »in Versuchung« zu führen — die Mädchen, von denen sie soviel gehört hatten. Einer der Soldaten packte sogar seine Schallplattensammlung ein (sämtlich Jitterbug-Stücke), um sie auf dem Londoner Schwarzen Markt zu verhökern.
Doch die 393. war nicht nach Übersee verlegt worden, sondern nach Wendover.
Bomber gab es in Wendover überhaupt nicht. Nur ein paar alte Transportmaschinen. Gerüchte wollten allerdings wissen, die Squadron sei nach Wendover verlegt worden, um hier die fabrikneuen B-29 »aufzulesen«. Doch wo waren sie? Und warum ausgerechnet hier?
Niemand wußte es.
Der Optimismus war von kurzer Dauer. Weitere Gerüchte entstanden, machten die Runde, verblaßten. Weder die Offiziere noch die Mannschaft wußte, was eigentlich los war. Ihr Kommandierender Offizier, Lt-Colonel Thomas Classen, war bald nach der Ankunft in der Basiszentrale verschwunden und seither nur selten gesehen worden. Begegnete man ihm jedoch einmal, so wehrte er alle Fragen ab.
Zur Frühstückszeit wimmelte es überall von Militärpolizei. Ihre Motorräder und Jeeps wirbelten Wolken von Staub auf, der eigentümlich scharf schmeckte, wenn man ihn auf die Zunge bekam — und das ließ sich kaum vermeiden. Denn dieser Staub setzte sich praktisch überall fest: in der Kleidung, auf der Haut, auf dem Essen. Und so hatten auch an diesem Morgen die Eier und alles übrige jenen Geschmack, der von den großen Salzebenen rund um den Flugplatz stammte.
Nach dem Frühstück hörte die Squadron verblüfft und un-

gläubig zu, als der Nachrichtenoffizier, Captain Joseph Buscher, die Situation mit leichter Hand abzutun versuchte. Er sei von Haus aus Jurist und daran gewöhnt zu plädieren. Eben das wolle er auch jetzt tun — er bitte die Einheit, »dem Ort eine Chance zu geben«.
Buscher gestand, daß er ihnen nicht sagen könne, weshalb sie sich in Wendover befanden. Nur soviel dürfe er ihnen verraten: Die Basis sei nur rund 200 Kilometer von Salt Lake City in Utah entfernt — »nur«. Elko in Nevada sei genauso nah. Er, Buscher, hoffe jedoch, daß sie Wendover selbst »faszinierend« finden würden. Die Staatsgrenze zwischen Utah und Nevada trenne den Ort (103 Einwohner) in seiner Mitte. Die eine Hälfte der Einwohner lebe entsprechend den Grundsätzen der Mormonenkirche von Utah. Die andere Hälfte nehme es mit solchen Grundsätzen weit weniger ernst: Dort gab es Bars, Restaurants, Spielautomaten.
»Wie steht's mit Weibern?« Die Frage kam von Captain Claude Eatherly, einem hochgewachsenen, auf seine Weise recht gut aussehenden Piloten, der ständig auf Whisky, Weib und Kartenspiel aus war. Er sprach mit dem breiten Tonfall des Texaners, riß gern Witze und hatte ein lausbübisches Grinsen im Gesicht. Kein Wunder, daß Eatherly in der Squadron als Playboy galt. Niemand forschte tiefer. Niemand vermutete oder erkannte in seinem Charakter noch eine andere — sorgfältig verborgene — Seite.
Buscher ignorierte Eatherlys Frage und begann, einen kleinen Vortrag zu halten: Wie die Salzebenen entstanden waren; wie im Jahr 1846 die Wagen der Pioniere tief mit den Rädern ins Salz eingesunken seien. Wer ein wenig Forschersinn besitze, versicherte Buscher enthusiastisch, könne noch heute die Spuren von Wagen finden.
»Und wenn wir hier bleiben, bald noch unsere Knochen dazu!«
Die Bemerkung kam von Jacob Beser, dem Radaroffizier der Squadron. Er bekleidete den Rang eines 1st-Lieutenant (Oberleutnant) und sehnte sich nach Kampfeinsatz. Nach Englands Kriegseintritt hatte er sich zum Dienst bei der Royal Air Force melden wollen. Seine Eltern verhinderten das. Er solle erst einmal sein Ingenieurstudium an der John-Hopkinson-Universität in Baltimore abschließen. Am Tag nach Pearl Harbour überwand Beser den Widerstand seiner Eltern und meldete

sich zur Army Air Force. Dort bewies er sich schließlich als der bestqualifizierte Radaroffizier. Radar war neu und gewann zunehmend an Bedeutung. Diese Tatsache als solche bedeutete Beser wenig — ihn interessierte nur, ob er sein Wissen verwenden konnte, »um ein paar Nazis zu töten«.
Beser war Jude — ein kleiner, drahtiger Mann von rascher Auffassungsgabe, sehr stolz auf seine Herkunft aus der Mittelklasse. Über nahezu alles besaß er seine eigenen, sehr festen Ansichten. Das machte ihn nicht gerade bei allen beliebt. Einige seiner Mitoffiziere hielten ihn für einen Exzentriker. Was die Mannschaft betraf, so sah sie in ihm, dem Akademiker, einen »Intellektuellen«.
Als sie Squadron nach Wendover verlegt wurde, bat Beser darum, zu einer Kampfeinheit versetzt zu werden. Sein Gesuch wurde abgelehnt.
Während er jetzt Buscher zuhörte, der mit beredten Worten Wendovers Vorzüge herauszustreichen versuchte, empfand er plötzlich eine eigentümliche Erregung.
»Das mit Wendover klang alles so gottverlassen traurig«, erinnerte er sich später, »daß es schon einen guten Grund dafür geben mußte, daß ich dort war.«

Drei Tage zuvor war Tibbets in Wendover eingetroffen. Er freute sich sehr über die Ankunft seines alten Freundes Major Thomas Ferebee, der aufgrund seiner Leistungen bei Kampfeinsätzen in Europa einer der erfahrensten und angesehensten Bombenschützen in der gesamten Air Force war. Folglich mußte man ihn den geeigneten Mann nennen für die Aufgabe, die Bombenschützen der 393. Squadron in jener Präzisionsbombardierungstechnik zu unterweisen, die Professor Ramsey Tibbets gegenüber als unerläßlich bezeichnet hatte — unerläßlich für den Abwurf einer Atombombe.
Unerwartete Probleme hatten Tibbets bisher daran gehindert, sich mit Ferebee zu einem entspannten Plausch hinzusetzen.
Da war zunächst einmal die recht heikle Position von Classen. Der Kommandeur der 393. Squadron hatte sich im Pazifik wiederholt im Kampf ausgezeichnet. Seine Führungsqualitäten waren es gewesen, welche die Squadron zu einer wirklichen Einheit formten. Ihn zum jetzigen Zeitpunkt von seinem Posten zu entfernen, war undenkbar. Tibbets hatte über die Situation mit Classen selbst gesprochen, hatte ihm auseinan-

dergesetzt, daß die Squadron im Grunde zwei Kommandeure haben werde: Classen sollte zuständig sein für den alltäglichen Routinebetrieb, während Tibbets sich um wichtige methodische und taktische Entscheidungen kümmerte. Er hatte Classen versichert, er hoffe sehr darauf, daß es mit diesem etwas ungewöhnlichen Arrangement klappen würde. Classen hatte darauf keine wirkliche Reaktion gezeigt.
Tibbets versuchte, Classen den Tee zu versüßen, indem er kurz von ihrem besonderen gemeinsamen Auftrag sprach. Er hoffte, dadurch ein Gefühl zu erzeugen, das — von wenigen Punkten abgesehen — die gemeinsam getragene Verantwortung ausdrückte. Doch nachdem Classen gegangen war, stieg in Tibbets ein Gefühl der Unsicherheit auf: ob ein »Doppelkommando« überhaupt möglich sei.
Bald schon gab es andere Dinge, die solche Fragen in den Hintergrund drängten.
An diesem Tag saß Tibbets seit dem Frühstück mit zwei anderen Männern zusammen. Den älteren der beiden kannte er gut. Lt-Colonel Hazen Payette hatte mit ihm in England und Nordafrika als Nachrichtenoffizier gedient. Als ein Mann, der klug und eingehend zu fragen verstand, war Payette auf Tibbets Anforderung hier in Wendover, um für »Sicherheit« zu sorgen. Der zweite Offizier war ohne jede Vorankündigung in Wendover eingetroffen. Es handelte sich um Major William L. »Bud« Uanna, der höflich erklärte, Colonel Lansdale habe ihn geschickt — ihn sowie rund dreißig Agenten (vom Haupt-Manhattan-Projekt abgestellt), um dabei mitzuhelfen, auf die 393. »ein Auge« zu haben.
Uannas Art gefiel Tibbets. Der Major blieb gleichermaßen freundlich und kühl und war außer an seiner Arbeit an nichts weiter interessiert.
Uanna hatte eine prallgefüllte Aktentasche bei sich. Was die diversen Dossiers enthielten, machte Tibbets sehr deutlich klar, auf welch umfassende Weise — soweit es das Manhattan Projekt und die daran Beteiligten betraf — sämtliche verfügbaren Quellen nachrichtendienstlich genutzt wurden.
Über jeden einzelnen Angehörigen der 393. gab es eine detaillierte Akte. Die Informationen über den Betreffenden waren gesammelt worden bei ihren Familien, ihren Freunden, ihren früheren Schulen, ihren ehemaligen Arbeitgebern, selbst bei Ärzten und Krankenhäusern.

Viele tausend Arbeitsstunden und viele tausend Dollars hatte man dafür verwendet, Telefonleitungen anzuzapfen, heimlich Briefe zu öffnen, Material über außereheliche Verhältnisse zusammenzutragen, auch über etwaige homosexuelle Tendenzen sowie über politische Neigungen. Die Akten stellten, bis zu diesem Zeitpunkt, die gründlichste Nachforschung dar, die im Namen der Regierung der Vereinigten Staaten durchgeführt worden war.
Uanna holte das Dossier über Eatherly hervor. Daraus ergab sich, daß der Pilot eine leidenschaftliche Spielernatur war, »ein emotionales Problem«.
Eingehend beschäftigte Tibbets sich mit den Vermerken, die Eatherlys »Leistungen im Dienst« betrafen. Daraus ergab sich, daß Eatherly folgendes aufzuweisen hatte: 107 Stunden als sogenannter Fährenpilot im Cockpit von Lockheed Hudsons nach Kanada, 103 Stunden am Steuerknüppel von LB 30, eine bestimmte Zeit als U-Boot-Aufklärer über dem Panamakanal, des weiteren Versetzungen von einer Squadron zur anderen. Was seinen sogenannten Fitneß-Report betraf, so war darin die Rede von seiner »Nachlässigkeit« und davon, daß er »extrovertiert« sei. Tibbets kannte diesen Typ. Mit so »lässigen«, wenn nicht gar »wilden« Texanern wie Eatherly war er in Europa geflogen. Unten auf der Erde gerieten sie häufig in Schlamassel, doch sie waren ausgezeichnete Piloten. Eatherly schien genau zu dieser Kategorie zu gehören. Tibbets entschied sich dafür, diesen Mann in der 393. zu lassen.
Diesen Entschluß sollte er allerdings noch lange bereuen.

Am Spätvormittag schien den Witzbolden der Squadron allmählich die Luft auszugehen. Einer von ihnen hatte versucht, einen »Spruch« aufzustellen, und war deshalb von einem MP scharf zurechtgewiesen worden.
Der »Spruch« hatte gelautet:

WILLKOMMEN IN ALCATRAZ!

Mit Alcatraz war natürlich jene Felseninsel in der Bucht von San Francisco gemeint, auf der sich das berüchtigte Gefängnis bzw. Zuchthaus befand. Nun denn . . .
Die ersten Briefe schrieb man natürlich an die Lieben daheim. Und in einer ganzen Reihe dieser Briefe fand sich, gleichsam unvermeidlich, die Floskel: Wendover ist ein wunderbarer Ort, um davon Abschied zu nehmen.

Uannas Agenten hatten die Squadron infiltriert. Mit Hilfe falscher Papiere »dienten« sie als Köche, als Clerks, sogar bei der Müllabfuhr. Allerdings waren sie keineswegs immer erfolgreich. Captain James Strudwick fand in seinem Quartier einen Mann, der die elektrischen Leitungen überprüfte »und nicht einmal die beiden Seiten einer Steckdose voneinander unterscheiden konnte«. Messeoffizier Charles Perry entdeckte in der Küche zwei Männer, »denen es schwerfiel, Suppenlöffel und Schälmesser auseinanderzuhalten«. Und John King, sogenannter Executive Officer, bemerkte zu seinem Erstaunen »einen Mann in der Arbeitskleidung des Bodenpersonals, der mit einem Schraubenschlüssel absolut nicht umzugehen wußte«.

Doch nicht bei allen Neuankömmlingen handelte es sich um Geheimdienstleute.

Nach einer Reise, die ihn quer durch Amerika geführt hatte, traf Sergeant George Caron in Wendover ein, verschwitzt und durstig. Er trug eine Fliegerjacke mit offenem Kragen, womit gleich ein zweifacher Verstoß gegen militärische Vorschriften gegeben war.

Die Militärpolizisten am Tor stürzten sich denn auch sofort auf den körperlich kleinen Sergeanten. Sie brachten ihn zum Ordonnanzraum des Gebäudes, in dem sich das Hauptquartier befand. Dort begann ein Polizist auf Caron wie wild loszubrüllen.

Plötzlich erklang vom benachbarten Büro eine Stimme, die Caron wohlvertraut war. »Sind Sie das, Bob?«

»Na, klar doch, Colonel.«

Tibbets war einer der wenigen Offiziere, die Caron »Bob« riefen.

»Kommen Sie rein.«

Caron grinste den verblüfften Polizisten an und trat in den angrenzenden Raum. Tibbets und er begrüßten einander wie alte Kumpel.

Bei Tibbets' B-29-Ausbildungsprogramm war Caron einer der Ausbilder gewesen, für die Bordschützen. Jetzt legte der Colonel seine Füße auf den Schreibtisch und begann dem Sergeanten zu erklären, weshalb er ihn hatte kommen lassen.

»Bob, ich brauche einen Mann, der weiß, was er tut — und der das Zeug dazu hat, Männer so auszubilden, daß sie ihm möglichst nicht nachstehen. Und den Mund halten.«

»Colonel«, versicherte Caron mit Nachdruck, »ich werde keiner Menschenseele verraten, daß ich hier bin.«
Tibbets lächelte. Offenbar war er sehr zufrieden, daß die lokkere, unverkrampfte Art, die für ihre dienstlichen Beziehungen früher charakteristisch gewesen war, nach wie vor bestand. Daß er im Begriff stand, einen »einfachen Sergeanten« ins Vertrauen zu ziehen, während so viele Offiziere der Einheit nach wie vor nicht wußten, worum sich das Ganze überhaupt drehte, kam ihm in keiner Weise ungewöhnlich vor. Es war nun einmal die Art und Weise, wie er Dinge zu handhaben pflegte. Als erstes befaßte er sich mit jenen Männern, die er kannte und denen er vertraute: Sie hatten sich bereits bewährt. Was jene Privilegien betraf, die der Dienstrang mit sich brachte, so waren sie in Tibbets' Augen sehr begrenzt — das Anrecht auf sein Vertrauen mußten sich Männer erst erwerben.
Bei der Durchführung des sogenannten B-29-Programms hatte es, zumal von seiten Außenstehender, bissige Kommentare gegeben. Man sprach von »Tibbets' privater Luftwaffe«. Doch derartige kritische Bemerkungen tat Tibbets mit einem Schulterzucken ab. Und es war sein fester Vorsatz, in Wendover auf genau die gleiche Art zu verfahren — wozu unter anderem auch seine Methode gehörte, in allen Fällen, wo es ihm ratsam schien, einen *Nicht*-Offizier anstelle eines Offiziers ins Vertrauen zu ziehen.
Er sah nicht voraus — und konnte wohl auch nicht voraussehen —, daß er mit dem Bemühen, aus *seinen* Vertrauensleuten unter den Offizieren *und* den Nicht-Offizieren der 393. Squadron einen schlagkräftigen Kern zu formen, nicht nur auf Kritik stoßen würde, sondern auch auf erbitterte Ressentiments.
Nach dem Mittagessen mußte die Squadron auf dem sogenannten Appellplatz des Lagers Aufstellung nehmen. In der Mitte befand sich ein Lastwagen, auf dessen hinterer Ladefläche Tibbets stand.
Es war das erste Mal, daß er seine neue Einheit versammelt sah. Übermäßig beeindruckt konnte er kaum sein. Allzu angestrengt versuchten die Männer, lässig zu wirken — so wie sie es bei Alan Ladd in vielen Filmen gesehen hatten. In seinen Augen wirkten sie ganz unverkennbar »grün«. Die meisten Offiziere schienen Anfang zwanzig zu sein. Die Nicht-Offiziere waren in der Regel zweifellos noch jünger. Für seinen

Blick hoben sich Ferebee und Caron deutlich von den anderen ab. Sie wissen, worum es geht, dachte Tibbets, die übrigen tun nur so.
Jener Offizier dort, der so stocksteif dastand, gleichsam bis aufs I-Tüpfelchen vorschriftsmäßig und »schneidig« gekleidet, das mußte John King sein, der Exec. Officer. Classen hatte Tibbets über ihn berichtet. King war Berufsoffizier. Ein Rauhbein womöglich, hatte Classen gemeint, doch jedenfalls ein anständiger Kerl. Einen solchen Mann brauchte die Einheit, nach dem zu urteilen, was in Uannas Akten stand.
Wenn die »393er« später von diesem Tag sprachen, so waren sie sich jedenfalls in einem Punkt einig: Als er so da oben auf dem Lastwagen stand, wirkte Tibbets »wie ein ganz harter Hund, mit dem wahrhaftig nicht gut Kirschenessen war«.
Einer der Offiziere dürckte es besonders anschaulich aus: »Also man hatte so das Gefühl — beim geringsten Mist, den wir bauten, würde er uns mit Vergnügen zum Frühstück rösten und die Überreste im Küchenherd verfeuern.«
Beser dachte: Dies ist der Mann, mit dem ich in den Krieg ziehen möchte. Plötzlich fühlte der Radaroffizier Tibbets' starren Blick auf sich, und er straffte sich unwillkürlich. Hätte ich mir, dachte er auf einmal, das Käppi doch nicht gar so verwegen aufgesetzt.
Eines hatten die »Kommandos«, die Tibbets bisher für sich verbuchen konnte, den Colonel gelehrt: eine Art Grundgesetz, einen Trick — überaus wirksam war es, Leute zu verblüffen, sie durch etwas Unerwartetes aus dem Gleichgewicht zu bringen.
»Ich habe euch angesehen. Ihr habt mich angesehen. Ich glaube nicht, daß ich von euch allen *restlos* begeistert sein werde. Aber wer hier bleibt, der sitzt *restlos* mit mir fest.«
Dies war auch für Caron ein *neuer* Tibbets. Und mit seinen Nebenleuten teilte er die plötzlich überall aufkommende Anspannung.
Tibbets fuhr fort.
»Sie alle sind hier, um an einer ganz besonderen Aufgabe mitzuwirken. Wer nicht ausgesiebt wird, kommt nach Übersee.«
Von den hinteren Gliedern scholl gedämpfter Jubel. Mit einem einzigen Blick hatte Tibbets die Leute wieder in der Gewalt.

»Dies ist kein Football-Spiel. Sie sind hier, um an einem Unternehmen teilzuhaben, das den Krieg beenden könnte.«

Diesmal wartete er, bis das anschwellende Stimmengemurmel ganz von selbst abklang. Er wußte es: Jetzt *hatte* er sie.

»Fragen Sie nicht, um was für einen Job es sich handelt. Das ist so ziemlich die sicherste Methode, um von hier versetzt zu werden. Stellen Sie keinerlei Fragen. Und *beantworten* Sie auch keine Fragen, die von Leuten gestellt werden, die mit unserer Sache hier nicht direkt zu tun haben. Befolgen Sie präzise, was Ihnen gesagt wird, wenn es Ihnen gesagt wird — und Sie werden keine Schwierigkeiten haben.

Mir ist bewußt, daß manche von Ihnen ziemlich neugierig sind wegen all der Sicherheitsvorkehrungen hier. Vergessen Sie das. Es gehört zu den Vorbereitungen für das, was kommen wird. Ohne Paß kann niemand ein Sperrgebiet betreten. Wenn Sie Ihren Paß verlieren, so müssen Sie mit einer Verhandlung vor dem Kriegsgericht rechnen.

Erwähnen Sie keinem Menschen gegenüber diese Basis hier. Das bezieht alle mit ein, Ihre Familie, Ihre Frauen, Ihre Geschwister, auch Ihre Freundinnen.«

Eine geradezu tödliche Pause folgte, als er jetzt schwieg. Er erinnerte sich an einen Ratschlag, den ihm seine Mutter gegeben hatte — vor vielen Jahren, als er Offizier geworden war. Mitunter werde er sicher streng durchgreifen müssen, doch er solle stets versuchen, auch die andere Seite seines Charakters nicht zu kurz kommen zu lassen: jene, die voller Verständnis für die Mitmenschen war.

»Es wird für keinen von uns leicht werden. Aber wir werden Erfolg haben durch unsere Zusammenarbeit. Andererseits: Lauter Plackerei und überhaupt kein Vergnügen, das macht ja nun wirklich keinen Spaß. Und deshalb sage ich, daß Sie alle mit sofortiger Wirkung Anrecht auf einen vierzehntägigen Urlaub haben. Viel Spaß dabei.«

Classen war bereits im Begriff, die Squadron wegtreten zu lassen, als Tibbets noch einmal sprach.

»Falls sich irgendeiner von Ihnen versetzen lassen möchte, so ist mir das sozusagen von vornherein recht. Melden Sie sich nur.«

Er wartete.

Niemand meldete sich.

»Freut mich«, sagte Tibbets. »Freut mich wirklich.«

Am Nachmittag verließen die Männer bereits das Lager. Und nicht wenige wunderten sich, weshalb man ihnen einen Zwei-Wochen-Urlaub gegeben hatte, falls es sich bei ihrer Mission *wirklich* um etwas handelte, das den Krieg beenden konnte. Gar nicht wenige meinten, Tibbets habe bei ihnen nur »Eindruck schinden« wollen.
Lieutenant Eugene Grennan, der zu Eatherlys Mannschaft gehörte, war der Meinung, daß das ganze Gerede über Sicherheitsvorkehrungen »Blödsinn« sei. Die Startbahn entlangschreitend, hatte er einen Hangar gesehen, dessen Tor offenstand. Er spähte hinein, »und dort war diese deutsche V-1-Rakete«.
Nicht ohne Triumphgefühl befand Grennan, die Squadron werde gewiß nach Europa verlegt, »um die Nazi-Raketenbasen auszuradieren«.
Die Rakete, die er gesehen hatte, war eine Nachbildung aus Sperrholz, und das Hangartor hatte man absichtlich offen gelassen — eine von Uanna ausgedachte Falle. Wenige Minuten, nachdem Grennan »den Köder geschluckt« hatte, war dies dem Geheimdienstchef von einem Agenten gemeldet worden. Doch Uanna ließ sich Zeit, soweit es Grennan betraf. Für ihn galt es zunächst, noch andere Schlingen zu legen.
Der Navigationsoffizier Russell Gackenback traf in Salt Lake City ein und wurde von einem Mann im Unteroffiziersrang gefragt, ob Wendover das »Hauptquartier der Silverplate-Einheit« sei. Gackenback hatte noch nie etwas von *Silverplate* gehört. Doch er hatte den Verdacht, daß es sich um eine Falle handelte, und warnte den Unteroffizier, daß »solche blöden Fragen uns beide vors Kriegsgericht bringen können«.
Gackenback war heil durch Uannas Hinderniskurs gekommen. Andere hingegen blieben darin hängen.
Zwei Leute im Unteroffiziersrang wurden in einem Hotel in Salt Lake City von einem Offizier angesprochen. Er erzählte ihnen, er sei im Begriff, sich der 393. anzuschließen — um was für eine Einheit es sich da wohl handle? Höflich berichteten ihm die Männer, was sie wußten oder zu wissen glaubten. Der Offizier bedankte sich bei hnen. Als die so redseligen Unteroffiziere dann zwei Stunden später in den Zug stiegen, der sie nach Hause bringen sollte, wurden sie von Militärpolizisten aufgehalten und zur Basis zurückgefahren. In Tibbets'

Büro sahen sie sich plötzlich wieder dem bewußten Offizier gegenüber. Es handelte sich um einen Agenten des Manhattan Projekts. Und das, was dann folgte, war nur konsequent: Sozusagen im Handumdrehen wurden sie versetzt, und zwar nach Alaska.
Grennan erreichte den Union Square, Chicago, bevor die Falle für ihn urplötzlich aufschnappte. Dort begegnete er einem alten Freund aus College-Zeiten. Grennan erzählte ihm von »dieser verrückten Sache in Wendover«. Sein Freund hörte aufmerksam zu. Schließlich trennten sie sich. Als Grennan zu Hause eintraf, erwartete ihn ein Telegramm, das ihn sofort zur Basis zurückbeorderte. Dort ließ Uanna den jungen Flieger gleichsam kielholen — wegen seiner Geschwätzigkeit. Bei seinem Freund hatte es sich um einen »Projekt-Agenten« gehandelt. Das einzige, was Grennan vor einer Strafversetzung bewahrte, war sein sogenannter Flugrekord. Danach wurde aus ihm einer der am meisten »sicherheitsbewußten« Männer in der ganzen Squadron.
Weitere fünf Angehörige der 393. verfingen sich in den Netzen von Uannas Agenten. Sie wurden gleichfalls nach Alaska versetzt. Nichts, was sie bisher geleistet hatten, konnte sie davor bewahren.
Am Spätnachmittag telefonierte Groves mit Tibbets. Er wollte wissen, weshalb die Squadron in Urlaub geschickt worden sei. Er erhielt die Antwort, die Sicherheitsoperation sei jetzt in Aktion.
Die beiden Männer hatten einander in Washington kurz kennengelernt. Damals war sich Tibbets unbehaglich des ungeheuren Drucks bewußt gewesen, unter dem der »Projekt-Chef« stand. Jetzt schien Groves geradezu überreichlich Zeit für ein Gespräch zu haben. Er versicherte, die neuen B-29 würden bald verfügbar sein, und erinnerte Tibbets daran, daß »die Welt Ihnen gehört«.
Dies war Groves, wie er charmanter kaum sein konnte. Urplötzlich jedoch wechselte er die Stimmung. Er sprach von den Wissenschaftlern, die schon sehr bald in Wendover eintreffen würden. Es handle sich um erstklassige Männer. Allerdings begriffen sie wenig von der militärischen Seite der Dinge. Deshalb sei es das beste, wenn Tibbets sie nicht »in ungebührlichem Maße« über das Trainingsprogramm informieren würde.

Zum erstenmal wurde sich Tibbets jener internen Streitereien bewußt, die das Projekt zu beeinträchtigen begannen.
Groves wünschte, daß von der Beteiligung der Army Air Force nur wenige Wissenschaftler wußten — und zwar nur jene, von denen ihm bekannt war, daß sie seinen Standpunkt teilten: Die Bombe müsse so schnell wie möglich produziert werden. Jene, die dagegen irgendwelche Einwände vorbrachten, sah er als Wirrköpfe an, die sich von ihrem eigentlichen Gebiet, der Wissenschaft, in die politische Arena begaben. Er witterte gleichsam, daß diese »Langhaarigen« — sollten sie sich der Tatsache bewußt werden, daß es jetzt eine Streitmacht gab, um die Bombe abzuwerfen — noch heftiger und nachdrücklicher protestieren würden.
Tibbets gegenüber drückte er das allerdings anders aus. »Colonel, über das, was Leute nicht wissen, können sie auch nicht reden. Und das ist für die Sicherheit gut.«

Beser erhielt Befehl, die Basis nicht zu verlassen. Er habe, so war ihm von Tibbets bedeutet worden, schon bald »wichtige Besucher« zu erwarten.
Als der Radaroffizier eine Frage zu stellen versuchte, »traf mich aus den Augen des Colonels ein eiskalter Blick; also hielt ich den Mund, ging in mein Quartier und wartete«.
Wenn Tibbets sich so verschlossen gab, dann hatte das seinen Grund. »Ich wollte Beser — und auch allen sonst in der Einheit — klarmachen, daß mit mir nicht zu spaßen war.«
Jetzt, am späten Abend, fanden Tibbets und Ferebee endlich Zeit, sich zum ersehnten Wiedersehensgespräch zusammenzusetzen.
Ferebee war größer als Tibbets und von lässiger Eleganz. Zweifellos hätte er sich, vom Äußeren her, in einem Kriegsfilm für die Rolle des Helden geeignet. Seine Oberlippe zierte ein sogenanntes R.A.F.-Bärtchen, das ihn älter aussehen ließ, als er war: 24 Jahre.
Nicht weniger als 63 Feindflüge kamen auf sein Konto, 20 mehr, als Tibbets für sich verbuchen konnte. Was ihre Einstellung zum Krieg betraf, so war sie identisch: eine lausige Angelegenheit, bei der die Devise nun einmal lautete: Töten oder getötet werden.
In Europa waren sie gemeinsam geflogen. Gemeinsam hatten sie auch erlebt, wie man sich fühlte, wenn man einen Treffer

abbekam. Sie kannten die Bedeutung des Wortes »Angst«, und damals waren sie auch enge Freunde geworden. Zum letztenmal hatten sie einander vor fast einem Jahr gesehen, doch mit Genugtuung registrierte Tibbets, daß die alte Bindung zwischen ihnen zweifellos noch bestand.
Sie sprachen über Vergangenes: über englische Flugplätze, von denen sie gestartet waren, von französischen Städten unter deutscher Besatzung, die sie bombardiert hatten. Sie sprachen auch von jenem Sommertag des Jahres 1942, an dem sie es mit Görings »persönlicher« Staffel gelbnasiger Messerschmitts aufgenommen hatten. Damals war einem der Schützen in ihrem Bomber der Fuß abgeschossen worden, der Copilot hatte eine Hand verloren, und Tibbets war am Arm verwundet worden. Doch Ferebee hatte den deutschen Abbeville-Luftstützpunkt erfolgreich bombardiert, und zwar am Tage. Am Abend bei den 9-Uhr-Nachrichten gab es von der BBC dann eine Meldung über diesen Angriff. Sie erinnerten sich an andere Flieger, an Männer, die gestorben waren, an Männer, die in deutschen Kriegsgefangenenlagern verschwanden, an Männer, deren Schicksal ungewiß war.
Schließlich wandte sich Tibbets der Gegenwart zu.
»Tom, für diesen Job werden wir gute Männer brauchen. Läuft alles wie geplant, so machen wir im Umkreis von zwölf Kilometern von der Einschlagstelle alles dem Erboden gleich.«
Ferebee überlegte, was er sagen sollte.
»Das ist ein ganz schöner Knall, Paul.«
Das war die einzige Bemerkung, die der Bombenschütze machte. Zurückhaltung gehörte zu Ferebees Eigenschaften — zu seinen Vorzügen, wenn man so wollte. Seine Freunde behaupteten, es gebe nur drei Gelegenheiten, bei denen er wirklich einsatzbereit sei: im Kampf, im Pokern und beim Anblick eines hübschen Mädchens.
Tibbets fragte ihn, ob er irgend jemanden wisse, den sie sich noch »für den Job holen« sollten.
»Wie wär's mit ›Dutch‹?«
Theodor »Dutch« van Kirk war in Europa ihr Navigator gewesen. Im Einsatz die Ruhe und Zuverlässigkeit in Person, hatte er gemeinsam mit Ferebee nach Dienst manchmal ganz gewaltig ein Faß aufgemacht. Mitunter war auch Tibbets mit von der Partie gewesen. Nicht ohne ein gewisses nachsichtiges Lä-

cheln beobachtete er, wie seine jüngeren Gefährten ihren ganz speziellen *Blitzkrieg* quer durchs Londoner Nachtleben führten.
Ferebee berichtete, van Kirk befinde sich wieder in Amerika. Er habe geheiratet und sei jetzt in Louisiana stationiert. Tibbets erklärte, er werde den Navigator nach Wendover holen. Bei van Kirk könne er sicher sein, daß die Ausbildung der Navigatoren hier in der richtigen Weise betrieben werde.
»Tom, ich will, daß jede der Crews als Besatzung für ein Führungsflugzeug taugt. Die Leute müssen imstande sein, ein Ziel auch ohne einen Pfadfinder zu finden, der vorausfliegt und Markierungsbomben abwirft.«
Ferebee schlug weitere zwei Männer vor, die Tibbets' Anforderungen entsprechen mochten. Bei dem einen handelte es sich um einen Bombenschützen, Kermit Beahan; bei dem anderen um einen Navigator, James van Pelt. Beide hatten, wie sich von selbst verstand, Ferebee durch ihre Fähigkeiten beeindruckt.
Tibbets versicherte, er werde dafür sorgen, daß auch sie nach Wendover kämen. Dann nannte er die Leute seiner eigenen Wahl, und zwar ausschließlich Männer, die mit ihm beim B-29-Testprogramm gedient hatten. Drei von ihnen waren Piloten: Robert Lewis, Charles Sweeney und Don Albury.
»Lewis«, so erklärte Tibbets, »ist zwar ein bißchen ein wilder Kerl, aber als Pilot eine Naturbegabung; Sweeney, irischer Abstammung, kommt aus Boston und würde eine B-29 durch den Grand Canyon fliegen, wenn du ihm das sagst; und Albury ist so ziemlich der fähigste Fünfundzwanzigjährige, den ich bisher kennengelernt habe.«
Da war noch ein Mann, den er bei sich wissen wollte: Sergeant Wyatt Duzenbury, sein ehemaliger Bordmechaniker.
»Tom, Dooz kann aus Flugzeugmotoren wahre Wunder herauskitzeln, und wenn man in der Klemme sitzt, ist er genau der Mann, den man in einer solchen Situation braucht. Bei einem Motordefekt reagiert er eiskalt. Und bei einem Motorbrand wird er womöglich noch ruhiger und kälter.«
Gegen Ende des Abends hatten Tibbets und Ferebee gemeinsam praktisch all jene Männer ausgesucht, die den ersten atomaren Luftangriff fliegen sollten. Als Tibbets' Copilot kamen zwei Leute in Frage, eigentlich sogar drei: Lewis, Sweeney oder Albury. Van Kirk würde sie zum Ziel navigieren, Ferebee

würde bombardieren. Als Bordschütze war Caron vorgesehen, als Bordmechaniker Duzenbury.
Den übrigen Männern der 393. blieb folglich kaum mehr als eine untergeordnete Rolle. Tibbets nahm sich nicht die Zeit, darüber nachzudenken, wie sie auf eine solche Sachlage wohl reagieren würden.

17. September 1944
Hiroshima-Bucht

Kapitän Mochitsura Hashimoto von der Kaiserlichen Japanischen Kriegsmarine hatte das Probetauchen für 17 Uhr angesetzt. U-Boot I.58 sollte in eine Tiefe von rund hundert Metern hinabgleiten, um den Bootskörper daraufhin zu überprüfen, ob er wasserdicht sei.
I.58 war vier Tage zuvor in Dienst gestellt worden. Jetzt sollte das Boot zum erstenmal getaucht werden. Bereits im Mai hatte Hashimoto es zu Gesicht bekommen, und er war tief beeindruckt gewesen.
Es gehörte zu den Booten der sogenannten I-Klasse und war an Größe und Geschwindigkeit sowie Bewaffnung nahezu jedem U-Boot einer vergleichbaren Klasse — gleich, welcher Nationalität — überlegen. Zwei Dieselmaschinen verbürgten eine Marschgeschwindigkeit bis zu 14 Knoten. Unter Wasser konnte das Boot 7 Knoten erreichen. Der sogenannte Aktionsradius betrug nicht weniger als 15 000 Seemeilen, und ein ganzes Vierteljahr konnte das Boot draußen auf See operieren. Es hatte 6 Torpedorohre (sämtlich zum Bug hin angeordnet) und lud bis zu 19 Torpedos. Diese waren die modernsten, die es auf der Welt gab. Ihr Hauptmerkmal bestand wohl darin, daß sie »blasenfrei« waren: ohne jene verräterische Blasenspur also, welche die Bahn eines abgeschossenen Torpedos verriet. Ein solcher »anlaufender« Torpedo erreichte eine Geschwindigkeit von 58 Knoten. Die Reichweite betrug 5500 Meter. Die Sprengladung hatte ein Gewicht von über 500 kg.
Heute, für das Probetauchen, war der Torpedoraum leer — bis auf die Ratten, die es im U-Boot gab. Alle Versuche, sie zu vernichten, hatten nichts gefruchtet. Doch das war auch das einzige Problem, für das Kommandant Hashimoto keine Lösung gefunden hatte. Ansonsten war er mit allem fertigge-

worden. Die schier endlosen Kämpfe mit der Hafenbehörde, der Technischen Abteilung, dem sogenannten Forschungsbüro — zum Schluß hatten sie sich doch ausgezahlt. I.58 war präzise so ausgerüstet, wie er das wünschte.
Während das Boot gut eine Meile südlich der Stadt durch das Wasser der Bucht von Hiroshima glitt, betrachtete Hashimoto, auf der Brücke stehend, durch sein Fernglas die Kriegsmarine-Akademie auf der Insel Eta Jima. Nichts schien sich verändert zu haben, seit er dort, von 1927 bis 1931, Kadett gewesen war. Drei Jahre später, 1934, kam er dann zu den Unterseebooten — ein Leben, das er liebte. Die Pflicht jedoch wollte es, daß er eine Zeitlang auf Zerstörern und Unterseebootjägern Dienst machen mußte, die vor der chinesischen Küste operierten. Erst 1938 war er sozusagen ein »Vollmitglied« bei der U-Boot-Waffe geworden. Inzwischen hatte er geheiratet, und 1940 brachte seine Frau das erste Kind zur Welt, einen Sohn.
Was die nicht-private Seite seines Lebens betraf, so fand Hashimoto sich gleichsam eingefangen von Ereignissen, die ihn tief bewegten. Er kam zu jenem Sonderverband der Kaiserlichen Kriegsmarine, der die Luftangriffe auf Pearl Harbour zu unterstützen hatte. Als Torpedo-Offizier gehörte er zu einem der fünf U-Boote, welche die sogenannten Zwei-Mann-Kleinst-U-Boote gegen die amerikanische Flotte »in Angriff« setzten. Doch keines dieser Kleinst-U-Boote bewährte sich, keines erreichte sein Ziel. Was Hashimotos Boot betraf, so war es heil davongekommen. Seither hatte er einen recht ereignislosen Krieg verleben können.
Das mißfiel ihm durchaus nicht, ganz im Gegenteil. Als er das erste Mal die Besatzung von I.58 vor sich versammelt sah, erklärte er den Leuten, er erwarte von ihnen kein »sinnloses Heldentum«, sondern Tüchtigkeit.
Viele jener insgesamt 105 Leute — Offiziere wie Mannschaftsdienstgrade — hatte Hashimoto persönlich ausgesucht. Sie hatten gemeinsam mit ihm bereits auf seinem früheren U-Boot gedient. Ihr 35jähriger Kapitän erschien ihnen streng, doch gerecht. Er galt als sehr erfahren und besaß den Ruf, so etwas wie ein »Überlebensspezialist« zu sein.
Einige der Neuankömmlinge waren jung: für Hashimoto ein weiteres Zeichen dafür, daß der Krieg wahrhaft unglaubliche Anforderungen stellte. Doch genau wie die anderen zeigten

sich seine jungen Leute nicht nur eifrig und begierig, sie schienen sich auch im Handumdrehen ihrer Lage anzupassen.
I.58 erreichte jene Stelle, wo es hieß: auf Tauchstation gehen.
Hashimoto kletterte von der Brücke hinab in den Kontrollraum. Mit voller Konzentration beobachtete er die letzten Vorbereitungen zum Tauchen. Die Luft war gleichsam erfüllt von ruhigen Befehlen, Meldungen, dem Klang der Glockensignale.
Die Hauptmaschinen wurden ausgeschaltet, die elektrischen Motoren begannen zu laufen. Jetzt verständigte der Maschinenraum den Kontrollraum: zum Tauchen bereit. Die Ausguckposten kamen unter Deck. Der Wachoffizier drehte das Handrad, das die Turmluke verschloß. Die Anzeiger an den sogenannten Ballasttanks meldeten: »Sämtliche Hauptventile klar.« Der Leitende Ingenieur wandte sich Hashimoto zu und erklärte, das Boot sei tauchbereit.
Hashimoto gab den Befehl.
»Tauchen! Zehn Meter!«
Sorgfältig beobachtete er die Anzeiger. Ein eigentümliches Donnern — eine Art Röhren — ertönte, während die Luft aus den Tauchtanks entwich. I.58 befand sich nicht länger über Wasser. Der Tiefenanzeiger hatte angefangen, sich zu bewegen, langsam zuerst, dann ein wenig schneller. Deutlich hörte man, wie die See draußen gegen den Kommandoturm schlug. Dann erstarb das Geräusch. Die Brücke befand sich unterhalb der Wellen.
Das Dröhnen der Dieselmaschinen war verklungen. Nur die Geräusche der Elektromotoren hörte man noch.
Der »Chief« meldete, das Boot sei auf vorschriftsmäßige Weise getrimmt.
Hashimoto gab die entsprechenden Befehl. I.58 tauchte tiefer. Plötzlich war überall im Boot ein leichtes Vibrieren zu spüren. Der Leitende Ingenieur befahl: »Auf 30 Meter gehen!« Bei einer Tiefe vo etwa 30 Metern befand sich I.58 im Gleichgewicht: in Balance gehalten durch einen präzisen Ausgleich in den Tauch- und Trimmzellen.
Erneut wurden hierbei die potentiellen Leckstellen sowie die Kapazität der Pumpen überprüft. Nirgends zeigten sich irgendwelche Mängel.

Hashimoto befahl: Tiefer gehen. Und die Schwierigkeiten kamen urplötzlich, bei einer Tiefe von über 50 Metern. Große Schwierigkeiten.
Im Torpedoraum hatte sich ein Leck gezeigt. Sofort wurde der gesamte Bereich abgeschottet. Das Boot war vorlastig geworden und ging langsam tiefer. Entsprechend bewegte sich der Tiefenanzeiger.
Hashimoto gab rasch seine Befehle. Der besorgten Gesichter ringsum war er sich wohlbewußt.
Nach Beseitigung des Lecks stabilisierte I.58 seine Tiefenfahrt und begann dann, sehr rasch aufzutauchen. Über Wasser setzten dann, anstelle der Elektromotoren, wieder die Dieselmaschinen ein.
Leise verfluchte Hashimoto die Spezialisten in der Werft. Ihre Nachlässigkeit hätte jetzt ums Haar zur Katastrophe geführt. Die Bucht von Hiroshima war tief. Wäre es hart auf hart gekommen, so hätte die U-Boot-Besatzung kaum eine Chance gehabt, sich aus der Notsituation zu retten. Und jene Furcht, die Hashimoto stets empfand — die entsetzliche Angst, für immer in das U-Boot als eine Art Grabkammer eingeschlossen zu sein —, rief in dem Kommandanten eine geradezu körperliche Übelkeit hervor.
Wenn er schon sterben mußte, so wünschte er sich, daß es in der Schlacht geschah. Die Angehörigen seines Akademiejahrgangs waren inzwischen alle tot, bis auf fünf: Opfer amerikanischer Zerstörer. Heutzutage wurde die Lebenserwartung einer U-Boot-Besatzung nicht mehr in Monaten gemessen, sondern nur noch in Wochen — ohne daß die Arbeiter vom Kure-Hafen diese Frist durch schlampige Arbeit noch weiter verkürzten.
Hashimoto war kein abergläubischer Mensch. Er neigte jedoch zu der Ansicht, daß es »bei allem, was so miserabel anfängt, eigentlich nur noch aufwärts gehen kann«.
Dies war nicht nur eine tröstliche, es war auch eine überaus notwendige Philosophie für einen U-Boot-Kommandanten, der sehr wohl wußte, daß die Chancen seines Überlebens mit jedem Tag sanken. Seine große Hoffnung bestand hierin: Bevor es ihn erwischen würde, bekam er bestimmt eine Chance, ein Feindschiff zu versenken.
An diesem ruhigen Spätsommertag, nur wenige Meilen von Hiroshima entfernt, sah er natürlich nirgends ein Anzeichen

dafür, daß es ihm womöglich gelingen mochte, seinen Wunsch erfüllt zu sehen.
Oder daß er dabei (was er nicht einmal ahnen konnte) das Manhattan Projekt sozusagen bis in seine Grundfesten erschüttern würde.

19. September 1944
Los Alamos

Die unauffällige, olivgrüne Limousine hielt in der Peripherie der schläfrigen Stadt Santa Fe in Neu-Mexiko. Colonel John Lansdale sagte zu Tibbets und Beser, sie sollten ihre Air-Force-Embleme ablegen. Als Erklärung fügte er (eigentlich überflüssigerweise) hinzu: »Sicherheit.«
Nun, der sogenannte Sicherheits- oder auch Abwehrchef war hochzufrieden, daß er es mit Tibbets und Beser zu tun hatte. Die beiden waren militärische Disziplin gewohnt. Ganz anders als jene Wissenschaftler, welche die Agenten mit ihren kindlichen, um nicht zu sagen kindischen Spielchen plagten. Einem Physiker war es, wie auch immer, in einem Büro in Los Alamos gelungen, einen Schrank von höchst geheimen Akten zu öffnen. Er hatte jenes Papier, welches atomare Geheimnisse der allerhöchsten Geheimhaltungsstufe enthielt, oben auf den Schrank gelegt, und auf dem Papier standen die Worte: »Na, ratet mal, wer!«
Beser fühlte sich von den Ereignissen viel zu sehr überwältigt, als daß er irgendwelche Gedanken für derartige »Spielchen« gehabt hätte. Erst einen Tag zuvor war er in Tibbets' Büro gerufen worden — und hatte die Namen der wichtigen Besucher sofort erkannt: Norman Ramsey und Robert Brode waren Physiker, deren Abhandlungen er als Student gelesen hatte. Nun befragten sie ihn eine ganze Stunde lang über seine Studienzeit sowie über seine Kenntnisse als Radarspezialist. Schließlich versicherte Brode Beser, er sei »für den Job zu brauchen, unter der mehr oder minder stillschweigenden Voraussetzung, daß mein Leben notfalls geopfert werden könne«.
Was für eine Art »Job« für ihn denn überhaupt vorgesehen sei, hatte Beser bisher niemand gesagt. Er seinerseits war viel zu klug, um da irgendwelche Fragen zu stellen.

An diesem Morgen war er in aller Frühe mit Tibbets in südlicher Richtung geflogen, von Wendover nach Albuquerque, Neu-Mexiko. Lansdale fuhr sie im Auto nach Santa Fe. Und wieder warnte er sie.
»Mit der Air Force habt ihr überhaupt nichts zu tun. Den Namen Wendover habt ihr noch niemals gehört. Gebt von euch aus nichts preis von dem, was ihr wißt.«
Sie kamen in die Stadt, hielten vor einem offenbar jahrhundertealten schmiedeeisernen Tor: Durch die Stäbe blickte man auf einen Innenhof von spanischem Stil.
Zwei Jahre lang hatte dieser Patio einer Gruppe weltberühmter Physiker als Treffpunkt gedient. Hier erhielten all jene Männer und Frauen Kaffee und Doughnuts und tröstende Worte von der mütterlichen Dorothy McKibben, die im »Hauptgeheimzentrum« des Manhattan Projekts als eine Art »Frontbüro-Rezeptionistin« agierte — im sogenannten Site Y, Los Alamos.
Im Patio wartete bereits Norman Ramsey, um Tibbets und Beser zu begleiten. Er schärfte ihnen ein, ja niemanden mit »Doktor« oder »Professor« anzureden.
»Aus Sicherheitsgründen«, sagte Beser mit ernstem Gesicht.

Aus zwei Gründen war die Wahl auf Los Alamos gefallen, als es ein Atomforschungszentrum einzurichten galt: Zum einen lag es weit genug von aller Zivilisation entfernt, um somit von vornherein elementare Sicherheitsbedingungen zu erfüllen (soweit das eventuelle feindliche Spionage betraf), und zum anderen konnte — aus prinzipiell dem gleichen Grunde — wegen der eher spärlichen Zivilbevölkerung kein allzu großer Schaden entstehen, falls ein Atomexperiment (samt unvermeidlicher atomarer Strahlung) einmal fehlschlagen sollte.
Der erste Eindruck, den Tibbets erhielt, war enttäuschend. Seiner Meinung nach hätte »der Geburtsort der eigentlichen Bombe mehr fabrikmäßig wirken müssen«.
Was er sah, war ein Haufen von Gebäuden, die sich auf einem flachen Tafelland befanden, einem Teil des Plateaus der Jemez-Berge. Mit über 3000 Metern über dem Meeresspiegel war die Höhe in der Tat beträchtlich. Unweit davon befand sich ein Canyon sowie ein Nadelwald. Im Canyon konnte man deutlich die — verlassenen — Höhlen der Indianer sehen.

Nicht weniger als 6000 Wissenschaftler und Techniker mit ihren Frauen und Kindern lebten jetzt hier hinter hohen Drahtzäunen. Beser hatte das Gefühl, ein Konzentrationslager vor sich zu sehen. Und auch als sie dann im Camp waren, wich dieser bedrückende Eindruck nicht. Viele der Gebäude waren offenbar in aller Eile errichtet worden. Nicht der Wohnkomfort der künftigen Bewohner war das entscheidende Kriterium gewesen, sondern ganz einfach die Schnelligkeit, mit der man dergleichen aus dem Boden stampfen konnte. Genau wie in Wendover gab es Bereiche, wo sich die Hinweise fanden: ZUTRITT VERBOTEN oder auch: ZUTRITT STRENG VERBOTEN.

In seinem Büro wartete bereits Robert Oppenheimer auf sie, jener scheu und eher zierlich wirkende theoretische Physiker, welcher der wissenschaftliche Leiter des Manhattan Projekts war. Er begrüßte sie freundlich, zeigte sich jedoch Lansdale gegenüber eher reserviert.

Seit Monaten spielte der Abwehrchef mit Oppenheimer Katz und Maus, und zwar wegen früherer Verbindungen des Wissenschaftlers zu verschiedenen kommunistischen Organisationen, seiner finanziellen Unterstützung linker Gruppen und seiner Freundschaft mit sogenannten »Sympathisanten«. Oppenheimer war ein Produkt seiner akademischen Herkunft: In diesen Kreisen galt ein gutgläubiges Eintreten für das sowjetische Utopia als »in«. In orientalischer Literatur bewandert, ein Ästhet, der die Gewalttätigkeit des Krieges verabscheute, stand Oppenheimer seit dem 15. März 1943 unter Observation.

Er wurde beschattet, man kontrollierte seine Post, hörte seine Telefongespräche ab, und — wie Lansdale später zugab — »alle möglichen Gemeinheiten wurden verübt, um ihn im Auge zu behalten«.

Groves selbst hatte Oppenheimer ins Verhör genommen, und er zeigte sich befriedigt darüber, daß »dieser engste und unentbehrlichste Mitarbeiter« alle Fäden zu seiner wenig erbaulichen Vergangenheit abgeschnitten hatte.

Deshalb hatte er auch befohlen, die Überwachung seines wissenschaftlichen Leiters aufzuheben.

Aber Lansdale ignorierte den Befehl. Noch immer plagten seine Agenten den brillanten, politisch allerdings recht naiven Oppenheimer.

Sie hielten den falschen Mann unter Beobachtung.

Nachdem sich an diesem Morgen Beser und Lansdale zu Ramseys Labor aufgemacht hatten, sagte Oppenheimer kurz zu Tibbets:
»Es ist wohl besser, wenn Sie alles wissen.«
Jetzt wurde vor den Augen des Fliegers gleichsam die Büchse der Pandora geöffnet.
Hier in Los Alamos, begann Oppenheimer, seien Männer dabei, in eine unbekannte Welt einzudringen. Und sie stellten sich selbst Fragen wie etwa: »Was ist Materie?« oder: »Wie kurz kann eine ›kurze Zeit‹ sein?« Hier sprach man von Tausenden von Tonnen Energie, als sei Energie etwas, das man wiegen könne. Und man sprach auch von einer tausendstel, ja, millionstel Sekunde, während man nach Möglichkeiten suchte, die Zeit fast zu einem Nichts schrumpfen zu lassen. Man stritt sich über die Vor- und Nachteile der verschiedenen Methoden, Uran 235 von Uran 238 zu trennen. Was an U-235 produziert wurde, ließ sich in Fingerhüten messen.
Außerdem beschäftigten sich diese Männer mit der Erforschung der besonderen Natur einer Kettenreaktion, wozu auch das einzigartige Problem des »kritischen« Wertes gehörte. Wie, so lautete im Grunde die Frage, brachte man zwei Stück Uranium 235 so zusammen, daß zur richtigen Zeit eine Atomexplosion bewirkt wurde?
Oppenheimer umriß das Problem mit wenigen Worten. »Zeit. Das ist das Problem, Colonel. Die Zeit muß stimmen. Wenn wir das erfolgreich gelöst haben, dann beginnen Ihre Probleme.«
Der Wissenschaftler lächelte Tibbets freundlich an. »Probleme wird's wahrscheinlich geben bis zu dem Augenblick, wo die Bombe explodiert.«
Ohne auf die ungeheure Vielfalt all jener Details einzugehen, mit denen man sich während der langen Forschungsarbeiten hatte beschäftigen müssen, erklärte Oppenheimer in Kürze, wie man eine Uranbombe zu bauen gedachte. Ein praktikabler Mechanismus müsse entwickelt werden, der die beiden Stücke U-235 so rasch miteinander in Kontakt bringe, daß ihre vereinte Masse den kritischen Punkt erreiche und detoniere. Die Menge des zu verwendenden Uranium 235, die Größe der beiden Teile, die Geschwindigkeit, mit welcher sie kollidieren müßten, das Ausmaß der Neutronenstrahlung durch die Kettenreaktion — all das seien, erklärte Oppenhei-

mer, nur einige der Fragen, auf die es eine Antwort zu finden gelte.
Er erhob sich und bat Tibbets, ihm zu folgen. Sie gingen zu einem benachbarten Gebäude, das keinerlei Aufschrift zeigte, nur das Schild:

ZUTRITT
STRENGSTENS
VERBOTEN

Hier arbeiteten Captain Parsons und sein Team an dem Problem, wie sich bewerkstelligen ließ, daß die Bombe in einer vorherbestimmten Höhe über dem Ziel explodierte.
Oppenheimer erklärte, beim ersten atomaren Luftangriff werde Parsons voraussichtlich »dabei« sein.
»Gut. Wenn irgendwas schief geht, kann ich Ihnen das in die Schuhe schieben«, sagte Tibbets leichthin.
»Wenn was schief geht, Colonel«, erwiderte Parsons trocken, »sind wir beide nicht mehr da, um noch für was verantwortlich gemacht zu werden.«
Er beschrieb Tibbets eine der Experimentierapparaturen, die man gebaut hatte, um die Theorie vom kritischen Wert – bzw. von der kritischen Masse – zu testen. In die Apparatur kam ein Stück Uranium, das wie ein Doughnut geformt war – also etwa wie ein breitgequetschter Pfannkuchen mit einem Loch in der Mitte. Durch dieses Loch ließ man ein zweites Stück Uranium fallen. Für den Bruchteil einer Sekunde schien sich etwas zu bilden, das beide Stücke *beinahe* zur kritischen Masse vereinte. Es war ein überaus gefährliches Spiel. Man nannte es »dem Drachen den Schwanz verdrehen«.
Parsons gab Tibbets weitere Erklärungen über den Mechanismus der Bombe.
»Sie ist so konstruiert, daß die beiden ›subkritischen‹ Stücke erst in dem Augenblick zusammenkommen, wo die Bombe über dem Ziel explodieren soll. Die beiden Stücke vereinigen sich dann zur kritischen Masse, und die Kettenreaktion wird in Gang gesetzt. So jedenfalls lautet die Theorie. Doch ob die Bombe auch funktioniert, werden wir erst in dem bewußten Augenblick wissen.«
Die ruhige Art, in der Parsons von einem möglichen Fehlschlag sprach, imponierte Tibbets. Und so war er eigentlich recht froh, daß dieser so überaus beherrscht wirkende Mari-

neoffizier den Angriff mitfliegen sollte. Er fragte Parsons, wie man denn die beiden Stücke U-235 zusammenbringen wolle.
Parsons erwiderte, im Inneren gliche die Bombe ganz simpel »einer guten alten Kanone, so ein Ding mit einem Kaliber von etwa fünf Zoll mit einem sechs Fuß langen Rohr. Befindet sich die Bombe nach dem Abwurf auf dem Wege zum Ziel, so wird ein Stück U-235 durch das Rohr gefeuert und trifft auf ein zweites Stück Uranium, das sozusagen an der Mündung befestigt ist.«
»Und wenn's nicht funktioniert?« beharrte Tibbets.
»Dann gibt's im Zielgebiet vermutlich so etwas wie eine hübsche Delle, und die Tüfteleien am Reißbrett fangen wieder an«, erwiderte Parsons.
Um einen solchen Fehlschlag zu vermeiden, erklärte Oppenheimer, solle Tibbets' Einheit während der kommenden Monate Testbomben abwerfen. Mit Hilfe solcher Probeabwürfe könnten sich die Wissenschaftler darüber klar werden, welche Form der Bombenkörper haben müsse, und gewiß auch, wie der Annäherungszünder zu funktionieren habe, der die Explosion der Bombe in einer bestimmten Höhe über dem Ziel in Gang setzte.
Bislang hatte es mit solchen Zündern allzu viele Probleme gegeben.

Während dieser Besichtigungstour durch Los Alamos hatte Tibbets immer wieder Gelegenheit, über Oppenheimer erstaunt zu sein. Am Spätnachmittag schritten sie gemeinsam wieder einmal einen Korridor entlang, vorbei an Räumen, die einander alle aufs Haar zu gleichen schienen. Durch geöffnete Türen sah man schwarze Wandtafeln, mit Formeln bedeckt. Die Leute, die dort arbeiteten, hantierten mit Rechenschiebern und Logarithmentafeln.
Plötzlich blieb Oppenheimer stehen. Mit leicht vorgerecktem Kopf glich er einem Hund, der Beute wittert. Er drehte sich herum und betrat ein Büro.
Drinnen saß ein Mann auf einem Holzstuhl. Die Schultern vorgekrümmt, starrte er auf eine Wandtafel. Er war unrasiert und machte überhaupt einen unordentlichen Eindruck.
Tibbets fragte sich unwillkürlich, ob das vielleicht der Hausmeister sei, der die Nacht zuvor durchgefeiert habe und nun auf eigene Faust Pause mache.

Lautlos stellte sich Oppenheimer hinter den Mann. Gemeinsam starrten sie auf die Wandtafel mit ihrem Gewirr von Gleichungen.
Oppenheimer trat an die Tafel und wischte einen Teil einer Gleichung weg. Der Mann auf dem Stuhl bewegte sich noch immer nicht.
Rasch füllte Oppenheimer den freigewordenen Raum an der Tafel mit einer Anzahl neuer Zeichen.
Der Mann auf dem Stuhl rührte sich nicht.
Oppenheimer fügte ein letztes Symbol hinzu.
Plötzlich sprang der Mann wie elektrisiert auf und rief: »Seit zwei Tagen habe ich nach dem Fehler gesucht!«
Oppenheimer lächelte und verließ das Büro von Enrico Fermi, Mitbegründer und einer der genialsten Köpfe der Kernphysik, der sich nun glücklich wieder an seine Arbeit machte.

Beser genoß »den phantastischsten Tag in meinem Leben«. Er hatte ein Dutzend berühmter Wissenschaftler kennengelernt und auch Gelegenheit gehabt, mit ihnen zu sprechen: Männer, welche die Helden seiner Jugendzeit gewesen waren.
Zu jenen, die ihm in ihre Arbeit Einblick gewährten, gehörten Hans Bethe und Ernest O. Lawrence. Sie erzählten ihm von der sonderbaren Art von »Kanonen«, die sie konstruiert hatten und für die sie gleichsam »atomare Kugeln« verwandten. Feuerte man die Kugeln gegeneinander ab, so verschlangen sie sich beim Zusammentreffen gleichsam gegenseitig. Dieses Phänomen, so erklärten sie, lasse sich hoffentlich für die Erzeugung einer Atomexplosion nutzbar machen. Die Temperaturen, die sie zu erzielen hofften, würden ein Licht hervorrufen, »heller als tausend Sonnen«.
Ramsey umriß die Rolle, die der Radaroffizier bei dem Unternehmen spielen sollte. Beser würde darin geschult werden, Feindradar zu überwachen, damit er erkennen konnte, ob man versuchte, auf diese Weise den komplizierten Mechanismus der Bombe zu stören oder gar zu vernichten. Um zu begreifen, wie so etwas geschehen konnte, mußte Beser lernen, womit sich nur wenige der beteiligten Wissenschaftler auskannten — die genaue Art und Weise, wie der Zündmechanismus arbeitete, wozu nicht zuletzt auch das eingebaute Mini-Radarsystem gehörte.
An diesem ersten Tag schien sich niemand darüber Sorgen zu

machen, er könne Beser womöglich zuviel erzählen. Sie überschütteten ihn geradezu mit Informationen, »so daß ich wie in einem Strudel aus wissenschaftlichem Vokabular versank«.
Abgesehen von einer gewissen Sorglosigkeit, mochte es durchaus einen besonderen Grund haben, daß die Wissenschaftler so offen mit diesem jungen Mann sprachen, der an seiner Uniform das glänzende neue Abzeichen des Corps of Engineers trug. Es war eine Möglichkeit, den Abwehrleuten mit all ihren Sicherheitsmaßnahmen ein Schnippchen zu schlagen. Einer der Wissenschaftler sprach es Beser gegenüber sogar mehr oder minder unverhohlen aus: Wenn er mit dem jungen Man ein Geheimnis teile, so sei es ja kein Geheimnis mehr. »Und was können die von der Abwehr dann sagen?«
So manchem der Wissenschaftler bereitete es zunehmend Vergnügen, gegen das aufzubegehren, was in ihren Augen absolut restriktive neue Sicherheitsmaßnahmen waren, in Kraft getreten nach Niels Bohrs Besuch bei Roosevelt.
Fast täglich konnte man Bohr darüber klagen hören, daß er seit seinem fruchtlosen Besuch im Weißen Haus nicht mehr wie ein Partner bei einem Forschungsprojekt behandelt werde, sondern eher wie eine Art Geheimwaffe. Es war ihm zuwider, weiterhin den Decknamen »Nicholas Baker« gebrauchen zu müssen. Auch mißfiel es ihm, daß er Enrico Fermi »Henry Farmer« zu nennen hatte. Und das Vergnügen, das die beiden Decknamen »Relief« und »99« Groves zu bereiten schienen, fand er schlichtweg kindisch.
Bohr, so jedenfalls drückte es einer der verärgerten Sicherheitsbeamten aus, »fing an, einem auf die Nerven zu gehen«.
Doch seine Anwesenheit war für das Projekt von entscheidender Bedeutung. Groves gab Anweisung, Bohrs Unmutsäußerungen zu tolerieren.
Dennoch war immer weniger zu spüren von jener Atmosphäre ruhiger Vernunft und rückhaltloser Bereitwilligkeit zur Zusammenarbeit, welche die Forschungsarbeiten in Los Alamos früher charakterisiert hatte. An ihre Stelle traten in wachsendem Maße Mißtrauen und Feindseligkeit.
Einige der radikaleren Wissenschaftler erfanden ein neues Spiel, um die Sicherheitsbeamten zu ärgern: Sie verkehrten miteinander in einer Art »Pidgin«-Russisch, was die Agenten ebenso verblüffte wie erboste.

Keiner von ihnen wußte, daß die Russen inzwischen viele Geheimnisse des Projekts kannten: eine Folge des Verrats von Mitarbeitern hier in Los Alamos — von Männern, denen man vertraute. Diese Leute waren besonders gefährlich, weil sie nicht für Geld Verrat begingen, sondern aus ideologischen Gründen.
Spät am Abend wurde Beser mit einem mürrisch wirkenden jungen Techniker namens David Greenglass bekannt gemacht. Niemand ahnte zu diesem Zeitpunkt, daß Greenglass gerade die erste Kopie gestohlen hatte — die erste von vielen, die noch folgen sollten: darunter schließlich auch eine schematische Zeichnung von einer Spezialvorrichtung zur Zündung der Plutoniumbombe, die gleichzeitig mit der Uranbombe entwickelt wurde. Diese Skizze bzw. Skizzen fanden ihren Weg nach Rußland mit Hilfe eines sehr effizienten Spionageringes, den die Sowjets innerhalb von Los Alamos hatten aufbauen können. Der Lohn, den Greenglass schließlich für seinen Verrat empfing, bestand in einer lumpigen Summe — wenige hundert Dollar.
Beser meinte später, er habe Greenglass vermutlich bei dessen Spionagetätigkeit gestört.
Als der Radaroffizier Greenglass verließ, war es dunkel. Mit Mühe gelangte er zu dem kleinen Gästehaus, das für Besucher vorgesehen war. Er öffnete die Eingangstür — und blieb wie angewurzelt stehen. Auf einer Couch, einen Drink in der Hand, rekelte sich eine attraktive Brünette — splitternackt. Sorgsam stellte sie ihr Glas ab und erhob sich.
»Kann ich Ihnen helfen?« In ihrer Aussprache schlug, nicht sehr stark, kaum vernehmbar, ein deutscher Akzent durch.
Die Brünette war Katherine Oppenheimer, Gattin des wissenschaftlichen Leiters. Mit vierzehn Jahren hatte sie Deutschland verlassen. Zu ihren Verwandten gehörte auch der Nazi-General Keitel.
»Ma'am, ich bitte um Verzeihung . . .«
Beser wurde über und über rot, geriet ins Stottern, verstummte. Er hatte noch nie eine nackte Frau gesehen.
»Suchen Sie jemanden?«
»Ja, Ma'am . . . nein, Ma'am . . . mein . . . Bett . . . ich meine, das Gästequartier, Ma'am.«
»Die Räume für die Gäste befinden sich auf der Rückseite des Hauses. Sie sind durch den verkehrten Eingang hereingekom-

men. Aber Sie können hier hindurchgehen.« Mrs. Oppenheimer setzte sich und fuhr fort, ihren Cocktail zu schlürfen.
Mit abgewandtem Blick stolperte Beser weiter, vorbei an der lässig hingestreckten First Lady von Los Alamos.

Ihr Mann war gerade (und sozusagen immer noch) dabei, Paul Tibbets zu verblüffen. Die beiden Männer befanden sich allein in Oppenheimers Büro. Man sprach noch einmal über das, was Tibbets an diesem Tage hier gesehen hatte. Der Flieger hatte das Gefühl, in den wenigen Stunden »eine bessere wissenschaftliche Ausbildung erhalten zu haben als während all meiner Jahre auf der Schule«.
Jetzt begann Oppenheimer, ihn zu befragen. Welche Risiken gab es bei einem Bombenangriff, von der feindlichen Abwehr einmal abgesehen? Tibbets erwiderte, Bomben könnten sich an ihrer Aufhängevorrichtung »verklemmen«. Außerdem ließe sich nie ausschließen, daß sie aufgrund eines fehlerhaften Mechanismus vorzeitig explodierten. Oppenheimer meinte, eine derartige Gefahrenquelle könne man bei der Atombombe ausschalten.
Dann blickte er Tibbets eindringlich an. Sekundenlang schwieg er. Als er wieder sprach, fand der Colonel die Worte des Wissenschaftlers recht bestürzend.
»Ihr größtes Problem, Colonel, mag erst auftauchen, nachdem sich die Bombe von Ihrem Flugzeug gelöst hat. Der Explosionsdruck könnte so ungeheuer sein, daß er Ihre Maschine zerschmettert. Ich fürchte, ich kann Ihnen nicht garantieren, daß Sie überleben werden.«

1. Oktober 1944
Osaka

Das Schlurfen seiner *geta* (der japanischen Holzsandalen, die er so gern trug) auf dem Steinfußboden war das einzige Geräusch im Labor des Dr. Tsunesaburo Asada in der Osaka-Universität.
Dr. Asada konnte man als den phantasievollsten oder auch einfallsreichten Wissenschaftler Japans bezeichnen. Und wenn er in dieser Weise über den Fußboden schlurfte, so

empfanden seine Mitarbeiter das als ein Zeichen seiner Zufriedenheit.
Sein Körpergewicht zuerst auf den einen, dann auf den anderen Fuß verlagernd, studierte Asada, im weißen Kittel, seine jüngste Schöpfung, einen Annäherungszünder. Im Entwurf wie auch im Zweck, den er erfüllen sollte, glich er jenen Annäherungszündern, an deren Perfektionierung man in Los Alamos arbeitete.
Viele Monate angestrengter Arbeit hatte man in Asadas gut ausgestattetem Labor in die Entwicklung des Zünders investiert. Nur selten verließ der Wissenschaftler jetzt noch das Universitätsgelände. Oft arbeitete er bis tief in die Nacht und streckte sich, ärgerlich über jedwede Störung, in einer Ecke des Labors ab und zu auf einer Couch aus.
Noch immer war er, genau wie bei Kriegsanfang, Vorsitzender der Physikalischen Abteilung — oder auch Fakultät. Doch seit Ende 1941 hatte er keine Vorlesungen mehr gehalten. Aufgrund seiner besonderen Fähigkeiten gewann er als Wissenschaftler entscheidende Bedeutung für die japanische Kriegführung.
Seit 1937 hatte Asada am Technischen Forschungsinstitut der Kriegsmarine in Tokio regelmäßig Vorlesungen gehalten, ebenso am Aeronautischen Forschungsinstitut der Kriegsmarine in Yokosuka. Marineoffiziere fühlten sich fasziniert durch seine Behauptung, wissenschaftliche Forschung sei — in ihren Ergebnissen — in sehr starkem Maße für militärische Zwecke verwendbar. Er berichtete von der Zeit, die er am Kaiser-Wilhelm-Institut in Berlin verbracht hatte: Wo er Seite an Seite mit Otto Hahn und Fritz Straßmann arbeitete, jenen beiden Deutschen, deren Experimente ganz entscheidend dazu beigetragen hatten, sich über die potentiellen Energiequellen im Uran klarzuwerden — ungeheure Energiequellen, in der Tat. Er berichtete auch davon, wie Niels Bohr zu dem Schluß gelangt war, daß es den Deutschen gelungen sei, das Atom zu spalten.
Nach seiner Rückkehr nach Japan hatte Asada diese Wissenschaftler aus dem Auge verloren. Er nahm an, daß manche von ihnen im europäischen Chaos umgekommen waren.
Bereits vor Kriegsbeginn hatte Asada mit den militärischen Behörden eng zusammengearbeitet. Besonders stolz war er auf einen Plan, den er im Herbst 1941 entwarf. Mit seiner

Hilfe war es möglich gewesen, jenen Geheimcode zu »knakken«, den das amerikanische Konsulat in Osaka benutzte. Nach Japans Kriegseintritt bot Asada vorbehaltlos seine Dienste an. Und am 17. Dezember 1941 gehörte er zu jenen Wissenschaftlern, die dazu ausersehen waren, am Projekt A mitzuarbeiten.
Dies war der Codename für die japanische Atomforschung. Elf Tage, nachdem Präsident Roosevelt für das Manhattan Projekt grünes Licht gegeben hatte, waren auch die Japaner zur Stelle, fest entschlossen, eine Atombombe zu entwikkeln.
Nie vergaß Asada jene Stimmung von blindem Patriotismus, die bei der ersten Zusammenkunft des Marine-Clubs in Tokio vorherrschte, *nach* Pearl Harbour. Man versprach, die Atomforschung großzügig zu unterstützen. Asadas vorsichtige Einwände hinsichtlich der ungeheuren technischen Probleme, die es dabei zu überwinden galt, waren ganz einfach beiseitegewischt worden. Ja, damals waren die Japaner unbesiegbar erschienen. Ein Marineoffizier meinte, die neuen Verbündeten, die Deutschen, könnten vielleicht helfen. Asada wies darauf hin, daß viele der führenden deutschen Atomwissenschaftler Juden waren, die man, sofern sie denn noch lebten, gewiß des Landes verwiesen hatte und von denen einige sich womöglich in den Vereinigten Staaten aufhielten. Und mehr oder minder unmißverständlich gab er der Meinung Ausdruck: Aller Wahrscheinlichkeit nach verfüge Amerika über die Möglichkeit, ein Atombombe zu entwickeln. Der Marineoffizier hatte auf seine Weise Protest eingelegt: »Amerika — und Japan.«
Seit einem Jahr beschäftigten er und andere Wissenschaftler sich mit eben dieser Frage. Im Dezember 1942 hatten sie ihre Schlußfolgerung vorgelegt: Es werde mindestens zehn Jahre dauern, bis man imstande sei, eine Atomwaffe, gleich welcher Art, herzustellen. Und selbst das schien eine sehr optimistische Voraussage zu sein, gemessen an der Tatsache, daß es Japan an nennenswerten Rohstoffen fehlte, vom Uranium ganz zu schweigen.
So wurde das Projekt A von der Kriegsmarine in aller Ruhe ad acta gelegt, während die japanische Armee die Entwicklung der Atombombe — wenn auch auf eher sporadische Weise — bis 1945 förderte.

Was nun von der Kriegsmarine ins Leben gerufen wurde, war Projekt B. Sofort erkannte Asada die Möglichkeiten, die hierin lagen. Man befaßte sich mit der Entwicklung von Radar, von Navigationstechniken, vom sogenannten Annäherungs- oder auch Abstandszünder.

Auf allen drei Sektoren hatte es während der vergangenen anderthalb Jahre erstaunliche Fortschritte gegeben. Häufig dachte Asada daran, wie wichtig die beiden britischen Kriegsschiffe — die *Prince of Wales* und die *Repulse* — für die Entwicklung des japanischen Radars gewesen waren. Beide Schiffe waren bei Singapore versenkt worden, und zwar 1941 — viele Menschen hatten dabei den Tod gefunden. Später gelang es japanischen Tauchern, die Wracks der versunkenen Schiffe zu finden. Es war schon so etwas wie eine Herkulestat, aus beiden Schiffen die Radareinrichtungen heraufzubefördern, doch die Männer schafften es, und die Apparaturen wurden nach Japan geschafft und dort wieder zusammengesetzt. Für die Spezialisten ergaben sich überaus wertvolle Aufschlüsse.

Was Asada betraf, so hatte er sich auf die Entwicklung des Annäherungszünders konzentriert. Dieser sollte bald in Produktion gehen. Nachdem diese Aufgabe bei Projekt B mehr oder weniger gelöst war, wandte Dr. Asada sich der Entwicklung der fürchterlichsten aller Waffen zu.

Man arbeitete an der Entwicklung der Todesstrahlen.

Es handelte sich um eine Maschine, die aus einem Science-fiction-Roman zu stammen schien. Sie war dazu entworfen, einen unsichtbaren Strahl auszusenden, der ein Flugzeug vom Himmel »herunterholen« konte: indem die Propeller zerschmettert oder die Besatzungsmitglieder getötet wurden.

Mit Hilfe einer solchen Waffe, das wußte Asada, konnte Japan noch immer einen triumphalen Sieg erringen. Vor dem Todesstrahl würde kein Flugzeug sicher sein. Gutpostierte Batterien, die Todesstrahlen aussandten, konnten die Sicherheit aller japanischen Städte vor Luftangriffen gewährleisten. Weitere Batterien konnten eingesetzt werden, um Feindmaschinen abzuwehren, die sich von der See her näherten. Die Kriegsmarine hätte solche »Todesstrahlen-Geschütze« auf ihren Schiffen haben können, später jedenfalls, um feindliche Flugzeuge schon weit vor den japanischen Küsten zu vernichten.

Das waren Möglichkeiten, die geradezu grenzenlos schienen und an denen man sich berauschen konnte.
Bisher hatte ein »Prototyp« eine Ratte im Labor getötet. Dieser bescheidene Erfolg flößte Asada Hoffnung ein.
Im Prinzip hatte sich die Sache also als durchführbar erwiesen. Die Tatsache, daß – in einer Entfernung von rund zwei Metern – eine Ratte getötet worden war, mochte der erste Schritt sein, der schließlich zu dem Ziel führte, einen Bomber aus einer Höhe von 10000 Metern herunterzuholen.
Sofern es nicht an Zeit sowie an technischen Möglichkeiten mangelte, davon war Professor Asada überzeugt, würde man dem Feind »eine sehr unangehme Überraschung« präsentieren.
In der nächsten von ihm geplanten Phase wollte der Wissenschaftler den Todesstrahl auf ein Schwein richten.

Oberkommando der Kaiserlichen Armee
Tokio

Den Feind zu überraschen, war das Hauptanliegen von Generalmajor Seizo Arisue. Überraschungen – Überrumpelungen waren sein Job. Er inszenierte sie, er löste sie aus, und er spürte sie auf, machte sie unschädlich.
Er war der Abwehrchef der Kaiserlichen Armee, Japans anerkannter »Herr der Spione«.
Dieser Mann, von eher zwergenhaftem Wuchs, verfügte über eine beachtliche Intelligenz sowie ein furchteinflößendes Temperament, das sich in seiner rauhen, fast schneidenden Stimme recht adäquat ausdrückte.
Über jeden wichtigen japanischen Politiker und Offizier besaß er eine Akte. Zweifellos kannte er mehr Geheimnisse als irgend jemand sonst in der Kaiserlichen Armee. Und dieses Wissen benutzte er oft sehr erfolgreich, um seine eigene Position abzusichern.
Gleichsam von selbst ergab sich, daß er in jenem Dossier, welches es beim rivalisierenden Geheimdienst der Kriegsmarine über ihn gab, als »arrogant, überheblich und von gefährlichem Ehrgeiz« beschrieben wurde. Im Augenblick waren die Beziehungen zwischen den beiden Zweigen des Geheimdienstes eiskalt. Man befand sich in einem Machtkampf, bei dem

es jeder der beiden Seiten darauf ankam, die wichtigere und wertvollere Information zu liefern.
An diesem Tag war Arisue zu dem Schluß gelangt, daß es ihm endlich gelingen mochte, die Angelegenheit durch einen aufsehenerregenden Spionagecoup zu seinen Gunsten zu entscheiden. Bereits seit dem frühen Morgen saß er in seinem engen Büro in einem Flügel des gleichsam monolithischen Hauptquartiers und versuchte, eine faszinierende Meldung zu verifizieren. Sie stammte aus Lissabon, von Arisues dortigem Kontakt. Normalerweise wäre ein solcher Bericht dem Abwehrchef gar nicht zu Gesicht gekommen. Aber er hatte die ausdrückliche Anweisung gegeben, ihm alles vorzulegen, was Amerika betraf.
Seit vielen Monaten war er mit Material geradezu bombardiert worden — ein Haufen Spreu, wenig Weizen. Ein Teil davon stammte von der Abwehr in Berlin. Es gab — längst überholte — kleine Meldungen aus Madrid und Mexico City. Ergiebiger schienen die allwöchentlichen Zusammenfassungen über die amerikanische Presse. Der Geheimdienst der japanischen Armee bezog nicht weniger als 140 amerikanische Zeitungen und Zeitschriften. Sehr oft fanden sich in der *New York Times*, in der *Saturday Evening Post*, in *Colliers*, in *Time* und in *Newsweek* Hinweise auf Truppenbewegungen sowie erlittene Verluste, die Arisue dabei halfen, sich ein erstaunlich genaues Mosaikbild über die Verhältnisse in den kriegführenden USA zu verschaffen. Zunächst hatte er jenes Material, das aus der amerikanischen Presse stammte, mit Mißtrauen bedacht. Er war davon überzeugt, bei bestimmten Informationen könne es sich nur um Köder von seiten der feindlichen Abwehr handeln. Doch wiederholt hatte er Gelegenheit gehabt, derartige Meldungen durch unabhängige und zuverlässige Gewährsleute verifiziert zu sehen. Zunehmend verwunderte es ihn, daß die amerikanischen Zensoren derart wichtige Informationen in Druck gehen ließen.
Als er jetzt den Bericht aus Lissabon studierte, fragte er sich, wie wohl die portugiesischen Zensoren darauf reagiert haben mochten. Gewiß hatten sie dem britischen wie auch dem amerikanischen Geheimdienst davon Kopien zukommen lassen. Das war, so vermutete er jedenfalls, seit einem halben Jahr regelmäßig der Fall.
Arisue hatte weitere Informationen aus Lissabon angefordert.

Er erhielt zur Antwort, im Augenblick seien keine verfügbar. Das einzige, worauf er sich stützen konnte, war also diese eine — für ihn sehr erregende — Meldung.
Sein Mann in Lissabon hatte ein Gerücht aufgegriffen. Das Gerücht besagte, die Vereinigten Staaten hätten ein gigantisches neues Kriegsprojekt in die Wege geleitet.
Nach stundenlangem intensivem Grübeln kam Arisue immer wieder zu demselben Schluß. Es gab nur eine Möglichkeit, den Wahrheitsgehalt dieser Meldung zu überprüfen. Er mußte einen Agenten in die Vereinigten Staaten einschmuggeln.
Das würde zweifellos die schwierigste Operation werden, die er bislang gestartet hatte. Kein gebürtiger Japaner konnte hoffen, in Nordamerika längere Zeit unentdeckt zu bleiben. Arisue konnte auf den aktiven deutschen Spionagering in Südamerika zurückgreifen, um von dort einen geeigneten Mann gestellt zu bekommen, doch es mochte Monte dauern, bis die Sache vorab mit Berlin geklärt war, zumal sich das Blatt jetzt immer mehr gegenüber Hitler wendete. Was die Italiener betraf, die befanden sich ohnehin in voller Auflösung.
Hilfe von seiten der anderen Achsenmächte, so befand Arisue, schied praktisch aus.
Er überlegte, über welche Möglichkeiten er aus eigener Kraft verfügte. Der Kontakt in Lissabon war für eine solche gefährliche Mission nicht qualifiziert. Seine Leute in Madrid und Mexico City, Einheimische jeweils, schienen über ihre Funktion als Geheimdienst-»Briefkästen« hinaus kaum für weitere Aufgaben geeignet.
Brasilien: In Gedanken überprüfte er den Agenten dort auf Herz und Nieren. Er war ein guter Mann. Doch wo sollte er anfangen?
Die Meldung aus Lissabon hatte keinen Hinweis darauf enthalten, wo das neue amerikanische Kriegsprojekt durchgeführt wurde oder worum es sich handelte.
Die Probleme schienen ungeheuer, vielleicht unüberwindlich. Doch das war noch nie anders gewesen, seit Arisue während der grimmigen Nachwehen nach der Schlacht von Midway die Leitung der Armee-Abwehr übernommen hatte.
Arisue war einer der wenigen in Japan, welche die volle Wahrheit über Midway kannten. Dem japanischen Volk wurden die Tatsachen verheimlicht wegen der zweifellos verheeren-

den Wirkung, die ein Bekanntwerden auf die »Moral« gehabt hätte.
Midway war eine Katastrophe gewesen.
Selbst jetzt, zwei Jahre danach, zuckte Arisue unwillkürlich zusammen bei der Erinnerung an jenen Tag im Juni 1942, an dem die wiedererstandene amerikanische Flotte von Pearl Harbour aufgebrochen war, um auf die Streitmacht des Admiral Yamamoto zu treffen, die von der Hiroshima-Bucht herkam. Diesmal wirkte sich der Überraschungseffekt zugunsten der Amerikaner aus, denn ihren Spezialisten war es gelungen, den japanischen Schlachtcode zu knacken. Was immer Yamamoto unternahm, war den Amerikanern im voraus bekannt. Er wurde vernichtet.
Die Schlacht bei den Midway-Inseln bildete den Wendepunkt des Krieges. Seither gab es keine japanische Expansion mehr. Langsam, doch systematisch hatten die Amerikaner damit begonnen, Gebiet zurückzuerobern.
Der Ausgang der Seeschlacht traf das Kaiserliche Oberkommando wie ein betäubender Schlag. Man erkannte, wo die Schwäche lag: beim Nachrichtendienst der Kriegsmarine. Aber auch die Armee überprüfte ihren Nachrichtendienst und fand vieles zu bemängeln. Arisue wurde mit der Leitung betraut.
Es war eine kluge Wahl. Arisue verfügte über Auslandserfahrungen als ehemaliger Militärattaché. Er war ein Freund Mussolinis und ein Vertrauter von Canaris, dem Chef der deutschen Abwehr. Als wohl noch wichtiger erwiesen sich seine Vorkriegskontakte mit hohen amerikanischen Offizieren, weil er dadurch die fast unschätzbare Fähigkeit besaß, sich in die amerikanische Denkweise hineinzuversetzen. All das half ihm, über den Nachrichtendienst der Kriegsmarine die Oberhand zu behalten.
Innerhalb eines Jahres hatte Arisue den Armee-Nachrichtendienst zu seiner jetzigen beherrschenden Position auf- und ausgebaut. Sein Spionagenetz erstreckte sich von Brasilien bis Spanien, Portgual und Schweden. Im pazifischen Raum spionierten Dutzende — jeweils einheimischer — Agenten für ihn. In Japan selbst hatte er Spezialeinheiten gebildet, deren Aufgabe es war, den sogenannten Verkehr von Bord zu Bord (die Funkverbindung also) zwischen amerikanischen Flugzeugen abzuhören. Bisher flossen die Informationen aus dieser

Quelle recht spärlich, aus einem einfachen Grund: Luftangriffe waren noch recht selten.
Doch nach dem Verlsut der Marinan-Inseln rechnete Arisue damit, daß die Bombenangriffe auf Japan an Häufigkeit und Umfang zunehmen würden. Er bedauerte nur, nicht mehr Spione auf jenen Inseln zu haben: Daß sie so schnell fallen würden, hatte er nicht erwartet.
Für den Verlust der Marianen machte die Kriegsmarine den Armee-Nachrichtendienst verantwortlich — versuchte es jedenfalls. Arisue, so behauptete an, hätte den amerikanischen Angriff voraussehen müssen. Voll Zorn nahm Arisue die Herausforderung an. Als er von der Marine einen Plan der Verteidigungsanlagen auf den Marianen verlangte, zeigte man sich dort außerstande, ihm einen solchen zu liefern.
Und es waren auch die Machinationen der Kriegsmarine gewesen, die Tojo zum Rücktritt gezwungen hatten: Man übte auf das Kabinett Druck aus, damit es ihn aus dem Amt des Ministerpräsidenten entfernte. Der Abgang seines alten Freundes hatte Arisue tief beunruhigt. Für ihn waren die Ereignisse ein Hinweis darauf, daß die Politiker daran dachten, Amerika gegenüber einen weicheren Kurs einzuschlagen.
Wenn es ihm nur gelingen wollte, in Erfahrung zu bringen, worum es sich bei diesem neuen amerikanischen Kriegsprojekt handelte, so mochte er vielleicht Informationen in die Hand bekommen, welche die Regierung entscheidend in ihrem Entschluß bestärkten, bis zum Ende zu kämpfen.
Arisue befahl Oya zu sich.

Oberstleutnant Kakuzo Oya war Chef der Amerika-Abteilung in Arisues Hauptquartier. Er hatte sich geradezu vollgesogen mit allem, was Amerika betraf. Beispielsweise las er die Zeitungsartikel von Hanson Baldwin, hörte die Rundfunkkommentare von Walter Lippman. Er verfügte über Intelligenz und Intuition, verstand es jedoch sehr geschickt, beides unter einer gleichsam leeren und lässigen Maske zu verbergen.
Erst vor kurzem hatte Oya einen wichtigen amerikanischen Kriegsgefangenen verhört: Colonel Richard Carmichael, der abgeschossen worden war, als er von China her einen Bombenangriff führte. Im Verlauf des Verhörs hatte Oya alles mögliche versucht, doch er fand, daß der Flieger »jemand war, den man schwer zum Sprechen bringen konnte«.

Carmichael war zäh. Er sollte den Krieg überleben — und so glücklich waren nicht alle, die Oya später ins Verhör nahm. Oberstleutnant Oya war ein Mann, den man zu fürchten hatte.
Die beiden Nachrichtenoffiziere verbrachten den Nachmittag mit einer eingehenden Erörterung der Möglichkeiten, einen Spion in die Vereinigten Staaten einzuschleusen.

Hiroshima

An diesem Abend um halb acht unterbrach der Rundfunksender von Hiroshima sein normales Programm, um einen Fliegeralarm durchzugeben.
Die Flakbatterien wurden über Feldfernsprecher alarmiert. Jene Batterie auf Mount Futaba, die von Leutnant Tatsuo Yokoyama befehligt wurde, meldete der Zentralstelle in der Festung von Hiroshima als erste Gefechtsbereitschaft. Langsam begannen die Abwehrgeschütze herumzuschwenken, die Rohre beschrieben einen kompletten Kreis.
Yokoyama stand bei seinem Feldfernsprecher. Er wartete auf weitere Anweisungen von der Zentrale. Seinen Leuten sagte er, sie sollten sich bereithalten, auf seinen Befehl zu feuern. Und er erinnerte sie an das, was sie beim Exerzieren eingeübt hatten. Für den Fall, daß ihnen ein Treffer gelang, versprach er ihnen Bier und Sake.
Um acht Uhr wurde Entwarnung gegeben. Es war falscher Alarm gewesen.

21. Oktober 1944
USAAF Basis
Wendover

Über die Bordsprechanlage der B-29 kamen weitere Anweisungen.
»Wir halten uns genau an die Vorschriften, klar? Die werden uns alle scharf beobachten. Daß mir keiner von euch irgendwas versaut. Klar?«
Die Crew des riesigen Silberbombers lauschte stumm auf das, was Captain Robert Lewis, der Pilot, sagte. In der vergange-

nen Stunde hatten sie nichts getan als sich an die Vorschriften zu halten. Geradezu peinlich genau hatten sie befolgt, was in dem Handbuch niedergelegt war, von dem Captain Lewis ein bräunlich eingebundenes Exemplar besaß. Was immer am Bomber von draußen überprüft werden konnte, hatten sie überprüft. Dann waren sie an Bord geklettert, die Fallschirme in Bereitschaft, und hatten mit den Vorbereitungen begonnen, die dem Start unmittelbar vorausgingen — mit dem *Countdown* also.

Selbst Duzenbury, der Bordmechaniker, und Caron, der Bordschütze, die früher schon oft mit Lewis geflogen waren, registrierten mit einiger Überraschung, daß der Captain an diesem frischen Herbstmorgen recht förmlich wirkte. Für gewöhnlich war der 26jährige eine von jenen lustigen und lässigen Typen, für welche die zerknautschte Fliegermütze und die verfleckte Fliegerjacke gleichsam zum Image gehörten. Obwohl er noch nie im Kampfeinsatz gewesen war, wirkte er wie ein schlachtenerprobter Veteran.

Lewis wickelte diesen Flug ab, als habe er — Carons Worten zufolge — »den Präsidenten samt Kabinett an Bord«.

Am liebsten hätte der Bordschütze, der seinen Platz im Heck hatte, zum Mikrophon gegriffen, um dem Captain zu sagen: Nur immer mit der Ruhe.

Doch er bezwang sich. Die Vorbereitungen gingen weiter.

»Geräte klar, Navigator?«

Über die Bordsprechanlage klang Lewis' Brooklyn-Akzent ganz besonders breit.

»Alles klar.«

Captain Theodor »Dutch« van Kirk, der Navigator (der »Beobachter« also), machte es sich auf seinem — gepolsterten und mit Armlehnen versehenen — Sitz bequemer. Unwillkürlich fragte er sich, wem Lewis wohl imponieren wollte. In der Woche, seit er in Wendover war, hatte van Kirk bemerkt, daß Lewis es augenscheinlich genoß, ein »Publikum« zu haben.

Tibbets war bemüht gewesen, die Bedenken des Navigators zu zerstreuen. Lewis, so erklärte er, lasse »nur Dampf ab. In der Luft ist er ein Naturtalent.« Van Kirk hatte seine eigenen Ansichten über »Naturtalente«. Allzu oft hatte er gefunden, daß sie Draufgänger waren, denen bloß daran lag, anderen etwas zu beweisen. Er hoffte sehr, daß Lewis nicht zu dieser Ka-

tegorie gehörte. Nach Ansicht des Navigators war eine B-29 alles andere als der richtige Ort für »Mätzchen«.
Was Lewis betraf, so hatte er Navigatoren seit jeher für einen sonderbaren Menschenschlag gehalten: Weil sie gleichsam blind der Überzeugung huldigten, ein Pilot könne einen Kurs hundertprozentig einhalten. An diesem Tag allerdings war es der feste Vorsatz des Piloten, auch der geringsten Kursänderung, die van Kirk angeben mochte, minutiös zu folgen. Dann konnte man Lewis keinen Vorwurf machen, falls irgend etwas »in die Hose ging«.
Während er im Cockpit saß und die aufblinkenden Lichter auf dem Armaturenbrett beobachtete, empfand Lewis das vertraute Gefühl des Wohlbefindens: Er hatte einen weiten Weg zurückgelegt.
Aufgewachsen war er in New York, und zwar in einem Viertel, in dessen Straßen ein paar flinke Fäuste eine bessere Garantie waren als irgendeine hochklassige Sprechweise. Später, beim Flugunterricht, hatte er seiner schroffen Art wegen so manche Schwierigkeiten gehabt; doch am Ende mußte selbst der strengste Ausbilder einräumen, daß Lewis ein hochbegabter Pilot war. Nie hatte er den Stolz vergessen, der »Mom« und »Pop« von den Gesichtern abzulesen war, als sie ihn zum erstenmal in Offiziersuniform sahen. Auch wußte er noch sehr genau, wieviel Genugtuung es ihm bereitete, in Brooklyn durch die altvertrauten Straßen zu spazieren und »als jemand« ge- und begrüßt zu werden. Später war dann der Tag gekommen, an dem er den legendären Charles Lindbergh in einer B-29 mitnahm. Nach dem Flug hatte der weltberühmte Flieger Lewis ein Lob von absolutem Seltenheitswert gezollt: Er würde sich glücklich geschätzt haben, einen Mann wie Lewis bei seinem historischen Flug über den Atlantik bei sich zu wissen.
Der Mann, der Lewis zu einem der erfahrensten B-29-Piloten der Air Force herangebildet hatte, war Tibbets gewesen. Und so hatte der Befehl, sich in Richtung Wendover in Marsch zu sezten, Lewis auch kaum überraschen können.
Als Erklärung schrieb er seinem Vater:
»Paul braucht mich, weil ich mich auf meinen Job so gut verstehe.«
Bescheidenheit (Lewis war der letzte, der das *nicht* zugegeben hätte) gehörte nicht zu seinen hervorstechenden Eigenschaf-

ten. Dafür besaß er andere Qualitäten: Großzügigkeit und eine sozusagen bedingungslose Treue seiner Crew gegenüber, vor allem, was die Nicht-Offiziere betraf. Keine Frage also, daß er eben dort seine Bewunderer hatte. Das Bodenpersonal beispielsweise idolisierte Lewis geradezu, weil er sich wenig um die Vorschriften kümmerte, wenn es galt, den Leuten bessere Bedingungen zu verschaffen.
Die Mitglieder seiner Besatzung hatte er erst vor wenigen Tagen um sich versammelt gesehen: als diese B-29 eintraf, die erste Maschine dieses Typs, die nach Wendover überstellt wurde. Unvermeidlich hatte es allerlei Hickhack gegeben — wer von den dafür in Frage kommenden Piloten die Maschine denn fliegen sollte. Als die Wahl auf ihn fiel, empfand Lewis eine geradezu schuljungenhafte Freude. Sofort begann er, von »meiner Crew« und von »meiner Kiste« zu sprechen.
Für diesen Flug waren sein früherer Navigator und sein bisheriger Bombenschütze allerdings ersetzt worden: durch van Kirk und durch Ferebee. Tibbets hatte Lewis erklärt, daß diese beiden Männer abwechselnd mit allen Crews fliegen würden. Und der Colonel hatte so etwas wie ein Gelöbnis hinzugefügt:
»Es wird wieder sein wie in alten Zeiten, Bob.«
Es war ein Zuspruch, der Lewis gehörig aufmunterte. Früher hatte er zu Paul Tibbets eine sehr direkte, reibungslose Beziehung gehabt.
Seit er sich in Wendover befand (zehn Tage inzwischen), war es *so* leider Gottes ganz und gar nicht gewesen. Nie, so schien es Lewis jedenfalls, hatte Tibbets die Zeit gehabt, sich zu ihm zu setzen und über »die alten Zeiten« zu reden. Schlimmer noch: »Über meine Witze lachte er nicht, und wenn ich ein bißchen Mist baute, so zeigte er sich überhaupt nicht großzügig. Ich schob das alles auf die Nervenanspannung, weil er ja ein neues Kommando übernommen hatte.«
Tibbets kannte die Witze von früher. Im übrigen war er entschlossen, niemandem auch nur das Geringste durchgehen zu lassen. Wenn er jetzt wenig zugänglich wirkte, so weniger wegen der Nervenanspannung durch sein neues Kommando, sondern ganz einfach deshalb, weil er sich einzigartigen Problemen gegenübersah.
Die Vorbereitungen für den Start zum jetzigen Flug waren fast abgeschlossen. Lewis befragte van Kirk über die voraus-

sichtliche Flugdauer. Aufgrund der vorhandenen Karte sollte sich der geplante Bombenflug eigentlich recht genau berechnen lassen.

In der Tat gab ihm der Navigator präzise Auskunft.

Die Strecke vom IP zum AP — vom Ausgangspunkt des Zielanflugs bis zum Ziel selbst —, das war kaum mehr als eine Sache von wenigen Kilometern. Während man diese Entfernung zurücklegte, würde Lewis mit Ferebee, dem Bombenschützen, zusammenarbeiten.

Ferebee hatte ihm von Anfang an mißfallen. Er fand, daß sich der Bombenschütze überlegen gab. Seine Sprechweise erinnerte Lewis an einen Film-Playboy.

Eines Abends hatten er und Ferebee miteinander Poker gespielt. Lewis verlor bei dieser Gelegenheit zweihundert Dollar, seinen halben Monatssold. Leisten konnte er sich das kaum: Eine zerbrochene Ehe sorgte dafür, daß er mit den Finanzen stets knapp war. Im Scherz — allerdings auch nur *halb* im Scherz — hatte Tibbets dem Piloten erklärt, er solle sich doch möglichst an »seine eigene Liga« halten.

Tibbets wußte, daß Ferebee einer der besten Pokerspieler war, den es in der Army — oder in der Air Force — gab. Außerdem war ihm bekannt, daß Lewis als ausgesprochen »schlechter Verlierer« galt — eine Kritik, welche der Pilot stets hitzig zurückwies. Tibbets jedenfalls kam es darauf an, daß diese Kartenspiele keine unnötigen Probleme aufwarfen.

An diesem Morgen befand sich Ferebee in jener Position, die er beim Start einzunehmen pflegte, Rücken an Rücken mit van Kirk. Mit Lewis sprachen sie kaum.

Der Copilot meldete dem Captain, daß die Vorbereitungen zum Start abgeschlossen seien.

In Gedanken ging Lewis noch einmal die Anweisungen durch, die Tibbets ihm gegeben hatte, jedenfalls in den wichtigsten Punkten. Die Maschine sollte eine Höhe von 10000 Metern erreichen und in südlicher Richtung fliegen, zu jenem künstlichen Salton-See in Südkalifornien, der als eine Art Bombenwurfübungsplatz vorgesehen war. Dort sollte Ferebee einen »Riesenkoffer« abwerfen, einen einzigen, mit Ballast gefüllten — und zwar am Nordufer des Sees. Tibbets hatte Lewis nachdrücklich eingeschärft, sofort nach Bombenabwurf in einem weiten Winkel von 155 Grad abzudrehen, und zwar in einer Art Sturzflug: Der Flugzeugführer sollte

dann wieder in die Richtung halten, aus der er gekommen war.
Tibbets hatte ausdrücklich betont: »Drück die Nase runter und sieh zu, daß du aus der Gegend so schnell wegkommst wie nur möglich.«
Was sich der Colonel von der Übung erhoffte, war dies: die Antwort auf die Frage, wie eine Flugzeugbesatzung die zu erwartende Druckwelle nach einer Atombombenexplosion überleben könne. Seiner Kalkulation zufolge mußte Lewis über zehn Kilometer entfernt sein, wenn der »Riesenkoffer« unten auf der Erde einschlug. Irgendwelche Erklärungen für diese Übung gab er Lewis nicht, »denn das hätte bedeutet, daß ich ihn zu früh einweihte«.
Kurz bevor er in die B-29 eingestiegen war, hatte Lewis noch eine weitere Überraschung verbuchen müssen. Plötzlich tauchte Beser auf und erklärte, er bringe für den Flug eine rund 300 Pfund schwere »Sonderausrüstung« mit.
»Kann Ihnen nicht sagen, wozu«, erklärte Beser vergnügt. »Unterliegt der Geheimhaltungsvorschrift.«
Diese Feststellung machte Beser dem Captain nicht eben sympathisch. Während des Wartens auf den Start hockte der Radaroffizier dann im hinteren Teil des Flugzeugs (noch hinter der Toilette) mit seinem Richtungssucher, Empfänger, Antenne und was immer sonst.
Dies sollte der erste Flug werden, bei dem Beser übte, wie man am besten feindlichen Versuchen begegnete, elektronisch auf eine Atombombe einzuwirken. Einige seiner Instrumente waren in Los Alamos eigens zu diesem Zweck präpariert worden. Während des Fluges würden sie von unten Signale empfangen, welche feindliche Radarstrahlen simulierten. Besers Aufgabe bestand darin, Wachsamkeit zu üben und die Strahlen zu erkennen, um sie sodann abzulenken.
»Motoren startbereit?«
Bevor Duzenbury auf die Frage des Captains Antwort gab, betrachtete er aufmerksam seine Instrumente. Mit seinen 31 Jahren war er der älteste Mann der Crew. Weshalb Tibbets ihn nach Wendover geholt hatte, darüber machte er sich weiter keine Gedanken. Ihm genügte es, »für den feinsten Gentleman im Air Corps zu arbeiten«. Außerdem mochte er Lewis. Neben dem Colonel war Lewis der beste Pilot, den Duzenbury kannte.

»Lassen Sie die Motoren an, Captain.«
Dröhnend sprangen, einer nach dem anderen, die vier Wright-Cyclone-Turbinenmotoren an.
Der Tower gab Lewis den Start frei. Am Ende der Rollbahn jagte er die Motoren auf 2300 Umdrehungen pro Minute hoch, während Duzenbury Magnete und Generatoren überprüfte. Dann gab Lewis immer mehr Gas, während er gleichzeitig langsam die Bremsen löste. Mit hundertundfünfzig Stundenkilometern, genau nach Vorschrift, hob Lewis im größten Bomber der Welt vom Boden ab.
Genau zur richtigen Zeit erreichte er den I. P. – den Ausgangspunkt des Zielanflugs. Minuten später meldete Ferebee, er habe den Zielpunkt im Bombenvisier.
»Bombe los. Korrektur. Bombe los!«
Scharf drehte Lewis nach links ab, während er, an Fahrt gewinnend, gleichzeitig tiefer ging. Caron, hinten im Heck, rief verblüfft in die Bordsprechanlage:
»Captain, hier bei mir ist das wie auf einer Berg- und Talbahn!«
Lewis rief zurück: »Nach der Landung kassiere ich bei Ihnen für die Fahrt.«
Beser war zu sehr beschäftigt, um das Manöver zu bemerken. Zwei seiner Instrumente arbeiteten nicht mehr richtig, und er war sich völlig im unklaren, wie wirksam seine elektronischen Gegenmaßnahmen gegen die unsichtbaren Strahlen gewesen sein mochten. Ärgerlich gab er die Kontrolle auf.
Die Übungsbombe landete innerhalb des Zielkreises. Kameraleute des Manhattan Projekts meldeten, sie hätten die Bahn der fallenden Bombe verfolgen können. Ihre Filme wurden nach Los Alamos geflogen. Dort studierte man die Aufnahmen sehr eingehend, weil man Hinweise zu finden hoffte für die endgültige Form, welche die Atombombe erhalten sollte.
Bestimmten Instrumenten zufolge hatte sich Lewis mit seiner B-29 zum Zeitpunkt des Aufschlags der Bombe bereits in einer Entfernung von über zehn Kilometern von dort befunden.
Tibbets fühlte sich erleichtert. Das Manöver bewies, daß ein Flugzeug sehr wohl imstande sein sollte, der Druckwelle nach der Atombombenexplosion auszuweichen. Diese Überzeugung äußerte er gegenüber einem der Wissenschaftler, der

sich mit ihm im Bombenübungsgebiet befand. Die Antwort, die ihm der Mann gab, konnte einem ein Frösteln über den Rücken jagen.
»Zehn Kilometer oder zwanzig, fünfzig oder siebzig — wie groß der Sicherheitsabstand sein müßte, läßt sich erst sagen, wenn wir eine wirkliche Atombombe abwerfen. Sie werden einfach auf Gott vertrauen müssen.«
»Na, nur mal angenommen«, dachte Tibbets, »Gott hält's an dem Tage gerade mit der anderen Seite?«

Als Tibbets nach Wendover zurückkehrte, war es Abend. In seinem Büro fuhr er fort, sich mit der Frage zu beschäftigen, was für taktische Maßnahmen beim Abwurf einer Atombombe erforderlich waren.
Zwar wußte er jetzt sehr viel mehr als vor einem Monat, doch von gesicherten Voraussetzungen zur Beurteilung der Lage konnte kaum die Rede sein. Die hauptsächliche Ungewißheit bestand wohl darin, daß niemand vorherzusehen vermochte, wie gewaltig die atomare Explosion sein würde — und mithin auch die zu erwartende Druckwelle. In einer Hinsicht hatte sich eben dadurch allerdings eine gewisse Klarheit ergeben: Jagdschutz für den Bomber schied praktisch aus. Die Begleitjäger würden sich, wegen der Druckwelle, gerade in der entscheidenden Zeitspanne so weit von ihm entfernt halten müssen, daß es mehr als fraglich war, ob sie ihm gegebenenfalls noch irgendwelchen Schutz würden gewähren können. Überdies mochte es geschehen, daß gerade das Vorhandensein von Begleitjägern die Aufmerksamkeit des Feindes auf den Bomber lenkte.
Tibbets faßte einen Enschluß. Der Bomber würde allein fliegen müssen.
Das warf weitere Probleme auf: Flak und feindliche Jäger. Der Flug würde, zumindest in seiner letzten Phase, voraussichtlich über feindbeherrschtes Gebiet hinwegführen, und dort mußte man natürlich mit Abfangjägern rechnen. Je mehr Tibbets darüber nachdachte, desto geringer erschienen ihm die Erfolgsaussichten. Lange vor Erreichen seines Angriffsziels konnte der Bomber abgeschossen werden.
Dann erinnerte sich Tibbets einer ganz bestimmten Erfahrung, die er in Neu-Mexiko gemacht hatte.
Monate war das inzwischen her. Und seine Aufgabe hatte

darin bestanden, die B-29 daraufhin zu testen, wie verletzlich sie gegenüber den Angriffen feindlicher Jäger sein mochte. Zu seinem Ärger zeigte sich, daß seine angestammte B-29 (die Maschine, mit der er alle früheren Tests durchgeführt hatte) nicht einsatzbereit war. Er mußte mit einer anderen Maschine vorlieb nehmen — einer mit ausgebauten Bordgeschützen.

Er flog sie, um den Jagdfliegern eine Gelegenheit zum Üben zu geben. Sehr bald entdeckte er, daß die »ausgenommene« B-29 über tausend Meter zusätzlich an Höhe gewinnen konnte. Auch war diese Maschine schneller und wendiger als der normale Bomber, den er sonst geflogen hatte. Ohne Schwierigkeiten gelang es ihm, die Jäger vom Typ P-47 abzuhängen, die Scheinangriffe auf ihn zu fliegen versuchten. In einer Höhe von rund 11 000 Metern gaben die Jäger schließlich auf. Die Belastung war für ihre Motoren zu groß.

Als Tibbets sich diese Erfahrung zurückrief, spürte er aufsteigende Erregung. Er wußte, daß die Flak in einer Höhe von etwas unter 10 000 Metern ihre Wirksamkeit weitgehend einzubüßen begann. Noch etwas fiel ihm ein. Im Hinblick auf die Flugeigenschaften besaß eine P-47 viel Ähnlichkeit mit einem japanischen Zero-Jäger.

Da aller Voraussicht nach eine Zielstadt in Japan liegen würde, lag — zu dieser Schlußfolgerung kam Tibbets — die beste Überlebenschance für ihn darin, für den Einsatz eine mehr oder minder »ausgewrackte« B-29 zu benutzen. Praktisch hieß das: fort mit allen Panzerplatten sowie sämtlichen Geschützen, außer jenen beiden im Heck.

Wenig später telefonierte er mit dem Chef des Bodenpersonals: Seine Leute sollten sich daran machen, die beiden bereits in Wendover befindlichen Bomber zu »entkleiden«.

»Heute noch?« fragte der Chef ungläubig.

»Sofort«, erwiderte Tibbets mit fester Stimme.

Für die Leute vom Bodenpersonal war das »totaler Blödsinn«. Später tauften sie die entmannten Bomber: *Sitting Target One* und *Sitting Target Two* — was soviel hieß wie Todsicheres Ziel I und Todsicheres Ziel II.

25. Oktober 1944
Über dem Pazifik

In dichter Formation flogen fünf Flugzeuge östlich über den Pazifik. Ihre Piloten hofften, bald zu sterben, um eine heilige Verpflichtung zu erfüllen und dem Feind einen vernichtenden Schlag zu versetzen.

Die Flieger trugen weiße, locker geknotete Halstücher. Unter ihren Lederhauben, durch die Schutzbrillen praktisch verborgen, trug jeder Mann außerdem ein *hachimaki,* eine Nachbildung jenes Stirnbandes, das im alten Japan Samurai-Krieger in der Schlacht zu tragen pflegten.

An diesem Morgen war das Stirnband das Symbol der Sonder-Angriffseinheit, jener Selbstmordpiloten, die man als *shimpu* oder Göttlicher Wind bezeichnete. Später nannte man diese Piloten wie auch viele andere ihrer Art *Kamikaze,* eine westliche Übersetzung jener Schriftzeichen, die im Chinesisch-Japanischen *shimpu* ausgesprochen werden. Die ersten *shimpu* waren die gewaltigen Taifune von 1241 und 1281, welche der Sage nach Japan vor dem Wüten der Mongolen retteten. Den Männern, die dazu ausersehen waren, diesen neuen *shimpu* losbrechen zu lassen, hatte man unmittelbar vor ihrem Start vor wenigen Stunden gesagt, sie seien »Götter ohne irdische Wünsche«. An Bord ihres Zeros befanden sich 250-kg-Bomben. Die Piloten wollten sich in ihren Maschinen ganz buchstäblich auf die Schiffe der amerikanischen Flotte stürzen, die sich jetzt noch knapp hinter der Linie des Horizonts befand.

Diesen Plan hatte erst sechs Tage zuvor Vizeadmiral Takijiro Onishi entwickelt. Zu den Adjektiven, mit denen man den mondgesichtigen Befehlshaber für gewöhnlich bedachte — arrogant, brillant, hochfahrend, kompromißlos —, konnte in diesen letzten Oktobertagen noch ein weiteres hinzugefügt werden: verzweifelt.

Onishi war längst nicht mehr jene zuversichtliche Führerpersönlichkeit, die daran mitgewirkt hatte, den Überfall auf Pearl Harbour zu inszenieren, die den verheerenden Schlag gegen Clark Field, Manila, führte und die amerikanische Luftstreitmacht im Fernen Osten praktisch vernichtete — der Mann, der seine Piloten über den ganzen Pazifik ausschickte und sich der Luftherrschaft sicher fühlte.

Diese Zeit war vorüber. Der Feind bereitete den vielleicht entscheidenden Gegenschlag vor. Man hatte eine riesige amerikanische Flotte gesichtet, die den Philippinen entgegenstrebte. Falls jene Inseln verlorengingen, so bedeutete das einen verhängnisvollen Riß in den japanischen Nachschublinien. Onishi erhielt den Befehl über die erste Luftflotte, die von Manila aus operierte. Diese vormals sehr eindrucksvolle Streitmacht bestand jetzt aus weniger als hundert Flugzeugen. Doch für Onishis Zwecke genügte das. Am 19. Oktober hatte er seinen Plan für *shimpu* vorgelegt.
Seine Piloten reagierten mit Begeisterung. Die Männer, die sich jetzt über dem Pazifik befanden, waren im Begriff, den ersten vernichtenden Schlag zu führen.
Sie hatten ihre Abschiedsbriefe geschrieben und auch Abschiedsgedichte. Einige hatten kurze Testamente hinterlassen. Und in Übereinstimmung mit der uralten Tradition der Samurais, bevor diese in ihre letzte Schlacht zogen, hatten sie ihren Zeilen abgeschnittenes Haar und abgeschnittene Fingernägel beigefügt, das einzige, was von ihnen an irdischen Überresten bleiben sollte.
Vor dem Start hatte Onishi selbst noch eine Art Ritual durchgeführt, indem er jedem der Männer kalten Sake in einen Becher schenkte und ihm überdies eine Mahlzeit aus getrocknetem Fisch anbot. Während die Piloten den Becher mit dem Sake entgegennahmen, verbeugten sie sich tief und hoben das Gefäß dann mit beiden Händen zu den Lippen. Was jeder der Männer empfangen hatte, war etwas Ähnliches wie das letzte Abendmahl, hauptsächlich in Form eines Trunks. Anschließend hatte Onishi ihnen noch ein kleines Päckchen gegeben, *betno.* Dies war in der Tat eine letzte Mahlzeit, psychologisch gesehen wohl eine Art Trost.
Um 10.45 Uhr sichtete die Selbstmordstaffel ihren Feind, einen amerikanischen Flugzeugträgerverband mit Zerstörer-Geleitschutz.
Die Piloten hielten auf ihr Ziel zu. Um das amerikanische Radar zu stören, warfen sie Stanniolstreifen ab. Dann betätigte jeder der Kamikaze-Flieger eine Vorrichtung, welche die Bombe in seinem Flugzeug bereitmachte zur Detonation.
Um 10.53 Uhr stürzte der erste Zero auf das Flugdeck des Flugzeugträgers *St. Lo.* Maschine und Pilot wurden von einer

gewaltigen Explosion zerrissen. Dies war der »glänzende Tod«, *rippa na saigo,* den Onishi verheißen hatte.
Die *St. Lo* begann zu sinken.
Bis 10.59 Uhr hatten alle fünf Flugzeuge ihre Ziele getroffen.
Das Unternehmen war ein absoluter Erfolg. Später gab es weitere dieser Art.
Amerika war über Onishis barbarische Taktik entsetzt. Tiefer Empörung folgte Zorn und die Entschlossenheit, Japan am Ende eine furchtbare Lektion zu erteilen.

24. November 1944
USAAF Basis
Wendover

An diesem Tag erhielt die 393. ihre fünfzehnte »entkleidete« B-29. Jetzt besaß die Squadron ihre volle Stärke. Über die fehlende Panzerung und die (bis auf jene im Heck) nichtvorhandenen Bordwaffen wurde kaum noch gesprochen. Die Piloten hatten längst entdeckt, daß sie dadurch zusätzlich an Höhe und Geschwindigkeit gewannen. Tibbets' Behauptung, sie würden später außerhalb der Reichweite feindlicher Flak und feindlicher Jäger sein, vermochte sie allerdings nicht völlig zu überzeugen.
»Heute«, schrieb Lewis in einem Brief an seine Eltern, »das war typisch für die übliche Routine. Am Morgen Flugbesprechung, dann Bombenabwurfübungen. Zurück zum (guten) Mittagessen, danach weitere Übungen. Nach dem Warum frage ich nicht. Tut keiner.«
Dieser Brief ging durch die Hände der Sicherheitsbeamten des Manhattan Projekts. Offenbar hielten sie ihn nicht für »bedenklich«, denn sie ließen ihn durchgehen. Es gab jedoch viele Briefe, die ihre Kontrolle nicht passierten. Diese fanden ihren Weg zu Uannas Schreibtisch. Und der wachsame Major sorgte dafür, daß die Briefschreiber, zu ihm zitiert, einen gehörigen Schreck bekamen und in Zukunft sorgfältiger auf das achteten, was sie in ihren Briefen »verzapften«.
Dreihundert Übungsbomben standen den Besatzungen für ihre Übungsflüge zur Salton Sea zur Verfügung. Nach wie vor filmten Kameraleute die Fallkurve der Bomben sowie das Ab-

drehen um 155 Grad der Flugzeuge. Noch immer glaubte Tibbets, ein solches Manöver sei der einzige mögliche Schutz gegen die zu erwartenden Druckwellen nach der Atombombenexplosion.
Über diesen Übungseinsatz wurde viel gerätselt. Schon bald hatten die Piloten entdecken müssen, daß ein Nicht-Einhalten des präzisen »Abdrehwinkels« nichts anderes bedeutete, als daß sie vorerst nicht wieder starten durften. Eine solche Art der Bestrafung gehörte gleichsam unabänderlich zu Tibbets' Führungsstil. Er hatte, mit Lewis als Copiloten, selbst mehrere Übungszielanflüge gemacht und das Manöver jeweils perfekt ausgeführt.
Der Zielkreis wurde ständig verkleinert. Jetzt betrug der Durchmesser nur noch rund 300 Meter. Ferebee hatte bewiesen, daß es sehr wohl möglich war, aus einer Höhe von etwa 9000 Metern eine Übungsbombe in den Kreis zu setzen. Van Kirk seinerseits bewies, daß man bei langen Übungsflügen — und über Wasser — eine B-29 zu ihrem Angriffsziel navigieren konnte bei einer fehlerhaften Abweichung von kaum mehr als einem halben Kilometer. In den Werkstätten arbeitete man praktisch 24 Stunden pro Tag. Das Bodenpersonal war mehr oder minder rund um die Uhr auf den Beinen, um die Bomber für die Übungsflüge einsatzbereit zu halten.
Dem Messeoffizier Charles Perry erklärte Tibbets, er solle ganz einfach das Wort *Silverplate* benutzen, sofern er irgendwelche Probleme habe. Perry war skeptisch. Eines Tages jedoch hatte er die Streiterei mit dem Lebensmittelversorgungsdepot satt und gebrauchte das Codewort. Innerhalb weniger Stunden traf ein, was er verlangt hatte. In ganz Amerika gab es kein einziges Depot der Army Air Force, wo man nicht die ausdrückliche Anweisung kannte, *Silverplate* »bevorzugt abzufertigen«.
Die 393. wurde zur bestverpflegten Einheit der Streitkräfte. Bei einer Gelegenheit ließ Tibbets eine Transportmaschine zu einem über 1500 Kilometer weiten Flug starten, um Südfrüchte herbeizuschaffen. Regelmäßige Posten auf Perrys Speisekarte war Frischfisch aus New Orleans, Miami und San Francisco. Besonders denkwürdig schien jener Flug, den Tibbets selbst absolvierte, um eine Ladung Kaffeetassen herbeizuschaffen. Die Route führte bei dieser Gelegenheit nach Portland, Oregon, und die Strecke betrug — Hin- und Rück-

flug zusammengerechnet — kaum weniger als 3000 Kilometer.

Tibbets kümmerte sich um seine Männer auch auf andere Weise. Als sie mit der Polizei von Salt Lake City aneinandergerieten (wegen Verkehrsvergehen oder Rowdytum oder des »Sich-Einlassens mit einheimischen Ehefrauen«), setzte er sich rückhaltlos für all jene seiner Leute ein, die sich im Dienst bewährt hatten.

Exec. Officer John King setzte alles daran, jenes Mindestmaß an Disziplin aufrechtzuerhalten, das er für absolut notwendig hielt. Was Tibbets betraf, so ließ er jedoch keinen Zweifel daran, daß ihm an vorschriftsmäßigem Grüßen, messerscharfen Bügelfalten in Khakihosen und glänzenden Stiefelspitzen absolut nichts lag. Ihn interessierte einzig und allein, wie gut sich ein Mann auf seinen Job verstand. Nach und nach entwickelte sich die 393. schon rein äußerlich zum »lässigsten Verein« in der gesamten Air Force.

Erst vor wenigen Tagen hatte Tibbets einen Piloten von besonders ungewöhnlichem Äußeren vorgestellt: kurzgestutzte Frisur, Wangen mit unverkennbarem Rouge und leuchtend rot angemalte Lippen. Selbst der beutelige Fliegeranzug vermochte es nicht, die wohlgestalteten Formen zu verbergen, jedenfalls nicht völlig.

»Natürlich handelt es sich um eine Dame«, erklärte Tibbets mit einem Grinsen, als er den Neuankömmling vorstellte. »Und es gibt niemanden, der sich aufs Fliegen besser versteht als Dora Dougherty.«

Dora war eine erfahrene Pilotin, die unter Tibbets beim Testprogramm für die B-29 mitgearbeitet hatte. Seinerzeit bezweifelten viele männliche Piloten die Qualitäten der B-29, während Dora mit großem fliegerischem Können und einem entsprechenden Selbstbewußtsein mit dem Bomber umzugehen verstand. Duzenbury erinnerte sich noch daran, wie Dora einmal mit einer B-29 gelandet war, bei der ein Motor brannte. Und Caron wußte folgendes zu berichten: Einmal hatte sie bei einem Start absichtlich einen Motor abgestellt — und den Bomber trotzdem nach oben gebracht.

In Wendover flog Dora eine Transportmaschine, und manchmal wünschte Tibbets, er hätte sie ins Cockpit einer B-29 setzen können. Doch Dora nahm jeden Auftrag so, wie er kam. Sie beklagte sich nicht.

Ganz im Gegensatz zu anderen.
Die Klagen betrafen das Übungsprogramm, die langen Stunden, die fortgesetzten Sicherheitsüberprüfungen. Und vor allem: Warum erklärt uns niemand, was dies alles soll?
Den Worten von John King zufolge wuchs dieses Gefühl: »Die redeten dauernd von ›wir‹ und ›uns‹.«
Oder: Tibbets, Ferebee und van Kirk auf der einen Seite, und auf der anderen der Rest der Dreihundertdreiundneunzigsten.
Im Dienst wie außer Dienst hielt das Trio in der Tat zusammen. Mitunter gesellte sich Lewis dazu. Doch das einst sehr enge Verhältnis zwischen Tibbets und dem Piloten lockerte sich immer mehr, die Beziehungen kühlten ab. Tibbets hatte zunehmend das Gefühl, daß Lewis »versuchte, unsere frühere Verbindung zueinander für sich auszunutzen«.
Und so zeigte sich der Colonel denn auch nicht länger amüsiert über Lewis' wilde Jagd nach »Weibern«, seine Partysucht sowie die überaus aggressive Art, mit der er alles anging: Kartenspiele, Gespräche, Volleyball.
Doch was seine Leistungen bei Übungsflügen betraf, war Lewis nach wie vor allererste Klasse — und nur darauf kam es Tibbets an.
Beser flog nicht gern mit Lewis, »weil wir nichts miteinander gemein hatten«. Noch immer wußte der Pilot nicht, weshalb der Radaroffizier »einen Haufen Kästen mitbrachte und wichtig tat«.
Beser genoß das Geheimnis, das seine Tätigkeit umgab. Immer wieder versuchte man ihn, wenn auch erfolglos, über seine Besuche im Sperrgebiet der Techniker auszuhorchen — auch über die Flüge, die er und Tibbets gemeinsam gemacht hatten. Diese Abstecher wurden offiziell allerdings nicht verbucht. Sie führten nach Albuquerque, der »Einflugsschneise« nach Los Alamos.
Dort erhielt Beser weitere Instruktionen, soweit es die (komplizierten) elektronischen Gegenmaßnahmen betraf. Techniker aus Los Alamos sollten ihn nach Wendover begleiten, um seine Tätigkeit dort *in praxi* zu analysieren: die Variierung von Gegenwellen, die Ortung sowie die Bestimmung der Geschwindigkeit und der Bahn eines aufgefangenen Objekts.
Nachdem Beser sich mit dem geheimen Radarsystem der Bombe wenigstens zum Teil vertraut gemacht hatte, wurde

ihm ein Sicherheitsbeamter zugeteilt, der ihn Tag und Nacht zu bewachen hatte, wenn er die Basis verließ. Der Mann nahm diese Aufgabe so ernst, daß er selbst vor der Toilette eines Restaurants in Salt Lake City Wache hielt, während sich Beser dort erleichterte. Der Radaroffizier reagierte auf seine charakteristische Weise.

»Hören Sie zu, Mac«, sagte er zu dem Mann, »wenn Sie da so stehen, muß ja jeder denken, an mir wäre irgend etwas komisch.«

»Hören Sie mal zu, Lieutenant. Eigentlich sollte ich bei Ihnen drin im Klo sein — und nicht draußen!«

Beser gab's auf. Von jetzt an mußte er sich damit abfinden, überall von »seinem Schatten« verfolgt zu werden: bei einer Verabredung, bei einem Drink mit Freunden, während des Heimaturlaubs bei seiner Familie. Wie sich noch zeigen sollte, akzeptierte er ihn nach und nach.

Doch nur in Wendover fühlte er sich wirklich frei. In dem Augenblick, da er seinen Fuß ins Lager setzte, endete die Pflicht seines Leibwächters.

In diesem Jahr kam der Winter sehr früh, und Wendover wirkte noch trostloser. Der Novemberwind pfiff über die Salzebenen, und er schien zu lähmen, was immer er auf seinem Wege traf.

Perry und seine Köche gaben sich alle Mühe, das Thanksgiving-Dinner zu einem denkwürdigen Ereignis zu machen. Zum Truthahnessen servierte man Kürbispastete sowie einen Punsch aus Südfrüchten. Zur Abrundung des opulenten Mahls gab es schließlich in üppiger Fülle kubanische Zigarren.

Apropos Kuba: Das war ein Wort und ein Begriff, der die meisten fast unablässig beschäftigte. Dem jüngsten Gerücht zufolge, sollten die Crews schon bald südwärts fliegen — zum sonnigen Havanna, um dort ihre »Sonderausbildung« fortzusetzen.

Tibbets schwieg, ganz, wie es seine Art war. Groves stand mit ihm in regelmäßiger telefonischer Verbindung: Er wollte über die Entwicklung möglichst genau ins Bild gesetzt werden. Tibbets berichtete jeweils von einigen der Schwierigkeiten, denen er sich gegenübersah, stellte die Sachlage im übrigen jedoch so dar, als sei jede der Bomberbesatzungen fähig, einen Atomschlag auszuführen. Groves hörte stets aufmerksam zu, ächzte dann und erwiderte: »Nehmen Sie sie nur hart ran. Dafür sind Sie dort!«

Täglich kamen Wissenschaftler nach Wendover. Sie stellten immer wieder neue Forderungen, die häufig Änderungen notwendig machten. Sie verlangten eine Neukonstruktion der Bombenaufhängevorrichtung. Konventionelle Bomben wurden durch Schäkel an Ort und Stelle gehalten, doch man befand, daß für eine rund 5000 Kilo schwere Bombe ein einziger stabiler Haken die beste Aufhängung gewährleisten würde. Ein solcher Haken war allerdings nicht aufzutreiben. Der Bombenschütze Kermit Beahan wurde nach England geschickt, und was er von dieser Reise zurückbrachte, war eine genaue Beschreibung jener Aufhängevorrichtung, wie sie von der RAF in ihren Lancaster-Bombern für britische »Wohnblockknacker« verwendet wurde. Jetzt arbeitete man etwas Entsprechendes für die Bomber vom Typ B-29 aus.

Auch was Form und Gewicht der Bombe betraf, gab es ständig Änderungen. Nach jeder Änderung flogen die Wissenschaftler nach Los Alamos zurück — nicht, ohne Tibbets zu versichern, jetzt seien sie endgültig zufriedengestellt; mit weiteren Änderungen brauche er nicht zu rechnen, könne sein Ausbildungsprogramm also zügig durchführen. Wenige Tage später waren sie dann wieder da, verlangten weitere »Modifikationen«, denn inzwischen hatten sie an der Form der Bombe doch wieder eine aerodynamische Unvollkommenheit entdeckt — oder was immer sonst.

Oft taten Tibbets die Männer leid, die hier in den Werkstätten in Wendover die verlangten Änderungen in die Tat umsetzen mußten. Tauchten die ihnen unbekannten Zivilisten in Tibbets' Begleitung bei ihnen auf, so machten sie aus ihrer feindseligen Haltung mitunter nicht den geringsten Hehl: Schließlich halsten ihnen diese fremden Besucher mit allerknappsten Erklärungen ja nächtelange Überstunden auf.

Die Leute von der Abwehr drängten die Wissenschaftler, sich aus Tarngründen als Gesundheitsbeamte auszugeben — ein absoluter Humbug, der allerlei frivole Kommentare provozierte. Natürlich blieb es nicht aus, daß sich die Techniker und Ingenieure in den Werkstätten mit ihren wißbegierigen Fragen direkt an Tibbets wandten: mit Fragen, die er ihnen ja nicht beantworten durfte. Und er war sich sehr bewußt, daß sie ihn wegen seiner Schweigsamkeit für hart und hochmütig hielten. Eindringlich fühlte er sich daran erinnert, daß seine Mutter ihn einmal gewarnt hatte vor der Einsamkeit einer Führungsposition.

Im übrigen nahm sein Kommando immer eindrucksvollere Proportionen an. Seinem Befehl unterstanden jetzt, *außer* der 393., die 320. Troop Carrier Squadron, die 390. Air Service Group, die 603. Air Engineering Squadron und die 1027. Air Materiel Squadron.

Aufgabe all dieser Spezialeinheiten war es, für die 393. verfügbar zu sein. Eine besondere Gruppe der Militärpolizei kam gleichsam unvermeidlich hinzu: die 1395. Military Police Company. Unterstützt wurden die Polizisten von rund fünfzig Agenten des Manhattan Projekts. Unter Uannas Leitung versuchten sie immer noch, die Flieger zur Geschwätzigkeit über ihren Dienst zu verleiten, allerdings verbuchten sie da nur noch selten einen Erfolg. Inzwischen hatte es sich herumgesprochen: Mochte das Leben in Wendover auch mies sein, in Alaska war es auf alle Fälle noch mieser.

Allerdings bot das noch lange keine Patentlösung für all jene Probleme, die sich im alltäglichen Zusammenleben von nunmehr rund 1200 Offizieren und Nicht-Offizieren ergaben. Plötzlich gab es bei nicht wenigen Geschlechtskrankheiten. Die Sicherheitsbeamten befürchteten, eine Anzahl Männer habe mit »ortsansässigen« Ehefrauen geschlafen, deren Männer, jetzt in Uniform, irgendwo außerhalb amerikanischer Grenzen dienten. In Salt Lake City kam es zu Saufereien und Schlägereien, an denen Männer von Wendover »rege« beteiligt waren.

Eines Nachts randalierte der betrunkene Captain Eatherly im dortigen Chi Chi Club. Als ihn ein Infanteriemajor hinauszuweisen versuchte, schlug er diesen k.o. Während am Vordereingang die Militärpolizei anrückte, entkam er durch die Hintertür.

Dieses Mal entging Eatherly dem Arrest. Doch er mußte sich regelmäßig in Tibbets' Büro melden, um sich für seine Verstöße zu rechtfertigen. Es gab einen ganzen Stapel unbezahlter Strafzettel wegen Geschwindigkeitsüberschreitung. Bisher hatte Eatherly die ihm aufgebrummten Strafen schlicht ignoriert. Jetzt zwang Tibbets ihn, die Zettel zu bezahlen. Ein weiterer Zwischenfall betraf jene Bezugsscheine, die man in Utah brauchte, um Alkohol kaufen zu können. Ein solcher Schein berechtigte zum Bezug einer Flasche pro Woche. Die Polizei fand bei Eatherly nicht weniger als fünfzehn »Schnapstikkets«. Tibbets stauchte den Piloten zusammen und bog die Sache bei den Gesetzeshütern gerade.

Im State Line Hotel in Wendover verbrachte Eatherly so manche Nacht beim Würfelspiel, wobei es pro Wurf nicht selten um hundert Dollar ging. Mitunter kam es vor, daß er innerhalb weniger Stunden seinen Monatssold verspielte und auch wieder zurückgewann. Sicherheitsagenten erstatteten Uanna über seine Spielbesessenheit Bericht.

Der Major beschwerte sich bei Tibbets: »Der Kerl ist ein Psychopath.«

Tibbets hielt eisern an seiner Maxime fest. »Vielleicht. Aber er ist ein verdammt guter Pilot. Und nur darauf kommt es an.«

Mitte November hatte Eatherly seine hervorragenden fliegerischen Fähigkeiten unter Beweis gestellt. Beim Anflug auf die Landebahn war plötzlich ein Teil des Leitwerks ausgefallen, eine ernsthafte Gefährdung. Die B-29 begann, sich um ihre Längsachse zu drehen, bis sie direkt auf der Spitze der einen Tragfläche stand. Eatherly behielt die Ruhe. Es gelang ihm, den Bomber wieder in eine stabile Fluglage zu bringen und eine perfekte Landung zu machen.

In der darauffolgenden Nacht verlor er beim Pokerspiel eine stattliche Summe. Solche Verluste pflegte er mit einem Schulterzucken abzutun. In Texas, so ließ er durchblicken, gebe es eine riesige Ranch, deren Erträge groß genug seien, um ihm die Begleichung all seiner Schulden zu ermöglichen. Er behauptete, er habe die Ranch mit siebzehn Jahren verlassen, um Pilot zu werden. Später sei er im Pazifik gewesen, im Kampfeinsatz gegen die Japaner. Er verstand es, diese Geschichten überzeugend zu erzählen.

Niemand vermutete, daß es sich dabei um Hirngespinste handelte, um die ersten Anzeichen jener Labilität, deretwegen Claude Eatherly später in eine psychiatrische Anstalt kam. Seine Fliegerkameraden erkannten bei ihm nur Symptome von Ruhmsucht. Und wegen seiner Phantasien wurde er schließlich, wenn schon nicht berühmt, so doch berüchtigt.

Und niemand sollte unter diesen Phantasien mehr leiden als Paul Tibbets — der sie, ironischerweise, bald erst ermöglichte.

6. Dezember 1944
Hiroshima

Leutnant Tatsuo Yokoyama gab sich eine volle Stunde für den Weg von der Flakstellung auf Mount Futaba bis zur Festung von Hiroshima. Er würde diese Strecke zu Fuß zurücklegen. Unten wurde er zur allmonatlichen Zusammenkunft erwartet, in deren Mittelpunkt die Verteidigungsmaßnahmen für die Stadt standen.
Niemand würde ihn auffordern, sich dazu zu äußern. Seine Aufgabe bestand darin, aufmerksam auf das zu lauschen, was die verschiedenen Kommandeure dazu sagten. Vermutlich wußten sie nicht einmal seinen Namen. Aber das störte ihn nicht weiter. Ihm genügte es, wenn — wie im Monat zuvor — im Protokoll vermerkt wurde: ». . . Eifer beim Exerzieren der Batterie von Mount Futaba . . .«
Früher hatte er sich mit einem der anderen jüngeren Offiziere ein Dienstfahrzeug geteilt, um zur Festung zu fahren. Damit war es vorbei. Nur ranghohen Offizieren stand jetzt noch das Recht zu, kostbares Benzin zu verbrauchen, und das auch nur bei strikt dienstlichen Angelegenheiten.
Daß er zu Fuß gehen mußte, machte Yokoyama nichts aus. Es hatte auch seine Vorteile. Auf diese Weise blieb er gleichsam in unmittelbarem Kontakt mit der Stadt — mit der sich wandelnden Lage dort.

Die ursprünglich schwarzen Zeichen auf dem Schildergewirr für den militärischen Verkehr waren inzwischen stark verblaßt. Fast genau drei Jahre zuvor hatte Admiral Isoroku Yamamoto, der Oberkommandierende der japanischen Flotte, diesen Weg zum Hafen genommen. An Bord seines Flaggschiffs, das in der Bucht von Hiroshima neben anderen japanischen Schlachtschiffen ankerte, hatte er die ersten Funkmeldungen gehört vom Angriff seiner Streitkräfte auf Pearl Harbour und Britisch-Malaya. Einige Tage später erhielt er die Nachricht von der Versenkung der beiden großen Kriegsschiffe *Prince of Wales* und *Repulse* vor der Küste von Singapur. Doch der so verehrte Yamamoto war tot, 1943 ums Leben gekommen, als das Flugzeug, in dem er sich befand, von amerikanischen Jägern abgeschossen worden war, und im Hafen von Hiroshima befand sich jetzt kein einziges Schlachtschiff.

Auch sah man nun keine Lastwagen voller Soldaten auf dem Weg durch die Straßen von Hiroshima zur sogenannten Halle der Triumphalen Wiederkehr, der *Gaisenkan.* Fast jeder japanische Soldat, der im Pazifik kämpfte, war durch Hiroshimas *Gaisenkan* eingeschifft worden. Jetzt lag sie leer, wartete vergeblich auf die »triumphale Wiederkehr« der Truppen.

Drei Jahre zuvor hatten Tausende von Zivilisten die Piers gesäumt und den scheidenden Soldaten ermutigende Worte mit auf den Weg gegeben. Jetzt sah man im Hafengelände an Zivilisten (außer jenen, welche dort arbeiteten) nur noch solche, die inmitten von Kränen und Schuppen ein Stückchen Garten hegten.

Überall in der Stadt fanden sich Schilder mit der Aufforderung an alle, mehr Gemüse anzubauen und sogar Unkraut zu züchten. Auch Warnungen konnte man sehen: die Androhung schwerer Strafen für Schwarzhändler, Schieber und solche, die »unverantwortliche Gerüchte« verbreiteten.

In Hiroshimas engen Straßen hatte sich im vergangenen Jahr so manches verändert. Es gab weniger Lastwagen und keine Taxis. Als Verkehrsmittel blieb praktisch nur die Straßenbahn. Ansonsten mußte jeder, der nicht gerade ein Fahrrad besaß, zu Fuß gehen.

In den Restaurants bekam man einen geschmacklosen grünen Tee. Oft wurde er lauwarm serviert, weil Brennmaterial immer knapper wurde. Koks für die *hibachi*-Herde wurde regelmäßig mit Wasser befeuchtet, damit er länger brannte. Einige Wirte hatten eine ganz bestimmte Methode entwickelt. Sie knüllten Seiten der Lokalzeitung, der *Chugoku Shimbun,* möglichst fest zusammen, tunkten sie in Wasser und verbrannten sie zusammen mit dem Koks. Vier Seiten genügten, um in etwa zehn Minuten einen halben Liter Wasser zum Kochen zu bringen.

Außer den Gemüseparzellen unten im Hafen gab es noch Tausende weiterer improvisierter »Sieges«-Gärten. Flachdächer waren mit einer Erdschicht bedeckt, und dort versuchte man, Bohnen, Karotten, Spinat, Kürbis und chinesischen Kohl zu ziehen. In Holzkisten, Bottichen, selbst in ausrangierten Töpfen und Pfannen wuchsen Lauch und Radieschen.

Gemeinschaften waren gebildet worden, um die Verteilung zu sichern. Nur wer einen Anrechtschein besaß, konnte mit einer Zuteilung rechnen. Ähnliche Anrechtscheine gab es auch für kostenlose ärztliche und zahnärztliche Behandlung. Für diese erste Dezemberwoche würden die Gemeinschaften jeder Familie ihres Betreuungskreises zuteilen: eine Portion Bohnengallerte, eine Sardine oder Roßmakrele, zwei Portionen chinesischen Kohl, fünf Karotten, vier Auberginen und einen halben Kürbis. Besonders begehrt war der Stiel oder Stengel eines Kürbis. Das mehrere Zentimeter lange Stück wurde in dünne Scheiben geschnitten und als zustäzliches Gemüse gekocht.

Triebe von Sträuchern schälte man, um sie dann als eine Art Vorspeise auszusaugen; Wiesenpflanzen wurden in Salzwasser getunkt und mit Reisersatz als Hauptmahlzeit genossen. Schilf vom Ota-Fluß servierte man zu Stücken zerschnitten und halbgekocht. Mancherlei Wurzeln dienten als Nahrung. In Obstbäumen und -büschen gefundene Raupen kochte man, sie wurden mit Sojasaucenersatz serviert. Auf Holzstückchen röstete man alle möglichen Käfer und Würmer.

Noch nie hatten die Frauen von Hiroshima so unattraktiv ausgesehen. Die meisten von ihnen kleideten sich wie die Männer: Beide Geschlechter bevorzugten Hosen und eine schlechtgeschnittene Jacke mit hoher Knopfleiste. Die Behörden unterstützten diese »Mode«.

Nur die Mädchen im Bordellviertel trugen auch weiterhin Kimonos. In den von Ratten verseuchten Freudenhäusern gab es Tausende von Prostituierten. Die Zeiten jedoch, in denen in einer einzigen Nacht 10000 Soldaten, unterwegs zum Pazifik, durch das Bordellviertel »wimmelten«, waren vorüber.

Kindergärten und Grundschulen hatte man geschlossen, Kinder und Lehrer aufs Land evakuiert, wo sie vor Bombenangriffen sicher schienen. Auch für die Versorgung der Stadtbevölkerung erwies sich diese Maßnahme als überaus vorteilhaft.

Wer in Hiroshima blieb,mußte bei allem und jedem mit großen Schwierigkeiten rechnen, selbst bei der Körperpflege. Die einzige verfügbare Seife bestand aus Reiskleie und Ätznatron und verursachte Hautausschlag. Zahnputzpulver bekam man nur auf dem Schwarzen Markt. Der gebräuchliche Ersatz war eine übelschmeckende salzige Paste.

Großer Beliebtheit erfreuten sich Kinos und Theater. Filme und Stücke waren zwar oft minderwertig, doch die von Hun-

derten von dicht beieinandersitzenden Menschen erzeugte Wärme wurde als überaus angenehm empfunden.
Sich warm halten: das war ein Problem. Viele lösten es, indem sie flache Ziegelsteine oder Kacheln in Öfen erwärmten und sie sich dann, in Zeitungen gehüllt, unmittelbar auf die Haut legten. Im gleichen Maße, wie die Steine abkühlten, verringerte man die schützende Zeitungsschicht Blatt um Blatt.

Für Yokoyama gab es keinen Zweifel: Die Stadt wurde mit ihren Problemen fertig. Und für jeden, der ihn in diesem Punkt kritisch befragen mochte, hatte er eine Art Patentantwort bereit: Hiroshima sei intakt. Yokoyama war so sehr von der Richtigkeit dieses Urteils überzeugt, daß er meinte, das Oberkommando werde ihn und sein Bataillon wohl bald in eine andere Stadt verlegen, wo man eher mit Angriffen rechnen mußte.
Ein Stück voraus hörte er plötzlich laute Rufe, eine Vielzahl von Stimmen. Er begann zu laufen, bog um eine Ecke. Dort sah er, wie ein Haus zusammenstürzte. Unwillkürlich richtete sich sein Blick zum Himmel: Nirgendwo ein Flugzeug.
Durch den Staub sah er eine Gruppe von Jugendlichen, Jungen und Mädchen. Sie gehörten zum Patriotischen Freiwilligencorps. Man hatte sie zum Arbeitseinsatz vom Land in die Stadt geholt. Jetzt erkannte Yokoyama es deutlicher. Die Gruppe befand sich nun beim Nachbarhaus. Einige begannen, die Pfeiler durchzusägen, andere befestigten am Dach ein Seil. Einer der Jungen erklärte Yokoyama, worum es hier ging. Für den Fall von Luftangriffen schuf man sogenannte Feuerschneisen, um entstehende Brände gegebenenfalls besser eindämmen zu können.
In Hiroshima konnte man jetzt vielerorts beobachten, wie diese Maßnahme in die Tat umgesetzt wurde: Schneisen durchschnitten gleichsam die Stadt. Derartig tiefgreifende Aktionen hatte man in Hiroshima nicht mehr erlebt seit der katastrophalen Überschwemmung vom 6. August 1653. An jenem Tag im 17. Jahrhundert war es allerdings die Natur gewesen, die Hunderte von Häusern von ihren Fundamenten gerissen hatte.
Jetzt besorgten enthusiastische Jugendliche, was allen der Hochwasserkatastrophe folgenden Taifunen nicht hatte gelingen wollen.

Für Senkichi Awaya, den Bürgermeister von Hiroshima, war der Befehl, Feuerschneisen zu legen, der härteste, für dessen Durchführung er seit seinem Amtsantritt hatte sorgen müssen. Wäre er von seiten der Armee erteilt worden, so hätte der 51jährige Zivilbeamte beim Oberkommando heftig dagegen protestiert.
Doch er war vom Innenministerium in Tokio gekommen, von demselben Ministerium, das Awaya im Juli 1943 zum Bürgermeister ernannt hatte.
Vor einigen Tagen hatte Awaya mit der Hiroshima-Festung telefoniert und den Diensthabenden Offizier von dem Befehl in Kenntnis gesetzt. Fast umgehend erteilte das regionale Armee-Hauptquartier seinerseits Anweisungen, wo die Feuerschneisen gelegt werden müßten. Soldaten würden die Arbeit überwachen und sich auch daran beteiligen.
Die Armee hatte auf den Beginn dieser Aktion ganz buchstäblich gewartet. Die Zivilbehörden, davon war man bei der Armee überzeugt, mußten letzten Endes jene Pläne gutheißen, welche die Armee selbst schon vor Wochen ausgearbeitet hatte. Wie alle übrigen Zivilbereiche auch, hatte sich das Innenministerium militärischen Belangen unterzuordnen.
Bereits den ganzen Vormittag über waren die zahlreichen Besprechungen des Bürgermeisters vom Krachen zusammenstürzender Häuser gleichsam begleitet worden. Schließlich wuchs der Lärm so sehr an, daß er kaum noch sein eigenes Wort verstehen konnte. Er trat ans Fenster seines Amtszimmers und blickte hinaus. Bei der Aioi-Brücke erhoben sich Wolken von Staub. Awaya fragte sich, ob womöglich auch diese Brücke — die auffallendste in Hiroshima — »daran würde glauben müssen«. In ihrer unverwechselbaren T-Form verband sie drei Inseln mit dem Stadtzentrum.
Seine »rechte Hand«, der zwergwüchsige, makellos gekleidete Kazumasa Maruyama, konnte ihn in diesem Punkt beruhigen. Er hatte alles überprüft und festgestellt, daß die Brücken der Stadt in keiner Weise gefährdet waren: Ohne die Brücken würden die Bewegungsmöglichkeiten der Armee innerhalb der Stadt allzu sehr beschnitten. Im Notfall war man auf rasche Beweglichkeit unbedingt angewiesen.
Gemeinsam beobachteten die beiden Männer das Zerstörungswerk. Vor dem Rathaus begann sich eine Schlange zu bilden. Es handelte sich dabei um jene Menschen, die ihr

Haus oder ihre Wohnung verloren hatten und jetzt dafür einen Ersatz verlangten.
Maruyama rief dem Bürgermeister ins Gedächtnis, wie überaus beschränkt die Möglichkeiten waren, über welche die Stadt verfügte.
»Wir können ihnen nur ein paar Yen geben.«
»Nur drei Jahre — und jetzt dies. Und alles wegen der Armee.«
Hätte Bürgermeister Awaya solche Worte in der Öffentlichkeit geäußert, so wäre ihm eine Gefängnisstrafe ziemlich sicher gewesen, vielleicht sogar seine Hinrichtung. Doch hier, im behaglich eingerichteten Amtszimmer des Bürgermeisters, konnten die beiden Männer über solche Dinge offen sprechen. Während der anderthalb Jahre, die sie nunmehr zusammenarbeiteten, wußte jeder vom anderen, daß er ein ergebener Pazifist und ein ganz entschiedener Anti-Militarist war.
Im Herkommen unterschieden sie sich zwar weitgehend voneinander — Awaya entstammte der oberen Mittelklasse, während Maruyama sich voll Stolz seiner Herkunft aus der Arbeiterklasse bewußt war —, doch die beiden Männer fühlten sich durch starke persönliche Bande miteinander verbunden.
Als es für Maruyama darum gegangen war, möglichst erfolgreich mit seinen zukünftigen Schwiegereltern zu verhandeln, hatte er Awayama eingeschaltet. Und Awayama, der Bürgermeister, einer der vielen recht frommen Christen von Hiroshima, hatte es ziemlich schwierig gefunden, sich durch die komplizierten Nebenwege einer japanischen Eheschließung »hindurchzuwinden«. Vieles, sehr vieles gehörte zu einem solchen Ritual. Dennoch war es dem Bürgermeister gelungen, den Ehevertrag zu jedermanns Zufriedenheit abzuschließen.
Im Spätsommer 1944 wurde die Christliche Kirche geschlossen, die Awaya zu besuchen pflegte. Selbst jene von Deutschen oder Italienern geleiteten Orden begann man mit Mißtrauen zu betrachten. Das gehörte gleichsam von selbst zu jener Xenophobie — jener Fremdenfeindlichkeit —, welche die Militaristen im ganzen Land gefördert hatten.
Awaya betete jetzt zu Hause und sang dabei jene Lieder, welche die Missionare in Japan gelehrt hatten. Und wie sehr wünschte er doch, seine Frau und seine vier Kinder könnten bei ihm sein. Bis jetzt wohnten sie noch in Tokio: Als er nach Hiroshima gezogen war, hatten sie zurückbleiben müssen. Es

ging um die ungestörte Entwicklung und Ausbildung der Kinder.

Awayas Christentum hatte bewirkt, daß die Militaristen in ihm eine Art Erzfeind sahen. Wo nur möglich, versuchten sie, ihn anzugreifen. Doch er war einer der populärsten Bürgermeister, die es in der Stadt je gegeben hatte. Von Korruption fand sich bei ihm auch nicht die leiseste Spur, und er erwies sich als überaus zugänglich bei allen Fällen, wo Menschen ungerecht behandelt worden waren: Energisch sezte er sich ein, damit ihnen Gerechtigkeit widerfuhr. In seiner ganz buchstäblich gesicherten Position konnte er es sich schon mal leisten, die Schnüffeleien der Armee ganz einfach zu ignorieren. Er wußte, daß er unter Beobachtung stand, daß man versucht hatte, seinen Mitarbeiterstab gegen ihn zu kehren. Nur hier, in seinen Amtsräumen, konnte er es wagen, seiner Meinung freien Ausdruck zu geben.

An diesem Morgen kam zwischen beiden wieder einmal ein altvertrautes Thema zur Sprache. Dabei handelte es sich in Awayas Worten um »den schrecklichen Verfall in unserer Stadt, den man zurückführen kann auf den Wahnsinn der Militaristen in Showa fünfzehn«, wobei er sich auf Ereignisse des Jahres 1941 bezog.

In nur zwanzig Tagen, am 28. Dezember, würde die Hirohito-Regierung — oder Herrschaft — der Showa in ihr 19. Jahr treten. Die beiden Männer stimmten darin überein, daß Showa ein auf geradezu ironische Weise unzutreffender Name war. Die Bezeichnung bedeutete nämlich: aufgeklärter Friede.

Awaya brachte ein Thema zur Sprache, über das er immer intensiver nachdachte.

»Jeden Tag kann es geschehen, daß wir für die begangenen Fehler teuer bezahlen müssen.«

Beide Männer wußten, was er meinte: wußten, wie schlecht die Stadt gegen einen Luftangriff gewappnet war. Luftschutzräume gab es längst nicht genug. Der Wasserdruck für die Hydranten war zu niedrig, und die — für den Notfall so überaus wichtigen — Ausfallstraßen der Stadt würden im Ernstfall sehr leicht verstopft sein. Im übrigen hatte Awaya nicht das Gefühl, daß die sogenannten Brand- oder Feuerschneisen im Fall eines Falles wirklich Schutz boten.

»Innerhalb dieser Schneisen können ganze Viertel einfach in Schutt und Asche fallen. Die einzige Hoffnung besteht darin,

daß diese Schneisen die Stadt davor bewahren, sozusagen auf einen Schlag niederzubrennen.«
Allerdings gab es einen Aspekt, für den man, wie Awaya meinte, dankbar zu sein hatte.
»Die Flüsse, die unsere Stadt durchteilen, bilden ganz ausgezeichnete natürliche Feuerschneisen. Dort könnten die Bürger notfalls Zuflucht finden — vor der bei den Bränden entwikkelten Hitze.«
Seine Worte waren so etwas wie ein prophetischer Blick in die Zukunft.

Die Festung — oder die Burg — von Hiroshima, von einem Burggraben umgeben, war vierhundert Jahre alt und bildete den Mittelpunkt eines weitausgreifenden Militärkomplexes. Innerhalb dieses Bereichs befand sich das divisionale und regionale Heereshauptquartier und überdies nicht weniger als 40000 Mann. Außerdem umfaßte die Region eine Infanterieschule, Lazarette sowie Munitions- und Versorgungsdepots. Unterhalb der Festung befand sich ein sogenanntes ziviles Hauptquartier zur Verteidigung: jene Abteilung, die dafür verantwortlich war, die Stadt im Fall eines feindlichen Luftangriffs zu alarmieren, und auch die Feuerleitung für die Flakbatterien.
Gleichsam an der Peripherie all dieser vielfältigen Gefechts- und Befehlsstände gab es Dutzende kleiner Fabriken, die irgendwelche Rüstungsartikel produzierten. Die größeren Fabriken befanden sich an den Flußufern.
Yokoyama genoß seine Besuche in der Festung. Für ihn bot sich dabei sozusagen die sichtbare Bestätigung für die Macht der Armee. Stets sah er bei dieser Gelegenheit alle möglichen Geschütze und Panzerfahrzeuge. Und innerhalb jenes Bereichs, den die Armee seit fast hundert Jahren für sich beanspruchte, herrschte praktisch immer eine optimistische Stimmung. Offiziere wie Mannschaften sprachen von bevorstehenden großen Siegen. Niemand dachte daran, die Aufmerksamkeit der anderen auf die Granathülsen aus »Ersatzmetall« zu lenken oder auf die nur halbvollen Tanks der Transportwagen und der Panzerfahrzeuge.
Bei der allmonatlichen Besprechung über Verteidigungsfragen zeigten die älteren Offiziere eine sehr zuversichtliche Stimmung. Einer nach dem anderen verbreiteten sie sich über

fast das gleiche Thema. Wie alle anderen japanischen Städte sei auch Hiroshima bereit, den Feind gebührend zu empfangen. Viel Zustimmung erhielt der ältliche Offizier, der als letzter sprach.

»Sollen die amerikanischen Bomber nur kommen — und zwar bald. Unter dem Beschuß durch unsere Geschütze werden sie vom Himmel fallen!«

Sein Blick glitt durch den Raum und blieb dann, sich erhellend, auf der Gruppe der jungen Flakoffiziere haften, zu der auch Yokoyama gehörte.

»Die Ehre, den ersten Schlag zu führen, wird euch zufallen. Der Feind ist überheblich. Er glaubt, daß er ungehindert in den Himmel über uns vordringen kann, um unsere Frauen und unsere Kinder zu bombardieren. Wir werden ihm eine Abfuhr erteilen. Versagt nicht. Wir werden unseren Erfolg von Pearl Harbour wiederholen.«

7. Dezember 1944
Washington, D.C.

Alexander Sachs, Finanzier, saß am Schreibtisch in seiner Suite im Carlton-Hotel, etliche Häuserblocks vom Weißen Haus entfernt: Dieser Mann, der entscheidend dabei mitgewirkt hatte, die Aufmerksamkeit des Präsidenten Roosevelt auf die *Möglichkeit* atomarer Waffen zu lenken, verfügte über allzuwenig Zeit, um in Zeitungen oder Rundfunkprogrammen auf das zu achten, was über den dritten Jahrestag von Pearl Harbour gesagt wurde.

Dennoch war der 7. Dezember für Sachs wie für Millionen Amerikaner ein Tag, an dem die sogenannten Massenmedien besonders interessant schienen, weil sie sich in außergewöhnlichem Maße mit diesem einen Thema — Pearl Harbour — beschäftigten: Das Land konnte Japan die Heimtücke weder vergessen noch vergeben. Der »Tag der Schmach« sollte gesühnt werden.

Was den Krieg in Europa betraf, so berichteten Presse und Rundfunk, daß da alles recht gut lief. Pattons Army stand in Straßburg. Und Meter für Meter halfen, unter Eisenhower, die britischen und französischen Armeen, Europa von Hitler und seinen Heerscharen zu befreien. Die Russen rückten »an allen Fronten« vor, eine Floskel, die von den Reportern gebraucht wurde, wenn sie nicht wußten, wo die Rote Armee gerade stand.

Die Amerikaner, zu Lande, zur See und in der Luft weitaus besser ausgerüstet, zogen die Schlinge um den Feind immer enger. Die japanische Luftwaffe zeigte sich zunehmend erschöpft, und wenn die Kamikaze-Flieger in wachsendem Maße Schrecken verbreiteten unter denen, die sich ihnen gegenübersahen, so spielten die Zeitungen in Washington und in anderen Städten die Selbstmord-Flugzeuge sehr herab, als vorübergehendes Phänomen, als eine letzte Wahnsinnstat eines verzweifelten Feindes.

Tokio befand sich jetzt innerhalb der Reichweite der B-29-Bomber, die ihren Stützpunkt auf den Marianen hatten. Große Formationen der Superforts begannen, das japanische Festland zu bombardieren, und jede B-29 führte sieben Tonnen Bombenlast mit sich.

Jenes so provozierende »Kommt doch und holt uns« der Tokio-Rose (jener Sprecherin, die in englischsprachigen Sendungen die Texte verlas) erhielt jetzt eine Antwort.

»Okay, Rose, wir kommen«, klang es zuversichtlich über die Lokalsender in Amerika.

Niemand zweifelte daran, daß Amerikas Jugend einen hohen Preis dafür bezahlte, in die Höhle des Löwen — in Tokio-Roses Höhle einzudringen. Woche für Woche fielen beim Vordringen quer über den Pazifik rund 5000 Amerikaner; doch die Zeitungen wiesen ausdrücklich darauf hin, daß die Verluste beim Feind weitaus höher lagen. Der so entschiedene Flugzeugträger-Einsatz bei Guam wurde unter dem Schlagwort *Great Marianas Turkey* bekannt, und die Verluste der Japaner bei der Verteidigung der Inseln, so wurde berichtet, hätten 50000 Tote betragen.

An diesem Morgen ließ sich die allgemeine Stimmung in Amerika ziemlich leicht auf einen Nenner bringen: keine Kompromisse. Oder, wie einer der Kommentatoren es ausdrückte, »wir müssen den Feind mit allem treffen, was wir haben«.

Alexander Sachs gehörte zu den wenigen Menschen, die begriffen, was das bedeuten mochte: daß zu diesem »Alles-was-wir-haben« womöglich schon sehr bald die Atombombe gehören würde. Fünf Jahre war es inzwischen her, seit man den

Präsidenten zum erstenmal darum gebeten hatte, den Bau einer solchen Bombe zu genehmigen. Jetzt wünschte Sachs sich vom Präsidenten genaue Hinweise, wann und unter welchen Umständen eine solche Bombe eingesetzt werden solle.
Wenn eine Gruppe von Menschen in der jüngstvergangenen Zeit bei dem Finanzier einen Erfolg hatte erringen können, so war es die wachsende Zahl jener Wissenschaftler, die sich über den Einsatz der Bombe immer mehr Gedanken machten. Zu ihnen gehörten Albert Einstein ebenso wie Leo Szilard, der Mann, der sich im Jahr 1939 noch so beredt dafür ausgesprochen hatte, daß Amerika sich ein eigenes Atomarsenal zulegen solle. Jetzt argumentierten sie, die Weltlage habe sich geändert. Was die Möglichkeiten der Nazis betreffe, eine Atombombe herzustellen, so könne man sie gleich Null erachten, und Japan — ja, Japan könne man mit konventionellen Waffen bezwingen. Jedweder kurzfristige militärische Vorteil, den der Einsatz einer Nuklearbombe Amerika eintragen könne, werde weitgehend zunichte gemacht durch politische sowie psychologische Verluste. Szilard argumentierte: Der Schaden für Amerikas Prestiege, sofern die USA die Bombe als erste einsetzten, könne ungeheuer sein. Und für den Fall, daß Amerika die Bombe warf, sah Einstein ein weltweites Wettrüsten voraus.
Roosevelt verwarf derartige Argumentationen. Womöglich war es Niels Bohrs Besuch im August gewesen, der ihn eingenommen hatte gegen Wissenschaftler, die in kritischen Augenblicken ihre Meinung änderten. Vielleicht hatte er das Gefühl, sie unterchätzten die Fähigkeit des Feindes, unter fast allen Umständen zurückzuschlagen.
Jene, die *dagegen* eintraten, die Bombe sozusagen »bedingungslos« einzusetzen, besaßen jetzt einen Fahnenträger, der weit überzeugender wirkte als der recht geschwätzige Bohr: Sachs war ein Freund des Präsidenten. Die Wissenschaftler hatten den Finanzier davon überzeugt, daß er für die Entwicklung der Atombombe genausoviel Verantwortung tragen müsse wie sie selbst. Sachs schien diese These zu akzeptieren. Jedenfalls bereitete er einen ganz erstaunlichen Kompromiß vor. Tagelang brütete er über jedem Wort. Dann umriß er, in seiner säuberlichen Handschrift, jene Bedingungen, von denen er meinte, daß Präsident Roosevelt sie durchsetzen müsse, bevor er sich für den Einsatz der Bombe entschied.

Nach einem erfolgreichen Test sollte man folgendes arrangieren:

a) Eine Probedemonstration vor einer Gruppe international anerkannter Wissenschaftler aus den Ländern der Alliierten sowie, zusätzlich, aus neutralen Ländern, ergänzt durch Vertreter der großen Religionen;
b) daß ein Bericht erstattet werde über die Natur und die Gewalt einer Atomwaffe, gefertigt von Wissenschaftlern und anderen kompetenten Fachleuten;
c) daß danach eine Warnung ausgegeben werde von den Vereinigten Staaten und ihren Verbündeten an unsere Hauptfeinde im Krieg, Deutschland und Japan: Daß eine Atombombe in einem bestimmten Gebiet — und innerhalb eines befristeten Zeitraums — abgeworfen werden würde — gerade genügend Zeit, um die betreffende Region zu evakuieren;
d) daß in der Folge eines solchen Beweises der Wirksamkeit einer Atombombe ein Ultimatum zu beantworten sei, in dem die sofortige Kapitulation des Feindes verlangt werde, und zwar in der Gewißheit, daß eine Ablehnung besagten Ultimatums eine totale Vernichtung der Feindländer sowie ihrer Bevölkerung nach sich ziehe.

Dieses Memorandum lieferte der Finanzier bei Roosevelt persönlich ab. Sie besprachen es, allein, und irgendwelche offiziellen Unterlagen über dieses Gespräch gab es nie.
Als Roosevelt dann, wenige Monate später, tot war, behauptete Sachs, der Präsident habe seine Vorschläge akzeptiert. Was das bedeutete, lag auf der Hand: All jene, die den Präsidenten zunächst zum Einsatz der Bombe überredet hatten, hatten ihn später dazu bewegt, sich die Sache noch einmal gründlich anders zu überlegen. Eine beweiskräftige Methode, eben dies zu bestätigen, gab es nicht. Im Grunde blieb nur die Möglichkeit zu akzeptieren, was Sachs behauptete.
Allerdings: die wahrscheinlichste Version ist diese — Roosevelt, ein gewiefter Taktiker, hatte seinerseits Sachs von dem überzeugt, was er zu hören oder zu glauben wünschte.
Doch bei seinem leidenschaftlichen Faible für Geheimhaltung, bei seiner strikten Methode, bei solchen Gesprächen unter vier Augen niemals Zuhörer zu haben, hintrließ Roosevelt der präatomaren Geschichtsschreibung sozusagen eines der letzten Rätsel.

Als Groves von den Vorschlägen hörte, hielt er sie zunächst gewiß für lächerlich. Sachs' Idee, Hitler und die japanischen Militaristen mit Hilfe eines »Denkschreibens« über eine weitentfernte Explosion in genauere Kenntnis zu setzen — und sie in ihrem Urteil schwankend zu machen —, erschien ihm wie auch vielen anderen als geradezu extrem naiv. Überdies schloß der Vorschlag des Finanziers ja das Überraschungsmoment aus, das Groves für so wesentlich hielt. Der Projektchef hatte stets die Meinung vertreten, daß der Feind, im voraus gewarnt, mit einer wirksamen Gegenattacke antworten werde, oder doch mit sehr effektiven Gegenmaßnahmen, beispielsweise durch die Vernichtung des Bombers, der die Atombombe an Bord hatte — oder auch durch das, was man Bodenfeuer nannte.
Eines jedoch schien festzustehen. Die Wissenschaftler, die jetzt am Manhattan Projekt mitarbeiteten, waren davon überzeugt, daß die Japaner weder hinsichtlich der theoretischen physikalischen Grundlagen noch hinsichtlich der Technologie imstande waren, ihrerseits eine Atombombe herzustellen. Deshalb, so argumentierten einige, sei es undenkbar, daß die Waffe gegen Japan eingesetzt werde.
Die Fronten waren demnach klar gezogen. Selbst jetzt noch planten die radikaleren unter den Wissenschaftlern völlig neue Strategien, um das Projekt zu stoppen.

12. Dezember 1944
Oberkommando der Kaiserlichen Armee
Tokio

Zunehmend machten sich bei Generalmajor Seizo Arisue Zeichen der ständigen Anspannung bemerkbar. Sein Gesicht wirkte grauer, die Ringe unter den Augen dunkler. Er litt an Schlafmangel, auch fehlten ihm regelmäßige Mahlzeiten und frische Luft. Die vergangenen beiden Monate hatten sehr dazu beigetragen, seine an sich beträchtliche Widerstandskraft zu untergraben.
All seine Anstrengungen, einen Spion in die Vereinigten Staaten zu schleusen, waren vergeblich gewesen. Sein Kontakt in Lissabon konnte ihm keine Details über das geheimnisvolle amerikanische Kriegsprojekt mitteilen. Und ohne konkrete

Informationen konnte Arisue seinen Agenten in Brasilien (der, gleichsam gestiefelt und gespornt, nur darauf wartete, in Richtung USA in Marsch gesetzt zu werden) ja nicht entsprechend instruieren. Seine Erfahrungen sagten dem Chef des Armee-Nachrichtendienstes, daß die Aktion vermutlich als das verbucht werden mußte, was man einen »Schlag ins Wasser« zu nennen pflegte.
In zunehmendem Maße wurde seine Abteilung von seiten des Oberkommandos unter Druck gesetzt. Dringend verlangte man Informationen — Daten — über die B-29, denn inzwischen flogen Bomber dieses Typs Angriffe auf Tokio und andere Städte.
Das Auftauchen der B-29-Bombenflugzeuge hatte die Japaner verblüfft. Noch nie hatten sie Maschinen von dieser Größe gesehen, die so schnell waren und so gut bewaffnet — und vor allem: die eine so große Bombenlast laden konnten. Man wollte wissen, von welchem (oder welchen) Stützpunkt(en) aus sie eingesetzt würden. Arisue meinte, vermutlich kämen sie von den Marianen (und verfluchte wieder einmal die Tatsache, daß er dort kaum über Spione verfügte). Auskünfte auf spezielle Fragen konnte er nicht geben, etwa: Wie viele Bomber gibt es auf den Inseln, wie steht es mit Versorgung und Nachschub etc.? Und Informationen dieser Art hätte man unbedingt gebraucht, um sich von der amerikanischen Stärke ein genaues Bild machen zu können.
All jene potentiellen Informationsquellen, von denen er sich einiges versprochen oder doch erhofft hatte, erwiesen sich als unergiebig. Seine speziellen Horchposten, deren Aufgabe es war, die kurzen Gespräche zwischen Feindpiloten über Japan zu verfolgen, hatten nichts von Bedeutung registrieren können. Der Luftabwehr war es kaum einmal gelungen, eine B-29 abzuschießen. Und Oberstleutnant Oya, Arisues harter Verhörspezialist, fand es schwierig, selbst die wenigen gefangenen amerikanischen Flieger zum Sprechen zu bringen.
Den vorerst letzten von ihnen, Colonel Brian Brugge, hatte sich Oya bereits vor neun Tagen vorgenommen: gleich nach Brugges Abschuß am 3. Dezember. Bei dem Colonel handelte es sich um einen wichtigen Fang. Er war stellvertretender Stabschef des 73. Bomb Wing, stationiert auf Saipan. Laut Oya verweigerte der hartnäckige ehemalige »West-Pointer« die Zusammenarbeit.

»Wir unterzogen ihn einem gründlichen Verhör. Er gab nichts von sich. War einfach nicht zu packen. Später begann er an Unterernährung zu leiden. Japanisches Essen schmeckte ihm nicht. Er starb.«
Arisue fühlte sich nicht gerade glücklich, denn sein eifriger Verhörspezialist hatte aus dem amerikanischen Colonel nichts »Brauchbares« herausbekommen. Der Generalmajor war davon überzeugt, immer mehr an Ansehen zu verlieren. Er wußte auch, daß seine Fähigkeiten in bestimmten Kreisen mehr und mehr in Frage gestellt wurden. Und in dieser Situation erhielt er eine weitere überaus beunruhigende Nachricht.
Seit mehreren Tagen — dieses Bild ergab sich aufgrund seiner Informationen — stand der Nachrichtendienst der Kriegsmarine, sein Erzrivale also, in Verbindung mit dem schwedischen Bankier Per Jacobsson, und zwar in Bern in der Schweiz.
Arisue wußte, daß selbst bei großzügigster Interpretation nachrichtendienstlicher Tätigkeiten die Kriegsmarine in Europa »nichts verloren« hatte: Jenes Gebiet war strikt dem Nachrichtendienst des Heeres vorbehalten.
Wachsam und mißtrauisch, wie er war, hatte der Generalmajor inzwischen folgendes herausgefunden: Jacobsson diente der Bank of International Settlements als sogenannter »Economic Adviser«. Mit dieser Bank hatte Japan vor dem Krieg enge Beziehungen unterhalten. Den Leuten vom Heeresnachrichtendienst war es gelungen, ein Dossier über Jacobsson ausfindig zu machen. Und was dieses Dossier enthielt, übte auf Arisue eine geradezu elektrifizierende Wirkung aus.
Jacobsson war bekannt als »Kontakt« für den amerikanischen Nachrichtendienst in der Schweiz. Überdies wußte man, daß er mit Dr. Friedrich Hack befreundet war.
Arisue kannte Hack. Er war so etwas wie ein Deutschnationaler mit einem Freundeskreis in Japan. Zu diesem Kreis gehörten Admirale sowie eine Reihe von Offizieren, die beim Nachrichtendienst der Kriegsmarine arbeiteten. Mitglieder dieses Kreises waren es gewesen, die Hack gerettet hatten, als er, wegen Kritik an der nationalsozialistischen Politik, 1938 in Deutschland in Ungnade fiel. Er kam in ein Konzentrationslager. Freunde in Japan, die von seinem Schicksal hörten, setzten sich für seine Freilassung ein. Da den Nazis an guten Be-

ziehungen mit Japan gelegen war, gaben sie nach. Die Kaiserliche Kriegsmarine »installierte« Hack als ihren europäischen Kaufagenten, der von Bern aus operierte. Jetzt, so schien es, benutzte die Kriegsmarine (bzw. ihr Nachrichtendienst) Dr. Hack, um Jacobsson in einem ganz bestimmten Punkt auszuhorchen: Wie man sich am besten Allen W. Dulles näherte.

Dulles war der »European Director of Strategic Services«: des amerikanischen Nachrichtendienstes. Seine verschwiegenen Operationen betrieb er von der Herrengasse in Bern aus. Die riesige OSS-Organisation hatte direkten Zugang zu Präsident Roosevelt, den das oft tollkühne Vorgehen augenscheinlich faszinierte.

All dies hatte Arisue vor wenigen Tagen entdeckt. Und dann, gerade am heutigen Morgen, hatte er die Kopie eines Briefes erhalten, den Hack aus der Schweiz an einen Freund geschrieben hatte, an den Kommandeur Yoshio Fujimara, Marineattaché an der japanischen Botschaft in Berlin. Fujimara hatte den Brief weitergeleitet an das Kriegsmarineministerium in Tokio.

Arisue vermochte sich durchaus vorzustellen, welches Aufsehen dieser Brief gerade bei den »höheren Rängen« hervorgerufen hatte: den höheren Rängen *dieses Ministeriums* natürlich. Aus Hacks Brief ließen sich die überaus nüchternen ökonomischen Tatsachen des Krieges ablesen, soweit sie Japan betrafen. Die Achsenpartner waren geschlagen; Japans Versorgungs- bzw. Nachschublinien wurden mehr und mehr abgewürgt; und der Kredit des Landes erschöpfte sich. Es gab nur eine Lösung: »Sie müssen Ihr Land dazu bewegen, so bald wie möglich aus den kriegerischen Auseinandersetzungen auszuscheiden und einen Verhandlungsfrieden einzuleiten, bevor Amerikas industrielle Macht Ihre Nation zerschmettert.«

Japans »Seelords« wußten genauso gut wie die Armeegeneräle, wie betrüblich die Lage war, in der sich das Land befand. Doch von Kapitulation sprach niemand.

Jetzt begriff Arisue auch, weshalb man beim Marine-Nachrichtendienst auf *diese* Weise reagiert hatte: indem man Hack, auf dessen Warnung hin, ausdrücklich bat, einleitende Verhandlungen mit Jacobsson und — wie man wohl hoffte — mit Dulles zu führen. Von dort konnte es nur noch ein kurzer Schritt sein bis zu Präsident Roosevelt — und zum Verhandlungsfrieden.

In japanischen Augen bestand ein grundlegender Unterschied zwischen einem Verhandlungsfrieden und einer Kapitulation. Dennoch war Arisues allererste Reaktion diese: Die Verschwörer mußten entlarvt werden. Doch er war klug und vorsichtig genug, sich rechtzeitig zu besinnen. Zweifellos gehörten zu diesem Kreis einige der ranghöchsten japanischen Offiziere der Kriegsmarine — und sollte es ihm *nicht* gelingen, mit hieb- und stichfesten Argumenten gegen sie vorzugehen, so war *er* es, der ernstlich in die Klemme geriet.

Der Wunsch nach Friedensverhandlungen hatte sich zuerst bei der Kriegsmarine geregt. Bereits Ende 1943 hatte Arisue etwas in den Händen gehalten, das ihm in dieser Richtung Aufschluß gab: die Kopie der höchstgeheimen Lagebeurteilung eines Admirals, welcher die Meinung vertrat, Japan habe auf längere Sicht unvermeidlich mit einer Niederlage zu rechnen und solle schon beizeiten Friedensverhandlungen einleiten. Dieses Papier war der *Jushin* vorgelegt worden, jener einflußreichen Gruppe ehemaliger Ministerpräsidenten, welche unmittelbare Verbindungen zum Kaiser unterhielt. Und die *Jushin* hatte die Schlußfolgerungen des Admirals zurückgewiesen. Seinerzeit war es lediglich Arisues Aufgabe gewesen, dieses Ränkespiel von seiten der Kriegsmarine zu »überwachen«. Jetzt allerdings gab es, vor allem für ihn selbst, sehr ernsthafte Fragen.

Was war denn, wenn Hack recht hatte? Nur einmal angenommen, Japan konnte den Krieg *nicht* gewinnen? Angenommen, überdies, daß ein Verhandlungsfrieden in der Tat die einzige Lösung darstellte?

Nur zwei Monate zuvor wären solche Gedanken für Arisue undenkbar gewesen. Doch schon diesen ganzen Tag hindurch »nagte« es gleichsam an ihm. Er ließ sich Lageberichte vorlegen. Er befragte Stabsoffiziere. Er studierte die »Projektionen« von Feindabsichten. Und wie immer er es auch drehte und wendete, es blieb die eine unentrinnbare Wahrheit: Der Kriegsverlauf war alles andere als günstig. In Japan, so befand er später, »herrschte an allem Mangel außer an Mut«.

Gegen Abend war er zu dem Schluß gekommen, daß es für Japan absolut keine Möglichkeit gab, den Sieg zu erringen. Andererseits, das erkannte er, war das Land auch nicht besiegt, so lange es nur weiterkämpfte.

Diese Gedanken erfüllten Seizo Arisue, als er (ohne irgend je-

manden um Rat zu fragen) für sich beschloß, das Fundament zu legen: für die Friedensverhandlungen der Armee.
Er wußte sehr genau, daß er im Falle des Entdecktwerdens als Verräter gebrandmarkt und hingerichtet werden würde. Gegen Einbruch der Dunkelheit unternahm er dann die ersten Schritte, um sich mit Dulles in Bern in Verbindung zu setzen.

14. Dezember 1944
Osaka

Das Schwein, in eine Art Stahlrahmen eingespannt, grunzte ängstlich. Am einen Ende des Laboratoriums in der Osaka-Universität waren Professor Tsunesaburo Asada und eine Gruppe von Technikern mit den letzten Vorbereitungen für ein weiteres Experiment beschäftigt. Ihre Aufmerksamkeit richtete sich auf einen großen, flachen Kasten, auf dem man alle möglichen Skalen und Schalter sah. Überdies gab es ein Rohr, ähnlich wie bei einer »gestutzten« Maschinenpistole.
Es handelte sich um einen Prototyp der Todesstrahlen.
Das Rohr wurde präzise auf das Versuchstier gerichtet.
Jetzt traten die Techniker ein Stück zurück. Aufmerksam beobachteten sie das Schwein.
Asada betätigte einen Schalter. Die Maschine begann, leise zu summen.
In plötzlichem Schrecken quiekte das Schwein, während unsichtbare Strahlen seinen Körper durchdrangen. Das Tier strauchelte und stürzte auf die Knie.
Aus der Gruppe der starrenden Männer klang ein leises Zischen, ein Laut innerer Anspannung und Erwartung.
Das Schwein rollte auf eine Seite, mit zuckenden Beinen. Die Techniker begannen zu applaudieren.
Wieder gab das Schwein ein Quieken von sich, ein *wütendes* Quieken diesmal. Der Augenblick des Schocks war vorüber. Das Tier raffte sich hoch, stand auf unsicheren Beinen, blickte böse zu den verblüfften Männern auf der anderen Seite des Raums.
Asada tat, wozu alle Erfinder gezwungen sind, die einen Rückschlag erleiden. Er verfügte das Projekt wieder ins »Reißbrettstadium«. Was seinen Mitarbeiterstab betraf, so

bedeutete dies das Ende einer Hoffnung: Man hatte nämlich mehr oder weniger fest damit gerechnet, seiner hungrigen Familie daheim ein Stück Schweinefleisch mitnehmen zu können.

17. Dezember 1944
USAAF Basis
Wendover

An diesem Tag wurden die fünf Staffeln in Wendover offiziell unter Tibetts Kommando zusammengelegt zur 509. Composite Group, Teil (zumindest vorläufig) des 315. Bombardement Wing der Second Air Force. Die Gesamtstärke der Gruppe betrug 225 Offiziere sowie 1542 Mann.
Ferebee und van Kirk gehörten der 509. als Bombenschütze und Navigationsoffizier an. Selten nur geschah es, daß sie noch an Übungsprogrammen teilnahmen: Jetzt arbeiteten sie selbst diese Übungsprogramme aus und analysierten sie später. *Wenn* sie flogen, dann in der Regel mit Lewis, wobei sie die Plätze jener Männer einnahmen, die ihm normalerweise als Bombenschütze und Beobachter dienten.
Lewis war mit seinen Protesten bei Tibbets abgeblitzt. Die einstige Freundschaft zwischen den beiden Männern schien mehr und mehr zum Erliegen zu kommen. Während Lewis sich nach den »alten Tagen« sehnte, hatte Tibbets ganz einfach keine Zeit für irgendwelche Erinnerungen.
Aber wie dem auch immer sein mochte: Lewis und seine Crew schnitten von allen Bomberbesatzungen mit am besten ab. Hauptkonkurrent war Eatherlys Crew sowie die Crew Nr. 15: jene des stets so überaus schwungvoll wirkenden Majors Charles Sweeney.
Beser flog gern mit Sweeney, »weil der es so enorm verstand, alle auf die prächtigste Weise munter zu halten«.
Der Radaroffizier versuchte, über so manchen der Flieger zu einem endgültigen Urteil zu kommen, denn »der Tag näherte sich, an dem ich ihnen mein Leben würde anvertrauen müssen«.
Mehr und mehr erwärmte er sich für Tibbets. Er begriff, absolut richtig, daß hinter der Fassade des erhabenen Kommandeurs ein scheuer Mensch steckte. Überdies war ihm inzwi-

schen bewußt geworden, daß Tibbets mit seiner Ehe offenbar große Probleme hatte. Ganz für sich kam Beser zu folgendem Urteil: Der Colonel war »wahrhaft glücklich nur in der Luft, aber dort erwies er sich auch als überragend«.
Sein Urteil, Lewis betreffend, fiel ein wenig anders aus. Zu Lande benahm sich dieser Pilot manchmal wie »Pecks böser Bube, und in der Luft zeigte er sich gelegentlich übererregt«.
Was van Kirk und Ferebee betraf, so wurden sie von Beser folgendermaßen klassifiziert: »Professionals, die nie irgendwelche Probleme haben.«

An diesem Morgen versuchten, in einer Höhe von knapp 10000 Metern über der Salton Sea, Tibbets und Ferebee ein Problem zu lösen, das sie seit einer Woche beunruhigte.
Dem Bombenschützen war es nicht gelungen, Übungsbomben mit absoluter Sicherheit in den Zielkreis zu setzen, dessen Durchmesser jetzt nur noch knapp hundert Meter betrug. Und es war unbegreiflich, weshalb manche Bomben innerhalb des Zielkreises landeten, andere hingegen außerhalb.
Tibbets zeigte sich besorgt, und er rief Ferebee ins Gedächtnis zurück, aus welchem Grunde Präzision so überaus wichtig war.
»Tom, wenn's soweit ist, müssen wir dem Ziel so nahe wir irgend möglich sein. Auf Radar können wir nicht bauen, weil das noch immer zu unsicher ist. Also sind wir auf Bodensicht angewiesen. Sie *müssen* das Ziel sehen und dann genau im richtigen Augenblick auf den Knopf drücken. Und das heißt, daß wir jedesmal in den Zielkreis dort treffen müssen.«
Daß Tibbets beim Übungsflug mitgekommen war, hatte eben hierin seinen Grund: Er wollte wissen, weshalb die Übungsbombe *nicht* regelmäßig in den Zielkreis gesetzt wurde. Das Wetter ließ nichts zu wünschen übrig: klarer Himmel, die Windabdrift mühelos zu korrigieren. Während Lewis die B-29 stetig auf Anflug zum Zielpunkt hielt, beobachtete Tibbets intensiv den Bombenschützen: wie Ferebee sich über das sogenannte Norden-Bombenvisier beugte.
Das Visier war völlig auseinandergenommen und wieder zusammengesetzt worden, um ein einwandfreies Anvisieren zu gewährleisten.
Ferebee rief laut, er habe das Ziel im Fadenkreuz. Dann erhob er sich einige Zentimeter von seinem Sitz, um seine Augen

dichter ans Visier zu schieben. Deutlich konnte er den Zielkreis erkennen. Augen noch immer am Sucher, setzte er sich wieder — zufrieden, weil er überzeugt war, sein Bestes getan zu haben.
»Bombe los.«
Lewis begann, die Maschine im vorgeschriebenen Winkel von 155 Grad abzudrehen. Bis zu dem Zeitpunkt, wo die Bodenkontrolle die Meldung über den erfolgten Abruf gab, befand sich der Bomber bereits 12 Kilometer vom Zielpunkt entfernt.
Die Bombe war außerhalb des Kreises gelandet.
Tibbets befahl Lewis, zum AP — dem Zielpunkt — zurückzufliegen. Und er wies Ferebee an, seine Aktionen genau zu wiederholen. Angespannt beobachtete er, wie der Bombenschütze den Zielkreis ganz buchstäblich ins Visier nahm. Wie er sich im letzten Augenblick von seinem Sitz erhob.
Tibbets rief.
»Das ist es!«
Er hatte das Problem gelöst. Im kritischen Augenblick erhob sich Ferebee, wie auch die anderen Bombenschützen, von seinem Sitz, um seine Augen dicht ans Visier zu bringen. Die eigentliche Bewegung hierbei betrug nicht mehr als drei bis fünf Zentimeter. Doch das genügte. Jedesmal, wenn Ferebee seine Augen dichter ans Visier schob, veränderte sich der Winkel, in dem sich sein Kopf zum Visier befand, um ein winziges Stück. Hätte er aus einer Höhe von ganz wenigen tausend Metern bombardiert, so wäre die Abweichung gewiß nicht allzu groß gewesen. Doch bei einer Höhe von nahezu 10 000 Metern machte sich der Unterschied schon in starkem Maße bemerkbar: Bis die Bombe auf den Boden auftraf, konnte die Abweichung hundert Meter oder auch mehr betragen.
Innerhalb weniger Stunden ließ Tibbets vom Bodenpersonal gepolsterte Kopfstützen anfertigen. Ferebee, der sie von da an verwendete, fand sehr bald heraus: Sein Kopf blieb jedesmal in genau der gleichen Position. Und fortan bombardierte er mit unfehlbarer Genauigkeit.

An diesem Abend erhielt Tibbets wieder einen Telefonanruf von Groves in Washington. Der General sprach in der »Codesprache« des Manhattan Projekts. Vor kurzem war Tibbets ein

Verzeichnis der Codezeichen zugegangen: jenes Systems, das Groves erfunden hatte. Es handelte sich dabei um Nummern, die erst in Klarschrift übertragen werden mußten.
Nachdem Tibbets eben dies getan hatte, wußte er mit ziemlicher Sicherheit, daß die erste Atombombe über Japan abgeworfen würde.

25. Dezember 1944
USAAF Basis
Wendover

Im kalten Licht des heraufdämmernden Morgens überblickte Messeoffizier Charles Perry seinen Nachschub: Reihen von fetten Truthähnen und geräucherten Hammeln, Berge von Gemüse, außerdem gefüllte Pasteten und, die Küchentische geradezu beherrschend, Riesenmengen von Weihnachtspuddings. *Silverplate* hatte dafür gesorgt, daß dieses erste Weihnachtsfest der noch längst nicht »flüggen« 509. wahrhaft erinnerungswürdig wurde.
Auch die Elemente hatten das ihre zur festlichen Stimmung beigetragen: Über Nacht hatte es heftig geschneit, und eine dicke Schicht bedeckte den Boden. Am Haupttor vertrieben sich die fröstelnden MPs die Zeit mit dem Bauen von Schneemännern, die sie auf ihre Weise komplettierten. Sie gaben ihnen Kopfbedeckungen sowie Äste oder Zweige, die Gewehre darstellen sollten.
Die Tibbets-Familie feierte in ihrem Heim. Man war gerade dabei, die Geschenke auszupacken. Für seine Frau hatte der Colonel gerade noch in letzter Minute etwas in der sogenannten Commissary im Camp gekauft. Er wußte nie so recht, was er seiner recht lebenslustigen Frau denn eigentlich schenken sollte. Dies war einer der vielen kleinen Gründe, die das ihre dazu beitrugen, daß es in der Ehe nicht mehr so richtig stimmte. Lucie fand ihren Mann in seiner ganzen Art überaus unromantisch. Ihr, der warmherzigen Südstaatlerin (sie stammte aus Georgia), erschien der praktisch und pragmatische Tibbets oft kühl und distanziert. Daß es keine andere Frau in seinem Leben gab, wußte sie, doch sie konnte einfach nicht begreifen, wie er seiner Arbeit manchmal den Vorrang zu geben schien vor ihr und den Kindern. Einmal hatte sie Be-

ser (der bei den Tibbets häufig den Babysitter spielte) ihr Leid geklagt: »Paul scheint nie Zeit zu haben für ein Gespräch oder fürs Spiel mit den Kindern. Und wenn er spricht, dann immer nur über seine Arbeit.«
Tibbets versuchte, sein Verhalten damit zu erklären, daß er von Natur aus »ein Einzelgänger« sei. Er sprach nicht von dem, was viele seiner Offiziere wußten: daß er im Grunde nur glücklich war, wenn er flog.
Das so überaus intensive Verhältnis zu seiner Arbeit zeigte sich sogar bei den Weihnachtsgeschenken, die er für seine kleinen Söhne ausgesucht hatte. Paul jun. und »Baby« Gene hatten beide Flugzeugmodelle vom Typ B-17 bekommen.
Die Spielzeugbomber waren in der PX recht begehrt gewesen. Und am Morgen dieses Tages hatten die Kinder dann gleich eine ganze Reihe von B-17er in ihren Strümpfen gefunden; Geschenke von Lewis, van Kirk, Ferebee und Beser.
Nach dem Frühstück besuchte die Tibbets-Familie den Morgengottesdienst in der Basiskirche.
William Downey, der Militärgeistliche, begrüßte seinen Kommandeur herzlich. Wann er Tibbets das letzte Mal beim Gottesdienst gesehen hatte, wußte er nicht mehr. Aber er erinnerte sich noch, daß der Colonel bald nach seiner Ankunft in Wendover zu ihm gesagt hatte — und es war zweifellos einer der ganz seltenen »direkten« Augenblicke bei Tibbets gewesen: »Wenn ich bete, wende ich mich direkt an Gott, ohne Mittelsmann.«
Downey hatte sich nicht verletzt gefühlt. Er kannte viele Männer mit einer solchen Einstellung; und er respektierte ihre Haltung. Nicht zuletzt dieser Tatsache verdankte er es, daß er seinerseits Achtung und Anerkennung genoß. Er konnte ebenso beredt wie herzerfrischend weltlich sein, und gerade deshalb war er der ideale Geistliche für eine Einheit wie die 509., wo man gern »einen draufmachte« und den lieben Gott »einen guten Mann« sein ließ. Die Eskapaden der Flieger konnten den Geistlichen nicht schockieren. Er war zwar nicht viel älter als viele der Männer, die er hier betreute, doch irgendwie wirkte er gereift und tolerant, keineswegs weltabgewandt, wie man das bei einem Geistlichen vielleicht vermuten mochte — ganz im Gegenteil: Dies, so empfanden die meisten, war ein Mann, mit dem man sich schon mal einen »genehmigen« konnte — ein richtiger Kerl, der auch mal einen

derben Witz vertrug, ohne dabei etwas von seiner natürlichen Würde einzubüßen.
Selbst Beser, ansonsten ein Kritiker jeglicher organisierten Religion, hielt Downey für einen »verdammt guten Himmelspiloten, und wäre er nicht Lutheraner gewesen, so hätte er einen prächtigen Rabbi abgegeben«.
Beser nahm am Gottesdienst nicht teil. Er verbrachte diesen Morgen damit, im Officers Club Zeitungen und Zeitschriften durchzublättern. Immer wieder stieß er dabei auf die Reklame, und es widerte ihn an, auf welche Weise die Werbung den Krieg für ihre Zwecke ausschlachtete. Gillette beispielsweise verkündete, daß der gleiche Stahl, den man für Rasierklingen verarbeite, auch für Bajonette Verwendung finde. Das Castor-Öl, so wurde behauptet, sei allenthalben in den Arzneischränken der GIs zu finden. Und in einer Anzeige wurde erklärt, daß ein New Yorker Friedhof seine Werbespots im Rundfunk unmittelbar den Nachrichten über Kämpfe in Übersee folgen lasse.
Was Beser jedoch am meisten aufbrachte, war dies: Wrigley behauptete, wenn jeder pro Tag ein paar Kaugummis mehr kaue, werde die Kriegsproduktion gesteigert. Er haßte Kaugummi.
Gegen Mittag füllte sich der Officers Club mit Offizieren und deren Ehefrauen.
Paul und Lucie Tibbets hielten huldvoll Hof; für den Augenblick waren ihre privaten Spannungen und Probleme vergessen. Gemeinsam mit Ferebee und van Kirk schwelgte Tibbets in Erinnerungen an Europa. Die Männer fragten sich, wie London wohl »mit den Bob Hopes zurechtkam«. »Bob Hope«, das war der Name für eine der sogenannten fliegenden Bomben, die auf die britische Hauptstadt herabregneten, und es war der *Spitzname:* Man hüpft *(bob)* der Bombe aus dem Weg und hofft *(hope),* daß sie einen verfehlt.
Schon sehr bald war ein Teil der Offiziere angeheitert und versammelte sich um das Radio. Eher laut als schön fiel man in alle Weihnachtslieder ein, die Bing Crosby aus Hollywood zu Gehör brachte.
Dem Gesang folgten Nachrichten, die alle sehr nachdrücklich auf den Boden der Wirklichkeit zurückbrachten. Amerikanische Truppen standen im Abwehrkampf gegen jenen überraschenden Gegenangriff, der die sogenannte *Battle of the Bulge*

(die Ardennenoffensive) einleitete. Die Deutschen kleideten ihre Soldaten in GI-Uniformen und stifteten in den amerikanischen Linien Verwirrung. Die Meldungen vom Pazifik klangen ermutigend: Japan begann, die Wirkung amerikanischer Bombenangriffe zu spüren.
Mit leiser Stimme gab Lucie Tibbets der Hoffnung jeder Soldatenfrau Ausdruck. »Liebling, vielleicht ist es jetzt gar nicht mehr nötig, daß du zum Einsatz kommst.«
Tibbets blickte sie an und bedachte sie mit einem zuversichtlichen Lächeln.

29. Dezember 1944
Basis P
Hiroshima-Bucht

Sorgfältig löschte ein Matrose die Bezeichnung »I.58« vom Turm des U-Boots und malte auf die Flagge der Kikusui unmittelbar darüber das Zeichen der aufgehenden Sonne. Die Kikusui war die Schlachtstandarte des uralten Kriegers Masashige, der praktisch auf verlorenem Posten gestanden hatte: Er wußte, daß er keine Chance hatte, zu überleben.
Während die Kikusui-Flagge feucht im fahlen Wintersonnenlicht glänzte, vervollständigte Kommandant Hashimoto die Umwandlung seines Unterseeboots, indem er das Hissen des neuen Kriegsbanners befahl, das Hissen von Masashiges Kriegsbanner, dem *Hiriho Kenten,* das soviel bedeutete wie »Gottes Wille«.
Banner und Flagge besagten im Grunde nichts anderes als dies: daß das U-Boot jetzt so etwas wie ein menschlicher Torpedoträger war, die jüngste von der Kaiserlichen Marine in den Dienst gestellte Waffe. Die menschlichen Torpedos — oder *Kaitens* — bildeten gleichsam das Unterwassergegenstück zu den Kamikaze.
Seit Januar 1943 experimentierte man in der Geheimbasis P (einer Insel in der Hiroshima-Bucht unmittelbar südlich von Kure) mit »menschlichen Torpedos«: Projektilen, die von einem Mutterschiff abgefeuert, sodann von Freiwilligen gegen ein feindliches Objekt gelenkt wurden. Die Kaiserliche Kriegsmarine hoffte, daß durch den Einsatz dieser Waffen jene wachsenden Verluste wettgemacht werden könnten, wel-

che den Japanern zunehmend entstanden — und daß es vor allem gelingen möge, das amerikanische Vorrücken in Richtung Japan zu stoppen.
Hashimotos U-Boot war dazu ausersehen worden, als einer der sogenannten Flaggenträger für die *Operation Kaiten* zu dienen. Um genügend Platz für die Bewaffnung zu schaffen, hatten Arbeiter alles beseitigt, was auf dem U-Boot dazu diente, gelegentlich ein Aufklärungsflugzeug an Bord zu nehmen, wozu nicht zuletzt auch Katapult und Deckgeschütz gehörten.
Die Torpedos, die das »I.58« mit sich führte, besaßen die Form eines Miniatur-U-Bootes, wogen Stück für Stück acht Tonnen und hatten einen hochexplosiven Sprengkopf. Ihre Reichweite betrug kaum weniger als 50 Kilometer, und sie erreichten eine Höchstgeschwindigkeit von 20 Knoten. Hatte sich ein *Kaiten*-Pilot einmal in den schmalen Körper seines Torpedos gezwängt, so gab es für ihn keine Rückkehr mehr. Entweder explodierte er in seinem Geschoß am Zielobjekt, oder aber er wurde vom Feind noch vor Erreichen des Ziels in die Luft gejagt.
Man brauchte mehrere Stunden, um die *Kaitens* per Kran oder Winde auf das Deck des U-Boots zu befördern, wo sie dann festgemacht wurden.
Später am Vormittag kamen die Piloten dieser Miniatur-U-Boote an Bord und wurden von Hashimoto in Empfang genommen. Die unbedingte Jugendlichkeit dieser Männer fiel ihm auf, und noch stärker berührte ihn ihr Fanatismus — er ließ ihn frösteln. Auch er glaubte an den Kaiser und an den »Tod fürs Vaterland«. Diese jungen Menschen jedoch schienen von ihrem Patriotismus geradezu berauscht. Voll Stolz berichteten sie ihm, wie sie buchstäblich gekämpft hatten für das Vorrecht, an der *Kaiten*-Mission teilnehmen zu dürfen, und wie sehr sie sich nach dem Tod sehnten.
Kaiten, das bedeutete im Japanischen soviel wie »sich dem Himmel zuwenden«.
Während sich der Augenblick des Aufbruchs näherte, saßen die Piloten rittlings auf ihren Torpedos, weiße Tücher um den Kopf gewunden und in der Hand das zeremonielle Schwert schwingend.
Für Hashimoto hatte es den Anschein, daß sie sich alle Mühe gaben, »wie harte Männer zu wirken«.

Für die Mannschaft des U-Boots hieß es jetzt: »Leinen los.« Während man ablegte, begann steuerbords das Wasser zu kochen. Schaum fing an zu gischten, als die Ballasttanks auf volle Tragkapazität gebracht wurden. Das Freibord stieg. Von einer Gruppe von Hafenarbeitern schollen Abschiedsgrüße herüber. Die Piloten hoben ihre Schwerter höher. Zufrieden beobachtete Hashimoto, wie die letzten Leinen von den Leuten am Pier herübergeworfen und von der Mannschaft an Deck eingeholt wurden. Die wochenlangen Übungen zahlten sich aus: Die Seeleute bewegten sich schnell und geschickt.

Mit leisen Geräuschen führten die Elektromotoren das U-Boot von der Küste fort. Der Bug war in Richtung See gerichtet. Eine Flottille von Motorbooten begleitete das U-Boot, und ihre Insassen sangen unisono die Namen der Piloten. Das U-Boot erhöhte seine Geschwindigkeit, die Begleiter blieben zurück, der Gesang wurde leiser. Als das rhythmische Stampfen der Dieselmotoren einsetzte, ging es wie ein Zittern durch den Schiffsleib. Jetzt endlich begann das U-Boot jene Trägheit von sich abzuschütteln, die sich im Hafen gleich einer Krankheit über Boot wie Besatzung gelegt zu haben schien.

In seinem Logbuch vermerkte Hashimoto: »Bungo-Channel passiert, südlichen Kurs eingeschlagen, weiter in Überwasserfahrt. Durch den Abenddunst ein Abschiedsblick zum Heimatland.«

30. Dezember 1944
Washington, D.C.

Das Jahresende verlief für Groves hektisch. Sein Tagespensum erstreckte sich jetzt noch über die gewohnten fünfzehn Arbeitsstunden. Die Schachtel mit Süßigkeiten (die er zusammen mit Atomgeheimnissen im Büro-Safe aufbewahrte) mußte häufig erneuert werden. Während Groves unentwegt Schokoladenbonbons kaute, erteilte er Anweisungen und Befehle, die schließlich den Verlauf des Krieges ändern sollten.

Am 28. Dezember hatte er Tibbets zu sich kommen lassen. Zunächst begegnete man einander mit Skepsis. Diese wechselseitige Einschätzung machte mehrere Phasen durch. Sie endete — zunächst — damit, daß Groves den Colonel akzep-

tierte. Mochte der Flieger auf seine Weise auch ein ziemlich »harter Brocken« sein, eines begriff Groves sehr bald: Es war nur vernünftig, Tibbets' Urteil im Hinblick auf fliegerische Dinge nicht in Zweifel zu ziehen.
Die höchst geheimen Anmerkungen zu ihrem letzten Gespräch zeigen, wie weit er dem Kommandeur der 509. jetzt vertraute.
Tibbets hatte den 15. Juni 1944 als jenes Datum genannt, an dem er für den Atomschlag einsatzbereit sein werde.
Groves akzeptierte das ohne irgendein Wenn oder Aber. Als nächstes ergab sich die Frage, wie es zwischen dem 15. Juni und dem 15. Juli über Tokio mit den Wetterverhältnissen bestellt sein werde.
Es war das erste Mal, daß offen von der japanischen Hauptstadt als Ziel für einen Atomangriff gesprochen wurde.
Was das Wetter betraf, so mochte dieses in der Tat zu einem Problem werden. Anhand von Berichten erwies sich, »daß (über Tokio) bis zum 15. August 1945 häufig Regen zu erwarten ist. Es scheint nicht wünschenswert, daß jener Einsatz bei Regen durchgeführt wird.«
Von den Wetterverhältnissen ganz abgesehen, hatte Groves für die Wahl des Ziels gewisse Grundbedingungen aufgestellt:

> Bei den ausgewählten Zielen sollte es sich um Orte handeln, deren Bombardierung den Durchhaltewillen der japanischen Bevölkerung am nachhaltigsten zu beeinträchtigen vermag. Darüber hinaus sollte es sich um solche Ziele militärischer Art handeln, wo sich entweder wichtige Hauptquartiere oder aber Truppenkonzentrationen befinden oder auch militärische Produktions- und Versorgungszentren. Um uns die Möglichkeit zu geben, die Wirkung der Bombe präzise einzuschätzen, sollten die Ziele nicht durch frühere Luftangriffe beschädigt sein. Auch ist es wünschenswert, daß es sich beim ersten Ziel um ein Objekt von solcher Größe handelt, daß der Schaden innerhalb seiner Begrenzung liegt, damit wir die Gewalt der Bombe um so genauer abschätzen können.

Groves bezweifelte, daß Tokio in allen Punkten diesen Bedingungen entsprach. Denn vermutlich würde die Stadt während

der kommenden Monate in starkem Maße mit konventionellen Bomben belegt werden.
Was sein persönliches Urteil betraf, so sprach er sich für Kioto als Angriffsziel aus. Kioto war die uralte japanische Hauptstadt, eine historische Stadt und überdies ein Ort, der für die Japaner große religiöse Bedeutung besitzt. Bei einer geschätzten Einwohnerzahl von rund einer Million war Groves davon überzeugt, daß Kioto wie jede japanische Stadt dieser Größe in ihren Mauern viel Kriegsproduktion beherberge. Unter dieser Voraussetzung war Kioto ein legitimes Angriffsziel.
Überdies, meinte Groves, sei die Stadt groß genug, um eine der gemachten Bedingungen mit Sicherheit zu erfüllen: »Der durch die Bombe bewirkte Schaden würde sich innerhalb ihrer Begrenzung halten, so daß uns für die Einschätzung der Zerstörungskraft feste Anhaltspunkte blieben.«
Bei einer Zusammenkunft, die am 19. Dezember in Oppenheimers Büro in Los Alamos stattfand, hatte Groves entschieden, daß der Zündmechanismus der Uraniumbombe zuverlässig genug sei, um vor dem eigentlichen Atomschlag nicht noch »ernstlich« getestet werden zu müssen. Anders stand es mit dem komplizierten Mechanismus in der Plutoniumbombe. Da sollte erst alles auf Herz und Nieren geprüft werden, und zwar auf dem Alamogordo-Übungsgebiet in der Wüste von Neu-Mexiko — das genaue Datum würde man noch festlegen.
Groves, jetzt allein in seinem Büro, entschloß sich, einen folgenschweren Schritt zu unternehmen. Er schrieb ein »Memo« an General George C. Marshall, den Generalstabschef.

> Mit ziemlicher Sicherheit läßt sich jetzt sagen, daß unsere Operationspläne auf dem Einsatz der Bombe vom Kanonentyp basieren sollten, deren Sprengkraft jener von zehntausend Tonnen TNT entspricht. Die erste Bombe sollte — ohne vorherigen Vollversuch, den wir für überflüssig halten — um den 1. August 1945 einsatzbereit sein.

Groves hatte das Manhattan Projekt jetzt gleichsam an ein Datum gebunden.
Doch dieses Datum war noch viele Monate entfernt, und der Krieg gegen Japan schien im Begriff, in eine neue Phase zu

treten. Ein als sehr hart geltender Luftbefehlshaber befand sich auf dem Weg zum Pazifik: ein neuer Mann, der den ausdrücklichen Auftrag hatte, die Japaner in die Kapitulation zu bomben — gleichgültig, welche Mittel er dafür geeignet halten mochte.

6. Januar 1945
USAAF Basis
Wendover

Tibbets wußte, daß er eine eindeutige Entscheidung zu treffen hatte. Entweder konnte er Lewis vors Kriegsgericht bringen — oder aber er mußte darauf hoffen, daß der Pilot eine gründliche Lektion gelernt hatte.
Obwohl die Sache inzwischen Tage zurücklag, lösten die Einzelheiten von Lewis' verrücktem Abenteuer bei Tibbets noch immer ein Schaudern aus.
Am 17. Dezember (jenem Tag, an dem es Tibbets gelang, Ferebees Problem mit dem Bombenvisier zu lösen) hatte sich Lewis eine zweimotorige Transportmaschine vom Typ C-45 ausgeliehen. Ohne Copiloten oder richtige Karten (dafür mit einem schadhaften Funkgerät) startete er zu einem rund 4000 Kilometer weiten Flug, weil er »Weihnachten gern daheim feiern« wollte. Begleitet wurde er dabei vom dienstältesten Bordmechaniker der 509., dem diese Möglichkeit sehr gelegen kam: Er wollte zu seiner eigenen Hochzeit.
Über Columbus in Ohio fielen innerhalb weniger Minuten nacheinander Funkgerät, Höhenmesser und Kompaß aus. Lewis ging tiefer, weil er versuchen wollte, »anhand des Lichts der Straßenlaternen zu navigieren«. Ein Schneesturm machte die Hoffnung, nach Bodensicht fliegen zu können, jedoch zunichte. Zwei Stunden lang war absolut nichts zu sehen, dennoch suchte Lewis unverdrossen nach Newark Field New Jersey. Schließlich gelang es ihm wirklich, dort zu landen, im Tank noch etwa drei Liter Treibstoff.
Nach Weihnachten traf sich Lewis mit den Frischvermählten in Newark. Da Zivilisten in Miltärmaschinen nicht mitfliegen durften, »tarnte« er die junge Frau mit Hilfe seiner Fliegerjacke und Fliegermütze und mogelte sie so ins Flugzeug. Über Buffalo zwang ein weiterer Schneesturm Lewis zu einer Art

Notlandung. Am 29. Dezember trafen er und die Jungvermählten schließlich wohlbehalten in Wendover ein.
Tibbets war perplex, weil Lewis überhaupt nicht richtig zu begreifen schien, daß er praktisch gegen jede nur denkbare Vorschrift verstoßen hatte. Das Äußerste, was er sich an Zerknirschung abzuringen vermochte, war ein betretenes: »Teufel, den Flug würde ich nicht noch mal machen wollen!«
Jetzt, acht Tage später, war Tibbets klar, daß er in Sachen Lewis zu einem Entschluß kommen mußte. Er hatte sich inzwischen bei einer Reihe von Leuten umgehört, und die allgemeine Meinung ließ sich auf folgenden Nenner bringen: Lewis sei zwar »ein gottverdammter Idiot, aber auch ein ganz verdammt guter Pilot«.
In der Tat konnte es in diesem Punkt auch für Tibbets nicht den geringsten Zweifel geben: Nur ein Pilot von außergewöhnlichen Fähigkeiten war imstande, einen solchen Flug erfolgreich zu beenden. Wer unter derartigen Umständen mit einer defekten Maschine umzugehen verstand, mußte neben fliegerischem Können über großen Mut und eiserne Nerven verfügen.
Tibbets beschloß, Lewis das Kriegsgericht zu ersparen. Allerdings: »Falls ich ihm von früher her noch irgendwelche Gefälligkeiten geschuldet hatte, so war's damit jetzt vorbei. Um sich in den Besitz der Maschine zu bringen, hatte er meinen Namen gebraucht. Von nun an werde ich ihn behandeln wie einen Lakaien. Er wird genau das tun, was ich will, wann ich's will — oder Gott steh ihm bei!«
Praktisch bedeutete das: Lewis mußte künftig mit einer ganzen Reihe weniger angenehmer Dinge rechnen — frühe Morgenflüge, Nachtdienst, Wochenenddienst.
Doch Lewis machte das nichts aus. Er fand, daß er eine Art »Beitrag« leistete. »Paul gab mir all die Aufgaben, die keiner sonst anpacken wollte.«
Nachdem er seinen Entschluß über Lewis getroffen hatte, beschäftigte sich Tibbets mit einer weiteren Entscheidung, die nicht länger hinausgeschoben werden konnte: Wen er auswählen sollte, um ihn zur »Spezialausbildung« nach Kuba zu schicken.
Seit Tagen liefen über die langerwartete Reise allerlei Gerüchte um. Im frostklirrenden Wendover war die Vision der Karibik fast mehr, als sich ertragen ließ.

Stundenlang trieben sich Flugzeugkommandanten in der Nähe des Hauptquartiers herum, um auch nur ein »Flüstern« aufzuschnappen. Spielernaturen wie Eatherly erboten sich, auf das Abreisedatum Wetten abzuschließen, doch niemand ging darauf ein. Selbst Übersee-Veteranen wie Classen begannen in Reminiszenzen von tropischem Leben zu schwelgen. Inmitten wildester Spekulationen fand man eine Tatsache heraus. In zwei Tagen sollte Tibbets zum *full* Colonel befördert werden. Aber das machte den Kommandeur um keinen Deut mitteilungsfreudiger. In der Gerüchteküche stieg die Glut bis zur Siedehitze, als man erfuhr, daß Tibbets sich an diesem Vormittag mit jenen Unterlagen befaßte, welche — hinsichtlich der fliegerischen Qualifikationen — Beurteilungen über sämtliche fünfzehn Bomberbesatzungen enthielten.
Und dann ließ, für die Flieger ein absolutes Rätsel, Tibbets' Lieutenant Charles Perry den Verpflegungsoffizier der 509. zu sich kommen. In Lewis' Augen wirkte das »so, wie wenn man bei einem Verhungernden den Diätspezialisten holt«.
Perry sollte nach Kuba. Die Anweisungen, die Tibbets ihm gab, waren klar und eindeutig: dafür sorgen, daß praktisch rund um die Uhr die beste Verpflegung angeliefert wurde.
Beser erfuhr, daß er in Marsch gesetzt werden würde. Nur ein Punkt trübte für ihn den Gedanken an den Trip nach Kuba: Sein Leibwächter würde mitreisen. Schon begann er zu überlegen, wie er den Mann in Havanna wohl am besten abschütteln könnte.
Schließlich wurden zehn Flugzeugkommandanten davon in Kenntnis gesetzt, daß sie noch am selben Tage den Flug antreten würden. Tibbets versammelte die Kuba-Reisenden um sich, um sie zu »vergattern«.
»In Havanna gelten dieselben Regeln wie hier. Stellt keine Fragen. Beantwortet keine Fragen. Tut euren Dienst. Die endgültige Auswahl für eine historische Mission wird unter euch Männern getroffen werden.«
Der Gedanke an Kuba war für alle viel zu aufregend, als daß sie sich jetzt gefragt hätten, um was für eine Mission es sich wohl handeln mochte.
Wie sich zeigen sollte, sah das Ausbildungsprogramm in Kuba vor allem Langstreckennavigation bei Nacht über Wasser vor. Außerdem wurden die Bombenwurfübungen aus großer Flughöhe fortgesetzt.

Noch ehe man Wendover verließ, wurde Eatherly ausgiebig befragt. Ob irgend etwas Wahres dran sei an diesen Geschichten von heißblütigen Señoras und Señoritas? Eatherly bestätigte: Da sei sogar ungeheuer viel Wahres dran. Es wurde gemeldet, der »Sani« habe ein paar Extrakartons mit Präservativen bereitgestellt. Und prompt fanden sich jene, die damit prahlten, gleich in ihrer ersten Nacht in Havanna würden sie das ganze Zeug verbrauchen.

Um die Mittagszeit startete Eatherly. Neun weitere Bomber vom Typ B-29 folgten ihm auf die lange Reise nach Süden. Am späten Nachmittag landeten sie im Batista Field, achtzehn Kilometer von Havanna.

Tibbets flog in einer Transportmaschine nach Kuba, und er brachte Ferebee, van Kirk und einen kleinen Mitarbeiterstab für sein Hauptquartier mit. In einer weiteren Transportmaschine kam eine Abteilung MPs. Außerdem waren Uanna und seine Agenten an Bord.

Auf der Insel wurde dann streng darauf geachtet, daß zum Gelände der 509. kein Unbefugter Zutritt hatte. Viele gelangten jedoch nahe genug heran, um neugierig die Flugzeuge anzustarren.

Die Crews genossen das Aufsehen, das sie erregten. Eatherly erzählte einem der Neugierigen, die 509. sei hier, um die Insel vor dem Zugriff einer »unfreundlichen Macht« zu schützen, welche die Absicht habe, sich der lukrativen Glücksspielkonzessionen zu bemächtigen. Der Captain war allerbester Stimmung. Fast während des gesamten Fluges hatte er mit einigen Mitgliedern seiner Besatzung Karten gespielt und dabei mehrere hundert Dollar gewonnen.

Fliegendes Personal und Bodenpersonal zusammengerechnet, betrug die Kopfstärke der Einheit jetzt rund dreihundert Mann, und praktisch jeder von ihnen gab sich ungeheure Mühe, den anderen Amerikanern, die hier in der Basis stationiert waren, eines ganz nachdrücklich klarzumachen: daß die Leute von der 509. keinem »gewöhnlichen Haufen« angehörten. Mehr und mehr begann sich bei ihnen eine Art Elitebewußtsein zu entwickeln. Sie waren »etwas Besonderes«, und in eben dieser Überzeugung waren sie von Tibbets seit jeher bestärkt worden. Es wurde gleichsam das Fundament gelegt für jenen Geist, der ihnen helfen mochte, sich in der bevorstehenden Zeit der Bewährung durchzubeißen.

Durch die rigorosen Sicherheitsmaßnahmen waren sie gewissermaßen gewarnt, und so vermieden sie es nach Möglichkeit in der Tat, irgendwelche Fragen zu stellen. Sie wußten, daß sie einer strikten Kontrolle unterstanden. In Wendover beispielsweise kontrollierte man nicht nur ihre Post und ihre Telefongespräche, man überwachte auch die Zusammenkünfte der Offiziere sowie der Nicht-Offiziere in deren jeweiligen Clubs. Die geheimnisvollen Zivilisten, die in der Basis sozusagen ein- und ausflogen und sonderbare Fragen und Forderungen hatten, trugen noch das Ihre dazu bei, daß sich ein Elitebewußtsein herausbildete. In dieser Hinsicht fiel noch eine weitere Tatsache ins Gewicht: Von »draußen« mischte sich niemand ein, oder, anders gesagt — noch nie waren in Wendover Generäle zu überraschenden Inspektionen aufgetaucht, ringsum Panik verbreitend. Solange die Angehörigen der 509. ihren Job taten, konnten sie innerhalb des Lagers praktisch tun und lassen, was sie wollten. Für junge Männer (und viele hatten die Zwanzig ja gerade erst überschritten) war dies eine wahrhaft berauschende Freiheit. In der Öffentlichkeit legten sie es geradezu darauf an, »ihren Mann zu stehen«. Und hier in Kuba verblüfften sie vom Augenblick ihrer Ankunft an die Alteingesessenen praktisch bei allem und jedem, was sie taten.

Tibbets gönnte sich keine Ruhe, bevor nicht jeder seiner Leute ein Quartier und eine ausgezeichnete Mahlzeit hatte. (*Silverplate* hatte wieder einmal wahre Wunder gewirkt. Mit Hilfe dieses Codeworts plünderte Perry die örtlichen amerikanischen Verpflegungsdepots und sorgte für ein üppiges Dinner mit fünf Gängen.) Erst jetzt akzeptierte Tibbets auch seinerseits eine Mahlzeit. Zuvor hatte er selbst eine angebotene Tasse Kaffee ausgeschlagen.

Allerdings verspürte er keinen großen Appetit. Er hatte an diesem Abend erfahren, daß sich General Curtis LeMay auf dem Weg nach Guam befand.

Er erinnerte sich. Ein Jahr war es jetzt etwa her, daß er sich mit Lewis und Sweeney in die Aufgabe geteilt hatte, diesen General LeMay in der Führung einer B-29 zu unterweisen. LeMay war ein schwieriger Schüler — ein fliegender General, dem es schwerfiel, die Tatsache zu akzeptieren, daß ein Flugzeug von über dreißig Metern Länge, von fast zehn Metern Höhe und mit einer Spannweite von gut über dreißig Metern sich im

Flugverhalten logischerweise von allen Bombern unterschied, die er bisher geflogen hatte. Immerhin: Er hatte es schließlich gelernt, in Ruhe zuzuhören und seinen Lehrern zu gehorchen. Und am Ende seiner Ausbildung hatte LeMay prophezeit: »Mit diesem Flugzeug können wir den Krieg gewinnen.«
Jetzt befand er sich auf dem Weg nach Guam, um eben *dafür* zu sorgen. Und wenn er Erfolg hatte, so — das wußte Tibbets — würde der Abwurf einer Atombombe überflüssig sein.

16. Januar 1945
N-NW von Guam
Pazifischer Ozean

»Rauch backbord querab!«
Auf den lauten Ruf des Ausgucks kletterten die Männer auf dem Kommandoturm schnell die Leiter hinab, die zum Kontrollraum — zur Operationszentrale — führte.
»Tauchen! Tauchen! Tauchen!«
Wenige Augenblicke, nachdem Kommandant Hashimoto den Befehl gegeben hatte, waren die Luken geschlossen, konnte geflutet werden. Während sich die Nadel des Tiefenanzeigers stetig zur einen Seite drehte, neigte sich der Bug des U-Boots in Richtung Meeresgrund.
Seit sie vor zwei Wochen in den Bereich der Marinan-Inseln gelangt waren, hatte Hashimoto immer wieder U-Jagdflugzeuge meiden müssen, die von Guam aus zu Patrouillenflügen starteten. Jetzt, rund siebzig Meter unter der Wasseroberfläche und unbehindert durch die pazifische Dünung, lauschten er und seine Besatzung auf das Dröhnen der Schiffsschrauben.
Irgendwo über ihnen waren zwei feindliche Schiffe. Sie kamen näher. Vermutlich handelte es sich um Zerstörer.
Hashimoto fragte sich, ob ihr Erscheinen vielleicht mit jenem verwegenen Angriff zusammenhing, den er drei Tage zuvor durchgeführt hatte. Im Schutze der Dunkelheit war er elf Meilen vor Guam aufgetaucht und hatte gegen die Masse der Schiffe im Apra Harbour vier seiner menschlichen Torpedos abgefeuert.
Es war der erste Schlag gewesen, den die I.58 führte und auch, soweit es Hashimoto betraf, der erste Einsatz von *Kaitens.* Un-

mittelbar bevor einer der *Kaiten*-Piloten in sein Selbstmordtorpedo stieg, gab er dem Kommandanten eine Art Abschiedsbrief — Zeilen, die Hashimoto sein Leben lang gleichsam heilighielt.

> Großjapan ist das Land der Götter. Das Land der Götter ist ewig und kann nicht zerstört werden. Gewiß wird es noch Tausende und Zehntausende von jungen Männern geben, und jetzt sind wir bereit, uns für das Vaterland zu opfern. Scheiden wir also aus diesem Leben der so irdischen und weltlichen Dinge und kehren wir ein in ein Land, wo für immer und ewig absolute Gerechtigkeit herrscht.

Nachdem die vier menschlichen Torpedos abgefeuert worden waren, ging Hashimoto auf Seerohrtiefe. Als das Morgenlicht heraufdämmerte, sah er im Hafengebiet riesige Wolken von aufsteigendem Rauch. Er machte, daß er fortkam in weniger unsichere Gewässer. Später sprach er mit der Besatzung ein Gebet für die Seelen der vier Soldaten.
Jetzt, die feindlichen Schiffe über sich, wurde der Besatzung nachdrücklich bewußt, daß sie ihren toten Kameraden vielleicht schon bald folgen würden.
Hashimoto befahl »lautlose Fahrt«, so daß nichts ihre Anwesenheit verraten konnte. Niemand sprach, jedenfalls nicht mit normaler Stimme. Befehle und Anweisungen wurden flüsternd oder mit Hilfe von Zeichensprache weitergegeben. Selbst überflüssige Bewegungen vermied man. Und alles Gerät, das nicht unbedingt notwendig war zum Überleben während der Unterwasserfahrt, wurde abgeschaltet.
Angespannt lauschte die Crew auf das Geräusch von Schiffsschrauben. Sie vernahm es, deutlich genug, und es näherte sich, stetig, auf Kurs: das unverkennbare hohe Singen der stählernen Flügel, die durchs Wasser wirbelten. Langsam bewegten sich die Schiffe dort oben voran, und man hätte meinen können, daß sich alles fast in Zeitlupe abwickelte. Dann jedoch glitt das Geräusch der Schiffsschrauben über seinen intensivsten Punkt hinweg und es begann leiser zu werden. Auf den Gesichtern und in den Augen der U-Bootbesatzung spiegelte sich die Erleichterung wider.
Hashimoto jedoch schüttelte warnend den Kopf.
Das Geräusch der Schiffsschrauben schwoll wieder an. Der

Kommandant zeichnete mit einem Finger einen Kreis in die Luft: Die Schiffe dort oben kreisten. Einen Zweifel konnte es schlechterdings nicht geben. Sie würden versuchen, per Echolot irgend etwas aufzufangen, um das U-Boot sodann anpeilen zu können. Gelang das, so konnte es ihnen kaum schwerfallen, die Zünder der Wasserbomben ziemlich genau einzustellen.
Wieder wurden die Geräusche der Schiffsschrauben leiser, schienen fast völlig zu verklingen. Und abermals schwollen sie an. Die Schiffe kehrten zurück, kreisten erneut.
Irgend jemand schurrte mit dem Fuß über den Boden.
Zornig blickte Hashimoto ihn an.
Oben glitten die Schiffsschrauben vorbei, ihr Geräusch verklang — und diesmal kehrte es nicht wieder.
Entweder hatten die Schiffe ihre Suche aufgegeben, oder sie suchten jetzt woanders.
Noch zwei Stunden verharrte das U-Boot lautlos in seiner Position. Dann befahl Hashimoto, wieder Kurs auf Kure zu nehmen.
Dort sollte das U-Boot am 20. Januar wohlbehalten eintreffen, nachdem es bei seiner Fahrt anderen U-Booten begegnet war, die *Kaitens* an Bord hatten und sich auf dem Weg in die Gewässer bei Guam befanden.

17. Januar 1945
Oberkommando der US Navy
Seattle

Bei der Warnung, gerichtet an den Kommandeur, Seattle Port of Embarkation, Troop Movement Order (Shipment) No. 6105 (A bis G), handelte es sich dem Augenschein nach um eine Routinesache — nur stammte sie aus dem Hauptquartier, Army Air Force Washington.
Der Hafenkommandant von Seattle wurde darin aufgefordert, vom 1. März 1945 an ein geeignetes Schiff zur Verfügung zu halten für den Transport eines Teiles jener Einheit, die er nicht hatte ausfindig machen können — die 509. Composite Group.
Die Order enthielt keinen Hinweis auf den Bestimmungsort im Pazifik. Seine nach Washington übermittelte Bitte um wei-

tere Informationen wurde zurückgewiesen. Und so beschloß der Hafenkommandant, ein geschäftiger und überarbeiteter Mann, das Oberkommando der Pazifischen Flotte (Pacific Fleet Headquarters: CINCPAC) auf Guam wegen des mysteriösen Befehls zu alarmieren.

Innerhalb weniger Stunden war der Oberkommandierende im Pazifik, Admiral Chester W. Nimitz, darüber im Bilde, daß eine Einheit, von der weder er noch sein Stab etwas wußten, in Richtung auf sein Operationsgebiet in Marsch gesetzt werden sollte.

Der Krieg dauerte für Nimitz schon ziemlich lange. Begonnen hatte er für ihn am 7. Dezember 1941 um drei Uhr nachmittags: Als das Konzert der New Yorker Philharmoniker, dem er im Radio voll Genuß lauschte, plötzlich durch die Meldung vom japanischen Überfall auf Pearl Harbour unterbrochen wurde. Nimitz katapultierte gleichsam aus seinem Sessel hoch — und von da an war er ständig in Bewegung geblieben. Für den amerikanischen Admiral waren die Anstrengungen, welche von japanischen U-Booten (wie dem von Hashimoto) unternommen wurden, wie Nadelstiche. Seine eigenen Unterseeboote hatten inzwischen über eine Million (japanischer) Bruttoregistertonnen versenkt. Seine Kriegsschiffe beherrschten praktisch den Pazifik, und sie beschossen feindliche Küsten, bevor die Landungsboote die Marineinfanteristen an Land setzten.

Die Meldung von dieser sonderbaren Einheit, die in seinem Operationsgebiet eintreffen sollte, nahm Nimitz ganz und gar nicht freundlich auf — und er ließ Washington über seine Gefühle nicht im geringsten im Zweifel.

Groves wurde »kontaktiert«. Er erkannte sofort, daß »die sich entwickelnde Situation recht unangenehm« war. Ohne die Hilfe der Marine würde es überaus schwierig sein, der atomaren Streitmacht die notwendige Ausgangsposition zu verschaffen.

Doch Groves dachte nicht daran, sich Nimitz gegenüber in Sack und Asche zu hüllen. In den drei Jahren, seit er das Manhattan Projekt leitete, hatte er viel gelernt, und er wußte, wie man mit solchen Situationen fertig wurde. Keinesfalls würde er mit Nimitz direkt verhandeln. Vielmehr würde er Flottenadmiral Ernest J. King bitten, Nimitz über die Lage zu informieren.

Wichtiger erschien Groves eine andere Frage: Was wohl hinter der bevorstehenden Ankunft von General LeMay auf Guam stecken mochte. Er wußte, daß LeMay einer der weltbesten Bomberstrategen war, ein Mann, der bereit und entschlossen schien, Japan sozusagen »in die Knie« zu bomben. Und für Groves bedeutete dies: Nicht nur das sonderbare Verhalten des widerspenstigen Wissenschaftlers mußte er künftig in Betracht ziehen, sondern auch die Frage, ob LeMay ihm zum Bombardieren noch eine geeignete Stadt lassen würde.

20. Januar 1945
HQ, USAAF XXI. Bomberkommando
Guam

Seine ersten drei Tage auf Guam hatte General Curtis LeMay damit verbracht, sehr aufmerksam zuzuhören. Unbedingt wollte er die Lösung finden für ein Paradoxon in dem neuen Verantwortungsbereich, den er übernommen hatte, dem 21. Bomberkommando der 20. Air Force.

Aus welchem Grund war die B-29, der beste Bomber der Welt, zum erstenmal in ausreichender Zahl zur Verfügung, um auf Feindgebiet Bombenterror auszuüben? War man sich über das Potential nicht so recht im klaren?

Hier auf den Marianen gab auf diese Fragen jeder andere Antworten. Und laut »Handbuch« konnte die B-29 eine Höhe von etwa 12000 Metern erreichen. Ihre Reisegeschwindigkeit über eine Entfernung von über 5000 Kilometer hinweg betrug mehr als tausend Stundenkilometer.

So hieß es in den Handbüchern, doch die Handbücher irrten sich.

Im pazifischen Raum zeigten die Bomber bei längeren Flügen bereits in einer Höhe von rund 9000 Metern Ermüdungserscheinungen. Häufig kam es zu irgendwelchen Ausfällen bei den Motoren. Tägliche Reports bewiesen, daß Maschinen vom Typ B-29 große Mühe hatten, mit einer Bombenlast von sieben Tonnen Gewicht steil in größere Höhe aufzusteigen. Aufgrund von Motorendefekten konnten sie ihren Einsatz häufig überhaupt nicht durchführen.

Und es gab noch einen Faktor: das Wetter.

Den geplagten Meteorologen von der Air Force war es un-

möglich, exakte Voraussagen zu geben für die gesamte Strecke von rund 2000 Kilometern zwischen den Marianen und Japan. In jenem ungeheuren, leeren Himmelsbereich gab es sogenannte Strahlströmungen, die sich in einer Höhe von 8 bis 10 Kilometern schlangenförmig hinzogen. Nüchtern ausgedrückt hieß das: Es ging kreuz und quer und ließ sich beim besten Willen nicht genau voraussagen. In diesen Strahl- oder auch Jetströmungen wurden die Bomber, Billardkugeln gleich, hin- und hergestoßen und verbrauchten viel vom kostbaren Treibstoff.
Und dann, über Japan? Oft waren die Ziele in der einen Minute noch ausgezeichnet auszumachen, um jedoch in der nächsten von dichten ziehenden Wolken verdeckt zu werden. Bomben, aus einer Höhe von 9000 Metern abgeworfen, verfehlten ihre Ziele, weil sie durch die heftigen Luftströmungen weit abgetrieben wurden. Und selbst bei Verwendung der jüngsten Radargeräte waren die Ergebnisse unbefriedigend.
Die für diesen Monat ausgewählten elf speziellen Angriffsziele hatten kaum irgendwelche Schäden erlitten. Und Berichten des Nachrichtendienstes zufolge (denen nicht zuletzt auch Analysen über Sendungen im japanischen Rundfunk zugrunde lagen) war die »Moral« der Bevölkerung durch die Bombenangriffe kaum beeinträchtigt. Das gleiche galt für die Kriegsproduktion.
Die Bomber vom Typ B-29 versagten offenbar.
LeMay glaubte auch zu wissen, aus welchem Grund. Er nahm sie hin, all die Beschwerden, die ihm vorgetragen wurden: über das Wetter, über die nicht genügend belastbaren Motoren, über sonstige Faktoren. Doch dieser zähe, 38jährige Spezialist für die Durchführung von Massenbombardements wußte sehr genau, daß das Grundproblem noch längst nicht gelöst war, wenn man die Teilprobleme löste. Die Taktiken, die man anwandte, kannte er. Schließlich waren es jene, die er selbst in Europa verwendet hatte, um die deutsche Luftabwehr zu durchdringen. Später bedienten sich seiner Methoden auch die B-29-Bomber, die von China aus operierten und Angriffe gegen Japan flogen. Ausgangspunkt war in diesem Fall Chengtu. LeMay hatte befohlen, daß Bomben, Treibstoff und Ersatzteile von Indien aus über den Himalaya nach Chengtu geflogen wurden.
China: das war ein gefährliches und kostspieliges Abenteuer

gewesen. Doch LeMay gelang es, mit einem fanatischen Guerilla-Führer Verbindung aufzunehmen. Als Entgelt für Medikamente und Materialien erhielt LeMay dann aus dem nördlichen China, wo die Partisanen gegen die Japaner kämpften, regelmäßige Funkberichte mit Wettermeldungen. Für LeMays Piloten waren diese Meldungen von geradezu unschätzbarem Wert. Und nicht selten geschah es, daß sie einen Trinkspruch auf diesen Chinesen ausbrachten.

Sein Name war Mao Tse-Tung.

LeMay war bereits von den Marianen aus mit Mao in Verbindung getreten und hatte mit ihm vereinbart, daß die Wettermeldungen nach Guam gefunkt werden sollten. Und der Mann, der bald der Führer einer der mächtigsten Nationen der Erde werden sollte, zeigte sich an diesem Tag Ende Januar voll Stolz bereit, dem amerikanischen General, den er beharrlich Cull-Tse Lee May nannte, als »Barometer« zu dienen.

Dennoch: Maos Wetterberichte boten nur eine Teilantwort auf das Problem, das LeMay mit den B-29 hatte.

Die Taktik stimmte nicht.

Jene Methoden, die er in Europa und China angewandt hatte, erwiesen sich über Japan als zwecklos.

Die Lösung, die er vorschlug, war revolutionär. Hatte er damit Erfolg, konnte er Japan in der Tat »in die Knie« zwingen. Andernfalls allerdings zerbrach nicht Japan, sondern seine Karriere.

Zunächst trug sich LeMay mit dem Gedanken, bei der B-29 die Maschinengewehre und die Bordkanonen auszubauen. Dann schlug er vor, die Angriffe in der Dunkelheit zu fliegen — zwischen Mitternacht und vier Uhr früh.

Falls notwendig, solle man per Radar bomben. Als Vorbereitung hierfür beschloß LeMay, eine Serie intensiver Neu- bzw. Wiederausbildungskurse durchführen zu lassen. Mit ihrer Hilfe glaubte er, die Gewähr zu haben, daß selbst »der blödeste Radarbeobachter« jenen Anforderungen genügte, die er selbst, der General, zur Bedingung machte. Am wichtigten erschien jedoch: Die Bomber würden sich in einer Flughöhe halten müssen, die in etwa zwischen 2000 und 3000 Metern lag.

LeMay war durchaus bereit, ein kleines Vermögen darauf zu verwetten, daß die Berichte des Nachrichtendienstes zutrafen: daß die Japaner bisher keinen einsatzbereiten Nachtjäger ent-

wickelt hatten und daß es ihnen bisher auch noch nicht gelungen war, ihre Luftabwehr durch Radar lenken zu lassen. Der General hoffte sehr, daß die von Hand gerichteten Geschütze sich als zu langsam erweisen würden, um auf Angriffe aus geringer Höhe erfolgreich zu reagieren.
Was das Ausbauen der Bordwaffen betraf, so wurde dieses nur in Betracht gezogen wegen der erhofften *Abwesenheit* von Nachtjägern, so daß die Nutzlast eines jeden Bombers entsprechend heraufgesetzt werden konnte.
Aber auch das war ein kritischer Punkt.
Denn LeMays Absicht war es, die B-29er nur Brandbomben mit sich führen zu lassen, so daß an die vielen Holzhäuser in Japan die »Fackel« gelegt werden konnte.
Während der General seine Pläne in die Tat — das heißt in die Taktik — umzusetzen versuchte, fuhr er fort, anderen zuzuhören, und darauf verstand er sich ganz ausgezeichnet. Vor langer Zeit, 1928 nämlich, als er zur nur halbflüggen Air Force gestoßen war, hatte er eben dies gelernt: das Zuhören, bevor er seinerseits irgendwelche Entscheidungen traf. Inzwischen hatte er seine diesbezüglichen Fähigkeiten noch gesteigert: Er war durchaus imstande, zu gleicher Zeit einer Reihe verschiedener Gespräche zu folgen.
Beim Lunch an diesem Tage beispielsweise war das ein Wetteroffizier, der von *seinen* Problemen sprach, während LeMay gleichzeitig hörte, wie sich ein Marineoffizier von CINCPAC über das verbreitete, was Nimitz geäußert haben sollte: Daß er eine Menge Lärm machte wegen irgendeiner Fliegereinheit, die verdammt noch mal endlich auf die Marianen verlegt werden wollte.
Sehr glaubwürdig klang diese Story in LeMays Ohren nicht. Die Einheit wurde irgendwie als »Composite Group« bezeichnet. Und LeMay wußte, daß es in der gesamten Air Force so etwas überhaupt nicht gab.

27. Januar 1945
Washington, D. C.

Groves billigte den Brief, den Flottenadmiral King für Admiral Nimitz vorbereitet hatte. Das Schreiben war kurz und sachlich — und es mündete aus in jene Fragen — oder Anfragen –, die quasi von CINCPAC stammten. Auf Kings amtlichem Briefpapier verewigt, lauteten die Zeilen:

Mein lieber Niemitz: –
Man rechnet damit, daß die neue Waffe, in den Händen der 20. Air Force, im August dieses Jahres zum Einsatz gegen Japan bereit sein wird.
Der Offizier, der Ihnen diesen Brief überbringt, Commander Frederic L. Ashworth, USN, wird Ihnen die notwendigen Details übermitteln, so daß Sie die unerläßlichen Pläne zur Unterstützung dieser Operationen in die Wege leiten können. Auf persönliche Anweisung des Präsidenten unterliegt alles, was diese Angelegenheit betrifft, der allerhöchsten Geheimhaltungsstufe, und Sie sollten höchstens einen unter Ihnen stehenden Offizier einweihen, dem Sie allerdings gleichfalls absolute Geheimhaltung einschärfen müssen.
Ich erwarte von Ihnen, daß Sie Commander Ashworth solche Geheimdienstdaten verfügbar machen, die für den Einsatz der neuen Waffe nutzbringend sein mögen.
Hochachtungsvoll
E. J. King
Flottenadmiral,
U.S. Navy

Ashworth war einer von jenen »Annapolis-Graduierten«, die Parsons persönlich für das Manhattan Projekt eingespannt hatte. Doch im Gegensatz zu Parsons war Ashworth ein Schlachtenveteran. Groves respektierte beide Marineoffiziere wegen ihrer wahrhaft profihaften Berufsauffassung. Ihr Dienst führte sie zwischen Alamos und Wendover fast unentwegt hin und her, während sie angestrengt an der Lösung mithalfen, wie die Atombombe am besten zu zünden sei.
Groves bezweifelte, daß Ashworth glücklich sein würde über seinen Trip zum Pazifik, der ihn ja von seiner Testarbeit fortführte. Allerdings war es keineswegs die Absicht des Projektchefs, Ashworth nur als Kurier einzusetzen. Der Commander sollte überdies die Überseebasis für die 509. auswählen.
Groves meinte, auf Guam fände sich gewiß der rechte Ort dafür. Dort war man sozusagen schon eingerichtet. Es gab Militärwerkstätten, in denen noch in letzter Minute Reparaturen

vorgenommen werden konnten. Außerdem war da ein sogenannter Tiefsee-Hafen.
Was Tibbets betraf, so gab er Tinian den Vorzug. Es hieß, daß sich dort die besten Rollbahnen zum Pazifik befanden.
Ashworth seinerseits war bereit, sich beide Inseln anzusehen.
Groves traf eine weitere Entscheidung. Es sei nicht nötig, General Douglas MacArthur, den so »scharfen« amerikanischen Army-Oberbefehlshaber im Pazifik, über die Atombombe zu informieren. Groves sah keinen Grund dafür, den ranghöchsten alliierten Soldaten im Fernen Osten davon in Kenntnis zu setzen, daß in sechs Wochen in seinem Operationsgebiet eine Waffe zum Einsatz kommen sollte, welche das Konzept des Krieges grundlegend ändern würde.

28. Januar 1945
USAAF Basis
Wendover

Tibbets hatte die restlichen Besatzungen der 509. verblüfft, als er von Havanna zurückgeflogen kam, um persönlich die Ausbildung jener Crews zu überwachen, die nicht in die Karibik geschickt worden waren.
Er schien fest entschlossen, daß — sozusagen am Tag X — jeder seiner Leute imstande sein sollte, einen Atombombenangriff durchzuführen.
Unerbittlich drillte er jene fünf Crews, die noch in Wendover stationiert waren. Immer und immer wieder schickte er sie zu Bombenübungen zur Salton Sea. Und ohne diesen Gedanken in Worten zu artikulieren, verstand er es doch, den Crews den Eindruck zu vermitteln, daß sie für den »großen Einsatz« durchaus immer noch in Frage kämen, auch wenn sie nicht für den Lehrgang in Kuba ausgewählt worden waren.
Er erinnerte sich auch an den Rat seiner Mutter, an jenem Tag, da er Offizier geworden war. Sie hatte zu ihm gesagt: »Sohn, ein Mensch läßt sich viel leichter führen als treiben.«
Eben diesen Grundsatz versuchte Tibbets auf die Bomberbesatzungen anzuwenden.
Am Morgen war eine Transportmaschine aus Kuba eingetroffen und hatte die jüngsten Meldungen mitgebracht: daß die

zehn Crews auf der Insel bei ihrem Ausbildungsprogramm ausgezeichnete Fortschritte machten.
Daß sich seine Techniker und Mechaniker so ausgezeichnet bewährten, machte Tibbets sehr stolz. Im Vergleich zu anderen Air-Force-Einheiten auf der Insel verlor das Personal der 393. nur halb so viele Maschinen wegen irgendwelcher Motordefekte. Und eben eine solche Quote erwartete Tibbets von seinen Leuten.
Dennoch kam es für ihn unerwartet, was der Exec. Officer der 393., John King, forderte: »Machen Sie aus dem Haufen eine knallharte Mustereinheit.«
Tibbets wußte, daß King es gut meinte. Aber natürlich erkannte er auch sofort, daß der Offizier seine, des Colonels, Methoden überhaupt nicht begriff: den vertrauten Umgang, den er mit den Nicht-Offizieren pflegte, wie er all seine Offiziere beim Vornamen nannte, und seine totale Abneigung gegen den sogenannten »dienstlichen Ton«. Es war dem Colonel auch bewußt, daß King zur »regulären« Army gehörte und noch nie die einzigartige Kameradschaft kennengelernt hatte, die zwischen den Mitgliedern einer Flugzeugbesatzung herrscht, wo zum Überleben jeder auf jeden angewiesen ist und wo es nicht auf das vorschriftsmäßige Grüßen ankommt.
Niemals würde Tibbets es zulassen, daß irgend jemand das erstickte, was er für eine fliegende Einheit für unerläßlich hielt: »Richtiger Geist, und zwar in rauhen Mengen.«
Um eben diesen Geist zu bewahren, verbrachte Tibbets mit seinen Männern mehr Zeit denn je. Seine Frau und seine kleinen Söhne bekamen ihn kaum noch zu Gesicht. Und sah er die Kinder einmal, so war er in der Regel zu erschöpft — oder aber innerlich zu beschäftigt —, um mit ihnen zu spielen. Die glänzenden neuen Spielzeugbomber, welche die Jungen zu Weihnachten bekommen hatten, waren längst entzwei, und er schien nie Zeit zu haben, sie zu reparieren. Seine Frau musterte ihn vorwurfsvoll. Langsam, doch gleichsam unausweichlich, ging es mit der Ehe weiter bergab.
Tibbets begriff durchaus, was da vor sich ging — und er haßte sich selbst, weil er nichts unternahm, um der Zerstörung des Familienlebens einen Riegel vorzuschieben. Der Grund dafür war, wie er später gestand, daß er einfach nicht wußte, was er hätte sagen sollen, um alles wieder ins Lot zu bringen.

Allerdings wäre er auch nicht bereit gewesen, sein Engagement für seine Flieger aufzugeben zugunsten eines Familienlebens. Als er Lucie geheiratet hatte, hatte er sie bereits gewarnt, daß »ich ein anderer Typ war als so ein Durchschnittsmann« — und daß zwischen ihn und seine Arbeit niemals irgend etwas treten durfte.
In der romantischen Anfangsphase der Ehe hatte sie das akzeptiert. Jetzt jedoch, fast völlig isoliert und was Gespräche betraf, weitgehend auf das beschränkt, was ihr Mann mit gelegentlich mitgebrachten Offiziersgästen an technischen Dingen austauschte, konnte Lucie Tibbets für sich und Paul keine gemeinsame Zukunft mehr sehen.
Tibbets war sich ihrer Empfindungen durchaus bewußt, »doch ich konnte nur in mich hineinweinen. Sie hat nie gewußt, niemand hat je gewußt, was ich fühlte.«

1. Februar 1945
Hiroshima

Es war wohl das Eindrucksvollste, was Leutnant Tatsuo Yokoyama jemals erlebt hatte. Das gesamte Ostexerziergelände, eine weite, offene Fläche, war voll Soldaten. In langen Marschkolonnen von jeweils mehreren hundert Reihen zogen sie an der Tribüne vorbei, auf der sich die militärischen Befehlshaber der Stadt befanden. Die Tribüne war geschmückt mit Spruchbändern, die mit überschwenglichen Worten den Sieg verhießen.
Die in Hiroshima stationierten Truppen hielten eine ihrer regelmäßigen Paraden ab, die einen doppelten Zweck erfüllten oder doch erfüllen sollten: zum einen als wirkliche Truppenschau, zum anderen als Demonstration für die Zivilbevölkerung — damit diese sich mit eigenen Augen davon überzeugen konnte, daß ein nicht unbeträchtlicher Teil der Kaiserlichen Armee hier zur Verfügung bereitstehe.
Doch an diesem kalten, grauen Wintertag waren enttäuschend wenig Zivilisten gekommen, um sich die Parade anzusehen. Das Publikum am Rande des Exerzierplatzes bestand hauptsächlich aus Soldaten, die nicht an der eigentlichen Parade teilnahmen, sowie deren Frauen oder Freundinnen.
Während die Truppen ihren Vorbeimarsch zu den schmissi-

gen Klängen einer Militärkapelle beendeten, jubelten die Zuschauer laut.

Die Kapelle nahm unterhalb der Tribüne Aufstellung, und die Repräsentanten von Armee und Marine erhoben sich von ihren Plätzen.

Ein Shinto-Priester, in ein langes Gewand gehüllt, begann jetzt mit dem traditionellen Ritual. Rhythmisch in die Hände klatschend, rief er den Geist jenes Mikado (Kaisers) herbei, welcher Japan im Jahre 660 v. Chr. gegründet hatte. Dann beschwor er sämtliche Shinto-Gottheiten in ihren Heiligtümern. Der Shintoismus, im Grunde auf der schlichten Verehrung von Natur und Naturerscheinungen beruhend, war jetzt zum Instrument des japanischen Militarismus und Nationalismus geworden. Nach Anrufung der Gottheiten begann der Priester für die gefallenen Helden der Streitkräfte zu beten. Ein anderer, in einem ähnlichen Gewand, betete dann für den japanischen Sieg.

Die Kapelle spielte einen Marsch. Danach trat Generalleutnant Fujii ganz an den vorderen Rand der Tribüne. Er war der Kommandeur der regionalen, in der Hiroshima-Festung stationierten Verbände.

Fujii erklärte den Soldaten, daß sie sich schon bald einer ruhmreichen Aufgabe gegenübersehen würden — der Verteidigung von Kaiser und Vaterland gegen einen barbarischen Feind. Er sprach von Entbehrungen und Opfern, die man auf sich zu nehmen habe. Und jeder müsse die Möglichkeit ins Auge fassen, daß der Krieg »noch weitere zehn Jahre« dauere.

Seine folgenden Worte schienen hierzu nicht so recht zu passen. Er sprach voll Nachdruck von den »glanzvollen« Taten der Kaiserlichen Armee. Und während der Generalleutnant vergangene Siege in den Mittelpunkt seiner Ansprache stellte, glitten seine Worte recht behende über die gegenwärtige kritische Situation hinweg, mit Floskeln wie »strategische Rückzüge«, »schwerste Verluste für den Feind« und der Behauptung, dem Gegner werde »ein tödlicher Schlag« versetzt werden.

Die überzeugende Art, mit der er seine Ansprache schloß, trieb Yokoyama unwillkürlich einen Hauch von Röte in die Wangen, Ausdruck seines Stolzes. Noch viele Jahre später erinnerte er sich an die Schlußworte des Generals.

»Die Kaiserliche Armee hat der Welt ihre Überlegenheit bewiesen — und das wird sie auch weiterhin tun.«
Lauter Applaus war die Reaktion. Vergessen schien die Warnung über die »weiteren zehn Jahre« Krieg. Allgemeine Zuversicht herrschte, ein geradezu ungeheurer Überschwang. Der Sieg war gewiß. *Banzai!*
Weitere Redner folgten, und sie vertieften noch diese Überzeugung: unbesiegbare Kaiserliche Armee. Dann begann die Kapelle einen rasanten Marsch zu spielen, und die Kolonnen verließen in Begleitung von »klingendem Spiel« den Exerzierplatz, unmittelbar von den Zuschauern gefolgt. Gemeinsam strebten Truppen und Publikum dem Shinto-Heiligtum am Fuß des Mount Futaba zu.
Nachdem dort sämtliche Soldaten Aufstellung genommen hatten, klatschten alle dreimal in die Hände. Dadurch sollten die in die Ewigkeit eingegangenen Seelen jener Krieger herbeigerufen werden, die in früheren Kriegen gefallen waren und sich so die höchste Ehre erworben hatten — immerwährende Wohnung bei und mit den Göttern.
Tatsuo Yokoyama war den Tränen nahe. Die emotionale Wirkung dieses Rituals war so stark, daß er sich völlig überwältigt fühlte. Und natürlich hoffte er ganz fest auf dies eine: Wenn er sterben mußte, dann sollte es auf eine Art geschehen, die ihm die ewige Anwesenheit im Kreis der Götter sicherte.

2. Februar 1945
USAAF Basis
Batista Field
Havanna

Beser war davon überzeugt, alles Notwendige getan zu haben. Er hatte die gesamte Aktion mit der gleichen Sorgfalt geplant, die ihm einmal daheim in Baltimore entscheidend dabei geholfen hatte, eine kommunistische Versammlung zu sprengen. Der Schlüssel zum Erfolg war seinerzeit gewesen, was man »Timing« zu nennen pflegte — das genaue Abpassen des richtigen Zeitpunkts. Und eben darauf kam es auch hierbei an.
Zunächst hatte er eine Stunde darauf verwendet, seinen Leib-

wächter betrunken zu machen. Bis zu diesem Abend war der Mann wahrhaftig so etwas wie eine Klette für den Radaroffizier gewesen: Mußte Beser zu einem Übungseinsatz, so begleitete ihn der Agent zum Flugzeug; und bei der Landung war er dann wieder zur Stelle und wartete. Im Speiseraum saßen sie am selben Tisch, und nachts teilten sie dasselbe Zimmer.

An diesem Abend jedoch war es Beser gelungen, den Agenten aus der sonst geübten Reserve herauszulocken: Er solle sich nur entspannen und die wenigen noch verbleibenden Stunden in Kuba genießen, hatte der Radaroffizier zu dem Mann gesagt. Und jetzt saß der Agent mit glasigen Augen in der Offiziersmesse der Basis und starrte in seinen Daiquiri-Cocktail — den achten seit einer Stunde. Er war zu betrunken, um zu bemerken, daß der Radaroffizier sich inzwischen »empfohlen« hatte.

Beser ging zum Fahrzeugpark der Basis und verlangte einen Laster. Als der Transportoffizier ein natürliches Widerstreben zeigte, sich so ohne weiteres von seinem Gefährt zu trennen, wirkte das Zauberwort *Silverplate* wieder einmal Wunder.

Beser fuhr in die Stadt, und zwar ins alte Viertel von Havanna, wo er überwachte, wie eine Schar von Kubanern Kisten in den Laster lud.

Bisher war die ganz geheime Aktion wie am Schnürchen gelaufen. Plötzlich jedoch schien der Erfolg gefährdet: An der Einfahrt zu Batista Field, wo sich ein MP neben der Fahrerkanzel aufbaute.

»Lieutenant, ich möchte einen Blick in diesen Laster werfen.«

Beser betrachtete den MP. Nein, das war kein Typ, der sich bestechen ließ; den mußte man einzuschüchtern versuchen.

Der Leutnant krümmte den rechten Zeigefinger — eine Geste, die er seinem Universitätslehrer abgeguckt hatte — und winkte den Militärpolizisten näher.

»Für welche Geheimhaltungsstufe sind Sie qualifiziert, Sohn?«

Beser war knapp dreiundzwanzig; doch seine Stimme klang wie die eines Generals mittleren Alters.

»Weiß ich nicht, Sir.«

»Dann finden Sie's heraus — schnell! Bewegung, Soldat!«

Der MP wich zurück.

Beser knallte den Gang rein, und der Laster katapultierte gera-

dezu durch das Tor. In der Basis fuhr Beser dann mehrmals um die Verwaltungsgebäude, um sicherzugehen, daß ihm niemand folgte. Nachdem alle Befürchtungen zerstreut waren, strebte er dorthin, wo die B-29-Bomber der 509. standen.
Eine Gruppe von Fliegern wartete auf ihn. Beser sprang aus der Fahrerkanzel und sprach leise zu den Männern, die näherdrängten.
»Okay. Vergeßt nicht, daß dieses Zeug einen Haufen Geld kostet. Verstaut's sorgfältig. Und macht schnell. Wir haben noch eine Menge vor!«
Zwischen dem Laster und den Bombern bildete sich eine Kette aus Menschen. Die Kisten, ohne irgendwelche Kennzeichen, wurden in den gewaltigen Bombenschächten der jeweiligen B-29 untergebracht.
Fast eine Stunde brauchten die Flieger, um die gesamte Fracht zu verstauen. Jede Kiste enthielt zwölf Flaschen Whisky von Spitzenqualität.
Der clevere Beser hatte in Havanna einen Großhändler aufgetrieben, der Whisky für ein Viertel des Preises verkaufte, der in den Vereinigten Staaten dafür verlangt wurde. Und es hatte keiner Überredungskünste bedurft, um die Männer der 509. davon zu überzeugen, daß ihr Geld dafür ganz ausgezeichnet angelegt war.
Die Eskapade schien typisch. In den vergangenen drei Wochen hatte sich die 509. den Ruf einer Einheit von »Höllenhunden« erworben. Havanna, an die üblichen Tollheiten und den Trubel amerikanischer Soldaten gewöhnt, zeigte sich über die Group gleichsam erstaunt. Die Männer lebten und liebten in einem wahrhaft hektischen Tempo. Sie prügelten sich mit jenen, von denen sie sich herausgefordert fühlten, und wenn sich »die Obrigkeit« einschaltete, so gehörten sie urplötzlich zu den reizendsten aller reizenden Menschen.
Eine MP-Streife las ein paar betrunkene Mechaniker von der 509. auf. Die Männer waren in eine Straßenprügelei verwikkelt gewesen, und so kamen sie zunächst einmal in den »Bau«. Das wurde dem Diensthabenden Offizier der 509. gemeldet. Er sah in seinen Listen nach. Die Leute sollten am nächsten Morgen einen Bomber warten. Er verlangte ihre Freilassung. Als sich die MPs weigerten, gebrauchte der Offizier *Silverplate,* um den Ortskommandanten hochzuscheuchen.
Der Kommandant sah in seinen Unterlagen nach, entdeckte,

daß dieses Codewort allerhöchste Priorität beanspruchen konnte, und befahl, die Mechaniker auf freien Fuß zu setzen. Es verbreitete sich das Gerücht, daß es sich bei denen von der 509. um *Die Unberührbaren* handle.

Befanden sie sich in der Luft, so schienen sie jede Regel oder Vorschrift über »Bombardieren aus großer Höhe« zu mißachten. Sie flogen allein, unbewaffnet und hatten nur einen einzigen »Bombenkörper« an Bord, den sie über See abwarfen. Die Ergebnisse, die sie dabei erzielten, waren allerdings phänomenal. Sie trafen die APs, die Angriffsziele, mit geradezu gnadenloser Präzision.

Ihr legendärer Ruf wuchs noch. Und die 509. genoß zutiefst die Reputation einer unleugbaren »Verruchtheit«.

Jetzt, für diese ihre letzte Nacht in Kuba, erhielten die Männer Urlaub: Am Morgen sollten sie nach Wendover zurückfliegen. Sie wußten, daß Tibbets da war, der sich garantiert nicht nur die Berichte über ihre fliegerischen Leistungen zu Gemüte führte, sondern auch all jene Meldungen, die »Beschwerden über ihr außerdienstliches Verhalten während seiner Abwesenheit« enthielten.

Nun: dieser Gedanke genügte, um so manchen dazu zu bringen, daß er seinen letzten Abend auf Kuba lieber im Bereich der Basis verbrachte. Im übrigen brauchte man auch Wächter für jene Bomber, in denen Besers »Schnaps« verbrachtet war.

2. März 1945
Washington, D. C.

Jener Unterausschuß, der über die Bewilligung bestimmter Gelder zu wachen hatte — der Wachhund des Kongresses über die Verteilung von öffentlichen Mitteln —, schien keineswegs zufriedengestellt durch die vorbereitete Erklärung, die der Unterstaatssekretär im Kriegsministerium, Robert Patterson, abgegeben hatte.

In geheimen Hearings versuchte der Unterausschuß herauszufinden, wie nahezu zwei Milliarden Dollar für ein bestimmtes Projekt hatten ausgegeben werden können, über das sich einfach nichts in Erfahrung bringen ließ.

Hartnäckig hatte Patterson sich geweigert, irgendwelche Auskünfte zu geben. Er behauptete, »Sicherheitserwägungen«

hielten ihn davon ab, über das Projekt Einzelheiten bekanntzugeben.

Der Ausschußvorsitzende, Clarence Cannon aus Missouri, sprach folgende Warnung aus: »Gleich nach Kriegsende wird der Kongreß eine gründliche Überprüfung des Projekts in die Wege leiten.«

Was Patterson selbst betraf, so war er über die »Weiterungen« des Manhattan Projekts höchst unvollkommen im Bilde. Doch sein politischer Instinkt ließ ihn die besondere Problematik geradezu wittern. Überdies wußte er, daß in Washington zum Überleben eines mit Sicherheit gehörte: das rechtzeitige Verfassen von Memoranden.

Nachdem er in sein Büro zurückgekehrt war, säumte er nicht länger. Er diktierte ein solches Memorandum einem seiner Mitarbeiter, General W. D. Styer. Bemerkenswert schien es wegen seiner politischen Klarsichtigkeit:

> Als das Projekt in die Wege geleitet wurde, sagte ich zu General Groves, daß man mit allergrößter Sorgfalt Aufzeichnungen machen solle, und zwar sehr detailliert, über getroffene Entscheidungen sowie Besprechungen mit Personen, die mit dem Projekt befaßt seien, des weiteren von allen erzielten Fortschritten und den finanziellen Transaktionen und Ausgaben. Diese Anweisungen habe ich von Zeit zu Zeit wiederholt und bin von General Groves dahingehend unterrichtet worden, daß er und seine Leute für lückenlose Unterlagen sorgten. Ich habe ihn davon in Kenntnis gesetzt, daß irgendwann in der Zukunft der Kongreß einen genauen Rechenschaftsbericht verlangen werde.
>
> Der Umfang des Projekts, die Geheimhaltung, der es unterliegt, sowie die dafür aufgewendeten enormen Geldsummen lassen es notwendig erscheinen, daß in bezug auf laufende und ausführliche Aufzeichnungen äußerste Sorgfalt geübt wird, so daß später eine detaillierte Entwicklungsgeschichte des Projekts jederzeit zur Verfügung steht. Ein solcher Bericht sollte genaue Auskunft geben über die finanziellen, wissenschaftlichen und industriellen Phasen des Projekts.
>
> Obschon ich keinen Grund habe, daran zu zweifeln, daß General Groves der Angelegenheit die gebührende Aufmerksamkeit zukommen läßt, möchte ich doch wegen der

überragenden Bedeutung des Projekts persönlich in die Angelegenheit Einblick nehmen. Es geht mir darum, Ihre Schlußfolgerungen zu erfahren. Gegebenenfalls wäre mir daran gelegen, daß Sie korrektive Maßnahmen ergreifen, damit sichergestellt wird, daß kompetente Leute die laufende Entwicklungsgeschichte des Projekts schriftlich festhalten.

Patterson hatte sich abgesichert. Da er fürchtete, womöglich in einen künftigen politischen Skandal hineingezogen zu werden, sorgte er dafür, daß auf Groves sozusagen ein Wachhund angesetzt wurde. Sein Verhalten ließ sich in etwa folgendermaßen umreißen: Während es darum ging, die vernichtendste und kostspieligste Waffe der Welt herzustellen, benahm er sich wie ein Krämer, der in seiner Registrierkasse selbst die Summe für einen Dauerlutscher verbucht.
Andere verhielten sich noch sonderbarer.
Flottenadmiral William D. Leahy, Generalstabschef bei Roosevelt, war von dem, was er über das Projekt gehört hatte, nicht weiter beeindruckt. Die Behauptung, daß eine einzige Bombe imstande sein sollte, eine ganze Stadt — eine große Stadt — zu zerstören, erschien ihm nicht recht glaubwürdig. Als Sprengstoffexperte hatte er die Absicht, den Präsidenten darüber ins Bild zu setzen, daß diese Bombe ein Fehlschlag sein müsse und niemals explodieren werde.
Roosevelt mangelte es nicht an Leuten, die bereit waren, ihm Ratschläge zu erteilen. Zu jenen, die bei ihm um eine Unterredung nachsuchten, gehörte Leo Szilard. Szilard war jetzt der Überzeugung, daß es nicht länger die Deutschen seien, welche die Welt bedrohten: »Unsere Sorge (ist es), was die Regierung der Vereinigten Staaten anderen Ländern antun könnte.«
Kriegsminister Stimson gab Roosevelt den Rat, den ungarischen Wissenschaftler gar nicht erst zu empfangen.
Anderen konnte man nicht so leicht ausweichen. Harry Truman, der neue Vizepräsident, wollte abermals wissen, was denn da vor sich gehe. Über ein Jahr war es inzwischen her, daß Truman, damals ein unbekannter Senator aus Missouri, angefangen hatte, peinliche Fragen zu stellen. Seinerzeit war es Stimson gelungen, ihn zum Schweigen zu bringen. Jetzt würde der Minister taktvoller vorgehen müssen. Truman

konnte jeden Tag Präsident werden. Stimson wußte, daß der kranke Roosevelt sich im Grunde nur noch durch schiere Willenskraft am Leben hielt.
Stimson hatte Truman nicht mehr gesagt als das, was in jener vorbereitenden Erklärung stand, welche Patterson vor dem sogenannten Deficiency Sub-Committee verlas. Von einer Atombombe war nicht die Rede gewesen. Doch der Kriegsminister wußte, daß sich Truman nicht zufriedengebe würde. Und es war ihm auch klar, daß von seiten des Sub-Committees mit weiteren und eingehenderen Hearings gerechnet werden mußte.
Doch es kam Stimson darauf an, für das Projekt Zeit zu gewinnen.
Kürzlich hatte Roosevelt ihn gebeten, über die gegenwärtige Situation Bericht zu erstatten.
Spät an diesem Nachmittag trafen sich die beiden Männer im Amtszimmer des Präsidenten. Stimson sah, daß Roosevelt, erst vor Tagen von der anstrengenden Jalta-Konferenz mit Stalin und Churchill zurückgekehrt, ausgezehrter und kränklicher wirkte denn je. Er war einer der wenigen Männer, die von der kleinen Schachtel mit grünen Tabletten wußten, welche der Präsident in einer Schublade aufbewahrte. Es handelte sich um Digitalispräparate. Die Tabletten sollten Blutdruck und Herztätigkeit des Präsidenten regeln.
Bedacht, Roosevelt nicht durch allzu ausführliche Darlegungen zu ermüden, versuchte Stimson, die Situation möglichst einfach darzustellen. Die Produktion der Waffe verlaufe programmgemäß. Genau wie Groves es versprochen habe, werde die Bombe im August fertig sein. Der Einsatz der Waffe könne Millionen Amerikanern das Leben retten. Stimson zeigte sich fest davon überzeugt, daß *ohne* den Abwurf der Bombe noch unendlich viele amerikanische Soldaten fallen würden, bevor Japan kapitulierte.
Roosevelt schien zufrieden. Für einige Sekunden verlor sich der eigentümlich trübe Ausdruck aus seinen Augen, und der frühere Glanz kehrte zurück. Sein Gesicht drückte Entschlossenheit aus.
Doch Stimson fragte sich, ob der Präsident wohl noch am Leben sein werde, wenn jene Millionen amerikanischer Soldaten heimkehrten, deren Leben durch den Einsatz der Atombombe gerettet werden würde.

3. März 1945
Hiroshima

Vom oberen Stockwerk seines kleinen Privatkrankenhauses hatte Dr. Kaoru Shima eine ausgezeichnete Sicht über die Stadt. Doch eben dieser Anblick bedrückte ihn jetzt mehr und mehr. Bei der Aioi-Brücke, hüben wie drüben, gab es so etwas wie Streifen von Wüstenei: eine jener »Feuerschneisen«, die quer durch Hiroshima hindurchliefen.

In der Nähe des Shima-Krankenhauses waren Dutzende von Gebäuden niedergerissen worden, Häuser mit Läden, Teeräumen und Bars, und die Menschen hier im Hospital hatten das Gefühl, gleichsam »am Rande der Zerstörung« zu arbeiten.

Die Morgennachrichten hatten diese Empfindung nur noch verstärkt. Zum erstenmal ließ der japanische Rundfunk durchblicken, daß die Kämpfe auf Iwo Jima ungünstig verliefen.

Iwo Jima lag nur gut tausend Kilometer von Tokio entfernt: für die Amerikaner nah genug, um diese japanische Insel als Stützpunkt für die eigenen Jäger und Bomber in Betracht zu ziehen.

Seit Tagen verbreiteten sich Rundfunk und Presse in Japan ausführlich über die undurchdringliche Verteidigung der Insel. Die Kommentatoren hatten darauf hingewiesen, daß das 74 Tage lange Bombardement, das der Invasion vorausgegangen war, besagte Verteidigungsanlagen so gut wie überhaupt nicht beeinträchtigt habe. Im Schutze von Höhlen und tiefen Tunneln, nicht selten hinter einer Mauer von zehn Meter starkem Beton, halte sich die Kaiserliche Armee bereit. Und nachdem die Amerikaner auf Iwo Jima gelandet waren, so hieß es, seien sie in eine Falle gelockt worden. Durch die Tatsache, daß sich kaum Widerstand bot, gleichsam unwiderstehlich verlockt, hätten die Invasionstruppen versucht, auf der Insel festen Fuß zu fassen — und seien dabei von der eingegrabenen Armee in ein mörderisches Kreuzfeuer genommen worden. Im japanischen Rundfunk war die Rede von einem Abschlachten unbekannten Ausmaßes. Doch die Stimmung schlug um. In den letzten Meldungen sprach man von einem »strategischen Rückzug«.

Dr. Shima, in der Einschätzung des Wahrheitsgehalts solcher

Nachrichten alles andere als unerfahren, wußte, daß Iwo Jima verloren war.
Um so wahrscheinlicher erschien jetzt eine Invasion des japanischen Mutterlandes.
Und die quer durch Hiroshima gelegten Feuerschneisen erinnerten den Arzt nachdrücklich daran, daß vor der eigentlichen Invasion mit Luftangriffen zu rechnen war und daß er gewiß Menschen würde behandeln und wohl auch operieren müssen, die durch Bomben verwundet worden waren. Allerdings wußte er auch: Seine Möglichkeiten waren unter den gegebenen Umständen mehr als beschränkt. Viel mehr als Trost oder Linderung würde er bei einem größeren Angriff den Bombenopfern kaum bieten können. Es fehlte an Verbandsstoff, an Medikamenten, an allem. Und soweit er das beurteilen konnte, ging es den 22 anderen Krankenhäusern und Kliniken in der Stadt — von den 32 Unfallstationen ganz zu schweigen — in keiner Weise besser.
Was immer jetzt noch an Nachschub seinen Weg nach Hiroshima fand, Medikamente etc. waren kaum noch darunter, und wenn, dann kam es ins Mitsubishi-Hafenkrankenhaus, ins Rote-Kreuz-Hospital oder ins große Ujina-Armeelazarett. Was Dr. Shimas Privatklinik betraf, so stand sie auf der offiziellen Liste der Prioritäten ganz weit unten.
Wenn sich das Privatkrankenhaus nach wie vor über Wasser hielt, so ausschließlich aufgrund jener schier unerschöpflichen Energie, die sein Besitzer immer und immer wieder bewies. In diesen Tagen rief man ihn oft, um irgendwo in einem Landkrankenhaus zu operieren. Und inzwischen war wohl allen in der Gegend der Anblick des in die Pedale tretenden Arztes vertraut, der, einen Beutel mit Instrumenten auf dem Rücken, eifrig auf seinem Fahrrad daherstrampelte.
Wegen der sogenannten Feuerschneisen verlängerten sich seine Fahrten oft, denn niedergerissene Gebäude blockierten Straßen und zwangen ihn nicht selten zu weiten Umwegen. Aber Dr. Shima beklagte sich nie. Und für jene, die es taten, hatte er stets die gleiche Mahnung.
»Seid froh, daß ihr lebt.«

4. März 1945
Los Alamos

Fast 15 000 Kilometer von dem philsophischen Dr. Shima entfernt, in einer Welt, die er trotz all seiner wissenschaftlichen Qualifikationen für unmöglich gehalten hätte, fand Tibbets (und mit ihm Beser), daß sich sein Leben wie in einer Tretmühle abspielte: in einem gleichsam endlosen Hin und Her nach und von Los Alamos.

Als sie an diesem Morgen am schwerbewachten Tor zum Gelände erschienen, hatten beide das Gefühl, daß »der Druck noch um weitere fünf Grade gestiegen war«. Die Wachen wirkten noch nervöser als während der letzten paar Tage, an denen die beiden Flieger sich hier hatten sehen lassen. Ihre Ausweise wurden noch sorgfältiger geprüft als gewöhnlich, obwohl Tibbets und Beser inzwischen ja vertraute Gesichter waren.

Den Grund für die gesteigerte Spannung erfuhr Tibbets von Oppenheimer.

Groves hatte gerade befohlen, daß die erste Plutoniumbombe für den Test in Alamogordo Mitte Juli bereit sein und die erste Uraniumbombe Anfang August zum Kriegseinsatz fertig sein sollte.

Diese festen Termine setzten die Männer und Frauen, die seit zwei Jahren unter großem Streß arbeiteten, zusätzlich unter Druck. Es fiel ihnen sehr schwer, diese Hetze in letzter Minute zu akzeptieren. Einer von ihnen beklagte sich bitter über »die Antreibereien wegen eines geheimnisvollen Termins, den wir, die wir seit zwei Jahren täglich daran arbeiteten, die Bombe fertigzustellen, auf Gedeih und Verderb einhalten sollten«.

Kein Wunder, daß die Nerven nicht immer mitmachten. Zwischen den Wissenschaftlern und den Sicherheitsbeamten kam es jedenfalls zu wütenden Wortwechseln.

Das Wetter trug auch nicht gerade zur Harmonie bei. Spät kam in diesem Jahr der Frühlingsregen, und von der Wüste blies ein trockener Wind über die Siedlung, der das Gras welken ließ. Selbst das Wasser in jenem Teich, der inmitten des Lagers lag, verdunstete mehr und mehr.

Wassermangel war seit jeher ein Problem gewesen. Jetzt wurde das »kostbare Naß« für den persönlichen Gebrauch ra-

tioniert. Den Arbeitern und ihren Familien sagte man, sie sollten sich ihre Zähne mit Coca-Cola putzen.
Bei seinen Besuchen in Los Alamos entwickelte Beser jetzt mehr und mehr die Neigung, jenen Wissenschaftlern aus dem Wege zu gehen, die den Sinn ihrer eigenen Arbeit in Zweifel zogen. Seiner Überzeugung nach waren solche Männer »irregeleitet«. Weit mehr sagten ihm die Ansichten von Dr. Louis Slotin zu, einem jungen Forscher, der überaus gefährliche Experimente mit spaltbarem Material durchgeführt hatte. Das Innerste der Bombe war gleichsam sein Versuchsfeld gewesen. Es bestand ja aus zwei Halbkugeln, die erst im Augenblick des Abwurfs zusammenkommen sollten, wodurch das in ihnen enthaltene Uran zu einer »kritischen Masse« vereinigt würde. Die Bestimmung dieser »kritischen Größe« (im Jargon der Wissenschaftler einfach »crit« genannt) bildete ein ganz besonderes Problem: Es galt herauszufinden, wieviel spaltbares Material zusammengebracht werden konnte, bevor eine »kritische Masse« entstand und eine Atomexplosion verursachte.
Slotin hatte seinen Standpunkt Beser gegenüber einmal unmißverständlich ausgedrückt.
»Ob man durch eine Kugel oder durch eine Bombe stirbt, tot ist man so oder so.«
Dieser Ausspruch beeindruckte den Radaroffizier. Sehr genau drückten die Worte seine eigene Überzeugung aus. Schließlich war dies eine Zeit, in der auf Iwo Jima Tausende von Amerikanern durch japanische Kugeln starben.
An diesem Tag war Beser in Los Alamos, um mehr über den Zündmechanismus der Bombe zu erfahren und darüber, wie die Japaner womöglich auf elektronische Weise eine vorzeitige Explosion auslösen konnten.
Tibbets seinerseits war gekommen, um mit Oppenheimer die letzten Einzelheiten für das Eintreffen einer neuen Spezialeinheit in Wendover zu besprechen — der 1. Ordnance Squadron —, die in technischer Hinsicht für die Atombombe verantwortlich sein sollte, wenn sich die 509. in Übersee befand.
Man einigte sich auf den 6. März als Ankunftstag für die Staffel in Wendover. Gleich darauf gesellte sich Ashworth zu Tibbets und Oppenheimer. Der Marineoffizier war erst kürzlich nach Los Alamos zurückgekehrt: nach einem 13tägigen Ab-

stecher zu den Marianen, wo er Admiral Nimitz den Brief von Flottenadmiral King übergeben und ihm die Rolle der 509. erläutert hatte.
Nimitz' einziger Kommentar war gewesen: Er wünschte, die Bombe sei schon jetzt verfügbar, um auf Okinawa eingesetzt zu werden, die letzte größere Insel, die es zu erobern galt, bevor das japanische Festland zur Debatte stand.
Ashworth berichtete Tibbets, Guam habe sich als Stützpunkt für die 509. als ungeeignet erwiesen. Man sei statt dessen überein gekommen, die Group nach North Field, Tinian, zu verlegen. Der dortige Flugplatz besitze vier Start- und Landebahnen von einer Länge von jeweils nahezu 3000 Metern.
»Ich brauche nur eine«, erwiderte Tibbets.

Washington, D. C.

Über die Frage, wann Tibbets von jener Startbahn aufsteigen würde, dachte Groves in diesen Tagen sehr viel nach. Nie jedoch hätte er sich träumen lassen, diese Sache in dem Gespräch anzuschneiden, das er mit General George C. Marshall über Spezialtelefon führte. Einmal wöchentlich erstattete Groves dem Stabschef Bericht. In der Regel stellte Marshall wenige Fragen und gab sich ohne weiteren Kommentar mit jenen Informationen zufrieden, die Groves ihm mitteilte. Durch diese recht ungewöhnliche Zurückhaltung einem Untergebenen gegenüber bezeugte Marshall dem Leiter des Manhattan Projekts seinen Respekt.
Dem Status eines militärischen Managers für »Atomlabors« war Groves längst entwachsen. Er hielt sich jetzt für durchaus fähig, »wissenschaftliche Entscheidungen« zu fällen.
Überdies meinte er, daß ihm auch eine Art diplomatisch-politische Rolle zufalle. Vor kurzem hatte er Schritte unternommen, um dem entgegenzuwirken, was er für eine verfehlte Haltung der amerikanischen Regierung hielt: daß man nämlich in allen Dingen, welche die Atomforschung betrafen, mit den Briten zusammenarbeiten solle. Dieser Punkt war während der Jalta-Konferenz von Churchill in vertraulichen Gesprächen mit Roosevelt zur Sprache gebracht worden, und der Präsident hatte zugestimmt: Großbritannien solle über das Projekt besser informiert werden.

Groves gefiel das gar nicht. Seiner Überzeugung nach konnte man nicht darauf bauen, daß die Briten Atomgeheimnisse vor den Russen wirksam zu schützen verstanden. Er hatte sich entschlossen, den amerikanischen Verbündeten so wenig Informationen wie irgend möglich zukommen zu lassen. Seine anti-britische Einstellung wurzelte tief: Seinerzeit war vorgeschlagen worden, einen britischen Lancaster-Bomber für den Abwurf von Atombomben einzusetzen, sofern sich erweisen sollte, daß eine B-29 dafür ungeeignet sei. Er hatte dem entschieden widersprochen.

In zunehmendem Maße sah Groves sich selbst als Stratege, und da der Einsatz einer Atombombe ganz entscheidende politische Fragen aufwarf, begann er sogar, sich als Staatsmann zu betrachten. Schließlich wußte er über die Waffe mehr als fast irgend jemand sonst. Er war, wenn man so wollte, ein Riese unter Zwergen. In der Tat hatte er geradezu Gigantisches geleistet, das mußte man ihm lassen. Die Fabriken, die seiner Kontrolle unterstanden, gehörten zu den größten in den Vereinigten Staaten. Sie waren so groß, daß sogenannte Arbeitsinspektoren Fahrräder benutzten, um ihrem Dienst auf dem Werksgelände nachkommen zu können. Und er hatte bewilligt, daß Tausende neuer Erfindungen zum Patent angemeldet wurden — *Neben*produkte atomarer Forschung.

Jetzt jedoch wurde das Projekt bedroht durch einige jener Wissenschaftler, deren Pionierarbeiten von unschätzbarem Wert gewesen waren. Groves konnte sie einfach nicht verstehen.

Inzwischen war für die Dissidenten noch eine Stimme erklungen. Während Groves mit Marshall sprach, lag auf seinem Schreibtisch ein »Memo« vom Tage zuvor: verfaßt von James F. Byrnes, Direktor des Büros für Kriegsmobilisierung, und gerichtet an Präsident Roosevelt. Byrnes hatte ein Büro direkt im Weißen Haus, und er war praktisch so etwas wie eine Art Wirtschaftsminister, während Roosevelt und Stimson sich auf die Außen- und die Militärpolitik konzentrierten. Byrnes wurde nicht selten »Hilfspräsident« genannt.

Das Memo von Byrnes, das auf Groves' Schreibtisch lag, war eine Kopie, die ihm vom Weißen Haus geschickt worden war zwecks Stellungnahme. Eigentlich hätte das genügen sollen, um ihn der Stärke seiner Position zu versichern. Außerdem klang das Memo keineswegs rundum unfreundlich. Vielmehr

erinnerte es den Präsidenten auf durchaus vernünftige und einleuchtende Weise daran, daß es einige politische Scherereien geben würde, falls das Projekt scheiterte. Groves sah das nur als Preis, den *er* würde zahlen müssen für einen eventuellen Fehlschlag.
Für einen Mann, der es gewohnt war, seinen Willen durchzusetzen, hatten die Worte einen eigentümlich unterkühlten Ton.

> ... Ausgaben nähern sich der Zwei-Milliarden-Grenze, ohne daß die Produktion mit Sicherheit abzusehen wäre ... sollte sich das Projekt als Fehlschlag erweisen, so wird es gnadenloser Kritik und unerbittlichen Untersuchungen unterworfen werden ... selbst hervorragende Wissenschaftler mögen sich versucht fühlen, an einem Projekt weiterzuarbeiten, statt ein Scheitern zuzugeben. Überdies könnte es sich als praktisch erweisen, das Projekt in verkleinertem Maßstab weiterzuführen. Auf gar keinen Fall dürfte eine unvoreingenommene Untersuchung und Beurteilung schaden, durchgeführt von einer kleinen Gruppe von Wissenschaftlern, welche noch nicht mit dem Projekt befaßt sind. Eine solche Maßnahme könnte von jenen, die jetzt für das Projekt arbeiten, übel vermerkt werden. Doch zwei Milliarden Dollar sind als Summe groß genug, um die Gefahr der Verletzung persönlicher Gefühle zweitrangig erscheinen zu lassen ...

Byrnes verlangte keinesfalls, daß das Projekt »gestrichen« werde. Er wollte nur sichergehen, daß es sich auch wirklich rechtfertigen ließ, soviel Geld auszugeben.
Doch Groves genügte der Vorschlag einer Untersuchung von »außen«, um Byrnes sozusagen ein für allemal als Repräsentanten des gegnerischen Lagers abzustempeln. Groves war fest davon überzeugt, daß es niemanden gab, der kompetent genug sei, eine solche Untersuchung durchzuführen. Auf ihn wirkte das Ganze nur wie ein weiterer Versuch, das Projekt zu Fall zu bringen.
Auf manche in seiner engsten Umgebung machte Groves inzwischen einen eigentümlichen Eindruck: Seine Furcht, jene Waffe, die er immer mehr als seine eigene betrachtete, könne womöglich *nicht* zum Einsatz kommen, wuchs sich allmählich

zu einer Art Besessenheit aus. Zu allem besaß er jetzt auch noch einen einflußreichen Widersacher, zumal dieser sozusagen im Weißen Haus seine Zelte aufgeschlagen hatte und den Präsidenten gleichsam nach Belieben mit Beschlag belegen konnte: jenen Präsidenten, der ihm, Groves, mehr Geld zur Verfügung gestellt hatte als irgendein Staatsmann irgendeinem Soldaten jemals zuvor.
Groves beendete seinen zusammenfassenden Bericht für Marshall. Schon wollte er die telefonische Verbindung unterbrechen, als ihn der Stabschef fragte, wie die Bombe denn seiner, Groves', Meinung nach am besten eingesetzt werden könne. Ob er sich darüber schon Gedanken gemacht habe.
Das hatte Groves. Doch er behielt seine Gedanken für sich. Dem Stabschef sagte er nur, er glaube, es sei an der Zeit, die Planer mit Vorstudien über passende Ziele zu beauftragen.
Für einen Augenblick herrschte Schweigen. Dann sprach Marshall. »Ich möchte nicht, daß zu viele Leute mit dieser Sache befaßt sind. Gibt es irgendeinen Grund, aus dem Sie das nicht selbst übernehmen und erledigen könnten?«
Groves nahm das Angebot bereitwillig an. Selbst in seinen optimistischsten Augenblicken hatte er nicht damit gerechnet, daß er die Chance haben würde, atomare Angriffsziele selbst auszuwählen.
Sofern er Rat brauchte, konnte er sich Rat holen, dazu bestand ausreichend Gelegenheit. Doch am Ende würde er es sein, der die Verantwortung trug dafür, daß irgendeine japanische Stadt ausgewählt worden war, um als erste als Testgelände für den Abwurf einer Atombombe zu dienen.

7. März 1945
USAAF Basis
Wendover

Tibbets blieb vollkommen ruhig, während Major William Uanna sozusagen Bericht erstattete. Bereits seit mehreren Minuten sprach der Sicherheitsoffizier, ohne auch nur ein einziges Mal unterbrochen zu werden. Und er las und las. Las aus dem einen Aktenstück vor, dann aus dem anderen. Seine Zusammenfassung wirkte ziemlich brutal. Auf jeden Fall kam er darin ziemlich nachdrücklich zur Sache.

»Colonel, Sie haben in Ihrer Einheit einen verurteilten Mörder, drei verurteilte Totschläger und mehrere andere Kapitalverbrecher. Die sind sämtlich aus dem Knast ausgebrochen. Was gedenken Sie zu tun?«
Tibbets formulierte die Frage kaum merklich um.
»Ich weiß nicht, was *ich* tun werde. Die Frage ist, was *Sie* mir nahelegen zu unternehmen?«
Uanna war auf diese Frage offenbar vorbereitet.
»Ich werde tun, was immer *Sie* für richtig halten.«
»Selbst wenn ich dabei Gesetze übertrete?«
»Selbst dann.«
Tibbets tastete sich zunächst in anderer Richtung vor. »Wie haben's diese Kerle denn geschafft, in eine solche spzielle Einheit wie die 1. Ordnance zu kommen?«
Uanna erklärte, es sei zweifellos reiner Zufall gewesen, der diese Männer zu jener Ordnance-Einheit geführt habe, die jetzt gerade sich der 509. in Wendover angeschlossen hatte. Nachdem sie hier und dort aus dem Knast ausgebrochen waren, hatten die Verurteilten offenbar befunden, daß der Unterschlupf bei den Vereinigten Streitkräften für sie noch allemal das sicherste Versteck sei. Sich unter falschem Namen anwerben zu lassen, sei ja wahrhaftig nicht weiter schwierig.
»Schließlich befinden wir uns im Krieg, Colonel. Die Army stellt nicht viele Fragen. Sie ist dankbar für jeden Mann, der zu ihr kommt.«
Uannas Nachforschungen wiesen aus, daß diese Kriminellen *wegen* ihrer besonderen technischen Fähigkeiten von ganz bestimmten »Scouts« für das Manhattan Projekt aufgespürt worden waren. Um sieben Männer handelte es sich insgesamt, und die meisten von ihnen waren ganz besonders geschickte Mechaniker und Werkzeugmacher.
Die Squadron würde, so etwa hätte man es formulieren können, die Atombombe wie ein Baby umhätscheln, wenn die Group nach Tinian verlegt wurde. Jeder von ihnen war praktisch ein Spezialist. Gemeinsam konnten die Männer, unter wissenschaftlicher Oberaufsicht, jede kurzfristige Veränderung vornehmen, die bei der Bombe nötig sein sollte. Schließlich waren diese Männer hier ausgesucht worden bei der weltweiten Suche nach entsprechenden Leuten in den amerikanischen Streitkräften. Monate hatte es gedauert, bis man alle zusammenbekam. Die meisten von ihnen waren bewandert

auf Gebieten wie Metallurgie etc. Nicht weniger als siebenundzwanzig von ihnen besaßen akademische Grade. Und man hatte sie gewarnt: daß sie bis Kriegsende womöglich weder ihre Freunde noch ihre Familie wiedersehen würden. Jeder durfte täglich einen Brief schicken. Diese Post wurde durch einen speziellen Briefkasten in San Francisco geschleust.
Die Squadron war in Wendover in einem schwerbewachten Zug eingetroffen. Anschließend wurden die Leute, von einer Spezialeinheit von Uannas Agenten überwacht, ihren jeweiligen Aufgabenbereichen auf dem Militärflugplatz zugeteilt.
Uanna berichtete Tibbets, wie es ihm gelungen war, die Kriminellen aufzuspüren. »Die waren glücklich über die Sicherheitsmaßnahmen. Und das sind Männer nach vielen Jahren Knast. Da fingen wir denn an, der Sache auf den Grund zu gehen.«
Tibbets wirkte ziemlich nachdenklich.
»Und jetzt sitzen sie so sicher im Loch, als wären sie irgendwo in den Staaten im Knast?«
Uanna bestätigte das.
»Ich möchte sie sehen.«
Uanna erhob keine Einwände.
Der entwichene Mörder wurde herbeigeschafft. Tibbets betrachtete ihn.
»Wissen Sie, weshalb Sie sich hier befinden?«
»Nein, Colonel, keine Ahnung.«
Tibbets griff nach einem Aktenstück.
»Na, hören Sie mal zu. Ich kenne Ihren richtigen Namen, auch Ihre Strafgefangenennummer sowie die Anzahl der Jahre, die Sie verbüßt hatten, als Sie aus dem Knast ausbrachen. Ich bin über alles im Bilde.«
Tibbets pochte mit dem Finger auf das Aktenstück.
»Dort drin steht alles. Wen Sie ermordet haben, Polizei- und Prozeßberichte, Gerichtsurteil, wie Sie zu uns gekommen sind. Alles.«
Der abgeurteilte Mörder war zu verblüfft, um auch nur ein einziges Wort hervorzubringen.
Tibbets hielt ihm das Aktenstück hin.
»Da. Sehen Sie selbst.«
Der Mann begann zu zittern.
Tibbets zog die Akte zurück, klappte sie zu. Dann musterte er den Techniker aufmerksam.

»Dies ist das einzige Aktenstück, das es über Ihre Vergangenheit gibt. Und der Major und ich sind die einzigen, die wissen, daß Sie ein entflohener Mörder sind. Nun — mir scheint, daß Sie für Ihren jetzigen Job ein ausgezeichneter Mann sind. Und wir brauchen gute Leute. Hören Sie also zu. Wir werden Ihnen eine Chance geben. Machen Sie sich wieder an Ihre Arbeit. Verrichten Sie Ihren Dienst genau wie bisher. Wenn wir keinen Ärger mit Ihnen haben, geben wir Ihnen dieses Dossier und dazu ein Streichholz zum Verbrennen.«

Benommen verließ der Sträfling das Büro, noch immer sprachlos.

Einer nach dem anderen wurden alle Kriminellen hereingeführt, mit ihren Verbrechen konfrontiert — und ganz ähnlich beschieden.

Nachdem der letzte Mann sein Büro wieder verlassen hatte, blickte Tibbets zu Uanna.

»Major, ich bin kein Polizeipräsidium. Es ist nicht meine Aufgabe, Menschen der Gerechtigkeit zuzuführen. Mich interessiert nur eines: daß dieser Krieg zu Ende geht. Und deshalb geht es mir lediglich darum, daß diese Männer weiterhin ordentlich ihren Job verrichten.«

Das Eintreffen der 1. Ordnance hatte eine Menge Aufregung verursacht. Lewis drückte das recht anschaulich aus.

»Wenn wir uns für was Besonderes hielten — na, die Jungs waren vielleicht ein Haufen.«

Selbst für die »lässigen Jungs« von der 509. war das ein Luderverein, wie sie ihn noch nie gesehen hatten. Die meisten Angehörigen der 1. Ordnance schienen mittleren Alters zu sein, und einige sprachen unverkennbar mit ausländischem Akzent. Es gab unter ihnen ein paar jüdische Mechaniker, die noch vor wenigen Jahren in irgendwelchen Werkstätten in München oder Berlin gearbeitet hatten. Sie waren dann vor den Nazis geflohen und in Amerika aufgenommen worden.

Die Squadron schien auf ihrem Gebiet buchstäblich zu allem fähig zu sein und nichts und niemanden sonst zu gebrauchen. Diese Leute richteten ihre eigenen Werkstätten ein, sie sorgten für eigenen elektrischen Stromanschluß. Und das bisherige Bodenpersonal der 509., das in fast jeder Hinsicht seine alten Hasen und erfahrenen Füchse besaß, mußte jetzt doch einsehen, daß da ganz einfach Bessere waren.

Die Angehörigen dieser Squadron tauchten nur zu den Mahlzeiten aus ihren Werkbereichen auf. Und dann wurden sie jeweils von etlichen äußerst stämmigen Agenten begleitet. Alle saßen sie in einer Ecke des Speisesaals, und wenn sich ein Fremder näherte, so verstummten sie. Die Neugierigen wurden energisch zurückgewiesen.
Verblüfft beobachteten die Männer von der 509. diesen merkwürdigen neuen »Haufen«, der zu ihrer Group gestoßen war.
An diesem Abend gingen ein paar der Männer von der 1. Ordnance Squadron hinaus zur sogenannten Flight-Linie, um sich den Pendelverkehr zwischen Wendover und Albuquerque anzusehen. Daß die landende Maschine von einer Frau (Dora Dougherty) geflogen wurde, konnte ihnen kaum entgehen, doch sie schenkten sich jeglichen Kommentar.
Es gab nur einen einzigen Passagier. Und er führte die Ordnance-Männer zu einer B-29.
Den Besatzungsmitgliedern war gesagt worden, sie sollten jede Frage beantworten, die der Mann ihnen stellte. Augenscheinlich war er besonders an bestimmten technischen Daten bzw. Kapazitäten des Bombers interessiert. Geraume Zeit verwandte er darauf, die Klappen der Bombenschächte zu inspizieren.
Schließlich wandte er sich den Männern von der 1. Ordnance Squadron zu.
»Diese Maschinen sind für die Aufgabe nicht gut genug. Sie müssen ersetzt werden.«
Mit diesen Worten marschierte er an der verdutzten Bomberbesatzung vorbei, kletterte wieder in Doras Transportflugzeug und befand sich wenig später auf dem Rückflug nach Los Alamos.
Bis zum Zapfenstreich hatte sich die Sache herumgesprochen. Beser erinnerte sich später, wie ein anderer Offizier die Geschichte erzählte.
»Schon von diesem Blödsinn gehört? Kam hergeflogen, erklärte dann, unser Bomber sei Mist, und flog wieder weg. Wie so ein Fünf-Sterne-General. War aber keiner, bloß so'n Kerl in der Uniform eines Captains der Kriegsmarine. Allerdings schien der Junge nicht zu wissen, daß gerade ein Krieg im Gange ist. Was glaubt denn der? Weg mit *dieser* Maschine — und schnell mal her mit einem Ersatz.«

Beser bat darum, diesen Offizier genauer zu beschreiben. Und aufgrund der Beschreibung wußte er, um wen es sich handelte. Er machte eine Voraussage, die ihm wahrlich nicht als Wagnis erschien.
»Wir werden Ersatz bekommen.«
Beser wußte, über wieviel Macht Captain William Parsons verfügte.
Ursprünglich war Parsons als Alternative zu Groves betrachtet worden, soweit es die Funktion als Leiter des Manhattan Projekts betraf. Sein so unvermitteltes Auftauchen in Wendover hatte einen ganz einfachen Grund. Es ging darum, jene Maschinen zu überprüfen, die für einen Atombombenangriff in Betracht gezogen wurden. Doch die ständigen Übungsflüge hatten die Bomber stark strapaziert. Sie sollten gegen die jüngsten Modelle ausgetauscht werden.
Diese neuen Maschinen besaßen Einspritzmotoren sowie elektronisch gesteuerte »Umkehr«-Propeller und waren insgesamt besser als ihre Vorgänger.
Schon bald sollte Tibbets über die beste Bomberflotte verfügen, welche die USA ihm stellen konnte.

8. März 1945
Washington, D.C.

Der Rat, den Minister Stimson General Groves gab, war klar. Groves sollte seinerseits Präsident Roosevelt raten, Byrnes' Vorschlag hinsichtlich einer unabhängigen Untersuchung zurückzuweisen. Die bisherige Geheimhaltung, darauf komme es ganz entscheidend an, müsse unbedingt beibehalten werden. Kongreß wie auch Senat dürften nur jenes unabdingbare Minimum an Informationen erhalten, das zwecks Bewilligung vonnöten sei.
In den vergangenen beiden Tagen hatten Mitglieder beider Häuser damit begonnen, über das Manhattan Projekt weitergehende Fragen zu stellen: eine Folge dessen, was über das Erscheinen von Staatssekretär Patterson vor dem sogenannten Deficiency Sub-Committee durchgesickert war.
Wieder einmal bewies sich Stimson als ein Mann, der, seiner 77 Jahre ungeachtet, eine Situation souverän zu erfassen verstand.

Groves war über die Unterstützung von seiten des Ministers sehr erfreut. Das versetzte ihn in die Lage, Byrnes' eher zurückhaltenden Vorschlag bezüglich einer Untersuchung fast schon trotzig zurückzuweisen.
Als nächstes versuchte Groves, so mußte man es wohl nennen, Kongreß und Senat abzuwimmeln. Er sei, so erklärte er Stimson in einem Memo, durchaus bereit, zwei Senatoren und zwei Abgeordneten einen Blick in das Projekt zu erlauben.

> Ich würde vorschlagen, ihnen jene Dinge zu zeigen, die außerhalb der geheimen Forschungsabteilungen vor sich gehen, welche der ständigen Beobachtung der Baukonstrukteure und ihres Personals unterstehen. Sie würden Gelegenheit haben, die Größe und das Ausmaß der Einrichtungen zu sheen und sich zu vergewissern, daß das Problem der Unterbringung auf vernünftige Weise gelöst worden ist. Außerdem würde ich ihnen gern einen Teil der Entwicklungsabteilungen zeigen, um ihnen eine Vorstellung zu geben von Ausmaß und Komplexität des Projekts.

Was Groves vorschlug, war im Grunde nichts anderes als eine Art Beschwichtigungstour, wie sie ein Bauherr einem seiner skeptischen Finanzierer offerieren mag. Allerdings reduzierte Groves die ohnehin »beschränkte Inspektion« auf ein wahrhaft erstaunliches Mindestmaß, und eigentlich war er zu einer solchen Konzession wohl nur bereit, weil es schließlich darum ging, für die Entwicklung der Bombe weitere öffentliche Mittel lockerzumachen.
In die Nähe von Los Alamos durfte ohnehin niemand. Wenn schon Inspektionen, dann höchstens zu einem jener Atomgelände, die weniger geheim waren und deren Nützlichkeit für das Projekt bereits schwand.
Doch selbst hier hieß es:

> Notizen sollten von keinem Besucher gemacht werden. Gemeinsame Gespräche über die Besuche sollten ausschließlich stattfinden, solange man sich auf Projektgelände bzw. dort in sicheren Räumen befindet. Was immer an Informationen in Erfahrung gebracht würde, dürfte keine Verwendung finden bei künftigen formellen oder informellen Ge-

sprächen oder Ansprachen, bis der Kriegsminister die Sicherheitsbestimmungen ändert. Manche Fragen der Inspektionsmitglieder würden womöglich unbeantwortet bleiben müssen, und ihre Nicht-Beantwortung dürfte nicht in Frage gestellt werden.

Für Groves war der Umgang mit neugierigen Kongreßabgeordneten und Senatoren eine Art irritierendes Zwischenspiel: vor der weit wichtigeren Aufgabe, ein Angriffsziel auszuwählen. Nach wie vor war er für Kioto, der uralten Zitadelle Japans.
Schon bald sollte ihn dieses störrische Festhalten an einer einmal getroffenen Entscheidung in Konflikt bringen mit jenem Mann, auf dessen Unterstützung er auf keinen Fall verzichten konnte: in Konflikt mit dem weißhaarigen und sehr beredten Juristen Henry Stimson.

9. März 1945
Guam

Am frühen Abend, während die Sonne gleichsam noch auf den silbernen Schwingen der Wolken schwebte, hob die erste B-29 ab. Sie war ein sogenannter Pfadfinder: ein Fackelträger für das keineswegs unriskante Spiel von LeMay.
Elf weitere Bomber folgten der ersten Maschine in die Luft. Gemeinsam sollten sie den nordöstlichen Teil von Tokio unter einen »genauen« Bombenhagel nehmen. Der Codename, den LeMay dem Unternehmen gegeben hatte, lautete: *Meetinghouse.* Ihm war eingefallen, daß in China ein *Meetinghouse* ein Ort war, wo man wichtige Entscheidungen traf.
Die Pfadfinder sollten ihre Markierungsbomben so abwerfen, daß sie eine ganz bestimmte Form bildeten, die Form eines riesigen X. Die »Arme« dieses X würden dann viele Quadratkilometer einer Riesenstadt kennzeichnen, die zu den dichtbesiedeltsten auf der ganzen Welt gehörte.
LeMay beobachtete, wie die Hauptmacht der Bomber startete. Schon in wenigen Stunden würde es sich zeigen: ob er mit seinem Plan Erfolg hatte — oder aber scheiterte und in Ungnade fiel.
Keiner der 325 Bomber, die in der Abenddämmerung aufstie-

gen, war bewaffnet. Ihre Bombenschächte trugen vorerst eine Gesamtlast von 2000 Tonnen Brandbomben.
Eine Weile vor dem Start hatte LeMay seinen Besatzungen eingeschärft:
»Ihr werdet den Japanern das größte Feuerwerk bescheren, das sie je erlebt haben!«
Nur wenige der Flieger hatten reagiert. Zweifellos erinnerten sich viele von ihnen an den ersten amerikanischen Luftangriff auf Tokio im Jahr 1942. Drei von Doolittles Fliegern waren mit ihren Maschinen zur Landung gezwungen worden, und man hatte die Männer wegen Mordes vor Gericht gestellt, für schuldig befunden und hingerichtet.
Ein weiterer Punkt, der den Besatzungen viel Grund zur Sorge gab, war dieser: Sie sollten, selbst unbewaffnet, aus ziemlich niedriger Höhe angreifen. Was die Informationen des Geheimdienstes betraf, so erschienen sie nicht gerade nervenberuhigend. Nach allem, was man wußte, hatten die Japaner rund um Tokio einen recht dichten Verteidigungsring aufgebaut. Soweit man wußte, bestand er aus 331 Geschützen von schwerem Kaliber, 307 sogenannten automatischen Waffen sowie aus 322 einmotorigen Jägern und 105 zweimotorigen (Abfang)Jägern.
Zuversichtlich hatte LeMay vorausgesagt, daß dieses Verteidigungspotential durch seine Überraschungstaktik überlistet würde.
Jetzt mußte er auf die Bestätigung warten: auf die Bestätigung durch General Tom Power, seinen Generalstabschef, der in einem Führungsbomber flog und Befehl hatte, Meldungen über den erfolgten Angriff zurück zum Stützpunkt zu funken.

Die Pfadfinder erreichten Tokio gegen Mitternacht. Die Stadt lag in Dunkelheit. Die Wettervoraussage erwies sich als korrekt. Der Himmel war klar. Ein kalter Wind (Geschwindigkeit gut über vierzig Stundenkilometer) hatte die meisten Menschen schon früh zu Bett gehen lassen.
Die Pfadfinder markierten das Zielgebiet mit Magnesium-, Napalm- und Phosphorbomben, und sie streuten ihre Kanister in geraden Linien hinweg über Holzhäuser und enge Straßen.
Um 0.30 Uhr traf die Hauptmacht der Bomber über *Meetinghouse* ein. Nirgendwo war ein Jäger, um sie abzufangen. Und

der Beschuß durch die Bodenabwehr war minimal. Genau wie LeMay vorausgesagt hatte, wurde Tokios Luftabwehr durch diesen Angriff in niedriger Höhe völlig überrumpelt.
Systematisch begannen die B-29er entlang jenen «auseinandergespreizten« Armen zu bombardieren, welche die Pfadfinder vorgezeichnet hatten. In das immer mehr und immer stärker sich entfesselnde Inferno.
Rund 5000 Meter oberhalb der Flammen umkreiste Powers Maschine das Ziel. Der Stabschef funkte einen Kommentar nach Guam zurück.
»Es breitet sich aus wie ein Präriefeuer ... die Brände dürften kaum unter Kontrolle zu halten sein ... nur sporadisches Flakfeuer ... nirgends Widerstand durch Jäger ...«
Immer weiter breiteten sich die Feuersbrünste aus, immer gewaltiger wurden sie. Ungeheure Wirbel überhitzter Luft stiegen in die Höhe empor. Die Bomberpiloten hatten das Gefühl (wie einer von ihnen versicherte), in »Dantes Inferno« zu fliegen. Turbulenzen, durch eben jenen Feuersturm dort unten verursacht, schleuderten die gewaltigen Bomber hundert Meter und mehr weiter hinauf, bevor sie gleichsam wieder hinabgesaugt wurden. Den Bomberinsassen wurde ganz buchstäblich übel bei diesem irrsinnigen Auf und Ab. Und dann gab es wieder einen Grund, sich zu übergeben: der süßlich-widerliche Geruch von Tausenden von brennenden Leibern.
Schließlich warf, genau wie vorgesehen, die letzte B-29 ihre Sieben-Tonnen-Last in den Glutofen ab und strebte dann davon, in südlicher Richtung.
Power funkte seinen Schlußbericht.
»Ziel völlig in Flammen. Feuer breitet sich weit über Meetinghouse aus. Ganz Tokio sichtbar im Feuerschein. Totaler Erfolg.«
Die Brände waren so etwas wie Leichenscheiterhaufen für insgesamt mehr als zweihunderttausend Tote. Und fast eine halbe Million war bei dem Angriff auf irgendeine Weise zu Schaden gekommen. Zweihundertundfünfzigtausend Gebäude waren zerstört worden bei einer Gesamtfläche von ungefähr 40000 Quadratkilometern.
Und von den 325 Bombern, welche diese Hölle verursachten, erwischte es nur wenige: insgesamt vierzehn bei einem fast drei Stunden langen Angriff.

LeMay war zufrieden. Sein »Spiel« war praktisch aufgegangen. Wieder hatte er seine Taktik präzise den örtlichen Gegebenheiten angepaßt. Sofort befahl er weitere Bombenangriffe aus niedriger Höhe gegen Nagoya, Osaka, Kobe und Okoyama.
Während der vergangenen beiden Monate hatten LeMays Anstrengungen wohl samt und sonders diesem Ziel gegolten: der Entwicklung der entsprechenden Taktiken. Für nichts sonst war Zeit gewesen — schon gar nicht für jenes immer wiederkehrende Gerücht, daß so eine Art »Superelitetruppe« auf die Marianen verlegt werden sollte.
Jetzt jedoch, im Augenblick seines Triumphes, begannen die Gerüchte für LeMay plötzlich Gestalt anzunehmen. Er erfuhr, daß ein Teil von North Field auf Tinian auf direkte Anweisung aus Washington mit Beschlag belegt worden war, um einer »speziellen Bombereinheit« einen Stützpunkt zu schaffen.
Und als eine Art Echo auf gewisse Bedenken, die bereits Groves gehabt hatte, empfand LeMay in etwa dies: Falls die von dieser speziellen Bombereinheit sich nicht sehr beeilten, so würde für sie zum Bombardieren außer Ruinen und Reisfeldern wohl noch kaum etwas übrigbleiben.

10. März 1945
Über Südkalifornien

Wie er es immer zu tun pflegte, erklärte Tom Ferebee, der Group Bombardier, am Ausgangspunkt des Zielanflugs nur ganz lakonisch, daß er direkt voraus und in einer Tiefe von nahezu 10000 Metern die kleine Wüstenstadt Calipatria in Südkalifornien ausmachen könne.
Jenseits der Stadt befand sich die Salton Sea und das Bombenübungsgelände der 509.
Lewis wußte, daß ihnen jetzt noch drei Minuten blieben, bevor der nagelneue Bomber den sogenannten Zielpunkt erreichte. Es handelte sich um die erste jener Ersatzmaschinen, die Parsons für notwendig befunden hatte. Erst in der vergangenen Nacht war dieses Flugzeug in Wendover eingetroffen, und es hatte sich eine eingehende Überprüfung gefallen lassen müssen: von Tibbets, von van Kirk und von Ferebee.
Dieser neue Bomber *war* anders. Obwohl, wie bei den frühe-

ren Modellen, ein Großteil der Panzerung sowie die meisten Geschütze fehlten, wirkte diese Ausführung der B-29 robuster. Tibbets bewunderte die neue Art des Propellerantriebs, Ferebee gefielen besonders die schnell funktionierenden Bombenklappen: Zwei Sekunden nach dem Bombenabwurf schlossen sie sich bereits wieder. Das bedeutete, daß die Maschine das Abdrehen in einem Winkel von 155 Grad noch schneller würde ausführen können. Was van Kirk betraf, so fand er, daß sein Navigatorsitz in *dieser* Kiste zweifellos bequemer war, und das wußte er zu schätzen.

Zunächst war ein ganzer Schwarm von Mechanikern und Technikern in dieser Maschine mitgeflogen. Auf Tibbets' Bitte nahmen sie eine Reihe geringfügiger »Anpassungen« vor. Einer der Spezialisten, so zeigte sich bald, war ganz und gar nicht zufrieden mit der Art, in der das Bombenvisier funktionierte. Er brachte dort ein Prüfgerät an und erhielt die Sondergenehmigung zur Teilnahme an diesem Flug zwecks Beobachtung und Überprüfung des Bombenzielgeräts.

Tibbets hatte Lewis den Auftrag gegeben, den neuen Bomber auf jener Route zur Salton Sea zu fliegen, die im Pilotenjargon als alltägliche »Milchmann-Route« bezeichnet wurde. Daß Ferebee sich diesmal an Bord befand, war zumindest teilweise dem Umstand zuzuschreiben, daß eine der kostbaren *fused units* abgeworfen werden sollte. Hierbei handelte es sich um Übungsbomben von der genauen Form der Atombombe. Überdies besaß dieses Modell die gleiche Art Zünder wie das »Original«.

Außer dem erwähnten Spezialisten gab es ein weiteres neues Gesicht an Bord. Das war 2. Lieutenant Morris R. Jeppson von der 1. Ordnance Squadron. Jeppson hatte sich in der geräumigen Kabine, die er mit dem Navigator und dem Funker teilte, eine Art Kontrollarmaturenbrett zurechtgebastelt. Mit Hilfe dieses Kontrollbretts wollte er die komplizierten elektronischen Vorgänge im Inneren der Bombe kontrollieren, bevor die Bombe abgeworfen wurde.

Jeppson war ein sehr stiller junger Mann: überaus reserviert, seiner Arbeit völlig hingegeben. Das Geschwätz rundum kümmerte ihn nicht, er nahm es überhaupt nicht wahr. Doch er wußte oder spürte, daß seine Anwesenheit die Flieger neugierig machte und daß sie darauf brannten, ihn über die 1. Ordnance »auszuholen«. Nicht ohne Bewunderung regi-

strierte er, daß sie sich zurückzuhalten verstanden. Diese Art Disziplin gefiel ihm.
Jeppson war ein Physiker mit abgeschlossenem Examen, der noch studiert hatte, während er sich bereits im Militärdienst befand: und zwar in Yale wie auch in Harvard sowie am Massachusetts Institute of Technology. Seine Begabung blieb nicht unentdeckt, und er wurde der 1. Ordnance zugeteilt. Lewis gefiel ihm sofort. Der Pilot war freundlich, erklärte ihm, wo er seine Geräte unterbringen könne — und was er während des Fluges zu erwarten habe.
Nun, bislang war der Flug ereignislos verlaufen. Das »Feedback« von seinen Geräten, die mit der Bombe verbunden waren, meldete ihm, daß sich eben diese Bombe bisher normal verhielt.
»Noch zwei Minuten bis zum AP.« Bis zum *Aiming Point* — dem Zielpunkt — also.
Lewis bestätigte den Empfang dieser Meldung, die von Ferebee kam. Und er bereitete sich darauf vor, die Bombenklappen im selben Augenblick zu schließen, wo der Bombenschütze meldete, daß das »Ungetüm« auf dem Weg nach unten sei.
Der Ingenieur hatte ein Duplikat jenes Bombenvisiers vor sich, über das Ferebee jetzt gebeugt war. Funktionierte das Zielinstrument des Bombenschützen nicht richtig, so konnte die Bombe dennoch abgeworfen werden: indem Ferebee dem Ingenieur Anweisung gab, einen Hebel zu betätigen. Sicherheitshalber synchronisierte der Ingenieur all seine Bewegungen mit jenen, die er bei Ferebee erkennen konnte, während dieser sein Gerät bediente.
»Noch einundeinehalbe Minute bis zum AP.«
Plötzlich schien die B-29 ein ganzes Stück höher zu hüpfen.
»Ver . . .dammt!«Ferebees halbunterdrücktem Fluch folgte sofort ein Ruf von Lewis.
»Sie haben die Bombe zu früh ausgeklinkt!«
Ferebee widersprach.
»Nicht ich. Das muß der Ingenieur getan haben.«
Über die Bordsprechanlage fragte Lewis brüllend den Ingenieur:
»Haben Sie an irgendwas rumgefummelt?«
»Ich dachte, wir befanden uns am Abwurfpunkt.«
In Lewis' laute Flüche klang Ferebees ruhige Feststellung.
»Die Bombe ist im Begriff, mitten in die Stadt zu fallen!«

Bewegungslos starrte er, wie das Ungetüm erdwärts stürzte. Zwar enthielt es nur eine geringe Menge Sprengstoff, doch mit seiner schieren Masse und all dem elektronischen Gerät wog das »Ding« um die 9000 Pfund — es konnte durchaus beträchtlichen Schaden anrichten.
»Bob, halten Sie die Maschine ruhig.«
Lewis flog genau in der ursprünglichen Richtung weiter.
Jeppson kalkulierte, daß die Bombe bis zum Aufschlag noch etwa eine Minute brauchen würde.
Dreißig Sekunden vergingen.
Dann sprach Ferebee.
»Sie wird die Stadt verfehlen.«
Einen guten halben Kilometer außerhalb von Calipatria schlug die Bombe ein.
Innerhalb weniger Stunden hatten die Agenten des Manhattan Projekts das Gebiet gesperrt und suchten nach der Bombe. Man fand sie. In einer Tiefe von drei Metern. Soweit hatte sie sich in den Boden gebohrt. Man grub sie aus, Bulldozer sorgten dafür, daß das Loch eingeebnet wurde. Niemand in Calipatria erfuhr, wie knapp die Stadt einem Treffer durch eine Übungsatombombe entgangen war.
Der Rückflug nach Wendover fand in angespannter Atmosphäre statt. Der »geknickte« Ingenieur setzte immer wieder zu Entschuldigungen an, auf die eisiges Schweigen die einzige Antwort war.
In Wendover verstaute man ihn ohne weitere Umschweife in einem Auto und fuhr ihn nach Salt Lake City. Dort wurde er von Projektagenten in einen Eisenbahnzug gesteckt, und man erklärte ihm unmißverständlich, daß man ihn nie wieder auch nur in die Nähe des Militärflugplatzes Wendover lassen werde.

11. März 1945
Oberkommando der Kaiserlichen Armee
Tokio

Beim Oberkommando in Tokio herrschte wilde Aufruhr, ein wahres Chaos. Nach dem Brandbombenluftangriff wurde das Armee-Oberkommando evakuiert und an einen geschützteren Ort verlegt: auf das von schattigen Bäumen bestandene

Gelände der Militärakademie auf den Ichigaya-Höhen im westzentralen Tokio.
Die Fahrt durch die Stadt erwies sich als ungewöhnlich schwierig, denn LeMays Bomber hatten eine allgemeine Panik hervorgerufen.
Die Zustände unmittelbar nach dem Luftangriff waren grauenvoll. In den brennenden Stadtteilen stand gleichsam die Luft selbst in Flammen. Die höchsten Temperaturen betrugen um 2000 Grad. Und der nackte Selbsterhaltungstrieb, der fast schon irre Versuch, diesem Inferno zu entkommen, verwandelte normale Bürger in Wilde.
Zu Tausenden sprangen sie in den Sumida-Fluß, und viele ertranken. Andere hinwiederum erstickten, weil ganz einfach keine Luft zum Atmen mehr da war. In der wilden Panik wurden Polizisten und Feuerwehrleute niedergetrampelt.
Den Meldungen zufolge, die Generalmajor Seizo Arisue dann am Morgen erhielt, war die Lage immer noch überaus ernst. In den Straßen des nordöstlichen Tokio lagen Berge von Leichen aufgehäuft.
Selbst hier in seinen alten Diensträumen im Armee-Oberkommando spürte Arisue deutlich jenen unverwechselbaren Geruch, der von tief unten Übelkeit aufsteigen ließ: den Geruch von verbranntem menschlichen Fleisch.
Er war zu einem Entschluß gekommen. Mit der Verlegung seiner Nachrichtenabteilung auf die Ichigaya-Höhen würde er warten, bis sich die Panik in der Stadt gelegt hatte.
Durch den Luftangriff war die Zivilbevölkerung demoralisiert worden. In den letzten Stunden hatten Tausende Tokio verlassen, ohne irgendwelche Habe, nur ein paar Fetzen auf dem Leib. Hinter ihnen blieben verkohlte und halbverkohlte Leichen zurück, Familienangehörige, Freunde.
Arisue begriff, daß dieser Exodus ein sehr ernstes Problem aufwarf. Die Flüchtlinge konnten Panik verbreiten, zumindest jedoch Verwirrung stiften. Die verheerende Wirkung auf die sogenannte Moral — also den Durchhaltewillen — der Zivilbevölkerung außerhalb Tokios war dann fast unausbleiblich. Nun, zum Glück hatten sich mit diesem Problem andere zu befassen. Sein unmittelbares Interesse galt einer ganz anderen Sache: Wie würde wohl der Nachrichtendienst der Kriegsmarine auf den Luftangriff reagieren?
Im vergangenen Vierteljahr hatte Arisue die ihm verfügbaren

Möglichkeiten genutzt, um sich unauffällig auf dem laufenden zu halten über die Versuche der Kriegsmarine, mit Allen Dulles, dem Chef der amerikanischen OSS in Europa, Verbindung aufzunehmen. Gleichzeitig hatte Arisue seinerseits versucht, mit Dulles einen geheimen Kontakt herzustellen. Es zeigte sich jedoch, daß es weitaus schwieriger war, den »Meister der amerikanischen Spione« zu erreichen, als Arisue erwartet hatte. Der Chef des japanischen Armee-Nachrichtendienstes suchte seinen Trost darin, daß es den Kollegen bei der Marine in diesem Punkt offensichtlich auch nicht besser ergangen war.

Und jetzt hatten sie die vorgestreckten Fühler augenscheinlich ganz zurückgezogen.

Arisue brauchte nicht lange, um den Grund dafür zu entdekken. LeMays Bomber hatten den Widerstandswillen des Admirals keineswegs geschwächt, ganz im Gegenteil: Sie hatten ihn gestärkt.

Admiral Toyoda, Stabschef der Kriegsmarine, gab folgende Erklärung ab: Angesichts solchen Terrors gebe es für Japan nur eine Möglichkeit, mit Würde zu überleben — indem es den Kampf fortsetzte, zu Gegenangriffen entschlossen und — Amerika gegenüber — keinen Zweifel daran ließ, daß die japanische Nation niemals kapitulieren werde. Überdies, so gab er zu verstehen, würden bei der Kriegsmarine Überlegungen angestellt, auf welche Weise man den Krieg am besten zu den amerikanischen Küsten tragen könne.

Beim Oberkommando des Heeres sprach man über solche Dinge noch heftiger, noch hitziger. Stabsoffiziere, die nach Rache dürsteten, legten einen Plan vor, demzufolge die Marianen mit *shimpu*-Attacken geradezu eingedeckt werden sollten. Doch gab es ein Problem, das sich als unüberwindlich erwies: die Kamikazes bis in die richtige Angriffsdistanz zu bekommen.

Sorgfältig erwog Arisue das Für und das Wider, und angesichts der augenblicklichen erbitterten Stimmung — des Kampfwillens, ja, der Kampfeswut — entschied er, daß dies nicht die Zeit sei für Friedensgespräche mit dem Feind. Und er beschloß, seine Bemühungen, mit Dulles in Verbindung zu treten, vorerst auf Eis zu legen.

12. März 1945
Hiroshima

Offiziell war über die Zerstörungen in Tokio keine Meldung nach Hiroshima gelangt. Bislang hatte sich die Zensurstelle geweigert, für Presse und Rundfunk Berichte freizugeben, in denen davon die Rede war.
Dennoch gelangten die Neuigkeiten nach Hiroshima, inoffiziell, und zwar mit einem der wenigen Züge, die Zivilisten noch benutzen konnten. Das Eisenbahnnetz hatte jetzt fast ausschließlich der Armee zu dienen, zum Transport von Truppen und Material.
Spätestens eine Stunde, nachdem die Flüchtlinge aus Tokio in Hiroshima eingetroffen waren, wußte Bürgermeister Senkichi Awaya, was sich in der Hauptstadt ereignet hatte.
Er zögerte nicht, seine dienstliche Position für private Zwecke auszunutzen. Nach mehreren Stunden besorgten Wartens gelang es ihm schließlich, seine Frau telefonisch zu erreichen. Ihr und den Kindern war nichts geschehen.
Er sagte ihr, sie solle so schnell wie möglich mit den Kindern zu ihm nach Hiroshima kommen.
Sachiyo Awaya zögerte. Sie hatten den Luftangriff ja alle überlebt. Die Flüchtlinge übertrieben vermutlich. Und im übrigen war in Tokio ja von seiten des Militärs versichert worden, die Bomber würden wohl kaum wiederkehren. Sollten sie jedoch abermals kommen, so werde man ihnen einen heißen Empfang bereiten.
Awaya wußte, daß die Verbindung jederzeit unterbrochen werden konnte. Die Leute in der Vermittlung hatten in diesen Tagen das Recht, jedes Telefongespräch von nicht-militärischem Charakter zu stoppen.
Als er jetzt sprach, klang seine Stimme sehr drängend. »Der Feind wird zurückkehren. Das liegt in der Natur des Krieges. Du und die Kinder, ihr müßt herkommen.«
Aber es konnte keinen Zweifel geben: Seiner Frau widerstrebte der Gedanke nach wie vor. Und so griff der Bürgermeister jetzt zu einem Argument, von dem er wußte, daß seine Frau es kaum würde zurückweisen können.
»Es ist möglich, daß wir bei den kommenden Kämpfen alle werden sterben müssen. Sollte das geschehen, so möchte ich, daß wir zusammen sterben, als eine Familie.«

Seine Frau versprach, zunächst den ältesten Sohn zu ihm zu bringen. Der Vierzehnjährige konnte seinen Schulbesuch ja auch in Hiroshima fortsetzen.

22. März 1945
USAAF Basis
Wendover

Ebenso ungläubig wie zornig starrte Tibbets einen jener Offiziere an, die er für besonders vertrauenswürdig hielt — in diesem Fall: gehalten hatte. Es handelte sich um einen Colonel (einen Lieutenant-Colonel, genau gesagt), der, klein von Wuchs, ziemlich schlank und drahtig wirkte.
Neben Tibbets saß Uanna, und er fuhr fort, den Offizier zu befragen.
»Sie geben zu, daß Sie mit einer B-29 nach Hause geflogen sind — zwar im Besitz eines Wochenendurlaubsscheins, aber natürlich ohne jegliche Befugnis, den Bomber zu fliegen.«
Der Offizier blieb bei seiner trotzigen Haltung.
»Ich bin befugt, mir ein Flugzeug zu nehmen.«
»Im gesamten Air Corps ist niemand befugt, mit unserem geheimsten Bomber Vergnügungsflüge zu unternehmen.«
Tibbets führte das Verhör fort.
»Sie flogen den Bomber und ließen ihn dann geschlagene zwei Tage unbewacht auf einem Zivilflugplatz stehen?«
»Ja. Aber das Flugzeug war abgeschlossen.«
»Und dann zeigten Sie Ihrem Vater bei einer Art Besichtigungstour jeden Winkel eines Bombers, dem sich selbst in der Basis hier nur wenige Soldaten überhaupt *nähern* dürfen.«
»Mein Vater interessiert sich fürs Fliegen. Ich fand, es sei nichts dabei, ihm die Maschine zu zeigen.«
Tibbets explodierte.
»Hören sie auf damit, was Ihren Vater interessiert! Mir scheint, daß Sie noch nie haben denken können!«
»Colonel, ich bin bereit, mich zu entschuldigen . . .«
»Entschuldigen! Und Sie meinen, damit hat sich's!? Sie haben gegen sämtliche Sicherheitsvorschriften verstoßen. Und Sie wollen ein Offizier sein! Aber ich werde ein Exempel an Ihnen statuieren!«

Der Offizier wartete beklommen.
»Ich gebe Ihnen genau sechzig Minuten zum Packen.« Tibbets hatte seine Entscheidung getroffen, und er zögerte keinen Augenblick, das Urteil zu verkünden. »Ein Flugzeug wird für Sie bereitstehen. Ihr Bestimmungsort ist Alaska. Und dort können Sie sich bis Kriegsende mit den Pinguinen unterhalten.«
»Colonel . . .«
»Noch ein Wort, und ich bringe Sie vors Kriegsgericht. Raus jetzt!«
Der in Ungnade gefallene Offizier verschwand.

Dies war nun schon der dritte Fall in einer Woche, wo gegen die Sicherheitsbestimmungen verstoßen worden war. Erst wenige Tage zuvor hatten zwei Lieutenants, die auf der Entfernungsmeßstation beim Bombenübungsgebiet bei der Salton Sea Dienst taten, ihren Posten kurzerhand verlassen (was unter anderem auch hieß, daß die höchstgeheimen ballistischen Meßgeräte unbewacht blieben) und waren über die Grenze nach Mexiko gefahren, »um ein bißchen Spaß zu haben«. Auch sie hatte Tibbets prompt in Richtung Alaska in Marsch gesetzt.
Insgeheim allerdings empfand der Colonel für alle drei Offiziere ein gewisses Mitgefühl. Sie waren mit den starken Belastungen — dem Streß — einfach nicht fertig geworden. Man mochte sie durchaus Opfer der Umstände nennen. Doch Verständnis oder gar Anteilnahme durfte Tibbets auf gar keinen Fall zeigen. Die Folge wäre möglicherweise so etwas wie ein »Dammbruch« in der Disziplin der Einheit gewesen, und die Flut hätte alles hinwegfegen können, was Tibbets und Uanna so mühsam als eine Art Sicherheitsgerüst errichtet hatten.
Und so reagierte der Colonel mit Härte. Er befahl Uanna, jedes womöglich noch existierende Sicherheits-»Schlupfloch« zuzustopfen. Tibbets wußte, daß ihn seine Maßnahmen nicht gerade beliebt machen würden. Doch er war ja, so hatte er einmal zu van Kirk gesagt, »nicht darauf aus, so einen verdammten Schönheitswettbewerb zu gewinnen«.
Die Verbannung der drei Offiziere in die eisige Einöde von Alaska würde gewiß als abschreckendes Beispiel dienen. Doch die Spannungen minderten sich dadurch keineswegs,

soviel war auch Tibbets klar. Seit rund einem halben Jahr trieb er seine Leute in gnadenlosem Tempo an.
Dabei war bis vor wenigen Tagen nicht einmal der Colonel selbst vertraut gewesen mit dem »Objekt dieser ganzen Sklaventreiberei«, dem höchstgeheimen Nuklearmechanismus im Inneren der Bombe. Dann war Parsons nach Wendover gekommen und hatte eine Reihe schematischer Zeichnungen mitgebracht, um mit Tibbets über eine neue Serie von Zündertests zu sprechen. Über einiges war der Colonel bereits im Bilde: Die Bombe würde etwa drei Meter lang sein bei einem Durchmesser von achtzig Zentimetern; ihr Gewicht sollte über 4000 Kilo betragen.
Was er jetzt von Parsons erfuhr, ließ ihn »staunen, weil das Ding so zuckersüß einfach war«.
Der Uraniumkern der Bombe sollte nicht mehr als etwa zehn Kilo wiegen. Dieser »Kern« bestand aus zwei ungleichen Teilen, die ziemlich weit voneinander entfernt waren — nahezu zwei Meter. Sie befanden sich, im Inneren der Bombe natürlich, innerhalb jenes oft zitierten »Kanonenrohres«. Zwischen den beiden Teilen gab es einen »Tamper«, eine Art Sperre aus einer bestimmten Legierung, welche die beiden Uraniumklötze daran hinderte, sich vorzeitig miteinander zu vereinen, denn das Erreichen der »Crit«, der kritischen Menge Spaltstoff, hätte ja unweigerlich eine Atomexplosion ausgelöst.
Das kleinere Stück U-235 würde weniger als fünf Pfund wiegen. Dies war die atomare »Kugel«, die bei Auslösung des Annäherungszünders durch das »Kanonenrohr« auf das »Ziel« abgefeuert würde: also auf das größere Stück U-235 in der Mündung des Rohrs, keine zwei Meter entfernt. Dieser »Ziel«-Klotz würde etwa sechzehn Pfund wiegen.
Wurde sie abgefeuert, so riß sich die Uran-»Kugel« unwiderstehlich von ihrer Haltevorrichtung los, durchschlug den »Tamper« und prallte gegen das »Ziel« — hierdurch die Atomexplosion bewirkend.
Soweit, so gut, wie immer man es auch nahm. Doch nachdem Parsons dem Colonel diese Erklärung geliefert hatte, versetzte er ihm einen kräftigen Schock: Nach wie vor seien sich die Wissenschaftler in Los Alamos nicht ganz einig, ob die Uranbombe auch wirklich funktionieren werde. Tibbets erinnerte sich später, wie »Parsons einfach so dasaß und sagte, man

könne nicht sicher sein, daß das Ding auch wirklich explodieren werde. Das müsse sich erst im Ernstfall erweisen. Allerdings war er davon überzeugt, daß die Gefahr eines Versagens nicht sehr groß sei. Doch sie bestand.«

Weiter war aus Parsons nichts herauszubekommen. Nachdem er sich mit einem neuen Übungsplan für die 393. einverstanden erklärt hatte, kehrte er nach Los Alamos zurück.

Seither grübelte Tibbets über das nach, was von Parsons zu erfahren gewesen war. Gar kein Zweifel, daß ihn dies nervös machte — dies und die Verletzung der Sicherheitsbestimmungen durch die drei Offiziere. Am Abend sah er sich dann einem weiteren Sicherheitsproblem konfrontiert. Nach dem Essen rief man ihn, um einen Mann zu verhören, der sich in Wendover im State Line Hotel ein Zimmer genommen hatte. Den Sicherheitsbeamten war aufgefallen, daß der Mann einen falschen Namen benutzte.

Eine halbe Stunde lang verstand es der Mann, Tibbets' Fragen auszuweichen. Plötzlich sagte einer der Agenten:

»Wir werden Sie als Spion einbuchten. Und in diesem Land kommen Spione auf den elektrischen Stuhl.«

Jetzt begann der Mann zu sprechen. Er gab zu, einen falschen Namen zu gebrauchen — in der Absicht, in der Basis Schwindelabonnements für irgendwelche Magazine zu verkaufen. Man brachte ihn nach Salt Lake City und riet ihm, sich nie wieder in Utah blicken zu lassen.

Die Episode trug noch dazu bei, Tibbets' Sorgen zu vertiefen. In der Basis war es jetzt ein offenes Geheimnis, daß die Group über Japan »eine große Bombe« abwerfen sollte. Tibbets glaubte, es sei nur eine Frage der Zeit, bis es ein ernsthaftes »Sicherheitsleck« gab. Uanna gegenüber sprach er seine Befürchtungen aus, kam dann zu einem Entschluß.

»Ich glaube, der Augenblick zu drastischer Aktion ist gekommen!«

Nur er selbst wußte, was er meinte — und was ihn, genauso wie jene, die er dorthin verfrachtet hatte, in Richtung Alaska in Marsch setzen mochte.

1. April 1945
Hiroshima

Obwohl es inzwischen zwei Wochen zurücklag, war der Schock jenes Augenblicks für Kazumasa Maruyama immer noch so frisch, als sei es gerade erst geschehen: An einem ähnlich milden Morgen wie diesem hatte Hiroshima seinen ersten Luftangriff zu überstehen.

Am 19. März war es gewesen, zwischen 7.30 Und 8 Uhr früh. Vier Jagdbomber flogen über die Stadt (sie kamen, was Maruyama nicht wissen konnte, von einem Flugzeugträger). Nur zwei Bomben wurden abgeworfen. Die eine fiel in den Fluß und richtete weiter keinen Schaden an, die andere tötete zwei Menschen und vernichtete ihre Wohnungen.

Bevor das Flakfeuer gegen sie Wirkung erzielen konnte, waren die Jagdbomber wieder verschwunden. Bei Maruyama hinterließ der Vorfall einen Schock, und in der Stadt löste er viel Aufregung und eine Menge Spekulationen aus. Zwei Parteien bildeten sich. Die einen waren der Ansicht, Roosevelt sei gewillt, Hiroshima zu verschonen, die anderen widersprachen sehr heftig. Schließlich wiesen die Anhänger der ersten Partei triumphierend darauf hin, daß die Bomber keinen zweiten Angriff auf die Stadt geflogen hatten. Überhaupt seien die beiden Bomben irrtümlich abgeworfen worden, und deshalb hätten die Flugzeuge auch sofort abgedreht. Um ihrer Argumentation noch mehr Nachdruck zu verleihen, hatten diese Parteigänger auf eine allerdings unleugbare Tatsache hingewiesen: In den vergangenen beiden Wochen hatte es zwar verschiedentlich Fliegeralarm gegeben, doch niemals war ein Bomber auch nur in die Nähe der Stadt gekommen.

Die Fliegeralarme: sie verhinderten oder verzögerten zumindest, was Maruyama sonst allwöchentlich zu tun pflegte — aufs Land hinausfahren, um Nahrungsmittel einzuhandeln für seine Frau sowie für jenen Mann, den er kaum weniger liebte, Senkichi Awaya, den Bürgermeister von Hiroshima, seinen Chef.

Für gewöhnlich wurden solche »Hamstertouren« zwar nicht von Männern gemacht, doch der Hauptassistent des Bürgermeisters war gern dazu bereit, konnte er auf diese Weise doch zeigen, welch große Achtung und Wertschätzung er für Awaya empfand.

Am Morgen dieses 1. April war Maruyama in der Frühe um fünf aufgestanden. Als er das Schlafzimmer verließ, schlief seine Frau noch. Das ganze Appartement ähnelte einem Puppenhaus mit seinen lackierten Möbeln, seinen Lampen, seinen Familienporträts. Den einzigen Fremdkörper in der so überaus traditionellen Einrichtung bildete das Radio in der Küche. Doch das Radio war sehr wichtig. Über Rundfunk wurde Fliegeralarm bekanntgegeben. Und während die Zeitungen einer rigorosen Kontrolle unterlagen, konnte es geschehen, daß ein sehr aufmerksamer Zuhörer im Radio etwas erlauschte: ein kaum merkliches Zögern, eine ungewöhnliche Inflektion beim Sprechen — etwas, das die offizielle Meldung weiterer Siege Lügen strafte. Der Rundfunk war es auch gewesen, welcher mit ersten Andeutungen von »strategischen Rückzügen« die Hörer auf den Verlust von Iwo Jima vorbereitete.

An diesem Morgen klang die Stimme des Nachrichtensprechers so zuversichtlich wie nur je. Einheiten der Sonderangriffs-Streitmacht, der Kamikaze, hatten gestern vor den Küsten von Okinawa einen weiteren vernichtenden Schlag gegen den Feind geführt. Zu ihren Zielen hatte auch der Stolz der feindlichen Flotte, das Kriegsschiff *Indianapolis,* gehört. Der Name des Schiffes sagte Maruyama weiter nichts — er konnte nicht wissen, wie eng er einmal mit seiner Stadt verknüpft sein würde. Doch hinter den lauten Worten, so schien es Maruyama, war deutlich die Absicht zu spüren, die Hörer möglichst unauffällig auf einen weiteren schweren Schock vorzubereiten: darauf, daß der Feind die Küsten von Okinawa erreicht hatte, jene Insel bzw. Inselgruppe also, die das letzte Bollwerk vor dem japanischen Festland bildete. Der Nachrichtensprecher versicherte den Hörern, falls es die Vereinigten Staaten wagen sollten, auf Okinawa Fuß fassen zu wollen, so würden die amerikanischen Einheiten aufgerieben werden. Für den ebenso aufmerksamen wie erfahrenen Maruyama war die unausgesprochene Botschaft klar: Okinawa stand unmittelbar vor einer Invasion durch die Amerikaner.

Und falls Okinawa fiel, dann würde der Feind, daran gab es für Maruyama keinen Zweifel, auch eine Invasion des japanischen Festlandes ins Auge fassen.

Doch eine solche Vorstellung war ganz einfach zu grauenvoll, als daß man sie ertragen konnte. Presse und Rundfunk nannten die amerikanischen Soldaten »blutrünstige Teufel«. Vielleicht war es von ihm, Maruyama, doch falsch gewesen, den Vorschlag des Bürgermeisters zu unterstützen und seine Familie nach Hiroshima zu holen. Womöglich, so überlegte er, wären sie in der Nähe von Tokio besser aufgehoben: Dort befand sich die größte Ansammlung von Verteidigungstruppen.

Aber Maruyama wußte auch, daß es für ihn so gut wie unerträglich gewesen wäre, von seiner Frau getrennt zu sein. Während er noch verstört über die neuesten Rundfunkmeldungen nachgrübelte, verließ er das Haus. Zu Fuß strebte er von der Stadt fort. Bis zu jenem Bauernhaus, wo er Lebensmittel einzutauschen hoffte (gegen das Bündel alter Kleider, das seine Frau vorbereitet hatte), war es etwa eine Stunde Weg.

Für Geld konnte man auf dem Lande nur noch schwer etwas bekommen. Wer etwas Obst und Gemüse haben wollte, mußte den Leuten dort etwas bieten, das sie gebrauchen konnten.

Im übrigen sollten die offiziellen Rationen jetzt noch knapper werden, drei Schalen Reis für zwanzig Tage im Monat, für die restlichen Tage — nichts. Der Reis war von so schlechter Qualität, daß Maruyama ihn vor dem Krieg gewiß nie angerührt hätte. Um ihm »Substanz« zu geben, wurde er mit Sojabohnen vermischt. Und Maruyama aß ihn ohne das leiseste Murren.

Immer knapper wurde auch Fisch, ein weiteres Hauptnahrungsmittel der Japaner. Systematisch vernichteten amerikanische Bomber die Fangflotte.

Doch während Maruyama durch die üppige grüne Landschaft schritt, erinnerte ihn, bis auf das bohrende Hungergefühl in seinem Bauch, nichts, aber auch gar nichts an den Krieg. Warm schien die Sonne auf seinen Rücken, unverändert seit vielen hundert Jahren wirkte alles ringsumher. Er kam an Reisfeldern vorüber, und unwillkürlich fragte er sich, wieviel von der diesjährigen Ernte wohl auf dem Schwarzen Markt landen würde.

Plötzlich stieg Schuldbewußtsein in ihm auf. Was er vorhatte, war ja nichts anderes als illegaler Tauschhandel. Ob es sich dabei nun um Lebensmittel oder um sonst etwas drehte — es galt als Verbrechen. Was würde wohl geschehen, wenn er von einer der gefürchteten Kempei-Tai-Streifen erwischt wurde?

Die Kempei Tai war das, was in Nazi-Deutschland die Gestapo war. Von der Gestapo wußte Maruyama zwar weiter nichts, doch um so mehr Gelegenheit hatte er gehabt, sich über die Brutalität der Kempei Tai in Hiroshima ein Bild zu machen. Im Büro des Bürgermeisters waren zahllose Beschwerden über sie eingegangen. Doch der Führungsstab der Kempei Tai (im Bereich der Hiroshima-Festung) ignorierte selbst Awayas nachdrückliche Proteste.

Maruyama war fest davon überzeugt: Sollte er von Leuten der Kempei Tai beim »Hamstern« erwischt werden, so würde man besonders rauh mit ihm umspringen, sobald man erfuhr, was für einen Posten er bekleidete.

Er erreichte das Bauernhaus und wurde herzlich begrüßt. Unter allen, die kamen, um Lebensmittel einzutauschen, war er der wichtigste Kunde. Bald saß er im Schneidersitz, die Füße nur mit Strümpfen bekleidet, im Wohnzimmer und schlürfte Tee. Sonst war es immer der Bauer, der ihn über das Leben in der Stadt befragte. An diesem Morgen jedoch hatte der Mann eine ganz besondere Neuigkeit, und er gedachte, sie möglichst wirkungsvoll »an den Gast« zu bringen.

Die Gelegenheit kam, als Maruyama den Luftangriff erwähnte, der viele Menschen in Hiroshima in Unruhe versetzt hatte.

»Die Stadt wird nicht wieder bombardiert werden.«

Maruyama lächelte traurig. Diese Überzeugung des Bauern hatte ihren Ursprung wohl in jenem leidigen alten Gerücht: daß Roosevelt Hiroshima verschonen wolle.

Aber er durfte den Bauern keinesfalls kränken. Dieser war recht empfindlich, und wenn er nur wollte, konnte er sich ja weigern, Maruyama irgend etwas von seinen Erzeugnissen abzugeben.

Er hoffe, erklärte Maruyama, daß sein Gastgeber recht behalte und die Stadt verschont werde.

»Das wird sie auch. Sehen Sie, wenn der Krieg aus ist, werden die Amerikaner hier ihre Villen bauen. Es ist eine so wunderschöne Stadt.«

Maruyama hatte es gelernt, nicht einmal den wildesten Gerüchten zu widersprechen. Das kostete nur unnötig Zeit. Und so beschränkte er sich darauf, seine Bewunderung zu äußern: darüber, daß der Bauer in den Besitz einer derart interessanten Neuigkeit gelangt sei.

»Ich kann Ihnen nicht verraten, woher ich sie habe. Doch soviel darf ich Ihnen immerhin sagen, Herr Sekretär — ein Kunde, der eine fast ebenso wichtige Persönlichkeit ist wie Sie, hat es mir erzählt.«
Maruyama nickte ernst und erhob sich dann. Es wurde Zeit, daß sie zur Sache kamen. Er öffnete das mitgebrachte Bündel alter Kleider. Maruyamas Frau hatte alles so geschickt gepackt, daß er die attraktivsten Stücke sofort zur Hand hatte. Eines nach dem anderen hielt er sie hoch, drehte sie langsam hin und her, so daß der Bauer sie eingehend betrachten konnte. War die Prüfung abgeschlossen, so holte der Mann aus verschiedenen Beuteln jeweils den Gegenwert in Form von Lebensmitteln hervor. In aller Muße ging der Handel vonstatten.
Insgesamt, so schätzte Maruyama zum Schluß, hatte er genügend Lebensmittel eingetauscht, um für den Bürgermeister, für seine Frau und für sich selbst für drei Tage zu essen zu haben. Vielleicht sogar für fünf, wenn seine Frau ganz besonders vorsichtig wirtschaftete.
Mit tiefen Verbeugungen trennte man sich voneinander. Sorgfältig nahm Maruyama die eingetauschten Lebensmittel an sich, verbeugte sich noch ein letztes Mal und brach dann in Richtung Hiroshima auf.
Er mochte etwa einen Kilometer zurückgelegt haben, als aus einer Hütte ein Kleinbauer hervorgestürzt kam und ihm zurief, im Rundfunk sei gerade ein weiterer Fliegeralarm durchgegeben worden.
Maruyama konnte der Versuchung einfach nicht widerstehen: Jetzt spielte er den Gerüchtekoch.
»Machen Sie sich keine Sorgen. Hiroshima wird nicht wieder bombardiert werden. Haben Sie denn noch nicht gehört? Die Amerikaner wollen hier ihre Villen bauen! Vielleicht kommt sogar Roosevelt her!«
Mit raschen Schritten setzte er seinen Rückweg fort.

12. April 1945
Warm Springs, Georgia
Früher Nachmittag

Nicht einmal hier in Georgia konnte Roosevelt die Sorgen des Krieges loswerden. Um die Mittagszeit war in seinem Arbeitszimmer ein Kurier mit einer ledernen Verschlußtasche erschienen. Die Post aus Washington war da, und sie beeinträchtigte jene Ruhe, welche die Ärzte dem Präsidenten so dringend angeraten hatten.

Roosevelt begann seine Unterschrift zu kritzeln. Da war ein Stapel Ernennungsurkunden, Routinekorrespondenz, überdies sollte eine Reihe führender alliierter Staatsmänner den Verdienstorden erhalten. Der Präsident benutzte einen Füllfederhalter. Kugelschreiber hielt er für eine vorübergehende Mode. Ihre Verwendung im Weißen Haus hatte er verboten.

Er arbeitete langsam, jedes Papier las er sich sorgfältig durch. Es war eine sorgenvolle Woche gewesen, und das Hauptproblem — die russische Doppelzüngigkeit — belastete ihn nach wie vor. Am Vormittag hatte er Churchill gekabelt, es gelte, gegenüber den neuen sowjetischen Forderungen Festigkeit zu zeigen.

In Jalta hatten Roosevelt und Churchill Konzessionen gemacht: als Gegenleistung für Stalins Versprechen, Japan den Krieg zu erklären »zwei oder drei Monate nach dem Sieg über Deutschland«. Jetzt verlangte der Generalissimus noch weitere Zugeständnisse.

Am Konferenztisch in Jalta war Stalin von einer ebenso unsichtbaren wie undurchdringlichen Barriere umgeben gewesen: jener seiner slawischen Sprache. In einem überaus seltenen Augenblick gelöster Stimmung hatte er das Ausmaß seiner englischen Sprachkenntnisse demonstriert, indem er, mit seiner tiefen Baßstimme, doch ganz in der Art eines Kindes, gleichsam herbetete, was sein gesamtes englisches Vokabular auszumachen schien: »So what«; »You said it«; »What the hell goes on here?« und »The toilet is over there!«

Am Konferenztisch hatte Stalin viel erreicht.

Zu dem, was er an Aktivposten verbuchen konnte, gehörten unter anderem: bestimmte garantierte Vorrechte in der Mandschurei, eine Besatzungszone in Korea, das Vetorecht für die Großmächte im Rahmen der Vereinten Nationen, die Verschiebung der polnischen Grenzen, Autonomie für die Äußere Mongolei und die Zusage, daß nach dem Krieg die Kurilen (Inselkette zwischen Hokkaido und Kamtschatka) der Sowjetunion übergeben werden sollte.

Als Gegenleistung hatte er den Angriff auf Japan versprochen und sich überdies bereiterklärt, einen Vertrag mit Tschiang Kai-schek zu unterzeichnen — am Ende nicht Mao Tse-tung als »Herrscher von ganz China« anerkennend, sondern eben Tschiang.

Jetzt hatte es den Anschein, daß die Sowjets nicht zu ihrem Wort stehen würden, Japan anzugreifen, sofern man ihnen nicht weitere Zugeständnisse machte.

Doch was immer der Präsident auch über Stalins Haltung denken mochte: Gegenüber seinem Mitarbeiterstab, der ihn nach Warm Springs begleitet hatte, zeigte sich Roosevelt ausgesprochen optimistisch.

Dazu hatte er in so mancher Hinsicht auch einigen Grund. Die Alliierten befanden sich auf der Siegerstraße. Auf Okinawa waren inzwischen 183000 Soldaten gelandet. Als nächstes würde das japanische Festland an die Reihe kommen.

Allerdings: die Verluste waren bereits hoch. Wie stets, so hatte der Präsident auch an diesem Morgen die jüngsten Ziffern erhalten — in der vergangenen Woche waren bei Kampfhandlungen 6481 Amerikaner gefallen, und die Gesamtverluste an Menschenleben im Kampf gegen die Achsenmächte betrugen für die Vereinigten Staaten jetzt 196669.

Während Roosevelt noch diese bedrückenden Zahlen studierte, traf Madame Elizabeth Shoumatoff, die Porträtmalerin, ein.

Ihren Wünschen entsprechend, trug er einen Harvard-Schlips und eine Weste, obschon er beides nicht ausstehen konnte. Er ließ sich von ihr einen Umhang um die Schultern legen. Der dunkle Stoff bildete einen starken Kontrast zu Roosevelts eigentümlich hell, fast schon durchsichtig wirkenden Zügen. Irgendwie hatte seine Haut etwas Pergamentartiges bekommen, und an diesem Tag schien sein Gesicht intensiv zu leuchten, tief von innen.

Während er sich wieder mit seinen Papieren zu beschäftigen begann, ging die Porträtistin an ihre Arbeit.

Roosevelt hatte geglaubt, die Probleme, die mit dem Manhattan Projekt zusammenhingen, in Washington gelassen zu ha-

ben. Doch hier fanden sie sich unversehens wieder — in einem Memo seines Stabschefs Admiral Leahy, in dem dieser die Behauptung wiederholte, die Atombombe werde nicht funktionieren.
Auf Roosevelts Schreibtisch im Weißen Haus lag noch ein Memo von Dr. Leo Szilard: Jener Wissenschaftler, der seinerzeit Einstein gedrängt hatte, dem amerikanischen Präsidenten die militärische Verwendung der Kernenergie vorzuschlagen, äußerte gegen das Projekt jetzt die allergrößten Bedenken. Ein weiteres Memo, jenes von Byrnes, enthielt den Vorschlag, eine umfassende unabhängige Überprüfung vornehmen zu lassen. Groves seinerseits wies dergleichen entschieden zurück, aus Sicherheitserwägungen, und sein Alternativvorschlag bestand darin, einer Gruppe von Nicht-Experten einige nicht-geheime Dinge zu zeigen.
Madame Shoumatoff unterbrach ihn in seinen Grübeleien.
»Herr Präsident, nur noch eine Viertelstunde, dann sind wir für heute fertig.«
Roosevelt lächelte und steckte eine frische Zigarette in seine Zigarettenspitze.
Plötzlich hob er die linke Hand an die Stirn, drückte hart dagegen. Dann fiel die Hand auf seinen Schoß zurück, und die Finger begannen zu zucken. Er ließ die Zigarette fallen und hob die rechte Hand, um sich den Nacken zu massieren. Er schloß die Augen, stöhnte leise. Dann kippte sein Kopf nach vorn, und schlaff wie eine Marionette glitt Roosevelt von seinem Sitz.
Wenige Augenblicke später war der Arzt des Präsidenten zur Stelle.
Roosevelt atmete mühsam; sein Nacken war steif; das linke Auge wirkte geweitet. Für den Arzt waren das Symptome, die nur einen Schluß zuließen: subarachnoidale Blutung, vermutlich stark.
Der Arzt ergriff eine Notmaßnahme. Er injizierte dem Präsidenten eine bestimmte Dosis Paverin sowie Amylnitrit. Wichtig war, daß die Blutung möglichst nicht in weitere Bereiche des Gehirns drang.
Das einzige Geräusch im Raum war das keuchende, gequälte Atmen des Präsidenten, der um sein Leben rang.
Gemeinsam mit dem Kammerdiener gelang es dem Arzt, Roosevelt zu einer nahen Liege zu tragen, darauf zu betten. Das

Gesicht des Präsidenten war mit kaltem Schweiß bedeckt, einer auf der aschgrauen Haut glänzenden Schicht.
Bald trafen weitere Ärzte ein. Doch es gab nichts, was sie tun konnten. Um 15.35 Uhr am Nachmittag jenes Apriltages konstatierten sie den »klinischen Tod« des Präsidenten.
Die freie Welt hatte einen Staatsmann verloren, Amerika einen Führer und das Manhattan Projekt, in seiner kritischsten Phase, seinen Protektor.

Washington, D.C.
Später Nachmittag

Natürlich wußte Harry S. Truman, der 34. Vizepräsident der Vereinigten Staaten, noch nicht, was sich gerade in Georgia ereignet hatte. Er konnte es nicht einmal ahnen. An diesem Nachmittag war es seine Aufgabe, die Funktion des Senatspräsidenten zu übernehmen, und als solcher erschien er vor den versammelten Senatoren. Während debattiert wurde, machte er sich eifrig Notizen. Viele meinten, dies sei für Truman typisch: Er war ein geradezu penibler Sammler von Fakten.
Wenn man ihn so sah, über seinen Notizblock gebeugt, so konnte man sich kaum des Eindrucks erwehren, daß er sich im heimatlichen Missouri, im Kurzwarengeschäft der Familie, weitaus glücklicher gefühlt hätte. Wenn er — mitunter — das Wort ergriff, so bildete seine flache, singsangartige Sprechweise, typisch für den Mittelwesten, einen sonderbaren Gegensatz zu jener Atmosphäre, die gekennzeichnet war durch die Marmorsäulen und den Goldsamt im Senat.
Den größten Teil des Nachmittags verbrachte er jedoch damit, sich Notizen zu machen. Einige Senatoren meinten, Truman mache sich vermutlich Notizen für eine seiner Reden, für die er berühmt war: Was er sagte, schien zwar wohlfundiert zu sein, wirkte jedoch in der Art, *wie* er es sagte, irgendwie lauwarm.
In Wirklichkeit jedoch machte er sich an diesem Nachmittag kaum irgendwelche Notizen. Er schrieb vielmehr einen Brief, und zwar an seine Mutter. Zum Schluß erinnerte er sie an etwas Bestimmtes:

Schalte morgen abend um halb zehn Dein Radio an, dann kannst Du hören, wie Harry die Jefferson-Day-Ansprache hält. Ich glaube, daß das über sämtliche Sender geht, es wird also nicht schwer sein, mich zu empfangen. Nach meiner Ansprache an die Nation kommt der Präsident, den ich ansage.

Um 16.56 Uhr vertagte sich der Senat, und anschließend ging Truman auf einen Bourbon mit Sodawasser ins Büro des Speakers Sam Rayburn. Während er dort war, rief Steve Early, Roosevelts Pressesekretär, an: Truman möge »bitte durch den Haupt-Pennsylvania-Avenue-Eingang herüberkommen«. Truman stellte keine Frage. Er nahm ganz einfach an, Roosevelt sei aus Warm Springs zurückgekehrt und wolle mit ihm über irgendein untergeordnetes Thema sprechen. Um etwas Bedeutendes würde es kaum gehen. Wichtige Dinge besprach Roosevelt mit seinem »Vize« praktisch nie.
Truman war Realist. Er wußte, daß fast ganz Washington meinte, es sei nun mal »einer dieser Kompromisse« gewesen: als er und Roosevelt 1944 ein Gespann bildeten, der Präsident und sein Vize, aus wahltaktischen Gründen zum Team kombiniert. Sehr selten nur erschienen Roosevelt und Truman gemeinsam in der Öffentlichkeit. In den zweiundachtzig Tagen, seit er sein Amt als Vizepräsident angetreten hatte, war »Harry S.« nur zweimal im Weißen Haus offiziell bei Roosevelt zu Besuch gewesen. Alles in allem hatten sich die beiden Männer nur bei acht offiziellen Anlässen getroffen. Und was das Manhattan Projekt betraf, so hatten sie niemals darüber gesprochen.
An diesem Nachmittag wurde Truman hinaufgeleitet zum Arbeitszimmer von Eleanor Roosevelt. Sie trat auf ihn zu, griff nach seinem Arm. Ihre Stimme klang ruhig und gefaßt.
»Harry, der Präsident ist tot.«
In seiner Verwirrung warf Truman gleichsam instinktiv einen Blick auf seine Uhr: wie um sich präzise jenes Augenblicks erinnern zu können, in dem er die unfaßbare Neuigkeit gehört hatte. Es war 17.25 Uhr.
Wieder sprach Mrs. Roosevelt.
»Harry, gibt es irgend etwas, das wir für *Sie* tun können? Denn Sie sind's ja, auf dem jetzt alles lastet.«
Sie bot ihm an, das Telefon in ihrem Arbeitszimmer zu benut-

zen, und ging dann, um sich wegen der Beisetzung um das Notwendige zu kümmern.
Truman telefonierte mit seiner Frau, Bess. Sie zeigte sich über die Nachricht von Roosevelts Tod ebenso ungläubig wie entsetzt — reagierte also genauso wie kurz darauf Millionen von Amerikanern.
Um 18.30 Uhr wurde Trumans bescheidenes 5-Zimmer-Appartement von Reportern und Fotografen geradezu belagert. Aber nicht nur sie waren zur Stelle, sondern auch Leute, die sehr schnell geschaltet hatten: Interessenten für die Wohnung, die aufgrund eines Mietstopps pro Monat nur 120 Dollar kostete und jetzt bald frei wurde: Die Trumans würden ja in größere Räumlichkeiten umziehen.
Um sieben Uhr betrat Truman im Weißen Haus den Kabinettssaal, um den Eid abzulegen. Schweigend sahen die Kabinettsmitglieder — darunter »Roosevelt-Veteranen« wie Harold Ickes, Henry Wallace und Henry Morgenthau — zu, wie Chief Justice Harlan Stone dem neuen Präsidenten die kurze Zeremonie erläuterte.
Stone blickte auf ein Stück Papier und bat Truman, ihm zu bestätigen, daß das S in seinem Namen für Shippe stünde.
Trumans nasaler Tonfall durchdrang die düstere und bedrückte Atmosphäre.
»Das S steht für nichts. Ist nur so ein Initial.«
Der verwirrte Chief Justice strich das in die Eidesformel eingetragene »Shippe« durch. Ein Gehilfe flüsterte Stone zu, daß man noch immer nicht beginnen könne. Eine Bibel fehle. In angespanntem Schweigen warteten alle, bis eine hektische Suche im Weißen Haus schließlich eine zutage förderte.
Um 19.09 Uhr wurde diese Bibel Truman gereicht, der sodann, Stone die Worte nachsprechend, den Amtseid leistete.

> Ich, Harry S. Truman, schwöre feierlich, daß ich gewissenhaft das Amt des Präsidenten der Vereinigten Staaten ausüben werde und daß ich mit all meiner Kraft die Verfassung der Vereinigten Staaten erhalten, beschützen und verteidigen werde.

Impulsiv küßte Truman die Bibel. Dann bedeutete er dem Kabinett, sich zu ihm an den langen Tisch zu gesellen. Er legte ein Versprechen ab.

»Ich werde versuchen, alles im Sinne des Präsidenten weiterzuführen.«
Für Truman, den neuen Präsidenten, wie für alle Männer hier im Raum war noch immer Roosevelt »der Präsident«.
Truman bat die Kabinettsmitglieder, im Amt zu bleiben. Und ganz zum Schluß blitzte gleichsam ein Blick auf Zukünftiges durch, als er nämlich versprach:
»Für bereits getroffene Entscheidungen werde ich die volle Verantwortung übernehmen.«
Die Kabinettsmitglieder verließen den Raum. Sie sprachen nicht, trauerten um den Toten. Bei der Tür blieb Stimson plötzlich stehen. Als er zu sprechen begann, klang seine Stimme unsicher. »Herr Präsident, ich muß mit Ihnen über eine sehr dringende Angelegenheit reden.«
Truman nickte.
»Ich möchte Sie von einem ungeheuren Projekt in Kenntnis setzen, das sich in der Entwicklung befindet — ein Projekt, das zum Ziel hat, einen neuen Sprengkörper von fast unvorstellbarer Zerstörungskraft zu entwickeln.«
Stimson schwieg.
Truman wartete, doch der Kriegsminister äußerte sich nicht weiter.
Stimson war ein alter Mann. Der Tod seines großen Freundes hatte ihn tief erschüttert. Vielleicht betrachtete er Truman aus diesem Grund als Ersatzpräsident, als eine Art Lückenbüßer. Niemals hatte er ja teilgenommen an jenen Sitzungen im Weißen Haus, bei denen die Stabschefs ihrem Präsidenten Bericht erstatteten, und seine Kenntnisse über den Krieg schöpfte er zum guten Teil aus der *Washington Post.*
An diesem Abend jedenfalls wußte der neue Präsident über das Manhattan Projekt weniger als — beispielsweise — ein junger Air Force Lieutenant namens Jacob Beser.

USAAF Basis, Wendover
Früher Abend

Wie die meisten Angehörigen der 509., hatte Beser die Nachricht von Roosevelts Tod im Radio gehört. Der Rundfunk bot eine Menge Abendunterhaltung. Einige Männer hörten sich an, was NBC brachte: *Front Page Ferrell.* Andere waren einge-

schaltet auf das Programm von CBS: *Wilderness Road.* Die meisten jedoch verfolgten die Abenteuer, die über ABC zu hören waren: die sehr beliebte Serie *Captain Midnight.*
Um 17.49 Uhr wurden alle drei Programme durch erste Blitzmeldungen unterbrochen. Gegen 18.30 Uhr — um jene Zeit also, da die Reporter in Washington das Truman-Appartement zu belagern begannen — brachten Lokalsender in Utah die Einzelheiten eines schmerzlichen Telegramms, das Eleanor Roosevelt ihren vier Söhnen geschickt hatte: Zwei von ihnen befanden sich bei der Navy vor der Küste von Okinawa. An jedes ihrer Kinder schickte sie dieselbe Botschaft.

> Liebling: An diesem Nachmittag ist Pa entschlafen. Bis zum Schluß hat er seine Pflicht getan, wie er es auch von Dir erwartete. Gott segne Dich.
> Mit allen guten Wünschen. Mutter.

Beser schaltete das Radio aus. Er hatte dafür einen bestimmten Grund.
»Indem ich das tat, glaubte ich, die Wahrheit verdrängen zu können. Präsident Roosevelt führte uns schon so lange, daß es ganz einfach unmöglich war, seinen Tod sofort als Tatsache zu akzeptieren.«
Als Zeichen ihres Respekts verzichteten die Rundfunksender bis zum Ende des Begräbnisses freiwillig auf sämtliche Werbeprogramme. Genau dasselbe Motiv veranlaßte noch am gleichen Abend Mitglieder des Offiziers- wie auch des Nicht-Offiziers-Klubs zu einer Art Huldigungsgeste: Bis zu Roosevelts Beisetzung sollte nicht gespielt und nicht getrunken werden. Eatherly verblüffte so manchen, indem er sich als einer der eifrigsten Befürworter dieses Vorschlags erwies.
Bob Lewis schlug mit seinen Worten zweifellos eine Saite an, welche der allgemeinen Stimmung entsprach .
»Ich habe den Burschen ja niemals kennengelernt. Aber irgendwie habe ich das Gefühl, einen großartigen Kumpel verloren zu haben.«
Lewis, wie praktisch alle in der Group, war ein Produkt der Krisenzeit. Später erinnerte er sich, wie Roosevelt »uns aus der Dunkelheit geführt hatte mit seinem einfachen Glauben an das grundsätzlich Gute im Menschen, mit seinem Idealismus, mit seiner Findigkeit und seinem Einfallsreichtum, mit

seiner ganzen Art, in jedem das Beste zutage zu fördern. Er machte uns alle stolz darauf, Amerikaner zu sein.«
Für viele dieser jungen Männer, die sich kaum noch an eine Zeit erinnern konnten, wo er *nicht* Präsident gewesen war, schien dieser Gedanke im Grunde undenkbar: ein Amerika *ohne* F.D.R. im Weißen Haus.
Nach und nach jedoch galten die Aufmerksamkeit und die Gespräche in Wendover wie auch überall sonst dem neuen Präsidenten.
Bob Carons Frau, selbst aus dem Mittelwesten stammend, erklärte ihrem Mann, Truman würde vielleicht noch so manchen verblüffen: »Sicher ist er ein bißchen kleinbürgerlich, aber er kennt den Preis von allem und jedem.«
Caron war da nicht so sicher. Er sah das so wie viele Amerikaner. Truman würde den Rest der Rooseveltschen (vierten) Amtszeit abdienen, um dann einem anderen Platz zu machen.
Wesentlich wichtiger war für die 509. im Augenblick, welche Haltung der neue Präsident im Hinblick auf die Fortführung des Krieges einnahm.
Eatherly erinnerte sich, daß Truman nach Pearl Harbour ein paar gute Reden gehalten habe. Mess Officer Perry meinte, sich entsinnen zu können, der neue Präsident habe sich in puncto Verteidigungsausgaben so ziemlich als »Pfennigfuchser« erwiesen. Was King betraf, so zog er sich ganz und gar auf eine sozusagen »juristische Position« zurück: Ohne zumindest grundlegende Fakten könne man keinerlei Spekulationen anstellen.
Auf eben den wunden Punkt in der Lücke von Tatsachen legte Tibbets den Finger.
»Wir wissen ganz einfach nicht, was dieser Bursche denkt.«
Jeder in Wendover wußte, was Roosevelts Standpunkt gewesen war. Nicht wenige wußten überdies sogar noch fast wortwörtlich, was er in manchen seiner Reden zum Ausdruck gebracht hatte: beispielsweise, daß man den Feind bis in sein eigenes Lager verfolgen müsse. Nun, es fehlte nicht viel daran, daß Roosevelt noch erlebt hätte, wie diese Verfolgung bis nach Berlin führte.
Doch würde Truman genauso entschlossen darauf bedacht sein, Tokio zu erobern?
Lewis hatte eine mögliche Antwort parat.

»Jedesmal, wenn wir uns eine Filmwochenschau ansehen, haben wir's ja vor Augen, was für ein Preis da zu zahlen ist. Mag schon sein, daß wir einen Haufen Japse töten. Aber wir werden auch viele Amerikaner verlieren. Vielleicht regelt unser neuer Präsident den Krieg, noch bevor wir daran teilnehmen können.«
So mancher von jenen, die Lewis so sprechen hörten, hatte das Gefühl, daß man am Ende also doch wohl nicht dazu kommen werde, die Große Bombe abzuwerfen.

Washington, D.C.
Später Abend

Als Groves von Roosevelts Tod hörte, war unter anderem seine Reaktion: sich vorbereiten auf die zu erwartende Aufforderung, den neuen Präsidenten ins Bild zu setzen.
Schnell und flüssig schreibend (Groves war auf diese seine Fähigkeit recht stolz) präparierte er sich auf einen Überblick über das Projekt.
Jetzt, vier Stunden später, um elf Uhr abends, war vom Weißen Haus noch immer keine Aufforderung gekommen, und er ging zu Bett.

13. April 1945
Washington, D.C.

Wie gewöhnlich erwachte Truman um halb sieben. Dieser Freitag, der 13., versprach ganz entschieden, ein weiterer stikkig-heißer Tag zu werden. Plötzlich fiel ihm ein, daß er jetzt ja Präsident der Vereinigten Staaten war — und daß man sich als solcher sozusagen nicht weiter ums Wetter kümmerte: Das Land mußte so und so regiert werden.
Als er dann in einen seiner Nadelstreifen-Anzüge geschlüpft war, die er so gern trug, glich er mehr denn je einem Handelsvertreter aus der Provinz, der sich in der Großstadt auf einem Bummel befand; doch dieser Eindruck täuschte sehr, denn es gab wenige Politiker, die Washington und seine verschlungenen Wege besser kannten als Truman. Und noch weniger konnten es mit ihm aufnehmen in bezug auf seinen scharfen

analytischen Verstand, seine Kenntnisse der Weltgeschichte sowie seine rasche Auffassungsgabe bei komplizierten Sachverhalten.
Doch noch immer fiel es ihm schwer, die Tatsache zu akzeptieren, daß er jetzt der oberste Amtsinhaber der Vereinigten Staaten war.
Sein Gefolge aus Geheimdienstleuten verwirrte ihn. Und als vor dem Appartement wartende Reporter ihn mit »Herr Präsident« ansprachen, zuckte er unwillkürlich zusammen. Er erklärte den Presseleuten, falls sie an den Sinn und die Kraft von Gebeten glaubten, so sollten sie jetzt für ihn beten.
Im Zentrum der Stadt bereitete er seinen Sicherheitsbeamten dann die schlimmsten Kopfschmerzen, die sie in den letzten Jahren zu erdulden gehabt hatten: Als er nämlich darauf bestand, aus dem Auto auszusteigen und mehrere Häuserblöcke weit zu Fuß zu gehen, um in seiner Bank einen Scheck einzulösen. Innerhalb weniger Minuten war das ganze Viertel verstopft: Autofahrer und Fußgänger beobachteten den neuen Präsidenten bei seinem Spaziergang.
Gerade *wegen* der gaffenden Menge mußte Truman schließlich auf die Fortsetzung seines Spaziergangs verzichten, doch sein Image war etabliert: Er würde ein ebenso unprätentiöser wie volksverbundener Präsident sein.
Überdies besaß er Einfühlungsvermögen und Taktgefühl. Das ovale Büro war gleichsam noch völlig erfüllt von Roosevelts Mementos, Schiffsmodellen und Schiffsgemälden. In einer Schreibtischschublade befand sich eine Extraflasche mit Digitalistabletten. Truman nahm für sich nur ein winziges Stück der Schreibtischplatte in Anspruch. Und er erklärte dem persönlichen Mitarbeiterstab des verstorbenen Präsidenten, daß die Trumans erst dann einziehen würden, wenn Eleanor Roosevelt ihrerseits zum Auziehen bereit sei. Vorerst genüge Harry, Bess und Margaret durchaus Blair House, gegenüber dem eigentlichen Präsidentendomizil, als Quartier.
Ging es jedoch um wesentliche Dinge, so zeigte sich Truman als ein Mann schneller Entschlüsse. Noch an diesem Morgen erledigte er mit rascher und sicherer Hand gewisse innenpolitische Dinge und instruierte die Kabinettsmitglieder.
Um 14.30 Uhr traf James Byrnes ein. Von ihm wollte Truman zwei Fragen beantwortet wissen.
Erstens: Würde Byrnes ihm einen schriftlichen Bericht über

die Jalta-Konferenz geben? Byrnes hatte dort für Roosevelt ausführliche Aufzeichnungen gemacht, und er erklärte sich sofort bereit, ein »Memo« zu liefern.
Die zweite Frage war die eigentlich überraschende. Gleichsam als Auftakt hierzu erinnerte Truman an eine ganz bestimmte Tatsache: Da er durch das Ableben des Präsidenten als vormaliger Vizepräsident zu diesem Amt gelangt sei, könne er selbst, den entsprechenden Bestimmungen zufolge, ja keinen Vizepräsidenten haben. Laut Verfassung würde ihm, Truman, im Falle seines Todes oder einer sonstwie gearteten Be- oder Verhinderung in der Ausübung seiner Pflichten als Präsident der Außenminister im Amt nachfolgen.
Ob Byrnes gewillt sei, eben diesen Posten zu übernehmen?
Angesichts ihres zuvor recht kühlen Verhältnisses war dies ein erstaunliches Angebot. Als inoffizieller »Hilfspräsident« hatte Byrnes zu Roosevelt eine weit engere Beziehung gehabt als Truman, und mitunter hatte er seine Macht dazu benutzt, dem Vizepräsidenten die alte Schulter zu zeigen. Doch indem er Byrnes die Möglichkeit eröffnete, vielleicht der nächste Präsident zu werden (womöglich sogar der gewählte), bewies er jenes politische Geschick, das ihn zu einem Staatsmann von Format werden ließ. Er wollte Byrnes auf seiner Seite haben; und er war bereit, dafür einen Preis zu zahlen.
Byrnes akzeptierte.
Und dann (mit einer Stimme, die Truman als »sehr ernst und feierlich« empfand), gab Byrnes eine Erklärung ab, die noch überraschender und geheimnisvoller war als jene von Stimson am vergangenen Abend.
»Herr Präsident, wir sind dabei, einen Sprengkörper zu entwickeln, der stark genug ist, um die ganze Welt zu zerstören.«
Truman schwieg.
»Tatsache ist, daß wir dadurch in die Lage versetzt werden könnten, dem Gegner bei Kriegsschluß unsere Bedingungen zu diktieren.«
Verblüffenderweise stellte der neue Präsident auch nicht eine einzige Frage, welche womöglich den Weg geebnet hätte für eine kurze Erklärung: um ihn zunächst einmal ins Bild zu setzen über das, was eine Atombombe überhaupt war.
Er seinerseits dachte später niemals daran, eine Begründung für sein Schweigen zu geben.

15. April 1945
Oberkommando der Kaiserlichen Armee
Tokio

Noch bevor die meisten Menschen in Warm Springs wußten, was sich in ihrer mehr oder minder unmittelbaren Nähe ereignet hatte, erhielt der Chef des japanischen Armee-Nachrichtendienstes, Seizo Arisue, in seinen neuen Diensträumen in der Peripherie von Tokio die erste kurze Meldung über Roosevelts Tod.

Seither war er überaus eifrig damit beschäftigt, von Truman so etwas Ähnliches wie ein Psychogramm zusammenzusetzen. Zum größten Teil stammten seine Informationen vom japanischen Militärattaché in Bern, Generalleutnant Seigo Okamoto: Er war der Verbindungsmann gewesen bei Arisues bislang fruchtlosen Versuchen, mit Alan Dulles in Kontakt zu treten.

Aufgrund seiner Unterlagen (außer dem Kabel hatte er noch eine Niederschrift von Rundfunkmeldungen erhalten) gelangte Arisue zu einem überraschenden Schluß: Mit Truman würde es keinesfalls leichter werden als mit Roosevelt, ganz im Gegenteil.

Arisues Einschätzung zufolge würde der neue amerikanische Präsident »den alten Mann überwinden«, der seit zehn Tagen japanischer Ministerpräsident war.

Am 5. April hatte eine seit Wochen dräuende politische Krise in Tokio schließlich zur Eruption geführt. An jenem Tag war General Kumaki Koiso, der Kompromiß-Premier, der dem zurückgetretenen Tojo im Amt gefolgt war, schließlich bereit gewesen, dem Militär vorzuschlagen, sich mit ihm in die Entscheidungen zu teilen. Die Generäle hatten sich geweigert. Koiso war zurückgetreten.

Ersetzt wurde er durch Admiral Kantaro Suzuki, einen Helden des Russisch-Japanischen Krieges, dessen zerbrechlicher Körper noch immer die Spuren von drei Kugeln aufwies — ein Andenken an jene Tage, da er sich mit den Rechtsextremisten in der Armee überworfen hatte.

Nicht ohne Verwunderung vermerkte Arisue, daß Suzuki jetzt bereit war, ein Amt anzutreten, wo die Gefahren für sein Leben noch höher veranschlagt werden mußten. Und zweifellos wäre Arisue noch weitaus verblüffter gewesen, hätte er ge-

wußt, daß es der Kaiser persönlich gewesen war, der Suzuki praktisch mit der Aufgabe betraut hatte, Möglichkeiten zur Beendigung des Krieges zu finden. Zu diesen ins Auge zu fassenden Möglichkeiten gehörte natürlich keineswegs die bedingungslose Kapitulation.
Kaum befand sich Suzuki im Amt, so erhielt er äußerst beunruhigende Nachrichten. Der japanische Botschafter in Moskau hatte mitgeteilt, die Sowjetunion sei nicht bereit, den Neutralitätspakt zu erneuern. Für Suzuki bedeutete diese Nachricht so etwas wie ein Omen für bevorstehendes Unheil. Um so notwendiger wurde es, akzeptable Möglichkeiten zur Beendigung des Konflikts zu finden.
Auch Arisue beschäftigte dieser Gedanke sehr intensiv: der Gedanke an japanische Friedensverhandlungen mit dem Gegner. Und an diesem Sonntag — jenem Tag, an dem auf der anderen Seite des Globus der tote Roosevelt beigesetzt wurde — hatte er erfahren, daß die Nachrichtendienstleute der Kriegsmarine abermals versuchten, in der Schweiz mit Allan Dulles Verbindung aufzunehmen.
Arisue begriff die Beweggründe seiner Konkurrenten bei der Kriegsmarine durchaus: Im Grunde waren es ja seine eigenen. Bei Truman handelte es sich um einen Mann, der einen sehr harten Kurs steuern konnte. Zweifellos war es besser, mit ihm *jetzt* in Verhandlungen zu treten, wo Japan sich überhaupt noch in einer leidlichen Verhandlungsposition befand. Die amerikanische Bomberoffensive, die Seeblockade sowie der gnadenlose Artilleriebeschuß, inzwischen bis zu einer Entfernung von etwa 500 Kilometern in Richtung Tokio vorgedrungen: nach Okinawa, wo ein erbarmungsloser Kampf wütete um die letzten größeren Inseln zwischen dem Feind und Japans westlichster Festland-Insel, Kyushu — all diese Aktionen mußten Japan unausweichlich bis zu einem Punkt schwächen, wo als einziges noch das Uannehmbare blieb: die bedingungslose Kapitulation.
Arisue war Realist. Und so sah er sehr klar die militärische Katastrophe voraus, welche das Land erwartete — eine Katastrophe von ungeheuren Dimensionen. Falls Okinawa fiel, davon war er überzeugt, würden die Amerikaner ihren Angriff gegen die vier japanischen Hauptinseln führen: Kyushu, Honshu, Shikoku und Hokkaido, gegen jene Inseln also, welche das sogenannte japanische Festland ausmachten, und je-

der Fußbreit Boden würde besetzt und die nahezu 73 Millionen Einwohner unterworfen werden.
Doch Arisue wie auch die anderen Gemäßigten waren keineswegs der Meinung, Japan solle bedingungslos kapitulieren. Eine solche Ansicht vertraten nicht einmal jene, welche die Chancen des Landes sehr pessimistisch sahen. Arisue meinte, bei Verhandlungen müsse Japan versuchen, einen Teil jenes Territoriums zu behalten, den die japanischen Streitkräfte während des Krieges erobert hatten. Für den Fall, daß sich das als unmöglich erwies, gab es in seinen Augen so etwas wie Minimalbedingungen, etwa dieser Art: Die Alliierten hatten die Sicherheit des Kaisers sowie eine weiterhin ausgeübte allmächtige Herrschaft zu garantieren.
Was die Kriegsmarine anging, so traute Arisue ihr nicht zu, diese fundamentalen Bedingungen zu sichern.
Er schickte ein Kabel an Okamoto, den Militärattaché in Bern. In diesem Kabel drängte er ihn, seine Anstrengungen zu verdoppeln — soweit es die Herstellung eines Kontakts mit Allan Dulles betraf.

19. April 1945
USAAF Basis
Wendover

In der Art eines erprobten Teams manövrierten der Pilot Charles Sweeney und der Bombenschütze Kermit Beahan die B-29 zum Aiming Point, dem Zielpunkt. Für diesen Test benutzten sie ein Ersatzübungsgelände, das, wenige Flugkilometer außerhalb von Wendover, auf den Salzebenen umrissen worden war.
Rund 10000 Meter unter ihnen, nicht weit vom AP entfernt, befanden sich die Wissenschaftler und Techniker von der 1. Ordnance Squadron: Sie wollten sehen, ob die jüngsten Veränderungen, die sie am Zündungssystem der Bombe vorgenommen hatten, sich in erwarteter Weise auswirkten.
Die Übungsbombe, welche die B-29 an Bord hatte, war mit Ballast gefüllt und enthielt darüber hinaus noch etwa ein Pfund Sprengstoff: genug, um in der Luft eine kleine Explosion hervorzurufen und ein »optisches Zeichen« in Form einer kleinen Rauchwolke von sich zu geben — so daß die Wissen-

schaftler sehen konnten, ob der Zündmechanismus die Explosion auch wirklich in der vorher festgelegten Höhe von rund 700 Metern ausgelöst hatte.

Sweeneys Crew, die Nr. 15, war vor dem Testflug von Tibbets eindringlich und nachdrücklich darauf hingewiesen worden, wie wichtig jeder dieser Versuche sei, zumal es mit dem Zündsystem noch immer Ärger gab.

Obschon Tibbets darüber kein einziges Wort verloren hatte, stand doch fest, daß er Sweeney und seinen Leuten ganz besondere Anerkennung zollte: Indem er diese Crew für einen Übungsflug auswählte, der für die Wissenschaftler von beträchtlicher Bedeutung war, erklärte er offen — wenn auch ohne Worte —, was die meisten anderen Bomberbesatzungen inzwischen als Tatsache akzeptierten: daß Crew 15 in der 393. wahrscheinlich die beste war.

Die einzigen, die der 15. Crew diesen Rang vielleicht streitig zu machen versuchte, waren der laut auftrumpfende Lewis und seine Besatzung.

Das Verhältnis zwischen Lewis und Sweeney war kühl — war es bereits gewesen, als die beiden Männer seinerzeit am ursprünglichen B-29-Testprogramm mitgearbeitet hatten. Lewis fand, Sweeney, der Bostoner Ire, verstehe sich ganz besonders gut aufs »Süßholzraspeln«. Tatsache war, daß Sweeney viel Charme besaß und daß er diesen bewußt einsetze, um auch dienstlich mit allen möglichst gut zurechtzukommen. Daß seine Bemühungen bei Lewis erfolglos blieben, nahm er gelassen hin. Was die beruflichen Qualifikationen betraf, so war er der Meinung, daß Lewis Glück hatte, bei der 393. zu sein, und »noch mehr Glück«, weil er eigentlich für Tibbets als Copilot fungierte.

Diese persönlichen Spannungen zwischen den beiden Männern heizten gleichsam automatisch auch die fliegerische Rivalität zwischen den beiden Bomberbesatzungen an.

Tibbets war sich dieser Tatsache sehr wohl bewußt. Sorgfältig behielt er die Situation im Auge. Nie schien er einer Crew vor der oder den anderen den Vorzug zu geben. Das hätte sich auf die Moral der gesamten Squadron verheerend ausgewirkt.

Nachdem Sweeney den Auftrag zum Übungsflug erhalten hatte, bekam Lewis eine andere Aufgabe. Hierbei ging es darum, eine Serie von Starts und Landungen durchzuführen, und zwar mit einer Riesenbombe an Bord, welche eine Ladung hochbrisanten Sprengstoffs enthielt. Diese Übung war keineswegs so überflüssig, wie sich das für die Crews anhörte. Tibbets wollte, daß sich Lewis — später auch die anderen — »psychologisch darauf vorbereiteten«, daß sie womöglich, mit der echten Atombombe an Bord, zu einer Landung gezwungen seien.

Tibbets war sich noch einer weiteren Tatsache bewußt. Bei den »Oberen« des Manhattan Projekts dominierte offenbar eine recht pragmatische Einstellung Im Unterschied zu konventionellen Bomben war die Atombombe weit wertvoller als das Trägerflugzeug — oder auch dessen Besatzung. Er teilte Lewis seine Gedanken mit. Der Pilot führte die Übungen mit der Behutsamkeit eines alterfahrenen Rote-Kreuz-Transportfliegers durch.

Während Sweeney sich dem Aiming Point näherte, beobachtete er, wie tief unten Lewis kreiste. Dann rief Beahan (und sein Texaner-Akzent war so stark, daß ihn selbst Eatherly »breit« fand), der AP befinde sich fast schon in der Mitte seines Fadenkreuzes. Genau wie Ferebee war Beahan ein »Übersee-Veteran« und ein hochqualifizierter Experte in seinem Fach. Bezeichnend schien der Spitzname, den seine Kameraden für ihn gebrauchten: »der Große Künstler«. Crew 15 empfand vor seinen Fähigkeiten einen solchen Respekt, daß die Männer behaupteten, er könne »aus 10000 Meter Höhe ein Geldstück treffen«.

Beahan verlangte eine geringfügige Kursänderung. Copilot Fred Olivi, ein stämmiger, 23jähriger Italiener aus Chicago, konnte beobachten, wie Sweeney sofort reagierte. Olivi fand, es sei »fast schon Magie«, wie Sweeney und Beahan aufeinander eingespielt waren.

Die Besatzung bereitete sich auf jene ruckartige Aufwärtsbewegung vor, welche die Maschine nach dem Abwurf der schweren Bombe stets vollführte.

Später würde sich dieser Flug im Tagebuch von Sergeant Abe Spitzer vermerkt finden (obschon das Führen eines solchen Tagebuchs streng verboten war). Der Sergeant, Funker der Crew, wurde mit seinen 35 Jahren von den übrigen fast schon als alter Mann angesehen. Zweifellos wären sie überrascht gewesen über so manche beißende Bemerkung, die der eher sanftmütig wirkende Spitzer seinem Tagebuch anvertraute. Doch mochten solche Kommentare auch einzelnen seiner Ka-

meraden gelten – in der Luft, das fand auch Spitzer, war Crew 15 ein tadellos aufeinander eingespieltes Team.
»Bombe los!«
Beahans Worten folgte die ruckartige Aufwärtsbewegung der B-29, dann das von Sweeney eingeleitete Abdrehen um 155 Grad.
Sergeant »Pappy« Dehart, der Heckbordschütze, und ein weiterer Texaner riefen: »Sie ist explodiert!«
Die Bombe hatte vorzeitig gezündet, nur etwa dreißig Meter unterhalb der B-29.Nun, es war nur eine kleine Sprengladung gewesen, eine Versuchsladung, und was vom Bombengehäuse noch übrig war, fiel weiter in Richtung Erde.
Sweeney brachte das Flugzeug unter Kontrolle und landete. Auf dem Abstellplatz wartete Tibbets. Er faßte die unausgesprochene Furcht der Crew in Worte. »Hoffentlich passiert das nicht, wenn wir die richtige an Bord haben.«

21. April 1945
Hiroshima

Die Einladung zum Abendessen bei seinem Kommandierenden Offizier, Oberst Hiroshi Abe, war für Tatsuo Yokoyama eine angenehme Überraschung. Bisher hatten zwischen dem jungen Flakoffizier und seinem Vorgesetzten recht formelle Beziehungen bestanden.
Vor einer Woche war dann die erste Einladung gekommen. Abe lud Yokoyama zum Essen in sein Haus ein, das in der Nähe der Festung – bzw. der Burg – lag. Einen Vorbehalt machte der Oberst dabei allerdings, mußte er machen. Im Falle eines Fliegeralarms erledigte sich die Einladung von selbst. In den vergangenen Wochen hatte es eine Reihe solcher Alarme gegeben. Und einmal waren auch Bomber hoch über die Stadt hinweggeflogen.
Doch einen *Angriff* auf die Stadt hatte es nicht mehr gegeben, seit am 19. März die beiden Bomben auf Hiroshima gefallen waren.
Am Abend, nach den Geschützübungen, zog Yokoyama seine beste Uniform an und erklärte seinem Sergeanten, wo dieser ihn erreichen könne.
Der Sergeant, als »Klatschtante« der Einheit bekannt, lächelte

breit: Er sei sicher, Yokoyama werde einen ungestörten Abend genießen können.
»Wieso?«
»Weil sich Trumans Mutter als Gefangene in Hiroshima befindet!«
Yokoyama musterte ihn verblüfft. Zwar liefen in diesen Tagen in Hiroshima die wildesten Gerüchte um, doch dieses war ganz einfach allzuweit hergeholt, als daß es irgend jemand ernst nehmen konnte.
Doch der Sergeant beharrte auf seiner Behauptung.
»Als der Krieg anfing, befand sie sich in der Stadt. Und da ist sie noch immer.«
»Wer hat Ihnen das erzählt?«
Der Sergeant erwiderte, er kenne »jemanden« vom Stab des Generalleutnants Fujii. Und Fujii sei es, der Trumans Mutter in der Burg als Geisel halte — gegen etwaige geplante Luftangriffe.
Sein gesunder Menschenverstand sagte Yokoyama, daß man eine solche Geschichte nur mit einem Achselzucken abtun könne. Andererseits erwies sich immer öfter, daß selbst an den verrücktesten Erzählungen etwas sein konnte. Ein Beispiel war dieses »wahrhaft aus der Luft gegriffene Garn«, demzufolge 15jährige Jungen zu Kamikaze-Piloten für die Sonder-Angriffseinheit ausgebildet wurden. Yokoyama hatte die Geschichte nicht geglaubt — bis er dann auf dem Flughafen von Hiroshima selbst einige von ihnen sah. Hierzu gehörte auch etwas anderes, das man sich erzählte: daß alte Frauen in der Fähigkeit unterwiesen wurden, Bambusstangen zu schärfen und sie wie Speere zu gebrauchen. Auch diese Geschichte hatte Yokoyama nicht geglaubt — bis er auf dem Ost-Exerzierplatz Frauen beim Üben sah.
Er merkte sich vor, mit Oberst Abe über Trumans angeblich gefangengehaltene Mutter zu sprechen.
Das Haus des Obersten war ein kleines, kompaktes Gebäude in der Nähe der Burg. Abe war Witwer und lebte mit seiner Tochter zusammen. Überrascht stellte Yokoyama fest, daß es außer ihm an diesem Abend keine weiteren Gäste gab. Unwillkürlich begann er sich zu fragen, was wohl hinter der Einladung stecken mochte.
Abe erwies sich als ausgezeichneter Gastgeber, und er sorgte für eine wirklich große Auswahl an Drinks. In entspannter

Stimmung stellte Yokoyama dann die bewußte Frage: über Präsident Trumans Mutter.
Der Oberst lachte schallend. Er wünsche nur, die Geschichte sei wahr! erklärte er. Dann könne man von der Mutter vielleicht einige Auskünfte über den Sohn erhalten.
Abe senkte seine Stimme und erzählte seinem Gast dann eine andere Geschichte.
»Trumans Mutter stammt aus Hiroshima! Das ist der Grund dafür, daß wir noch nicht bombardiert worden sind. Sie hat zu ihm gesagt, er solle — in ganz Japan — diese eine Stadt verschonen.«
Yokoyamas gute Stimmung schwand. Er wollte wissen, aus welchem Grunde dann in Hiroshima Verteidigungsvorbereitungen getroffen würden. Und welchen Sinn hatten die Feuerschneisen?
Der Oberst erklärte es ihm.
»Das trägt dazu bei, eine allgemeine Kampfbereitschaft zu erzeugen. Menschen, die ihre Häuser und Wohnungen verloren haben, werden noch härter kämpfen, um ihr Leben und für Japan und den Kaiser.«
Doch Yokoyama fühlte sich keineswegs beschwichtigt. Er wollte wissen, ob dies etwa bedeute, daß er und seine Männer — nach all den Monaten härtester Übungen — also gar keine Chance haben würden, zum Einsatz zu kommen? Für den Fall, daß dies zutreffe, bitte er mit allem schuldigen Respekt um die Versetzung nach Tokio — oder in irgendeine andere jener Städte, wo Luftangriffe jetzt an der Tagesordnung seien.
Abe versuchte, seinen Gast zu beruhigen. Er bat ihn, jetzt erst einmal zuzulangen. Serviert wurde das Essen von der Tochter des Obristen, einem rundlichen, mondgesichtigen Mädchen von noch nicht ganz zwanzig. Sie brachte Schalen voll Reis und Fleisch und ließ die Männer dann allein.
Der angewärmte Sake machte Yokoyama kühn. Wieder brachte er die Frage seiner Versetzung zur Sprache.
Sein Gastgeber betrachtete ihn aufmerksam.
»Ich habe Sie nicht zu mir geladen, um über solche Dinge zu sprechen — sondern über eine Angelegenheit, welche für mich von großer Bedeutung ist . . .«
In respektvollem Schweigen wartete Yokoyama, während sein Gastgeber ihm versicherte, er sei schon seit längerer Zeit beeindruckt von den Qualitäten des jungen Offiziers. Abe ge-

stand sogar, daß er Erkundigungen eingezogen habe — über Yokoyamas Herkunft, über seine Familie.
»Die Antworten lauteten überaus zufriedenstellend. Sie haben sehr ehrenwerte Eltern.«
Solche »Erkundigungen« konnten nur einem Zweck dienen, nur einen bestimmten Sinn haben. Yokoyama schwieg und wartete.
Abes nächste Worte klangen überaus nüchtern, fast rauh: Ein Geschäftsmann machte ein Angebot:
»Heiraten Sie meine Tochter, und Ihre Zukunft ist gesichert. Dafür werde ich sorgen.«
Yokoyama erinnerte sich an das Mädchen, welche das Abendessen serviert hatte. Gar kein Zweifel: Sie verstand es, ein schmackhaftes Mahl zuzubereiten. Und es war ihm auch nicht entgangen, daß sie für einen gleichsam »makellosen« Haushalt zu sorgen verstand.
Der Leutnant machte eine Verbeugung, ernst, geradezu feierlich. Und er versprach seinem Gastgeber, die Angelegenheit mit seiner Familie zu besprechen. Derartige Gespräche gehörten ganz unabdingbar dazu, bevor über die vorgeschlagene Ehe ein formaler Vertrag geschlossen werden konnte.
Allerdings bedeutete das: eine Reise nach Tokio, zu seinen Eltern. Und Yokoyama empfand die Aussicht auf diese Reise als nahezu ebenso erregend wie den Anlaß dafür.

23. April 1945
USAAF Basis
Wendover

Über das Wochenende hatte die 509. ihren üblichen Abstecher nach Salt Lake City gemacht — und schon häuften sich im Büro des Diensthabenden die Beschwerden.
Die »Gangart« hatte Eatherly angeschlagen, indem er seinem Bordmechaniker ein Wettrennen vorschlug. In hochgetrimmten, offenen Sportwagen wollten sie eine wilde Jagd veranstalten. Im Endeffekt galt diese Jagd den »Weibern«, denn Eatherly genoß jetzt, keineswegs zu Unrecht, den Ruf, in Utah mehr willige Mädchen zu kennen als irgend jemand sonst von der Basis.
Um ihrer ohnehin haarsträubenden Raserei noch ein bißchen

»Würze« zu geben, hatten sie sich — bei einem Rad-an-Rad-Rennen in einer Geschwindigkeit von 130 Stundenkilometern — gemeinsam eine Whiskyflasche geteilt, immer hin und her zwischen den beiden wild drauflos jagenden Autos. Als sie Salt Lake City erreichten, war die Flasche leer.

Eine Anzahl von Fliegern nahm sich Zimmer im Hotel Utah, und dort waren dann alsbald laute Partys im Gange. Eine Rothaarige flitzte nackt einen Hotelkorridor entlang, hinter sich eine Meute von Piloten in kurzen Unterhosen.

Die Polizei wurde gerufen — zur ersten einer ganzen Serie von »Visiten«, welche diese Beamten über das Wochenende abzustatten hatten.

Lewis nahm an einer Pokerpartie teil und gewann dabei ausnahmsweise einmal eine Handvoll Dollar — woraufhin er verkündete, er werde sich jetzt »großartig amüsieren«.

Niemand hatte Gelegenheit, das mit eigenen Augen zu sehen; doch am Montagmorgen versicherte er seiner übernächtigten und trübäugigen Crew, er habe Sachen erlebt, die er »niemals vergessen« werde.

Unvergessen blieb, wenn auch aus anderen Gründen, für Klubbesitzer, Bartender und Hotelpersonal jener 48-Stunden-Tornado, welchen die 509. bei ihnen »veranstaltet« hatte.

Am Montagmorgen telefonierte die Polizei von Salt Lake City dann sehr intensiv mit Wendover, und was unter anderem zur Sprache kam, war eine lange Liste von Sach- und Körperbeschädigungen sowie Verkehrsvergehen.

Wieder einmal gelang es Tibbets, die Zivilbehörden zu beschwichtigen. Doch die Symptome sprachen eine eindeutige Sprache:

Die Zeit war gekommen, Wendover zu verlassen.

Für Tibbets gab es außer diesen Disziplinlosigkeiten sowie früheren Gefährdungen der Sicherheitsvorschriften noch einen recht triftigen Grund für den Wunsch, möglichst bald von Wendover aufzubrechen: Seit einiger Zeit hatte er den Eindruck, daß die Wissenschaftler an der Bombe »herumbastelten«. Man konnte meinen, daß ihnen »mehr daran lag, eine *perfekte* Waffe herzustellen, als daran, daß eine produziert wurde, durch deren Einsatz sich der Krieg beenden ließ. Sie wollten die äußere Form verbessern, mehr Tests durchexerzieren und endlose Veränderungen vornehmen, bevor sie es zuließen, daß die Bombe im Kampf eingesetzt wurde . . .«

Tibbets fühlte sich dadurch beunruhigt. Er konnte sich sehr wohl vorstellen, daß die Wissenschaftler »noch herumbastelten«, wenn der Krieg zu Ende war — »und die ganze verdammte Angelegenheit wäre dann Zeitverschwendung gewesen«.

Vorsichtig zog er Erkundigungen ein. Die für die 509. vorgesehene Basis auf Tinian sollte »reserviert« bleiben. Schon Wochen zuvor war Anweisung ergangen, in Seattle ein Schiff zur Verfügung zu halten, welches das Bodenpersonal zu seinem Bestimmungsort im Pazifik transportieren könne. Das einzige, was Tibbets zu tun hatte: sich mit Washington telefonisch in Verbindung setzen, den *Silverplate*-Code gebrauchen, »und wir könnten im Krieg gewesen sein«.

Der Gedanke, an Kampfhandlungen teilzunehmen, hatte etwas Beflügelndes. Andererseits war Tibbets klar, was geschehen mochte, wenn er die 509. wirklich mobilisieren ließ — und eben dies hielt ihn davon zurück: »Groves hätte mich womöglich meines Kommandos enthoben, nach Alaska versetzt — mich vielleicht sogar vors Kriegsgericht gestellt.«

Allerdings zeigte Groves auch zunehmend Symptome der Ungeduld gegenüber den Wissenschaftlern. Und jenes besondere Zielkomitee, das auf sein Drängen gebildet worden war, hatte bislang noch nicht einmal seine erste Sitzung abgehalten — ganz zu schweigen von irgendwelchen Empfehlungen, nach denen man sich aufgrund solcher Ausschußberatungen hätte richten können.

Einem Impuls folgend, ließ Tibbets sich telefonisch mit Air Force Command Headquarters in Washington verbinden. Als er dann mit seinem dortigen Verbindungsoffizier sprach, lautete seine Meldung kurz und bündig:

»Hier ist *Silverplate.* Wir sind zum Einsatz bereit.«

Die Angelegenheit war bald geregelt. Für den 6. Mai sah das Programm vor: Die wichtigsten Leute vom Bodenpersonal der Group verlassen Wendover und werden dann in Seattle eingeschifft. Was die Bombercrews betraf, so sollten sie später in Richtung Pazifik aufsteigen.

Bald darauf erhielt Tibbets aus Washington einen dringenden Anruf: Er solle sich sofort in ein Flugzeug setzen und in die Hauptstadt kommen.

Unaufgefordert lieferte ihm sein Gesprächspartner am anderen Ende der Leitung eine Information.

»Colonel, bei Gee-Gee stecken Sie schwer in der Klemme.«
»Gee-Gee« war einer von Groves' Spitznamen.
Am frühen Abend traf Tibbets in Groves' Büro ein.
»Als ich durch die Tür kam, explodierte er. Was, zum Teufel, ich wohl glaubte, wer ich sei — daß ich die Verlegung meiner Einheit nach Übersee anordnete? Geschlagene zehn Minuten lang drehte er mich durch den Wolf, mal von dieser Seite, mal von der anderen, und er wiederholte sich dabei nie. Noch niemals war ich so zusammengestaucht worden. Und noch niemals hatte ich ihn so wütend gesehen. Aber dann brach er ganz plötzlich ab, grinste mich breit an und sagte: ›Gottverdammich, Sie haben uns in Bewegung gesetzt! Jetzt können die uns nicht mehr zurückhalten!‹ Schien ganz aus dem Häuschen, weil ich's geschafft hatte. Mit meinen Plänen konnten die Wissenschaftler nicht länger herumbasteln an ihrem Spielzeug.«

24. April 1945
Osaka

Tief verneigte sich die Gattin von Professor Tsunesaburo Asada vor ihrem Mann, bevor sie in den Zug stieg. Gemeinsam mit den Ehefrauen bzw. Familien anderer japanischer Wissenschaftler sollte dieser Zug sie aufs Land bringen, in relative Sicherheit. In den letzten zwei Wochen hatten dreimal Formationen der B-29 Osaka angegriffen, und die Stadt war hierbei zu einem Fünftel zerstört worden.
Nachdem sie in den Zug eingestiegen war, verbeugte Frau Asada sich wieder. Doch dann war sie kaum noch zu sehen hinter jenen Leuten, die sich an den Fenstern drängten, um ihren Angehörigen auf dem Bahnsteig zuzuwinken.
Professor Asada blieb nicht bis zur Abfahrt des Zuges. Auf ihn wartete Arbeit. Seine schier endlos lange Forschungstätigkeit schien sich jetzt doch endlich auszuzahlen. Einer der neuesten und modernsten japanischen Langstreckenbomber, *Ginga* genannt, war mit einer rund 750 Kilo schweren Bombe bis nach Saipan geflogen und hatte den amerikanischen Luftstützpunkt auf der Insel angegriffen. Die Bombe war ausgestattet mit Asadas Annäherungszünder — einem Zünder, der jenem sehr ähnlich war, welcher bei jenem bewußten

Übungsflug so unangenehm dicht unterhalb von Sweeneys Bomber losging.

Was Asadas Zünder betraf, so hatte er *genau wie vorgesehen* funktioniert, zehn Meter über dem Flugplatz von Saipan. All die in der Nähe stehenden B-29-Bomber waren entweder völlig vernichtet oder aber stark beschädigt worden. Dem Bericht zufolge, den Asada vom Piloten der *Ginga* erhielt, bildete ein großer Teil des Luftstützpunktes »ein Flammenmeer«. Jene Fotos, welche die Aufklärungsflugzeuge dann machten, zeigten amerikanische — zerstörte oder zumindest unbrauchbare — Kriegsflugzeuge von jener Art, wie die japanischen Wissenschaftler sie noch in Erinnerung hatten von Aufnahmen, welche seinerzeit von amerikanischen Maschinen auf Hickam Field, Pearl Harbour, gemacht worden waren.

Allerdings war das damals ein recht kurzlebiger Triumph gewesen.

Die japanische Luftwaffe konnte den Angriff nicht wiederholen, weil sich der Stützpunkt auf Iwo Jima jetzt in den Händen der Amerikaner befand, und vom japanischen Festland aus hätte das einen Flug (Hin- und Rückstrecke gerechnet) von insgesamt rund 2500 Kilometern bedeutet, zuviel für die »Reichweite« selbst der *Ginga*-Bomber.

Dennoch: Asadas Annäherungszünder hatte sich bewährt. Die Kriegsmarine gab nicht weniger als 20000 in Produktion. Was dann wirklich produziert wurde, waren 12000 Stück, von denen viele in Bomben eingesetzt wurden, um sodann auf Kyushu heimlich gelagert zu werden für die amerikanische Invasion. Der Plan war folgender: Wenn es soweit war, würden die Bomben in Masthöhe über den Kriegsschiffen explodieren, zumal bei den Landefahrzeugen, um dort bei den Invasionstruppen möglichst hohe Verluste zu verursachen.

Für seine Erfindung konnte Asada viel Lob einheimsen, vor allem von höheren Marineoffizieren. Er freute sich darüber, obschon er das Gefühl hatte, zum Teil sei das nichts weiter als ein wohlgemeinter Beschwichtigungs- oder Tröstungsversuch. Seine Todesstrahlen waren noch längst nicht einsatzbereit. Aber mochte dieses Projekt auch noch nicht über das Stadium hinausgelangt sein, wo man bestenfalls »Schweine betäuben« konnte — der Professor wandte nach wie vor den größten Teil seiner Zeit dafür auf.

Inzwischen besaß die Kriegsmarine allerdings eine andere

neue Waffe, welche — potentiell — kaum weniger tödlich sein mochte als die Todesstrahlen.
Es handelte sich um ein Geistesprodukt von Dr. Sakyo Adachi, einem wissenschaftlichen Kollegen von Asada, welcher für die meteorologische Abteilung der Kriegsmarine arbeitete. Adachi hatte sich daran erinnert, was jeder japanische Oberschüler wußte: Die großen Passatwinde wehen zwar von Osten nach Westen, also von Amerika nach Japan — *einen* Wind jedoch gibt es, den japanischen, der in entgegengesetzter Richtung weht. — Der Rest war einfach.
Adachi füllte einen Ballon mit Gas und befestigte daran einen kleinen Behälter mit einem hochbrisanten Sprengstoff. Die »Versuchsballon-Bombe« wurde gestartet, und über einige Entfernung hinweg folgte ihr ein Zero-Jäger. Immer höher stieg der Ballon hinauf in die »Japanische Strömung«, und er strebte voran in östlicher Richtung auf einer Reise, die ihn quer über den Pazifik führen mußte, nördlich von Hawaii, und schließlich zur Küste der Vereinigten Staaten.
Weitere Ballonbomben folgten.
Radar war noch nicht weit genug entwickelt, um ihr Auftauchen rechtzeitig zu registrieren.
Die Japaner wußten natürlich nicht, ob die Ballons ihr Ziel erreicht hatten. Doch der Chef des Admiralstabs, Admiral Toyoda, der ja gelobt hatte, den Krieg an die amerikanischen Küsten zu tragen, ordnete die Produktion dieser Ballonbomben »in vollem Umfang« an.
Bald schon würden alle amerikanischen Städte an der Westküste ein mögliches Ziel sein. Entsprechend günstige Wetterbedingungen vorausgesetzt, konnten die Ballons selbst Salt Lake City oder Chicago erreichen.
In den kommenden Wochen wurden dann rund 6000 Ballonbomben gegen die Vereinigten Staaten gestartet. Von jenen, welche das amerikanische Festland erreichten, fielen die meisten in die Wüsten von Kalifornien, Nevada und die Wälder von Oregon. Offiziell wurde nie bekanntgegeben, wie viele Opfer sie forderten.
Und niemand wird je wissen, wie viele japanische Ballonbomben noch als »Blindgänger« in entfernteren Gegenden des nordamerikanischen Kontinents liegen.

25. April 1945
Das Weiße Haus
Washington

Auf Trumans Schreibtisch lag ein Brief von Stimson. Er war am Tage zuvor eingetroffen.

> Lieber Herr Präsident,
> ich halte es für überaus wichtig, mit Ihnen so bald wie möglich über eine höchst geheime Angelegenheit zu sprechen. Gleich nach Ihrem Amtsantritt erwähnte ich sie Ihnen gegenüber kurz. Seither habe ich, wegen der Belastung, unter denen Sie stehen, dieses Thema nicht mehr zur Sprache gebracht. Es handelt sich jedoch um etwas, das für unsere gegenwärtigen außenpolitischen Beziehungen wichtig ist und all mein Denken auf diesem Gebiet so entscheidend beeinflußt, daß ich meine, Sie sollten ohne weiteren Aufschub darüber ins Bild gesetzt werden.

Truman hatte eine Unterredung mit seinem Kriegsminister für die Mittagszeit vorgesehen. Jedwede Information, die dazu beitragen mochte, die forsch auftrumpfenden Russen in die Schranken zu verweisen, würde dem Präsidenten willkommen sein. Aus welchem Holz er geschnitzt war, hatte er drei Tage zuvor bewiesen: als Molotow und Gromyko, *en route* zur Eröffnungssitzung der Vereinten Nationen in San Francisco, im Weißen Haus sozusagen Zwischenstation machten.
Truman erklärte den beiden Diplomaten, die Sowjetunion wolle offenbar nicht zu den Vereinbarungen von Jalta stehen. Seine Ausdrucksweise war so direkt und ohne jedwede diplomatische Verschnörkelung, daß Molotow störrisch wurde.
»So hat in meinem Leben noch nie jemand zu mir gesprochen.«
Trumans Antwort war kurz und knapp.
»Halten Sie die Abmachungen ein, und niemand wird so zu Ihnen sprechen.«
Falls Stimson irgend etwas dazu beitragen konnte, die Russen zum Fair Play zu bewegen — nun, um so besser.
Pünktlich erschien der Kriegsminister. Stimson erklärte, er er-

warte noch jemanden. Fünf Minuten später tauchte Groves auf. Er war durch die Hintertür hereingeschlüpft, um all den Presseleuten, die teils in, teils vor dem Weißen Haus eine Art Belagerungszustand aufrechterhielten, keinen Anlaß zu irgendwelchen Spekulationen zu geben.
Stimson erklärte, die Unterredung solle dazu dienen, detailliert über eine Bombe zu sprechen, deren Vernichtungskraft jener der in beiden Weltkriegen eingesetzten Artillerie gleichzusetzen sei.
Groves zuckte innerlich zusammen. Zuvor hatte er Stimson gebeten, eben diesen Punkt nicht allzu sehr zu betonen: die ungeheure Zerstörungskraft der Bombe. Der neue Präsident sollte keinesfalls beunruhigt werden durch die Ungeheuerlichkeit dieser Waffe.
Stimson war jedoch entschlossen, sämtliche Fakten auf den Tisch zu legen. Er begann aus einem vorbereiteten Memorandum vorzulesen.

> Aller Wahrscheinlichkeit nach werden wir in vier Monaten die furchtbarste Waffe fertiggestellt haben, die es bislang in der Menschheitsgeschichte gegeben hat, eine Bombe, die eine ganze Stadt zerstören könnte.
> Obschon wir uns mit dem Vereinigten Königreich in die Entwicklung teilen, sind es jetzt doch die Vereinigten Staaten, die konkret die Möglichkeit haben, Bau und Gebrauch der Bombe zu kontrollieren — eine Position, in der sich für eine Reihe von Jahren keine andere Nation befinden wird. Allerdings steht praktisch fest, daß wir uns nicht nicht für immer in dieser Position werden befinden können.

Anders als Roosevelt war es Truman nicht zuwider, wenn man ihm etwas vorlas, ganz im Gegenteil: Er genoß es sogar. Und Stimson besaß eine recht klangvolle Stimme. In seiner Einleitung hatte der Kriegsminister einen entscheidenden Punkt zu bedenken gegeben: Amerika durfte nicht erwarten, sein A-Bombenmonopol zu behalten.
Stimson erklärte, die Theorie, welche der Herstellung einer Atombombe zugrundelag, sei sozusagen allgemein bekannt. Und er fuhr in seinen Ausführungen fort, indem er einen Alptraum ausmalte, welcher Wirklichkeit werden konnte:

Vielleicht werden wir eine Zeit erleben, in der eine solche Waffe in aller Heimlichkeit hergestellt wird, um plötzlich und mit großer Wirksamkeit eingesetzt zu werden . . . Mit ihrer Hilfe könnte selbst eine machtvolle, jedoch unvorbereitete Nation innerhalb weniger Tage von einer wesentlich kleineren bezwungen werden . . . In ihrem gegenwärtigen Stadium der moralischen Entwicklung wäre die Welt in Anbetracht derartiger technischer Fortschritte einer solchen Waffe schließlich auf Gnade und Ungnade ausgeliefert Mit anderen Worten: Die moderne Zivilisation könnte womöglich völlig zerstört werden.

Truman stellte eine Frage: Beschäftigte den Kriegsminister die Beendigung des Krieges durch die Atombombe etwa im gleichen Maße wie die Wirkung, die sie auf die Menschheitsgeschichte schlechthin haben mochte?
»Ja, Herr Präsident.«
Beide Männer waren sich einer ganz bestimmten Tatsache bewußt. Während sie hier miteinander sprachen, standen die Vereinten Nationen im Begriff, in San Francisco ihre Eröffnungssitzung abzuhalten. Truman würde gewiß darauf zu sprechen kommen, das hatte Stimson vorausgesehen. Er fuhr fort, aus seinem Memorandum vorzulesen.

Wer von den politischen Führern unseres Landes die Möglichkeit einer wie auch immer gearteten Weltfriedensorganisation ins Auge fassen wollte, könnte das — realistischerweise — nicht tun, ohne die Zerstörungskraft dieser Bombe zu berücksichtigen. Sie stellt eine Bedrohung dar, die durch kein bisher bekanntes Kontrollsystem gebannt werden könnte. Sowohl innerhalb der Grenzen jeder einzelnen Nation als auch außerhalb der Nationen dieser Welt wird die Kontrolle dieser Waffe zweifellos eine Angelegenheit allergrößten Schwierigkeitsgrades sein, und eben eine solche Kontrolle würde Inspektionsrechte und interne Überwachungsmöglichkeiten bedingen, wie sie von uns bislang noch niemals in Betracht gezogen worden sind.

Noch nie hatte Groves den Kriegsminister so sprechen hören. Für einen Augenblick hätte er sich fast fragen mögen, ob der Minister vielleicht angesteckt worden sei durch all die »Langhaarigen« — die Wissenschaftler also, die in den vergangenen Monaten Groves' Leben offenbar hatten zur Hölle machen wollen. Nicht ohne ein Gefühl der Erleichterung vernahm Groves, was Stimson als nächstes vortrug.

Der Kriegsminister erklärte, er sei nach wie vor für einen Einsatz der Bombe gegen Japan — all seinen vorherigen Ausführungen zum Trotz: Sofern sie funktioniere, werde sie dazu beitragen, den Krieg zu verkürzen.

Die Unterredung endete damit, daß Truman der Bildung eines besonderen Gremiums zustimmte, des sogenannten »Interim Committee«. Diese Kommission sollte »die Atomenergie nicht einfach unter dem Aspekt der militärischen Waffen, sondern unter Berücksichtigung der neuen Beziehungen des Menschen zum Universum« betrachten. Kürzer hätte man sagen können: Möglicherweise auch für die vielleicht friedliche Nutzung der Atomenergie in der Nachkriegszeit.

Stimson erklärte sich bereit, den Posten des Vorsitzenden zu übernehmen.

Groves verließ das Weiße Haus und eilte in sein Büro zurück. Dort diktierte er ein Memo »zu den Akten«, welches enthüllt, wie gut auch er jene fundamentale Regel beherrschte und beherzigte, welche in Washington zum Überleben gehörte: Halte es schwarz auf weiß fest.

> Die Antworten auf die restlichen Fragen (von Truman) wurden durch General Groves entweder sehr ausführlich oder sogar zur Gänze gegeben ... Wegen der erforderlichen Mittel für das Projekt zeigte sich der Präsident nicht besorgt, er ließ vielmehr keinen Zweifel daran, daß er von seiner absoluten Notwendigkeit überzeugt sei ... Der Minister (Stimson) stellte fest, die gesamten Arbeiten unterstünden der Leitung von General Groves, und er verlieh seinem rückhaltlosen Vertrauen zu ihm Ausdruck. Der Präsident erwiderte, er kenne Colonel Groves schon seit einer Reihe von Jahren und zolle ihm die allergrößte Wertschätzung.

Groves hatte jetzt das Gefühl, jenen Rückhalt zu besitzen, den er brauchte. Sollte irgend etwas schiefgehen, so konnte er zumindest sagen, der Präsident habe jene Ausgaben gutgeheißen, an denen Senatoren und Kongreßabgeordnete noch immer herumnörgelten.

26. April 1945
Bern
Schweiz

Japans ehemaliger Marineattaché in Deutschland gehörte jetzt zu den vielen, die aus Berlin geflüchtet waren. Während sich sowjetischer Geschützdonner der Reichshauptstadt näherten, gelang es ihm, in die Schweiz zu kommen. Dort zeigte sich die Regierung so gefällig, seiner Akkreditierung bei der Japanischen Gesandtschaft in Bern nichts in den Weg zu legen. Auch für viele andere Diplomaten der japanischen Botschaft in Berlin war Bern das Fluchtziel gewesen.
Zehn Tage war es inzwischen her, daß Fujimura die Schweiz erreicht hatte, und seither wartete er geduldig auf Nachricht wegen eines erhofften Treffs. Schließlich war es soweit, und die Zusammenkunft wurde für die Mittagszeit vereinbart.
Fujimura trug einen dunklen, schlechtsitzenden Anzug, den einzigen Anzug, den er im Augenblick besaß. Die Leute, mit denen er sich treffen wollte, würden dafür hoffentlich Verständnis haben: Fujimura hatte fast seine gesamte Garderobe in Berlin zurücklassen müssen.
Im Gegensatz zu ihm wirkte sein Begleiter geradezu makellos gekleidet, im Tweedanzug und mit weichem Filzhut. Es handelte sich um den »Einkaufsagenten« Japans in Europa, den Deutschen Dr. Friedrich Hack.
Die beiden Männer hatten sich in einem kleinen Restaurant am Fuße der Jungfrau eingefunden. Dort sollten sie sich mit Angehörigen von Dulles' OSS treffen.
Um Punkt ein Uhr erschienen die Amerikaner auf der Bildfläche, präziser gesagt: auf dem Balkon des Restaurants, wo sich der Japaner und der Deutsche bereits befanden. Sie stellten sich als Mr. Blum und Mr. White vor. Eine Weile unterhielt man sich höflich über das Wetter und die schöne Aussicht.
Fujimura rief den übrigen Herren in Erinnerung, daß dies die rechte Zeit für ein Mittagsmahl sei. Hack versicherte, das Käsefondue könne er unbedingt empfehlen. Man verließ den Balkon und setzte sich im Inneren des Restaurants an einen Ecktisch. Die Kellnerin im Dirndlkleid bedauerte: Mit Käsefondue könne sie im Augenblick leider nicht dienen. Die Herren einigten sich auf Kalbfleisch sowie eine — miteinander zu teilende — Flasche Wein.

Das Gespräch war steif. Die Amerikaner warteten darauf, daß ihnen der Japaner durch irgendeine aufschlußreiche Bemerkung die »Richtung« andeutete. Fujimura seinerseits hatte das Gefühl, »unter die Lupe« genommen zu werden.
Vom Krieg wurde nicht gesprochen.
Nach dem Essen schüttelten die beiden Amerikaner, Mr. Blum und Mr. White, ihren Tischgenossen die Hände, ohne irgendwie einen Hinweis auf eine »Fortsetzung« zu geben.
Fujimuras Stimmung sackte auf den Nullpunkt. Auch Hack zeigte sich enttäuscht. Genau wie der Japaner hatte er gehofft, die Amerikaner würden sich irgendwie zugänglicher zeigen.
Deprimiert traten der Japaner und der Deutsche hinaus in die Nachmittagssonne. Und sie waren so sehr in ihre eigenen Gedanken vertieft, daß sie jenen Mann, der Arisues Vertrauensmann in der Schweiz war, überhaupt nicht bemerkten: Generalleutnant Seigo Okamoto.
Er hatte das Treffen beobachtete und erstattete umgehend Bericht nach Tokio.

28. April 1945
Hiroshima

Als Yokoyama den Flugplatz von Hiroshima erreichte, fand er dort das Transportflugzeug der Armee, mit dem er hatte nach Tokio fliegen wollen, nicht mehr vor. Es war bereits gestartet.
Die Sache beunruhigte ihn. Er wußte, daß es Oberst Abe viel Mühe gekostet hatte, ihm das Anrecht auf einen Platz im Transporter zu verschaffen. Denn dies war der Vorschlag des Obersten gewesen: daß Yokoyama nach Tokio flog, um seine Eltern zu besuchen und mit ihnen über »diesen« Gedanken zu sprechen — seine Verheiratung mit Abes Tochter.
Yokoyama versuchte, im nächsten Transporter, der zur Hauptstadt flog, einen Platz zu ergattern. Man erklärte ihm, er müsse warten. Und so saß er draußen vor dem Flugplatzgebäude und wartete darauf, daß sein Name aufgerufen werde.
Es gab viel zu sehen, sofern man nicht gerade zu müde dazu war.
Der überlastete Flugplatz wurde erweitert. Für die steigenden

Anforderungen von seiten des Militärs reichte er nicht aus. Er schien mit Militärmaschinen geradezu vollgepfropft zu sein. Yokoyama beobachtete, wie ein Transporter zu seinem Abstellplatz rollte. Und in der Nähe stürzte aus einer Baracke eine Gruppe blutjunger Menschen in Overalls und rannte auf das Flugzeug zu.
Ein gutaussehender junger Fliegeroffizier wartete bereits auf sie: Leutnant Matsuo Yasuzawa, einer der erfahrensten Ausbilder der Luftstreitkräfte. Und jeder Pilot, den Yasuzawa in diesen Tagen ausbildete, war dazu bestimmt, Kamikaze zu werden. Bei dieser Gruppe von Flugschülern, seiner vorerst letzten, betrug das Durchschnittsalter sechzehn Jahre.
Der Dienstplan sah vor, daß Yasuzawa mit ihnen zu einem Flugplatz flog, der gut hundertundfünfzig Kilometer von Hiroshima entfernt lag, auf Kyushu. Dort sollten sie ihre abschließende Ausbildung erhalten. Später dann würden sie zu ihrem Selbstmordeinsatz in Richtung Okinawa geschickt werden, wo in diesem ersten Monat seit der amerikanischen Invasion nahezu eintausend Kamikaze-Piloten gefallen waren. Sie hatten über einhundert amerikanische Schiffe versenkt oder beschädigt. Der Kampf um die Herrschaft über die rund einhundert Kilometer lange Insel war grausam und gnadenlos.
Leutnant Yasuzawa begriff sehr genau, wie wichtig es war, Okinawa zu halten. Für Japan mochte eben dies allentscheidend sein. Und es war ihm verhaßt, tief verhaßt, abseits vom Kampfgeschehen als Ausbilder dienen zu müssen. Erst vor kurzem hatte ihn ein älterer Offizier zurückgehalten: als er bereits im Begriff gewesen war, mit einer Schulmaschine aufzusteigen, um eine B-29 zu rammen, die seinen Flugplatz bombardierte. Yasuzawa galt als viel zu wertvoll, als daß man es sich hätte leisten mögen, ihn zu verlieren. Er war ein Ausbilder der absoluten Extraklasse. Erfahrenen Piloten brachte er bei, wie man kompliziertere und schwierigere Maschinen flog, und Anfänger unterwies er, bis zur Erreichung fundamentaler Fähigkeiten, in einem Zeitraum von nur zehn Tagen. Doch was die Kamikaze-Piloten betraf, so standen ihnen — und ihm — hierfür nur zehn Stunden zur Verfügung. Folglich wußten sie kaum, wie man flog. Um sicherzugehen, daß sie nicht im allerletzten Augenblick die Nerven verloren, wurden die Pilotenkanzeln ihrer Maschinen vor dem Start mitunter fest verschlossen. Und befanden sie sich erst einmal in der

Luft, so blieb den jungen Piloten gar keine andere Wahl als — zu sterben.

Als er sich an diesem Tag vor dem Armaturenbrett seiner alten Transportmaschine niederließ, hatte Yasuzawa das Gefühl, daß der Krieg genau *so* zu Ende gehen würde: indem er Schuljungen ausbildete für einen Kampf, den er selbst nie erlebt hatte. Er ahnte nicht und konnte nicht ahnen, daß er in nur gut drei Monaten, und zwar direkt hier, Erlebnisse haben sollte, die alles übertrafen, was er und seine Flugschüler sich auch nur vorstellen konnten.

Bald nachdem Yasuzawas Transportmaschine aufgestiegen war, sah Yokoyama, wie ein Marine-Jagdbomber landete. Er rollte in Richtung Funkraum, und ein Haufen Offiziere rannte ihm entgegen.

Aus dem Cockpit kletterte eine Gestalt in fleckenloser weißer Marineuniform. Es handelte sich um den Kapitän Mitsuo Fuchida, jenen Offizier, der den Angriff auf Pearl Harbour angeführt hatte und der jetzt so etwas wie der Kaiserliche »Marine-Operations-Offizier« war.

Yokoyama sah und hörte, wie respektvoll die anderen Offiziere Fuchida begrüßten. Wenn nicht alles täuschte, so war der Kapitän nach Hiroshima gekommen, um an einer jener regelmäßigen Besprechungen zwischen Marine und Armee teilzunehmen, genauer: zwischen ihren Verbindungsoffizieren.

Während Fuchida mit raschen Schritten vorbeiging, verbeugte Yokoyama sich tief. Das Fliegeras erwiderte diese Ehrenbezeugung nicht. Yokoyama wollte es scheinen, daß Fuchida ihn überhaupt nicht bemerkt hatte.

Bald darauf erfuhr Yokoyama, an diesem Tage werde für ihn kein Platz nach Tokio verfügbar sein. Er verließ den Flugplatz. Immer wieder mußte er an Fuchida denken. Und eben dies würde — und mußte — ihn ermutigen während der langen Fahrt, die es für ihn jetzt zurückzulegen galt — per Eisenbahn zur Hauptstadt.

Ganz auf der anderen Seite der Stadt, in ihrer Unterkunft hier, hörte Bürgermeister Senkichi Awaya mitfühlend zu, während seine Frau und sein ältester Sohn von den Strapazen der nächtlichen Eisenbahnfahrt von Tokio berichteten. Ab und zu hatte ihre völlig abgedunkelter Zug halten müssen, bis amerikanische Bomber darüber hinweggeflogen waren.

Zwar hatte Frau Awaya sich bereits vor Wochen einverstanden erklärt, den ältesten Sohn von Tokio nach Hiroshima zu bringen, wo er sofort weiter die entsprechende Schule besuchen sollte, doch erst jetzt hatte sich dafür eine sozuagen »vernünftige« Gelegenheit ergeben. Die anderen drei Kinder, so hatte das Ehepaar beschlossen, sollten fürs erste in der Hauptstadt bleiben. Was die älteste Tochter betraf, so war sie bereits verheiratet und lebte in Kobe.
Der Sekretär des Bürgermeisters, der getreue Maruyama, versuchte, Frau Awayas Sorgen zu beschwichtigen.
»Solange sie sich außerhalb der Zentren der Städte befinden, sind sie in Sicherheit. Und hier sind Sie in Sicherheit. Hiroshima ist keine wirklich große Stadt. Die werden erst mal andere Städte bombardieren. Und bevor wir überhaupt drankommen könnten, ist der Krieg zu Ende.«

Der Zug, der Yokoyama in Richtung Tokio trug, fuhr um 16.00 Uhr. Ein halbes Jahr war vergangen, seit er diese Reise zum letztenmal gemacht hatte. Und durch nichts war er vorbereitet worden auf das, was ihn jetzt erwartete: Stadt nach Stadt zeigte unverwechselbar Spuren von Luftangriffen mit Brandbomben. je mehr er sich Tokio näherte . . . nicht einmal die Dunkelheit konnte die Zerstörungen vor seinem scharf beobachtenden Auge verbergen.
Die japanische Hauptstadt, so schien es, befand sich gleichsam in einem stark fortgeschrittenen Stadium der Vernichtung, des Verfalls. Ganze Stadtteile waren dem Erdboden gleichgemacht.
Yokoyama verließ den Shimbashi-Bahnhof und schritt zu Fuß in Richtung der südlichen Vorstädte, wo seine Eltern lebten. Sein Weg führte ihn vorbei am Imperial-Hotel. Erbaut hatte es der brillante amerikanische Architekt Frank Lloyd Wright, und es war von ihm so konstruiert worden, daß es selbst das furchtbare Erdbeben von 1923 überstanden hatte. Jetzt jedoch lag es in Trümmern.
Ein Stück weiter, das Ginza — oder auch die Ginza —, jenes Viertel bzw. jene Straße, wo sich in gleicher Weise das geschäftliche wie das nächtliche Leben von Tokio abspielte, nein, abgespielt hatte — denn dies glich jetzt einer absoluten Öde aus Kratern und Trümmern. Überall ringsum konnte Yokoyama »die Niederlage schmecken«.

Er erkannte, daß man ihn getäuscht hatte: In Hiroshima war weder durch Presse noch über Rundfunk etwas über das wirkliche Ausmaß der Zerstörung zu erfahren gewesen, die andernorts — vor allem in Tokio — längst Tatsache war. Schlimmer noch: zum erstenmal fühlte er sich verraten und verkauft durch die Armee. Seine vorgesetzten Offiziere hatten ihn belogen. Jetzt hatte er die eindeutigen Beweise dafür vor Augen, daß Japan außerstande war, den Krieg zu gewinnen.

Während er in südlicher Richtung schritt, kam er vorüber an den Behelfsunterkünften der Ausgebombten und Flüchtlinge, und allmählich bot sich ein weniger düsteres Bild, denn hier wuchs gleichsam neues Leben aus den Ruinen. Vielfach hatten innerhalb der Mauern Händler und Gastwirte ihre »Zelte« aufgeschlagen. Es gab lange Schlangen von Männern, die nach einem Drink anstanden.

Schließlich erreichte Yokoyama das Haus seiner Eltern. Es schien noch unbeschädigt, doch unwillkürlich fragte sich der junge Offizier, wie lange das wohl noch so bleiben werde. Offenbar dehnten die Amerikaner ihre Angriffe immer weiter in die Vorstädte aus, bis am Ende ganz Tokio zerstört war. Niedergedrückt betrat er das Haus. Es gab für ihn keinen Zweifel mehr: Wollte Japan der Vernichtung entgehen, so mußte es Frieden schließen.

Seine Eltern erwarteten ihn. Nachdem sie es ihm behaglich gemacht hatten, berichtete er ihnen von Abes Angebot. Und er erzählte, was er über den Obersten und seine Tochter wußte, und das war nicht sehr viel. Ernst hörten seine Eltern zu. Schließlich sprach sein Vater. Unter normalen Umständen sei eine solche Ehe, die zwei Familien mit militärischer Tradition miteinander verbinde, sehr wünschenswert. Doch man habe nun einmal keine normalen Zeiten, Wertmaßstäbe seien im Begriff, sich zu ändern. Niemand könne wissen, in welchem Ansehen das Militär in Zukunft stehen würde. Es mochte sich sehr wohl als Nachteil erweisen, in der Armee gewesen zu sein. Die Tochter eines höheren Offiziers zur Frau zu haben, konnte dann womöglich zur Belastung werden.

Das einzige, was Yokoyamas Eltern ihrem Sohn versprachen, war dies: Nachdem sie über die Vorfahren des Oberst Abe die notwendigen Erkundigungen eingezogen hatten, würden sie die Angelegenheit einer weiteren Betrachtung unterziehen.

29. April 1945
USAAF Basis
Wendover

Entsetzlich jung und schrecklich verlegen fühlte er sich, der 19jährige Funker Richard Nelson, während ihn Lewis mit den übrigen Mitgliedern der Crew bekannt machte. Angestrengt versuchte er, sich ihre Namen zu merken.
Noch nie war Nelson einem Offizier wie Lewis begegnet. Der Pilot benahm sich ganz so, als bestünde zwischen ihm und dem einfachen Funker nicht der geringste Rangunterschied.
Nachdem er alle Namen genannt hatte, richtete Lewis ein paar Worte an die Crew.
»Dick ist unser neuer Funker. Ihr werdet alle prächtig mit ihm auskommen. Täuscht euch bloß nicht — weil er noch wie'n Highschool-Schüler aussieht!«
Lewis blickte zu Nelson, der unwillkürlich rot geworden war.
»Ihre Grundausbildung haben Sie in Texas absolviert, Dick. Stimmt's?«
Nelson nickte.
»Sie wollten Pilot werden. Klar. Nun, wir können nicht alle Piloten werden. Bei einer Tauglichkeitsuntersuchung hat's dann nicht ganz hingehauen. Die Augen. Stimmt's?«
»Ich hatte zuviel gelesen.«
»Okay. Solange Sie Ihren Job tun, können Sie von mir aus lesen, soviel Sie wollen. Wo haben Sie dann Ihre Funkerausbildung gemacht?«
»In Clovis in New Mexico.«
»Richtig. Na, da müssen Sie ja was können. Zu uns kommen jedenfalls nur die Besten. Sie werden eine Menge Gründe dafür hören, weshalb wir alle hier sind. Vergessen Sie das Blech. Wir sind hier, um den Krieg zu gewinnen. Und Sie sind gerade Mitglied der Crew geworden, die genau das tun wird. Stimmt's, Jungs?«
Gleichsam im Chor kam von der Crew die altvertraute Antwort.
»Stimmt, Cap'n.«
»Okay. Dann los.«
Lewis schob sich seine zerknautschte Mütze noch weiter aus der Stirn und schritt an der Spitze der Crew zur B-29. In den

Augen des jungen Richard Nelson wirkte er wie die Verkörperung eines kampferprobten Kriegsveteranen, der durch nichts unterzukriegen ist.
Ein weiterer langer Übungstag nahm seinen Anfang.
Während im Bomber dann alle ihre Plätze einnahmen, wollte es dem jungen Nelson so vorkommen, als benähmen sich seine neuen Kameraden so, wie man das bei Hollywood-Schauspielern vor der Kamera beobachten konnte (Richard Nelson stammte aus Los Angeles).
Duzenbury war es, der den jungen Mann daran erinnerte, daß man sich hier keineswegs in einer Filmkulisse befand, mochte sich dieser oder jener die Mütze noch so keck ins Genick schieben oder aber finster in die Stirn ziehen.
»Hör mal, Sohn, Cap'n Lewis nimmt's ja wirklich lässig — solange du deinen Job tust. Aber wenn du dir einen Fehler zuschulden kommen läßt, dann saust er auf dich herab wie ein Sack Zement.«
Caron, der Bordschütze im Heck, fügte eine weitere Warnung hinzu.
»Yeah, und wenn du dann so richtig ›platt‹ bist, versenkt er dich im nächsten Ozean!«
In den Ohren des 19jährigen Nelson nahm sich das ziemlich fürchterlich aus: Es klang schlimmer als eine Kombination aus Errol Flynn, Alan Ladd und William Bendix.

Auch Claude Eatherly genoß bei seiner Crew einen ganz bestimmten Ruf, wozu er selbst absichtlich beigetragen hatte. Er galt mehr oder minder als Rauhbein, als eine Spielernatur, ewig hinter den Weibern her, ansonsten mit Vorliebe das Whiskyglas in der Hand und einen Fluch zwischen den Zähnen. Was seine Spielernatur anbetraf, so schien es nichts zu geben, worauf er gegebenenfalls *keine* Wette annehmen würde.
Im übrigen verstand er es, über seine Herkunft wie auch über seine »Kriegstaten« einen überaus romantischen Nebel zu breiten.
Eatherly war, jenen Worten zufolge, die Uanna gegenüber Tibbets gebrauchte, ein Mann »mit einem Problem«. Der Sicherheitsoffizier beharrte auf seiner Ansicht: Eatherly solle versetzt werden.
Tibbets jedoch zeigte sich noch störrischer. In diesem Fall

hörte er nicht auf Uanna. Er befand, das einzige, worauf es wirklich ankomme, sei Eatherlys fliegerisches Können.
Uanna brachte die Angelegenheit nie wieder zur Sprache. Und Eatherly fuhr fort, seine Phantasien zu spinnen.

30. April 1945
Kure

Kurz nach Morgenanbruch versuchte die Frau des U-Boot-Kommandanten Hashimoto, ihren Mann zu wecken. Es hatte gerade Fliegeralarm gegeben, und nun war es für die Familie an der Zeit, den Luftschutzraum aufzusuchen.
Während sie ihre drei kleinen Söhne in den Armen hielt, rief Hashimotos Frau immer lauter und dringender, versuchte, ihren Mann nun endlich aufzuwecken.
Doch Hashimoto schlief weiter. Es hätte wohl eines Erdbebens bedurft, um ihn herauszureißen aus seiner letzten, jetzt gleichsam traumhaften Reise.
Am 2. April (einen Tag, nachdem die Amerikaner auf Okinawa gelandet waren) erhielt Hashimoto Befehl, in jenem Gebiet feindliche Schiffe anzugreifen. Bereits der erste Teil der Fahrt hatte einen Vorgeschmack geliefert auf das, was noch kommen würde. Amerikanische Bomber hatten die Gewässer der sogenannten Inlandsee vermint, und so war es schon gefährlich, auch nur bis zum eigentlichen Pazifik vorzudringen. Als Hashimoto dann schließlich die Küste von Okinawa erreichte, wurde er prompt von der amerikanischen Luftwaffe bombardiert. Im Verlauf der sieben Tage, an denen sich sein U-Boot in der Nähe der Insel aufhielt, wurde es nicht weniger als fünfzigmal angegriffen. Die längste Zeitspanne, die er fürs Auftauchen zugestehen konnte, betrug vier Stunden, mitten in der Nacht: kaum genug Zeit, um das U-Boot gründlich zu ventilieren und die Batterien wiederaufzuladen.
Ganz knapp hatte Hashimoto die Gelegenheit verpaßt, genau zu beobachten, wie ein amerikanischer Kreuzer sozusagen von der Kampfszene hinweghumpelte. Es handelte sich um die *Indianapolis,* die zwecks Reparaturen in Richtung San Francisco strebte, nachdem sie durch einen Kamikaze schwer mitgenommen worden war. Im selben Augenblick, da die *Indianapolis* dem eigentlichen Pazifik entgegenstrebte, befand sie

sich auf einer Mission, welche für alle Zeit das Manhattan Projekt und den japanischen U-Boot-Kommandanten Hashimoto eng aneinander binden würde.
Vor Okinawa mußte das japanische U-Boot I.58 — genau wie die amerikanische *Indianapolis* — eine Niederlage hinnehmen. Und Kommandant Hashimoto war voll Zorn, als er befahl, zum Heimatstützpunkt zurückzukehren. Erst als er am 29. April in Kure einlief, erfuhr er, daß sein Boot das einzige japanische Unterseeboot gewesen war, dem die sichere Rückkehr von Okinawa gelang. Außerdem erfuhr er, daß I.58 zwecks Inspektion vorerst »im Dock« bleiben müsse.
Er war viel zu erschöpft gewesen, um sich darüber noch irgendwelche Gedanken zu machen. Als er zu Hause ankam, fiel er erschöpft ins Bett — gab seiner Frau allerdings noch den strengen Auftrag, daß niemand und nichts ihn zu stören habe.
Jetzt also genügte nicht einmal ihr dringendes Rufen, um ihn aufzuwecken. Dann begriff sie, daß es dafür ohnehin zu spät war: Von hoch oben erklang das altvertraute Dröhnen von Flugzeugmotoren.
Im Hafen von Kure lagen Japans letzte Kriegsschiffe. Also war dieses Gebiet ein bevorzugtes Ziel für die amerikanischen Bomber, welche regelmäßig angriffen, ungeachtet der »tiefeingegrabenen« Luftabwehr.
An diesem Morgen mischte sich das Bellen der Flak wieder mit dem Krachen explodierender Bomben.
Ohne ihre Kinder aus den Armen zu lassen, legte sich Frau Hashimoto neben ihren noch immer schlafenden Gatten und lauschte auf den Lärm des Krieges.

Hiroshima

Nur knapp zehn Kilometer davon entfernt, um genau fünf Minuten vor sieben, wurde Dr. Kaoru Shima aus dem Schlaf gerissen: durch die Explosion einer etwa 200 Kilo schweren Bombe, welche zwei Häuserblöcke von seiner Klinik entfernt einschlug. Sie hatte das Gebäude der Nomura-Lebensversicherungsgesellschaft getroffen. Bis der Arzt aus dem Bett gesprungen und ans Fenster gestürzt war, hatten neun weitere Bomben, im Zickzack quer durch die Stadt fallend, zehn Men-

schen getötet, weitere dreißig verwundet — und vierundzwanzig Gebäude beschädigt.
Der Angriff war so plötzlich und so überraschend gekommen, daß nicht einmal über den örtlichen Rundfunksender ein Alarm ergangen war; und kein einziger Schuß aus Flakgeschützen wurde gerichtet gegen die einzelne B-29, welche die Bomben abwarf.
Dr. Shima beeilte sich, seine Patienten und seinen Mitarbeiterstab zu beschwichtigen. Anschließend führte er mehrere Telefongespräche mit Instanzen innerhalb der Hiroshima-Festung. Dann wartete er bis zur üblichen Morgenbesprechung mit seinen Mitarbeitern. Dr. Shima wußte, wie wichtig es war, den normalen Tagesablauf in der Klinik nicht zu stören.
Während er mit gekreuzten Beinen auf dem Boden saß und Tee trank, sprach er über diesen und jenen aktuellen Krankheitsfall, und seine Ruhe übte auf seine Mitarbeiter eine beschwichtigende Wirkung aus. Erst gegen Ende der Besprechung erwähnte er die Bombardierung.
Obwohl von seiten der Armee über den Angriff eine Nachrichtensperre verhängt worden war, hatte Dr. Shima herausgefunden, daß die militärischen Führer der Stadt der Ansicht waren, es handle sich bei eben diesem Angriff wohl eher um einen Zufall.
Er erklärte seinen Mitarbeitern, wie das gemeint war: Gewiß hätte der Feind nicht einen einzelnen Bomber halb über den Pazifik hinweg entsandt, um über Hiroshima ein paar Bomben abzuwerfen. Zweifellos hatte die B-29 die Verbindung verloren zu ihrem Verband (während dieser sich vermutlich im Bombenanflug auf Kure befand). Und so warf sie ihre Bombenladung über der nächsten verfügbaren Stadt ab, die — zum Leidwesen der hiesigen Einwohner — keine andere war als eben Hiroshima.
So ganz schien diese Erklärung seine Mitarbeiter keineswegs beschwichtigen zu können. Es wurde die Frage laut, ob die Bomber nicht womöglich in großer Anzahl wiederkehren würden.
Dr. Shima wußte, daß eben diese Furcht viele Einwohner beherrschte: Da man in Hiroshima bisher so glimpflich davongekommen war, befürchtete man um so mehr, es könne auf einmal ganz besonders schlimm werden. Manche Menschen wurden sogar von »Vorahnungen« heimgesucht, und Dr.

Shima meinte, die psychischen Ursachen dafür erkennen zu können: Indem sie sich das Allerschlimmste vorstellten, glaubten manche Menschen, das wirkliche Unglück abwehren zu können.
Er seinerseits war Fatalist: überzeugt, daß er die Zukunft in gar keiner Weise zu ändern vermochte.
Jetzt lieferte er seinem Mitarbeiterstab eine einfache Version eben dieser seiner Überzeugungen.
»Wenn wir heute abend — oder irgendwann sonst — angegriffen werden sollten, so können wir das nicht verhindern. Was wir tun können, ist dies: ruhig und gelassen bleiben und unseren Patienten eben hierdurch ein Beispiel geben.«
Seine Worte übten auf seine Mitarbeiter eine starke Wirkung aus. Einige der Schwestern schienen den Tränen nah, während sie zu ihrer Arbeit zurückkehrten.
Als Dr. Shima am Abend dieses Tages allein in seinem Büro saß, tat er das, was in diesen Tagen immer mehr Japaner taten: Über Kurzwelle schaltete er sich auf ein Programm ein, das von Guam kam. In makellosem Japanisch wurden Kriegsnachrichten verlesen, die Radio Japan niemals bringen würde.
Auf das Abhören von Feindsendern stand die Todesstrafe. Doch eine solche Gefahr nahm Dr. Shima halt in Kauf — genauso wie andere Menschen, welche den offiziellen Versionen fortgesetzter Siege, wie sie über Radio Japan gemeldet wurden, zunehmend mißtrauten.
Radio Guam hatte als erster Sender die Nachricht verbreitet, daß Iwo Jima gefallen sei. Und jetzt meldete die wohlmodulierte Stimme des unbekannten japanisch-amerikanischen Nachrichtensprechers aus einer Entfernung von weit über 2000 Kilometern, daß die Japaner auf Okinawa geradezu ungeheuerliche Verluste erlitten. Sodann erwähnte der Sprecher die jüngsten Luftangriffe auf Tokio und andere Städte. Falls Japan nicht kapituliere, warnte er, werde es dem Erdboden gleichgemacht.
Nachdem er diese Nachrichten gehört hatte, erfüllte Dr. Shima ein Gefühl tiefer Verzweiflung. Er stellte sein Gerät wieder auf den Ortssender ein und schaltete das Radio aus. Dann verließ er sein Büro, um zu Bett zu gehen.

8. Mai 1945
Das Weiße Haus
Washington, D. C.

Um Punkt neun Uhr an diesem Dienstagmorgen hielt Präsident Truman in einer Direktsendung eine Ansprache an die amerikanische Nation. Zu gleicher Zeit übermittelten, von London und Moskau aus, Churchill und Stalin ihren Völkern die Botschaft.
Die Anfangsworte des Präsidenten waren fast das einzige, woran man sich später noch sozusagen buchstabengetreu erinnerte.
»Die alliierten Streitkräfte, durch Opfer und Hingabe und mit Hilfe Gottes . . .«
Der Sieg in Europa war Tatsache.
Trumans Worte, an diesem Tag, seinem 61. Geburtstag, gesprochen, bestätigten jedem Amerikaner, was er hören wollte: Deutschland hatte bedingungslos kapituliert. Zum erstenmal in der Geschichte der Neuzeit wurden sämtliche Angehörige der bewaffneten Streitkräfte einer Nation zu Kriegsgefangenen.
Beim nationalen Jubel über den sogenannten *VE Day* vergaßen die meisten Amerikaner für den Augenblick, daß da noch Japan war.
Truman vergaß es nicht. Während der bisherigen 24 Tage seiner Präsidentschaft hatte er sich gründlich vertraut gemacht mit der Einstellung seines Vorgängers hinsichtlich eines Sieges über Japan. Und er war zum selben Schluß gelangt wie dieser: Genau wie bei Deutschland kam nur eine bedingungslose Kapitulation in Betracht. Der Überfall auf Pearl Harbour sowie japanische Kriegsverbrechen, zumal gegen amerikanische Kriegsgefangene, ließen eine derartige kompromißlose Haltung geradezu geboten erscheinen.
Allerdings gab es im Außenministerium einige Beamte, die keineswegs dieser Ansicht waren. Sie meinten vielmehr, die amerikanische Regierung solle ihre Position modifizieren. Es gelte, eine Möglichkeit zu Friedensverhandlungen mit Japan zu finden, bevor die Russen intervenierten und somit die Gefahr eines starken sowjetischen Einflusses im pazifischen Raum drohe. Dieser pragmatischen Einstellung widersprachen jene, die der Überzeugung waren, jedwedes Nachgeben

sei unangebracht und werde nur dazu beitragen, den japanischen Militaristen das Überleben zu sichern — eine unakzeptable Konstellation.
Während intern noch diese Auseinandersetzung schwelte, hatte der amerikanische Abhördienst etwas aufgefangen, das über den japanischen Rundfunk gegangen war, eine Erklärung von Suzuki, dem neuen japanischen Ministerpräsidenten. Nachdem er vom Kaiser den geheimen Auftrag erhalten hatte, ein Ende des Krieges herbeizuführen, war er vor dem Parlament erstaunlicherweise mit einer militanten Rede in Erscheinung getreten: Eine bedingungslose Kapitulation, so erklärte er bei dieser Gelegenheit, scheide von vornherein aus. Denn unter solchen Umständen könne ein Friede nur das Ende Japans und seines kaiserlichen Systems bedeuten. Also müsse das Land bis zum absoluten Ende kämpfen.
Überdies hatte Suzuki einen leidenschaftlichen Appell an das Volk gerichtet:

> Sollten meine Dienste vergolten werden durch den Tod, so erwarte ich, daß die hundert Millionen Menschen dieses ruhmvollen Reiches weiterschreiten über meinen dahingestreckten Körper und einen Schutzschirm bilden, um den Kaiser und dieses kaiserliche Land gegen die Eindringlinge zu verteidigen.

An diesem Morgen war Truman bereit, auf Suzukis rhetorischen und pathetischen Appell zu antworten. Es sollte, soweit es Japan betraf, seine erste öffentliche Verlautbarung seit seinem Amtsantritt sein.
Während er die vorbereitete Erklärung in seinem Amtszimmer im Weißen Haus vor den versammelten Presse- und Rundfunkreportern verlas, schien seine Stimmung recht grimmig zu sein.

> Das japanische Volk hat die Wirkung unserer Angriffe zu Lande, in der Luft und zur See gespürt. Solange seine Führer und seine Streitkräfte den Krieg fortsetzen, werden unsere Angriffe an Kraft und Intensität noch zunehmen, und sie werden Japans Kriegsindustrie völlig vernichten. Dasselbe gilt für die Schiffahrt und alles übrige, das die Fortführung militärischer Aktivitäten ermöglicht.

Je länger der Krieg dauert, desto größer werden die Leiden und die Entbehrungen sein, welche das japanische Volk auf sich nimmt — vergeblich. Unsere Angriffsschläge werden nicht nachlassen, bis die japanischen Streitkräfte, zu Lande, zu Wasser und in der Luft, bedingungslos kapitulieren. Was nun bedeutet diese bedingungslose Kapitulation der Streitkräfte für das japanische Volk? Sie bedeutet das Ende des Krieges. Sie bedeutet auch die Beendigung jenes Einflusses militärischer Führer, die Japan bis an den Rand der Katastrophe gebracht haben. Sie bedeutet Hoffnung auf die Rückkehr der Soldaten und Matrosen zu ihren Familien, auf ihre Bauernhöfe, zu ihren Arbeitsstellen. Und sie bedeutet, daß das gegenwärtige Leid und der gegenwärtige Schmerz nicht verlängert werden in der vergeblichen Hoffnung auf den Sieg. Die bedingungslose Kapitulation bedeutet keinesfalls die Vernichtung oder Versklavung des japanischen Volkes.

Dies war eine eindeutige Erklärung der Position, welche die amerikanische Regierung bezogen hatte: bedingungslose Kapitulation oder aber ein Entscheidungskampf bis zur möglichen Vernichtung. Über Kurzwellen gelangte diese Botschaft nach Japan.
Die Antwort kam prompt. Trumans Warnung wurde als Propaganda abgetan. Radio Japan wiederholte, daß die Nation zum Weiterkämpfen entschlossen sei.
Truman konnte sich sagen: Gewarnt worden sind sie.

9. Mai 1945
Omaha, Nebraska

Außerhalb von Omaha lagen die Martin-Flugzeugwerke, die sich über ein weites Gebiet hinweg erstreckten, und sie wurden fast genauso intensiv bewacht wie die Air Base in Wendover.
Während er tief über das Gelände hinwegflog, konnte Tibbets die Wachen am Haupttor erkennen sowie jene Männer, welche am hohen Zaun rings um das Gebiet entlangpatrouillierten.
Er landete und manövrierte seine Maschine dann zu jenem

Areal, wo schon eine ganze Reihe von B-29-Bombern darauf wartete, überholt zu werden. Doch der Colonel, in einem Transporter, rollte an diesen Maschinen vorbei.
Es gab einiges, worüber er sich freuen konnte. Hier wurde wenigstens noch gearbeitet. Auf anderen Flugplätzen, überall in Amerika, waren die Leute hauptsächlich damit beschäftigt, den Sieg in Europa zu feiern.
Am Abend zuvor, in Wendover, hatte Tibbets ein paar alkoholfreie Drinks getrunken, in der Offiziersmesse natürlich, und sich dann frühzeitig zurückgezogen. Nachdem seine Frau und die Kinder das Haus verlassen hatten (das sich unmittelbar vor den Toren der Basis befand), war er in den Offziersklub gezogen. Inzwischen befand sich von irgendwelchen Familienangehörigen der 509. niemand mehr hier: Die Group befand sich ja sozusagen auf dem Sprung nach Tinian.
Was Lucie Tibbets und die Jungen betraf, so war sie zu ihren Eltern gereist. Der Colonel selbst, gleichsam eingefangen von dem Karussel, das ihn in immer schnellerer Folge herumwirbelte bei seinen dauernden Flügen zwischen Wendover, Washington und Albuquerque, er hatte das Gefühl, es sei für seine Familie und auch für ihn letztlich so das Beste. Er kam kaum noch zur Besinnung. Eine Besprechung jagte die andere, und zwischendurch galt es, hochwichtige Telefongespräche zu führen, oft codiert, mit General Groves. Es war seine Aufgabe und seine Verantwortung, eine komplexe Organisation leiten zu müssen, in der er als einziger »die präzisen Details des Endprodukts« kannte. Stets war es *sein* Schreibtisch, auf dem am Ende alle Probleme landeten; und es verging keine Stunde, in der er nicht irgendwelche Entscheidungen zu treffen hatte, mochte es nun um Meldungen oder Berichte über Flugtauglichkeit, Motoren, Bomben, Sicherheitsmaßnahmen oder Erkrankungen gehen. Mitunter überkam ihn das Gefühl, sein Leben setze sich zusammen »aus einer verdammten Meldung nach der anderen«.
Lucie hatte ihm geschrieben. Sie und die Kinder seien bei ihrer Mutter »einfach prächtig« untergekommen. Tibbets freute sich darüber, fand jedoch keine Zeit für eine Antwort. Seine Frau würde dafür hoffentlich Verständnis haben. Im übrigen wußte sie ja besser als irgend jemand sonst, wie schwer es ihm fiel, Briefe zu schreiben.
Ohne seine Familie war für Tibbets das Leben in Wendover

noch leerer als sonst. Seine Frau hatte für eine behagliche häusliche Atmosphäre gesorgt. Nachdem vierzehn Tage zuvor die 800 Mann starke Kerntruppe des Bodenpersonals die Basis in Richtung Tinian verlassen hatte, »glich das hier einer Geisterstadt«.

Und so war Tibbets mehr oder minder für jeden Anlaß dankbar, der ihn von Wendover fortführte. Der Flug nach Omaha schien so etwas zu sein wie eine »Shopping Tour«.

Nachdem er sich aus der Maschine geschwungen hatte, zückte er seine ID-Card — seinen Spezialausweis — und wurde in ein langgestrecktes Gebäude geführt. Dort unterzog man seine Papiere abermals einer Überprüfung. Wer sich nicht entsprechend ausweisen konnte, hatte hier keinen Zutritt.

Silverplate bot die Gewähr, daß Tibbets etwas tun konnte, wozu sonst kaum ein anderer Flieger in der gesamten Air Force berechtigt war: Er würde sich sozusagen »seine eigene« B-29 aussuchen: jene Maschine, mit der er den ersten Atombombenangriff fliegen wollte.

In Begleitung des ältesten Werkmeisters schritt der Colonel durch die Hallen. Ab und zu kletterten sie hinauf zu einem der Bomber, um sich diesen genauer anzusehen. Einmal blickte Tibbets hierbei zum Werkmeister: Die B-29, die sie gerade besichtigten, mache eigentlich einen ganz prächtigen Eindruck.

Doch der Werkmeister schüttelte den Kopf. »Erste Schicht.«

»Erste Schicht«, das bedeutete: Der Bomber war von Leuten montiert worden, die — nach einem Urlaub — sich erst wieder erholen mußten von Sauftouren und Parties — oder auch von der Erholung. Jedenfalls befanden sie sich nicht gerade auf der Höhe ihrer Fähigkeiten. Mitunter kam es vor, daß sie einen Bomber zusammenbauten, bei dem die Schrauben und Bolzen keineswegs sorgfältig überprüft worden waren.

Tibbets ging weiter.

Der Werkmeister blieb bei einer anderen B-29 stehen. Gruppen von Monteuren machten sich am Flugzeugrumpf zu schaffen. Während sie weiterarbeiteten, musterten sie Tibbets mit einem kurzen, neugierigen Blick.

Tibbets und der Werkmeister kletterten hinauf ins Cockpit. Es war schon weitgehend fertig. Selbst die Ledersitze befanden sich bereits dort.

Der Colonel nahm Platz und blickte aus dem Fenster der Bugkanzel: Unten auf dem Boden der Fabrikhalle schien es vor lauter Aktivität nur so zu wimmeln.
Der Werkmeister rief ihm zu:
»Diese hier ist für Sie.«
Die Montage der Maschine war von Leuten vorgenommen worden, die sich sozusagen in »Topform« befanden. »Selbst die Schrauben am Klositz haben noch einen Extradreh abgekriegt.«
Der Werkmeister versicherte Tibbets, dies sei die beste B-29 in der ganzen Fabrik.
Seine Worte gaben den entscheidenden Ausschlag. Tibbets war jetzt der zukünftige »Eigner« einer sozusagen handverlesenen B-29.
Man einigte sich auf ein Lieferdatum. Tibbets erklärte dem Werkmeister, er werde Lewis und seine Crew schicken, um die Maschine abzuholen.

27. Mai 1945
Bern
Schweiz

Am Spätvormittag erreichte Hacks Auto die Ecke der Herrengasse. Der Deutsche hielt vor einem schönen alten Sandsteingebäude. Dies war das Hauptquartier der OSS.
Hack war nicht zum erstenmal hier. Doch zuvor war er zu Fuß gekommen. Jetzt blieb für solche müßigen Spaziergänge keine Zeit. Seit seiem letzten Besuch (am 3. Mai, als er dem OSS-Verbindungsmann Mr. Blum eine Nachricht des japanischen Marineattachés Fujimura überbracht hatte) spitzten sich die Ereignisse immer mehr zu. In jener Note war angefragt worden, welches denn die amerikanische Absicht sei bezüglich direkter Verhandlungen mit Japan. Zwar enthielt besagte Note keinerlei Hinweis auf eine mögliche japanische Kapitulation. Dennoch, so befand jedenfalls Blum, sei es die Sache wert, weiterverfolgt zu werden. Er hatte Hack erklärt, er sei bereit, den Dialog fortzuführen, vorausgesetzt allerdings, man könne sich dabei, von japanischer Seite aus, auf »offizielle Richtlinien« stützen.
Für Hack war das ein Anlaß zu tiefer Besorgnis. Er wußte, daß

der Marineattaché bis zum gegenwärtigen Zeitpunkt ohne die ausdrückliche Bevollmächtigung durch seine Vorgesetzten im Kriegsmarineministerium in Tokio gehandelt hatte. Und Hacks Sorgen verstärkten sich noch, als er erfuhr, daß Fujimura dem Stabschef, Toyoda, ein chiffriertes Telegramm geschickt hatte, in welchem der Marineattaché mehr oder minder deutlich zum Ausdruck brachte, es sei die OSS gewesen — und nicht etwa er selbst —, welche die ersten »Annäherungsversuche« in die Wege leiteten.
Hack begriff sehr genau, daß Fujimura seinen Vorgesetzten nicht gut eingestehen konnte, er habe ohne ihre ausdrückliche Einwilligung gehandelt. Aber es war ihm auch klar, wieviel potentielle Gefahr sich verbarg hinter der Frage, von welcher Seite denn nun die Initiative ausgegangen sei.
Hacks Befürchtungen schienen sich zu bestätigen. Toyodas chiffrierte Antwort warnte Fujimura ausdrücklich: »Zwar sind die Hauptpunkte unserer Verhandlungen mit der OSS unmißverständlich, doch gibt es gewisse Aspekte, die hindeuten auf ein Komplott von seiten des Feindes. Wir raten Ihnen deshalb zu alleräußerster Vorsicht.«
Es war eine Warnung, die Fujimura und Hack erschreckte. Sie vermuteten — und dies zu Recht —, daß die Amerikaner in der Herrengasse die Nachricht abgefangen und inzwischen auch dechiffriert hatten —, so daß sie also über die in Tokio dominierende Einstellung sehr genau im Bilde sein würden.
Seit sechs Tagen hatten die beiden Männer ihren nächsten Schritt genau überdacht. Fujimura spielte mit dem Gedanken, nach Japan zu fliegen, um seine Vorgesetzten von ihrer mißtrauischen Haltung abzubringen. Hack gab sich alle Mühe, ihm eben dies auszureden — eine solche Reise sei ganz einfach zwecklos. Anstelle des Fluges nach Tokio hatte er eine erneute Kontaktaufnahme zur OSS vorgeschlagen: Der japanische Attaché solle ganz offen von der äußerst brüchigen Verbindung nach Tokio erzählen. Fujimura stimmte diesen Überlegungen zu.
Nachdem er sein Auto geparkt hatte, drückte Hack auf die Klingel des Eingangs zum OSS-Haus. Er wurde eingelassen und in ein kleines Wartezimmer geführt.
Blum erschien und lauschte höflich auf das, was Hack ihm über Tokios Befürchtungen berichtete: wegen eines mögli-

chen Komplotts des Feindes. Er versicherte seinem Besucher, daß von einem solchen Komplott nicht die Rede sein könne.
Blum war ein Mann, der sich intensiv mit Geschichte befaßte. Und so erahnte er gleichsam, daß — nach der deutschen Niederlage — die Russen sehr bemüht sein würden, ihren Einfluß auf den pazifischen Raum auszudehnen. Die in Jalta gegebene sowjetische Zusicherung, Japan spätestens Anfang August den Krieg zu erklären, war in Blums Augen kaum mehr als ein Versuch der Kommunisten, im Fernen Osten Fuß zu fassen.
Dementsprechend war er bereit, Hack mehr als nur »Kaffee und Sympathie« zu bieten. In Übereinstimmung mit den chiffrierten Anweisungen, die er aus Washington erhalten hatte, machte Blum einen bemerkenswerten Vorschlag.
»Meine Regierung ist sich der Situation in Tokio voll bewußt. Die Vereinigten Staaten meinen, daß zu diesem Zeitpunkt die einzig befriedigende Lösung für Japan darin besteht, einen maßgeblichen Staatsmann oder General oder Admiral zu Unterredungen nach Bern zu schicken. Ich bin bevollmächtigt, folgende Erklärung abzugeben: Die Vereinigten Staaten werden den Lufttransport von Japan in dieses Land garantieren.«
Hack war hochzufrieden. Er fuhr zur japanischen Gesandtschaft zurück, um Fujimura Bericht zu erstatten. Der Attaché übermittelte den Vorschlag sofort telegrafisch seinen Vorgesetzten in Tokio. Seinen Bericht schloß er mit einer sehr realistischen Einschätzung.
»Kann der Marineminister, im Licht unserer gegenwärtigen Notlage, einen anderen Kurs sehen als den eines Friedensschlusses mit den Vereinigten Staaten?«

28. Mai 1945
Das Pentagon
Washington, D.C.

Am langen Konferenztisch gab es noch einen freien Sitz. Dieser befand sich unmittelbar neben jenem Platz, den Tibbets innehatte. Hohe Marine- und Armeeoffiziere starrten betont auf diesen freien Sitz, auch Wissenschaftler vom Manhattan Projekt. Tibbets gab sich gelassen. Innerlich jedoch kochte er. Aus unerfindlichen Gründen hatte es Beser versäumt, sich rechtzeitig zu jener Besprechung einzufinden, welche — wichtig genug — der Festlegung des Angriffsziels dienen sollte.

Im Verlauf der vorherigen Besprechung, am 12. Mai, waren viele Details in puncto Durchführung geklärt worden: Der Annäherungszünder der Atombombe würde voraussichtlich so eingestellt werden, daß er in einer Höhe von rund 700 Metern über dem Erdboden funktionierte. Sofern es die Wetterverhältnisse über dem Zielbereich zuließen, sollte »auf Sicht« bombardiert werden, wobei man sich darüber im klaren war, daß gewisse »Risiken« nicht auszuschließen seien. Im Falle eines erforderlichen »Notabwurfs« der Bombe dürfe dieser keinesfalls vorgenommen werden über Gewässern, welche sich in der Nähe jener Gebiete befanden, die bereits von Amerikanern erobert worden waren, denn »Wasser, das in diese Kanonentyp-Bombe eindringt, wird eine Kernreaktion auslösen«.

Am 12. Mai war auch über spezielle Ziele gesprochen worden. Man hatte den Kaiserpalast in Tokio in Betracht gezogen, diesen Gedanken jedoch nicht weiter verfolgt, zumindest nicht unmittelbar. Die Ausschußmitglieder stimmten jedoch darin überein, »daß wir uns Informationen verschaffen sollten, um uns klar zu werden über die mögliche Wirksamkeit unserer Waffe gegen dieses Ziel«.

Im Verlauf der Besprechung hatten sich schließlich vier Städte als mögliche Angriffsobjekte herausgeschält. Der erörterten Rangfolge gemäß handelte es sich um Kyoto, Hiroshima, Yokoyama und Kokura. Fortan war die Bombardierung dieser vier Städte mit konventionellen Bomben verboten. Sie galten gleichsam als »reserviert«. Jetzt, bei dieser dritten Zusammenkunft des Zielkomitees, unterzog man diese sowie weitere Ziele einer eingehenden Betrachtung.

Um Punkt neun Uhr nahm Groves seinen Platz am anderen Ende des Raumes ein. Die Sitzung begann damit, daß ein Adjutant sogenannte Zielbeschreibungen herumreichte. Jedes dieser Dossiers enthielt Meßtischblätter (also Landkarten in sehr großem Maßstab) sowie Fotos der Luftaufklärung und eine Menge einschlägiger Daten. Überdies wurden Karten ausgegeben, auf denen man Gebiete des Pazifik sowie japanischer Küstengewässer verzeichnet fand: Auch Luft-See-Einsatzprogramme und ähnliches mehr standen zur Debatte.

Wenn Tibbets auf Besers Anwesenheit bei dieser Sitzung besonderen Wert legte, so natürlich aus einem ganz einfachen Grund: Er sollte jede mögliche Frage über Radar beantworten können. Der Colonel hatte Beser gestattet, als erster nach Washington zu fliegen, damit er über das Wochenende in Baltimore seine Eltern besuchen konnte. Und Beser hatte Tibbets versprochen, sich vor Beginn der Sitzung am Eingang des Konferenzraumes einzufinden. Leider jedoch fand sich von ihm nirgends auch nur eine Spur.

Beser traf ein, nachdem ein MP die Türen zu Konferenzraum 4E200 geschlossen und sich davor postiert hatte.
Der weibliche Offizier von WAC am sogenannten Empfangspult nicht weit von dem MP beäugte Beser mißtrauisch.
»Haben Sie sich verlaufen, Lieutenant?«
»Nein. Jedenfalls nicht, wenn dies das Pentagon ist, Ma'am.«
Sie ignorierte seinen lässigen Tonfall.
»Dies ist Sperrgebiet, Lieutenant.«
»Ich weiß. Und ich habe mich verspätet.«
Beser blickte zu der bewachten Tür. Der MP schien zu erstarren. Die WAC erhob ihre Stimme.
»Sie können dort nicht hinein!«
Beser drehte sich zu ihr herum.
»Ma'am, sofern es sich um die Zielkomitee-Sitzung handelt — ich werde erwartet!«
»Sie wollen mir weismachen, daß man dort drinnen bei all den hohen Tieren auf einen *Lieutenant* wartet!«
»Ja, Ma'am!«
Beser mußte warten. Nach etwa einer halben Stunde (die er außerhalb des eigentlichen »Empfangsbereichs« zubrachte) hörte er hinter sich ein Gespräch im Flüsterton. Als er sich umdrehte, sah er einen Major, der sich zornig vor der WAC aufreckte.
Die Tür zum Konferenzraum war geöffnet. Der Major erspähte Beser.
»Sind Sie Beser?«
»Jawohl, Sir.«
»Verdammt, Sie sollten längst drinnen sein.«
»Ich weiß. Und ich wünschte nur, irgend jemand hätte das dieser Dame gesagt.«
»Man wartet darauf, daß Sie eine Frage beantworten! Machen Sie, daß Sie reinkommen!«

So lässig, wie er nur konnte, betrat Beser den Konferenzraum.
Ein Kapitän der Kriegsmarine sprach gerade zu den Versammelten. Mitten im Satz brach er ab und starrte Beser an. Tibbets winkte dem jungen Offizier. Beser solle sich neben ihn setzen. Beser nahm Platz, flüsterte eine Entschuldigung, eine Erklärung . . .
»Der früheste Zug von Baltimore hatte Verspätung. Und dann konnte ich beim Bahnhof kein Taxi kriegen. Schließlich war da noch diese WAC . . .«
Der Kapitän unterbrach Besers Monolog.
»Falls der Lieutenant bereit ist, die Frage zu beantworten . . .«
Hilflos blickte sich Beser um.
»Es handelt sich um folgendes. Die Kriegsmarine möchte in einer Entfernung von rund drei Seemeilen vor der japanischen Küste ein U-Boot postieren. Dieses U-Boot soll uns dann per Loranstrahl Navigationshilfe beim Anflug aufs Ziel leisten. Sofern es irgendwelche Schwierigkeiten gibt, könnte uns dieser Strahl überdies dorthin leiten, wo wir von besagtem U-Boot womöglich sozusagen aus Seenot gerettet werden könnten.«
Das Loranverfahren war so etwas wie ein verbessertes Radarsystem, dessen sich inzwischen sowohl die Navy als auch die Air Force bedienten, wenn auch zweifellos erst im Anfangsstadium.
Wieder sprach der Captain direkt zu Beser. »Die Frage, Lieutenant, lautet also: Wie stehen Sie zu dieser Sache?«
»Ist doch alles Blech!«
Der Captain erstarrte. Tibbets ächzte. Die übrigen Anwesenden verharrten in tödlichem Schweigen. Und vom entfernten Tischende her erklang Groves' Stimme.
»Warum sagen Sie das?«
»Sir, ich glaube nicht, daß man ein U-Boot in einer solchen Position halten kann. Es muß gegen die Gezeiten ankämpfen. Der Seegang wird ihm schwer zu schaffen machen. Und im übrigen muß das U-Boot dauernd aufgetaucht sein, damit das Loranverfahren angewendet werden kann. In einer Entfernung von nur drei Seemeilen vor der japanischen Küste kann das U-Boot jedoch auf gar keinen Fall aufgetaucht bleiben, ohne vom Feind angegriffen zu werden.«

Groves' nächste Worte brachten die Angelegenheit zum Abschluß.
»Die angeführten Gründe erscheinen in der Tat stichhaltig genug. Gehen wir also zum nächsten Punkt der Tagesordnung über, der Bereitstellung eines Flugzeugs, das womöglich als Bergungsmaschine zum Einsatz kommen mag . . .«
Beser blickte zu Tibbets, und aus seinem Flüstern klang eine eindringliche Frage.
»War das so richtig von mir?«
Tibbets' Antwort war kurz und knapp, und sie zielte genau auf den Punkt.
»Genau ins Schwarze getroffen!«

30. Mai 1945
Hiroshima

Kurz vor dem Morgengrauen wurde Bürgermeister Awaya und seine Familie (genauso wie viele andere Bürger im Bezirk) aus dem Schlaf geschreckt durch das Geräusch donnernder Lastkraftwagen. Lautes Klopfen erscholl, dann Schreie. Die Lastwagen fuhren weiter, fuhren davon.
Es war die Kempei Tai, die gefürchtete Militärpolizei, die noch immer, wie schon seit Wochen, Menschen verhaftete, die nur einem einzigen Wunsch Ausdruck gegeben hatten: daß Japan endlich Frieden machen möge mit den Amerikanern.
Inzwischen waren bereits 400 Prominente — Personen des öffentlichen Lebens also — allein in Hiroshima verhaftet worden, und das im Lauf der letzten vierzehn Tage. Zu ihnen gehörte ein Richter des Hohen Gerichtshofes sowie ein ehemaliger Botschafter, Shigeru Yoshida, der später Ministerpräsident werden sollte.
Am Morgen dieses Tages allerdings befand sich Yoshida im Stadtgefängnis, und zwar unter der Anklage, ein »gefährlicher Pazifist« zu sein.
Wie überall in Japan, so hatte die Kempei Tai auch in Hiroshima damit begonnen, alle »Radikalen« zu verhaften: und zwar im Anschluß an jene Sendung über Kurzwelle, die am 8. Mai von Washington aus in Richtung Japan gegangen war: in der Truman ebenso grob wie unmißverständlich verkündet

hatte, für die Amerikaner gebe es nur eine Möglichkeit — die bedingungslose Kapitulation der Japaner.

Seither war diese Botschaft für alle Japaner, die es wagten, ihr Leben aufs Spiel zu setzen, indem sie Feindsender abhörten, so etwas wie ein fester Programmteil: eine Wahrheit, die *außerhalb* der Sendungen von Radio Japan existierte.

Viele dieser Sendungen wurden von Captain Ellis Zacharias, USN, gesprochen, der Japanisch perfekt beherrschte. So manchem Japaner wurde seine Stimme ebenso vertraut, wie es jene der Tokio-Rose für die amerikanischen Soldaten und Matrosen im Pazifik geworden war.

Wohl nur wenige seiner Zuhörer vermuteten, daß Zacharias' Worte überaus sorgfältig studiert wurden von Beamten der Regierung in Tokio: daraufhin nämlich, ob sich in ihnen womöglich ein Hinweis befand, daß die amerikanische Regierung ihre Haltung bezüglich der bedingungslosen Kapitulation änderte.

Für den Großteil seiner Zuhörer war Zacharias ganz einfach ein erstaunlich gut informierter Ausländer, der sich geradezu verblüffend auf die japanische Denkweise verstand und dies auch ausdrückte. Er drohte nicht, er polterte nicht, er berichtete nur die unausweichlichen Fakten.

In Hiroshima hatte die Kempei Tai wie gewohnt ihre Verhaftung noch vor Morgengrauen vorgenommen, um jene dingfest zu machen, die auch nur von fern Zacharias' ruhige und leidenschaftlose Begründung teilten: daß nämlich, falls Japan nicht kapituliere, es bis zu seiner totalen Zerstörung nur noch eine Frage der Zeit sei.

Die Kempei Tai operierte von ihrer Zentrale in der Hiroshima-Festung aus, und sie hatte — 800 Mann stark — das uneingeschränkte Recht, jeden Zivilisten und jeden Soldaten innerhalb des Stadtgebietes zu verhaften.

Jene, die ein Verhör führen sollten, wurden mit einem offiziellen »Handbuch« ausgestattet. Es hieß: *Bemerkungen zu Verhören von Kriegsgefangenen.* In diesen *Bemerkungen* fanden sich genaue Anweisungen zu körperlicher und geistiger Folter.

Was die Kempei Tai in Hiroshima betraf, so hatten ihre Leute ausgiebig Gelegenheit, ihre Techniken an verhafteten Bürgern zu erproben und zu vervollkommnen.

Allerdings zielte die Hoffnung der ausgebildeten Verhörspezialisten auf ganz etwas anderes ab: auf amerikanische

Kriegsgefangene nämlich. Und dahingehend waren denn auch sämtliche Einheiten der Umgebung instruiert worden — würde ein Feindflieger abgeschossen, so müsse er sofort zur Zentrale der Kempei Tai gebracht werden.

1. Juni 1945
Washington, D.C.

Seit zwei Tagen saßen sie beisammen in sozusagen aboluter Klausur, einige der besten zivilen wissenschaftlichen, aber auch der militärischen Gehirne in den Vereinigten Staaten. Im Mittelpunkt aller Überlegungen: die Zukunft der Atombombe.

Es handelte sich um das sogenannte Imterim-Committee, das unter dem aufmerksamen Vorsitz des Kriegsministers Stimson tagte: Dies war nun schon die vierte und, wie sich zeigen sollte, entscheidende Sitzung in einem Monat.

Bei dieser Sitzung war auch jenes wirklich »erlauchte« Gremium von Wissenschaftlern anwesend. Es fungierte nicht nur als Ratgeber für das Committee, sondern auch als Fürsprecher für die anderen nicht anwesenden Wissenschaftler: Hierbei handelte es sich um eine Aktion, deren Ziel es war, sämtlichen irgendwie beteiligten Physikern und Chemikern die Gewißheit zu geben, daß man sie nicht übergehen konnte. Auf diese Weise hoffte man all jenen selbständigen Aktionen einen Riegel vorzuschieben, wie sie etwa von Niels Bohr und Leo Szilard unternommen worden waren, die ihr Anliegen dem Präsidenten direkt vorzutragen versuchten. Groves' Worten zufolge ging es darum, »die Angelegenheiten in den richtigen Kanälen zu halten«.

Das wissenschaftliche Gremium bestand aus Robert Oppenheimer, Enrico Fermi, Ernest O. Lawrence und Arthur Compton. Außer Oppenheimer waren alle Nobelpreisträger; und, von Fermi abgesehen, bekundeten alle ein überaus großes Interesse an den ethischen und politischen Fragen, welche sich aus dem Einsatz der Bombe ergaben.

Die Diskussionen des Committees nahmen einen guten Teil dieses ersten Junitages in Anspruch. Genau wie Stimson waren auch die übrigen Ausschußmitglieder Männer, die es verstanden, im allgemeinen sehr schnell zum Kern der Sache

vorzustoßen; ihre Fragen wußten sie scharf und durchdringend zu formulieren.
Oppenheimer und seine Kollegen gaben offen und ausführlich Antwort.
Aufmerksam hörten die Ausschußmitglieder zu, während der wissenschaftliche Leiter des Manhattan Projekts den Unterschied zwischen der Uranium- und der Plutoniumbombe darlegte. Letztere sollte in sieben Wochen bei Alamogordo getestet werden. Da jede Bombe praktisch »von Hand« hergestellt wurde, verfügte man über sehr begrenzte »Vorräte«, weshalb auch beschlossen worden war, bei der Uranbombe auf einen Test zu verzichten: Man erwartete, daß sie funktionierte.
Beim einen wie beim anderen Bombentyp würde die Hauptwirkung durch den Detonationsdruck erzielt werden. Dieser werde womöglich noch in einer Entfernung von anderthalb Kilometern von der Explosionsstelle zu spüren sein.
In seiner Antwort auf eine andere Frage erklärte Oppenheimer, die Uranbombe sei hervorragend für den Einsatz gegen Truppenkonzentrationen sowie Rüstungsfabriken geeignet. Eine einzige Bombe könne etwa 20000 Menschen töten.
Kurz darauf machte man Mittagspause. Die acht Ausschußmitglieder, das vier Mann starke Wissenschaftlergremium und die Generäle George C. Marshall und Groves nahmen an verschiedenen Tischen Platz.
Der Physiker Arthur Compton fand sich Seite an Seite mit Henry L. Stimson. Die beiden Männer kannten einander erst seit zwei Tagen, und der Wissenschaftler war tief beeindruckt von der Energie und Vitalität des Ministers und vor allem auch von der Art und Weise, in der Stimon eine weitsichtige Geschichtsbetrachtung angestellt hatte, indem er darauf hinwies, daß »die Atomenergie nicht nur unter dem Aspekt ihrer kriegsmäßigen Verwendung gesehen werden kann, sondern auch betrachtet werden muß unter dem Gesichtspunkt einer neuen Beziehung des Menschen zum Universum«.
Dies war eine Einstellung, die Compton gefiel. Was jedoch jetzt während der Mittagspause folgte, wird in seinen Einzelheiten nie wirklich zu klären sein. Unmittelbare Aufzeichnungen über die Tischgespräche wurden nicht gemacht, und was das menschliche Erinnerungsvermögen anbetrifft, so ist es selbst im günstigsten Fall nie übermäßig zuverlässig. Später

sollte sich zeigen, daß die Teilnehmer dieser »Mittagstischrunde«, die mehr oder weniger weit voneinander getrennt saßen, einander selbst in geringfügigen und unbedeutenden Einzelheiten widersprachen.
Compton berichtete, er habe Stimson gefragt, »ob es nicht möglich sei«, eine nicht-militärische Demonstration der Atombombe zu arrangieren, und zwar auf eine solche Weise, daß den Japanern vor Augen geführt werde, wie sinnlos eine Fortführung des Krieges sei.
Andere meinten später, Stimson habe Compton gefragt, ob eine solche Demonstration »unseren Zwecken dienlich« sei.
Wieder andere glaubten, James F. Byrnes (im Interim Committee der persönliche Vertreter von Präsident Truman) habe Lawrence um seine Meinung gebeten. Sowohl Lawrence als auch Oppenheimer hätten sich dem Vorschlag gegenüber recht skeptisch gezeigt.
Oppenheimer sollte gesagt haben, er bezweifle, »daß sich eine Demonstration von ausreichender Überzeugungskraft bewerkstelligen lasse, um die Japaner dazu zu bringen, das Handtuch zu werfen«. Byrnes, so hieß es später, habe davon gesprochen, daß »die Japaner womöglich amerikanische Kriegsgefangene ins Demonstrationsgebiet schaffen werden«.
Später — nein, später konnte niemand mehr beschwören, wer denn eigentlich genau was gesagt hatte.
Als man nach dem Mittagessen in den Konferenzraum zurückkehrte, wo man sich Notizen machte, wurde die Diskussion fortgesetzt. Den Aufzeichnungen zufolge argumentierte Stimson: »Nichts könnte für unsere Bemühungen, eine Kapitulation zu erreichen, verheerender sein als eine Warnung oder eine Demonstration, die sich als Fehlschlag erweist — eine keineswegs auszuschließende Möglichkeit.« Überdies, so hieß es weiter, »hatten wir keine Bombe zu verschwenden. Es war von entscheidender Wichtigkeit, mit den wenigen, die wir besaßen, möglichst bald Wirkung zu erzielen.«
Stimson war sich nur zu genau bewußt, daß am Ende kein anderer als er die Verantwortung trug: dafür nämlich, daß er Truman riet oder »empfahl«, daß und wie die Bombe eingesetzt werden sollte.
Insgeheim war sein Entschluß längst gefaßt. »Um den Kaiser und seine militärischen Ratgeber zu einer echten Kapitulation

zu bewegen«, so glaubte er, »mußte man ihnen einen ungeheuren Schock versetzen, der sie davon überzeugte, daß es in unserer Macht stand, das Kaiserreich zu vernichten. Ein solcher wirksamer Schock würde zwar viele Leben kosten, aber noch mehr Leben, amerikanische wie japanische, würden dadurch gerettet werden.«

Das Interim Committee gelangte zum selben Schluß. Am Ende der Beratungen wurden dem amerikanischen Präsidenten hinsichtlich des ersten Einsatzes der Atombombe folgende drei Empfehlungen geboten:

Der Einsatz solle sobald wie möglich erfolgen.

Die Bombe solle abgeworfen werden auf militärische Anlagen, die sich inmitten leicht zerstörbarer Häuser bzw. Gebäude befanden.

Der Einsatz der Bombe solle erfolgen ohne vorherige Warnung betreffs ihrer speziellen Natur.

12. Juni 1945
Washington, D.C.

Am Vormittag erhielt Groves die Aufforderung, Stimson im Kriegsministerium aufzusuchen. Das Amtszimmer des Ministers befand sich unmittelbar neben dem des Stabschefs General Marshall. Allerdings war es größer und enthielt eine Reihe von Bücherregalen für Stimsons umfangreiche Privatbibliothek.

Die erste Frage, die der Kriegsminister dem General Groves stellte, klang beiläufig genug. Höflich fragte er nach den Namen jener japanischen Städte, die man für einen möglichen Atombombenangriff in Betracht gezogen habe.

Groves zögerte. Gerade an diesem Morgen hatte er ein »Memo« beendet, das an General Marshall gerichtet war. Es trug die Überschrift »Atomare Spaltungsbomben«, war als »höchst geheim« abgestempelt und enthielt, in prägnanter Zusammenfassung, die vier in Erwägung gezogenen Zielobjekte in Japan: Kokure, Hiroshima, Niigata und Kyoto.

Hierbei handelte es sich um die allerletzten »Empfehlungen« des Zielausschusses. Bei seinen Beratungen hatte dieser Ausschuß auch die »psychologischen Faktoren« berücksichtigt. Man hielt es für »wünschenswert«, die Bombe dort einzuset-

zen, »wo ihre Einsatz spektakulär genug erscheint, um ihrer Bedeutung als Waffe die internationale Anerkennung zu sichern . . .«
Vom rein psychologischen Standpunkt schien Kyoto das beste Ziel zu sein. Es besaß den Vorteil, daß seine Einwohner »intelligenter waren und daher sie die Bedeutung einer solchen Waffe besser einzuschätzen wußten«.
Andererseits besaß Hiroshima »den Vorteil einer Größe von ganz beträchtlichem Ausmaß, begrenzt von Gebirge, so daß ein großer Teil der Stadt zerstört werden könnte.«
Groves gab nach wie vor Kyoto den Vorzug. Über die dortige Intelligenzia werde sich, davon war er fest überzeugt, sofort die Nachricht von der furchtbaren Wirkung der Bombe verbreiten.
Seit jeher hatte Groves geglaubt, es sei eine rein militärische Angelegenheit, die Kapitulation des Feindes zustande zu bringen. Und so erklärte er Stimson, es sei seine Absicht, am nächsten Tage General Marshall die Zielliste zwecks Billigung vorzulegen.
»Ich möchte sie sehen.«
Groves versuchte, seine Beunruhigung zu verbergen.
»Es wäre mir lieber, Ihnen diesen Bericht nicht vorzulegen, ehe ich nicht mit General Marshall darüber gesprochen habe – schließlich handelt es sich um Dinge, die den unmittelbaren militärischen Einsatz betreffen.«
Stimson hatte fünfunddreißig Jahre seines Lebens im Staatsdienst verbracht, die meisten davon in der unmittelbaren Nähe des jeweiligen Präsidenten. Widerspruch war er kaum gewohnt, obschon er bei seinem hohen Alter sehr wohl die Vorteile der Toleranz zu schätzen wußte.
Entsprechend verhielt er sich jetzt Groves gegenüber.
»Dies ist eine Sache, die ich selbst entscheiden muß. Marshall hat damit nichts weiter zu tun. Ich möchte gern den Bericht sehen.«
Groves zögerte nach wie vor.
»Der befindet sich in meinem Büro.«
»Dann lassen Sie ihn herschaffen.«
»Das wird einige Zeit in Anspruch nehmen.«
Stimsons Geduld war erschöpft. Indem er Groves scharf ins Auge faßte, umriß er sarkastisch seine Haltung.
»Ich habe den ganzen Vormittag zur Verfügung. Bedienen Sie

sich nur meines Telefons, um den Bericht umgehend herbeizuschaffen.«

Der unglückliche Groves tat, wie ihm geheißen. Aus welchem Grunde der Kriegsminister sich wegen einer Liste möglicher Angriffsziele so »aufblies«, konnte er beim besten Willen nicht begreifen.

Stimson forderte Groves auf, ihm eben diese Ziele zu nennen.

»Beim ersten handelt es sich um Kyoto . . .«

»Zur Bombardierung dieser Stadt werde ich niemals meine Einwilligung geben.«

Groves war verwirrt. Wie, um alles auf der Welt, meinte Stimson das nur?

»Herr Minister, ich glaube Grund zu der Annahme zu haben, daß Sie Ihre Meinung ändern werden, nachdem Sie Gelegenheit hatten, sich mit unserer Beschreibung Kyotos zu befassen sowie der Darlegung unserer Gründe für eine mögliche Bombardierung.«

»Das bezweifle ich.«

Und Stimson erwähnte etwas, das Groves bei seiner Beurteilung nie ernsthaft in Betracht gezogen hatte.

»Kyoto ist eine historische Stadt und überdies ein Ort, der für die Japaner große religiöse Bedeutung besitzt. Ich habe es besucht, als ich Generalgouverneur der Philippinen war, und die uralte Kultur hat mich sehr beeindruckt.«

Ein Bote traf ein. Er brachte den »Zielbericht«. Sofort nannte Groves alle Argumente, die für Kyoto als Zielobjekt des Atombombenangriffs sprachen. Die Stadt platze vor hochproduktiven Rüstungsbetrieben geradezu aus den Nähten. Allein aus diesem Grunde sei Kyoto so etwas wie die ideale Wahl.

Stimson unterbrach ihn geradezu abrupt. Er rief Marshall herein, und in Gegenwart des Stabschefs wiederholte er seine Einwände gegen Groves' Vorschlag.

Später lieferte der »geschlagene« Groves den einzigen detaillierten Bericht über das, was folgte.

> Marshall verlieh seiner Meinung keinen allzu positiven Ausdruck, obschon er Mr. Stimson gegenüber keineswegs konträrer Auffassung war. Allerdings schien er, meinem Eindruck zufolge, den Standpunkt zu vertreten, es mache weder nach der einen noch nach der anderen Richtung ei-

nen großen Unterschied ... Was mich persönlich betraf, so fühlte ich mich beklommen und in noch stärkerem Maße verärgert, weil er ja meinen konnte, ich hätte versucht, ihn zu übergehen bei einer Angelegenheit, die seiner alleinigen Entscheidung unterlag. Nachdem eine Weile diskutiert worden war (wobei ich keine Gelegenheit fand, General Marshall diskret davon in Kenntnis zu setzen, daß ich keineswegs die Absicht hatte, ihn in irgendeiner Weise zu übergehen), erklärte der Minister, er werde bei seinem Entschluß bleiben. Im Laufe des Gesprächs entwickelte er nach und nach die Ansicht, besagte Entscheidung sollte bestimmt werden durch die historische Position, welche die Vereinigten Staaten nach dem Kriege einnehmen würden. Seiner Überzeugung nach sei alles von Schaden, das eben diese Position gefährden könne. Ich meinerseits befürwortete Kyoto als Angriffsziel, weil es sich um ein Gebiet von einer Größe handelte, die gewährleisten würde, daß wir über die Wirkungen einer Atombombenexplosion vollständig im Bilde sein würden. Hiroshima schien in dieser Hinsicht längst nicht so befriedigend.

Noch immer »beklommen und verärgert«, zog sich Groves schließlich in sein Büro in Foggy Bottom zurück. Allen von Stimson vorgebrachten scharfen Einwänden zum Trotz war Groves auch in der Folgezeit nicht davon abzubringen: Kyoto, so beharrte er noch immer, sei das am besten geeignete Angriffsziel. Am Ende sah sich Stimson gezwungen, die Angelegenheit unmittelbar Truman zur Entscheidung zu unterbreiten. Und Groves erhielt sehr nachdrücklich den Bescheid, daß sich auch der Präsident dagegen ausgesprochen habe, über Kyoto eine Atombombe abzuwerfen.
Aber selbst jetzt gab Groves sich noch nicht völlig geschlagen. Er sorgte dafür, daß der Name der Stadt auf der Reserveliste blieb. Später behauptete er dann, aufgrund einer ziemlich »verdrehten« Logik, daß die Rettung der Stadt eigentlich ihm zu verdanken sei: »Hätten wir Kyoto nicht als Atomziel vorgeschlagen, so wäre es natürlich nicht vor regulärer Bombardierung ›reserviert‹, sondern höchstwahrscheinlich stark in Mitleidenschaft gezogen worden, womöglich sogar bis Kriegsende völlig zerstört.«

14. Juni 1945
Omaha, Nebraska

Seine Mütze ins Genick geschoben und die Hände in die Hüften gestemmt, musterte Lewis seine Crew und schüttelte den Kopf. »Ihr seht ja alle aus, als ob ihr seit einer Woche kein Auge mehr zugekriegt hättet.«

Die Mannschaft grinste breit. Die Leute wußten schon, was er meinte. Seit sieben Tagen warteten sie in Omaha auf den Bomber — seit Tibbets das betreffende »Exemplar« höchstpersönlich ausgewählt hatte. Inzwischen wurde es jedoch immer noch allen möglichen »Spezialbehandlungen« unterzogen.

Während die Crew, mit Lewis an der Spitze, ungeduldig darauf wartete, die Maschine endlich in Empfang nehmen zu können, hatte man ein paar Mädchen »aufgerissen«. In einem lokalen Hotel zelebrierte die Crew wilde Parties. Einer der Männer war zu einer verheirateten Frau gezogen, wo er dann, gemeinsam mit seiner Geliebten, vom Ehemann prompt im Bett ertappt wurde. Eine Prügelei folgte, und die Polizei mußte eingreifen. Es bedurfte aller diplomatischen Fähigkeiten, über die Lewis verfügte, um die Angelegenheit ohne großes Aufsehen beizulegen. Er hatte auch das »Vergnügen« gehabt, wütende Bürger zu beschwichtigen, nachdem sie von einem anderen seiner Flieger durch sein Schlafzimmerfenster mit Bierflaschen »bombardiert« worden waren. Als sich auch die Leitung des Hotels beschwerte, gelang es ihm, die Sache »im Sande verlaufen« zu lassen.

Im Laufe der vergangenen Monate war der Pilot immer mehr zum Berschützer seiner Crew geworden. Innerhalb der Group verschwanden die Rangunterschiede weitgehend. Offiziere und Nicht-Offiziere sprachen sich mit dem Vornamen an. Lewis legte ausgesprochenen Wert darauf, einen großen Teil seiner freien Zeit im Nicht-Offiziersklub zu verbringen. Dort zog er sich seine Offiziersjacke aus und trug nicht selten einen Uniformrock des Sergeanten Joe Stiborik. Der Sergeant war der Radarmann der Crew.

Beim Fliegen selbst hielt sich Lewis noch immer »genau an die Vorschriften«. Und wenn einer seiner Leute »Mist baute«, so stauchte er ihn kurz zusammen. Doch er ließ es nicht zu, daß irgendein Außenstehender »seine Crew« kritisierte.

Er sagte zu seinen Leuten: »Wenn ihr irgendein Problem habt, ich kriege das schon klar.«
Vor dem Abflug nach Omaha war Sergeant Shumard zu Lewis gekommen, ein hochgewachsener, recht umgänglich wirkender Mann, zweiter Bordmechaniker. Doch in diesem Augenblick war er sehr erregt, weil in Wendover ein MP seinen roten Setter erschossen hatte. Lewis zeigte seinen ungeheuren Zorn. Er stauchte den Militärpolizisten ganz gewaltig zusammen. Seine Reaktion trug noch dazu bei, die Achtung und die Zuneigung, welche die Crew für ihren unorthodoxen Captain empfand, um ein Beträchtliches zu steigern.
Es konnte kaum ausbleiben, daß es unter den Besatzungsmitgliedern welche gab, denen es ganz und gar nicht gefiel, wenn Ferebee und van Kirk und selbst Beser und Jeppson in die Gemeinschaft »eindrangen«, ganz zu schweigen von dem höchst selten mitfliegenden Tibbets. Bei diesen Gelegenheiten wurde Lewis zum Copiloten »degradiert«. Dennoch gab er sich Mühe, keinen Zweifel daran zu lassen, daß es »seine Crew« sei, welche die Maschine flog.
Caron, ein kluger Mann mit sehr viel Instinkt, hatte das Gefühl, daß Lewis und seine übermäßige Fürsorge sehr wohl zum Problem werden mochten, wenn der Colonel kommen würde, um den Einsatz zu fliegen. Der Heckschütze hegte nicht den geringsten Zweifel daran, daß es Tibbets sein werde, der beim ersten Feindflug den Befehl hatte. Im übrigen gefiel es ihm, wenn der Colonel mit ihnen flog. »Er war ganz einfach ein Gentleman, ruhig und aufmerksam. Was nun Bob betraf, so war der ein prächtiger Pilot, aber er benahm sich wie ein Cowboy.«
An diesem Morgen, in der Martin-Fabrik in Omaha, hatte Lewis nur seine »reguläre« Crew mit sich. Es war für alle so etwas wie ein reiner Sonnentag. Während Witze gerissen und Geschichten erzählt wurden, inspizierten die Männer ihre glänzende neue B-29. Nachdem er alles gründlich geprüft hatte, erklärte Sergeant Duzenbury, der Bordmechaniker, er sei zufrieden. Lewis befahl dem Rest der Crew, an Bord zu kommen. Dann ließ er die Motoren an und startete. Er kreiste einmal über Omaha und nahm dann Kurs auf Wendover. Über die Bordsprechanlage schärfte er der Crew ein:
»Die Kiste müssen wir gut behandeln. Sie wird das dicke Ei abwerfen — und den Krieg gewinnen!«

15. Juni 1945
Bern
Schweiz

Fujimuras und Hacks letzte Chance, bei der Beendigung des Krieges eine Rolle zu spielen, wurde zunichte gemacht durch ein kurzes Telegramm aus Tokio. Es stammte vom Marineminister. Er gab Anweisung, alle Verhandlungen mit den Amerikanern dem japanischen Gesandten in der Schweiz zu überlassen.

Die beiden Männer zogen folgenden — richtigen — Schluß: Offenbar fürchtete man im Marineministerium in Tokio jene militärischen Extremisten, die entschlossen waren, weiterzukämpfen bis zum Tod. Daher hatte man entschieden, die kontroverse Frage von Verhandlungen dem Außenministerium zu überlassen.

Unwiderruflich hatte die Marine jenes »zarte« Band durchtrennt, das zur OSS geknüpft worden war: das einzige, welches — wenn überhaupt — zu Truman hätte führen können.

Jetzt allerdings war der Weg klar für Arisues Mann, Generalleutnant Okamoto: daß er die Friedensfühler ausstrecke.

18. Juni 1945
Das Weiße Haus
Washington, D.C.

Um 6.30 Uhr sprang Harry Truman aus dem Bett. Wie stets begab er sich auf einen Beutezug zu jenem Kühlschrank, den er in der Nähe seines Präsidenten-Schlafzimmers hatte installieren lassen.

Nach einem Erfrischungsdrink aus gekühltem Orangensaft rasierte und duschte er sich und schlüpfte dann in ein weißes Hemd. Binder und zweireihiger Anzug folgten. Diesen trug er wie eine Uniform. Truman verabscheute jegliche Hilfe durch einen Kammerdiener.

Um genau sieben Uhr trat er, wie an jedem Morgen, gleichgültig, wie das Wetter war, aus dem Weißen Haus und absolvierte einen flotten Spaziergang von 120 Schritten pro Minute. Hinter ihm bildete sich eine Traube aus Geheimdienst- und Presseleuten.

Während die Reporter einige Routinefragen stellten, war Truman ganz jener frische, energiegeladene Mann, als den man ihn kannte.
Die Frage lautete: Konnte oder mußte man im Laufe des Tages mit irgend etwas Besonderem rechnen?
Trumans Brillengläser blitzten in der Morgensonne. Auf die Routinefrage gab er eine Routineantwort.
»Abwarten und Tee trinken.«
Er sagte nichts über die entscheidende Besprechung, die er für den Vormittag angesetzt hatte. In rund zwei Stunden würde es soweit sein.
Gegen halb neun befand sich der Präsident an seinem Schreibtisch im Weißen Haus. Er unterschrieb, hakte ab, wies zurück, billigte — und ab und zu fügte er ein paar Worte in jener breiten Handschrift hinzu, die so etwas wie ein Rückfall in seine Schuljungenzeit zu sein schien.
Um 9.30 Uhr trafen die Joint Chiefs of Staff — der Führungsstab der US-Streitkräfte also — ein. Mit ihnen kamen Stimson, sein Gehilfe John J. McCloy sowie weitere Ratgeber.
Bereits zwei Tage lang, am 14. und 15. Juni, hatten die Stabschefs, die militärischen Führer ihrer jeweiligen Waffengattungen, ihren Plan einer Invasion auf japanischem Kernland perfektioniert. Die Codenamen dafür lauteten *Olympic* und *Coronet*.
Olympic war gleichsam das Stichwort für einen einleitenden Angriff gegen das südliche Kyushu, und zwar am 1. November 1945 in einer Stärke von 815 548 Mann. *Coronet* war der Plan für die fünf Monate später erfolgende Invasion, und zwar bei Honshu im Gebiet von Tokio, wobei weitere 1 171 646 Mann eingesetzt werden sollten.
Mit angespannter Aufmerksamkeit hörte Truman zu, während General Marshall den Plan für die Invasion darlegte. Über die zu erwartenden Verluste gab es eine »beträchtliche Diskussion«. Wie gewöhnlich faßte Stimson den Überblick in wenigen präzise formulierten Sätzen zusammen.
»Ein Landeunternehmen wäre, von unserer Seite aus, eine überaus langwierige, verlustreiche und mühselige Angelegenheit . . . über ein Terrain hinweg, das ich durch meine verschiedenen Besuche recht gut aus eigener Anschauung kenne und das mir den Eindruck machte, als eigne es sich sehr gut zu einer Verteidigung bis zum letzten Schützengraben.«

Stimsons »Assistent«, John J. McCloy, war es, der die Möglichkeit einer politischen Lösung zur Sprache brachte. Nach einer Warnung an die Japaner, so meinte McCloy, werde sich zeigen, daß auch in Japan viele Menschen gegen den Krieg seien. Ihre Einstellung, so man ihnen dafür eine Chance ließ, mochte sich sehr wohl als einflußreich erweisen.
Es war ein Vorschlag, der die Versammelten unvorbereitet traf.
Stimson erklärte, auch er sei der Meinung, daß es sich bei Japan keineswegs »um eine Nation handle, welche aus verrückten Fanatikern besteht, die sich in ihrer Mentalität völlig von uns unterscheiden«. Überdies bekräftigte er, daß »irgendeine letzte Warnung« gegeben werden solle vor der eigentlichen Invasion, welche den japanischen Führern klarmache, daß — im Falle der Nichtkapitulation — sie die Verantwortung zu tragen hätten für alles, was dann folge. Allerdings: ob und wie diese Warnung mit der Atombombe verknüpft werden sollte, wußte Stimson noch nicht.
Die Stabschefs hörten aufmerksam zu, doch eine Meinung zur Atombombe äußerten sie nicht, außer dieser: Sollte sie abgeworfen werden, dann auf jeden Fall ohne vorherige Warnung. Mit besonderem Nachdruck verfolgte niemand hier im Raum dieses Thema: Niemand hatte bisher ja auch eine Vorstellung von dem, was sie bewirken mochte. John J. McCloys Worten zufolge konnte keiner der Anwesenden »sicher sein, allen Beteuerungen der Wissenschaftler zum Trotz, daß das Ding auch wirklich losgehen würde«.
Ohne positiven Beweis der Einsatzfähigkeit und Wirksamkeit der Waffe ließ sich keine realistische Strategie planen, schon gar nicht im Rahmen der herkömmlichen Kriegführung.
Widerstrebend billigte Truman die Invasionspläne. Als Folge dieser seiner Entscheidung, das war ihm bewußt, würden vielleicht Hunderttausende, wenn nicht eine Million amerikanischer Soldaten ihr Leben verlieren.

Zweifellos wären Trumans Besorgnisse über mögliche amerikanische Verluste noch größer gewesen, hätte er gewußt, daß der japanische Nachrichtendienst eben diese Pläne sozusagen vorausahnte: Im selben Augenblick, da er in die Invasion von Kyushu einwilligte, wurden bereits in aller Eile zu jener Insel Verstärkungen geschafft.

Und diese Streitkräfte, deren Aufgabe es sein sollte, die amerikanischen Angriffe zunichte zu machen, hatten ihr Hauptquartier jetzt in Hiroshima.

19. Juni 1945
Hiroshima

Kurz nach Morgengrauen weckte ein dumpfes Dröhnen den Leutnant Tatsuo Yokoyama aus dem Schlaf. Das Geräusch kam aus dem Inneren des Mount Futaba. Arbeitstrupps bohrten sich mit Hilfe von Preßluftbohrern unten am Fuß des Berges immer tiefer in den Untergrund hinein.
Yokoyamas Batteriestellung befand sich über dem Bunker, und von morgens bis abends kam von unten dieses vibrierende Geräusch, das Yokoyama an häufige Erfahrungen in Tokio erinnerte: an jenes unverkennbare Zittern im Boden bei Erdbeben.
Sein Besuch in der Hauptstadt hatte ihn tief deprimiert. Zum einen waren da jene furchtbaren Zerstörungen gewesen, zum anderen — diese Vorstellung gleichsam noch vertiefend — die von seinen Eltern geäußerten Bedenken gegen seine Verheiratung mit der Tochter eines höheren Offiziers. Nach seiner Rückkehr erfuhr er dann, daß inzwischen der zweite amerikanische Luftangriff auf Hiroshima stattgefunden hatte. Oberst Abe versicherte ihm, daß von Tag zu Tag in immer stärkerem Maße damit zu rechnen sei, zum Kampfeinsatz zu kommen — eine Vorstellung, die Yokoyama unter den gegebenen Umständen nicht unbedingt als Trost empfand.
Abe behandelte den jungen Mann weiterhin so, als gehöre er bereits zur Familie. Doch Yokoyama war sich seiner Sache immer weniger sicher. In einem vorsichtig formulierten Brief hatte ihm seine Mutter mitgeteilt, sein Vater bemühe sich gerade, mehr über die Herkunft und Vergangenheit des Mädchens zu erfahren. Bis zum Abschluß dieser Nachforschungen solle ihr Sohn den gesellschaftlichen Umgang mit seinem Vorgesetzten auf ein Mindestmaß beschränken.
So griff Yokoyama denn zu immer neuen Ausflüchten, um jenen Einladungen entgehen zu können, die Abe ständig an ihn richtete, bald zu einem Abendessen im Hause des Obersten, bald zu einem Treffen in der Offiziersmesse in der Burg.

Yokoyama fiel es alles andere als leicht, diese Einladungen auszuschlagen, und die Versuchung war groß, sie allen Vorbehalten zum Trotz anzunehmen. Yokoyama hätte viel darum gegeben, in den eintönigen Tagesablauf bei der Flakbatterie ein wenig Abwechslung zu bringen.

Doch so, wie die Dinge nun einmal lagen, verbrachte er diesen Tag nicht anders als die übrigen. Er drillte seine Leute — und beobachtete im übrigen durch seinen Feldstecher all jene Anzeichen, die darauf hinwiesen, daß Hiroshima immer mehr zu einem Hauptpfeiler der Verteidigung im gesamten westlichen Japan ausgebaut wurde. Ob per Straße oder Schiene oder auch zur See — den amerikanischen Bombern und U-Booten zum Trotz strömten Männer und Material geradezu in die Stadt. Viele der Leute wurden bald schon weitertransportiert. Auf Kyushu kamen sie in vordere Positionen.

Doch in seinem Befehlszentrum in Hiroshima blieb jener Mann, dem sämtliche Truppen im Westen unterstanden: der Mann, der vom Kaiser und dem Oberkommando der Kaiserlichen Armee dazu ausersehen worden war, Japan vor der Niederlage zu retten.

Am Fuße des Mount Futaba, gar nicht weit von Yokoyamas schützender Flakbatterie entfernt, hatte Feldmarschall Shunroku Hata, Oberbefehlshaber der 2. Hauptarmee, sein Hauptquartier eingerichtet.

Hata war einer der erfolgreichsten, berühmtesten und geachtetsten militärischen Führer in ganz Japan. Und besser als die meisten wußte er, wie überaus ernst die Lage war. Doch aus der japanischen Geschichte kannte er mancherlei Beispiele, wo — selbst wenn diese Berichte eher mythologischer Natur waren — der *shimpu*, der Göttliche Wind, das Land doch immer wieder vor dem Feind gerettet hatte. Zwar war Hata viel zu sehr Realist, als daß er sich auf den *shimpu* hätte verlassen mögen: Er hoffte vielmehr, mit seiner täglichen wachsenden militärischen Streitmacht am Ende über ein Abwehrpotential von genügender Stärke zu verfügen, um jenen Feind zurückschlagen zu können, der das Volk zu unterwerfen drohte, das er nicht weniger liebte als seine Frau und seine drei Söhne.

Hatas gesamtes bisheriges Leben war — so hätte sich in etwa behaupten lassen — eine Art Vorbereitung gewesen für eben diesen Augenblick. Er gehörte zu den wenigen Armee-Befehlshabern, die dem Kaiser noch immer nahestanden. 1939 war er ein Vierteljahr lang Hirohitos Chefadjutant gewesen. Was seine militärischen Erfahrungen betraf, so stand er darin zweifellos niemandem nach. Er hatte eine glanzvolle Karriere hinter sich. Im Russisch-Japanischen Krieg als 25jähriger Offizier verwundet, war er später Militärattaché in Deutschland gewesen und auch Delegierter bei der Pariser Friedenskonferenz. 1939 schließlich bekleidete er den Posten des Kriegsministers.

1941 herschte er, einem modernen Dschingis Khan vergleichbar, über einen großen Teil Zentralchinas. Eine halbe Million Mann unterstand seinem Kommando. Später würde Hata behaupten, in China habe er die Politik verfolgt, »Tschiang zu schlagen, sein Volk jedoch zu lieben«. Man warf ihm aber vor, die Greueltaten zumindest geduldet zu haben, die seine Soldaten gegen die Zivilbevölkerung verübt hatten und auch gegen amerikanische Flieger, die das Unglück hatten, bei einer seiner Einheiten in Gefangenschaft zu geraten. Jedenfalls war ihm »in Anerkennung seiner Verdienste« in China der begehrte Orden des Goldenen Drachens, 1. Klasse, verliehen worden.

Bei seiner Rückkehr nach Japan, im Juni 1944, hatte man ihn zum Feldmarschall ernannt. Ein halbes Jahr später erhielt er den Posten des Generalinspekteurs der militärischen Ausbildung — einen der höchsten Posten in der Kaiserlichen Armee. Als dann der Premier Koiso zurücktrat, tauchte Tojo gleichsam aus dem Schatten hervor und drängte, Hata solle Ministerpräsident werden.

Statt dessen erhielt Hata am 7. April 1945 (zwei Tage, nachdem Suzuki auserkoren worden war) einen Posten, der als nicht weniger bedeutend gelten durfte. Er wurde zum Oberbefehlshaber der 2. Hauptarmee ernannt, und es hieß, einzig er könne Japan vor einer schmachvollen Niederlage bewahren. Am 9. April war Hata zu seinem neuen Hauptquartier in Hiroshima gereist.

Seither lag, vom militärischen Standpunkt aus betrachtet, nicht nur das Schicksal der Stadt, sondern der gesamten Nation in seiner Hand.

Seine Ankunft hatte die Offiziere in der Hiroshima-Festung aufgeschreckt. Jetzt waren sie nicht mehr die höchste Autorität in der Stadt. Hata gebrauchte zwar keine lauten oder scharfen Worte, doch er wirkte einschüchternd genug und besaß so etwas wie eine natürliche Autorität. Der 65jährige Feldmarschall verfügte über mehr militärische Erfahrung als die anderen Offiziere alle zusammen. Als er beschloß, sein Hauptquartier — etwa ein bis zwei Kilometer von der Burg entfernt am Fuße des Mount Futaba — aufzuschlagen, fühlten sie sich sehr erleichtert.

Hata holte jene Männer zu sich, mit denen er schon zuvor ausgezeichnet zusammengearbeitet hatte — und außerdem solche, über deren Qualitäten ihm das Allerbeste zu Ohren gekommen war.

Mitte Juni bestand der Stab seines Hauptquartiers aus etwa 400 Leuten, und darunter befanden sich einige der besten militärischen »Gehirne« im ganzen Land. Weitgehend liefen die Planungen in folgender Richtung: Man richtete sich ein auf einen Abnutzungs- oder eher Ausblutungskrieg, wie ihn die Welt noch nicht gesehen hatte.

Unter Hatas Kommando wurde die Insel Kyutu nach und nach in eine waffenstarrende Festung verwandelt. Von den Goto-Inseln im Norden bis zur Osumi-Halbinsel im Süden errichtete man ein engverwobenes Verteidigungssystem. Die Anlagen erstreckten sich von der Küste her gleichsam Ring um Ring nach rückwärts, und sie waren so angelegt, daß dem Feind schwere Verluste zugefügt werden würden. Ein kompliziertes Fernmeldenetz verband alles miteinander, und die Zentrale für das Ganze war, wie auch anders, Hatas Hauptquartier.

Die Stadt selbst schien in ihrer Gänze einem vor lauter Fleiß geradezu wimmelnden Rüstungsbetrieb zu gleichen. Fast buchstäblich jeder war damit beschäftigt, Teile herzustellen für Kamikaze-Flugzeuge und -Boote, für Bomben, für Granaten, für Gewehre, für Pistolen.

Vor kurzem war die Anweisung ergangen, die Mauern der Stadt mit einem neuen Propagandaspruch zu beschriften.

VERGISS DEIN SELBST!
JETZT GILT ES NUR NOCH,
DEM VATERLAND ZU DIENEN!

Nach Hatas Plänen sollte bei einer Invasion jeder Mann und jede Frau und jedes Kind im westlichen Japan eine Waffe tragen.

Mit seiner Einwilligung sollte für Frauen und ältere Leute Unterricht gegeben werden im Gebrauch der Bambusstangen: Wie Speere sollten die Zivilisten diese Waffe gegen den eindringenden Feind schleudern. Kinder unterwies man in der Herstellung und Verwendung von Benzinbomben. Über 3 000 000 (drei Millionen!) glaubte man davon produzieren zu können, mit Hilfe von gesammelten Flaschen und eingespartem Treibstoff.
Selbst die Gebrechlichen hatte man mobilisiert: Jene, die ans Bett oder an den Rollstuhl gefesselt waren, halfen beim Zusammensetzen von Minen, die an den Küsten von Kyuyu eingegraben werden sollten.
Für den Hauptgegenstoß gegen die Invasoren (inzwischen wurde in diesem Zusammenhang häufig von »der großen Entscheidungsschlacht« gesprochen) standen Hata 400 000 Mann zur Verfügung, von denen sich die meisten inzwischen auf Kyushu in Stellung befanden.
Vor kurzem war auch Minoru Genda dort eingetroffen, der Planer von Pearl Harbour. Er kommandierte die neugebildete Jagdfliegereinheit. Überdies hielten sich rund 5000 Flugzeuge zur Verfügung, sämtlich bereit, als Kamikazes eingesetzt zu werden.
In Hiroshima hatten 40 000 Mann ihr Hauptquartier in der Burg. Unten beim Hafen, in Ujina, befanden sich weitere 5000 Soldaten, in der Hauptsache Marineinfanteristen, und sie versuchten, ihre Taktik im Hinblick auf »Kamikazes zur See« zu vervollkommnen. Hunderte kleiner Selbstmordboote (meist von der Größe von Ruderbooten) wurden mit Motoren ausgerüstet, mit Sprengstoff gefüllt und dann, rundum in der Bucht, in mehr oder minder geeigneten Verstecken getarnt. Beim Eintreffen einer Invasionsmacht würde man die Boote hervorholen und, bemannt, den Landungsfahrzeugen der Invasoren entgegenschicken. Beim Zusammenprall von Angreifern und Verteidigern konnte es jeweils nur eines geben: eine Explosion, die den einen wie den anderen zerriß.
Hata war davon überzeugt, daß es für Japan unmöglich sei, Amerika zu besiegen. Aber er glaubte nicht, daß es in umgekehrter Richtung möglich sei: Amerika konnte Japan nicht unterwerfen. Die Hoffnung, die er hegte, war diese: Sobald die Amerikaner erkannten, was sie hier erwartete, würden sie jede Einladung an den Verhandlungstisch willkommen heißen

und die Forderung nach bedingungsloser Kapitulation fallenlassen.
Während er noch damit beschäftigt war, das Verteidigungssystem von Kyushu aufzubauen, dachte der Feldmarschall keinen Augenblick im Ernst daran, daß es vielleicht Hiroshima sein könne, das zuerst getroffen werde von der Wucht des Angriffs.

23. Juni 1945
Das Pentagon
Washington, D. C.

Tibbets blickte auf Hiroshima hinab.
Die Flüsse, die Brücken, der Hafen, die Burg und die angrenzenden Exerzierplätze — alles war deutlich sichtbar. Das gleiche galt für die Straßen, die Eisenbahn, die Lagerhäuser, die Fabriken, die Kasernen und die Privathäuser. Hier und dort fanden sich, inmitten des Häusermeers, Parks und Wälder. Außerhalb der Stadt gab es Hügel, die Hiroshima auf drei Seiten umschlossen. Für den Fall, daß sich innerhalb dieser Begrenzung eine Atombombenexplosion ereignete, war sozusagen auf natürliche Weise für eine Verstärkung des Detonationsdrucks gesorgt.
Tibbets sah die Verteidigungsanlagen: die unregelmäßige Kette der Batterien, die sich vom Mount Futaba im Nordosten bis zum Hafen im Süden hinzog.
Tibbets sprach ruhig und überzeugend, und während er sein Urteil fällte, griff er zurück auf seine große Erfahrung beim Bombardieren. War Hiroshima als Angriffsziel geeignet oder nicht?
»Die verschiedenen Gewässer bilden ideale Anhaltspunkte. Sie gewährleisten, daß es bei der Orientierung auf diese Stadt keine Irrtümer geben kann. Hiroshima läßt sich, soweit es einen perfekten Bombenzielanflug betrifft, aus jeder Richtung anfliegen.«
Aufmerksam lauschten seine Zuhörer seiner Lagebeurteilung.
Der Colonel fuhr fort. Um seine Erklärungen zu untermauern, zog er Luftbilder hinzu — Fotos also, welche von Aufklärungsflugzeugen gemacht worden waren: Auf dem Konfe-

renztisch in General Henry Arnolds Büro im Pentagon breiteten sich Bilder, die weitgehend auch andere japanische Städte zeigten.
Dies war die letzte einer Reihe von Zusammenkünften, bei denen es darum ging, die entscheidenden Details festzulegen: Wie Japan am besten zu besiegen sei.
Wenige Tage zuvor war LeMay eigens von Guam herbeigeflogen, um einigen dieser Sitzungen beizuwohnen. Viele tausend Kilometer hatte er zurückgelegt für ein direktes Gespräch mit den Joint Chiefs of Staff und mit Groves.
LeMay (der so etwas wie der »Erzapostel« des Bombardierens aus niedriger Höhe war) hatte bereits während eines kurzen Besuchs, den Tibbets im selben Monat Guam abstattete, folgendes zur Kenntnis nehmen müssen: Der Abwurf einer Atombombe *unterhalb* einer Höhe von ungefähr 8000 Metern sei ganz einfach zu gefährlich.
In Washington hatte LeMay dann von Groves Einzelheiten erfahren über die voraussichtliche Wirkung der Bombe sowie die gewählten potentiellen Ziele und die Gründe, die für sie sprachen.
LeMay hatte kaum irgendeine Reaktion gezeigt, als er von Groves erfuhr, die eigentliche Operation werde völlig »Ihrer Kontrolle unterstehen, wobei es natürlich Ihnen erteilte Anweisungen zu berücksichtigen gilt«.
Einzig Groves wußte, daß eben diese Anweisungen so formuliert sein würden, daß die *tatsächliche* Kontrolle über die Operation auch weiterhin beim Projektleiter liegen würde.
LeMay hatte erklärt, er werde sich dafür aussprechen, den Atombombenangriff von einem einzelnen »uneskortierten« Bomber durchführen zu lassen. Die Japaner, so seine Begründung, würden sich um ein in großer Höhe alleinfliegendes Flugzeug gewiß nicht allzu sehr kümmern. Vermutlich werde man auf japanischer Seite annehmen, es handle sich um ein Aufklärungs- oder Wetterflugzeug.
Groves hieß die Idee gut. Was er LeMay allerdings nicht sagte: daß Tibbets bereits zum selben Schluß gekommen war und daß die 509. längst nach einem Plan exerzierte, dem eben dieser Gedanke zugrundelag.
LeMay war nach Guam zurückgekehrt: fest davon überzeugt, schon bald werde er für den Abwurf einer Bombe verantwortlich sein, der er noch immer nicht so recht vertrauen zu kön-

nen meinte. Auch er war keineswegs der Ansicht, bei Tibbets und der 509. handle es sich für einen solchen Auftrg um die »beste Wahl«. LeMay hätte es entschieden vorgezogen, eine seiner eigenen im Pazifik erproben Bombercrews mit diesem Einsatz zu beauftragen: Leute, die sich bei Feindflügen über dem Kaiserreich bewährt hatten.
Mithin war die Saat für einen weiteren Konflikt gesät.
Hiervon jedoch ahnte Tibbets nicht das Geringste. Er war von Wendover nach Washington geflogen, um dieser Besprechung in Arnolds Büro beizuwohnen. Nachdem er seine Beurteilung der Luftbilder abgeschlossen hatte, wartete er auf Fragen von Groves und von Arnold, Chef der Air Force.
Doch die Fragen kamen nicht. Schweigend starrten die beiden Männer auf die Luftaufnahmen von — zuerst — Hiroshima und dann auch jene von Niigata und Kokura, jene beiden anderen Angriffsziele, die jetzt auf der Liste der für einen Atombombenangriff infrage kommenden Städte vorgemerkt waren.
Groves wollte von Tibbets wissen, welche Anflugsroute er bei Hiroshima wählen würde.
Mit der ausgestreckten Hand auf die Luftbilder weisend, versuchte Tibbets eine mehr oder minder genaue Route anzugeben. Er würde, so erklärte er, die eigentliche Bombenroute östlich der Stadt beginnen, und zwar in einem Winkel von neunzig Grad zu den Flüssen, welche die Stadt teilten. — Tibbets wies auf eine Stelle bei der Hiroshima-Burg, wo sich der Ota-Fluß in mehrere Arme verzweigte.
»Angenommen, dies sei der AP — der Zielpunkt. Bei einem Annäherungswinkel von neunzig Grad würden die Flußufer einen sehr günstigen Orientierungspunkt bilden, der dem Bombenschützen für seine letzten Kalkulationen sehr von Nutzen sein könnte. Würden wir den Fluß hinauf fliegen, so würde der Bombenschütze durch sein Zielgerät hauptsächlich auf Wasser blicken. Er hätte größere Mühe, sich zu vergewissern, wie nahe er sich dem AP befindet.«
Groves erlaubte sich, was selten genug geschah, einen Scherz.
»Colonel, ich glaube, wenn sich Ihr Bombenschütze über dem Ziel befindet, wird er's sogar durch eine Augenbinde erkennen.«
Jetzt nahmen die Männer rund um den Tisch Platz, und das

Gespräch begann sich um andere Aspekte des durchzuführenden Atomschlags zu drehen.
Groves hatte seine Gründe dafür, voll Nachdruck in eine derartig detaillierte Diskussion einzusteigen. Er war nämlich davon überzeugt, daß einige der »Air-Force-Leute ... überhaupt nicht richtig begriffen, worum es ging. Sie meinten, mit der Atombombe könne genauso verfahren werden wie mit jeder neuen Waffe: War sie erst einmal einsatzbereit, so konnte man die *Entscheidung* über ihren Einsatz getrost dem Frontkommandeur überlassen — auch wenn er eine Liste von empfohlenen Zielen vorlegte, so war es letztlich absolut seine Sache, wie er sich entschied.«
Der Leiter des Manhattan Projekts war jedoch der Meinung, die Angelegenheit sei »zu kompliziert und zu wichtig, um so beiläufig behandelt zu werden«. Diesbezügliche Entscheidungen sollten sozusagen über ihn laufen, obschon er zugestand, daß »auch der Präsident an der Kontrolle beteiligt sein müsse, weniger was die eigentlichen Entscheidungen anbetrifft als vielmehr in Form der Billigung oder Nicht-Billigung der vom Kriegsministerium vorgelegten Pläne«.
Was jene Pläne betraf, so waren sie von Anfang an hauptsächlich von Groves formuliert worden. Das Kriegsministerium setzte dann gleichsam nur noch seinen Stempel drauf.
Als Tibbets von der anderen Seite des Tisches her Groves jetzt beobachtete, hatte er wieder das Gefühl, daß dies ein Mann war, »der Himmel und Hölle in Bewegung setzen würde, um an sein Ziel zu gelangen«.
Tibbets hatte sich auch mit Groves' Taktik befaßt: Er gab einem Flankenangriff unbedingt den Vorzug.
Der Colonel seinerseits bevorzugte bei jedem Problem den Frontalangriff — das galt auch für eine etwaige Opposition. Seine Mutter hatte ihm einmal gesagt: »Geh stracks auf das los, was du willst, und mach keine langen Umschweife.«
Wenn man ihn gefragt hätte: Seiner Meinung nach ging jetzt viel seiner kostbaren Zeit für eben die »Umschweife« drauf, und viele Stunden wurden zerredet über »Unwägbarkeiten«.
Eine Unwägbarkeit allerdings gab es, die Tibbets für unbedingt diskussionswert hielt: Mit welchem Wetter über dem Zielgebiet zu rechnen war.
Seit April bereiteten die Meteorologen der Air Force Übersichtskarten vor über das zu erwartende Wetter über Japan

während der kommenden Monate. Diese Informationen basierten auf Daten, welche das US Weather Bureau (eine Zivilbehörde) geliefert hatte, sowie auf alten Wetterkarten des Marine-Observatoriums in Kobe für die Zeit von 1927 bis 1936.

Die Prognose war kläglich. Von Juni bis September, so ließ sich ablesen, gab es ein Maximum von sechs Tagen pro Monat, an denen die Bewölkung $^{3}/_{10}$ oder weniger betrug. Für mindestens achtzehn Tage im Monat sei eine Bewölkung von $^{8}/_{10}$ zu erwarten.

In Erwägung gezogen hatte man die Bombardierung per Radar — doch eben diesen Gedanken hatte man auch wieder verworfen. Nach ausgiebigen Studien waren Experten zu folgendem Schluß gelangt:

Offenbar ist es möglich, die sich auf einem Radarschirm abbildenden Zeichen völlig zu mißinterpretieren. Eine ländliche Region Japans könnte für eine Großstadt gehalten werden. Bei einer Bombardierung per Radar, ein guter Bombenschütze vorausgesetzt, beträgt die Chance, die Bombe in einen vorgegebenen Kreis von etwa 300 Metern Durchmesser zu setzen, ungefähr ein bis zwei Prozent. Bei dieser Einschätzung ist bereits berücksichtigt, daß die Möglichkeit, das Zielgebiet völlig zu verfehlen, zwischen 50 und 70% angesetzt werden muß.

Bei einer Bombardierung auf Sicht hingegen, und zwar »bei klarem Wetter, beträgt die Wahrscheinlichkeit, daß ein guter Bombenschütze die Bombe innerhalb eines vorgegebenen Kreises von einem Durchmesser von 300 Metern unterbringt, zwischen 20 und 50%«.

Tibbets wußte, daß seine Bombenschützen ihre Übungsbomben regelmäßig in einen Zielkreis von 100 Metern Durchmesser setzten.

Der Meteorologe der Air Force versicherte den Anwesenden, der günstigste Zeitraum für den Abwurf der Atombombe zwischen Juni und Weihnachten sei wahrscheinlich der August, »wobei der erste Teil des Monats insgesamt bessere Bedingungen bietet als die zweite Hälfte«.

Was der Meteorologe als nächstes vortrug, fand in besonderem Maße Tibbets' aufmerksames Interesse.

»Einmal angenommen, man könnte sich auf überhaupt keine

Wettervorhersage stützen: An einem bestimmten Tag wäre der Einsatz fällig, und bevor der Bomber startet, wären schon Beobachtungsflugzeuge unterwegs. Die können dem Bomber auch noch Wetterberichte zufunken, während er sich schon in der Luft befindet. Er sollte dann auf jenes Ziel zuhalten, über dem ihm das beste Wetter gemeldet wird.«
Dies, so fand Tibbets, wäre relativ einfach und unkompliziert. Die Wetterflugzeuge konnte die 509. stellen, und er selbst würde die letzte Entscheidung treffen können: bereits in der Luft und frei von jeglichem Druck und jeglicher Einmischung von außen; aufgrund des allerletzten Wetterberichts würde sich zeigen, welche japanische Stadt für einen Atombombenangriff das günstigste Ziel war.

27. Juni 1945
USAAF Basis
Wendover

Den Blick auf das Armaturenbrett gerichtet, hielt Lewis den Bomber gleichsam im Zaum. Rund 65 Tonnen wog er, und fast 30000 Liter Treibstoff faßten seine Tanks. Lewis beobachtete, wie die Nadel des Umdrehungszählers höher und höher kletterte. Bei 2200 blieb sie schließlich stehen.
Das Flugzeug vibrierte immer stärker. Gleich einem ungeduldigen Pferd wurde es nur noch durch brutale Gewalt — die Bremsen — an Ort und Stelle gehalten.
Es stand am Anfang der Startbahn, und jetzt fuhr der Copilot neben Lewis die Klappen aus.
Das war immer so beim Start. Dadurch wurde der Auftrieb erhöht.
Über die Bordsprechanlage meldeten Shumard und Stiborik von ihren Positionen her, die Klappen seien ordnungsgemäß ausgefahren.
Und Duzenbury bestätigte, daß alle vier Motoren einwandfrei funktionierten.
Erst jetzt, nachdem er die Checkliste sozusagen vorschriftsmäßig absolviert hatte, drückte Lewis den Gashebel nach vorn und löste die Bremsen.
Mit einer Geschwindigkeit von 80 Metern pro Sekunde jagte die B-29 die Startbahn entlang. An Bord befanden sich neun

Männer, ihre Ausrüstung und ihre privaten Habseligkeiten. Sie traten die erregendste Reise an, die je einer von ihnen gemacht hatte.

Es ging in den Krieg.

Unter ihnen, im Bombenschacht, lagerte noch der Rest des Whiskys, den Beser in Kuba besorgt hatte, sowie allerlei Köstlichkeiten aus der PX — der Kantine — in Wendover.

Lewis, für seine Crew, vor allem für die einfachen Dienstgrade, stets so etwas wie ein »fürsorglicher Vater«, hatte gemeint, sie sollten sich »mit all den Sachen eindecken, die euch im Pazifik fehlen könnten«.

Nelson hatte sich ein paar Taschenbücher gekauft, Thriller und Abenteuergeschichten. Seine Absicht war es, bei jedem Feindflug über Japan ein Buch zu lesen.

Caron hatte sich für die Briefe an seine Frau daheim erstklassiges Schreibpapier besorgt. Shumards Erwerbung bestand in einer Boxkamera. Er wollte die Gelegenheit möglichst zu Fotos nutzen.

Auf dem Flug zum Pazifik begleiteten die Crew auch eine Reihe von »Trophäen« — zwei Schlüpfer von Barmädchen in Salt Lake City, ein Karton voller Präservative, auf den niemand Besitzansprüche geltend machte, sowie ein Paar Hosenträger, über den Toilettensitz gespannt.

Wie stets hatte Lewis auf die »Hausregel« für die Benutzung der Toilette hingewiesen. Der erste Mann, der sie benutzte, war auch dafür verantwortlich, sie nach dem Ende des Fluges zu leeren und mit chemischem Mittel zu reinigen.

Lewis hatte es erlebt, daß Besatzungsmitglieder »sich die Därme verrenkten, bloß um nicht der erste auf dem Klo zu sein«. Dies belustigte ihn stets aufs neue. Er selbst hatte sich darauf trainiert, selbst während eines zehnstündigen Flugs nicht ein einziges Mal den Mittelgang zur Toilette zurückkriechen zu müssen.

Er hob vom Boden ab, und als sich der Bomber dann ein kurzes Stück in der Luft befand, begann Lewis über der Basis zu kreisen.

Er schaltete die Bordsprechanlage ein.

»Festhalten! Wir schleppen die Rampe!«

Caron, hinten in der Heckkanzel, machte sich auf einiges gefaßt. »Die Rampe schleppen« war Fliegerjargon und bedeutete: So tief wie möglich über dem Flugplatz fliegen.

Der silberne Bomber schwang in einer Höhe von wenigen hundert Metern über die Salzebenen hinweg.
Lewis flog eine Wende, hielt wieder auf den Flugplatz zu. Durch die Sprechanlage tönte seine Stimme:
»Die sollen uns nicht so schnell vergessen!«
In vollem Tempo jagte die B-29 auf die Basis zu. Und schreiend »wie lauter Derwische«, stachelte die Crew Lewis an, immer und immer tiefer hinunterzugehen.
Lewis »kippte« die Maschine zur einen Seite. Bald war die rechte Tragfläche nur noch wenige Zentimeter vom Boden entfernt, indes der Bomber quer über das Flugfeld seinen verrückten Kurs nahm.
Caron meinte, das »ließ bestimmt jedem das Herz in die Hose rutschen, der sehen konnte, wie unser Bomber in der Art eines Jägers über den Flugplatz hinwegschoß«.
Die wütende Stimme des verantwortlichen Mannes im Tower befahl Lewis, sofort höher zu steigen.
Doch der Bomber setzte seinen Tiefflug — Tragfläche nach wie vor nur wenige Zentimeter über dem Boden, Maschine wie Besatzung in der akuten Gefahr, jeden Augenblick zu zerschellen — vorerst fort.
Für Nelson war dies ein »phantastisches Beispiel für fliegerische Fähigkeiten«.
Schließlich brachte Lewis den Bomber auf Reiseflughöhe und strebte in südliche Richtung. Auf Tinian befanden sich bereits über 1200 Mann von der 509., auch waren schon zwölf B-29-Bomber der Group dort.
Die Aufregung an Bord der Lewis-Maschine wollte sich nicht legen. Kein Mann der Besatzung war jemals in Übersee im Kampfeinsatz gewesen. Alles, was sie über den Krieg wußten, stammte aus Filmen und aus jenen Artikeln der *Saturday Evening Post,* die Caron sammelte.
Für sie stellte sich der Krieg dar als »eine Chance, etwas für dein Vaterland zu tun«, »der Welt den Frieden zu bringen« oder, wie Lewis das gern formulierte: »Die Japse zusammenzuwichsen, wie sie versucht haben, uns in Pearl Harbour und anderswo zusammenzuwichsen.«
Lewis war keineswegs ein blutrünstiger und rachedurstiger junger Mann, und das gleiche galt für die gesamte Crew. Carons Worten zufolge waren sie alle »nichts als Durchschnittsmänner, die ihren Job taten«.

Allerdings handelte es sich in ihrem Fall um einen Job, der ihnen und ihrem Flugzeug »einen Eintrag« in Geschichtsbüchern sichern würde.
Jetzt jedoch, während sie Wendover hinter sich ließen, dachte Lewis offenbar nur an das tropische Paradies, das sich alle am Ende des Flugs erhofften. Seine Worte jedenfalls ließen darauf schließen.
»Tinian, wir kommen!«

Beschleunigung

28. Juni 1945 bis 2. August 1945

28. Juni 1945
Tinian
Marianen-Inseln

Der Aufstieg zum Mount Lasso im nördlichen Teil von Tinian hatte den Chef-Deckoffizier Kizo Imai von der Kaiserlichen Japanischen Kriegsmarine erschöpft. Lang streckte er sich auf dem Boden aus, der feucht war, bedeckt von faulendem Laub und Pilzen. Er lag mit dem Gesicht dicht zur Erde. Die abgewetzte Mütze hatte er tief in die Stirn gezogen.

Der Dreißigjährige kroch mehr oder minder regelmäßig hier herauf, auf die mit knapp 200 Metern höchste Erhebung auf Tinian, und dafür gab es zwei Gründe: den Hunger und das Pflichtgefühl.

Von hier aus konnte Imai viele jener Quartiere sehen, wo die 20000 auf Tinian stationierten Amerikaner untergebracht waren. Vor allem jedoch konnte er von hier aus beobachten, wo sie ihre Nahrungsabfälle ließen. Das taten sie mal an dieser, mal an jener Stelle, und Imai nahm an, daß das einen ganz bestimmten Grund hatte: Sie wollten es ihm — wie auch den übrigen 500 Japanern, die sich auf Tinian versteckt hielten — nach Möglichkeit erschweren, aus den Abfällen die so dringend fürs eigene Überleben benötigte Nahrung zu erbeuten.

Aber die Gefahr des Verhungerns trieb diese Japaner zu verzweifelten Aktionen: Als die Amerikaner ihre Abfälle in die Küstengewässer mit ihren trügerischen Strömungen warfen, scheuten die Japaner nicht davor zurück, nachts wie hungrige Haie ins Meer zu tauchen.

Imai hauste in einer Höhle, in einem »Höllenloch«, in dem es Ratten und Läuse und alles mögliche andere Ungeziefer gab, das dazu beitrug, das Elend des Lebens noch zu vergrößern. Ein solches Höhlendasein wie er führten hier viele: ungewaschen, unrasiert, total vernachlässigt. Nur selten wagten es diese Männer, ein Feuer anzuzünden; denn das hätte sie ja dem Feind verraten können. Imai hatte in seiner Höhle achtzehn Soldaten bei sich — jene, die er gleichsam »übrigbehalten« hatte von jenen achtundvierzig Männern, die er elf Monate zuvor, bei der Eroberung der Insel durch die Amerikaner, in den »Untergrund« führte. Dreißig von ihnen hatte er inzwischen also verloren, durch Krankheit, durch Hunger und nicht zuletzt auch durch amerikanische Patrouillen.

Während er jetzt auf Mount Lasso darauf wartete, daß die amerikanischen Abfallaster erschienen, widmete Imai sich seiner zweiten Aufgabe: Soweit irgend möglich, registrierte er, wie die amerikanischen Einheiten sich verteilten. Dies geschah keineswegs ohne Grund. Noch immer rechneten er und die anderen Japaner auf Tinian damit, daß irgend etwas geschah, und zwar »jeden Augenblick«: eine Invasion durch die Kaiserlichen Truppen mit dem Ziel, die Insel zurückzuerobern. Wenn dieser Tag da war, hoffte Imai seine Leute in einem *banzai*-Angriff gegen die Amerikaner führen zu können.

Durch seinen Feldstecher konnte er fast die gesamte Insel überschauen mit ihrer Gesamtlänge von fast zwanzig Kilometern. In der Breite mißt sie nirgendwo mehr als höchstens acht Kilometer. Mit sacht gewellter Oberfläche gleicht sie einer Art Plattform, die aus dem Pazifik herausgestemmt worden ist. Die Küste besteht weitgehend aus nackten, rostbraunen Klippen, emporgetürmte Lavamassen. Tinian liegt am südlichen Ende der Marianen-Inseln, die sich in einem Bogen von rund 700 Kilometern Länge durch den Pazifik krümmen. Es sind, wenn man so will, Korallenklumpen, und bis zum Zweiten Weltkrieg wußte kaum jemand, daß sie überhaupt existierten.

Die *Stadt* Tinian — Tinian Town — war ursprünglich nicht viel mehr gewesen als ein Haufen Behelfsbaracken. Inzwischen jedoch befand sich hier ein geschäftiger Militärhafen. Jene Arbeiten, welche die Japaner begonnen hatten, waren von den Amerikanern beendet worden. Dort gab es einen Teil des Dschungelgeländes nicht mehr. Statt dessen sah man jetzt Start- und Landebahnen und vieles, was dazu gehörte: Bombendepots, Werkstätten, Lagerhäuser. Unter anderem ließ sich auch eine wachsende Zahl von Lazaretten registrieren. Für Imai lag die Schlußfolgerung mehr oder minder auf der Hand: Die Amerikaner rechneten mit vielen Verwundeten in irgendeiner bevorstehenden Schlacht. Er konnte nicht wissen,

daß die Lazaretts in Bereitschaft versetzt wurden für die Aufnahme von Verwundeten aus der Invasion von Kyushu.
Während Imai alles dort unten aufmerksam beobachtete, wollte ihm scheinen, daß es an diesem Tag keine besonderen Vorkommnisse gab. Eine Armee ging ihren gewohnten Aktivitäten nach. Dann jedoch fiel ihm etwas auf, das nicht so ganz in den üblichen Rahmen paßte. Etwa einen Kilometer nach Nordwesten zu war eine Gruppe von Soldaten damit beschäftigt, ein Gelände einzuzäunen.
Dieses Gelände besaß eine rechteckige Form und hatte eine Größe von etwa 500 mal 1000 Meter. Und es befand sich auf einem ziemlich tiefliegenden Gebiet bei der Küste.
Der neue Zaun war hoch und bildete offenbar eine echte Sperre. Hinter dem Draht sah man Wellblechbaracken von unterschiedlicher Größe und daziwschen Wege und Straßen. Die Baracken waren nicht neu. Bis zu diesem Morgen hatten dort Bautrupps gewohnt, für Imai ein vertrauter Anblick während der Zeit, wo sie jenseits dieses Geländes ein riesiges Airfield fertiggestellt hatten. Nun — nachdem ihre Arbeit hier offenbar beendet war, räumten sie ihre bisherigen Quartiere oder hatten sie bereits geräumt.
In der Mitte des bewußten Geländes gab es so etwas wie ein spezielles Sperrgebiet. Stacheldraht umgab eine Anzahl fensterloser Baracken. Am Zugang zu diesem Sperrgebiet standen bewaffnete Wachen. Das gleiche galt auch für die Hauptzufahrt zu dem Gelände.
Imai fühlte sich beklommen. Das dort unten sah aus wie ein Gefangenenlager. Und das Sondersperrgebiet in der Mitte mochte sehr wohl so etwas wie ein »Strafblock« sein. In Imais Augen konnte dies nur eine Bedeutung haben: Die Amerikaner planten gegen die noch auf der Insel versteckten Japaner so etwas wie ein neues Kesseltreiben.
Unwillkürlich streckte Imai die Hand nach seinen Waffen: ein langes, zeremonielles Schwert und eine Pistole. Ob die Kugeln durch die ständige Feuchtigkeit inzwischen unbrauchbar geworden waren, wußte er nicht, doch das Schwert — auf dieselbe geheimnisvolle Weise hergestellt wie die Schwerter der Samurai in früheren Zeiten — war noch genauso scharf wie an dem Tag, da er es erhalten hatte: kurz vor seiner Ankunft auf Tinian, im März 1944.

Imais Ankunft war zeitlich zusammengefallen mit einer grundlegenden Änderung in der strategischen Rolle der Insel. Bis zu diesem Zeitpunkt hatte man allgemein geglaubt, wer immer auf der Insel stationiert sei, habe fast so etwas wie einen lässigen Posten. Die Angehörigen der japanischen Garnison verbrachten ihre Zeit in jener vielzitierten »schlaffen Atmosphäre« der Tropen. Die eigentlichen Bewohner der Insel, insgesamt nur wenige Hundert, waren Japaner. Und vor allem, es gab genügend Reis und Sake.

Doch rasch und dramatisch hatte sich die Atmosphäre gewandelt. Die Amerikaner bewegten sich auf die Marianen zu, die Inseln gerieten in den Frontbereich.

Imai war nach Tinian gekommen, um beim Bau von Militärflugplätzen mitzuhelfen. Als — im Juni 1944 — die Amerikaner zuschlugen, waren gerade drei Start- und Landebahnen fertig. Eine vierte befand sich noch im Bau.

Anderthalb Monate lang machten Attacken der amerikanischen Luftwaffe und Kriegsmarine die Inseln für den eigentlichen Angriff »weich«. Nachdem Saipan erobert worden war, postierten die Amerikaner dort schwere Artillerie. Sie »bestrich« systematisch den nördlichen Teil von Tinian. Während einer Phase, die insgesamt fünfzehn Tage dauerte, war im Durchschnitt eine Granate pro Minute auf Tinian gelandet: hatte eingeschlagen und Verwüstungen angerichtet. Im Tiefflug fegten Jäger über die Insel hinweg und warfen Napalmbomben ab — es war das erste Mal, daß diese im pazifischen Raum eingesetzt wurden.

Die Japaner benutzten jede Gelegenheit, die ihnen blieb, um sich »einzugraben«. Sie rechneten mit einem Angriff der Amerikaner und glaubten, der Landungsversuch werde bei Tinian Town stattfinden. Also befestigten sie dieses Gebiet. Bei ihren Geschützen handelte es sich zum nicht geringen Teil um britische »Sechszöller«, die sie bei Singapore erbeutet hatten. Überall auf der Insel — hier bei einem Zuckerrohrfeld, dort hinter Dschungeldickicht — gab es Maschinengewehrnester, und vielerorts fanden sich Schützenlöcher, in denen einzelne Soldaten kauerten, Sprengladungen griffbereit: Rollte ein amerikanischer Panzer über ihn hinweg, so würde der Soldat diesen — und zugleich auch sich selbst — in die Luft sprengen.

Am vierzigsten Tag der Belagerung, am 24. Juli, hatte Imai im

Dämmerlicht des frühen Morgens die Schlachtflotte der Amerikaner erspäht. In langsamer Fahrt bewegten sich die Schiffe um die Insel herum und schossen auf die schwer mitgenommene Insel tausend und abertausend weitere Granaten ab.
In der Höhe von Tinian Town verhielt die »Armada«. Landungsfahrzeuge wurden zu Wasser gelassen. Die Japaner begannen mit ihren schweren Geschützen zu feuern. Sofort zogen sich die Amerikaner zurück. Alles verschwand wieder an Bord der großen Schiffe. Die Japaner triumphierten.
Zu spät wurde ihnen bewußt, daß es sich beim Landungsversuch vor Tinian Town um eine List handelte. Die Hauptstreitmacht der Amerikaner war im Norden der Insel gelandet — auf einem felsigen Gebiet, das die Japaner für unzugänglich, für buchstäblich unangreifbar gehalten hatten.
Und so war es dann weitergegangen: Nachdem die Amerikaner auf der Insel einmal Fuß gefaßt hatten, eroberten US-Marineinfanteristen dann ganz Tinian. Acht Tage brauchten sie, um bis Tinian Town vorzudringen. Bei diesen Kämpfen fielen 400 Amerikaner — und über 8000 Japaner.
Genau wie 700 weitere japanische Überlebende war Imai in den Dschungel geflohen. In den Monaten seither hatte sich die Zahl dieser Männer ständig verringert — auf nunmehr weniger als 500 Gejagte.
Als er jetzt hinabspähte auf jenes Gelände dort unten, um das man einen Zaun errichtete, empfand Imai in einem Punkt absolute Entschlossenheit: Lieber würde er sterben als sich ergeben und dort unten in jenem Gefangenenlager landen.

Tibbets besichtigte das umzäunte Gelände sehr intensiv. Er wollte sichergehen, daß es sich um wirklich akzeptable Quartiere für die 509. handelte.
Zu diesem Zweck war er um den halben Globus geflogen, von Wendover her. Gern wäre er schon eher hier gewesen. Dennoch hatte er den Abflug in den Vereinigten Staaten hinausgezögert — damit der ihn begleitende Navigator, der ihm altvertraute van Kirk, in der Heimat noch etwas über sein neues Baby, seinen jüngsten Sohn, erfahren konnte. Und eine solche Geste paßte genau zu der Art und Weise, in der Tibbets seine Leute zu behandeln versuchte: allzeit rücksichtsvoll — solange sie nicht versuchten, ihn auszunutzen. Dann allerdings

war er sehr wohl imstande, »mit ihnen rauher umzuspringen als ein Hauptsergeant von der MP in einem Militärgefängnis«.
Tibbets ließ sich bei seiner Besichtigung Zeit. Er wollte, daß die 509. »das Beste« bekam, und darin ließ er sich auch nicht durch die Anwesenheit von Groves' persönlichem Vertreter auf der Insel beirren: Colonel E. E. Kirkpatrick begleitete Tibbets während dessen Inspektion auf Tinian.
Tibbets wirkte so ausdruckslos — oder zumindest passiv — wie nur eh und je, und seine Bemerkungen beschränkte er auf wenige Worte. Während er von einer Baracke zur anderen ging, sah er hinter sich sein »Gefolge«: Colonel Kirkpatrick sowie die verschiedenen Befehlshaber bzw. Kommandanten der 509.
Kirkpatrick hatte gehofft, Tibbets werde sich »wegen der Quartiere nicht allzu kleinlich« zeigen. Auf dem überfüllten Tinian war folgende Faustregel die Norm: In einer Wellblechbaracke von etwa neun mal sechzehn Meter mußten zwölf Offiziere unterkommen oder aber zwanzig Nicht-Offiziere. Als Group Commander würde Tibbets sein Quartier mit drei oder vier höheren Stabsoffizieren zu teilen haben.
Tibbets Antwort war für ihn typisch.
»Bevor wir uns um mein Quartier kümmern, möchte ich sichergehen, daß sich die Männer wohlfühlen. Schließlich wird dies die vierte Verlegung sein, seit sie sich hier befinden. Und ich möchte, daß es die letzte ist.«
Kirkpatrick fand Tibbets ein bißchen »hochnäsig« — in seinem Geheimmemo an Groves würde er es genauso bezeichnen. Und er fuhr in diesem Bericht fort: »Tendiert dazu, einem seine besondere Situation ein bißchen in die Haut zu massieren, ist allerdings smart genug, um zu wissen, wie weit er dabei gehen kann. Versteht es ausgezeichnet, seine Karten auszuspielen.«
Tibbets seinerseits meinte, es sei wesentlich, »die Grundregeln zu umreißen«, aufgrund derer die 509. lebte und arbeitete.
In den vergangenen Monaten hatte er den Marianen — per Flugzeug natürlich — zwei Besuche abgestattet, um eben dort an besagten Grundregeln keine Zweifel aufkommen zu lassen. Keineswegs, so jedenfalls behauptete er später, war es ihm dabei um irgendeine Vorzugsbehandlung zu tun. Ihm

ging es ganz einfach darum, daß seine Group im Rahmen der üblichen (und also recht komplizierten) Air-Force-Aktion bei ihrer Einquartierung auf Tinian möglichst günstige Bedingungen bekam.

Bei diesem — seinem zweiten — Besuch auf Tinian witterte er hinter all dem Wohlmeinen eine Opposition, stumm zwar, doch deutlich zu spüren.

Mitunter tauchten Ressentiments empor zur Oberfläche. So wie es sich an diesem Morgen gezeigt hatte. Ein CB-Offizier, der erfuhr, daß er und seine Leute ihre behaglichen Quartiere auf der Insel für die »Group« aufgeben sollten, wollte voll Zorn wissen, was an der 509. denn so Besonderes sei. Der Befehl, mit seinen Männern rund um ihre vormaligen Unterkünfte einen hohen Zaun zu errichten, verstärkte seine Wut natürlich nur noch.

Insgeheim empfand Tibbets für diesen Offizier sehr viel Sympathie. Sie alle waren Veteranen des pazifischen Kriegsschauplatzes, und viele von ihnen erwarteten, daß sie und ihre Leute bei der Invasion Japans noch mehr Schweiß und Blut würden vergießen müssen.

Soweit Tibbets das beurteilen konnte, würde die Invasion ungeheure Opfer an Menschen erfordern. Der lange und erbitterte Kampf zur Beherrschung Okinawas war gerade erst zu Ende gegangen. Mehr als eine halbe Million Soldaten hatte ein Vierteljahr gebraucht, um die japanische Garnison in Stärke von 110000 Mann niederzuringen. Fanatisch hatten diese Leute gekämpft und waren, fast buchstäblich bis zum letzten Mann, bereit gewesen, ihr Leben dranzugeben. Sofern die amerikanischen Verlustziffern für Okinawa einen Anhaltspunkt boten ... nun, die Invasion hatte 49151 Tote gekostet und überdies 34 versenkte Schlachtschiffe sowie 368 stark beschädigte Schiffe — folglich war damit zu rechnen, daß der Widerstand vom Mutterland wahrhaftig ungeheuer sein werde.

Die jüngsten amerikanischen Geheimdienstmeldungen bekundeten darüber hinaus, daß ein Teil jener zwei Millionen kampferprobten Soldaten, die bislang in China stationiert gewesen waren, herbeitransport wurden, um den kostbaren Boden von Dai Nippon zu verteidigen. Überdies standen in Japan bereits weitere zwei Millionen Soldaten bereit, in der Schlacht bislang unerprobt, doch begierig zum Kampf. Die

überwältigende Mehrheit der Kaiserlichen Streitkräfte war längst noch nicht geschlagen.
LeMay gegenüber gab Tibbets der Hoffnung Ausdruck, daß die Atombombe »denen Vernunft beibringen und ein unnötiges Blutvergießen verhindern« werde.
LeMay stimmte zu. Das Treffen der beiden Männer — am Tage zuvor in LeMays Hauptquartier — war recht höflich verlaufen, auch wenn LeMay gewisse Bedenken hatte, zum Beispiel dieser Art: Wie man aus einer Höhe von rund 10000 Metern ein Ziel mit ziemlicher Sicherheit treffen wollte. Er versicherte Tibbets, die Flieger der 509. sollten sich lieber erst einige Erfahrung verschaffen, und meinte, sie könnten ja ein wenig Übung bekommen, indem sie erst einmal Bomben — Übungsbomben — über der benachbarten Insel Rota abwarfen, die sich noch in japanischen Händen befand.
Bei dem rasanten Tempo, das die Amerikaner bei ihrer »Inselhüpferei« vorgelegt hatten, war Rota ganz schlicht ausgelassen worden. Die Japaner auf Rota, kleine Garnisonen, nur etwa achtzig Kilometer von Tinian entfernt, waren für die Neuankömmlinge so etwas wie ein bequemes Trainingsziel.
Als sich ihre Überraschung dem Schluß zuneigte, machte LeMay eine überraschende Bemerkung.
»Paul, ich möchte, daß Sie eines verstehen. Für Sie gibt es keinen Flug über dem Kaiserreich.«
Tibbets zeigte sich verblüfft.
Während LeMay seine Zigarre schmauchte (ein »ewiges« Symbol wie bei Churchill, nur daß LeMay weniger einer Bulldogge ähnelte), legte er seine Gründe dar.
»Wir möchten's nicht riskieren, Sie zu verlieren. Nach allem, was ich gehört habe, wissen Sie über diese Bombe mehr als irgend jemand sonst in der gesamten Air Force. Sie sind uns zu verletzlich. Es ist besser, wenn Sie nicht mitfliegen, sondern auf dem Boden bleiben.«
Tibbets schwieg. LeMays Anordnungen hatten durchaus Sinn. Sollte er, Tibbets, in japanische Hände fallen, so würde eben dies das gesamte Projekt gefährden.
Erfuhren die Japaner, wer er — Tibbets — war, so würden sie ihn zweifellos foltern, um alles aus ihm herauszubekommen.
Er wußte auch, daß dies weder die Zeit noch der Ort waren, um solche Dinge eingehend zu besprechen. LeMay mußte er,

zumindest formal, betrachten als eine Art »Frontkommandeur«. Zerstritt er sich mit ihm, so hieß das nichts anderes als daß er sich selbst eins »auswischte«.
Doch in diesem Punkt war Tibbets fest entschlossen: Er wollte den ersten Atombombenangriff fliegen, allem zum Trotz, »mochte es nun Höllenfeuer oder Hochwasser sein«.
Als er LeMays Hauptquartier auf Guam verließ, um nach Tinian zu fliegen, hatte Tibbets nicht die leiseste Ahnung, daß eine Aktion im Gange war, um das 21. Bomberkommando umzuverlegen, so daß weder er noch die 509. den historischen Flug würden machen können. Jene »innere« Politik, welche das Manhattan Projekt schon seit einem halben Jahr trübte, war jetzt plötzlich bis zu den Marianen gelangt.
Nachdem Tibbets auf Tinian die Unterkünfte, die Küche und die Speiseräume inspiziert hatte, besichtigte er das »Allerheiligste«, jenen Teil des Lagers, wo sich die Werkstätten befanden: Dort würde, wenn alles seinen normalen Gang ging, schließlich die Bombe montiert werden.
Zwei Werkstätten sollten bereits in wenigen Tagen betriebsbereit sein. Mit den beiden anderen würde es jedoch vor dem 1. August nichts werden.
Tibbets fand die Termine äußerst knapp. Am liebsten wäre er auf Tinian geblieben, um alles im Auge zu behalten. Doch er mußte wieder zurück nach Amerika. Als Beobachter sollte er am ersten Test einer Atombombe (genauer: einer Plutoniumbombe) bei Alamogordo, mitten in der Wüste von New Mexico, teilnehmen.
Tibbets war mit der Inspektion fertig und zeigte sich zufrieden. Am 8. Juli sollte die 509. ihre neuen Quartiere beziehen.
Im Augenblick gab es für ihn auf Tinian nichts weiter zu tun.
Nach einer Routinebesprechung mit den ranghöchsten Offizieren der Group trat Tibbets den langen, ermüdenden Rückflug über den Pazifik an, als Passagier einer langsamen Transportmaschine.
Kurz bevor er einschlief, fragte er sich, wie das wohl sein würde: diese erste Atomexplosion bei Alamogordo.

Imai, auf seinem Beobachtungsposten auf Mount Lasso, sah vieles, ohne sich einen Vers darauf machen zu können. Was ihn in besonderem Maße fesselte, war die Betriebsamkeit am Haupttor zu dem neu umzäunten Lager. Wie in unablässigem

Zug rollte Lastwagen auf Lastwagen heran. Am Tor mußten sie halten. Wachtposten nahmen Überprüfungen vor.
Wieder hielt ein Laster. Zwei Männer stiegen aus und hoben von der Ladefläche des Fahrzeugs ein großes Brett — eine Art Schild oder Tafel — herab.
Aufmerksam betrachtete Imai die Szene durch seinen Feldstecher. Da waren, klar und deutlich zu erkennen, die beiden weißbehelmten MPs, Karabiner in den Händen. Gesund sahen sie aus, sonnengebräunt, und sie wirkten sehr gelangweilt. Er bewegte sein Fernglas ein wenig zur Seite, um zu sehen, was auf diesem Schild dort stand; denn irgendwelche Buchstaben waren es.
Imai konnte ein wenig Englisch lesen und sprechen. Zwar war es ihm aus dieser Entfernung nicht möglich, alle Wörter auf dem Schild zu entziffern; doch was er erkannte, lautete wie folgt:

RESTRICTED. 509TH COMPOSITE GROUP
ALL PASSES TO BE SHOWN
AT ALL TIMES

Ein Sperrgebiet also. Für irgendeine Einheit. Und man hatte sich dort ständig auszuweisen.
Imai fühlte sich erleichtert. Um ein Gefangenenlager handelte es sich jedenfalls nicht.
Allerdings konnte es nicht den geringsten Zweifel geben: Dieses umzäunte Gelände unterschied sich eindeutig von allen anderen, die er bisher beobachtet hatte. Es mußte sich wohl um etwas sehr Wichtiges handeln.
Dann war es plötzlich ein anderer Gedanke, der Imai beschäftigte und der ihm auch viel dringlicher schien. Über dem Beobachten jener Aktivitäten dort unten hatte er eines ganz versäumt: darauf zu achten, wo die amerikanischen Laster, welche Abfall transportierten, ihre Fracht abluden. Nun, daran ließ sich nichts mehr ändern. Jetzt würden er und die Männer, die in der Höhle auf ihn warteten, im Schutz der Dunkelheit auf gut Glück in Mülltonnen herumstöbern müssen — ein gefährliches Unternehmen, denn überall patrouillierten amerikanische Streifen.
Irgendwie hatte er jedoch das Gefühl, daß sich sein Aufenthalt auf Mount Lasso dennoch gelohnt hatte. Während er sorgfältig darauf achtete, daß er keine Spuren hinterließ,

kehrte er so rasch wie möglich zur Höhle zurück. Erleichtert blickten ihm seine Männer entgegen. Solange sich einer von ihnen draußen im Tageslicht befand, herrschte bei den übrigen stets ein Gefühl der Beklemmung.
Imai hatte die Höhle gut ausgesucht. Vermutlich war es die größte auf der Insel. Dennoch ahnte man von ihrem Vorhandensein nichts, wenn man nicht sozusagen mit der Nase darauf stieß.
Drinnen war es schmutzig. Alte Konservendosen lagen herum und weitere Überreste von nächtlichen Beutezügen durch die Insel.
In einer Ecke befanden sich Gewehre sowie einige Kisten mit Munition. Nicht weit davon war ein Sende- und Empfangsgerät.
Die letzte Meldung hatte man empfangen in der Nacht, da Tinian fiel: als der Oberbefehlshaber der Kaiserlichen Armee in Tokio mitteilte, man werde Hilfe schicken. Seither schwieg das Gerät, und Imai wünschte, er hätte jemanden zur Verfügung gehabt, der es reparieren konnte. Dann wäre er in der Lage gewesen, dem Oberkommando in Tokio über dieses sonderbare neue Sperrgebiet hier auf Tinian Meldung zu machen.
Vielleicht hätte es sich dann sogar einrichten lassen, daß es bombardiert wurde.

Beser und die übrigen hockten im Kreis um die umgedrehte Kiste herum und versuchten, sich auf ihr Kartenspiel zu konzentrieren. Leicht war das nicht. Selbst jetzt noch, in der so plötzlichen tropischen Dunkelheit, hatte die stickige, klebrige Hitze etwas Lähmendes. Das einzige Kleidungsstück, das jeder der Männer trug — Khaki-Shorts (eigentlich abgeschnittene lange Khaki-Hosen) —, war schweißdurchtränkt.
Später am Abend mußten die Kartenspieler ihre Stimme erheben, um sich verständlich zu machen. In der Nähe startete ein Verband von B-29-Bombern zu einem weiteren Brandbombenangriff.
Genau wie sonst zählten die Offiziere in der Baracke auch an diesem Abend mit, wieviel Bomber es waren. Anhand der unverkennbaren Geräusche, die bei jeder einzelnen Maschine beim Hochjagen der Motoren entstanden, ließ sich das ohne große Mühe bewerkstelligen.

Im Augenblick war man bei Bomber 249 angelangt.
Das schien die vorerst letzte Maschine zu sein. Jetzt herrschte auf der Insel wieder nächtliche Stille. Doch Beser bot jedem, der dabei mitmachen wollte, ganz nebenbei eine Wette an: Innerhalb der nächsten dreißig Minuten, behauptete er, würde wieder ein Bomber starten und die Gesamtzahl auf 250 abrunden. Von verschiedenen Seiten wurde dagegengehalten, und allerlei Münzen prasselten auf die umgedrehte Kiste.
Bald danach dröhnten die Wright-Cyclone-Motoren mit ihren 2200 PS auf, ein Geräusch, das sich nicht gut überhören ließ. Es zerriß fast buchstäblich die Stille.
Beser sammelte seine Wettgewinne ein.
Und dann lauschte er, genau wie die anderen. Das Kartenspiel langweilte inzwischen alle. Sie lauschten auf jene Geräusche, die dem eigentlichen Start vorausgingen: wenn die Motoren erst einmal einen Probelauf machen mußten.
Navigator Russell Gackenbach — der junge Lieutenant, der an jenem ersten Tag in Wendover die bewußten Sicherheitstests bestanden hatte — trat vor die Baracke, um den Start zu beobachten.
Es war eine mondlose, eine pechschwarze Nacht, und von der See her wehte ein heißer Wind.
So angestrengt er auch blickte, erkennen konnte Gackenbach bei dieser Finsternis kaum etwas: Es war eher eine Art Wittern. Seine Ohren verrieten ihm, daß der Bomber jetzt zur Startbahn rollte. Ab und zu gewahrte er kurz aufzuckende Flammen vom Auspuff der Motoren.
Immer stärker wurden die Motoren auf Touren gebracht, immer heftiger und heller zuckten die Flämmchen; und dann verschwanden sie, während der Bomber die Startbahn entlangdröhnte.
Unwillkürlich drehte Gackenbach den Kopf: Einer der Motoren klang nicht astrein. Der junge Offizier wandte sich herum, rief in die Baracke. Doch auch die anderen hatten es bereits gehört. Sie traten zu Gackenbach. Gemeinsam lauschte die Gruppe, während der Bomber weiter die Startbahn entlangdröhnte.
»Er hat abgehoben!«
Gackenbachs erleichtertem Ruf folgte sofort Besers Warnung.
»Er wird's nicht schaffen!«

Seinen Worten folgte ein grelles, orangerotes Aufblitzen. Es schien den Bomber einzuhüllen.
Im Bruchteil einer Sekunde geschah es dann. Offenbar war ein Treibstofftank explodiert, und dies löste vor den Augen der entsetzten Offiziere von der 509. eine Explosion der Brandbomben in der B-29 aus. Wie ein gewaltiges Wetterleuchten ging es hinweg über den nächtlichen Himmel, und eine ungeheure Flamme beleuchtete ein Gebiet von vielen hundert oder tausend Quadratmetern.
Während die Flammen verloschen und der Lärm verklang, ertönten die Sirenen der herbeijagenden Bergungsfahrzeuge.
Die Offiziere von der 509. drehten sich um und gingen in die Baracke zurück. Sie wußten alle, daß die Bergungsfahrzeuge nicht viel mehr zu tun haben würden, als ein paar verkohlte Reste zusammenzukehren.

1. Juli 1945
Oberkommando der Kaiserlichen Armee
Tokio

Ein zweiwöchiges Studium hatte es gekostet, doch jetzt erschien die Situation einigermaßen klar. Zwar gab es noch immer einige »Lücken«, doch der Chef des Nachrichtendienstes der Kaiserlichen Armee, Generalmajor Seizo Arisue, konnte sich jetzt ein fundiertes Urteil bilden über Japans innenpolitische Situation.
Sie war verzweifelt.
Der Kampf zwischen den Militaristen und den Gemäßigten war immer erbarmungsloser geworden; zunehmend verhärteten sich die Positionen. Die Schlachten, bislang reine *Wort*schlachten, drohten mehr und mehr, den kaiserlichen Thron in ihren Strudel hineinzuziehen. Was Arisue besorgt machte, war der Gedanke an ein mögliches Blutvergießen zu jenem Zeitpunkt, da die beiden Seiten *nicht* mehr miteinander sprachen. Insgeheim war Arisue davon überzeugt, daß die extremsten Elemente nicht einmal vor einem Mord am Kaiser zurückschrecken würden, sofern der Tenno sich ihrer erklärten Absicht widersetzte, Japan entweder zum Sieg zu führen — oder aber, sofern das nicht glückte, zur völligen Vernichtung.

Diesen Fanatikern standen die Gemäßigten gegenüber, die der Meinung waren, man solle retten, was immer noch zu retten sei. Angeführt wurden sie von Koichi Kido, einem Mann, dessen Adelsrang dem eines europäischen Marquis entsprach und der überdies so etwas wie die Stellung eines Lordkanzlers bekleidete. Ihm jedenfalls vertraute der Kaiser vor allen anderen.

Kido war es gewesen, der bei der Kaiserlichen Konferenz am 8. Juni die beiden Fraktionen sozusagen »in Frieden« gehalten hatte. Andererseits hatte er nicht verhindern können, daß bei eben dieser Konferenz der Beschluß gefaßt wurde, den Krieg bis zum bitteren Ende zu führen. In Gegenwart des Kaisers — und ohne, daß er auch nur ein Wort sagte — wurde beschlossen, daß es eine Kapitulation nicht geben dürfe.

Vier Tage später erklärte ein Gemäßigter (ein Admiral, dem Kido den Weg zum Thron geebnet hatte) dem Kaiser, was eine präzise Bestätigung dessen war, was dieser bereits von Kido wußte.

Der Bericht des Admirals hatte in Einzelheiten Angaben über die Knappheit von Rohstoffen enthalten. Außerdem kam noch hinzu: Die in der Kriegsindustrie beschäftigten Arbeiter — zum großen Teil Schulkinder — verfügten ganz einfach nicht über die erforderlichen fachlichen Fähigkeiten. Folglich waren die Produktionsziffern wesentlich geringer als erwartet. Vom rein industriellen Standpunkt aus war Japan moribund — »todgeweiht«. Und mochte die Moral — der Durchhaltewille — der Bevölkerung auch noch so stark sein, die Gesamtsituation war zweifellos überaus bedrückend.

Am 18. Juni rief Ministerpräsident Suzuki Japans »inneres Kabinett« zu einer Sitzung zusammen. Der Theorie nach waren es die sechs Mitglieder — vier Kabinettsminister, darunter Suzuki sowie zwei militärische Stabschefs —, welche die Politik bestimmten, die dann vom gesamten Kabinett gebilligt werden mußte. Allerdings war jedweder Beschluß so zu fassen, daß er auch von der Armee akzeptiert wurde, sonst ließ er sich nicht durchsetzen. Im Grunde konnte der alte Ministerpräsident kaum etwas anderes sein als das »Sprachrohr« seiner militärischen Herrn und Meister.

Was Arisues Urteil betraf, so stufte er Suzuki ein als einen Mann, der erfüllt war »vom Mut der Entscheidungen der Armee«.

Präzise Details über die Sitzung vom 18. Juni hatte Arisue zwar nicht in Erfahrung bringen können (es war derselbe Tag, an dem Präsident Truman die Invasionspläne guthieß), doch es war ihm gelungen, sich über einen Punkt absolute Klarheit zu verschaffen: Der Kriegsminister sowie die Repräsentanten der Armee und der Marine waren sich darin einig, daß alle Planung sich ausrichten mußte nach jenen Anforderungen, welche am Tage D — dem Tag der Invasion des Feindes — entstehen würden.
In einem Punkt, so hätte man meinen können, hatte sich die Haltung dieser drei Unerbittlichen geändert. Sie schlossen Gespräche mit den Amerikanern keineswegs mehr aus. Allerdings sollten diese erst geführt werden, *nachdem* die Armee des Feldmarschalls Hata dem Feind bei dessen Invasionsversuchen eine vernichtende Abfuhr erteilt hatte.
Immerhin fand Arisue die Meinungsänderung der drei Unerbittlichen bemerkenswert. Daß diese Männer ihre zuvor völlig verhärteten Positionen gleichsam um einen halben Schritt erweiterten, schien ihm als »wichtiger Sieg für die Wirklichkeit«.
Während Arisue nach außenhin weiter seinen vorsichtigen Mittelkurs zwischen Militaristen und Gemäßigten steuerte, war er insgeheim längst zu der Überzeugung gelangt, es müsse Frieden geschlossen werden, Frieden um jeden Preis — mit Ausnahme der bedingungslosen Kapitulation.
Was seine Ablehnung einer bedingungslosen Kapitulation anbetraf, so hatte er dafür einen überaus gewichtigen Grund. Mit größter Wahrscheinlichkeit hätte das die Absetzung des Kaisers bedeutet, ein unvorstellbarer Gedanke.
Am 22. Juni (zehn Tage, nachdem ihm vom Admiral über die Rohstoffknappheit und die Lage der Bevölkerung berichtet worden war) hatte Kaiser Hirohito das Innere Kabinett aufgefordert, Friedensverhandlungen einzuleiten, und zwar nach Möglichkeit unter Inanspruchnahme der »guten Dienste« der Russen.
Am 24. Juni wandte sich Koki Hirota, ein früherer Ministerpräsident, an Jakob Malik, den sowjetischen Botschafter in Tokio. Er erklärte, anstelle des Neutralitätspakts (den die Russen nicht erneuern würden, wie sie kürzlich angekündigt hatten) wünsche Japan ein »starkes Agreement«.
Malik begriff sehr wohl, was dahintersteckte. Die Japaner un-

ternahmen einen Versuch, Rußland aus dem Krieg herauszuhalten. Er wies Hirota darauf hin, daß der Neutralitätspakt ja noch in Kraft sei und die Sowjetunion die Vertragsbedingungen einhalte. Für Gespräche über ein neues Arrangement sei ja bis zum Ablauf der Vertragsfrist, im April 1946, noch genügend Zeit.
Der Russe zeigte sich absolut unnachgiebig. Um ihn dennoch zu irgendeiner Art Konzession zu bewegen, unternahm Hirota einen Versuch aus einer völlig anderen Richtung. Er bot Dinge, die für Japan überaus kostbar waren — Gummi, Zinn, Blei, Wolfram — gegen sowjetisches Öl an.
Malik wies den Handel ohne große Umschweife zurück.
Hirota machte einen letzten Vorschlag.
»Wenn sich die sowjetische Armee und die japanische Kriegsmarine vereinen würden, so wären sie zusammen die stärksten Mächte in der Welt.«
Es war die irrwitzige Hoffnung eines Ertrinkenden, der sich an den buchstäblichen Strohhalm zu klammern versucht.
Malik verabschiedete sich von Hirota mit einem eisigen »Auf-wiedersehen«.
Fünf Tage später war Hirota wieder da. Diesmal hielt Malik den unwillkommenen Besucher mit dem Vorwand hin, er müsse erst Rücksprache mit Moskau nehmen.
Und dies war der Punkt, an dem die diplomatischen Manöver erst einmal zum Stillstand kamen. Bei Arisue häuften sich allerdings die Indizien dafür, daß Rußland, weit davon entfernt, mit Japan einen Nichtangriffspakt schließen zu wollen, offenbar fest entschlossen war, in den Krieg einzutreten. Allen einschlägigen Meldungen zufolge gab es nahe der chinesischen Grenze sowjetische Truppenbewegungen. Offenbar wurden dort starke Streitkräfte zusammengezogen. Vermutlich würde es ihre Aufgabe sein, die japanischen Truppen, die sich in der Mandschurei befanden, zu einem gegebenen Zeitpunkt anzugreifen.
Schlimmer jedoch — so jedenfalls sah es Arisue — war dies: Der russische Angriff würde weniger dem Zweck dienen, den Krieg für die alliierte Seite gewinnen zu helfen; zweifellos kam es den Sowjets hauptsächlich darauf an, im pazifischen Raum Einfluß zu erlangen.
Der Gedanke an ein von den Sowjets beherrschtes Japan ließ Arisue frösteln. Den Gedanken an ein kommunistisches Re-

gime fand er absolut »unverdaulich«, zumal das die Absetzung des Kaisers und das Ende des traditionellen Japan bedeuten mochte.
Mehr denn je war Arisue davon überzeugt, daß eines absoluten Vorrang besaß: Man mußte mit den Vereinigten Staaten zu Vereinbarungen gelangen.
Wäre nur sein Amerika-Fachmann, Oberstleutnant Kakuzo Oya, noch in Tokio gewesen. Doch Oya war gerade als Hauptnachrichtenoffizier Feldmarschall Hatas Stab in Hiroshima beigeordnet worden. Hata brauchte Oya in seinem Hauptquartier wegen der Vorbereitungen gegen die erwartete amerikanische Invasion auf Kyushu.
Arisue faßte folgenden Entschluß: Auch ohne Oya würde er erneut versuchen müssen, zu den Amerikanern Verbindung aufzunehmen, und zwar über die einzige mögliche »Leitung«, die ihm verfügbar war: die OSS in Bern.
Sein Agent dort war Generalleutnant Seigo Okamoto, und er wartete schon seit Wochen darauf, der OSS eine Botschaft überbringen zu können, welche nach Washington weitergeleitet werden konnte.
Bislang hatte Arisue gezögert, eine solche Botschaft zu schikken. Die Risiken für ihn waren groß. Er würde ohne Auftrag oder auch nur Billigung der Regierung handeln. Und während die vergeblichen Versuche der Marine wenigstens durch einige Admirale »gedeckt« gewesen waren, hatte er von seinen Vorgesetzten in der Armee keinen hinter sich. Ganz im Gegenteil: Falls herauskam, daß er versucht hatte, mit dem Feind Verbindung aufzunehmen, so würde man nicht nur seine Entlassung fordern, sondern womöglich auch sein Leben. Und der Gedanke daran, als Verräter gebrandmarkt zu werden, hatte Arisue seit jeher erschreckt.
Jetzt jedoch war Arisue bereit, seine Karriere und sein Leben aufs Spiel zu setzen, und dafür gab es zwei Gründe. Erstens glaubte er, absolut sicher sein zu können, daß alle Verhandlungen mit Rußland von vornherein zum Scheitern verurteilt waren. Der zweite Grund erschien ihm allerdings wesentlich gewichtiger.
Er hatte gerade erfahren, daß Amerika, Großbritannien und Rußland in zwei Wochen in Potsdam eine Konferenz abhalten würden.
Nach Deutschlands Niederlage würde es den Großen Drei

wohl kaum besonders schwerfallen, sich über die Fortsetzung des Krieges im Pazifik auf eine gemeinsame Politik zu einigen. Arisue zweifelte nicht daran, daß sie am Ende ihrer Beratungen irgendeine neue Bedrohung gegen Japan gefunden haben würden. Und dann waren die Aussichten auf eine Friedensregelung *jenseits* der bedingungslosen Kapitulation vermutlich noch schlechter.
Arisue schickte Okamoto ein Kabel: Er solle versuchen, die Mindestbedingungen in Erfahrung zu bringen, unter denen Amerika eine japanische Kapitulation akzeptieren würde.

2. Juli 1945
Tinian

Lewis schaltete die Bordsprechanlage ein und sagte der Crew, sie solle sich zur Landung bereitmachen.
Bei einer Geschwindigkeit von knapp 400 Stundenkilometern begann der Bomber tieferzugehen. Von anderen Maschinen vom Typ B-29 war er einzig zu unterscheiden durch seine Squadron-Identifikationsnummer: 82. Bis zu diesem Zeitpunkt war der Flug völlig ereignislos verlaufen. Bei der Route, die Lewis und seine Männer zurückgelegt hatten — über Sacramento nach Honolulu und zum winzigen Landestreifen auf Kwajalein — war von irgendeiner »Vorzugsbehandlung« nichts zu spüren gewesen. Der Bomber, welcher der berühmteste der Welt werden sollte, galt noch in keiner Weise als etwas Besonderes.
In einer Entfernung von über zwanzig Kilometern erschien Tinian, eine im Dunst der Morgensonne verschwommen wirkende Fläche.
Der junge Dick Nelson in seinem winzigen, fensterlosen »Loch« drehte seinen Funkpeilkompaß in die richtige Richtung, um von Tinian Signale zu empfangen. Nach den ewiglangen Stunden der Untätigkeit gab es endlich etwas zu tun. Drei Tage dauerte der Flug nun schon, unterbrochen nur von kurzen Zwischenlandungen, wobei Verpflegung und Unterbringung dann gleichermaßen kläglich gewesen war. Den ursprünglichen Enthusiasmus des jungen Nelson hatte das denn doch ein wenig gedämpft. Er fühlte sich müde, sehnte sich nach einem Bad, und wenn er es auch gewiß keinem Mit-

glied der Crew gegenüber zugegeben hätte — ein wenig bange wegen der Zukunft war ihm durchaus.
Er überprüfte das Freund/Feind-Kenngerät. Nach wie vor sendete es jenes Signal aus, anhand dessen die B-29 als amerikanisches Militärflugzeug zu identifizieren war.
Die gelangweilte Stimme des Anfluglotsen auf Tinian meldete Lewis Windgeschwindigkeit und -richtung bei North Field.
Lewis schien es gar nicht abwarten zu können, endlich an Ort und Stelle zu gelangen.
Duzenbury überprüfte Öldruck und Generatoren. Offenbar arbeitete da soweit alles normal. Das Treibstoffgemisch regulierte er so, daß sich die Nadel des Anzeigers auf die Wörter »Auto Rich« einpendelte.
Stiborik, der Radarmann, erkannte auf seinem Gerät, deutlich auszumachen, die Umrisse von Tinian. Seit einiger Zeit beobachtete er das schon: Wie es, von kaum mehr als Stecknadelkopfgröße, immer mehr angewachsen war, bis es nun fast den gesamten Radarschirm füllte.
Wie schnell wohl sein verbundener Finger heilen würde, beschäftigte ihn innerlich jedoch noch mehr. In der vergangenen Nacht, auf Kwajalein, hatte eine Ratte, während Stiborik schlief, diesen Finger bis auf den Knochen durchgenagt.
Er hatte geträumt, auf seiner Brust hockte eine riesige Ratte. Als er schweißgebadet aufwachte, entdeckte er, daß eine wirkliche Ratte an seiner Kehle hockte. Caron zog es jedoch vor, über seinen Traum zu schweigen.
Schlimmer als auf Kwajalein, grübelte der Bordschütze, konnte es kaum noch kommen. Er schaltete die Sprechanlage ein und fragte Lewis, wie es auf Tinian sei. Das einzige, was Caron von seiner Heckkanzel aus sehen konnte, war das endlose Wasser des Pazifik.
Lewis lieferte der Crew eine wahrhaft glühende Schilderung. »Phantastisch ist die Insel! Der Dschungel sieht genauso aus wie im Film! Die Strände — wie für Esther Williams gemacht! Und das Wasser ist so blau, wie ich's noch nirgends sonst gesehen habe! Jungs, es wird uns großartig gehen!«
Fast zehntausend Flugkilometer hatte Lewis während der vergangenen drei Tage zurücklegen müssen, doch das vermochte seinen Enthusiasmus nicht zu dämpfen. Er rief seine Landeanweisungen.

»Fahrgestell ausfahren.«
Es geschah, und Stiborik sowie der Hilfsmechaniker Shumard bestätigten, daß das Fahrwerk ordnungsgemäß saß.
»Landeklappen überprüfen. Winkel fünfundzwanzig Grad.«
Wieder bestätigten die Männer in den mittleren Kanzeln den Vorgang.
Wenige Augenblicke später setzte Lewis auf North Field auf und ließ die Maschine zu jenem speziellen Abstellplatz rollen, der für die 509. vorgesehen war.
Carons erster und gleichzeitig dauerhaftester Eindruck, als er aus seiner Heckkanzel herauskletterte, war dieser: Er hatte das Gefühl, »wir seien in der größten Latrine der Welt gelandet«.
Von einer der riesigen Senkgruben, welche von den Leuten von der CB angelegt worden waren, strich der Wind herüber, genau zu der Stelle, wo sich der Bomber jetzt befand.
Lewis meinte, er werde sich an den Gestank bald gewöhnen. Wenn das das einzige war, was es hier auszusetzen gab, so durfte man Tinian wahrhaftig ein Paradies nennen, mit seinen Wellblechbaracken unter Palmen und seinen mit Korallensplittern bestreuten Wegen, die von lächelnden Eingeborenen saubergehalten wurden.
Tinian wies eine Eigentümlichkeit auf. In groben Umrissen besaß die Insel die gleiche Gestalt wie Manhattan. Aus diesem Grund — und um eine Art Heimatgefühl zu suggerieren — hatte man die wichtigsten Straßen nach New Yorker Straßen benannt und entsprechend beschildert.
Broadway war die längste Hauptverkehrsstraße. Sie führte von North Field aus an Mount Lasso vorbei bis nach Tinian Town: eine ausgezeichnete Schnellstraße, rund zehn Kilometer lang, gesäumt von Gelände, auf dem sich sowohl Unterkünfte als auch Arbeitsstätten befanden.
Parallel zum Broadway verlief, auf der Westseite der Insel, die 8th Avenue, die (von jenem Landekopf aus, den die Marineinfanteristen bei der Invasion von Tinian gebildet hatten) zum zweitgrößten Flugplatz führte, um schließlich bei Tinian Harbour zu enden.
Unmittelbar an der Westküste schlängelte sich der Riverside Drive entlang. Er führte an mehreren kleinen Stränden und Buchten vorbei.
Die 42. Straße befand sich bei einer geschäftigen Straßenkreu-

zung im südlichen Teil von Tinian, unweit von Wall Street, Grand Avenue, Park Row und Canal Street, welche zur 2nd Avenue führte sowie zu einer weiteren Anzahl von Straßen mit altvertrauten Namen.
Was die Group betraf, so hatte sie ihr Quartier im Augenblick unmittelbar östlich vom Broadway, in der Nähe der 86. Straße. Als Lewis und seine Crew ihre Baracken erreichten, fanden sie sie leer. Neun Crews der 393. waren unterwegs bei einem Übungseinsatz. Sie warfen Sprengbomben auf Rota ab.
Es schien Lewis, daß er keinen Augenblick zu früh auf Tinian eingetroffen war.

6. Juli 1945
Washington, D.C.

Während er kerzengerade auf seinem goldverzierten und mit Chintz bezogenen Stuhl saß, machte Harry S. Truman einen ruhigen und entspannten Eindruck: Er lauschte einem Konzert, das die Army Air Force Band auf der südlichen Rasenseite des Weißen Hauses gab.
Um ihn herum saßen Mitglieder seines Kabinetts, Angehörige des diplomatischen Corps sowie Freunde von Bess und Margaret Truman. Einzig Bess gewahrte bei ihrem Gatten die Zeichen innerer Anspannung: Während die Band ein Potpourri spielte — Trumans Lieblingsmelodien »leichter« Klassik —, ruckte der Präsident von Zeit zu Zeit auf seinem Stuhl.
Bess wußte, was ihren Mann beunruhigte, und insgeheim wünschte sie sich, sie könnte ihn auf seiner Reise begleiten.
Normalerweise hätte das Konzert das Ende eines strapaziösen Tages bedeutet. Vom frühen Morgen an hatte eine lange Reihe von Besuchern Truman in seinem Amtszimmer aufgesucht. Sie legten ihre Probleme und ihre Vorschläge, ihre Fragen und ihre Wünsche einem Mann vor, dessen Philosophie, soweit sie das Fällen von Entscheidungen betraf, in vier Worten ausgedrückt war. Sie standen auf einem kleinen Schild auf seinem Schreibtisch: THE BUCK STOPS HERE — was in etwa soviel hieß wie: Hier wird sich *nicht* vor der Verantwortung gedrückt.

Bevor er zum Konzert gekommen war, hatte Truman eben dieses Schild in seinen Koffer gepackt, zusammen mit seinen weißen Hemden, seinen Anzügen, seinen Querbindern und einer warmen Kombination.
Bess hatte gemeint, in Potsdam könnte es womöglich recht kalt sein.
Der Präsident, jetzt in einem akkurat sitzenden Nadelstreifenanzug, beobachtete aufmerksam, wie der Leiter der Militärkapelle das Konzert in donnerndem Crescendo zum Abschluß brachte.
Sofort sprang Truman auf, applaudierte laut, nahm Bess und Margaret beim Arm und ging mit ihnen ins Weiße Haus.
Auch die übrigen Zuhörer entfernten sich, jeder in seine Richtung. Zweifellos waren sie davon überzeugt, daß die First Family nach einem »Dämmerschoppen« zu Bett gehen werde.
Doch im Weißen Haus, vor neugierigen Blicken geschützt, gab der Präsident Bess und Margaret einen Abschiedskuß und verließ das Gebäude dann durch einen Seitenausgang.
Eine große, schwarze Limousine wartete. Der Chauffeur und die beiden anderen Männer, die sich bereits darin befanden, gehörten zum Geheimdienstkommando des Weißen Hauses: Sechs dieser Männer begleiteten den Präsidenten nach Potsdam.
Truman ließ sich auf den Rücksitz gleiten, und die Limousine fuhr los. Bis zur Union Station war es nur ein kurzes Stück. Dort hielt sie schließlich bei Gleis Nummer zwei, wo eine Lokomotive mit vier Wagen stand.
Dreiundfünfzig Passagiere waren bereits eingestiegen, sämtlich nach strengsten Gesichtspunkten ausgewählt und zu absoluter Geheimhaltung verpflichtet über das Endziel ihrer Reise: Brandenburg, eine Stadt rund vierzig Kilometer südwestlich von Berlin. Es handelte sich um jene Helfer und Ratgeber, welche Truman bei seinem Debüt auf internationaler Bühne zur Seite stehen sollten.
Insgeheim war Truman recht nervös wegen der bevorstehenden Begegnung mit seinen beiden »formidablen« Verbündeten, Stalin und Churchill. Aber er war auch fest entschlossen, nichts zu tun oder zu sagen, das von Nachteil sein mochte für Amerika, für Missouri, für seine Familie — oder für ihn selbst. Mit aller Anstrengung hatte er sich über die beiden alliierten Staatsmänner eingeprägt, was immer er konnte. Und

um den historischen Augenblick der Begegnung der drei politischen Führer festhalten zu lassen, nahm Truman einen ganzen Pulk von Presseleuten und Fotografen mit — auch eine Neuheit für einen amerikanischen Präsidenten.

Die Reise fand unter Beachtung allerstriktester Geheimhaltung statt. Die Geheimdienstleute fürchteten, ein Fanatiker könne womöglich einen Attentatsversuch unternehmen. Die Vereinten Stabschefs sorgten sich wegen der Möglichkeit, daß ein japanisches U-Boot in den Atlantik »schlüpfte« und die *Augusta* versenkte, jenen schweren Kreuzer, der ihn und seine Begleiter nach Europa bringen sollte.

Sobald sich Truman im Zug niedergelassen hatte, rollte die Lokomotive los. Es begann eine siebenstündige Fahrt nach Newport News in Virginia, wo die *Augusta* vor Anker lag.

Truman wußte, daß für das schlafende Amerika dort draußen außerhalb seines Abteils die Weltlage günstiger war als seit Jahren.

Japans Zusammenbruch schien nur eine Frage der Zeit zu sein, und nichts sprach dafür, daß jene Bande, welche die Alliierten im Krieg zusammengehalten hatten, sich nicht auch im Frieden bewähren konnten. Erst kürzlich waren die engen Beziehungen zwischen Moskau und Washington demonstriert worden, als man Eisenhower im Kreml geradezu feierte.

Doch Truman — ungeachtet all der Witze, welche die Presse über seine Kleidung und seine volkstümlichen Aussprüche machte — war ein stocknüchterner Realist. Er wußte, daß Potsdam keine Neuauflage der vorangegangenen Treffen der Großen Drei — jener von Teheran und von Jalta — sein konnte. Seinerzeit hatten sich Roosevelt, Stalin und Churchill auf die Niederringung Deutschlands konzentrieren können. Entscheidungen oder Beschlüsse, die einen Keil zwischen sie treiben mochten, ließen sich unter solchen Umständen bequem auf später verschieben. In Potsdam, das jedenfalls glaubte Truman, würde das vielleicht nicht mehr möglich sein.

Was seine Informationen über Stalin betraf, so waren sie eher dürftig. Im gesamten State Department schien es niemanden zu geben, der bei seiner Einschätzung des Sowjetführers viel mehr zu bieten hatte als den Befund: »Er ist eine harte Nuß.«

Was hingegen Churchill betraf, so war er mit Ratschlägen

wahrhaftig eingedeckt, und zum großen Teil handelte es sich dabei um Warnungen. Vor den Motiven des Engländers solle er sich ebensosehr in acht nehmen wie vor dessen Urteilen — und nicht zuletzt auch vor Churchills gewinnender Art.
Trumans Absicht war es, seinen beiden Verbündeten auf genau die gleiche Art und Weise zu begegnen: Er würde sich ihre Argumente anhören, Fragen stellen, sodann seinen Entschluß fassen — und bei diesem Entschluß auch bleiben.
Überdies: mochte es Truman auf der internationalen Szene auch an Erfahrungen fehlen, er reiste mit einem bedeutungsschweren Geheimnis nach Potsdam — die atomare Waffe war nahezu einsatzbereit.
Kriegsminister Stimson (dem viel von der Verantwortung zufallen würde für die Entscheidungen, die es zu treffen galt, sofern der Test bei Alamogordo erfolgreich verlief) hatte in einem Memo an Truman, datiert vom 2. Juli, seine Gedanken umrissen.
Zwar wurde die Atombombe in dem Papier kein einziges Mal erwähnt. Dennoch spielte sie bei Stimsons weitreichenden Darlegungen die entscheidende Rolle.
Truman hatte die langen Ausführungen auf einen Satz reduziert: Stimson wollte den Japanern noch eine — die letzte — Warnung erteilen, ihnen die Gelegenheit zur Kapitulation geben, bevor Amerika seine Macht in vollem Maße einsetzte.
Seine Ansichten hatte der Kriegsminister mit nüchternen und gemessenen Worten umrissen, und sein Text enthielt auch einen Vorschlag, der leicht zu einer Kontroverse führen mochte: Man könne den Japanern mitteilen, daß »wir eine konstitutionelle Monarchie unter der gegenwärtigen Dynastie nicht ausschließen«, unter der Voraussetzung, der Totalitarismus in Japan werde abgelöst durch Demokratie.
Truman nahm Stimsons Memo mit nach Potsdam, um mit Churchill und Stalin über die Vorschläge zu sprechen.
Allerdings wußte er auch: Wenn Japan sich dem letzten Angebot verschloß (wie immer es nach den Besprechungen mit den Alliierten in Potsdam auch aussehen mochte), so stand diesem Land ein Atomangriff bevor. Und die Entscheidung zu eben diesem Angriff würde bei ihm liegen.
Noch etwas nahm Truman mit nach Potsdam, sozusagen als Gegenstück zu Stimsons Memo: die Erinnerung an eine vor kurzem von General MacArthur gemachte Äußerung.

Der General hatte die Ansicht vertreten, es sei sehr wohl möglich, daß die amerikanischen Invasionstruppen nach Bildung eines Landekopfs auf Kyushu beim weiteren Vordringen landeinwärts statt mit konventioneller Verteidigung der Japaner mit einem Guerilla-Krieg zu rechnen hätten. In diesem Fall, so sagte MacArthur voraus, könne die Eroberung Japans bis zu zehn Jahre in Anspruch nehmen — bei buchstäblich unabsehbaren Verlusten auf alliierter Seite.
Es waren wahrhaft abschreckende Zukunftsbetrachtungen, die der amerikanische Präsident in seine Überlegungen miteinbeziehen mußte.

9. Juli 1945
Hiroshima

Obwohl ein Dutzend Empfangsgeräte eingeschaltet war, jedes für eine andere Station, blieb es im Raum fast völlig still. Das einzige Geräusch war das Schwirren der von der Zimmerdecke herabhängenden Ventilatoren.
Vor jedem Empfangsgerät hockte ein Mann mit aufgesetzten Kopfhörern, und alle widmeten sich konzentriert einer Tätigkeit, auf die, für den Durchschnittsjapaner, die Todesstrafe stand. Sie lauschten auf amerikanische Sendungen.
Diese Männer gehörten zum Abhördienst, und sie hatten an diesem Tag die Morgenschicht bei einer Tätigkeit, die rund um die Uhr betrieben werden mußte. Ihre Aufmerksamkeit galt den Radiowellen über dem Pazifik, doch waren sie keineswegs nur auf diesen Raum beschränkt. Sie bildeten einen Teil der sogenannten Fernmeldezentrale von Feldmarschall Hatas zweitem Generalhauptquartier.
Die Zentrale war das Nervenzentrum von Hatas Hauptquartier. Sie befand sich in einer ehemaligen Schule, einem langgestreckten, zweistöckigen Gebäude am Fuße des Mount Futaba, nahe dem Ostexerzierplatz. Spezielle Überlandleitungen verbanden die Zentrale mit dem Oberkommando in Tokio. Andere Leitungen führten zu Militärzentren auf Kyushu — Fukuoka, Sasebo, Nagasaki und Kagoshima. Außerdem war die Zentrale über wesentlich geringere Entfernungen hinweg mit der Marinebasis bei Kure und dem regionalen Verteidigungskommando in der Hiroshima-Burg verbunden.

Der Abhörraum der Zentrale stellte so etwas wie ein Prunkstück dar. Im ganzen Land gab es lediglich in der unmittelbaren Nähe von Tokio ein Abhörzentrum, das sich mit diesem »Horchposten« hier vergleichen ließ. Und seit einigen Wochen lief der Dienst wahrhaft auf Hochtouren — seit in Hiroshima Oberstleutnant Kakuzo Oya eingetroffen war, Arisues rauhbeiniger Amerika-Spezialist, Hatas Stab zugeteilt als Chef-Nachrichtenoffizier.

Hata und Oya waren sich bewußt, daß die ersten Hinweise auf eine bevorstehende Landung auf Kyushu im Abhörraum aufgefangen werden mochten. Sie nahmen an, die Amerikaner würden das eigentliche Invasionsgebiet zuvor wochenlang mit Bomben und — von See her — auch mit Granaten belegen. Hata hoffte jedoch, über den drohenden Landungsversuch ausreichend gewarnt zu sein, um der Invasionsstreitmacht Kyushus Kamikaze-Flugzeuge und Selbstmord-Motorboote entgegenwerfen zu können.

Weitgehend hing der Erfolg seines Planes von der Qualität jener Leute ab, die im Abhördienst arbeiteten. Diese Männer waren für einen Einsatz bei der kämpfenden Truppe entweder zu alt oder sonstwie untauglich. Alle verfügten sie über ausgezeichnete englische Sprachkenntnisse.

Ihr Dienst dauerte jeweils acht Stunden. Während dieser Zeit erfüllten sie konzentriert ihre aufreibende Pflicht. Fast bewegungslos saßen sie, starrten auf ihre Empfangsgeräte, hielten den Schreibblock bereit und lauschten auf den endlosen Strom der Worte und der Musik, die von weither kamen, aus Washington, D.C., zum Beispiel.

Gerade erst war, in einer Kurzwellensendung aus der amerikanischen Hauptstadt, erwähnt worden, Präsident Truman sei so sehr von Siegeszuversicht erfüllt, daß er sich an einem Abend von allen Pflichten freigemacht habe, um einem Freiluft-Konzert beim Weißen Haus beizuwohnen.

Die Meldung war notiert und weitergegeben worden.

Von Mittag bis Mitternacht gab es am meisten zu tun. Während dieser Stunden war die Hälfte der Geräte ausgerichtet auf das, was es von Okinawa, von Iwo Jima und von den Marianen her aufzufangen geben mochte.

Angestrengt lauschten die Männer auf amerikanische Befehle, die manchmal ganz vom Süden der Inselkette — von Guam her — kamen. Vielfach handelte es sich um verschlüsselte Texte. Doch es gab auch genügend unverschlüsselte, so daß sich ausreichend Informationen sammelten, aufgrund derer man schnell handeln konnte. Im übrigen wurde nicht nur der eigentliche militärische Funkverkehr abgehört: Die Aufmerksamkeit dieser Spezialisten galt sogar jenen kurzen Tests, welche die Funker der B-29-Bomber jeweils kurz vor dem Start bei ihren Geräten vornahmen.

Der Zeitunterschied zwischen Japan und den Marianen betrug eine Stunde (Hiroshima hinkte eine Stunde hinter Tinian her), und wenn die Funker ihre Geräte gegen drei oder vier Uhr nachmittags überprüften (Hiroshima-Zeit), so wußten die Abhörspezialisten, daß man an diesem Tag zu später Stunde mit einem Angriff rechnen mußte. Noch etwas verrieten ihnen die Tests der Funker. Sie boten einen ungefähren Anhaltspunkt dafür, mit wieviel Maschinen zu rechnen war.

Diese Notizen gelangten zur Zentralmeldestelle, und von dort wurde dann das gesamte Alarmnetz in Westjapan verständigt. Das war eine Sache von wenigen Minuten.

Drangen die Bomber in den japanischen Luftraum ein, so fingen die Abhörer Gesprächsfetzen von Besatzungsmitgliedern auf. Anhand solcher Gesprächsfetzen ließ sich von »Aufsichthabenden« abschätzen, gegen welches japanische Gebiet sich der Bombenangriff richten werde. Zwecks späterer Analyse wurden diese Informationen zusammen mit anderen (Funksprüche von und für Schiffe auf hoher See) schriftlich — genauer: maschinegeschrieben — festgehalten. Für Hata und Oya erwies sich das als überaus nützlich. Es half ihnen, Stärke und Absichten des Feindes mit bemerkenswerter Genauigkeit abzuschätzen.

Seit er sich in Hiroshima befand, tauchte Oya regelmäßig bei den Leuten vom Abhördienst auf. Durch sein Erscheinen wollte er demonstrieren, daß er ihrer Arbeit große Bedeutung beimaß.

Seine eigentliche Spezialität war jedoch das Verhör. Von Anfang an hatte er in seiner Arbeit bei Arisue für Vernehmungen ein besonderes Talent entwickelt. Und Arisue behauptete rühmend, es gebe keinen Mann, den Oya nicht zum Sprechen bringen könne. Oder aber: wenn er das nicht könne, so könne es auch niemand sonst.

Oya bedauerte noch immer, daß er zu spät nach Hiroshima gekommen war, zu spät, um als erster jene zehn amerikani-

schen Flieger vernehmen zu können, die über Okinawa abgeschossen worden waren.
Bislang gab es außer ihnen keine amerikanischen Kriegsgefangenen in Hiroshima. Sie befanden sich bei der Kempei-Tai-Zentrale in Gewahrsam, auf dem Gelände der Burg.
Normalerweise hätte sich Oya mit diesen Amerikanern kaum befaßt. Es handelte sich bestenfalls um Offiziere niederer Dienstgrade, um Männer also, von denen sich wirklich wesentliche Informationen nicht erhoffen ließen. Doch unter den gegebenen Umständen durfte und wollte er keine Chance auslassen. Allerdings: Diese Männer waren schon gehörig »durch den Wolf gedreht« worden, und auch Oya hatte in der kurzen ihm zur Verfügung stehenden Zeit nichts wesentlich Neues aus ihnen herausbekommen.
Er wußte: Er kam bei ihnen ganz einfach zu spät. Am erfolgreichsten sind Vernehmungen im allgemeinen unmittelbar nach der Gefangennahme, wenn die Leute noch verwirrt, ja, verstört sind. Die zehn Amerikaner jedoch hatten inzwischen sehr viel Zeit gehabt, sich wieder zu fassen — und auf alles Mögliche gefaßt zu machen: sich gleichsam vorzubereiten. Selbst mit Hilfe einer Folterung wäre wohl kaum noch etwas aus ihnen herauszuholen gewesen — nicht, daß Oya solche Methoden anwandte; den Geist eines Menschen mit scharfen Fragen gleichsam zu durchbohren, war eine Sache — seinen Körper zu schinden, eine ganz andere.
Stets versuchte Oya beim Gefangenen den Eindruck zu erwecken, es gehe ihm lediglich darum, eine Bestätigung zu erhalten für Tatsachen, die ihm bereits bekannt waren. Wer sich sträubte, auf seine Tonart einzugehen, erfuhr von ihm, daß sich in diesem Fall vermutlich die Kempei Tai mit dem Gefangenen beschäftigen würden, und diese hätten andere Methoden. Oya wußte sehr genau, daß die Furcht vor dem Unbekannten ein machtvolles Druckmittel war.
Um sein Talent wirklich erfolgreich einsetzen zu können, brauchte Oya ein paar neue Gefangene, am besten alterfahrene Besatzungsmitglieder von den Marianen.
Natürlich wußte der Nachrichtenoffizier, daß die Amerikaner dort ihre größten Bomberbasen hatten.

12. Juli 1945
Tinian

Der glühende Sonnenball begann sich gerade erst über den Horizont emporzuschieben, als Charles Perry, der Verpflegungsoffizier der 509., sich von seinem Bett erhob. Vorsichtig streckte er die Füße zum Fußboden. Am Abend zuvor hatte einer der anderen Offiziere in der Baracke Fallen aufgestellt: für die Ratten, die hier überall ihr Unwesen trieben. Vor vier Tagen hatte die 509. ihre neuen Quartiere auf Tinian bezogen, und — Ratten hin, Ratten her — die allgemeine Meinung lautete: »Schande hat er uns nicht gemacht, der Alte.« Tibbets' Anwesenheit nahmen die Leute ohne irgendwelche Fragen hin: Bereits in Wendover hatten sie sich daran gewöhnt, daß ihr Kommandeur häufig »verschwand«.
Perry hoffte, Tibbets werde bei seiner Rückkehr aus den Staaten ein paar »Präsente« mitbringen — Alkoholika und Zigaretten. In den Händen des gewitzten Perry bildeten solche Dinge wertvolle Tauschobjekte. Um seine Aufgaben wirklich erfüllen zu können, mußte sich unter den gegebenen Umständen selbst der seriöseste Verpflegungsoffizier verhalten wie ein arabischer Händler.
Immerhin waren Perrys Bemühungen bisher von Erfolg gekrönt gewesen. Keiner der übrigen 20000 Amerikaner auf Tinian durfte darauf hoffen, ähnlich abwechslungsreich verpflegt zu werden. Perry behauptete stolz, daß »bei der 509. ein einfacher PFC besser ißt als ein Fünf-Sterne-General«.
Schon das Frühstück an diesem Tag schien geeignet, seiner Behauptung einigen Nachdruck zu verleihen. Auf dem Speisezettel standen: gekühlter Grapefruitsaft, heiße Cereals, Ananas-Fritters (in Teig gebackene Ananasscheiben), Eier und jede Menge frischer Kaffee. Für das Mittag- und Abendessen waren vorgesehen: Steaks, Rib-Roasts, Hühnchen, Ente, neue Kartoffeln, frische Salate und kalte Milch.
Vieles davon hatte Perry gegen Alkoholika eingehandelt, und zwar bei der Navy und bei CB-Quartermasters, den anerkannten »Lebensmittelbaronen« auf Tinian.
Das erste, was Perry an diesem — wie auch an fast jedem anderen — Morgen tat, war dies: Er stieg auf eine Anhöhe bei North Field und beobachtete, was ihn »vor Stolz beinahe platzen« ließ: die Landung jener Bomber (von anderen Squadrons

auf Tinian), die nach ihrem Nachtangriff über Japan zur Insel zurückkehrten.
In Perrys Augen nahmen sich die B-29-Bomber aus »wie Perlen an einer Schnur. Kaum war eine Maschine gelandet, so näherte sich auch schon die nächste. Stets war die gleiche Anzahl von Flugzeugen zu sehen — ein faszinierender Anblick.«
Der letzte heimkehrende Bomber landete bei hellem Tageslicht. Die Crews waren von ihrem rund 13stündigen Einsatz in der Regel sehr erschöpft. Während sie zu Bett gingen, machten sich einige der Crews der 509. zu neuen Übungsflügen bereit: Bombardierung der Japaner auf dem nahen Rota — ein Quasi-Ernstfall, simuliert: tatsächlich nichts weiter als eine Übung.
Die B-29-Bomber der Einheit hatten auf North Field ihren speziellen »Standort«, der Tag und Nacht bewacht wurde. Und die Wachtposten waren ausdrücklich angewiesen, auf jeden Unbefugten zu schießen, der sich den Flugzeugen näherte und auf Anruf nicht reagierte.
Kein Wunder, daß diese strengen Sicherheitsmaßnahmen bei anderen Squadrons Neugier erregten. Doch die Fragen, die man dort stellte, blieben unbeantwortet. Und als jetzt die Bomber der 509. in Richtung Rota starteten, klangen von einer Gruppe alterfahrener Flieger spöttische Pfiffe und Rufe herüber.
Jene stummen Ressentiments, die Tibbets gleichsam gewittert hatte, waren jetzt zum erstenmal unverhohlen zum Ausdruck gekommen. Die 509. diente den anderen als Zielscheibe für Spott und Hohn. Ein Teil dieser Ressentiments schlug sich nieder in Versen, die im Basishauptquartier der Insel ein »Schreibstubenhengst« zu Papier brachte.
Diese Knittelverse wurden tausendfach vervielfältigt, und die Abzüge fanden Verbreitung im gesamten pazifischen Raum.
Vor Außenstehenden lachten die von der 509. über die Spottverse, aber bei so manchem von ihnen wurde doch ein empfindlicher Nerv getroffen. Seit anderthalb Monaten befand sich die Group nunmehr auf Tinian, und es war eine zermürbende Wartezeit. Da mußten die Sticheleien der anderen Einheiten hingenommen werden, während man sich bald am Strand, bald im Kasino, bald im Kino herumtrieb, nur um die Zeit totzuschlagen — dem Stolz der Männer setzte das erheb-

liche Dämpfer auf. Dieser und jener bei der 509. begann sich sogar zu fragen, ob ihr so stark abgesichertes Lager mit den rauhbeinigen Wachen nicht eigens deshalb zu einer Art Supersperrgebiet geworden war, weil die Group sicherheitshalber so etwas Ähnliches wie »Babysitter« brauchte.
Es war so, wie es unter solchen Umständen immer ist: Bei all der Nervenanspannung begannen die Männer auf die verschiedenste Weise zu reagieren.

Beser erwachte erst spät. Bis in die frühen Morgenstunden hatte er sich in den Werkstätten im »inneren Sperrgebiet« aufgehalten, wo die Atombombe schließlich zusammengebaut werden sollte. Dort machten Jeppson und die Leute von der 1. Ordnance Squadron alles bereit zum Empfang der Einzelteile der Atombombe. Jeppson sowie fünf weitere Spezialisten für den Mechanismus des Annäherungszünders hatten zu den ersten gehört, die man nach Tinian schickte. In ihrer freien Zeit bastelten sie aus Bombenkisten eine Art Veranda, welche jetzt den Eingang bildete zu dem Zelt, in dem sie wohnten — ihren eigenen Wünschen entsprechend. Es befand sich auf einer Anhöhe: ein sorgfältig ausgesuchtes Plätzchen, wo jeder lindernde Windhauch zu spüren war; für die übrigen Angehörigen der 509. zweifellos ein Objekt des Neids.
Beser hatte sein Quartier in einer Baracke in Friedhofsnähe: Dort wurden die Amerikaner beigesetzt, die auf Tinian starben. Und so waren auch die Überreste jener Crew dort begraben, deren Katastrophenstart er mehr oder weniger miterlebt hatte. Inzwischen wußte er, daß solche Abstürze von B-29-Bombern, die bis zur obersten Grenze ihrer Kapazität mit Brandbomben beladen waren, auf Tinian als ein ebenso häufiges wie beunruhigendes Vorkommnis betrachtet werden mußten.
Als Beser sich jetzt ankleidete, sah er, daß die Wellblechbaracke leer war. Vermutlich verbrachten seine Offizierskameraden ihre Zeit am Strand.
Er schaltete das Radio ein. Durch die üblichen atmosphärischen Störgeräusche hindurch erklang die Melodie von *Sentimental Journey.* Sodann tönte an Besers Ohr eine Stimme, die ausgesprochen lieblich war; eine Stimme, die ihn faszinierte und die er dennoch haßte.
Es war die Stimme von Tokio-Rose, und Tokio-Rose machte

jetzt ihre regelmäßige Propagandasendung für die amerikanischen Streitkräfte im Pazifik.
Zweimal war es ihr bereits gelungen, die von der 509. zu verblüffen, und zwar durch Bemerkungen, die sich eindeutig auf die Group bezogen. Das erste Mal geschah das kurz nach der Ankunft des Bodenpersonals auf Tinian, am 30. Mai.
Tokio-Rose bestätigte die Ankunft dieser Männer und forderte sie auf, nach Hause zurückzukehren, bevor sie den siegreichen japanischen Streitkräften zum Opfer fielen.
Manche von der 509. hatten dafür nichts anderes übrig als Hohn. Andere hingegen zeigten sich beunruhigt. Woher, so fragten sich diese Männer unwillkürlich, konnten die Japaner von der geheimsten Einheit in der gesamten Air Force überhaupt etwas wissen? Vierzehn Tage später fanden sie sich von Tokio-Rose abermals erwähnt. Die Bomber der Group, so warnte sie, würden für die japanischen Flakkanoniere leicht auszumachen sein, und zwar wegen des deutlichen R-Zeichens am hinteren Teil der Maschinen. Diesmal gab es keinen, der zu spotten versuchte. Das betreffende Zeichen war gerade erst aufgemalt worden.
Aber trotz seiner Beunruhigung über die gründlichen Informationen von Tokio-Rose ließ Beser es sich nicht nehmen, der bezaubernden Stimme aus Japan zu lauschen.
An diesem Morgen hatte sie, genau wie sonst auch, die Ergebnisse der letzten Baseballspiele in den Staaten parat, und überdies Neuigkeiten über Theaterstücke, die am — oder »off« Broadway gegeben wurden. Hinzu kamen die jüngsten Bestseller, unterteilt in *fiction* — und *non-fiction;* und zwischendurch gab es eine Auswahl aus der augenblicklichen Hitparade.
Die 509. wurde diesmal nicht erwähnt. Beser schaltete das Radio aus. Mochte Tokio-Rose andere einsame Männer unterhalten, die sich nach daheim sehnten.
Beser wußte, daß es davon auf Tinian viele gab. Seit er sich auf der Insel befand, hatte er so etwas wie »einen Schnellkursus über die fundamentalen Tatsachen des Lebens« absolvieren müssen. Der junge Mann, der beim Anblick der nackten Katherine Oppenheimer in Los Alamos errötet war, lief geradezu scharlachrot an, als er, in seiner Funktion als Zensuroffizier vom Dienst, die Briefe las, die manche Männer nach Hause schickten.

Beser fühlte sich geschockt, »weil eine solche Menge Geschlechtsverkehr über die Post lief«.
Noch entsetzter war er allerdings, als er erfuhr, daß einige der einheimischen Inselbewohnerinnen in einer der Wäschereien ein Bordell betrieben. Eigentlich wollte er die Sache melden, doch dann überlegte er, daß es »für die Männer wahrscheinlich besser war, etwas richtigen Sex zu haben, als all dieses primitive Zeug zu schreiben«.
Aber sie schrieben nicht nur von ihren sexuellen Phantasien; manche schilderten auch Feindflüge, die sie nie absolviert, Ziele, die sie nie bombardiert, und Angriffe des Gegners, die sie nie abgewehrt hatten.
Männer, die Beser eingeschätzt hatte als ruhige, vernünftige Burschen, waren auf dem Papier tollkühne Draufgänger. Wahrscheinlich, so jedenfalls vermutete er, hatten sie zu viele Abende in den Kinos auf der Insel verbracht. Dort saßen sie auf harten Holzbänken unter ihren Ponchos, fühlten den Regen (der jeweils regelmäßig während des Hauptfilms fiel), und Tropfen auf Tropfen rann und sickerte ihnen am Hals entlang, indes sie beobachteten, wie Spencer Tracy und Errol Flynn all jene Komparsen von japanischem Typ zu Boden schickten, die Hollywood hatte zusammentrommeln können.
Für Beser gab es keinen Zweifel, daß die Wirklichkeit denn doch wesentlich anders aussah. Wie wohl würde ihm zumute sein, wenn sein Bomber in japanisches Flakfeuer geriet? Ein Kumpel aus einer anderen Squadron hatte ihm gestanden, daß er sich bei Feindflügen immer die Hosen vollmachte, »und zwar beim Hinflug vor Angst und beim Rückflug aus Erleichterung«.
Da Beser ziemlich penibel war, nahm er sich fest vor, *dem* auf jeden Fall vorzubeugen, wenn seine Zeit kam.

13. Juli 1945
Washington, D.C.

Als sich vor über einem Monat die Gegner der Bombe zu einem weiteren Versuch zusammengeschlossen hatten, um das Manhattan Projekt zu Fall zu bringen, war Groves zu einer neuen Strategie gelangt. Er sagte und tat nichts. In dem siche-

ren Bewußtsein, daß bislang sowohl Stimson als auch das Interim Committee den Einsatz dieser Waffe befürwortet hatten, lehnte er sich gleichsam auf seinem Stuhl zurück und verfolgte, wie die seiner Meinung nach immer noch kleine Gruppe ausgesprochener Dissidenten ihre Attacken vortrugen.
Anfang Juni pflanzte sich ihr Protestgemurmel durch sämtliche atomaren Betriebe fort. Und die starken Bedenken wegen so mancher Aspekte der Kernenergie wurden zu Papier gebracht. Doch all dies konnte die Arbeit nicht ernstlich stören oder gar unterbrechen; und was das »Schlüssel«-Laboratorium in Los Alamos betraf, so gab es dort kaum irgendwelche Diskussionen und praktisch überhaupt keine Dissidenten.
Während die internen Auseinandersetzungen im Gange waren, hatten Leo Szilard und zwei andere Wissenschaftler einen weiteren Versuch unternommen, der Regierung ihre Ansichten zu unterbreiten. Sie waren nach Spartanburg in South Carolina gereist, um mit James Byrnes, Trumans neuem Außenminister, zu sprechen. Allerdings hatten sich die Wissenschaftler für ihre Argumentation nicht gründlich genug präpariert. Zwei Dinge schienen sich in ihrer Vorstellung miteinander zu vermischen: der Gedanke, Japan »eine Warnung« zu erteilen, und die Idee einer »öffentlichen Demonstration«. Jedenfalls endete die verworrene und wenig freundliche Unterredung damit, daß Byrnes jegliche Unterstützung verweigerte.
Dann, am 12. Juni, leiteten sieben Wissenschaftler aus dem Labor in Chicago dem Kriegsminister eine Denkschrift zu, in der sie darauf drängten, in einer unbewohnten Gegend vor internationalen Beobachtern einen Demonstrationstest abzuhalten. Es handelte sich bei diesem Memorandum um den sogenannten »Franck Report«, ein Dokument, das zum umstrittensten und berühmtesten aller Memoranden über den Einsatz der Atombombe werden sollte.
Übergeben wurde der Report George Harrison, Stimsons rechter Hand. Er leitete ihn weiter an das Wissenschaftliche Gremium des Interim Commitee.
Am 16. Juni traf sich das Gremium in Oppenheimers Büro in Los Alamos, um den Bericht zu erörtern. Man befand, es sei ein ernsthafter und fairer Versuch, bei einer komplizierten Angelegenheit allen Seiten gerecht zu werden.

Am Ende berichtete das Gremium dem Interim Committee »schweren Herzens, daß wir keine technische Demonstration vorschlagen können, die geeignet erscheint, das Ende des Krieges herbeizuführen; wir sehen keine Alternative, die, dem direkten militärischen Einsatz gegenüber, akzeptabel wäre«.

Das Committee stimmte den Schlußfolgerungen seiner wissenschaftlichen Ratgeber zu.

Im Verlauf von vier bedeutungsschweren Tagen war der Franck-Report zur Diskussion gestellt, erörtert und ad acta gelegt worden.

Dann tauchte überraschend ein neuer Widersacher auf, der für das Projekt eine Bedrohung darzustellen schien. Es handelte sich um ein Mitglied des Interim Committee, den Staatssekretär für die Flotte, James Bard. Am 27. Juni übersandte er Harrison ein Schreiben, in dem er abwich von der Empfehlung des Interim Committee, die Bombe ohne vorherige Warnung einzusetzen.

Bard schlug vielmehr vor, Japan mehrere Tage im voraus zu warnen und dabei auch »einige Informationen« über die Waffe zu übermitteln. Eine Demonstration allerdings verlangte er nicht. Seine Idee starb eines natürlichen Todes.

Die Unruhe blieb jedoch. Und — genau wie Groves es seit jeher erwartet hatte — die Opposition saß hauptsächlich im Metallurgischen Laboratorium in Chicago. Schon seit Jahren war er der Meinung, daß sich dort ein paar besonders hartnäkkige Widersacher befanden: ». . . eine kleine Gruppe von Wissenschaftlern, hauptsächlich, wenn auch nicht ausschließlich aus Europa stammend, die der Meinung waren, sie müßten über das gesamte Projekt die absolute Kontrolle erhalten . . . Sie schienen der Ansicht zu sein, niemand über vierzig, und habe er sich als Wissenschaftler noch so sehr ausgezeichnet, könne die komplizierte Materie der Atomenergie wirklich verstehen. Eine solche Einstellung wirkte völlig absurd, denn weder war es noch ist es für jemanden, der sich eingehend damit befaßt, außergewöhnlich schwierig, die Grundprinzipien der Atomphysik zu verstehen.«

Am 12. Juli hatte unter den Chicagoer Wissenschaftlern eine Abstimmung stattgefunden. Hundertundfünfzig Leute wurden aufgefordert, sich für jeweils einen von fünf Alternativvorschlägen zu entscheiden. Die Möglichkeiten reichten von

Nichteinsatz der Bombe, und zwar unter gar keinen Umständen ... bis zu Einsatz auf die allerwirksamste Weise.
Das Ergebnis schien darauf hinzudeuten, daß die Wissenschaftler für irgendeine Art Demonstration eintraten.
Jetzt jedoch, nur einen Tag später, gab es bereits allerlei Klagen und Beschwerden: Die Zeit habe zur Beantwortung der Fragen nicht ausgereicht; die Fragen seien unpräzise gestellt gewesen; die Möglichkeit einer »militärischen Demonstration« hätten manche dahingehend interpretiert, daß die Bombe zuerst über einer japanischen Stadt abgeworfen werden solle.
Genaue Schlüsse ließ die Abstimmung nicht zu. Ähnlich wie bei gleichartigen Bemühungen in der Vergangenheit — und in der Zukunft sollte es kaum anders sein — bestand die einzige Wirkung im Schüren weiterer Debatten.
Groves schien es, daß es nichts gab, was das Heraufdämmern des Atomzeitalters stoppen konnte. Und dieser *Anbruch* war fällig in nur drei Tagen, bei Alamogordo. Dort (sofern alles planmäßig verlief) würde er über eine Art Schöpfungsakt präsidieren, der in der Geschichte der Menschheit einmalig war.
Und während er noch angespannt auf den Schluß des Vorspiels wartete, wurden in Los Alamos bereits die Vorbereitungen für das Hauptereignis getroffen.

14. Juli 1945
Los Alamos

Ein Telefonanruf aus Oppenheimers Büro galt dem Wachhaus: Die Wachen sollten die sich nähernde Wagenkolonne ohne jedwede Behinderung passieren lassen.
Sieben Autos waren es, und zwischen ihnen befand sich ein geschlossener schwarzer Lastwagen. In jedem Auto saßen vier Männer. Unter ihren Jacketts trugen sie Pistolen in Schulterhalftern, und auf dem Boden lagen Maschinenpistolen, Gewehre und Kisten voll Munition. Die Männer hatten den Befehl, auf jeden zu schießen, der es versuchen sollte, den Konvoi aufzuhalten.
In dem Auto unmittelbar hinter dem Lastwagen fuhren zwei Army-Offiziere. Jene (Kragen)Abzeichen, die sie als Angehö-

rige der Feldartillerie auswiesen, standen kopf — ein kaum zu verkennendes Zeichen für die übergroße Eile, mit der Major Robert Furman und Captain James Nolan in ihre Verkleidungen geschlüpft waren.
In Wirklichkeit war Furman ein Princeton-Absolvent mit abgeschlossenem Ingenieurstudium und jetzt dem Manhattan Projekt zugeteilt. Normalerweise bestand seine Aufgabe darin, strategisches Material zu sammeln und bei der Einstellung wissenschaftlichen Personals zu helfen.
An diesem Tag begannen die beiden Männer eine Reise, deren eigentliches Endziel Tinian war. Und bis sie dieses Ziel erreichten, diesen strikten Befehl hatte man ihnen gegeben, durften sie keinesfalls aus den Augen lassen: eine etwa fünf Meter lange Kiste (sie enthielt die »innere Kanone« der Atombombe) sowie einen mit Blei verkleideten Zylinder, der gut einen halben Meter hoch war, bei einem Durchmesser von über vierzig Zentimetern: Darin befand sich das Uraniumprojektil.
Beides, Kiste und Zylinder, befanden sich jetzt im Lastwagen.
Dies hatte Oppenheimer den beiden Männern eingeschärft: Praktisch sei es unmöglich, jenes Material zu ersetzen, das sie zu begleiten hätten.
Doch kaum waren auf der Bergstraße von Los Alamos her anderthalb Kilometer zurückgelegt, als das Unglück geschah. Das Auto, in dem Furman und Nolan saßen, hatte eine Reifenpanne, und der Wagen drohte samt Insassen in eine nahe Schlucht zu stürzen.
Mit quietschenden Bremsen kam der Laster zum Halt. Die Sicherheitsbeamten hielten ihre Schußwaffen bereit.
Das Personenauto konnte unter Kontrolle gebracht werden. Das Rad wurde gewechselt, die Fahrt fortgesetzt. In einer Staubwolke passierte der Konvoi Santa Fe und erreichte dann den Flugplatz von Albuquerque.
Dort warteten drei Maschinen vom Typ DC-3. Furman und Nolan erhielten Fallschirme und stiegen in die mittlere Maschine.
Die bewußte Kiste sowie der eimerförmige Zylinder wurden im selben Flugzeug verfrachtet, und sie bekamen ihre eigenen Fallschirme.
Die Crew hatte eine spezielle Instruktion erhalten: In einem

Notfall *erst* Kiste und Zylinder abwerfen, bevor man die Passagiere abspringen ließ.
Ohne Zwischenfall erreichten die Maschinen Hamilton Field, San Francisco. Dort geleitete eine neue Gruppe von Agenten die Kiste, den Zylinder sowie Furman und Nolan zu ihrem nächsten Transportmittel — einem schweren Kreuzer, dessen kürzlich — bei Okinawa — erworbene Kampfnarben unter einem frischen Anstrich verborgen waren. Es handelte sich um die *Indianapolis.*

15. Juli 1945
Wiesbaden

Während er schweigend am Frühstückstisch saß, hörte der schwedische Bankier Per Jacobsson nur ein Geräusch: Wie sein Gastgeber Allen Welsh Dulles heftig an seiner Bruyère-Pfeife saugte.
Es gab nichts weiter, was Jacobsson seinem alten Freund noch hätte sagen können. Am vergangenen Abend waren er und Dulles in hitzigem Disput durch jenes Haus in Wiesbaden gewandert, das die OSS für Dulles requiriert hatte. Von einem Raum zum anderen gingen sie und sprachen, sprachen. Dulles liebte es, über wichtige Dinge in dieser Art zu debattieren. Und in dem Monat, seit sich Dulles in Deutschland befand (scheinbar hauptsächlich, um Nazis aufzuspüren), gab es für ihn nichts Wichtigeres als eben dies: seine Diskussionen mit Jacobsson. Sie umschlossen gleichsam die Möglichkeit einer frühzeitigen japanischen Kapitulation.
Die Entwicklung spitzte sich offenbar immer mehr zu.
Im Dezember 1944 hatte es begonnen, mit der Fühlungnahme durch einen hohen japanischen Marineoffizier. Dann war Arisue ins Spiel gekommen. Über Jacobsson hatte er versucht, Verbindung aufzunehmen zu Dulles und, so hoffte er, zur amerikanischen Regierung.
Inzwischen war es zwölf Tage her, daß Arisues Mann in Bern, Generalleutnant Seigo Okamoto, einen bestimmten Auftrag erhalten hatte: Er solle in Erfahrung bringen, auf welche Mindestkapitulationsbedingungen sich die Alliierten gegebenenfalls mit Japan einigen würden — bei einem Verzicht auf die Forderung nach bedingungsloser Kapitulation.

Okamoto hatte nicht vergessen, wie kläglich die Friedensbemühungen von seiten der japanischen Kriegsmarine gescheitert waren. Daher besprach er sich in der Angelegenheit zunächst mit dem japanischen Gesandten in der Schweiz. Sodann nahm man Verbindung zu zwei leitenden Angestellten jener Bank auf, für die Jacobsson als Berater in Finanzierungsfragen tätig war.
Mehrere Tage lang besprach man in diesem Kreis, welcher Art wohl die Kapitulationsbedingungen sein mußten, die für Japan akzeptabel waren. Aus Tokio hörte man nichts, das irgendwelche Anhaltspunkte oder gar Ermutigung geboten hätte. Aber die Gruppe hatte sich einen so geschickten Schachzug einfallen lassen, daß selbst der eher skeptische Jacobsson meinte, die Erfolgsaussichten seien gut.
Was sie vorschlugen, war dies: Sofern für die amerikanische Regierung jene Bedingungen akzeptabel waren, von denen sie — die Männer dieses Kreises hier in der Schweiz — meinten, sie müßten auch von Japan zu akzeptieren sein, so solle Amerika eben diese Bedingungen öffentlich zur Sprache bringen, und zwar so, als handle es sich um eine Initiative, die von Washington ausgegangen sei. Auf diese Weise werde Japan die Möglichkeit zu einer Kapitulation ohne Gesichtsverlust geboten.
Jacobsson begriff, daß dies einer der größten Coups in der Geschichte der Diplomatie werden konnte: Eine Handvoll Männer, ganz auf sich allein gestellt, unternahm es, dem furchtbarsten Krieg, den die Menschheit je gekannt hatte, ein Ende zu setzen.
Und so hatte er Kontakt aufgenommen zu Dulles. Der OSS-Direktor spürte in der Stimme, die zunächst über Telefon an sein Ohr klang und in verschlüsselten Wendungen sprach, eine kaum verhohlene Erregung. Er stellte ein Auto der OSS zur Verfügung, das den Bankier aus der Schweiz nach Wiesbaden brachte.
Jacobsson war am Abend zuvor eingetroffen. Und sofort hatte er Dulles die vorgeschlagenen Kapitulationsbedingungen dargelegt.
Der Begriff der bedingungslosen Kapitulation sollte modifiziert werden, indem man folgendes zugestand: eine Garantie für das Weiterbestehen der japanischen Monarchie, genauer: der Souveränität des Kaisers; keine Änderung der japani-

schen Verfassung; Internationalisierung der Mandschurei; Fortbestehen der japanischen Kontrolle über Formosa und Korea.
Dulles reagierte auf die Vorschläge recht kühl. Die Alliierten, das wußte er, hatten die bedingungslose Kapitulation zur Grundvoraussetzung gemacht. Und so brachte er entsprechende Argumente vor, und zwar auf jene langsame, gemessene Weise, die so manchen seiner Untergebenen bis zur Weißglut reizte.
Ähnlich war es jetzt auch Jacobsson ergangen. Er war immer zorniger geworden und schließlich, in seinen Argumenten und Emotionen erschöpft, zu Bett gegangen — spät nach Mitternacht.
Fünf Stunden später, am Frühstückstisch sitzend und in versöhnlicherer Stimmung, erklärte er: Sämtliche genannten Bedingungen könnten zum Gegenstand weiterer Verhandlungen gemacht werden — allerdings mit Ausnahme jener Klausel, die sich auf den Kaiser bezog.
Jetzt wartete Jacobsson auf Dulles' Antwort.
Lange, sehr lange sog der Leiter der OSS schweigend an seiner Pfeife, während sich auf den Gläsern seiner randlosen Brille die Morgensonne fing. Seine tiefen Augenringe und der schneeweiße Schnurrbart ließen ihn weit älter wirken, als er war: zweiundfünfzig. Er trug eine Lederhose, und man hätte ihn durchaus für einen Holzschnitzer aus dem Schwarzwald halten können. Einzig der Ausdruck seiner Augen verriet, in welch starkem Maße er sich konzentrierte.
Dulles war müde. Seit zweiunddreißig Monaten befand er sich nunmehr in Europa, und er hatte so manchen Erfolg verbuchen können (neben brillanten Spionage-Coups unter anderem auch das »Aushandeln« der Kapitulation der Truppen des Generals Vietinghoff, wozu dieser sich auf Anregung des SS-Generals Wolff bereitgefunden hatte; das Ganze war noch vor der offiziellen deutschen Kapitulation geschehen).
Jenen, die sich über seine Methoden verwundert zeigten, versicherte Dulles, er werde selbst mit dem Teufel verhandeln, sofern dies zum Nutzen Amerikas und der freien Welt geschehe.
Aber er wußte auch, wie schwach seine Position zur Zeit war. Roosevelt hatte ihm freie Hand gelassen. Zu einer solch großzügigen Haltung fand Truman sich nicht bereit. Dulles war

nicht autorisiert, für den neuen amerikanischen Präsidenten oder die amerikanische Regierung zu sprechen. Überdies wußte er, daß jedwedes Anzeichen von Beschwichtigungspolitik gegenüber den Japanern in Amerika starke Rückwirkungen haben mochte. Zu dieser Zeit wurden gerade die ersten Berichte über die Konzentrationslager der Nazis veröffentlicht, und es wurde befürchtet, die Japaner hätten noch schlimmere Greuel verübt. Von der Forderung nach bedingungsloser Kapitulation — als gebührende Strafe für Japan — würde man sich in Amerika kaum abbringen lassen.

Dennoch fand Dulles die Einschätzung des schwedischen Bankiers interessant: daß nämlich Japan, sofern man dem Land seinen Kaiser ließ, zur Kapitulation bereit sein mochte.

Genau wie Stimson neigte Dulles zu einer weitblickenden Geschichtsbetrachtung. Die Russen, so stellte sich ihm die Lage im Augenblick dar, hockten sprungbereit, um im August den Japanern in die nördliche Flanke zu fallen — in knapp einem Monat. Aber Dulles war auch davon überzeugt, daß es die Sowjets dabei nicht bewenden lassen würden. Hatten die Russen im Fernen Osten erst einmal Fuß gefaßt, so würden sie dort auch bleiben und ihren Einfluß in eben diesem Raum geltend machen.

Dulles, der ja später Leiter des CIA wurde, sah seine Lebensaufgabe schon jetzt darin, den *American Way of Life* vor dem Kommunismus zu schützen.

Er faßte einen Entschluß.

Und machte Jacobsson einen Gegenvorschlag. In vorsichtigen, geradezu »advokatischen« Wendungen zog er eine deutliche Trennungslinie zwischen einer festen Zusage und einem »Einvernehmen«. Doch was Dulles, ungeachtet all seiner Vorbehalte, zum Ausdruck brachte, war klar genug: Es bestehe eine gute Chance, daß Amerika Japan seinen Kaiser lassen werde, *vorausgesetzt* allerdings, Hirohito beziehe *jetzt* öffentlich Stellung, um den Krieg zu beenden.

Jacobsson fühlte sich erleichtert. Mochte Dulles' Vorschlag auch keineswegs das beinhalten, was sich der Bankier erhofft hatte, so bot er doch immerhin einen Ansatzpunkt.

Der Schwede beeilte sich, nach Bern zurückzukehren.

Dulles beauftragte einen seiner Leute damit, ihm bestimmte Informationen zu besorgen: wann vom nicht weit entfernten Frankfurter Flugplatz Maschinen nach Berlin flogen. Er wollte

Stimson Bericht erstatten, und dieser würde schon bald in Berlin eintreffen, um an der Konferenz der Großen Drei teilzunehmen.

USAAF Basis Wendover

Einige Stunden, nachdem Dulles den Entschluß gefaßt hatte, nach Potsdam zu reisen, beobachtete Paul Tibbets in Wendover eine Transportmaschine, die sich im Landeanflug befand. Über der Salzebene begann sie mit dem Einkurven und ging tiefer. Kurze Zeit später setzte sie auf und rollte an den drei B-29 vorbei, die sich noch hier in Wendover befanden.
Wie lange sie noch in der Basis stationiert bleiben würden, hing nicht zuletzt davon ab, welche Nachrichten der Kaiser mitbrachte, der gerade mit der Transportmaschine kam. Ständig flog er zwischen Washington, Wendover und Los Alamos hin und her, ein Spezialkurier für das Manhattan Projekt, der Depeschen brachte, die zu geheim waren, um auf andere Weise befördert zu werden.
Diesmal enthielt seine Botschaft die Information, ein Teil der Atombombe befinde sich auf der *Indianapolis.* Der andere Teil — jener Klumpen oder Klotz U-235, der an der Mündung des »Kanonenrohrs« im Inneren der Atombombe gleichsam das Ziel darstellte — sollte von jenen Crews, die sich noch in Wendover befanden, nach Tinian geflogen werden. Sozusagen »zwecks Beförderung« war dieser Klumpen jetzt in mehrere Stücke zerteilt.
Die Codebezeichnung für das Unternehmen lautete *Bronx Shipments.* Tibbets fragte sich oft, wer wohl die endlosen Decknamen erfand, die beim Manhattan Projekt allem und jedem zugeordnet wurden. Noch immer verblüffte es ihn zunächst, wenn sich Groves am Telefon regelmäßig mit den Worten meldete: *»This is Relief* (etwa: Hier ist Entlastung.)« oder wenn Ashworths Stimme am anderen Ende der Leitung sagte: *»Scathe* (etwa: Angriffsschwung)« und Nachrichten übermittelte vom *»Co-Ordinator of Rapid Rupture«,* was nichts anderes war als der Deckname eines der Wissenschaftler, die an der Plutoniumbombe arbeiteten.
Die Depesche, die der Kurier an diesem Tag mitbrachte, bestä-

tigte eine andere vorherige von »Judge« (Captain Parsons). Sie enthielt detaillierte Angaben darüber, wie das »Target« (das U-235) für den »Little Boy« (die Uraniumbombe) zur »Destination« (Tinian) transportiert werden sollte. »Little Boy« war nur eine aus einer ganzen Reihe von Bezeichnungen für die Bombe. Andere Namen reichten von »the gadget«, »the device«, »the gimmick« (eine Bezeichnung, die Tibbets gern benutzte) über »the beast« (oft von Wissenschaftlern gebraucht, welche dem Projekt jetzt kritisch gegenüberstanden), »S-1« (von Stimson bevorzugt) bis zu »it« (bei der 509. üblich, da die Männer nach wie vor nicht wußten, um was für eine Waffe es sich denn genau handelte).
Ursprünglich hatte Groves die Uranbombe the *Thin Man* genannt, nach Roosevelt. Als es sich dann als notwendig erwies, das »Kanonenrohr« der Bombe zu verkürzen, gab ihr Groves den neuen Namen *Little Boy*. Was die Plutoniumbombe betraf, so wurde sie wegen ihrer äußeren Gestalt *Fat Man* genannt, nach Churchill.
Da es für alles und jedes, was irgendwie mit dem Manhattan Projekt zusammenhing, Decknamen gab, war es selbst für einen Mann mit ausgezeichnetem Gedächtnis (wie es Colonel Tibbets war) recht schwierig, sich in einer derart kodierten Sprache immer schnell genug zurechtzufinden.
Allerdings: was die Instruktionen in der heutigen Depesche betraf, so waren sie klar genug. Eine der drei B-29, die sich noch in Wendover befanden, sollte bestimmte Teile der Bombe nach Tinian bringen, andere würden von Transportmaschinen vom Typ C-54 befördert werden.
Tibbets bestimmte die betreffenden Crews und machte sich dann seinerseits reisefertig. Er mußte ja nach Alamogordo zur Versuchszündung des »Fat Man«.
Jetzt, wo sich in Wendover nur noch eine Handvoll Offiziere und Nicht-Offiziere der 509. befand, trieb es Tibbets in noch stärkerem Maß von der öden Basis fort, als das in letzter Zeit ohnehin der Fall war.
Halb schon im Begriff, den Flug nach New Mexico anzutreten, sah Tibbets sich plötzlich mit einer ebenso überraschenden wie dringenden Botschaft konfrontiert. Sie kam aus Tinian und stammte von Ferebee, jenem Mann, dessen Urteilsfähigkeit in allen Dingen Tibbets absolut vertraute. Der lässige und unverkrampfte Bombardier, gerade erst auf Tinian

eingetroffen, war gewiß kein Typ, der so ohne weiteres »die Alarmglocke läutete«. Doch es konnte keinen Zweifel daran geben, daß es sich hier um eine sehr ernste und gewichtige Mitteilung handelte. Ferebee drängte Tibbets, umgehend nach Tinian zu kommen, um sich mit der überaus kritischen Situation zu beschäftigen: Allem Anschein nach sollte die 509. um ihre »Atombombenmission« gebracht werden.
In aller Eile verschlüsselte Tibbets eine Meldung, die er an Groves schickte: Er werde nicht nach Alamogordo kommen. Daran, daß er nun also nicht die erste Atombombenexplosion der Weltgeschichte miterleben würde, dachte er jetzt weniger. Während er aufbrach zum rund 10000 Kilometer weiten Flug nach Tinian, empfand er kalten Zorn. Nun also hatten das interne Feilschen und Lavieren (von dem er wußte, das er bislang jedoch stets hatte vermeiden können) die 509. am Ende doch in ihre Fallstricke gezogen.
Nun, in seiner ganzen Karriere hatte Paul Tibbets noch nie den Streit um des Streites willen gesucht. Aber falls es jemand darauf anlegte, sich in einer »Auge-in-Auge-Konfrontation« mit ihm zu messen, so würde er es diesmal darauf ankommen lassen. Schließlich hatte er sich in den vergangenen zehn Monaten nicht »bis auf die Knochen« geschunden, hatte Familienleben, Freundschaften und Freizeit geopfert, um am Ende tatenlos zuzusehen, wie ihm »irgend so ein leiser Schleicher« die Atombombenmission wegschnappte.

16. Juli 1945
Alamogordo, New Mexico
Vor Morgengrauen

Durch die Pechschwärze dieses frühen und kühlen Montagmorgens zuckten in unregelmäßigen Abständen Blitze, und viele der auf dem Versuchsgelände versammelten 425 Wissenschaftler und Techniker nutzten diese Illumination, um sich Gesicht und Hände sorgfältig mit einem Sonnenschutzmittel einzureiben. Obwohl manche von ihnen rund dreißig Kilometer vom »Punkt Null« entfernt waren (dem Gerüst, auf dem die Atombombe gezündet werden sollte), fürchteten sie, der »flash«, das Aufblitzen bei der Explosion, könne einen sofortigen Sonnenbrand verursachen. Das allerdings mochte

noch die harmloseste aller Nebenwirkungen sein. Allen war bekannt, daß der radioaktive »fall-out« töten konnte. Gerieten sie in seinen Bereich (oder anders und präziser ausgedrückt: gelangte er zu ihnen), so gab es keine Sonnenschutzcreme und keine Salbe, die sie vor radioaktiver Verseuchung bewahren konnte.
Und das war längst nicht alles.
Niemand wußte genau, welche Ausmaße eine unkontrollierte nukleare Kettenreaktion haben mochte. Folglich ließ sich keineswegs ausschließen, daß die Zerstörungsgewalt der Bombe noch hinausreichen würde über diese Halbwüste, die als Versuchsgelände diente, von Groves und den Wissenschaftlern »Site S« genannt und von den Einheimischen *Jornada del Muerto:* Todesstrecke. Selbst jene Wissenschaftler, die mit Groves der Meinung waren, die erste Atomexplosion der Menschheitsgeschichte werde keineswegs in einem allzu großen Umkreis wirksam werden, konnten sich des Gefühls nicht erwehren, vor einem ungeheuren Sprung ins Unbekannte zu stehen.
Groves und Oppenheimer hielten sich in diesen frühen Morgenstunden hauptsächlich im sogenannten Base Camp (Hauptlager) auf. Dieses befand sich in einer Entfernung von 15,5 Kilometern von Ground Zero, dem bereits erwähnten »Punkt Null«. Und hier ragte, über dreißig Meter hoch, das Stahlgerüst mit der Plutoniumbombe empor.
Zwei Monate zuvor hatte es einen Zwischenfall gegeben. Damals — der Turm befand sich noch im Bau — bombardierte die Air Force das Gelände in der irrigen Annahme, es handele sich um ein Bombenübungsgebiet. Zwei Gebäude wurden getroffen, Feuer brach aus, aber wie durch ein Wunder kam niemand zu Schaden.
Wenige Tage zuvor gab es einen zweiten Zwischenfall. Während einer »Probe« (bei der anstelle der Atombombe eine konventionelle Bombe verwendet wurde) schlug ein Blitz in den Turm ein und ließ den Sprengkörper detonieren. Wieder kam niemand zu Schaden.
Der Test war für vier Uhr früh angesetzt, und natürlich hoffte jeder, es werde nicht abermals zu irgendeinem Zwischenfall kommen. Doch das Wetter begann sich zu verschlechtern. Außer zuckenden Blitzen gab es jetzt auch Regenschauer. Sporadischer Regen konnte eine ernste Gefahr sein. Es ließ

nicht ausschließen, daß die elektrischen Leitungen, die zur Bombe führten, dadurch beschädigt wurden. Kurzschlüsse mochten die Folge sein. Schwerer Regen konnte bewirken, daß der Test undurchführbar war.

Für Groves, der sich schon wegen Tibbets' Abwesenheit Gedanken machte, bedeutete das eine weitere Sorge. Der Colonel hatte Anweisung gegeben, daß sich zum Zeitpunkt der Explosion eine B-29 über dem Versuchsgelände in der Luft befinden sollte. Doch wegen des Wetters konnte die Maschine nicht aufsteigen, und so würde auch niemand wissen, welche Wirkung eine solche Explosion auf eine hochfliegende B-29 haben mochte — was für jene B-29, welche die Bombe über Japan abwerfen würde, von nicht unbeträchtlichem Interesse war.

Es gab noch etwas, das Groves beunruhigte. Einige der Wissenschaftler, so fand er, versuchten mit aller Macht, Oppenheimer zu einer Verschiebung des Tests zu bewegen. Der brillante Wissenschaftler befand sich in einem Zustand nervlicher Höchstanspannung.

Groves beschloß, in eine für ihn eher ungewöhnliche Rolle zu schlüpfen: in die Rolle eines Mannes, der es unternahm, die allenthalben spürbare Anspannung behutsam zu lösen. Mit festem Griff nahm der Projektchef seinen wissenschaftlichen Leiter beim Arm und wanderte mit ihm im Bereich des Base Camp umher, wobei er ihm versicherte, das Wetter werde sich bessern. Hier ein Auszug aus der Schilderung des Generals:

> Anspannung und Erregung der Anwesenden hatten sich bis zu einem solchen Punkt gesteigert, daß eine Verschiebung des Versuchs die Tüchtigkeit der Leute möglicherweise gemindert hätte . . . im Falle einer verzögerten Zündung hätten wir weder gegenüber unseren eigenen Leuten noch gegenüber der in der Nachbarschaft befindlichen Gemeinde für adäquaten Schutz sorgen können . . . (eine weitere) Sorge betraf die Auswirkung, welche eine Testverschiebung auf unseren Zeitplan für die Bombardierung Japans haben mochte. Die erste Bombe, die wir einsetzen wollten, sollte eine U-235-Bombe sein. Ein erfolgreicher Test mit der Plutoniumbombe — ohne jene Komplikationen, die bei einem Abwurf aus der Luft gegeben sind — bot

zwar keine Garantie, wirkte jedoch beruhigend. Überdies konnte ein erfolgreicher Versuch dem Präsidenten einen Beweis für die Glaubwürdigkeit unserer Erklärung von der vermutlichen Wirksamkeit der Bombe sein. Ein Fehlschlag hätte sich wohl stark zugunsten der Argumente jener ausgewirkt, die, wie vor allem Admiral Leahy, die Auffassung vertraten, wir seien zu optimistisch und sollten einen erfolgreichen Test abwarten. Schließlich war es, das Trojanische Pferd ausgenommen, das erste Mal in der Geschichte, daß eine neue Waffe ohne vorherige Erprobung eingesetzt werden sollte.

Der Test zögerte sich immer weiter hinaus, indes die geplagten Wettersachverständigen Voraussagen für die kommenden Stunden wagten.
Schließlich wurde beschlossen, die Versuchsbombe um fünf Uhr dreißig früh explodieren zu lassen.
Um 5.25 Uhr nahmen jene Beobachter, die sich im Freien befanden, ihre Sicherheitspositionen ein: Lang streckten sie sich auf den Boden, Gesicht nach unten, Füße in Richtung der zu erwartenden Explosion.
Um 5.29 Uhr übernahm der letzte einer Reihe automatischer Zeitzähler seine Funktion. Fünfundvierzig Sekunden blieben noch.
Oppenheimer und seine engeren Mitarbeiter befanden sich in einem Betonbunker. Groves war, ein kurzes Stück von seinem wissenschaftlichen Leiter entfernt, in einem Deckungsgraben, denn »ich wollte, daß wir getrennt waren, falls es Probleme gab«.
5.29.35 Uhr.
Aus einem anderen Unterstand sprach ein Mann in ein Mikrophon, das verbunden war mit jenen vier Ausguckposten, die man im Base Camp verteilt hatte.
»Zero minus zehn Sekunden.«
Vom Boden schlug eine grüne Flamme hoch, schien aufzuzucken gegen die tiefhängenden Wolken. Kurz und geisterhaft huschte Licht durch die Dunkelheit.
5.29.40 Uhr.
»Zero minus fünf Sekunden.«
Ein zweites Leuchtsignal stieg hoch, versprühte.
5.29.43 Uhr.

Wieder herrschten im weiten Rund der Wüste Stille und Dunkelheit.
5.29.44 Uhr.
Und dann geschah es. Um 5.29.45 Uhr geschah alles auf einmal. Und es geschah zu schnell, als daß irgendeiner der Beobachter Genaueres hätte unterscheiden können. Weder das menschliche Auge noch das menschliche Gehirn kann eine Millionstelsekunde wahrnehmen oder registrieren. Und so sah denn niemand das wirklich allererste Aufblitzen des kosmischen Feuers. Was die Beobachter sahen, war der betäubende Widerschein von den Hügeln ringsum. Und selbst das war, nach den Worten des Beobachters von der *New York Times:*

> ... ein Licht nicht von dieser Welt, das Licht von vielen Sonnen in einer. Es war ein Sonnenaufgang, wie ihn die Welt noch nie gesehen hatte, eine große grüne Supersonne, die im Bruchteil einer Sekunde emporstieg zu einer Höhe von über zweitausend Metern, und die noch höher stieg, bis sie die Wolken berührte und Erde und Himmel rundum in blendende Helle tauchte. Gigantisch erhob es sich, ein riesiger Feuerball, Durchmesser ein Kilometer oder mehr, mit ständig wechselndem Farbenspiel, während er in die Höhe jagte, von tiefem Purpur zum Orange, sich mehr und mehr dehnend, immer mächtiger anwachsend, eine Urgewalt, wie nach Milliarden Jahren aus einem Joch befreit. Für einen flüchtigen Augenblick war die Farbe ein unirdisches Grün, wie man es sonst nur sieht in der Sonnenprotuberanz bei totaler Sonnenfinsternis. Es war, als habe sich die Erde geöffnet und der Himmel gespalten. Man hatte das Gefühl, Zeuge geworden zu sein der Geburt der Welt — zugegen im Augenblick des Schöpfungsaktes, als der Herr sagte: Es werde Licht.

Viele der Beobachter waren wie erstarrt, gleichsam eingewurzelt in die Erde, in einer Mischung aus Furcht und Schrecken über die Ungeheuerlichkeit des Schauspiels. Oppenheimer erinnerte sich an eine Zeile aus der Bhagavadgita, dem heiligen Gesang der Hindus.

»Ich bin der Tod, der alles raubt, Erschütterer der Welten ...«

Zu ungeheurer Größe türmte es sich auf, eine gigantische

Wolke von der Form eines Pilzes, die schließlich, in einer Höhe von über 13000 Metern (weit höher als der Mount Everest also) in den Morgenhimmel zu verschwinden begann.
Dann, etwa eine halbe Minute nach dem ersten Aufzucken des atomaren Feuers, traf ein Sturm von der Stärke eines Hurrikans auf das Base Camp. Ein ohrenbetäubendes Dröhnen folgte.
In panischem Schrecken schrie einer der Offiziere des Manhattan Projekts:
»Die Langhaarigen haben die Kontrolle verloren!«
Ein Physiker rief voll Erregung:
»Dagegen ist die Sonne ja nur eine *Kerze!*«
Er stürzte aus seinem Bunker und führte eine Art Kriegstanz auf. Andere Wissenschaftler schlossen sich ihm an. Sie bildeten ein »Krokodil« und bewegten sich mit lauten Triumphschreien voran: Ein Licht, »heller als tausend Sonnen«, hatte sie in hochgradige Erregung versetzt. Bei Ground Zero, dem »Punkt Null«, hatte die Temperatur im Augenblick der Explosion einhundert Millionen Grad Fahrenheit betragen — das Dreifache der Temperatur im Inneren der Sonne und das Zehn*tausend*fache der Temperatur auf ihrer Oberfläche.
In einem Radius von anderthalb Kilometern um Ground Zero war alles Leben, ob Pflanze, ob Tier, vernichtet. Und rund um die Basis des Turms — des Stahlgerüsts mit der Bombe — hatte die ungeheure Hitze den Sandboden in einem Umkreis von fast 500 Metern zu einer Art Untertasse geformt, zu etwas, das es noch nie zuvor auf der Erde gegeben hatte. Nachdem diese Masse abgekühlt war, wirkte sie jadegrün und glasig, eine Substanz, die den Wissenschaftlern unbekannt war.
Das Stahlgerüst, im Voratomzeitalter »garantiert widerstandsfähig gegen jedweden Hitzegrad«, hatte sich quasi in ein Nichts aufgelöst.
Zu den ersten, die ihre Fassung zurückgewannen, gehörte General Groves. Er wandte sich an General Farrell, seinen Stellvertreter, und stellte eine Prognose.
»Der Krieg ist aus. Eins oder zwei von diesen Dingern, und Japan ist erledigt.«

San Francisco

Furman und Nolan, jene beiden jungen Manhattan-Projekt-Spezialisten, die (als angebliche Artillerieoffiziere) die Begleitung einiger wichtiger Teile von »einem dieser Dinger« übernommen hatten, beobachteten die Vorbereitungen, die auf der *Indianapolis* getroffen wurden, um in See zu stechen.
Da Furman und Nolan über Geschütze ebensowenig wußten wie über Schiffe, fühlten sie sich gleichermaßen beeindruckt von der *Indianapolis* selbst (vor allem dem sogenannten Deckaufbau) wie von den Geschützen auf dem Kreuzer, »Achtzöllern«. Man hatte den beiden jungen Männern erklärt, bei der *Indianapolis* handele es sich um das Flaggschiff von Admiral Spruance, dem Kommandanten der Fünften Flotte. Was sie nicht wußten, war dies: daß er sich jetzt auf Guam befand und mitwirkte an einem Plan zum Sieg über Japan, der den Einsatz jener Waffe, von der die beiden jungen Männer jetzt »wesentliche Teile« begleiteten, womöglich überflüssig machen würde. Ebensowenig wußten sie, daß das Urteil des Admirals über den (von ihnen so sehr bewunderten) Kreuzer recht negativ lautete. Das Problem der Schwerkraftverteilung war seiner Meinung nach recht unvorteilhaft gelöst. Sollte — so das Urteil des Admirals — einmal ein »klarer« Torpedotreffer das Schiff erwischen, so würde es kentern und in allerkürzester Zeit sinken.
Das Problem bei der *Indianapolis* war ihr Alter. Bereits 1932 war sie auf Kiel gelegt worden, also lange vor der Einführung von Radar. Damit der Kreuzer weiter im aktiven Dienst bleiben konnte, hatte man ihn — nach Pearl Harbour — mit Radar ausgestattet: wo immer es notwendig schien. Diese Geräte waren soweit recht tüchtig, aber auch übermäßig klobig. Und im übrigen: Wer diesen alten »Eimer« kannte, hatte eigentlich immer das Gefühl, er sei in ständiger Gefahr zu kentern.
Wenn man es recht bedachte: Es war schon sonderbar, daß die Wahl ausgerechnet auf diesen »Pott« fiel, als es darum ging, Teile jener Waffe zu befördern, welche auf der ganzen Welt zweifellos einmalig war.
Für Furman und Nolan würde die Fahrt nach Tinian all jene Charakteristiken haben (so jedenfalls schien es), die man gemeinhin mit einer Luxusreise assoziierte. Praktisch blieb für

sie nichts zu tun, als — abwechselnd — in ihrer geräumigen Kajüte zu hocken und jenes Bleibehältnis zu beobachten, welches das Uraniumprojektil enthielt. Man hatte es auf dem Boden der Kajüte befestigt. Und jene etwa fünf Meter lange Kiste, in welcher sich die »Kanone« befand, hatte ihren Platz auf dem Deck gefunden, wo sie rund um die Uhr von *Marines* bewacht wurde. Da an jeder der vier Ecken ein Mann stand, hätte man meinen können, es handele sich um eine Totenwache an einem Sarg.

Natürlich sprach sich das in Blitzesschnelle auf dem Schiff herum. Und ob nun im Krankenrevier oder in normalen Mannschaftsunterkünften, überall schlossen die Leute — zum Teil irrsinnige — Wetten ab: Ob es sich um eine Geheimrakete handele . . . bis hin zum Goldbarren, »um damit die Japse zu bestechen, daß sie Schluß machten«.

Selbst der rotgesichtige Captain Charles Butler McVay III. wußte kaum mehr als die übrigen: Weshalb nämlich dieses Schiff mit seiner speziellen Fracht so »Hals über Kopf« in Richtung Marinanen dampfte; und der Sechsundvierzigjährige war immerhin Kommandant der *Indianapolis.*

Am Tag zuvor war Parsons aus Los Alamos gekommen, um McVay ins Bild zu setzen. Die beiden Männer trafen sich in San Francisco im Büro von Admiral Purnells. Mit Worten, welche McVay nie vergaß, umriß Parsons den Auftrag.

»Sie werden mit Höchstgeschwindigkeit nach Tinian dampfen, wo Ihre Fracht von anderen ausgeladen wird. Worum es sich bei dieser Fracht handelt, werden Sie nicht erfahren. Doch selbst über den Bestand Ihres eigenen Schiffes hinaus ist es Ihre Pflicht, die kostbare Fracht als wichtiger als Ihr eigenes Schiff zu betrachten und zu retten — im Falle einer Versenkung Ihres Kreuzes in einem Rettungsboot, sofern notwendig. Und jeder Tag, den Sie schneller am Ziel sind, bedeutet im Endeffekt einen Tag Krieg weniger.«

Captain McVay fühlte sich verwirrt, war jedoch klug genug, keine Fragen zu stellen. Aber während er zu seinem Schiff zurückkehrte, fragte er sich natürlich ganz automatisch, um was für eine Art »Fracht« es sich wohl handeln mochte und aus welchem Grunde man ausgerechnet sein Schiff für die Beförderung ausersehen hatte.

Nun, der Grund dafür war einfach genug. Die *Indianapolis* war gerade verfügbar; und was ihre Qualifikationen für eine sol-

che Aufgabe betraf: Sie besaß die nötige Geschwindigkeit und den erforderlichen Frachtraum.
Allerdings wußte niemand so ganz, wie sich der Kreuzer von jenen Blessuren erholt hatte, die ihm vor Okinawa zugefügt worden waren: Wo ein Kamikaze-Flugzeug auf ihn herabstürzte, neun Besatzungsmitglieder tötete und zwei riesige Löcher in den Schiffsrumpf riß. Auf Mare Island, in der größten Reparaturwerft an der Westküste, hatten dann ausgezeichnete Fachleute die Schäden nicht nur ausgebessert, sondern auch so manche neue Einrichtung installiert: Funk- und Radargeräte sowie eine automatische Feueralarmanlage. Überdies hatte die *Indianapolis* eine neue Besatzung erhalten. Zwar blieben Captain McVay und eine Reihe der ranghöheren Offiziere, doch über dreißig neue Offiziere kamen an Bord, und was die Mannschaft betraf, so waren es rund 250 neue Leute, welche die »Veteranen« von Okinawa ersetzten. Die meisten der neuen Offiziere waren noch recht jung, zum Teil kamen sie unmittelbar von irgendeiner Akademie oder Kadettenanstalt; und was die Nicht-Offiziere betraf, so kamen viele von ihnen direkt aus dem Ausbildungslager.
McVays Plan war es gewesen, die neue Besatzung im Laufe einer Reihe von Übungen entlang der kalifornischen Küste in ihren neuen Job einzuarbeiten.
Damit war es nun nichts. Mit Offizieren sowie einer Mannschaft, die alles andere als eingespielt waren (und einem nach all den Reparaturen kaum erprobten Schiff) sollte er zu einer hochwichtigen Reise in See stechen, wobei er nicht einmal wußte, was für eine Fracht er überhaupt beförderte — außer daß eben diese Fracht imstande sein sollte, den Krieg zu verkürzen.
Er ließ Nolan zu sich kommen, der (genau wie Parsons es ihm nahegelegt hatte) dem Captain bekannte, er sei kein Artillerieoffizier, sondern »so etwas Ähnliches wie ein Sanitäter«, und als solcher könne er versichern, »daß die Fracht weder für das Schiff noch für dessen Besatzung irgend etwas Gefährliches enthalte«.
McVay blickte Nolan an und versuchte es mit einem »Schuß ins Blaue«.
»Ich hatte nicht geglaubt, daß wir in diesem Krieg bakteriologische Waffen einsetzen würden.«
Nolan gab keine Antwort. Er kehrte in die Kajüte zurück, wo

sein Kollege Furman eifrig Wache hielt, und Captain McVay war genauso klug — und genauso verwirrt — wie zuvor.
Um Punkt acht Uhr früh lief die *Indianapolis* aus. Sechsunddreißig Minuten später glitt sie hindurch unter der Golden Gate Bridge. McVay befahl volle Kraft voraus, und bald darauf wirbelten die Schiffsschrauben des dreizehn Jahre alten Kreuzers, um die beachtliche Geschwindigkeit von neunundzwanzig Knoten zu erzielen.

Am selben Tag, in einer Entfernung von rund 7000 Seemeilen, ließ Kommandant Hashimoto sein U-Boot I.58 von Kure auslaufen, gleichfalls mit südlichem Kurs.

17. Juli 1945
Potsdam

Bess Trumans Befürchtungen wegen der kühlen deutschen Luft erwiesen sich als grundlos. Im Juli herrschte in Potsdam ein mildes und sonniges Klima; und jene Kombination, die sie ihrem Gatten für alle Fälle mitgegeben hatte, blieb daher in seinem derzeitigen Domizil in der Kaiserstraße Nr. 2 in Babelsberg, mitten zwischen Berlin und Potsdam.
Babelsberg gehörte zur sowjetischen Besatzungszone. Und die Russen hatten darauf bestanden, die amerikanischen und englischen Quartiere herzurichten, die nur ein kurzes Stück voneinander entfernt waren. Die Amerikaner meinten, Churchills Residenz sei »vielleicht ein wenig besser möbliert als die des Präsidenten«. Trumans Suite im ersten Stock (eines zweistöckigen Gebäudes) wurde sofort »Kleines Weißes Haus« getauft. Stalins Domizil, ein oder zwei Kilometer von den übrigen entfernt, war das palastartigste von allen.
Bald nach seiner Ankunft, am Morgen des 16. Juli, hatte Churchill Truman einen kurzen Besuch abgestattet. Es war die erste Begegnung zwischen den beiden Männern. Truman fand Churchill »auf der Stelle sympathisch«, und dieser ging eine »freundschaftliche Beziehung« mit Truman ein und fühlte sich »in besonderem Maße bereit, diesem soweit irgend möglich zuzustimmen«.
Die beiden Staatsmänner schieden voneinander, nachdem sie darüber gesprochen hatten, daß Stalin offenbar unwohl sei

und mit eintägiger Verspätung auf der Konferenz eintreffen werde. Beide nahmen — richtigerweise — an, daß sich das sowjetische Staatsoberhaupt von einem Herzanfall erholte.
Truman nutzte die Verzögerung, um sich das zerstörte Berlin anzusehen. Was er zu Gesicht bekam, beeindruckte ihn tief; er bemerkte dazu, dies sei ein augenfälliger Beweis dessen, »was passieren kann, wenn ein Mann (Hitler) seine Grenzen nicht einhält«.
Bei seiner Rückkehr nach Babelsberg erhielt Truman eine Botschaft von Stimson, der gerade aus Washington eingetroffen war. Sie machte Truman zum stärksten der drei Staatsmänner, die einander schon bald am Verhandlungstisch gegenüber sitzen sollten.
Die Nachricht lautete:

TOP SECRET
KRIEGSMINISTERIUM
Verschlußsachen-Zentrum
Outgoing Message

Sekretär, Generalstab
Col. Pasco 3542
16. Juli 1945

TERMINAL
Nummer WAR 32887
An Humelsine vertraulich an Colonel Kyle, von Harrison für Stimson.
OPERATION HEUTE FRÜH. DIAGNOSE NOCH NICHT KOMPLETT. RESULTATE SCHEINEN JEDOCH ZUFRIEDENSTELLEND UND ÜBERTREFFEN ERWARTUNGEN. MELDUNGEN IN LOKALPRESSE UNVERMEIDLICH, DA WIRKUNG ÜBER GROSSE ENTFERNUNG HINWEG SPÜRBAR. DR. GROVES ZUFRIEDEN. KEHRT MORGEN ZURÜCK. WERDE SIE AUF DEM LAUFENDEN HALTEN. ENDE
ORIGINATOR:SGS
CM-OUT-32887 (Jul45) DTG 161524Z hjm

Terminal war das Codewort für Potsdam. Humelsine hatte die Verantwortung für das militärische Kommunikationszentrum. Kyle war Stimsons militärischer »Gehilfe« in Potsdam. Was Harrison betraf, so handelte es sich um seinen »Spezialassistenten« in Washington, der überdies — in Stimsons Abwesenheit — Vorsitzender des Interim Committee war.

Und Harrisons Botschaft verständigte Truman davon, daß der Test in Alamogordo erfolgreich verlaufen war, und zwar in einem solchen Maße, daß an die örtliche Presse in aller Eile eine Falschmeldung — eine für alle Fälle vorbereitete Falschmeldung — hinausgejagt werden mußte: daß nämlich ein Munitionsdepot in die Luft geflogen sei, wobei »ein ungeheurer Blitz samt Druckwelle« entstanden seien, die sich noch in einer Entfernung von rund 300 Kilometern wahrnehmen ließen.

Während Truman diese Meldung las, wurde ihm klar, »daß die Vereinigten Staaten eine Explosivwaffe von unvergleichlicher Stärke besaßen«. Er gab Stimson den Auftrag, auf Harrisons Neuigkeit eine Antwort zu geben. Dies war die Botschaft, die von Potsdam aus ihren Weg in die Staaten fand:

TOP SECRET
Von: TERMINAL 16. Juli 1945
An: KRIEGSMINISTERIUM
An Generalstabssekretär für Harrison vertraulich von Stimson.
MEINE HERZLICHSTEN GLÜCKWÜNSCHE DEM ARZT UND SEINEM PATIENTEN.

SVC 384

Während sich an diesem Dienstag, um die Mittagszeit, Stimson mit Stalin traf und ihm die gute Nachricht aus Alamogordo überbrachte, suchte Stalin den amerikanischen Präsidenten auf. Der Generalissimus entschuldigte sich für sein Zuspätkommen; seine Gesundheit sei halt nicht mehr so gut wie früher.

Man hatte Truman gesagt, Stalin habe einen verkrüppelten Arm, doch von irgendeiner körperlichen Mißbildung konnte der Präsident nichts entdecken. Und er war überrascht, weil der sowjetische Staatsmann »höchstens einsfünfundsechzig« maß. Später sollte sich aus dieser Tatsache für Truman noch ein Grund zur Klage ergeben: ». . . wenn man Fotos von uns machte, stellte er sich meist auf die nächsthöhere Stufe. Churchill tat dasselbe. Beide waren kleiner als ich.«

Immerhin machte Stalin bei dieser ersten Begegnung auf den amerikanischen Präsidenten den Eindruck eines Mannes, »mit dem man ein klares Wort wechseln konnte. Wenn er sprach,

sah er mir in die Augen, und ich hatte die Hoffnung, daß es uns gelingen könnte, zu einer Übereinkunft zu gelangen, die sowohl für die Welt als auch für uns selbst befriedigend war.«
Allerdings dachte Truman nicht daran, Stalin das anzuvertrauen, was er gerade über den erfolgreichen Atombombenversuch erfahren hatte. Weder jetzt bei der ersten persönlichen Begegnung noch später am Tage während der Eröffnungssitzung der Potsdamer Konferenz ließ er in Gegenwart des Generalissimus ein Wort darüber fallen.
Ins Gewicht fiel das allerdings kaum. Die Russen wußten bereits von der Atombombe — durch den Verrat eines der Wissenschaftler vom Manhattan Projekt. Inzwischen versuchten russische Wissenschaftler, den Vorsprung der Amerikaner aufzuholen. Jenes nukleare Wettrüsten, das Einstein für den Fall prophezeit hatte, daß Amerika die Bombe warf, war bereits im Gange.
Als Truman am frühen Abend in das »Kleine Weiße Haus« zurückkehrte, erwartete ihn eine weitere Botschaft von Harrison. Sie lautete:

TOP SECRET
KRIEGSMINISTERIUM
Verschlußsachen-Zentrum
Outgoing Message

Office, Special Consultant
George L. Harrison, 72501
17. Juli 1945

TERMINAL
Nummer: WAR 33556
Kriegsminister von Harrison
ARZT GERADE ZURÜCKGEKEHRT VOLL TRIUMPH UND ZUVERSICHT DASS DER LITTLE BOY GENAUSO STÄMMIG SEIN WIRD WIE SEIN GROSSER BRUDER. DAS LICHT IN SEINEN AUGEN ERKENNBAR VON HIER BIS HIGH HOLD. SEINE SCHREIE HÄTTE ICH HÖREN KÖNNEN VON HIER BIS ZU MEINER FARM. ENDE
ORIGINATOR: OSW (Mr. Harrison)
CM-OUT-33556 (Jul 45) DTG: 172017Z bg

Die kurze Mitteilung sollte Stimson und Truman eine genauere Vorstellung von der »Größenordnung« der Explosion

geben. »High Hold« hieß Stimsons Besitz auf Long Island, der rund 400 Kilometer von Washington entfernt lag; in einer solchen Distanz hatte man den Atomblitz noch erkennen können. Harrison besaß eine Farm in Upperville, Virginia, etwa achtzig Kilometer von Washington; soweit hatten die Schallwellen gereicht. »Doktor« Groves war zuversichtlich, daß die noch unerprobte Uranbombe eine ähnlich spektakuläre Wirkung haben werde.
Truman besprach sich sofort mit Stimsons, Außenminister Byrnes sowie Admiral Leahy, der sich ja hartnäckig geweigert hatte, ein Funktionieren der Bombe ernsthaft in Betracht zu ziehen. Beim Dinner nahmen dann auch die Vereinigten Stabschefs — General Marshall, General Arnold und Admiral King — an den Erörterungen teil.
Truman verkniff sich die Frage, ob Leahy seine Einschätzung denn jetzt zu revidieren gedächte. Was geschah, war — seinen späteren Worten zufolge — dies:

> Wir betrachteten unsere militärische Strategie im Lichte dieser revolutionären Entwicklung . . . noch wußten wir nicht, welche physische oder psychologische Wirkung die neue Waffe beim Einsatz gegen den Feind haben werde. Aus diesem Grund vertraten die Militärs die Ansicht, wir sollten die existierenden militärischen Pläne zur Invasion der japanischen Hauptinseln auch weiterhin vorantreiben.

Die Würfel waren gefallen. Die Bombe war bereit. Weitere Tests (um sich über mögliche Auswirkungen im Kampfeinsatz klarzuwerden) würde es nicht geben. Sollten die Japaner negativ reagieren auf jene letzte Aufforderung zur Kapitulation, die Truman an sie richten wollte, so würde der amerikanische Präsident zu entscheiden haben, ob die neue Waffe eingesetzt werden sollte oder nicht.
Und Truman war kein Mann, der zurückzuckte, wenn es galt, eine Entscheidung zu treffen, mochte diese auch noch so quälend sein.

18. Juli 1945
Tinian

Paul Tibbets war ein Mann von ähnlichem Selbstvertrauen. Im Augenblick allerdings hatte er Grund, eine Art Unterlassungssünde zu bedauern: Bei seinen früheren Besuchen in LeMays Hauptquartier auf Guam hätte er fester und entschiedener auftreten sollen. Daß LeMay selbst mit der entstandenen Situation nichts weiter zu tun hatte, davon war Tibbets ziemlich überzeugt. Allem Anschein nach handelte es sich um das Werk von LeMays Stabsoffizieren, über deren Motive Tibbets nur Vermutungen anstellen konnte.
Ferebee hatte in diesem Punkt allerdings nicht die geringsten Zweifel.
»Neid ist es, ganz schlicht und einfach Neid. Jeder will mit von der Partie sein.«
Noch nie hatte Tibbets den Bombenschützen so zornig gesehen. Die beiden Männer befanden sich allein in Tibbets' Büro im Hauptquartier der 509. auf Tinian.
Als der Colonel, von Wendover her kommend, mit seiner Maschine nach dreitägigem Flug gelandet war, hatte Ferebee ihn bereits erwartet.
Die ersten Worte des Bombardiers klangen geradezu unheilvoll. »Schlimme Neuigkeiten, Paul, wirklich schlimme Neuigkeiten.«
Als Tibbets dann hörte, was Ferebee ihm zu berichten hatte, wußte er, daß es richtig gewesen war, Hals über Kopf nach Tinian zu kommen. Die Zukunft der 509., der Einheit, die er quasi aus dem Nichts aufgebaut hatte, war in Gefahr. Ferebee sagte: »Die versuchen, Ihre Truppe auseinanderzureißen.«
In der Tat: Mit aller Energie versuchte man, die 509. zu zerstückeln und das fliegende sowie das Bodenpersonal anderen auf der Insel stationierten Groups zuzuteilen.
Für diesen erstaunlichen Schritt wurde eine Reihe von Gründen angeführt: Für die Flieger der 509. könne die Zusammenarbeit mit kampferfahrenen Veteranen nur von Vorteil sein; es gelte, Lücken auszufüllen bei Squadrons, die während der Einsätze über Japan Männer verloren hatten; das Bodenpersonal brauche man, weil die Leute, die man zur Verfügung habe, es bei den unablässig rollenden Einsätzen einfach nicht mehr schaffen könnten.

In Tibbets' Ohren klang das nach Vorwand, nach Ausflüchten. Genau wie Ferebee glaubte er jetzt, daß Neid auf die besondere Situation der 509. das entscheidende Motiv war für derartige Versuche.
Wenig »zweckdienlich« erschien gerade unter diesen Umständen der Zusammenstoß, den Ferebee vor kurzem auf Guam mit LeMay gehabt hatte. Die beiden Männer kannten einander von Europa her, und sie besaßen voreinander große Achtung. Teilweise hatte das seinen Grund darin, daß sie – trotz des beträchtlichen Rangunterschiedes zwischen Major Ferebee und General LeMay – immer offen miteinander sprachen.
Was Ferebee betraf, so gehörte eine Menge dazu, ihn in Zorn zu versetzen. Geschah das jedoch, so schreckte er vor nichts und niemandem zurück. LeMay hatte es geschafft, ihn in Rage zu bringen, indem er an Tibbets' Fähigkeit zweifelte, den Atombombeneinsatz zu fliegen.
Ferebee war explodiert.
»Hören Sie, General, wenn Colonel Tibbets nicht qualifiziert ist, dann bin ich nicht qualifiziert, dann ist keiner von uns qualifiziert; dann haben Sie niemanden, der qualifiziert ist, und die Navy hat niemanden, der qualifiziert ist.«
LeMay hatte zu Ferebee gesagt, er solle sich doch beruhigen.
Doch der Bombenschütze war immer noch aufgebracht, und das nicht nur wegen LeMays Bemerkungen, sondern vor allem auch wegen des »Versuchs der Navy, ihren eigenen Mann den Einsatz fliegen zu lassen«.
Tibbets kannte den betreffenden Marinepiloten, und er mochte ihn nicht. Diese Antipathie stammte noch aus jenen Tagen in Wendover, bevor die 393. voll einsatzfähig gewesen war. Damals hatte der Pilot einige Testflüge durchgeführt. Nach Tibbets' Meinung handelte es sich um »eine Primadonna, ganz und gar nicht der richtige Typ für eine solche Aufgabe«.
Der Colonel versprach Ferebee, LeMay aufzusuchen, und zwar gleich »morgen, damit dieses ganze Wettschießen ein für allemal beigelegt wird«.

Die Rückkehr ihres Kommandeurs war für die 509. so etwas wie ein Schuß Adrenalin. Die Verspottung und Verhöhnung von seiten der anderen Einheiten hatte inzwischen immer

mehr zugenommen. Es war sogar vorgekommen, daß einige Flieger — des Nachts bei einem weiteren Einsatzflug in Richtung Japan — im Vorüberfliegen Steine auf die Barackendächer der 509. warfen.
Tibbets' beliebter Stellvertreter Lt. Colonel Tom Classen hatte versucht, die Situation zu entspannen. Tibbets wollte es allerdings scheinen, daß Classen bei seiner zweiten Übersee-Stationierung selbst unter einem kaum erträglichen Druck stand.
Auch hatte sich der Nachrichtenoffizier der Group, der rundliche Colonel Payette, nicht so verhalten, wie man es eigentlich hätte erwarten sollen. Payette, von Haus aus Jurist, hatte immer mehr auf Fakten gegeben als auf Gefühle, hatte Erfolge gelten lassen und nicht auch Ausflüchte. Hier auf Tinian allerdings trieb er diese Haltung bis zum äußersten Extrem. »Um die Leute in Bewegung zu halten, trat er zu vielen auf die Füße«, so sah es später Funkspezialist Dick Nelson. Payette legte sich sogar mit Colonel Kirkpatrick an, Groves' energischem Engineering Officer auf Tinian, mit jenem Mann also, der vor und nach der Ankunft der 509. wahre Wunder gewirkt hatte, soweit es irgendwelche »Einrichtungen« für die Group betraf.
Was Tibbets nicht wußte: Von Kirkpatrick erhielt Groves über die 509. regelmäßig Berichte. Dies war ein klassisches Beispiel dafür, wie Groves vorzugehen pflegte. In seiner perfekten Welt beobachtete jeder jeden.
An diesem Tag — dem Tag von Tibbets' Rückkehr — bereitete Kirkpatrick seinen jüngsten geheimen Bericht vor, der nicht zuletzt jenen Klatsch und Tratsch enthielt, von dem Kirkpatrick meinte, daß er Groves gefalle.

> Einige Leute der Group haben ein überaus bedauerliches Verhalten an den Tag gelegt. Mitunter haben sie sich aufgeführt wie verhätschelte Kinder, was sie, wie mir manchmal scheint, auch sind. Hier und dort ist es zu einigen ärgerlichen Eifersüchteleien gekommen, doch wäre das zweifellos alles prompt zu bereinigen gewesen, hätte es verantwortlichen Vorgesetzten zur Aufmerksamkeit gebracht werden können. Colonel Tibbets hat jetzt die Dinge in die Hand genommen, um das zu regeln. Man kann nur bedauern, daß er sein Kommando nicht früher übernommen hat; auf-

grund seiner fortgesetzten Abwesenheit war die Situation hier für alle recht schwierig.
Es ist kaum anzunehmen, daß Colonel Tibbets oder andere Spätankömmlinge der Group je so recht begreifen werden, wieviel Glück sie gehabt haben. Sie haben das beste Camp auf der Insel — ein gemachtes Nest — und auch das beste Arbeitsareal. Wenn ich mich nicht täusche, so gibt es keine andere Einheit, die auch nur mit halb so viel Aufmerksamkeit und Rücksicht bedacht wird; dennoch fühlt man sich augenscheinlich eher vernachlässigt.
Doch ist dies alles nur nebensächlich und wird den letztendlichen Erfolg nicht gefährden. Niemand zweifelt daran, daß Colonel Tibbets ein guter Mann ist und daß die Group als ausgezeichnet qualifiziert gelten muß. Bedauerlich scheint nur, daß von den Angehörigen der Group die Motive eines jeden anderen angezweifelt werden.

Für die 509. war Kirkpatrik nur ein weiterer »Außenseiter«, der mit ihrer Einheit in mehr oder minder enger Verbindung stand. Nein, er war wirklich nicht der einzige: Aus Los Alamos kamen Wissenschaftler herbeigeflogen — den Leuten von der 509. zumeist unbekannt —, und sie schienen sich im Lager geradezu einzunisten.
Charles Perry, dem Mess Officer, verursachten sie einige unerwartete Schreibarbeit. Er hatte vom Büro des Air Force Quartermaster nämlich die schriftliche Anweisung erhalten, von den Zivilisten für jede konsumierte Mahlzeit 35 Cents zu kassieren und sich das auch »ordnungsgemäß« quittieren zu lassen. Per »Sonderluftpost« sollte das dann nach Washington geschickt werden.
Perry fand die Sache »schlicht verrückt«. Er ahnte nicht und konnte nicht ahnen, daß dahinter — von seiten der Oberen des Manhattan Projekts — ein Stück alteingefahrener Besorgnis steckte: weil hier jetzt zivile Wissenschaftler mit Militärpersonal zusammenarbeiteten, um alles für den Einsatz der neuen Waffe bereitzumachen. In Los Alamos weigerten sich manche der Wissenschaftler, eine Uniform zu tragen; hier, auf Tinian, trugen sie Khaki ohne irgendwelche Abzeichen.
Indem man sie für ihre Mahlzeiten bezahlen ließ, meinte man, dazu beizutragen, daß zwischen ihnen und dem Militär eine gewisse »Distanz« blieb.

Beser hatte für solche Spitzfindigkeiten kein Verständnis. Ihm erschien das als »weder Fisch noch Fleisch. Tatsache war doch, daß diese Männer, wie alle übrigen, daran mitarbeiteten, daß Amerika den Krieg gewann.«

In den sieben Wochen, seit er sich auf Tinian befand, hatte Beser nur ein paar kurze Flüge gemacht, um seine Geräte zu überprüfen; und was irgendwelches Kampfgeschehen betraf, so war es nur einmal zu etwas Ähnlichem gekommen: als eine Flakbatterie auf Rota die B-29 beschossen hatte, in der er sich befand.

Einige Tage zuvor war Beser von einem Freund in der 509. eingeladen worden, als »Passagier« nach Japan mitzufliegen: bei einem Brandbombenangriff.

Doch Classen und Sweeney, jetzt der Kommandierende Offizier der 393. Squadron, verweigerten Beser die Erlaubnis.

So empfand der junge Mann Tibbets' Ankunft für sich als wahren Glücksfall: Der Angriff sollte in der kommenden Nacht geflogen werden. Beser suchte Tibbets in dessen Wellblechbaracke auf und trug ihm seine Bitte vor.

»Tut mir leid, Jake, aber Sie können nicht mit.«

Beser starrte mürrisch vor sich hin. Früher würde er es nie gewagt haben, einer Entscheidung des Colonels zu widersprechen, aber jetzt, »wo ich zusammen mit ihm doch schon so manches durchgemacht hatte, fühlte ich mich zuversichtlicher«.

»Colonel, es ist doch nur ein einziger Angriff —«

»Nein.«

Tibbets hatte selbst den Wunsch gehabt, einen Angriff auf Japan mitzufliegen, und war seinerseits von LeMay gestoppt worden. Er sah keine Veranlassung, Beser, der über die Atombombe fast genausoviel wußte, wie er selbst, »einen Vergnügungsflug zu gestatten, bei dem es durchaus passieren konnte, daß er abgeschossen wurde«.

Tibbets lehnte sich auf seinem Bett zurück, womit er andeutete, daß die Unterredung für ihn abgeschlossen sei.

Doch Beser mißverstand die Situation. Er glaubte, Tibbets sei nach dem langen Flug von Wendover halt müde. Mit ein wenig Überredungskunst werde es schon gelingen, ihn umzustimmen.

»Paul, ich möchte doch nur bei diesem einen Angriff mitfliegen, um zu sehen, wie es ist —«

Tibbets sprang von seinem Bett hoch.
»Gott verdammt noch mal, Lieutenant Beser, ich habe nein gesagt, und so meine ich's auch! Scheren Sie sich jetzt zum Teufel hier raus und tun Sie Ihren Dienst. Und wenn Sie das nächste Mal mit einer Bitte zu mir kommen, dann bin ich für Sie Colonel Tibbets, verstanden?«
Beser machte, daß er aus der Baracke kam. Und von ihm erfuhr dann jeder, der es hören wollte, daß »der Alte in Weißglut« sei.
Sergeant Abe Spitzer, Sweeneys schlaksiger und intelligenter Funker, vernahm diese Nachricht mit einiger Zufriedenheit. Ihm fehlte schon lange jene zündende Antriebskraft, die sich in Tibbets verkörperte. Wäre »der Colonel« die ganze Zeit über auf Tinian gewesen, dann — davon war Spitzer überzeugt — hätten sich so manche Eintragungen in sein Tagebuch als überflüssig erwiesen. Was er da schwarz auf weiß sah, gefiel ihm wirklich nicht sonderlich.

> Kam auf dem Weg zum Essen am Offiziersstrand vorbei. Ist ein Streifen Sand und Wasser und Sonne. Nach unserer Ankunft auf der Insel war dieses Stück Strand jedem offen, für Nicht-Offiziere genauso wie für Offiziere. Jetzt haben nur noch Krankenschwestern, Leute vom Roten Kreuz und Offiziere Zutritt. Offiziersregion — für Mannschaftsdienstgrade ein unerreichbares Traumland, ein Ort, für dessen Bewohner es Whisky gibt und jeglichen Luxus, der herbeigeschafft werden kann per Flugzeug oder per Schiff. Offiziersregion: für Mannschaftsdienstgrade und Hunde Zutritt verboten. Wirklich eine Schweinerei. Kein gutes Gefühl für einen Soldaten, wenn man bedenkt, daß dies ja eine demokratische Armee sein soll.

Spitzer war nicht der einzige Nicht-Offizier, in dem sich Enttäuschung breitmachte. In Wendover hatte Tibbets es sich angelegen sein lassen, jedem ein »Dazugehörigkeitsgefühl« zu vermitteln. Doch viel davon war während seiner erzwungenen Abwesenheit von Tinian wieder verlorengegangen.
Spitzer neigte der recht bitteren Ansicht zu, die 509. sei im Begriff, »ein richtiger 08/15-Haufen zu werden, der auf einen Einsatz wartet, von dem niemand zu glauben scheint, er könne je Wirklichkeit werden«.

Aufgrund von Tibbets' langer Abwesenheit (oder Abwesenheit*en)* war Lewis von einer Sache fest überzeugt: Wenn die Zeit kam für jenen Feindflug, der wirklich zählte, würde sich sein Kommandierender Offizier nicht an Bord des Bombers befinden; kein anderer als Lewis selbst würde den Einsatz fliegen.

Zu diesem Schluß gelangte der Captain aufgrund einer ganzen Reihe von Prämissen.

Da war zunächst einmal seine eigene fliegerische Leistung sowie die seiner Crew: gar keine Frage, daß sie alle für den besagten Feindflug als qualifiziert gelten durften. Des weiteren glaubte Lewis, daß Tibbets seine eigene Rolle mehr als die des Mannes sah, der die Operation sozusagen »vom Schreibtisch aus leitete, der die Planung machte und die Durchführung jenen Männern überließ, die regelmäßig eine B-29 flogen«. Aber Tibbets wußte über das Fliegen einer B-29 vermutlich mehr als irgend jemand sonst in der Air Force. Schließlich war es ja Tibbets gewesen, der Lewis bei diesem Bomber angelernt hatte.

Ein weiteres war, daß Lewis meinte, Tibbets »habe ja kein Flugzeug«. Vom formalen Standpunkt aus stimmte das sicherlich. Der Kommandeur der 509. hatte sich selbst keine Maschine »zugeteilt«. Statt dessen war er meist mit Lewis geflogen. Nach Tibbets' Ansicht hatte er damit jedem demonstriert, »der auch nur für einen Pfifferling Grips hat, daß Lewis und seine Jungs eigentlich meine Crew waren. Ging ich an Bord, so fungierte Lewis als mein Copilot, und ich flog die Maschine.«

Lewis interpretierte die Situation ein bißchen anders: »Zunächst einmal war Tibbets nie in meiner Maschine gewesen, seit ich sie von der Fabrik abgeholt hatte; zweitens war er nicht mit uns nach Tinian geflogen; drittens konnte ich den Job genauso gut machen wie er — so gut wie irgendwer.«

Niemand bezweifelte Lewis' fliegerische Fähigkeiten. Doch der erste Atomschlag verlangte am Steuerknüppel einen Mann von weit mehr als nur fliegerischer Qualifikation. Dieser Mann mußte auch Entscheidungen — Entscheidungen von allerhöchster Wichtigkeit — treffen können. In der Tat war es Tibbets' *Pflicht,* beim Atombombeneinsatz als Flugzeugkommandant mitzufliegen.

Außer Lewis brannte wohl nur noch Eatherly so ungeheuer

darauf, diesen entscheidenden Einsatz fliegen zu dürfen. Seine B-29 hatte er *Straight Flush* getauft, nach jenem Spiel, das beim Pokern praktisch den sicheren Sieg verhieß. Dafür gab es wohl zwei Gründe. Zum einen drückte sich in diesem Namen seine Spielbesessenheit aus, zum anderen seine Überzeugung, seine Crew sei die beste der ganzen Group.

Nun, wie immer es um die fliegerischen Fähigkeiten von *Straight Flush* auch bestellt sein mochte, was ihr höchstkomfortables Leben zu Lande betraf, so konnte ihnen — den Leuten der Eatherly-Besatzung — so leicht niemand das Wasser reichen.

Durch Eatherlys gute Dienste hatten sie auf Tinian eine Gruppe von fünf Krankenschwestern »geerbt«. Auf einer Insel voller Männer, die nach weiblicher Gesellschaft geradezu ausgehungert waren, stellte dies das ersehnteste Geschenk dar, das Eatherly machen konnte.

Mit jenen Parfüms und Seidenstoffen ausgerüstet, die sie aus Amerika mitgebracht hatten, traten die Offizier von *Straight Flush* sozusagen in Cäsars Fußstapfen. Den Worten von Flugingenieur Eugene Grennan zufolge: »Sie kamen, sahen und siegten.«

Von da an lebten sie »in den Schößen von Göttinnen, die uns jeden Wunsch von den Augen ablasen«. Regelmäßig dinierten die Offiziere von *Straight Flush* im Speiseraum der Krankenschwestern, wobei sie von weißen Tischtüchern Gerichte aßen, die es an Qualität so ziemlich mit dem aufnehmen konnte, was Perry zu bieten hatte. Der Hauptvorteil allerdings bestand darain, daß die Offiziere nach dem Essen mit den Schwestern tanzen und knutschen konnten — und dem hatte der Verpflegungsoffizier der 509. nun ganz und gar nichts entgegenzusetzen.

Für andere Offiziere waren die Abende auf Tinian unerträglich lang; und einige, wie zum Beispiel der Navigator Russell Gackenbach, vertrieben sich die Langeweile mit Hilfe immer neu ausgeheckter Streiche. Zu Gackenbachs Spezialitäten gehörte es, durchs pechschwarze Dunkel zu schleichen und in eines jener Camp-Feuer, die nachts überall brannten, Leuchtbomben zu werfen. Das rief jeweils eine beträchtliche Panik hervor — zu Gackenbachs großem Spaß.

Caron hatte sich für einen anderen Zeitvertreib entdeckt. War er abends nicht gerade im Kino, so entfernte er heimlich, Brett

für Brett, Teile des Offiziersklubs. Mit dem Holz baute er sich an der Rückseite seiner Baracke eine Veranda. Die Arbeit schritt soweit prächtig voran, und er hoffte, damit fertig zu sein, bevor die Zeit zum Einsatz kam. Für den Fall, daß er dabei mit von der Partie sein würde, nahm er sich vor, die neue Baseball-Mütze der Brooklyn Dodgers zu tragen, die ihm diese Mannschaft gerade geschickt hatte.
Flugingenieur Duzenbury vergnügte sich mit dem weitaus risikoreichsten abendlichen und nächtlichen Zeitvertreib. Obwohl ihm bekannt war, daß die Japaner auf Tinian erst kürzlich bei Nacht zwei GIs getötet hatten, machte er sich zusammen mit einer Handvoll Freunde, alle mit Karabinern bewaffnet, in den Dschungel auf, um »Souvenirs« zu suchen — japanische Schußwaffen und Bajonette. Bislang waren Duzenbury beim Durchforschen von Höhlen drei Flaschen Sake in die Hände gefallen. Der Geschmack sagte ihm nicht besonders zu.

Tokio

Rund 3000 Kilometer von jener Stelle entfernt, wo Staff Sergeant Duzenbury seinen Fund gemacht hatte, nahmen die japanischen Soldaten, die beim Kaiserlichen Oberkommando Wache standen, hastig Haltung an, als Generalmajor Seizo Arisue das Gebäude verließ.
Er brauchte frische Luft, Einsamkeit — und Zeit, um über die sich immer mehr verschlechternde Situation nachzudenken.
Während er durch das Gelände schritt, das zum Komplex des Oberkommandos gehörte, kam er zu dem einen unausweichlichen Schluß: Die kürzliche (im übrigen absolut beispiellose) Intervention von seiten Kaiser Hirohitos zur Beendigung des Krieges war zu spät gekommen; Seine Majestät hatte Ministerpräsident Suzuki gedrängt, die Sowjetregierung offen wissen zu lassen, daß die japanische Regierung in Friedensverhandlungen eintreten wolle; der Kaiser war sogar bereit, einen Sonderbevollmächtigten mit einer persönlichen Botschaft nach Moskau zu schicken, wo dieser die Vorstellungen der japanischen Regierung darlegen solle.
Diese kaiserlichen Vorstellungen waren allerdings schon fünf Tage zuvor in Moskau bekanntgemacht worden. Die Russen

hatten darauf, bis zu dieser Sekunde, »mit einem ohrenbetäubenden Schweigen« reagiert. Schlimmer noch: Arisue konnte spüren, daß von Potsdam her ein kalter Wind wehte.
Zum erstenmal seit seiner Ernennung zum Abwehrchef des Heeres fühlte sich Arisue völlig hilflos. »Auf welche Weise ich es auch betrachtete, es gab keinen Hoffnungsschimmer. Das große Spiel, das bei Pearl Harbour begonnen hatte, ging jetzt seinem Ende entgegen.«

Später am Abend, auf Tinian, erhielt Tibbets eine verschlüsselte Botschaft. Sie stammte von Groves. Der Test von Alamogordo, so erfuhr der Colonel, war ein totaler Erfolg gewesen. Tibbets ging zu Bett in dem Bewußtsein, daß der nächste atomare Knall »die echte Sache« sein würde.

19. Juli 1945
Guam

Die Konfrontation zwischen Tibbets und LeMay war kurz und verlief überraschend freundlich. Aufmerksam hörte LeMay zu, während Tibbets erklärte, es sei für die 509. unbedingt notwendig, »in Ruhe und intakt« gelassen zu werden. Er hoffe, weitere Einmischungen werde es nicht mehr geben, und im übrigen habe *er* die Absicht, den ersten atomaren Einsatz selbst zu fliegen.
LeMay hatte bereits einen Monat zuvor in Washington mit Groves »die Schwerter gekreuzt«. Dabei war es um die Frage gegangen, in wessen Zuständigkeit die Bombe gehöre, sobald sie einsatzbereit sei. LeMay glaubte, diese Runde gewonnen zu haben. »Als sie sich erst einmal in meinem Kommandobereich befand, war sie auch mein Baby.« Groves war da anderer Auffassung.
Im übrigen wollte es LeMay nach wie vor nicht so recht in den Kopf, weshalb man den Bombenabwurf unbedingt einer Einheit anvertrauen wollte, die doch noch keinen richtigen Einsatz über Japan geflogen hatte. Aber es war ihm auch klar, daß man die Aufgabe jetzt niemandem sonst übergeben konnte.
Und so beschloß er, Tibbets gegenüber nachzugeben, unter einer Bedingung. LeMays Operations Officer, Colonel William »Butch« Blanchard, war nach wie vor fest davon über-

zeugt, der Einsatz müsse von einer »regulären« Crew geflogen werden, von einer Besatzung aus einer kampferfahreneren Group. LeMay erklärte Tibbets, er wolle »Butch zu einem Übungsflug mit Ihnen und Ihrer Crew hinaufschicken, damit er sich davon überzeugen kann, daß ihr Jungs wißt, was ihr tut«.

Tibbets erwiderte, er werde mit Vergnügen die Gelegenheit ergreifen, um Blanchard »für eine Schleife mit hinaufzunehmen«.

Der Testflug wurde noch für denselben Tag festgesetzt.

Weit östlich von Guam beendete die *Indianapolis* mit ihrer nuklearen Fracht an Bord um zehn Uhr vormittags den ersten Abschnitt ihrer Reise. Für die 2091 Meilen von San Francisco bis Pearl Harbour hatte sie nur 27 und eine halbe Stunde benötigt, was nichts anderes bedeutete, als daß der bisherige Rekord von dem alten Kreuzer um dreißig Minuten unterboten worden war.

Die Besatzung jubelte. Die Leute brannten darauf, die Fahrt in Richtung Tinian fortzusetzen.

Kommandant Hashimoto in U-Boot I.58 lauerte vor Okinawa vergeblich auf amerikanische Schiffe. Nachdem er Befehl gegeben hatte, in langsamer Fahrt Kurs auf die Marianen zu nehmen, begab er sich zu dem Shinto-Schrein, der sich hinter den Dieselmotoren befand, und betete.

Tibbets nahm sich Zeit. In aller Ruhe überprüfte er jetzt, unmittelbar vor dem Start, ob auch sämtliche Systeme an Bord einwandfrei funktionierten. Sehr deutlich war er sich bewußt, daß Blanchard alles aufmerksam verfolgte, jede Anweisung des Kommandanten, jede Reaktion der Crew.

Blanchard saß auf einem Haufen Kissen, und zwar unmittelbar hinter Tibbets und Lewis, der auf dem Sitz des Copiloten angeschnallt war. Im übrigen befanden sich van Kirk am Navigatorentisch, Ferebee auf dem Posten des Bombardiers, Duzenbury bei seinen Ingenieurs- bzw. Mechanikerarmaturen, Nelson am Empfangsgerät, Shumard und Stiborik in den sogenannten Blister Turrets (Bordwaffenstand) und Caron im Rear Turret (Heckstand).

In der Bombenaufhängung befand sich ein einziger riesiger

»Wohnblockknacker« mit hochexplosiver Sprengladung. Die Treibstofftanks waren voll genug für einen Flug nach Rota und zurück.
Tibbets hatte die Crew erst wenige Stunden vor dem Start verständigen können. Was er seinen Leuten einschärfte, war dies: Blanchard werde »selbst den leisesten Vorwand benutzen, um uns ein Bein zu stellen«.
Jetzt ließ er seine Maschine zur Startbahn rollen, wartete dann darauf, daß der Start freigegeben wurde. Das geschah. Mit donnernden Motoren jagte die B-29 die mittlere Startbahn von North Field entlang. Gerade als die Maschine abzuheben begann, fiel ein Motor aus, und Tibbets ging sofort auf Segelstellung. Viele der Startunfälle auf Tinian hatten in einem plötzlichen Triebwerkausfall ihren Grund. Tibbets gelang es, diesen überaus kritischen Augenblick heil zu überstehen. Er brachte den Bomber wieder auf Kurs. Behutsam gewann er an Höhe.
Dann befahl er, das zweite Triebwerk abzustellen: jenes, das sich auf derselben Seite befand wie das ausgefallene.
Und mit nur zwei arbeitenden Motoren, beide an derselben Tragfläche, begann das mächtige Flugzeug mit seiner fünf Tonnen schweren Bombe unendlich langsam höher zu steigen.
Tibbets ging in die Kurve. Der »lahme Flügel« (jener mit den beiden stehenden Motoren) neigte sich Tinian zu, und über ihn hinweg hatte man einen prachtvollen Blick auf die Insel, die jetzt so etwas wie der größte militärische Einsatzflugplatz der Welt war.
Doch Blanchard interessierte sich jetzt, wie Tibbets sah, weniger für den herrlichen Ausblick. Seine Augen hafteten auf jenen beiden Propellern, die sich sacht im Luftstrom drehten.
Mit einem Augenzwinkern gab Tibbets seinem Copiloten ein kurzes Zeichen — und dann verstärkte er die Kurvenschräglage noch, verstärkte sie in einem solchen Maße, daß der Bomber auf der Spitze einer Tragfläche zu »stehen« schien.
Über die Bordsprechanlage klang Blanchards angespannte Stimme an Tibbets' Ohr.
»Okay, was die Motoren leisten, weiß ich ja nun. Nehmen wir jetzt also Kurs auf Rota.«
Tibbets entsprach dem Wunsch seines Gastes. Mit Höchstgeschwindigkeit — und natürlich nicht mehr in Schräglage, son-

dern im Horizontalflug — hielt die B-29 auf Rota zu. Den sogenannten Ausgangszielpunkt erreichten sie präzise zu der Zeit, die van Kirk vorher genannt hatte.
Über die Bordsprechanlage wandte sich Tibbets an Blanchard.
»Ich glaube, wir sind uns einig, daß die navigatorische Abweichung gleich Null war.«
»Einverstanden.«
»Jetzt ist Ferebee an der Reihe.«
Der Bombardier befand sich im Bug. Sein Kopf ruhte auf der Kopfstütze des Bombenzielgeräts.
Aus einer Höhe von 10000 Metern sauste die gewaltige Bombe in die Tiefe. Tibbets registrierte, wie »Blanchard sie fallen und einschlagen sah. Das war so nah beim Ziel, daß man nicht mal drüber zu reden brauchte.«
Sodann zog Tibbets, ohne Blanchard zu warnen, die Maschine wie üblich in einem Winkel von 155 Grad herum. Deutlich spürte die angeschnallte Crew, wie sich die Zentrifugalkraft immer mehr steigerte, während Tibbets »die Kiste so hart herumzog, wie's nur irgend ging. Ich hörte, wie das Leitwerk flatterte und die ganze Maschine zu klappern begann, als wollte sie sich in ihre Bestandteile auflösen.«
Blanchards halberstickte Stimme erklang.
»Was . . . was ist denn los . . .?«
»Das verdammte Leitwerk klemmt immer so leicht!«
»Was . . . heißt das?«
In seiner gesamten Militärzeit hatte Blanchard etwas derartiges noch nicht erlebt. Die Zentrifugalkraft bannte ihn auf seine Kissen, und er hatte das Gefühl, in einem Geländewagen in voller Fahrt einen Gebirgspfad hinabzujagen.
Tibbets hob seine Stimme. Er rief:
»Anders kann ich mit dieser Kiste nicht scharf abdrehen. Irgendwie scheint der Schwanz immer nachzuschleppen, aber wenn ich das spüre, haut's ganz gut hin. Sie wollen doch wohl nicht, daß ich's anders versuche, oder?«
»Okay, das genügt. Ich bin zufrieden . . .!«
Tibbets konnte sich's nicht verkneifen, ihm noch ein wenig mitzuspielen.
»Oh, nein, wir sind noch nicht fertig!«
Nach Vollendung des »vorschriftsmäßigen« Winkels von 155 Grad riß Tibbets die Steuersäule zurück und jagte den mächti-

gen Bomber hinauf, bis er sich — schwindelerregend — im sogenannten »überzogenen Flugzustand« befand. Für einen Augenblick stand die gewaltige Maschine gleichsam auf dem Schwanz, dann glitt sie zurück, drehte sich und begann in die Tiefe zu trudeln.
Blanchard war vor Furcht leichenblaß.
»Um Himmels willen, Sie bringen uns ja um!«
Der Bomber stürzte und stürzte. Doch genau im richtigen Augenblick brachte Tibbets die B-29 wieder unter Kontrolle und strebte nach Tinian zurück. Als die Räder auf der Landebahn aufsetzten, betrug die Abweichung von jenem Zeitpunkt, den van Kirk für die Landung genannt hatte, höchstens 15 Sekunden.
Noch benommen und sprachlos, kletterte Blanchard aus dem Bomber. Erst als er sicheren Boden unter den Füßen spürte, traf er eine Feststellung.
»Okay. Sie haben Ihre Sache bewiesen.«
Tibbets lachte. Jetzt war er sicher, daß Blanchard seine Kompetenz nicht mehr anzweifeln würde.

20. Juli 1945
Potsdam
Vormittag

Kriegsminister Stimson beendete gerade sein Frühstück, als Allen Welsh Dulles zu ihm hereingeführt wurde. Der praktisch in Reichweite befindliche Schreibtisch des Ministers war überhäuft mit geheimen Papieren und Berichten. Darunter befand sich ein Dokument, das sich mit der heiklen Frage beschäftigte, wann man den Russen was über die Atombombe mitteilen solle. Churchill war ursprünglich entschieden dagegen gewesen, den Sowjets irgendwelche Informationen über diese Waffe zu geben. Inzwischen schien er jedoch zu dem gleichen Schluß gekommen zu sein wie Truman und Stimson: Man sollte den Russen *etwas* sagen, aber — wieviel?
Was die offiziellen amerikanischen Richtlinien in diesem Punkt betraf — inwieweit man nämlich nukleare Geheimnisse mit anderen teilen solle oder dürfe —, so waren sie im April dieses Jahres von Stimson selbst umrissen worden. Im Verlauf des ersten eingehenden Gesprächs, das er mit Truman

über die Bombe führte, hatte der Minister den Standpunkt vertreten, ein »Pooling« von Informationen aus der Atomforschung sei nicht möglich, solange es keine Abmachungen hinsichtlich internationaler Inspektionen und Kontrollen gebe. Manche Wissenschaftler widersprachen dieser Auffassung. Dabei gab es, der Tendenz nach, zwei Arten der Argumentation. Die einen meinten, auch ohne Amerikas Hilfe sei die Sowjetunion jederzeit in der Lage, eine Atombombe zu bauen. Die anderen vertraten die Ansicht, wissenschaftliche Erkenntnisse sollten Gemeingut der ganzen Welt sein.

Bei Dulles' Eintreffen war sich Stimson noch immer nicht darüber im klaren, wieviel man den Russen denn nun sagen solle.

Seit der Begegnung zwischen dem OSS-Direktor und Per Jacobsson in Wiesbaden waren fünf Tage vergangen. Während dieser Zeit hatte Dulles mit seinen Mitarbeitern kritisch den Jacobsson gemachten Vorschlag geprüft: daß Amerika nämlich womöglich bereit sei, Kaiser Hirohito auf seinem Thron zu lassen, *falls* er sich öffentlich für eine Beendigung des Krieges aussprach. Sowohl Dulles als auch seine Mitarbeiter vertraten die Auffassung, daß der Vorschlag, aller damit verbundenen Imponderabilien ungeachtet — konnte der Kaiser überhaupt frei handeln? —, interessant genug sei, um weiterverfolgt zu werden.

Stimson respektierte Dulles' Reputation und sein Urteilsvermögen. Allerdings schien es ihm wenig wahrscheinlich, daß so »periphere« Friedensfühler aus der Schweiz in irgendeiner Weise repräsentativ sein konnten für die offizielle Haltung der japanischen Regierung, ja, das dergleichen überhaupt von irgendwelchem Einfluß oder Auswirkung sein mochte auf eben diese Haltung.

Die Reaktion des Kriegsministers auf Dulles' Darlegungen wurde noch durch folgende Tatsache kompliziert: Bei seiner Ankunft in Potsdam hatte Stimson sich mit dem Gedanken getragen, seinerseits den Vorschlag zu machen, auf den Dulles' Überlegungen hinausliefen — den Japanern (im Rahmen der letzten Aufforderung zur Kapitulation) den Fortbestand ihres monarchistischen Systems zuzusichern. Inzwischen jedoch hatte Stimson erkennen müssen, daß ein solcher Standpunkt unpopulär war.

Außenminister Byrnes zum Beispiel sprach sich als einer von

vielen ganz entschieden dagegen aus, den Japanern hinsichtlich des Kaiserthrons irgendwelche Zugeständnisse zu machen. Überdies wußte Stimson, daß vielen amerikanischen Intellektuellen die bloße Idee einer kaiserlichen Dynastie tief zuwider war. Für sie verkörperten sich darin »feudale Vorrechte« sowie die Verewigung einer »herrschenden Kaste«. Was die Einstellung des amerikanischen Normalbürgers zu solchen Dingen betraf, so war ihm die »Idee« eines Königs oder Kaisers völlig fremd. Solchen Vorstellungen haftete etwas Unerklärliches an, und derartiges schien ganz allgemein wenig wünschenswert. Für viele war Hirohito nichts anderes als eine Art Hitler auf dem Thron.

Noch etwas kam hinzu: In Stimsons Augen illustrierte der Bericht, den er von Dulles erhielt, auf geradezu perfekte Weise eine Voraussage, die zu finden war in einem wichtigen Report des Combined Intelligence Committee. Diese Gruppe, mit Sitz in Washington, hatte kürzlich gewarnt, Japan werde ». . . immer wieder Friedensfühler ausstrecken, um den Krieg zu einem akzeptablen Ende zu bringen, indem die Entschlossenheit der Vereinten Nationen geschwächt wird, bis zum bitteren Ende zu kämpfen, oder durch das Bewirken interner alliierter Meinungsverschiedenheiten . . . Ganz allgemein wird Japan alle politischen Mittel einsetzen, um einer vollständigen Niederlage oder der bedingungslosen Kapitulation zu entgehen.«

Stimson dankte Dulles für sein Kommen. Aber er ließ auch keinen Zweifel daran, daß er der über Jacobsson laufenden Initiative kaum irgendwelche Erfolgschancen gab. Dazu sei die Haltung Tokios dann doch wohl zu undurchsichtig. In immer stärkerem Maße fürchtete Stimson, daß nur der ungeheure Schock durch eine Atombombenexplosion den verschlungenen Knoten lösen mochte.

Dulles kehrte nach Wiesbaden zurück, und er wirkte so unergründlich wie nur je. Seine Rolle in dieser Angelegenheit hatte er gespielt.

In Bern begannen der japanische Gesandte und Generalleutnant Seigo Okamoto das Außenministerium und den Heeresgeneralstab in Tokio mit Telegrammen zu bombardieren, in denen sie zur Kapitulation rieten. In seinen Kabeln an die führenden japanischen Finanzleute sprach sich Jacobsson in der gleichen Richtung aus.

Schließlich kam es dazu, daß Okamoto, voller Verzweiflung, rituellen Selbstmord beging, womit dieses »Verschwörerdrama« ein ebenso tragisches wie dramatisches Ende fand. Immerhin hatte es eine Zeitlang sowohl japanische als auch amerikanische Geheimdienstler in Atem gehalten.
Jetzt waren es andere Protagonisten, teils bekannte, teils unbekannte, welche die Bühnenmitte für sich beanspruchten.

Moskau

Obwohl durch die Ereignisse der vergangenen Tage physisch wie psychisch erschöpft, unterzog sich Naotaki Sato, der japanische Botschafter in Moskau, erneut der Aufgabe, Außenminister Togo in Tokio den Ernst der Lage darzustellen.
Während er seine Botschaft zu formulieren versuchte, dachte Sato unwillkürlich an jene Mitteilungen, die Togo ihm hatte zugehen lassen. Ihr Inhalt schien darauf hinzuweisen, daß den entscheidenden Männern in der japanischen Regierung jeglicher Realitätssinn abhanden gekommen war.
In einem der Kabel von Togo an Sato hatte es zunächst geheißen, der Botschafter solle feststellen, wie man die Sowjetunion »benutzen könne, um den Krieg zu beenden«. Sodann hatte Togo eine Warnung hinzugefügt, die in ihrer Art sehr treffend charakterisierte, wie verblüffend — oder doch verwirrend — die Anweisungen waren, die der Botschafter erhielt.

> Da Sie in solchen Dingen ja erfahren sind, brauche ich dies eigentlich nicht zu erwähnen. Aber achten Sie in Ihren Gesprächen mit den Sowjets über diese Angelegenheit sorgfältig darauf, daß keinesfalls der Eindruck entsteht, wir wollten die Sowjetunion benutzen, um den Krieg zu beenden.

Demselben Telegramm konnte Sato entnehmen, was er denn nach Meinung der Regierenden in Tokio den Russen sagen sollte:

> Wir betrachten die Erhaltung des Friedens in Asien als einen Aspekt der Erhaltung des Weltfriedens. Es ist nicht un-

> sere Absicht, eines jener Gebiete, die wir infolge des Krieges besetzt haben, zu annektieren oder in Besitz zu nehmen; wir hoffen, den Krieg zu beenden mit der Aussicht auf die Etablierung und Erhaltung eines dauerhaften Weltfriedens.

Eine schier endlose Wortflut war es, und Sato und sein kleiner Stab in Moskau waren Tag und Nacht mit der Dechiffrierung beschäftigt. Es gab Vorschläge und Gegenvorschläge, Anweisungen und Gegenanweisungen, und das alles verbrämt mit Höflichkeitsfloskeln in der Sprache der Diplomatie.
Dann, vor drei Tagen, hatte der geplagte Botschafter ein Kabel erhalten, das in eindeutiger Sprache abgefaßt war.

> Unsere Regierung und unser Oberkommando sind fest davon überzeugt, daß unser Kriegspotential auch jetzt noch dazu ausreicht, dem Feind einen schweren Schlag zu versetzen . . . sofern der Feind bis zum Ende auf bedingungsloser Kapitulation besteht, werden unser Land und Seine Majestät einmütig beschließen, einen Krieg des Widerstands bis zum bitteren Ende zu führen. Daher scheidet bei einem Eintreten der Sowjetunion als fairer Unterhändler die Erörterung der Möglichkeit einer bedingungslosen Kapitulation aus. Seien Sie sich im besonderen über diesen Punkt klar.

Mit anderen Worten: viel hatte sich wahrhaftig nicht geändert.
Und am 18. Juli war Sato von der Sowjetregierung mitgeteilt worden, da man nicht wisse, welcher Zweck sich mit der vorgeschlagenen Reise des kaiserlichen Sonderbevollmächtigten verbinde, sei man »außerstande, auf den Vorschlag definitiv zu antworten«.
Sato konnte nicht wissen, daß diese Verzögerungstaktik aufgrund allerhöchster Weisung befolgt wurde: auf Befehl Stalins aus dem fernen Potsdam, und zwar mit Trumans Einverständnis. Allerdings war dem Botschafter inzwischen völlig klar, daß die Russen auf japanische Friedensfühler nicht den mindesten Wert legten.
Sato begann seinen Bericht nach Tokio mit der Feststellung,

daß er im folgenden seine »rückhaltlose Meinung« darlegen werde hinsichtlich des Schicksals, das Japan erwarte.
Sodann führte er aus: Er habe keine Hoffnung, daß sich die endgültige, die völlige Niederlage vermeiden lasse. Der Feind verfüge über die Möglichkeit, nicht nur die japanische Industrie zu zerschlagen, sondern auch den absolut lebenswichtigen Reisanbau zu vernichten, und zwar durch Inbrandsetzen der Pflanzen, wenn die Reisfelder trocken waren. Um einer solchen Katastrophe aus dem Wege zu gehen, solle Japan sofort auf sämtliche Forderungen des Feindes eingehen, wobei es von japanischer Seite aus nur eine Gegenforderung zu stellen gebe. Der japanische Staat müsse erhalten bleiben.
Genau wie Arisue in Tokio und Dulles in Potsdam, schlug Sato in Moskau vor, Japan solle sämtliche Bedingungen annehmen unter der einen *unabdingbaren* Voraussetzung, daß das Land seine Regierungsform, unter Einschluß der Monarchie, beibehalte. Seine abschließenden Worte unterstrichen, wie weit er in seinen vorherigen Ausführungen von der üblichen Linie abgewichen war:

> Ich begreife, daß die Kühnheit zu solchen Darlegungen ein großes Verbrechen ist, da sie ja, wie ich weiß, den Auffassungen der Regierung zuwiderlaufen. Wenn ich dennoch so stark abweichende Ansichten vertrete, so nur, weil ich glaube, daß die einzige Politik zur Rettung der Nation den gemachten Ausführungen entsprechen muß.

Wurden die Gedanken, die seine Botschaft enthielt, von Außenminister Togo abgelehnt, so gab es — diese Furcht erfüllte Sato — für sein Land kaum noch Hoffnung.

Über Tokio
An Bord der
Straight Flush

Bei dem, was Claude Eatherly jetzt tat, kümmerte es ihn nicht im mindesten, welche Auswirkungen es haben mochte: daß es erstens der Bombardierungsstrategie der Vereinigten Staaten bei Angriffen auf Japan zuwiderlief; daß es zweitens die Potsdamer Konferenz und drittens den Verlauf des Krieges

beeinflussen würde sowie — viertens — die Einstellung eines jeden Japaners, was das Weiterkämpfen betraf, von allem wohl der wichtigste Punkt.
Kurzum: Claude Eatherly kreiste unmittelbar südlich von Tokio, während sein Navigator den Kurs zu bestimmen versuchte, der *Straight Flush* genau dorthin führen würde, wo der Pilot die rund 5000 Kilo schwere Sprengbombe abgeworfen haben wollte — nämlich so, daß sie, gleichsam »knallfall«, auf den Palast des Kaisers fiel.
Sofern Eatherly Erfolg hatte, würden gewisse Konsequenzen sich mehr oder minder automatisch ergeben. Auf dem diplomatischen Schachbrett war Hirohito dann eine nichtexistente Figur — und wegen der Kontinuität der japanischen Geschichte versuchten ja so viele politische Köpfe, ihn der Nation zu erhalten. Ein solcher »Volltreffer« würde zweifellos eine ganze Reihe von Ereignissen auslösen, von denen niemand vorhersagen konnte, wohin sie führen würden. Seines Kaisers beraubt, konnte das japanische Volk absolut unberechenbar werden.
Nichts davon kümmerte Eatherly. Was ihn trieb, war die Sehnsucht nach Ruhm. Falls er Erfolg hatte, würde er sich in den Geschichtsbüchern verewigt sehen. Er glaubte, er könne den Krieg beenden.
Eatherly und seine Leute bildeten eine der Crews (von insgesamt zehn), welche Tibbets dazu bestimmt hatte, an diesem 20. Juli die ersten Einsätze der 509. über Japan zu fliegen. Die Bomber flogen getrennt, gegen zuvor bestimmte Ziele. Zweck der Übung war ganz einfach, die Flieger an Kampfeinsätze zu gewöhnen — und die Japaner an den Anblick einzelner, in großer Höhe fliegender Maschinen, die nur eine einzige Bombe abwarfen.
Die Crews hatten strikte Weisung: Konnten sie ihr Ziel wegen Schlechtwetter nicht anfliegen, so sollten sie ihre gewaltigen Bomben »unter gar keinen Umständen« abwerfen über Hiroshima, Kyoto, Okura oder Niigata. Im übrigen war ihre Wahl von Ersatzzielen jedoch nicht eingeschränkt.
Gestartet waren die Bomber auf Tinian um zwei Uhr früh. Am Morgen erreichten sie dann Japan. Unterwegs hatte eine der B-29 Motordefekt und mußte sich seiner Bombenfracht im Notwurf über See entledigen; fünf warfen ihre Bomben auf das jeweilige Ziel — oder in dessen Umkreis — ab; und vier

Crews, darunter auch die von Eatherly, fanden das Wetter so miserabel, daß sie gezwungen waren, nach Ersatzzielen zu suchen.
Eatherly wählte Tokio — und den Kaiserpalast.
Über die Bordsprechanlage drängte er Francis Thornhill, seinen Navigator, in breitem texanischem Tonfall, sich mit der Kursbestimmung doch ja zu beeilen. Doch Thornhill hatte Probleme. Tokio — genau wie das ihnen ursprünglich zugewiesene Ziel — war von einer Wolkendecke verhüllt.
Eatherly hatte seiner Crew zwar erzählt (und die Männer hatten ihm das geglaubt), er sei ein kampferfahrener Veteran vom pazifischen Kriegsschauplatz. In Wirklichkeit jedoch war dies für ihn genauso wie für sie der erste ernste Einsatz: ein Feindflug, bei dem sie womöglich abgeschossen werden konnten. Sofern Eatherly nervös war, verstand er das vor seiner Crew zu verbergen. Das einzige, was er sich anmerken ließ, war die wachsende Begeisterung über die Aussicht, den Kaiserpalast zu bombardieren.
Und je mehr er darüber nachdachte, desto mehr gefiel Eatherly der Gedanke. Er und seine Leute: sie würden alle Helden sein. Und mit ziemlicher Sicherheit konnte man damit rechnen, daß all die Pfiffe und der Spott, womit man die 509. auf Tinian verfolgte, ein Ende haben würden.
Bloß: Thornhill berichtete nach wie vor, wegen der Wetterlage habe er Schwierigkeiten.
Und der Bombenschütze Ken Wey erklärte, er könne in der Wolkendecke keine Lücken entdecken, durch die sich der Kaiserpalast sichten ließe.
»Dann werft doch per Radar ab!«
»Okay«, erwiderte der Bombardier.
Wey machte sich für einen Abwurf per Radar bereit, und als alles soweit war, klinkte er die Bombe aus. Sofort drehte Eatherly in einem Winkel von 155 Grad ab, und über die Bordsprechanlage war sein Triumphgeschrei zu hören.
Sie verließen das Gebiet von Tokio, ohne sehen zu können, wo die Bombe eingeschlagen hatte. Aber sie wußten: Hatten sie Erfolg gehabt, so würde — mit fast hundertprozentiger Gewißheit, Tokio-Rose in ihrer nächsten Sendung davon sprechen. Und erst dann, das jedenfalls war die Absicht der Besatzung von *Straight Flush,* wollten sie der Welt offenbaren, auf wessen Konto diese Tat denn zu verbuchen sei.

Tinian

Kizo Imai, der japanische Offizier, der sich auf Tinian versteckt hielt, wartete geduldig. Er wartete, bis auf der Leinwand des Freiluftkinos ein Bild zu flimmern begann. Dann robbte er auf den hohen Drahtzaun zu. Mit raschen, geschmeidigen Bewegungen legte er die kurze Entfernung zwischen Dschungel und Zaun in wenigen Sekunden zurück.
Er ließ seine Finger über den Stacheldraht gleiten. Die Lücke war noch dort. Imai kroch hindurch, wobei er sich überaus behutsam bewegte. Auf gar keinen Fall durfte er mit seiner Uniform an den Stacheln hängenbleiben. Ein Stoffetzen am Drahtzaun hätte den Wachen, welche auf dem Gelände der 509. patrouillierten, einen verräterischen Hinweis gegeben.
Nachdem er den Zaun hinter sich gelassen hatte, robbte er auf eine nahe Baracke zu. Er erreichte sie und verharrte. Bevor er sein Unternehmen fortsetzte, nahm er eine sorgfältige Überprüfung vor. Er orientierte sich, so präzise er irgend konnte, tastete seine Umgebung mit den Augen auf mögliche Gefahren ab. Überdies vergewisserte er sich, daß er für das Unternehmen in der richtigen Weise präpariert war. Damit ihn die glänzenden Teile seiner Uniform — Knöpfe etc. — nicht verrieten, hatte er sie mit feuchter Erde beschmiert, ebenso Gesicht und Hals. Eine weitere Vorsichtsmaßnahme: seine Schuhe waren mit Lappen umwickelt, was seine Schritte praktisch geräuschlos machte. Wenn er in der Dunkelheit überhaupt von jemandem entdeckt wurde, dann höchstens auf eine Entfernung von wenigen Metern — und das gab Imai dann die Chance, den oder die anderen zu töten, bevor sie Alarm schlagen konnten. Genau für einen solchen Zweck trug er in seinem Gürtel ein kleines Messer.
Er beendete seine Überprüfung. Was er tun konnte, zu seinem eigenen Schutz, das hatte er getan. Jetzt entfernte er sich von der Baracke. In geduckter Haltung lief er los. Doch immer wieder blieb er kurz stehen, um sich erneut zu orientieren. Irgendwo hinter ihm klang, laut und deutlich, Filmmusik aus dem Kino. Der Widerschein von der Leinwand war hell genug, um die benachbarten Gebäude umrißhaft zu beleuchten.
Er wußte, daß er sich in der dem Kino entgegengesetzten Richtung halten mußte. Wie ein Hund, der einen Knochen

wittert, ließ sich Imai gleichsam von seiner Nase zu Perrys Küchenbereich leiten.
Unbehindert gelangte er an sein Ziel. Er fand eine unverschlossene Küchentür und schlich hinein.
Auf dem Tisch befanden sich Reihen gekochter Hühnchen. Er nahm ein paar, stopfte sie sich unter die Uniformjacke, wollte nach dem nächsten greifen. Plötzlich hörte er ein Geräusch. Er stürzte hinaus, während fast im selben Moment irgend jemand durch eine andere Tür eintrat.
Vorsichtig trat Imai den Rückzug an. Erst bei der Baracke nahe dem Loch im Zaun blieb er stehen. Vor dem Gebäude befand sich eine Abfalltonne. Er begann, sie zu durchwühlen. In solchen Tonnen waren oft Lebensmittel: halbgeleerte Fleischkonserven, Kartoffelsalat, überreifes Obst. Die Beute, die Imai jetzt machte, war typisch: ein Stück geräucherte Wurst, eine noch halbvolle Marmeladendose und Erdnüsse. Sorgfältig wickelte Imai alles in alte Zeitungen ein, die er gleichfalls in der Tonne gefunden hatte. Dann stopfte er sich das Paket unter die Uniformjacke, halb in die Hose, was seiner dürren Gestalt ein sonderbares, knolliges Aussehen verlieh. Als er damit fertig war, bewegte er sich auf den Zaun zu.
Der Klang einer Stimme ließ ihn erstarren.
Die Worte waren zwar englisch, doch der Akzent ließ sich nicht verkennen: Es war die Stimme einer japanischen Frau.
Imai fühlte, wie plötzliche Erregung in ihm aufstieg. Die Stimme kam aus einer nahen Baracke, und es war die Stimme von Tokio-Rose. Vom fernen Japan her wurde ihre Spätsendung ausgestrahlt.
Er fühlte sich versucht, stehenzubleiben und zuzuhören. Ein eigentümlicher Gedanke erfüllte ihn. Wenn es Radio Japan gelang, in dieses geheimnisvolle Camp einzudringen, dann würden vielleicht schon bald die japanischen Streitkräfte eintreffen, um die Amerikaner zurückzutreiben ins Meer, so daß endlich Schluß war mit dem Leben, das er und seine Kameraden hier führen mußten: das Leben von Aasfressern.
Mit neuem Mut machte er sich auf den Rückweg zu seiner Höhle. Dort würde er die amerikanischen Zeitungen, in die er seine Beute gewickelt hatte, sorgfältig studieren. Vielleicht fanden sich ja Meldungen über ein japanisches Vorrücken in Richtung Tinian.

Eatherly und seine Crew saßen in ihrer Baracke um das Radio herum. Ungeduldig hörten sie zu, wie Tokio-Rose ihre Schmähreden hielt. Endlich kam sie zu jenem Teil, der die Männer einzig interessierte.

> Die Taktik der feindlichen Maschinen ist so kompliziert geworden, daß weder Erfahrungen noch gesunder Menschenverstand genügen, um sie vorauszuahnen. Die alleinfliegende B-29, die heute morgen die Hauptstadt überquerte, wollte offenbar mit einer Art Überrumpelungstaktik bei der Bevölkerung Verwirrung auslösen.

Tokio-Rose konnte nicht wissen, daß es Eatherly weniger um die Bevölkerung als solche gegangen war, sondern daß er es direkt auf Hirohito abgesehen hatte.
Bei diesem impliziten Hinweis auf den Angriff blieb es. Augenscheinlich hatte die Bombe den Palast verfehlt.
Enttäuscht kehrte Eatherly dem Radio samt Tokio-Rose den Rücken. Für den Augenblick hatten seine Hoffnungen auf Weltruhm einen gehörigen Dämpfer erhalten.

21. Juli 1945
Hiroshima

Wie an jedem Morgen stand Feldmarschall Hata um genau sechs Uhr auf. Er badete, schlüpfte in einen Kimono und frühstückte mit seiner Frau.
Gegen sieben Uhr begab er sich dann, noch in Pantoffeln, zum Shinto-Schrein, der einen nicht wegzudenkenden Teil seines Hauses bildete. Dort betete er um den Sieg in der großen Schlacht, die ihm jetzt unausweichlich schien. Sein eigenes Schicksal kümmerte ihn nicht. Zu oft hatte er sich dem Tod gegenübergesehen, als daß ihn dieser Gedanke hätte beunruhigen können.
Nachdem er seine Gebete gesagt hatte, zog er seine Uniform an. Jetzt war er bereit für den nächsten Teil seines täglichen Rituals.
Hatas Haus, noch recht neu und sehr behaglich, befand sich nicht weit von seinem Hauptquartier. Doch in diesen Tagen übte der Feldmarschall nur noch wenige häusliche Verrich-

tungen aus. Außer den Gebeten vor dem Schrein gab es da im Grunde nur noch eines: die Arbeit im »Sieges«-Garten, den er auf der Rückseite des Hauses angelegt hatte.
Es war, nahm man die Verhältnisse in Hiroshima als Maßstab, ein recht großer und gepflegter Garten, umsäumt von jungen Bäumen. Allmorgendlich, nach seinen Gebeten, kümmerte Hata sich um sein Gemüse. Es bildete einen beträchtlichen Teil der in seinem Hause verfügbaren Nahrung. Im übrigen verdankte er es nicht zuletzt dieser körperlichen Arbeit im Freien, daß er schlank und fit blieb. Seine Erscheinung strafte sein Alter — er war 65 — Lügen.
Nach wie vor glaubte er, den Amerikanern bei einem Landungsversuch einen harten, womöglich vernichtenden Schlag versetzen zu können. Aber er war sich auch darüber im klaren, daß er sich noch nie einem ähnlich kampfkräftigen Feind gegenübergesehen hatte.
Seinerzeit — in jener Anfangsphase, in welcher den Japanern fast mühelose Siege gelangen — hatte er die Amerikaner abgetan als verweichlicht und kampfuntauglich. Er war sogar der Ansicht gewesen, die Vereinigten Staaten würden nach Pearl Harbour womöglich um Frieden bitten. Inzwischen jedoch hatte er seine Meinung gründlich geändert. Jetzt wußte er, daß die Amerikaner genauso zähe Kämpfer waren wie die Chinesen oder die Briten. Überdies konnte die US-Army vermutlich als die bestausgerüstete der Welt gelten. Wenn die Invasion kam, würde sie einem Sturm von beispielloser Gewalt gleichen.
Aber darauf war er vorbereitet.
Im Laufe weniger Monate hatte Hata, hinter einem wahren Dschungel aus Sperren und Minenfeldern, ein System von Binnenverteidigungslinien errichtet. Von den Küsten von Kyushu erstreckte es sich bis Hiroshima auf der Hauptinsel Honshu, wo er sich jetzt befand. Es umfaßte einen Bereich von rund 300 Kilometern. Von vornherein darauf berechnet, ordnungsgemäße Rückzüge auf vorbereitete Stellungen zu gewährleisten, machte sich das Verteidigungssystem überdies in optimaler Weise die natürliche Bodenbeschaffenheit zunutze: das jeweils geeignete Gelände für mörderisches Kreuzfeuer, für Panzerfallen, für Minen. Es gab praktisch keinen Winkel, wo auf die Amerikaner nicht irgendeine »Überraschung« dieser oder ähnlicher Art wartete.

Kurz vor acht Uhr beendete Hata seine Gartenarbeit und ging ins Haus zurück. Dort erwartete den Feldmarschall der jüngste Lagebericht, abgefaßt unter Mitwirkung von Oya in seiner Funktion als Hatas Abwehrchef.
Der Report enthielt an diesem Morgen nichts, das dem Feldmarschall irgendwelche Hinweise gegeben hätte, wo auf Kyushu die Amerikaner landen wollten oder wann. Gemeldet wurden die üblichen Nachtangriffe auf eine Reihe von Städten.
Für den Heeresnachrichtendienst gab es allerdings ein Rätsel besonderer Art: jene einzelfliegenden Maschinen vom Typ B-29, welche am Tag zuvor Japan bombardiert hatten. Verschiedenes Sonderbare kam da zusammen: Die Flugzeuge flogen allein, sie flogen in großer Höhe, und sie flogen bei Tage. Dies stand entschieden im Widerspruch zu der bisher von den Amerikanern geübten Bombardierungsstrategie. Überdies hatte jede B-29 nur eine einzige große Bombe abgeworfen, oft auf Ziele, denen augenscheinlich keinerlei militärische Bedeutung zukam. Eine der Bomben sollte in den Graben gefallen sein, welcher den kaiserlichen Palast umgab. Vom Kaliber abgesehen, handelte es sich offenbar um eine herkömmliche Waffe. Beim Nachrichtendienst meinte man, sie könnte aus Europa stammen. Dort waren, wie man wußte, ähnlich große Bomben von der R.A.F. gegen die Deutschen eingesetzt worden.
Im Bericht war auch vermerkt, daß amerikanische und britische Kriegsschiffe wieder die Küste von Honshu beschossen hatten, wobei sie sich hauptsächlich auf die Gebiete nördlich von Tokio konzentrierten.
Hata legte den Bericht aus der Hand und trank seinen Tee aus. Dann, um etwa 8.15 Uhr, verließ der wichtigste Militär, den es in Japan außerhalb Tokios gab, sein Haus und begab sich in sein Hauptquartier.

Hatas Stabswagen war an diesem Morgen eines der wenigen Fahrzeuge, die dem Hauptquartier entgegenstrebten. Die meisten seiner Offiziere zogen es vor, hoch zu Roß zum Dienst zu kommen, und diese Reiterparade erregte stets die Bewunderung jener dahinströmenden Menschenmassen, die sich entweder auf dem Weg zu oder von einem der Rüstungsbetriebe in Hiroshima befanden.

Genau wie die Reiter wirkten auch — ganz im Gegensatz zu den Zivilisten — die Pferde gepflegt und »gut in Schuß«.
In besonderem Maße imponierte der Menge der koreanische Prinz RiGu. Er bekleidete den Rang eines Oberstleutnants und gehörte zu Hatas Stab. Das Tier, das er ritt, war vermutlich das schönste in ganz Hiroshima, ein riesiger Hengst, schneeweiß mit schwarzen Fesseln.
Wenn er so auf seinem Prachtpferd saß, in kerzengerader Haltung, an der Seite das traditionelle Schwert, dann bot der junge, stattliche Prinz in der makellosen Uniform und den auf Hochglanz polierten Stiefeln einen gleichsam tröstlichen Anblick. RiGu ließ Erinnerungen wachwerden an frühere Ruhmestaten. Sogar seine hochmütige Art akzeptierte man. In der Vorstellung der Zivilisten bezeugte das nur die Unbesiegbarkeit der Armee.
RiGu genoß den Morgenritt durch die Straßen und Parks der Stadt, den er im leichten Galopp zurückzulegen pflegte. Mit welcher Einstellung die Japaner seinen Landsleuten begegneten, war ihm wohlbewußt: Der größte Teil der Koreaner hatte Dreckarbeit zu verrichten und in einem isolierten Ghetto außerhalb der Stadt zu leben; gesellschaftlich galten sie in der Regel als minderwertig. Im Gedanken daran blickte Prinz RiGu von seinem Prachthengst hinab auf die Bevölkerung.

Bürgermeister Awaya und sein persönlicher Assistent, Kazumaso Maruyama, zogen es vor, allmorgendlich zu Fuß zum Dienst zu gehen. Dabei fand sich in der Regel Gelegenheit, ungestört städtische Probleme zu erörtern. An diesem Morgen drehte sich ihre Unterhaltung um ein immer wiederkehrendes Thema: Was konnte für die Kinder getan werden, die sich noch in Hiroshima befanden? Viele von ihnen arbeiteten in Fabriken, und was ihren Schulunterricht betraf, so war er mehr als fragmentarisch. Die Lehrer zogen von einem Rüstungsbetrieb zum nächsten und hielten dort, wo immer möglich, »Kurzstunden« ab.
Awaya beurteilte die Situation als unerträglich. Er sprach sich dafür aus, die sogenannte Industrie-Lehranstalt zu vergrößern. Maruyama meinte, man solle sämtliche Kinder evakuieren.
Ohne das Problem gelöst zu haben, betraten die beiden Männer das Rathaus. Hier erwartete sie eine ganze Flut neuer Pro-

bleme. Es gab alle möglichen Beschwerden: über einige der Organisationen, die Lebensmittel verteilten, über den Mangel an Brenn- und Treibstoff, über Geschäfte mit überhöhten Preisen, über die Brutalität der Kempei Tai, über die Notwendigkeit zusätzlicher große Schutzräume. Ein Mann ersuchte den Bürgermeister, seinen Antrag auf Reisegenehmigung zu befürworten; eine Frau bat Maruyama, ihr beim Ausfüllen des Formulars zu helfen, das sie einreichen mußte, um Schadenersatz zu erhalten für ihr Haus: Es hatte sich in einer der sogenannten Feuerschneisen befunden.
Die Frage, was mit den in Hiroshima verbliebenen Kindern geschehen sollte, verschwand gleichsam unter der Flut all jener Forderungen, die Awaya und Maruyama kaum noch zur Besinnung kommen ließen.

Etwa drei Kilometer von jenem Ort entfernt, wo sich der Bürgermeister und sein Assistent mit zahllosen Problemen herumschlagen mußten, versuchte Leutnant Tatsuo Yokoyama in seiner Flakstellung auf Mount Futaba, seinerseits mit einem Problem fertig zu werden, das seine ganze Zukunft bedrohte.
Seit Wochen bedrängte ihn sein Kommandeur Oberst Abe mit der Frage, wie sich seine Eltern entschieden hätten: Ob der Leutnant seine, Abes, Tochter heiraten könne.
An diesem Morgen nun war aus Tokio der Brief seines Vaters eingetroffen, der die Entscheidung enthielt. In Wendungen, die so vorsichtig formuliert waren, als sei vor der Niederschrift buchstäblich jedes Wort auf die Goldwaage gelegt worden, wurde der Heiratsvorschlag zurückgewiesen.
Yokoyamas Eltern waren zu einem negativen Urteil über Abes Tochter gekommen, weil ihre Nachforschungen folgendes ergeben hatten: »Sie neigt einer wenig glücklichen Charakteranlage zu. Ihre Lehrer geben zu verstehen, daß sie weder gehorsam ist noch ordentlich ihre Arbeit verrichtet. Seiner hohen Position ungeachtet, können wir aufgrund unserer geduldigen Erkundigungen nicht zu dem Schluß gelangen, daß die Lebensumstände Deines Obersten in allem so beschaffen sind, wie wir uns das für eine Verbindung zwischen unseren beiden Familien wünschen würden.«
Der Flakoffizier las sich den Brief mehrmals durch. Was er besagte, war eindeutig genug, und als pflichtgetreuer Sohn

hatte Yokoyama die Entscheidung seiner Eltern zu akzeptieren. Aber wie nur — und eben das machte ihm Sorgen — sollte er diese »Neuigkeit« Oberst Abe mitteilen? Yokoyama wußte, daß sein Kommandeur ein unberechenbarer Mann war. Wohl niemand hätte vorhersagen können, wie Abe auf etwas reagieren würde, das er zweifellos als unverzeihliche Beleidigung empfand.
Das Mindeste, womit er, Yokoyama, rechnen mußte, sobald er Abe von der Entscheidung seiner Eltern berichtete, war eine Art Strafversetzung in irgendeinen anderen Landesteil.
Der Leutnant hatte den Brief wieder zusammengefaltet und in eine Tasche seines Uniformrocks gesteckt. Während er noch vor sich hingrübelte, vernahm er plötzlich die aufgeregten Rufe seiner Leute. Er warf einen kurzen Blick auf seine Armbanduhr, stürzte dann hinaus ins Freie. Es war jetzt Mittagszeit, und amerikanische Bomber über Kure bombardierten und beschossen den Hafen. Sie kamen jetzt praktisch regelmäßig um die Mittagszeit und um Mitternacht. Hier oben auf Mount Futaba konnte Yokoyama deutlich beobachten, wie bei Kure, in einer Entfernung von zwölf Kilometern etwa, das Mündungsfeuer der Flakgeschützte aufblitzte.
Plötzlich fühlte er sich wie erlöst von jenem Gefühl der Hoffnungslosigkeit, das ihn nach seiner Rückkehr aus Tokio nicht mehr verlassen hatte. Nun ja, Tokio lag wohl in Trümmern. Doch hier, im Westen Japans, leistete die Armee so erbittert Widerstand wie nur je. Und an diesem Kampf wollte, nein, mußte er teilnehmen, ganz unbedingt.
Auf einmal wußte er, wie er das mit dem Brief handhaben mußte. Er würde so tun, als habe er ihn nie erhalten. Er würde Abe sagen, seine Eltern hätten ihre Überlegungen noch nicht abgeschlossen; und da ihr normales Leben durch die ständigen Bombardierungen stark beeinträchtigt sei, könne es mehrere Monate dauern, bis sie zu einer Entscheidung kämen.
Auf diese Weise konnte er Zeit gewinnen — vielleicht genügend Zeit, um zu erleben, wie eines der Flugzeuge jenes Typs, den er jetzt über Kure sah, sich irgendwann Hiroshima näherte und in die Reichweite seiner Geschütze geriet.

Vielleicht zweihundert Kilometer südlich von Hiroshima und in einer Höhe von rund 10000 Metern flog Lewis in einer ihm

unvertrauten B-29 einen Auftrag, den er als »Scheiß-Job« betrachtete.
Seine Aufgabe bestand nämlich darin, mit aller Sorgfalt herauszufinden, ob einer der anderen Flugzeugführer der Group ein Feigling war.
Der betreffende Pilot hatte während eines Feindflugs plötzlich in der Nähe der japanischen Küste abgedreht und als Grund dafür Tibbets gegenüber später angegeben, einer seiner Motoren sei heißgelaufen. Die betreffende B-29 hatte ihre Bombe über See abgeworfen und war nach Tinian zurückgeflogen.
Tibbets mißtraute der Erklärung. Er ordnete eine gründliche Überprüfung der Triebwerke durch das Bodenpersonal an. Sie funktionierten sämtlich einwandfrei. Tibbets' Mißtrauen wuchs. Er beauftragte Lewis damit, den Bomber »in der Luft« zu testen.
Lewis war in einer Hinsicht hochzufrieden. In der Tatsache, daß Tibbets ihm eine so »heikle Aufgabe« anvertraut hatte, sah er einen deutlichen Beweis dafür, daß frühere Mißverständnisse vergessen waren, und mehr: Er glaubte, jenes »besondere Verhältnis« zwischen ihm und Tibbets sei wiederhergestellt. Entscheidend jedoch schien vor allem dies: Lewis war fest davon überzeugt, daß ein von ihm erfolgreich durchgeführter Testflug sozusagen sein Recht untermauerte, »die große Bombe« über Japan abzuwerfen. Zwar mißfiel ihm der Gedanke, über einen Fliegerkameraden Bericht zu erstatten, andererseits allerdings hatte er für Feiglinge nichts übrig; »ein Mann mit Schiß in den Hosen« gehörte nach seiner Überzeugung nicht in »seine« Einheit.
Als Lewis vom Testflug zurückkehrte, wartete Tibbets auf dem Abstellplatz auf ihn.
»Nun?«
»Keine Probleme. Die Kiste fliegt tadellos.«
Tibbets drehte sich zur Seite. Den Piloten, der vor dem Kampfeinsatz über Japan gekniffen hatte, kannte er schon lange; es handelte sich um einen vielfach bewährten Flugzeugführer. Ursprünglich hatte Tibbets seine Fähigkeiten so hoch eingeschätzt, daß er der Meinung gewesen war, dieser Mann solle eines der sogenannten Unterstützungsflugzeuge für den Atombombenangriff fliegen — ein in Anbetracht der Umstände jetzt unbrauchbarer Gedanke.

Andererseits war die Karriere des Piloten mit Sicherheit ruiniert, falls er jetzt von der 509. zu einer anderen Einheit versetzt wurde. Unwillkürlich dachte Tibbets an einen Ratschlag, den seine Mutter ihm gegeben hatte: »Sohn, wenn du jemandem, der schwächer ist als du, nicht unbedingt weh tun mußt, dann tu's auch nicht.«
Tibbets beschloß, dem betreffenden Piloten fortan nur noch harmlose Aufträge im Bereich der Marianen zu überlassen.

22. Juli 1945
Potsdam

Auch an diesem Sonntagmorgen gab es in dem Tempo, das Präsident Truman angeschlagen hatte, kein Nachlassen. Seit 6.30 Uhr war er auf und ließ noch einmal jene Entscheidungen Revue passieren, welche die Großen Drei bei ihren Sitzungen im hohen, dunkelgetäfelten Konferenzraum in Schloß Cecilienhof bisher getroffen hatten. Die Situation gefiel ihm nicht. Sowohl Stalin als auch Churchill waren zähe Verhandlungstaktiker, und der amerikanische Präsident wurde es allmählich leid, dazusitzen und endlosen Debatten zuzuhören über Dinge, die sich nicht regeln ließen ... »Ich war darauf bedacht, jede Verschärfung der verbalen Auseinandersetzung zu vermeiden in Anbetracht der aktuellen und dringenderen Fragen, die einer Lösung bedurften.«
Das wichtigste Problem von allen war natürlich Japan.
In dieser Richtung hatten sich die Fragen zugespitzt, als am Tag zuvor Groves' geradezu ekstatischer Bericht über den Test von Alamogordo eingetroffen war. Stimson hatte ihn in seiner gesamten Länge dem Präsidenten vorgelesen.
Der Bericht des Generals entsprach ganz und gar nicht jener nüchternen und gedrängten Faktenaufzählung, die man normalerweise von einem Mann seiner Art hätte erwarten müssen. Dies war die Schilderung eines Augenzeugen, der noch stark unter dem Eindruck des Erlebten stand. Und so haftete dem Bericht eine unverkennbar persönliche Note an. Es war eine Darstellung von großer Kraft.
Überdies verlas der Kriegsminister den Text mit wirkungsvoller Stimme. Truman saß wie gebannt, hörte phantastisch klingende Details: der Atomblitz — heller als viele Sonnen, die

ungeheure Wolke, das Stahlgerüst — in Nichts aufgelöst, in einer Entfernung von rund zweihundert Kilometern ein Fenster zerschmettert.
Der Leiter des Manhattan Projekts schrieb:

> ... das Gefühl, die Zuversicht all jener hat sich bestätigt, die für die Ingangsetzung und Durchführung dieses Riesenprojekts die Verantwortung trugen. Was mich betrifft, so mußte ich an Blondin denken, der die Niagara-Fälle auf einem Drahtseil überquerte. Nur habe ich fast drei Jahre lang ein solches Drahtseil unter mir gespürt, während ich immer wieder mit möglichst viel Überzeugungskraft versicherte, eine solche Sache sei machbar, und wir würden es auch schaffen.

Im übrigen merkte Groves folgendes an: Er rechne zwar nicht mit dem Verlust des Bombers, der die Bombe abwerfen solle, doch »wir können (seine) Sicherheit nicht garantieren«. Außerdem fügte er hinzu, er betrachte »das Pentagon nicht länger als sicheren Schutz vor einer solchen Bombe«, eine recht ernüchternde Feststellung von seiten eines Mannes, der einmal an entscheidender Stelle bei der Errichtung dieses Gebäudes mitgewirkt hatte.
Truman erklärte, durch den Bericht habe er ein »ganz neues Gefühl von Zuversicht« gewonnen.
An diesem Sonntagmorgen nun traf Stimson mit weiteren guten Nachrichten ein. Harrison hatte aus Washington gekabelt, die Uranbombe werde »bei der ersten günstigen Gelegenheit im August« einsatzbereit sein. Und weiter: Sei man zu einem solchen Einsatz entschlossen, so müßten die komplizierten Vorbereitungen spätestens am 25. Juli in Gang gesetzt werden.
Bis dahin waren es noch drei Tage.
Stimson schien es, als sei Truman über den beschleunigten Zeitplan äußerst befriedigt.
Um 10.40 Uhr suchte der amerikanische Kriegsminister Churchill auf. Dieser las Groves' Bericht vom ersten bis zum letzten Wort. Dann blickte er Stimson an, und mit seiner so vertrauten, volltönenden Stimme »feuerte« er zwei Fragen ab, die er sofort selbst beantwortete.
»Stimson, was war Schießpulver? Trivial. Was war Elektrizi-

tät? Bedeutungslos. Die Atombombe ist die Wiederkunft des göttlichen Zorns.«

Stimson erklärte, es sei die Absicht des Präsidenten, Stalin von der Existenz der neuen Waffe in Kenntnis zu setzen. Einzelheiten werde er ihm nicht verraten, ihm vielmehr »nur die einfache Tatsache mitteilen, daß die Vereinigten Staaten und Großbritannien die Bombe haben«.

Der Premierminister stimmte zu. Er meinte, man solle sich der Tatsache bedienen »als Argument bei den Verhandlungen« in Potsdam.

Stimson kehrte in sein Quartier zurück. Um 12.15 Uhr ließ er General Arnold, den Chef der Air Force, zu sich kommen und zeigte ihm den Bericht von Groves sowie die Kabel von Harrison.

Sodann bat er ihn um seine Meinung.

Arnold erklärte, es werde in der Tat »ein ziemlich hartes Stück Arbeit sein, die Operation zu organisieren«.

Er schlug vor, anstelle von Kyoto eine andere Stadt als potentielles Ziel in Betracht zu ziehen: Nagasaki. Es war das erste Mal, daß dieser Name im Zusammenhang mit einem Atombombenangriff genannt wurde.

Arnold sagte zu Stimson, die endgültige Entscheidung könne General Carl A. Spaatz in Absprache mit LeMay treffen. Spaatz war kürzlich zum Befehlshaber der Strategic Air Force, der strategischen Luftstreitkräfte, ernannt worden und stand im Begriff, zu den Marianen zu fliegen.

Während Stimson und Arnold miteinander sprachen, trafen sich Truman und Churchill.

Für den Premierminister war die Bombe so etwas wie »ein Rettungswunder«. Vielleicht würde sie eine Invasion überflüssig machen. Womöglich genügten ein oder zwei heftige Schocks, um den Krieg zu beenden. Die fast übernatürliche Gewalt der Bombe konnte den Japanern genau das geben, was sie brauchten: eine Rechtfertigung zur Rettung ihrer Ehre, so daß sie von der Samurai-Pflicht befreit waren, bis zum Tod zu kämpfen. Überdies entfiel nun die Notwendigkeit, Stalin um Hilfe zu bitten und auf die russische Intervention zu hoffen, damit Japan in die Knie gezwungen wurde. Nach Beendigung des Krieges im Fernen Osten und einem neuerzielten Gleichgewicht der Kräfte könnten sich die Vereinigten Staaten und Großbritannien europäischen Problemen zuwenden.

Churchill schloß mit der Feststellung, die endgültige Entscheidung liege im wesentlichen zwar bei Truman, doch von einer Nichtübereinstimmung zwischen ihnen könne nicht die Rede sein, denn, wie er später ausdrückte:

> Es bleibt die historische Tatsache, und sie gilt es in der Folgezeit zu beurteilen, daß die Entscheidung über den Einsatz oder Nichteinsatz der Atombombe, um die japanische Kapitulation zu erzwingen, nie zur Debatte stand. Darüber herrschte am Tisch einmütige, automatische, unwidersprochene Übereinstimmung.

Jetzt blieb nur noch die Frage, ob Japan nicht schon zuvor die Kapitulationsbedingungen akzeptieren würde, welche die Alliierten stellen wollten. Waren diese Bedingungen erst einmal unterbreitet, so konnte, um einen Ausdruck Churchills zu gebrauchen, nur noch »ein Wunder der Vernunft« von seiten der verantwortlichen japanischen Staatsmänner den Abwurf der Bombe verhindern.

23. Juli 1945
Tinian

Am Fuß von Mount Lasso, tief im Dschungel von Tinian und überdies in pechschwarzer Nacht, hatte Jacob Beser seine Zweifel, daß geschehen werde, was für ihn eine Art »japanisches Wunder« sein würde: daß nämlich »aus dem Busch urplötzlich ein Japs auftaucht und sagt: ›Ich sein sehr froh, mich ergeben ehrenwerte Amerikaner.‹«
Beser nahm an seinem Lieblingszeitvertreib auf Tinian teil. Der hagere junge Radaroffizier hatte eine Patrouille der Marineinfanterie dazu überredet, ihn bei der Suche nach Japanern in den Dschungel mitzunehmen. Bewaffnet war er mit einem Karabiner (ihm gegen einen Liter Whisky überlassen).
Der Offizier der Marines erklärte Beser die Jagdprozedur. »Zunächst umnzingeln wir die Stelle, wo sich die Japse nach unserer Schätzung versteckt halten könnten. Dann arbeiten wir uns in Richtung Zentrum vor, treiben sie auf einem winzigen Flecken zusammen, beleuchten die paar Quadratmeter

mit Taschenlampen. Dann versuchen wir, die Japse dazu zu überreden, daß sie sich ergeben.«
»Und wenn sie's nicht tun?«
»Warten Sie's mal ab.«
Nach Einbruch der Dunkelheit waren die Marines, und mit ihnen Beser, in den Dschungel eingedrungen.
Seither hatten sie zweimal verdächtige Stellen umzingelt, jedoch umsonst.
Jetzt pirschte die Patrouille unten am Mount Lasso entlang.
Die Marines bewegten sich ziemlich schnell voran. Einer hinter dem anderen gehend, bildeten sie, Beser in ihrer Mitte, eine längere Reihe.
Plötzlich blieben die Soldaten wie angewurzelt stehen.
Beser hörte nichts.
Der Mariner an der Spitze drehte sich um und tippte mit dem Finger gegen seine Nase.
Beser begriff. Tief sog er die Luft ein. Jetzt nahm er einen Geruch wahr — Menschengeruch. Und er erinnerte sich. In seiner Studentenzeit hatte er einmal einen ähnlichen Geruch gespürt — in jener Nacht in Boston, wo er an der Spitze einer Studentengruppe eine kommunistische Versammlung gesprengt hatte. Seither war ihm dieser Geruch unvergeßlich: der unverwechselbare Geruch von Schweiß, den seine Kommilitonen unmittelbar vor dem Scharmützel ausgeströmt hatten. Und jetzt konnte er ihn wieder wahrnehmen, hier in der Dunkelheit.
Rasch erteilte der amerikanische Offizier seinen Leuten Befehle. Während Beser die Anweisung erhielt, auf der Stelle zu verharren, tauchten die Männer völlig ein in die Nachtschwärze. Der Radaroffizier, jetzt allein (und seinen Karabiner unwillkürlich fester packend), fragte sich, was er wohl tun würde, falls er sich plötzlich einem japanischen Soldaten gegenübersähe. Er hatte noch nie einen Menschen getötet, und er hoffte, das auch jetzt nicht tun zu müssen. Zweifellos wäre es für ihn das beste gewesen, im Camp in der Baracke zu bleiben und sich mit Kartenspielen zu vergnügen.
Minuten vergingen. Nichts geschah.
Dann vernahm Beser ein Geräusch von sich bewegenden Zweigen. Er hielt seine Waffe schußbereit.
Plötzlich bohrten sich Lichtkegel durch das Dunkel. Eine amerikanische Stimme rief auf japanisch:

»Ergeben! Sie sind umzingelt. Kommen Sie mit erhobenen Händen heraus.«
Beser begann, sich aus seiner Kauerstellung zu lösen; wollte sich erheben. Doch eine andere amerikanische Stimme hielt ihn zurück.
»Unten bleiben — sonst wird auf Sie geschossen!«
Beser verharrte in der Kauerstellung.
Die erste amerikanische Stimme sprach weiter — auf japanisch.
Aus dem Dschungel klang eine Art Ächzen. Dann hörte man eine Bewegung, durch Laub hindurch.
»Er kommt heraus!«
Die Taschenlampen folgten dem Geräusch.
Plötzlich tauchte aus dem Unterholz vor Beser eine Gestalt hervor. Die vielen Lichtkegel blendeten den japanischen Soldaten. Er mußte die Augen schließen.
Als Beser diesen »seinen« ersten feindlichen Soldaten sah, konnte er sonderbarerweise nur an eines denken: »daß er überhaupt nicht aussah wie die Japse in den Karikaturen amerikanischer Zeitungen«.
Inzwischen drängten sich die Marines um ihre Gefangenen. Beser trat zu ihnen. Die Taschenlampen wurden gesenkt. Der gefangene Soldat öffnete die Augen. Dann sprach er seine ersten Worte, in passablem Englisch.
»Bitte. Zigarette.«
Man gab ihm eine. Tief sog er den Rauch ein und verharrte still, während ein Marine sorgfältig seine Uniform abtastete und aus der Tasche ein silbernes Zigarettenetui hervorzog. In stockendem Englisch erklärte der Gefangene, dieses Etui habe er auf Neu-Guinea bei einem toten australischen Soldaten gefunden.
Der Offizier der Marines musterte den Gefangenen. Angewidert schüttelte er den Kopf und wandte sich ab. Links und rechts von dem Japaner nahm je ein Marineinfanterist Aufstellung. Die beiden Männer hielten die Arme des Gefangenen mit festem Griff. Schweigend kehrte die Patrouille zur Basis zurück.
In dieser Nacht gab es in Imais Höhle einen Mann weniger, der versuchte, sich etwas aus jener Beute herauszuklauben, die aus amerikanischen Abfalltonnen stammte.

Um den Schreibtisch in Tibbets' Büro saßen drei Männer: Ferebee, van Kirk und der Colonel selbst. Sorgfältig studierten sie die jüngsten Luftbilder von jenen japanischen Städten, die für einen Atombombenangriff in Betracht gezogen wurden.
Die drei Männer waren sich darin einig, daß sie, sofern sie das mitzuentscheiden hätten, Hiroshima als Angriffsziel den Vorzug geben würden.

27. Juli 1945
Tokio

In seinem Büro im Heeresoberkommando hörte Generalmajor Arisue voll Aufmerksamkeit zu, während Oberstleutant Oya jenes System von Verteidigungsanlagen beschrieb, das sich gleichsam von Hiroshima »auswärts« erstreckte.
Oya hatte im Zug über achthundert Kilometer zurückgelegt, um Generalmajor Arisue in Tokio persönlich Bericht zu erstatten über jene Pläne, die Feldmarschall Hata entwickelt hatte, um die Invasoren bei einem Landungsversuch an Kyushus Küsten zurückzuschlagen.
Oyas Bericht war die angenehmste Neuigkeit, die Arisue seit Tagen gehört hatte.
Hätte sich das Gebiet um Tokio nur im gleichen Zustand hoher Verteidigungsbereitschaft befunden. Doch jeder Blick aus seinem Bürofenster zeigte ihm die nackte, trostlose Realität. Kilometerweit bot sich in allen Richtungen ein Bild der Zerstörung. Tokio und seine Umgebung befanden sich in einem grauenvollen Zustand. Industriebetriebe waren entweder vernichtet oder aber, wegen des Mangels an Material und Arbeitskräften, praktisch lahmgelegt. Die Bomben hatten Millionen von Arbeitern aus der Stadt getrieben. Die Einwohnerzahl war von ehemals sieben auf knapp vier Millionen gesunken. Ohne produzierende Industriebetriebe gab es für die Armee um Tokio jedoch keinen Nachschub an Kriegsmaterial. Wie aber sollte man die Arbeiter wieder an ihre Werkbänke bekommen, wenn man sie weder verpflegen noch kleiden noch in irgendwelchen Quartieren unterbringen konnte?
Arisue wußte sehr genau: ohne funktionierende Produktion und intakte Nachschublinien konnte die Armee den amerikanischen Streitkräften nicht lange Widerstand leisten. Oya

klammerte sich an die Überzeugung, es gebe ein weiteres Element, das noch entscheidender ins Gewicht falle als Kriegsmaterial — der unbeugbare Widerstandswille. Er glaubte, die Armee werde Krieg führen bis zum Ende, zur Verteidigung Seiner Majestät, des Kaisers, und der heiligen Erde des Heimatlandes.
Die Ankunft eines Boten enthob Arisue der Notwendigkeit eines Kommentars. Der Bote kam von der Abhöreinheit, die zu seiner Organisation gehörte.
Der Generalmajor nahm entgegen, was ihm der Mann reichte. Es waren mehrere Blatt Papier. Und mit plötzlicher Erregung begriff Arisue, daß dies das langerwartete Kommuniqué aus Potsdam sein mußte. Er begann zu lesen. Dicht an dicht fanden sich japanische Schriftzeichen: das Ergebnis in höchster Eile vollzogener Transkription und Übersetzung — basierend auf jenem Wortlaut, der über Kurzwelle von Washington herübergeklungen war.
Es handelte sich um den Text der Potsdamer Erklärung, der womöglich wichtigsten Verlautbarung, welche die Japaner im ganzen Krieg von den Alliierten erhalten hatten. Sie lautete:

26. Juli 1945
(1) Wir, der Präsident der Vereinigten Staaten von Amerika, der Präsident der Nationalregierung Chinas und der Premier von Großbritannien, die wir die Hunderte von Millionen unserer Landsleute repräsentieren, haben miteinander beraten und sind übereingekommen, daß Japan die Gelegenheit gegeben werden soll, diesen Krieg zu beenden.
(2) Die außerordentlich großen Land-, See- und Luftstreitkräfte der Vereinigten Staaten, des Britischen Reiches und Chinas können jederzeit durch ihre Armeen und Flotten aus dem Westen weiter verstärkt werden, um den Vernichtungsschlag gegen Japan zu führen. Diese militärische Macht wird von der festen Entschlossenheit aller alliierten Nationen zusammengehalten, den Krieg gegen Japan weiterzuführen, bis der Feind aufgehört hat, Widerstand zu leisten.
(3) Die Macht der freien Völker der Welt steht dem japanischen Volk in schrecklicher Klarheit vor Augen. Die Mächte, die sich nun gegen Japan zusammenschließen, sind unermeßlich größer als diejenigen, die gegen die Na-

zis eingesetzt waren und die notwendigerweise das Land, die Industrie und die ganze Lebensweise des deutschen Volkes vernichteten. Die volle Anwendung unserer Militärmacht bedeutet die unvermeidliche und vollständige Vernichtung der japanischen Streitkräfte und ebenso unvermeidlich die äußere Zerstörung des japanischen Heimatlandes.

(4) Die Zeit ist daher für Japan gekommen, sich zu entscheiden, ob es gewillt ist, sich weiter von jenen eigenwilligen militärischen Ratgebern beherrschen zu lassen, deren falsche Voraussicht das japanische Reich an den Rand der Vernichtung gebracht haben, oder ob es dem Pfad der Vernunft folgen will.

(5) Wir geben deshalb unsere Bedingungen bekannt, von denen wir nicht abweichen werden. Es gibt keinerlei Alternativen, und wir werden keinerlei Aufschub dulden.

(6) Für alle Zeiten müssen die Autorität und der Einfluß derjenigen beseitigt werden, die das japanische Volk getäuscht und irregeleitet haben, an einer Welteroberung teilzunehmen. Wir sind überzeugt, daß eine neue Ordnung der Sicherheit und der Gerechtigkeit so lange unmöglich sein wird, wie nicht der unverantwortliche Militarismus aus der Welt vertrieben wird.

(7) Bis nicht eine neue Ordnung begründet worden ist und wir den überzeugenden Beweis dafür haben, daß Japans kriegserzeugende Macht zerstört worden ist, werden von den Alliierten besonders bezeichnete Punkte des japanischen Gebietes besetzt, um die Erreichung der Grundziele zu sichern, die wir hiermit festsetzen:

(8) Die Beschlüsse der Konferenz von Kairo sollen durchgeführt werden, und die Souveränität Japans soll auf die Inseln Honshu, Hokkaido, Kyushu, Shikoku und kleinere Inseln, die wir noch bezeichnen, beschränkt werden.

(9) Nachdem die japanischen Streitkräfte völlig entwaffnet worden sind, soll ihnen gestattet werden, heimzukehren, um ein friedliches, produktives Leben führen zu können.

(10) Wir beabsichtigen nicht, die Japaner als Rasse zu versklaven oder als Nation zu vernichten, aber gerechte Justiz soll gegenüber allen Kriegsverbrechern walten, einschließlich derer, die gegen unsere Gefangenen Grausamkeiten begangen haben. Die japanische Regierung soll alle Hin-

dernisse beseitigen, die der Wiederbelebung und Stärkung demokratischer Tendenzen unter dem japanischen Volk im Wege stehen. Rede- und Gedankenfreiheit, Freiheit der Religion sowie die Achtung vor den grundsätzlichen Menschenrechten sollen wiedereingeführt werden.

(11) Es soll Japan gestattet sein, die Industrien zu behalten, die zur Aufrechterhaltung seiner Wirtschaft und zur Zahlung von Reparationen in Sachwerten nötig sind. Dagegen sollen alle Industrien zerstört werden, die einer neuen Wiederbewaffnung dienen könnten. Zu diesem Zweck wird der Zugang zu Rohmaterialien gestattet sein, wenn auch nicht die Kontrolle ebensolcher. Schließlich soll auch die Beteiligung Japans am Welthandel gestattet werden.

(12) Die Besatzungstruppen der Alliierten sollen zurückgezogen werden, sobald diese Ziele erreicht sind und sobald in Japan in Übereinstimmung mit dem frei geäußerten Willen des Volkes eine friedliebende verantwortliche Regierung gebildet worden ist.

(13) Wir fordern die japanische Regierung auf, sofort die bedingungslose Übergabe aller japanischen Streitkräfte zu proklamieren und uns durch entsprechende Versicherungen ihren guten Willen zu bezeugen. Die Alternative für Japan ist die vollständige, äußerste Zerstörung.

Welche Spekulationen Arisue auch über eine mögliche Beendigung des Krieges angestellt hatte: Sie basierten alle auf der Voraussetzung, die Alliierten würden zu verstehen geben, daß sie bereit seien — und sei es auch noch so unauffällig —, den Fortbestand des monarchistischen Systems in Japan zu akzeptieren.

Davon jedoch fand sich im vorliegenden Dokument keine Spur.

Und ohne die Garantie, daß der Kaiser auch über ein Nachkriegsjapan herrschen werde, würde die Nation weiterkämpfen — davon jedenfalls war der Abwehrchef überzeugt.

Außerdem sah Arisue voraus, daß die Militanten an »Tricks« glauben würden bei Zusicherungen wie jener, daß man nicht beabsichtige, die Japaner als Volk zu versklaven oder als Nation zu vernichten. Bei solchen Männern würde die Samurai-Tradition prägend — und unüberwindbar — bleiben.

Was Oya betraf, so hatte für ihn die Feststellung, daß alle Kriegsverbrecher mit strenger Bestrafung rechnen müßten, einen bedrohlichen Klang. Er hielt es für durchaus möglich, daß man ihn irgendwelcher Kriegsverbrechen anklagen werde. Weshalb die Erklärung keinerlei Hinweis auf den Kaiser enthielt, war auch dem Amerika-Spezialisten Oya absolut unerfindlich.
Weder er noch Arisue konnten wissen, daß Stimson (mit Trumans Billigung) bereit gewesen war, das Thema »Thron« auszuklammern — unter folgender Voraussetzung: Sollten die Japaner in ihrer Erwiderung die Frage aufwerfen, so werde man sie einer wohlwollenden, wenn auch nicht sogleich öffentlichen Betrachtung unterziehen.
Aber so wie sie nun einmal formuliert war, sah Seizu Arisue — genau wie andere Japaner — in der Potsdamer Erklärung mit all ihren Forderungen eine deutliche Warnung, »daß wir der Vernichtung entgegensehen, wenn wir aufgeben, was uns heilig ist«.

Nur wenige Kilometer entfernt studierte jene Person aufmerksam das Dokument, welche durch die Nichterwähnung des Throns am meisten betroffen, wenn nicht bedroht war: der Kaiser selbst.
Kerzengerade saß Außenminister Togo, der Hirohito eine Kopie des Kommuniqués überbracht hatte, auf einem der harten Sofas und beobachtete, wie der Kaiser das Dokument langsam las.
Seine Majestät schien nicht im mindesten in Eile. Über jedes Wort dachte er nach, die Bedeutung eines jeden Satzes erwog er mit großer Sorgfalt. Von jener zunehmenden Paralyse, welche die japanische Nation befallen hatte, war wenig eingedrungen in den Audienzsaal der *Gobunko* des Kaiserpalastes — *Gobunko:* das Bibliotheksgebäude, nahe dem Nordtor gelegen, durch Bäume wie abgeschirmt.
In der Tat gehörte dieses Gebäude zu den wenigen auf dem Palastgelände, die keine Spuren des Krieges trugen. Am 25. Mai hatte der Kaiser voll Schmerz mitansehen müssen, wie eine ganze Reihe von Gebäuden und Pavillons auf kaiserlichem Grund und Boden völlig abbrannten.
An sich vermieden die Amerikaner zwar sehr bewußt das Abwerfen von Brandbomben auf Palastgebäude; doch die be-

nachbarten Bezirke waren von ihnen in solche Infernos aus Feuerstürmen verwandelt worden, daß die Flammen hinwegsprangen über den Graben, der den Palast umgab. Dort geriet das trockene Unterholz in Brand, und in Minutenschnelle breitete sich das Feuer aus und umloderte die alte — aus Holz erbaute — kaiserliche Residenz, errichtet von Hirohitos Großvater, dem allgemein verehrten Kaiser Meiji.

Im Morgengrauen waren Hirohito und seine Gemahlin aus ihrem Schutzraum gekommen und hatten das Ausmaß der Zerstörung betrachtet. Doch nicht nur der materielle Schaden war zu beklagen. Achtundzwanzig Menschen, Mitglieder des Palastpersonals, hatten den Tod gefunden, darunter zwölf Feuerwehrleute. Diese hätten sich mit Leichtigkeit retten können, doch niemand gab ihnen direkte Befehle, und sie verbrannten auf ihren Posten.

Vierzehn Stunden brauchte man, um die Flammen zu löschen; aber die Palastbeamten brauchten noch länger, um die Bedeutung dessen zu begreifen, was der Kaiser zu ihnen gesagt hatte:

»Nun sind wir also bombardiert worden. Und jetzt werden die Menschen erkennen, daß ich ihr schweres Schicksal teile, ohne besonderen Schutz durch die Götter.«

Hirohito verhielt sich sehr klug. Er nahm den Brand zum Anlaß, sein Volk daran zu erinnern, daß er sterblich war und die Gefahren mit den Menschen teile. Gleichzeitig traf er Vorsorge, daß die Nation nicht zu der Annahme verführt werde, es handle sich um einen bewußten Versuch der Amerikaner, den Palast zu bombardieren und ihn, den Kaiser, zu töten. Falls eine solche Überzeugung um sich griff, würde sie die Japaner im glühenden Haß gegen den Feind nur enger zusammenschweißen — das wußte Hirohito, und eben das wünschte er nicht.

Während der Kaiser jetzt die Erklärung der Alliierten studierte, behielt Togo die Vorbehalte, die er dem Dokument gegenüber hatte, für sich.

Allerdings: Schon die Art und Weise, auf welche die Erklärung nach Japan gelangt war — als Hauptmeldung in einem Kurzwellen-Nachrichtenprogramm aus Washington —, fand der protokollbewußte Togo alles andere als ermutigend. Er, dem die Tradition diplomatischer Formen gleichsam zweite Natur war, gerade auch im Hinblick auf die übliche Prozedur

eines Notenaustauschs, hielt die Bekanntgabe eines solch wichtigen Dokuments im Rahmen einer öffentlichen Rundfunksendung nicht für die korrekte Art und Weise, von Regierung zu Regierung zu sprechen.
Auf Befragung des Kaisers räumte Togo jedoch ein, daß die Erklärung detaillierte Zusicherungen enthielt, soweit es menschenwürdige Behandlung, Freiheit der Religion, der Rede und der Gedanken betraf. Überdies gab es die unwillkommene Forderung nach Besetzung strategischer Punkte auf japanischem Heimatboden, doch sollte das bei Erreichung stabiler Verhältnisse ein Ende haben. Auch sollte das japanische Volk wohl darüber entscheiden können, welche Regierungsform es nach der Kapitulation wünsche.
Satz für Satz ging der Kaiser die Erklärung durch; stellte Fragen, traf Feststellungen. Vermutlich war er einer der bestinformierten Männer in Japan, und kaum jemand wußte so genau wie er, daß der Krieg verloren war. Anzunehmen ist: Hirohito — und das wohl nicht zum erstenmal — hätte gern Togos offene, rückhaltlose Meinung gehört.
Doch genau wie so viele andere, die mit dem Kaiser regelmäßig Kontakt hatten, drückte sich der Außenminister in höflichen Umschreibungen aus, die oft derart stilisiert und kompliziert waren, daß der Sinn des Gesagten völlig im Dunkeln blieb.
Am Tag von Pearl Harbour hatte Togo nicht die geringste Mühe gehabt, die richtigen Worte zu finden, um den amerikanischen Botschafter in Tokio zu täuschen: Während sich die japanischen Bomber praktisch schon im Angriff befanden, versicherte Togo dem amerikanischen Diplomaten, der Krieg sei keineswegs unausweichlich.
Jetzt jedoch hatte er große Schwierigkeiten, seinen Standpunkt klarzumachen.
Denn es war für ihn natürlich undenkbar, jenes Thema zur Sprache zu bringen, das ihn am meisten beunruhigte: die Möglichkeit, daß die in der Potsdamer Erklärung ausgesprochene Forderung nach bedingungsloser Kapitulation unter anderem auch ein Ende der japanischen Staatsform beinhalte.
Schließlich fragte der Kaiser seinen Außenminister, ob er der Meinung sei, daß es sich »angesichts der Umstände um Zumutbares« handle.

Togo erwiderte: Ja, das sei der Fall.
»Auch ich bin dieser Ansicht. Im Prinzip sind die Forderungen akzeptabel.«
Schweigen herrschte im Audienzsaal.
Plötzlich erhob sich Shigenori Togo und wandte sich dem Kaiser zu. Dies war für einen Gast die am kaiserlichen Hof übliche traditionelle Geste, mit der er bekundete, daß er nichts mehr zu sagen hatte.
Auch der Kaiser erhob sich, und er tat, was gleichsam als nächster Akt zum Ritual gehörte. Er wandte sich zur Seite und verließ ohne ein weiteres Wort den Raum.
Während der Kaiser davonschritt, machte Togo eine tiefe Verbeugung; und als Hirohito durch die Tür des Audienzsaals entschwand, verbeugte sich der Außenminister ein zweites Mal. Was Togo dem Kaiser gegenüber unerwähnt gelassen hatte, war dies: Die japanische Regierung und die höchsten japanischen Militärs reagierten auf die Potsdamer Erklärung mit einer verhärteten Haltung.
Ministerpräsident Suzuki und sein Kabinett schienen gesonnen, die Potsdamer Erklärung zu ignorieren; nicht zuletzt mit der Begründung, offiziell hätten sie dieses Dokument ja gar nicht erhalten. Überdies hegte man im Kabinett noch immer die Hoffnung, mit der Sowjetunion als Unterhändlerin »vernünftige Kapitulationsbedingungen« erreichen zu können. Man stimmte völlig in der Ansicht überein, daß »eine Annahme von ›Potsdam‹ eine Beleidigung für die Russen wäre«.
Wie unsinnig eine solche Einschätzung war, schien niemand begreifen zu können; und der betagte Suzuki sorgte dafür, daß dieser Wahn sozusagen das regierungsamtliche Siegel erhielt.
Er arrangierte eine Pressekonferenz, bei der einer der Reporter die Frage zu stellen hatte, welches die Haltung des Kabinetts hinsichtlich der Potsdamer Erklärung sei.
Mit zitternden Händen verlas der Ministerpräsident ein vorbereitetes Statement. Er tat die Erklärung ab als »nichts weiter denn eine Neuauflage der Kairoer Verlautbarung« — die in Wirklichkeit viel härter gewesen war —, und er fügte hinzu, die Regierung betrachte das Dokument von Potsdam »nicht als eine Sache von großem Wert. Wir haben beschlossen, die Erklärung zu *mokusatu.«*

Das japanische Wort steht hier, weil es vielschichtig ist und mehr bedeutet als nur: ignorieren. Es kann heißen, »keine Notiz nehmen«; es kann heißen, »mit stummer Verachtung strafen«; es kann heißen, »durch Schweigen töten« — totschweigen, wenn man so will.
Wie er *mokusatu* in seinem Statement interpretiert wissen wollte, verriet der Ministerpräsident nicht; und die Reporter fragten auch nicht. Sie hielten eine solche Frage für überflüssig. Die Art und Weise, in der Suzuki das Statement verlas, sowie die Schlußformulierung »Wir werden weiter alle Energie daransetzen, den Krieg zu einem erfolgreichen Ende zu führen«, konnten nur bedeuten, daß das Kabinett die Potsdamer Erklärung zurückwies und die darin ausgesprochenen Garantien verachtungsvoll beiseitewischte.
Kurz darauf — praktisch innerhalb weniger Minuten — wurden Suzukis Worte von der offiziellen japanischen Nachrichtenagentur über den Äther verbreitet.

Als man auf alliierter Seite von der Reaktion der japanischen Regierung hörte, zog man eine Schlußfolgerung, die in Potsdam Kriegsminister Stimson mit folgenden kurzen und knappen Worten festhielt:

> Angesichts dieser Zurückweisung blieb uns nur noch die Möglichkeit, den Beweis dafür anzutreten, daß es unser voller Ernst gewesen war, als wir im Ultimatum davon sprachen, wir würden — im Falle der Fortsetzung des Krieges durch die Japaner — unsere ganze militärische Stärke einsetzen, wobei wir davon überzeugt seien, das werde zur völligen Vernichtung der japanischen Streitkräfte sowie — ebenso unausweichlich — zur weitgehenden Zerstörung des japanischen Heimatlandes führen. Für einen solchen Zweck war die Atombombe eine überaus geeignete Waffe.

Jetzt bestand keine Notwendigkeit mehr, die Vorbereitungen für den Einsatz der Bombe zu stoppen.
Vor dem Überfall auf Pearl Harbour hatte Japan die Absicht gehabt, die diplomatischen Beziehungen zu den Vereinigten Staaten offiziell abzubrechen.
Das war nicht geschehen.

Vor dem Einsatz der Atombombe hatte Amerika den Japanern klarmachen wollen, was sie erwartete, falls sie das Ultimatum zurückwiesen.
Das war nicht gelungen.
Der Weg nach Hiroshima war mit guten Vorsätzen gepflastert.

28. Juli 1945
Tinian
Vormittag

An diesem Tag ging Beser endlich auf, daß er »unter Beobachtung« stand, und zwar von seiten des Dr. Don Young: Der Arzt der 509. hielt Ausschau nach Symptomen psychischer Überbeanspruchung.
Beser war nicht der einzige, den er aus diesem Grund beobachtete. Auf ausdrückliche Anweisung von Tibbets achtete er bei sämtlichen Angehörigen des fliegenden Personals auf derartige Symptome. Der Colonel wollte ganz einfach sichergehen, daß »keiner durchdrehte, während wir im Begriff standen, die Bombe abzuwefen«. Dr. Young verstand es, so unauffällig zu arbeiten, daß nur wenigen Fliegern der Verdacht kam, sie würden von ihm beobachtet.
Was Beser betraf, so war er über seine Entdeckung froh: »Das bedeutete doch, daß der Zeitpunkt des Einsatzes sehr nahegerückt war.«
Dr. Young seinerseits wußte immer noch nicht genau, worum es sich bei diesem Einsatz eigentlich handelte. Ihm war nur gesagt worden, er solle umgehend Meldung machen, sofern er bei einem Flieger Anzeichen für »ungewöhnliches Verhalten« feststelle.
Und so beobachtete, wenn es an den Start ging, der Arzt möglichst jede Crew. Sorgfältig achtete er darauf, wie sich die Männer bewegten, wie sie ihre Ausrüstung trugen. Und er belauschte ihre Gespräche: Wenn sie vielleicht über Schlaflosigkeit oder Mangel an Appetit klagten — womöglich Symptome für einen psychischen Spannungszustand.
Kehrten die Maschinen von ihrem Flug zurück, so stand er, wenn die Männer herauskletterten, wieder bereit: ein freundlich lächelnder, unauffälliger Mann mit einem scharfen,

gleichsam klinischen Verstand. Aufmerksam sah er zu, wenn die Flieger die Ration Bourbon tranken, die sie nach jedem Einsatz erhielten. War unter ihnen einer, der seinen Whisky allzu hastig kippte, der womöglich einen zweiten verlangte?
Er wohnte auch jenen Besprechungen bei, welche den Einsätzen folgten. Wie erstatteten die Flieger Bericht, auf welche Weise machten sie ihre Meldungen? Selbst die Wahl ihrer Worte konnte ihm Hinweise geben auf ihre psychische Verfassung, ihre innere Einstellung.
Und allen Bestimmungen zum Trotz las er ihre Post, nachdem sie die Zensurstelle durchlaufen hatte: Auch in den Briefen mochten sich ja Hinweise auf psychische Labilität bei diesem oder jenem finden.
Gleichsam zwischendurch ließ er sich in den Unterkunftsbaracken sehen: hielt Ausschau nach dem Mann, der zu laut lachte, zu leicht in Wut geriet, beim Kartenspiel zu wild auftrumpfte. Seine Suche führte ihn in den Offiziers- wie auch in den Nicht-Offiziersklub. Dort ging er von Tisch zu Tisch, achtete überall auf Anzeichen von Heimweh, von Depression, von Übererregtheit.
Sein Weg führte ihn sogar zum Sportplatz. Er beobachtete die Flieger bei ihren Spielen: Ob sich irgendwo vielleicht Symptome »unverhältnismäßiger Aggressivität« oder ausgesprochen unsportlicher Haltung zeigten.
Und spätabends vermerkte der unermüdliche Dr. Young seine Befunde dann in vertraulichen Berichten für Tibbets.
Beser gehörte nach seiner Einschätzung zu den normalsten Männern in der 509., »ausgeglichen, mit gesundem Selbstbehauptungswillen, ruhig unter Druck«.
Was den Druck betraf: Seit aus Los Alamos Captain William »Deak« Parsons eingetroffen war, hatte in jenem besonders gesicherten »Allerheiligsten«, wo sich die Werkstätten befanden, der Druck ganz gehörig zugenommen. Und in diesen Werkstätten arbeitete auch Beser.
In Los Alamos hatte Beser mit Parsons nur flüchtig zu tun gehabt. Der Captain war wegen seiner Genauigkeit sowie seiner strengen und distanzierten Art bei vielen seiner Untergebenen dort gefürchtet.
Hier auf Tinian jedoch zeigte sich der Marineoffizier als eine Führerpersönlichkeit, die ebenso unverkrampft wie dynamisch wirkte. Je mehr sich das Tempo steigerte, desto ruhiger

und entspannter schien der Captain zu sein. Auf Beser machte er einen starken und nachhaltigen Eindruck. Der Radarspezialist schätzte ihn als »hervorragenden Offizier und echten Gentleman«.
Parsons war nach Tinian gekommen, um die endgültige Montage der Atombombe sowie deren Einsatz zu überwachen.
Als Beobachter für die britische Regierung befand sich Group Captain Leonard Cheshire von der R.A.F. auf der Insel, ein Mann, der sich in Europa bei vielen Einsätzen hervorragend bewährt hatte. Er war fest davon überzeugt, beim Abwurf der Atombombe werde er unmittelbar dabeisein.
Außer Cheshire gab es noch einen Engländer auf Tinian: William Penney, ein Wissenschaftler, dessen brillante mathematische Fähigkeiten bei der Entwicklung der Waffe eine Rolle gespielt hatten. Penney war auch Mitglied jenes überaus wichtigen Target Committee (Zielausschuß) gewesen, dessen Aufgabe darin bestanden hatte, nach bestimmten Kriterien ausgewählte japanische Städte als Ziele vorzuschlagen. Jetzt erwartete Penney, genau wie Cheshire, am entscheidenden Flug teilzunehmen.
Das Kriegskabinett in London hatte gefordert, Großbritannien solle beim Bombenabwurf »repräsentiert« sein. In Potsdam war Präsident Truman im Prinzip damit einverstanden gewesen. Folglich sahen Cheshire und Penney ihre augenblickliche Funktion als festumrissen an. Sie meinten, die offiziellen Beauftragten des Premierministers zu sein, deren Aufgabe darin bestehen werde, das Ereignis zu beobachten, um anschließend darüber nach London Bericht zu erstatten.
Doch so manches war bereits aufs falsche Gleis geraten. Mochten die Leute von der 509. soweit auch »mächtig freundlich« und hilfsbereit sein, so gab's doch welche, die prompt das Thema wechselten, wenn die beiden Engländer davon sprachen, daß sie den Einsatz mitfliegen würden.

Tibbets war's gleich, so oder so: ob er nämlich Cheshire und Penney im Bomber noch würde unterbringen müssen oder nicht. Statt sich darüber Gedanken zu machen, sorgte er sich um seine eigenen Leute.
Kürzlich hatte es eine mysteriöse Durchfallepidemie gegeben. Dr. Young meinte, Ursache dafür sein »ein gehöriges Quantum Seife«, welches irgend jemand in die Küchenbottiche ge-

tan habe. Was diesen Irgendjemand betraf, so äußerte Uanna, Sicherheitschef der 509. Composite Group, den Verdacht, dabei müsse es sich um einen arglistigen Japaner, der ins Camp eingedrungen war, gehandelt haben. Er hatte recht. Genau das war der Fall gewesen. Die Wachen um das sogenannte Küchenhaus wurden verstärkt. Zu weiteren Zwischenfällen dieser Art kam es nicht.

Damit waren Tibbets' Sorgen längst nicht vom Tisch gewischt. Eine dieser Sorgen, die nicht nur blieb, sondern sich noch immer weiter steigerte, betraf die Feindseligkeit, der die Leute von der 509. außerhalb ihres Camps begegneten. Sämtliche anderen Fliegereinheiten auf der Insel absolvierten bei Feindflügen das Stundenmaximum. Die 509. hingegen — von den Übungseinsätzen im Bereich der Marianen einmal abgesehen — hatte bislang nur drei Einsätze über Japan hinter sich. Und selbst dabei waren von den insgesamt fünfzehn Bombern der Group immer nur zehn eingesetzt worden.

Nach wie vor geschah es, daß bei Dunkelheit ein Hagel von Steinen aufs Camp niederprasselte, geschleudert von den wütenden Fliegern anderer Einheiten: für die selbstbewußte 509. eine demütigende Erfahrung.

Damit irgendwelche Frustrationen sich gar nicht erst festsetzen konnten, hielt Tibbets regelmäßig Ansprachen, um seine Leute »aufzumöbeln«.

Auch spornte er Perrey dazu an, sich in puncto Verpflegung selbst zu übertreffen. In der Tat arrangierte der Mess Officer eine Reihe von »Gourmetabenden rund um den Globus« — wobei unter anderem klassische Gerichte aus Italien, Polen und Rußland angeboten wurden.

»Chaplain« Downey, der Geistliche, bemühte sich (wie Tibbets befriedigt vermerkte) gleichfalls mit viel Energie, die Leute aufzumuntern. Er widmete sich vor allem jenen, die von ihren Frauen oder Freundinnen verlassen worden waren oder deren Kinder in den Staaten krank waren oder deren Eltern gestorben waren. In einer normalen Einheit hätte es in manchem dieser Fälle einen Sonderurlaub gegeben. In der 509. hingegen war das ausgeschlossen. Niemand durfte fort. Und wer immer private Probleme hatte, konnte nur auf Trost von seiten des (völlig überlasteten) Downey hoffen, gelegentlich sogar auf eine Lösung.

Was immer sich die Männer an Scherzen und Parodien über

das Leben im Lager ausdachten, Tibbets kurbelte solche Tendenzen noch an, und sein Standpunkt in dieser Hinsicht ließ sich leicht umreißen: Wenn die Männer über die Härten ihres Lebens lachen konnten, würden sie ihnen nicht mehr völlig unerträglich erscheinen. Eine der erfolgreichsten »Nummern« dieser Art war ein Lied, gesungen zur Melodie von *Rum and Coca-Cola.* Der Text dieses Songs umriß ziemlich genau die Wirklichkeit auf Tinian:

Have you ever been to Tinian?
It's Heaven for the enlisted man.
There's whisky, girls and other such,
But all are labeled: Mustn't touch.

This tropic isle's a paradise,
of muddy roads and rainy skies.
Outdoor latrines and fungus feet,
And every day more goat to eat.

Enlisted men are on the beam,
Officers say »We're one big team«.
But do they ever share the rum and coke?
Ha, ha, ha, that's one big joke.

Auf deutsch in etwa: Warst du schon mal auf Tinian? / Das ist der Himmel für den gemeinen Mann. / Da gibt's Whisky, Mädchen und anderes mehr, / bloß daß immer dransteht: Ist nichts für dich. // — Diese Tropeninsel ist ein Paradies / aus Schlammstraßen und Regenwolken, / Außenlatrinen und Pilzfüßen / und mehr Schliff von Tag zu Tag. // — Der gemeine Mann, der spurt, / Offiziere sagen: »Wir sind eine große Gemeinschaft.« / Doch teilen sie je den Rum und Coke? / Ha, ha, ha, wenn das nicht ein Witz sein soll.

Als einige seiner Offiziere sich darüber beklagten, daß dieses Lied doch »geschmacklos« sei, wies Tibbets die Kritik scharf zurück: Für die »Moral« der Nicht-Offiziere sei der Song ausgesprochen gut.

Wie stets, ließ der Colonel sich nichts anmerken von dem Druck, den er empfand: wachsender Druck, steigende Anstrengung. Oft arbeitete er von morgens um sieben bis Mitternacht, und häufig wurde sein Schlaf unterbrochen durch »persönliche« Botschaften von »Morose« (Groves' neue Codebezeichnung für sein Hauptquartier in Washington) oder von

»Misplay« (neuer Deckname für Los Alamos). Die Botschaften von »Morose« endeten unvermeidlich mit der Anforderung der allerjüngsten Bereitschaftsmeldung für »Centerboard« (Codename für den eigentlichen Atomschlag).
Geduldig beantwortete Tibbets alle Anfragen. Eine Information konnte er bislang allerdings noch nicht — jedenfalls nicht präzise — geben: Wie denn nun die Besatzung aussah, welche den entscheidenden Einsatz fliegen würde.
Tibbets wußte, daß es eine schwierige Entscheidung zu treffen galt. Nach seiner Überzeugung gab es kaum eine Crew, welche es nicht verdient gehabt hätte, für den historischen Flug berücksichtigt zu werden. Was die Flugtauglichkeit der meisten anbetraf, so war sie über alle Zweifel erhaben; und das gleiche galt für die Bewertungen, die Dr. Young den Fliegern gegeben hatte.
Vom psychologischen Standpunkt aus, so versicherte der Arzt dem Colonel »gehören Ihre Crews wohl zu den ausgeglichensten in der Air Force«.
Erstaunlich, daß Young bei Claude Eatherly nichts zu beanstanden fand. Bei all seinen fliegerischen Fähigkeiten hatte dieser Pilot genügend Symptome psychischer Labilität gezeigt, um ein Startverbot zu rechtfertigen.
Tibbets wußte zwar um die Eigentümlichkeiten des Texaners. Unglücklicherweise jedoch meinte er, Eatherlys Verschrobenheit werde mehr als aufgewogen durch das brillante Pilotentalent des Captains.
Und so gab er Eatherly dann die Chance, weltberühmt zu werden: und zwar auf seine — Tibbets' — Kosten.

Hiroshima
Früher Nachmittag

Um 12.50 Uhr schrillte auf Mounta Futaba in Leutnant Tatsuo Yokoyamas Flakstellung der Feldfernsprecher. Aus der zentralen Feuerleitung in Hiroshima-Burg wurden anfliegende Bomber gemeldet, und zwar aus südlicher Richtung, von Kure her.
Yokoyama hatte seine Geschütze längst entsprechend herumschwenken lassen. Angespannt hielten er und seine Leute Ausschau: Ob womöglich eines der amerikanischen Flug-

zeuge, die den Hafen bombardierten, durch das Flakfeuer in Richtung Hiroshima getrieben werde.
Nicht nur aus der Burg erreichte den Leutnant eine Warnung. Gleichzeitig unterbrach, wie in solchen Fällen ja üblich, Radio Hiroshima sein Programm und gab Fliegeralarm durch. Überall in der Stadt stürzten die Menschen Hals über Kopf in Luftschutzräume.
Dr. Kaoru Shima befand sich im großen Hörsaal für Operationen, wo er gerade eine Blinddarmoperation durchführte, als ihm eine Schwester den Fliegeralarm meldete. Außerhalb des Saals war das Pflegepersonal dabei, Patienten nach unten in den Schutzraum zu bringen. Wer von den Kranken nicht laufen konnte, wurde getragen.
Bürgermeister Senkichi Awaya und sein Assistent Kazumasa Maruyama waren im Amtszimmer des Bürgermeisters, als die Alarmsirene erklang. Maruyama stürzte ans Fenster und spähte zum Himmel, konnte jedoch nichts entdecken. Er und Awaya setzten ihre Unterredung fort.
In Hatas Hauptquartier unterbrach ein Adjutant die vom Feldmarschall geleitete Stabsbesprechung mit der Meldung, Bomber seien im Anflug.
Hata forderte seine Offiziere auf, mit ihm von den Fenstern des Sitzungssaales aus die weitere Entwicklung zu beobachten.
Während Leutnant Yokoyama unweit vom Hauptquartier durch seinen Feldstecher spähte, konnte er plötzlich wenigstens zwei Maschinen vom Typ B-24 ausmachen. Augenscheinlich hielten sie auf Mount Futaba zu. Noch waren sie, nachdem sie über der Marinewerft von Kure Bomben abgeworfen hatten, im Begriff, mehr Höhe zu gewinnen. Über dem betreffenden Gebiet breitete sich Rauch aus, immer weiter, immer höher.
Mit steigender Erregung nahm der junge Flakoffizier eine rasche Kalkulation vor: Vorausgesetzt, sie behielten ihren jetzigen Kurs bei, so würden sie, selbst bei voller Geschwindigkeit, Hiroshima in einer Höhe von nur etwa 6000 Metern überqueren. Und sich damit sehr wohl innerhalb der Reichweite seiner Geschütze befinden.
Laut begann er seine Befehle zu rufen. Seinen Richtkanonieren gab er Anweisung, die vordere der beiden Maschinen aufs Korn zu nehmen. Und erinnerte seine Leute daran, daß er ih-

nen ein Bier und einen Sake spendieren würde, falls ihnen ein Treffer gelänge.

Die Bomber, die sich Hiroshima näherten, kamen von Okinawa. Sie gehörten zur 866. Bombardment Squadron der 494. Bombardment Group des VII. Bomber-Kommandos.
Sie waren Teil eiens Bomberverbands von insgesamt dreißig Maschinen desselben Typs, der am Morgen mit klarumrissenem Auftrag Kurs auf Kure genommen hatte: Angriff auf die *Haruna,* eines der letzten Schlachtschiffe der Kaiserlichen Kriegsmarine, die noch flott waren. Jeder der Bomber trug mit sich eine Last von über 10000 Litern Treibstoff sowie drei Bomben von je nahezu 1000 Kilogramm. Außerdem hatten die Maschinen Flugblätter an Bord: Auf ihnen waren die Kapitulationsbedingungen der Potsdamer Erklärung abgedruckt.
Um genau 12.40 Uhr erreichten die Bomber Kure. Doch selbst aus der vorgesehenen Angriffshöhe von gut 3000 Metern erwies sich die *Haruna* als schwer zu treffendes Ziel. Sie war gut getarnt, und sie wurde nicht nur durch ihre eigenen Geschütze, sondern auch noch von Küstenbatterien verteidigt.
Die B-24-Bomber der 866. verfehlten, als sie den Angriff versuchten, ihr eigentliches Ziel. Etwa dreißig Bomben schlugen in einer Entfernung von 200 bis 600 Metern von der *Haruna* ein. Eine große Anzahl weiterer Bomben traf nahe Werftgebäude, und dichter Rauch stieg auf — eine so gewaltige Wolke, daß auf Mount Futaba der Leutnant Yokoyama sie deutlich erkennen konnte, aus einer Entfernung von über zehn Kilometern.
Durch schweres Flakfeuer fliegend, hatte die erste B-24 (mit dem Spitznamen *Taloa)* ihre drei Bomben in den Rauch geworfen. Dann drehte sie ab und schlug den Kurs ein, der sie jetzt in Richtung Hiroshima führte.
Begreiflicherweise befand sich die Crew der *Taloa* in einem Zustand hochgradiger Nervosität. Es war bekannt, daß die Japaner häufig gefangengenommene amerikanische Flieger hinrichteten. Am 20. Juni, also vor gut einem Monat, hatten in der Stadt Fukuoka auf Kyushu acht Flieger ihr Leben lassen müssen. Ihre Hinrichtung fand in aller Öffentlichkeit statt. Sie mußten niederknien. Mit zeremoniellen Schwertern schlug man ihnen die Köpfe ab.

Der amerikanische Nachrichtendienst erfuhr von dem Vorfall. Die Meldung wurde über AFR (Armed Forces Radio) verbreitet: als ernste Warnung, damit die Crews wußten, was sie womöglich im Fall einer Gefangennahme erwartete.
Aber viel Zeit für beängstigende Gedanken blieb der Crew der *Taloa* zum Glück nicht. Dazu waren die meisten Besatzungsmitglieder zu sehr mit dringlichen Aufgaben — Höhengewinn und Kursbestimmung — beschäftigt: der Pilot Joseph Bubinsky, sein Copilot Rudolph Flanagin und der Navigator Lawrence Falls, sämtlich 1st Lieutenants.
Der Bombardier Robert Johnston (gleichfalls ein 1st Lieutenant) befand sich noch im Bug. Durch das Plexiglas spähte er in die Tiefe. Und registrierte mit beträchtlicher Erleichterung, daß der Bomber den gefährlichsten Bereich der Geschützbatterien hinter sich ließ: Kure gehörte zu den am stärksten »bestückten« Städten in ganz Japan.
Wie durch ein Wunder hatte der Bomber das heftige Abwehrfeuer heil überstanden. Johnston sah die Hafenanlagen von Hiroshima, denen sich die B-24 rasch näherte, und fast unmittelbar dahinter erspähte der Bombardier bewaldete Landschaft — ein höchst willkommener Anblick.
Johnston begann aufzuatmen. Nur noch eine Minute, und sie würden außer Gefahr sein.
Nich weit hinter der *Taloa* kam die *Lonesome Lady*. Sie hatte eine neunköpfige Besatzung und stand unter dem Befehl von 2nd Lieutenant Thomas Cartwright.
Die Männer an Bord der beiden B-24-Bomber wußten, daß Hiroshima zu jenen Bereichen gehörte, die nicht bombardiert werden durften. Aber es war ihnen nichts bekannt von einem Verbot, die Stadt zu überfliegen.
Sowohl Bubinsky in der *Taloa* als auch — weiter zurück — Cartwright in der *Lonesome Lady* folgten einem Kurs, der sie hinwegführen würde über das Stadtzentrum mit dem Rathaus und dann nach links in Richtung des Hauptquartiers am Fuß des Mount Futaba. Damit mußten sie auch in Reichweite von Yokoyamas Batterie geraten.
Wie es in Hiroshima um die Flakabwehr bestellt war, wußten die amerikanischen Flieger nicht. Seit man die Stadt für einen möglichen Atombombenangriff »reserviert« hatte, gab es so etwas wie eine Informationssperre für alles, was Hiroshima betraf. Daher war für die Crews der *Taloa* und der *Lonesome*

Lady das Stadtgebiet dort unten so unbekannt wie ein fremder Planet.
Als sich die Bomber dem Südrand von Hiroshima näherten, empfing sie konzentriertes Flakfeuer. Es kam von Batterien nahe der *Gaisenkam,* der Halle der Triumphalen Wiederkehr, sowie von jenen in Eba Park, welche die Mitsubishi-Fabrik schützten.
Die Bomber setzten ihren eingeschlagenen Kurs über Hiroshima fort, und immer mehr näherten sie sich Mount Futaba.
Und dann, kurz vor 13.00 Uhr, als zwei Drittel der Stadt hinter ihnen lagen und offenes Land und Sicherheit unmittelbar vor ihnen, sollte sich das Schicksal der insgesamt zwanzig Besatzungsmitglieder in den beiden Bombern schon bald unlösbar mit dem Schicksal Hiroshima verbinden.
Von seiten der amerikanischen Regierung gab es darüber nie eine öffentliche Verlautbarung.

Yokoyama mochte sein Glück gar nicht glauben. Die beiden B-24 hielten auf seine Geschütze zu.
Sobald sich die beiden Bomber in Reichweite befanden, gab er den Befehl zum Feuern.
Die erste Salve gabelte die *Taloa* ein. Über und unter der B-24 explodierten Rauchwölkchen.
Sofort rief Yokoyama seinen Leuten eine Korrektur zu.
Die nächste Salve schien die *Taloa* genau von vorn zu erwischen.
Die Kanoniere schrien vor Begeisterung. Mit lauter Stimme befahl Yokoyama: Weiterfeuern.
Rund um den unglücklichen Bomber war der Himmel wie von Pockennarben übersät — Flakwölkchen. Eine Rauchspur hinter sich herziehend, änderte das Flugzeug abrupt seinen Kurs. Es drehte nach links ab, fort von Mount Futaba.
Auch die *Lonesome Lady,* ein Stück dahinter, schien getroffen worden zu sein.

Regungslos an den Fenstern des Sitzungssaals stehend, beobachteten Feldmarschall Hata und sein Stab, wie hoch oben winzige Gestalten aus der *Taloa* sprangen. Wenige Augenblicke später, während die B-24 den westlichen Teil von Hiroshima zu überqueren begann, öffneten sich ihre Fallschirme.

Der Bomber stürzte ab. Zwischen den Dörfern Itsukaichi und Inokuchi schlug er auf einem Hügel auf. Eine Rauchsäule stieg hoch, von Flammen durchzuckt.
Der gewaltige Lärm beim Aufprall ließ von überallher Leute herbeilaufen, aus Gehöften, aus winzigen Siedlungen. Vom örtlichen Markt kamen einige Arbeiter herbeigestürzt. Sie schwangen Fischmesser und Beile.

Wenigstens drei der Männer von der *Taloa* schwebten jetzt erdwärts: der Pilot Joseph Bubinsky, der Bombardier Robert Johnston und der Heck-Bordschütze Julius Molnar.
Alle standen unter starker Schockwirkung und waren leicht verwundet. Instinktiv jedoch zogen sie an den Leinen ihrer Fallschirme, um sich möglichst weit fortzumanövrieren von jenen Rudeln von Zivilisten, die sie unter sich deutlich erkennen konnten.
Nach dem Abdrehen der *Taloa* richtete Yokoyama seine Geschütze voll auf die *Lonesome Lady,* die bereits eine Rauchspur hinter sich herzog. Sie stand auch unter dem Beschuß einer Batterie bei Hiroshima-Burg.
Scharf drehte der Bomber jetzt nach rechts ab. Er strebte in jene Richtung zurück, aus der er gekommen war: Kure. Weit kam er jedoch nicht. Und Yokoyamas Kanoniere waren später für alle Zeit davon überzeugt, daß sie dem ohnehin verlorenen Flugzeug sozusagen den Gnadenschuß gegeben hatten.
Die *Lonesome Lady* ging immer tiefer. Sie überflog die Toyo-Fabrik und hielt auf ein dichtbewaldetes Gebiet südöstlich von Hiroshima zu. Acht Männern gelang es, aus dem Flugzeug abzuspringen. Nur Roy Pederson, der Navigator, blieb in der Maschine. Und er war noch an Bord, als die *Lonesome Lady* auf dem Boden aufschlug.

Bei der Flakbatterie auf Mount Futaba spielten sich Szenen ab, die sich in ihrem grenzenlosen Jubel kaum beschreiben ließen. Für Tatsuo Yokoyama war dies »mein aufregendster Tag im Krieg«.
Er versprach seinen Kanonieren die größte Feier, die sie sich nur vorstellen könnten.
Dann setzte er seinen Feldstecher an die Augen und blickte über Hiroshima hinweg nach Westen: dorthin, wo die Ameri-

kaner, die aus der *Taloa* abgesprungen waren, in wenigen Sekunden mit ihren Fallschirmen landen würden.

Auf der Suche nach den abgesprungenen amerikanischen Fliegern schwärmten von Hiroshima Gruppen von Militärpolizisten der Kempei Tai aus.
Eine dieser Gruppen, geführt von Feldwebelleutnant Hiroshi Yanagita, traf unterwegs den Armee-Unteroffizier Kanai Hiroto. Dieser, in der Nähe wohnend, hatte sich nach dem Absturz des Flugzeugs auf sein Fahrrad geschwungen und war sofort losgestrampelt, um möglichst schnell zur Absturzstelle zu gelangen.
Kurz tauschte man Informationen aus. Hiroto erklärte dem Feldwebelleutnant, er spreche Englisch und würde sich glücklich schätzen, seine Dienste als Dolmetscher anbieten zu dürfen.
Er ließ sein Fahrrad am Straßenrand liegen und stellte sich auf das Trittbrett des Autos der Kempei Tai. Es ging weiter in Richtung Inokuchi.
Hiroto hatte unter anderem die Pasadena High School in der Nähe von Los Angeles besucht. 1934 nach Japan zurückgekehrt, war er später eingezogen worden. Nach dreijähriger Stationierung in der Mandschurei mit vielen Kampfeinsätzen hatte er dann im japanischen Mutterland einen recht ruhigen und ereignislosen Krieg verlebt.
Was Yanagita betraf, so gehörte er in Hiroshima zu den dienstältesten Führern der Kempei Tai. Er war zäh und hart, ein Berufssoldat — und eben darauf stolz.
Als sie den Fuß des Hügels erreichten, auf dem die *Taloa* abgestürzt war, jagten Yanagita und seine Leute sowie Hiroto mit schnellen Schritten den Hang hinauf: dorthin, wo sich in den Bäumen Fallschirme verfangen zu haben schienen.
Hiroto blieb bei den noch rauchenden Trümmern des Bombers stehen. Die Maschine war auseinandergebrochen, die Teile lagen rund zweihundert Meter voneinander entfernt. Weit vorn sah Hiroto ein Bein, aus dem Flugzeug geschleudert, am Knöchel abgetrennt. Er wollte gerade in das Wrack eindringen, als Yanagita zurückkehrte und ihm sagte, man habe einen der Amerikaner gefangengenommen. Der Mann befinde sich jetzt weiter unten am Hügel.
Es war der Heck-Bordschütze S/Sgt Julius Molnar.

Bereits aus einiger Entfernung sah Hiroto, daß sich Molnar in ernster Gefahr befand. Der Sergeant, körperlich ein Leichtgewicht, wurde von einem Haufen von Zivilisten bedrängt, die ihn totschlagen wollten. »Ich kämpfte mich zu ihm durch, packte ihn und versuchte, die Schläge der Leute abzuwehren.«

Hiroto schrie den wie Tobsüchtigen zu, sie sollten endlich aufhören. Er erhielt einen weiteren Schlag.

Yanagita trat näher, eine Pistole in der Hand. Er drohte: Den nächsten Zivilisten, der eine Bewegung machte, würden seine Männer erschießen.

Murrend hielt sich die Menge zurück, verharrte auf der Stelle, machte dann Platz.

Hiroto und Yanagita nahmen Molnar zwischen sich. Sie führten ihn zu einem nahen Gehöft. Dort übernahmen Polizisten der Kempei Tai seine Bewachung.

Hiroto sah, wie sehr sich der junge Flieger anstrengte, um sein Zittern zu unterdrücken. Zum erstenmal richtete er das Wort an ihn. Auf englisch erklärte er ihm, er habe einmal in den Vereinigten Staaten gelebt. Nach und nach schien Molnar ruhiger zu werden.

Auf Yanagitas Drängen begann Hiroto Fragen zu stellen. Bereitwillig nannte der Amerikaner seinen Namen, seine sogenannte Seriennummer (36 453 945), seinen Dienstgrad. Er sei einundzwanzig; ausgebildet in Texas. Nach dem Start auf Okinawa habe der Auftrag gelautet: Angriff auf den Hafen von Kure. Im übrigen behauptete er, die Namen der anderen Besatzungsmitglieder der *Taloa* nicht zu kennen.

Hiroto wurde zu einem anderen Teil des Gehöfts gerufen. Dort befand sich ein zweiter Amerikaner, den man gefangengenommen hatte, der Bombardier Robert Johnston. Wieder nahm die Schar der sich drängenden Dörfler eine drohende Haltung ein. Wieder wurden die Leute durch scharfe Warnungen der Kempei Tai zurückgehalten.

Johnston verstand es besser als Molnar, seine Furcht zu verbergen. Doch Hiroto konnte in seinen Augen sehen, daß er große Angst hatte.

Auch Johnston nannte seinen Namen, seine Seriennummer (0 698 565) und seinen Dienstgrad.

Hiroto schätzte das Alter des Bombardiers auf etwa fünfunddreißig. Ihm fiel auf, daß der Amerikaner seinen Fallschirm

neben sich hatte. Seine Waffe, eine Pistole, war ihm von einem der Polizisten der Kempei Tai abgenommen worden.
Als Johnston sich weigerte, weitere Aussagen zu machen, erklärte der Führer der Kempei Tai dem Unteroffizier Hiroto, man benötige seine Dolmetscherdienste nicht länger. Hiroto ging zum abgestürzten Bomber zurück. Er begann, das Wrack zu durchsuchen: nach Lebensmitteln, nach verwendbaren Teilen aus dem Funkgerät.
Yanagita und seine Leute nahmen noch drei weitere Besatzungsmitglieder der *Taloa* gefangen, darunter auch den Piloten Joseph Bubinsky. Die Amerikaner wurden ins Hauptquartier der Kempei Tai in Hiroshima-Burg gebracht, wo sie von Vernehmungsspezialisten eingehender verhört werden konnten.
Inzwischen waren auch die acht Besatzungsmitglieder der *Lonesome Lady* von Streifen der Kempei Tai gefangengenommen worden und befanden sich auf dem Weg zum Hauptquartier in der Burg.
Von den ursprünglich zwanzig Besatzungsmitgliedern in den beiden Bombern hatten dreizehn den Abschuß ihrer Maschinen überlebt. Zusammen mit jenen amerikanischen Kriegsgefangenen, die sich bereits in Hiroshima befanden, würden es nunmehr insgesamt dreiundzwanzig sein.
Doch das Furchtbarste, was sie überhaupt erwarten konnte, stand ihnen erst noch bevor.

29. Juli 1945
Tinian
Die frühen Stunden

Bald nach Mitternacht versammelten sich einundachtzig Flieger zur Besprechung des vierten — und wie sich zeigen sollte: letzten — Übungseinsatzes, den die 509. über Japan machen würde. Wie stets wurde »geflachst«, ein nützliches Ritual, mit dessen Hilfe man seine Nervosität tarnen konnte. Stille trat ein, als Colonel Hazen Payette erschien, der Nachrichtenoffizier der Group. Er bestätigte, daß es bei den Angriffszielen bleibe, welche jeder der neun Crews bereits bei einer früheren Besprechung zugewiesen worden seien.
Lewis sollte einen Fabrikkomplex bei Koriyama bombardie-

ren, Eatherly den Rangierbahnhof in Maizura. Captain Frederick Bock hatte die Aufgabe erhalten, seinen gewaltigen, fast 5000 Kilogramm schweren »Wohnblockknacker« über Osaka abzuwerfen, nicht weit von jenem Ort, wo Professor Asada noch immer versuchte, seine Todesstrahlen zu vervollkommnen. Die Angriffsziele der übrigen Crews befanden sich in Kobe, Shimada, Ube, Nagoya, Wakayama und Hitachi.
Bei diesem Einsatz würde Lewis nicht seine eigene Maschine fliegen, sondern die von Sweeney, die den Spitznamen *Great Artiste* trug. Was Lewis' Bomber betraf, so wurde dieser gerade von den Mechanikern der Group einer speziellen Inspektion und Überholung unterzogen. Überdies hatte der Captain anstelle seines sonstigen Navigators diesmal van Kirk an Bord.
Diese Faktoren — eine ihm unvertraute Maschine, van Kirk anstelle seines sonstigen Navigators — nahmen Lewis einiges von seiner gewöhnlichen Unbekümmertheit. Auch fragte er sich, weshalb Ferebee diesmal nicht dabei war. Er wußte nicht, daß der Group Bombardier (genau wie Tibbets) bis zum Atombombenangriff für Einsätze über Japan gesperrt war.
Noch eine weitere B-29 sollte diesmal nicht von ihrem eigentlichen Piloten geflogen werden, sondern von Major James Hopkins, dem Operations Officer der 509. Hopkins, sonst gleichsam an den Schreibtisch gebannt, wollte weitere Flugerfahrungen sammeln.
Die Einsatzbesprechung war reine Routine. Sie drehte sich um das Wetter sowie Rettungsmöglichkeiten, falls eines der Flugzeuge gezwungen sein sollte, auf See niederzugehen. Was das feindliche Flakfeuer betraf, so nahm man nicht an, daß es zum Problem würde. In seinem voraussichtlichen Stärkegrad wurde es eingestuft als »mäßig bis leicht«. Im übrigen glaubte man ganz allgemein, daß es der Flak an Zielgenauigkeit mangle.
Van Kirk sprach zu den Navigatoren über die Routen zu den Zielen. Wie gewöhnlich wollte man gegen neun Uhr morgens im jeweiligen Zielbereich sein.
Auf Lastern wurden die Crews zu ihren Maschinen gefahren. Die B-29-Bomber, wie in einer Gruppe stehend, wirkten sehr eindrucksvoll. Mit ihrem langen und massigen schnauzenartigen Vorderteil ähnelten sie, in der Dunkelheit riesig aufragend, bedrohlichen vorsintflutlichen Ungeheuern.

Als erster hob Eatherly vom Boden ab. Der Pilot der *Straight Flush* war zu einem Hin- und Rückflug in Rekordzeit entschlossen, um eine unterbrochene Pokerpartie wiederaufnehmen zu können.
Minuten später jagte *Bock's Car* mit Captain Bock im Cockpit die Startbahn entlang.
Danach war Hopkins in *Strange Cargo* an der Reihe. Hinter ihm, in einer Entfernung von etwa dreißig Metern, wartete Lewis in *Great Artiste.* Er sah, wie die vier Triebwerke der Maschine vor ihm gleichsam zum Leben erwachten. *Strange Cargo* setzte sich in Bewegung, um zur eigentlichen Starbahn zu rollen.
Plötzlich gab es ein eigentümliches Geräusch. Metall knirschte gegen Metall. Langsam öffnete sich die Klappe des Bombenschachts von *Strange Cargo.* Unter einem ungeheuren Druck schienen die verstärkten Stahlscharniere buchstäblich zu kreischen.
Hopkins brachte den Bomber zum Halt, während im selben Moment aus dem geöffneten Schacht das »Riesending« mit dumpfem Aufprall auf die Erde plumpste.
Mit geradezu hervorquellenden Augen starrte Lewis auf die gewaltige Bombe, die dort lag, nur ein kurzes Stück von ihm entfernt. Falls sie explodierte, würde sie in einem Umkreis von mehreren hundert Metern alles zerstören.
Ruhig (zumindest hoffte er, daß er seine Stimme in der Gewalt hatte) erklärte Lewis seiner Crew, was geschehen war. Über Funk hörte er, wie Hopkins den Kontrollturm um Hilfe bat. Wenig später brausten Bergungsfahrzeuge, Ambulanzen und Jeeps der MP herbei.
Der Flying Controll Officer (Flugleiter) versicherte sowohl Hopkins als auch Lewis, im Augenblick sei es zweifellos das Sicherste, wenn die beiden Crews an Bord blieben. Jede auch noch so leichte Erschütterung könne eine Detonation der gewaltigen Bombe bewirken.
Die Strahlen tragbarer Suchscheinwerfer richteten sich auf das »Riesending«.
Durch Ferngläser studierten Feuerwehrleute und Waffenmeister die in hellem Orange angemalte Bombe, deren Stabilisierungsflossen, auch Steuerschwanz genannt, durch den Aufprall stark verbogen waren.
Die Feuerwehrleute wagten sich als erste vor. Überaus lang-

sam näherten sie sich *Strange Cargo*, bis sie sich unter den Tragflächen befanden. Und sie begannen, die Riesenbombe in Schaum geradezu einzuhüllen, in der Hoffnung, das werde eine Detonation zumindest dämpfen.
Dann kam eine Gruppe von Armourers — Waffenmeistern: Jene, die sich freiwillig für diese Aufgabe gemeldet hatten, schoben eine Karre mit einem Windenkran unter den aufklaffenden Bauch des Flugzeugs. Überaus behutsam und in absolutem Schweigen befestigten sie eine Haltevorrichtung um die Bombe und begannen dann, sie emporzuwinden, Zentimeter um Zentimeter. Dann schoben sie die Karre unter die Bombe. Von einem kleinen Traktor gezogen, wurden Karre und Bombe fortgeschafft.
Aus dem Kontrollturm klang eine erleichterte Stimme: Die beiden Crews könnten jetzt erst einmal tief durchatmen.
Lewis, wieder voll Zuversicht, knurrte eine charakteristische Antwort: »Den Teufel können wir! Wir haben verdammt noch mal einen Einsatz vor uns!«
Innerhalb weniger Minuten dröhnten die Triebwerke von *Great Artiste* auf; und ohne *Strange Cargo* auch nur mit einem einzigen überflüssigen Blick zu bedenken, hoben Lewis und seine Crew vom Boden ab — zu ihrem Nachtflug in Richtung Koriyama.

Guam
Vormittag

General Spaatz, Befehlshaber der neugeschaffenen strategischen Streitkräfte (die für die bevorstehende Invasion Japans aufgestellt worden waren), musterte die Gruppe erwartungsvoller Offiziere, die sich im Büro von General Curtis LeMay versammelt hatte, und entfaltete ein Dokument.
Spaatz, ein Mann mit schmalem Gesicht und angegrauten Haaren, der aus Pennsylvania stammte, ließ sich nicht einfallen, den gespannt wartenden Offizieren lang und breit zu erklären, wie er in den Besitz dieses Dokuments gelangt war: daß er nämlich sechs Tage zuvor im Pentagon eigens aus diesem Grund eine Konfrontation »inszeniert« hatte — mit General Thomas T. Handy, der, solange sich Marshall in Potsdam befand, daheim als Stabschef fungierte.

Mit ungewöhnlicher Hartnäckigkeit hatte Spaatz erklärt: »Wenn ich 100 000 Menschen töten soll, dann tu ich das nicht auf einfache mündliche Instruktionen hin. Dann will ich einen schriftlichen Befehl.«

Auf seinem Weg zur Übernahme des Oberbefehls über die strategischen Streitkräfte im Pazifik war Spaatz, von Europa kommend, gerade in Washington, D. C., eingetroffen. Dort weihte ihn Groves in das Geheimnis der Atombombe ein. Genau wie General Dwight D. Eisenhower, der Oberkommandierende der Alliierten Streitkräfte in Europa, war Spaatz der Meinung, die Vereinigten Staaten sollten die Atombombe möglichst nicht als erste einsetzen. Groves — und später auch Handy — bekundeten ihr Bedauern über den zu erwartenden Tod vieler Menschen, bevor sich Japan zur Kapitulation bereitfinden würde. Spaatz hatte seine Forderung wiederholt — und schließlich »das Stück Papier« erhalten, das er haben wollte.

Konzipiert worden war das Dokument von Groves, und zwar am 23. Juli. Sodann übermittelte man den Text an das Kleine Weiße Haus in Potsdam — zwecks Billigung, die auch sofort gewährt wurde. Am 25. Juli erhielt Spaatz das von Handy vorbereitete Dokument.

Spaatz nahm es mit nach Guam. LeMay, sein neuer Stabschef, schlug ihm vor, mit den »Schlüssel-Leuten«, die mit dem Einsatz der Atombombe befaßt waren, umgehend eine Besprechung abzuhalten. Spaatz erklärte sich dazu bereit, und so waren jetzt in LeMays Büro LeMay, Tibbets, Parsons, Blanchard (der inzwischen Zeit gehabt hatte, sich von dem haarsträubenden Flug mit Tibbets zu erholen) sowie LeMays Chefmeteorologe versammelt. Das genaue Datum für den ersten Atombombeneinsatz würde von seiner Wettervorhersage abhängen: ob nämlich »ein guter Bombardierungstag« zu erwarten stand mit einer Bewölkung von maximal drei Zehnteln sowie günstigen Winden über Japan. Um eine solche Vorhersage möglichst fundiert machen zu können, stützte sich der Wetteroffizier weitgehend auf jene Wetterberichte, die in Nordchina von Mao Tse-Tung gesendet wurden.

Das Dokument, dessen Text Spaatz jetzt vor diesen Offizieren verlas, trug unverkennbar Gorves' »Handschrift«.

An: General Carl Spaatz, GG. USASAF:

1. Die 509. Composite Group, 20. Air Force, wird ihre erste Spezialbombe abwerfen, sobald in etwa nach dem 3. August 1945 die Wetterverhältnisse das Bombardieren auf Sicht zulassen, und zwar auf eines der folgenden Ziele: Hiroshima, Kokura, Niigata und Nagasaki. Zwecks Beobachtung der Explosionswirkung wird in Begleitflugzeugen Militär- sowie ziviles wissenschaftliches Personal aus dem Kriegsministerium mitgeführt werden. Die Beobachtungsmaschinen sollen sich mehrere Kilometer von der Detionationsstelle entfernt halten.

2. Auf die obengenannten Ziele werden weitere Bomben abgeworfen werden, sobald das Projektpersonal sie einsatzbereit gemacht hat. Zusätzliche Instruktionen werden oben nicht genannte Ziele betreffen.

3. Die Verbreitung sämtlicher den Einsatz der Waffe in Japan betreffenden Informationen ist dem Kriegsminister sowie dem Präsidenten der Vereinigten Staaten vorbehalten. Militärbefehlshaber dürfen ohne ausdrückliche vorherige Genehmigung weder Erklärungen verbreiten noch Informationen ausgeben. Alle einschlägigen Verlautbarungen haben zwecks Billigung dem Kriegsministerium vorzuliegen.

4. Obige Instruktionen ergehen an Sie auf Anweisung und mit Billigung des Kriegsministers und des Stabschefs, USA. Sie sind gehalten, eine Kopie dieser Direktive persönlich General MacArthur und eine weitere Admiral Nimitz — zwecks Informierung der Genannten — zu übergeben.

Gezeichnet:
Thos. T. Handy,
General, G.S.C.
Stellvertretender Stabschef

Jetzt endlich sollte auch MacArthur, Amerikas höchster General im Pazifik, von der umwälzenden Waffe erfahren.
Spaatz faltete das Dokument zusammen und steckte es wieder in seine Ledermappe. Er hatte eine Frage.
»Gentlemen, laufen Ihre Vorbereitungen gemäß Zeitplan?«
Die Männer um den Tisch nickten. Sodann verlas Parsons ein Memo, das ihm gerade aus Los Alamos von Oppenheimer zugegangen war.

Nach dem Test von Alamogordo hatte Oppenheimer ausgerechnet, die Energieentladung werde im Bereich von 12000 bis 20000 Tonnen liegen, und der Detonationsdruck werde dem von 8000 bis 15000 Tonnen TNT entsprechen.
Tibbets hatte eine recht genaue Vorstellung davon, was das — vergleichsweise — bedeutete. Um die Wirkung einer einzigen Atombombe zu erreichen, würde man nahezu 2000 B-29 bis zu ihrer vollen Kapazität mit herkömmlichen Sprengbomben beladen müssen. Selbst jetzt, nach fast einjähriger harter Arbeit für das Manhattan Projekt, fand er einen solchen Gedanken »einfach entsetzlich«.
Vielleicht hatte Oppenheimer bei der Abfassung seines Memos an Parsons ähnlich empfunden. Er erwähnte, daß der Zünder etwa in einer Höhe von 600 Metern über der betreffenden Stadt »losgehen« werde, und fuhr dann fort:

> Es wird nicht damit gerechnet, daß die radioaktive Verseuchung den Boden erreicht. Der Feuerball müßte eine Helligkeit besitzen, die länger anhält als bei Trinity (Alamogordo), da sich Staub wohl nicht hineinmischen wird. Ganz allgemein müßte das sichtbare Licht noch spektakulärer wirken. Tödliche Strahlung wird natürlich, von der Bombe selbst ausgehend, zum Boden gelangen.

Oppenheimer schloß sein Memo: »Viel Glück.«
Was die Besprechung in LeMays Büro betraf, so endete sie mit der Erwähnung zweier neuer Codenamen. Der eine lautete »Cannon« (für LeMay) und der andere »Scale« (für General Farrel, der sich als künftiger Hauptrepräsentant für das Manhattan Projekt auf den Marianen inzwischen bereits auf dem Weg nach Guam befand).
Während er mit Parsons — dessen Codename »Judge«, also »Richter« war — nach Tinian zurückflog, grübelte Tibbets, daß er sich, hätte man ihm die Wahl gelassen, den Codenamen »Justice« aussuchen würde — Gerechtigkeit.

Tinian
Nachmittag

Bald nach der Landung auf der Insel war der Kommandeur der 509. am Nachmittag schon wieder beim Rollfeld zu finden. Er wartete auf die Crews, die von ihren Einzeleinsätzen über Japan zurückkehrten.

Keine der Maschinen hatte einen Flaktreffer erhalten. Im Zielgebiet war das Wetter jeweils gut genug gewesen, um auf Sicht bombardieren zu können.

Als Lewis landete, sprach Tibbets ihm und seinen Leuten seine Anerkennung aus: weil sie die Nerven behalten hatten, als kurz vor dem Start die verrückte Sache mit der aus dem Bombenschacht plumpsenden Bombe passiert war. Lewis nutzte die Gelegenheit, um seinem Kommandeur — wenn auch gewiß nicht zum erstenmal — zu versichern: »Meine Crew ist die beste, die Sie haben.«

Es kam dann noch zu einem kurzen Gespräch, über dessen Bedeutung die Ansichten der beiden Männer später weit auseinanderklafften. Einig waren sie sich nur in der Feststellung, daß sie dabei miteinander unter vier Augen gesprochen hatten.

Ursprünglich war Lewis fest davon überzeugt gewesen, er werde den ersten Atombombeneinsatz mit »seiner Crew« in »seinem Bomber« fliegen. Tibbets hatte ihm jedoch bereits gesagt, daß van Kirk und Ferebee dabeisein würden. Der Gedanke behagte Lewis wenig, doch hatte er sich inzwischen damit abgefunden. Van Kirks Teilnahme am soeben beendeten Einsatz betrachtete er als Bestätigung der Tatsache.

Jetzt geschah etwas sehr Wesentliches. Lewis' Worten zufolge sagte Tibbets zu ihm, er »werde den Einsatz fliegen«. Ob nun Wunschdenken oder nicht: Lewis glaubte, damit sei gemeint, er werde beim Atombombenangriff der Kommandant der Maschine sein.

Tibbets bestritt später keineswegs, daß er die Bemerkung gemacht hatte. Nur behauptete er, Lewis habe sie völlig falsch ausgelegt: »Lewis würde als Copilot fliegen, van Kirk und Ferebee sollten seinen Navigator und Bombardier ersetzen. Für jedermann war klar, daß bei einem solchen Einsatz ich das Kommando führen mußte.«

Doch damit hatte das Mißverständnis noch längst kein Ende.

Vielmehr war dieses kurze und wirre Gespräch nur der Auftakt für den wirklichen Zusammenstoß zwischen den beiden Männern, der noch bevorstand.

Südwestlich von Tinian
Kurz vor Mitternacht

Gut 650 Meilen südwestlich jener Stelle, wo Tibbets und Lewis ihr später so umstrittenes Gespräch geführt hatten, machte Kommandant Mochisura Hashimoto gegenüber seinem Wachhabenden Offizier eine Bemerkung, über deren Sinn es zu keinem Zeitpunkt irgendwelche Unklarheiten gab. Als der Offizier ihn kurz vor Mitternacht weckte und meldete, an Bord des U-Boots sei alles in Ordnung, sagte Hashimoto zu ihm: Dies werde sicher »eine gute Nacht zum Jagen«.

Der Kapitän kleidete sich an und ging zum Shinto-Schrein, um dort zu beten.

Es schien, daß frühere Gebete am Ende doch nicht ohne Wirkung geblieben waren: Ein feindliches Schiff konnte als »wahrscheinlich« versenkt gelten.

Am Tag zuvor hatte Hashimoto um 14.00 Uhr einen Tanker gesichtet. Den Geleitschutz bildete ein Zerstörer. Unter den Umständen erschien es dem Kommandanten nicht ratsam, so nah heranzugehen, daß der Einsatz konventioneller Torpedos möglich gewesen wäre. Er beschloß, zwei von seinen sechs *Kaitens* zu verwenden. Nach kurzer Abschiedsgeste stieg jeder der beiden Selbstmordpiloten in sein Spezialtorpedo. Diese waren auf dem Deck des U-Boots festgemacht.

Über die Sprechanlage konnte Hashimoto hören, wie sich die Stimmen der jungen Offiziere vereinigten: zu einem Hoch auf den Kaiser. Jetzt, das wußte er, waren sie einsatzbereit. Durch sein Sehrohr beobachtete er, wie die *Kaitens* in Richtung Tanker gesteuert wurden. Doch die Sicht war schlecht. Lange konnte er sie nicht verfolgen. Unter Regenschauern verwischte jede Spur. Er wartete. Dann klangen, schwach, doch unverkennbar, Explosionsgeräusche an sein Ohr. Vermutlich war der Tanker getroffen worden. Da er jedoch nicht ganz sicher sein konnte, fügte Hashimoto bei seiner Eintragung ins Logbuch das Wort »wahrscheinlich« hinzu.

Gemeinsam mit seiner Besatzung gedachte der Kommandant der *Kaiten*-Piloten, die ihr Leben geopfert hatten. Sodann nahm das U-Boot Kurs auf jenes Gebiet, wo sich zwei amerikanische Schiffahrtswege kreuzten, und zwar jener von Guam nach Leyte in den Philippinen mit dem, der Okinawa mit Peleliu in den Palau-Inseln verband.
Die »Kreuzung« war genau 600 Meilen von Guam entfernt. Am Sonntag erreichte die I.58 dieses Gebiet. Die See war ruhig, und das U-Boot blieb fast den ganzen Tag über aufgetaucht. Gegen Abend kam Nebel auf, und die Sicht verschlechterte sich rapide. Hashimoto hatte Befehl gegeben: Bis zum Mondaufgang um etwa elf Uhr sollte das U-Boot getaucht bleiben. In einer Tiefe von dreißig Metern bewegte es sich gemächlich voran, mit einer Geschwindigkeit von zwei Knoten, in westlicher Richtung. Und der größte Teil der Besatzung tat, was der Kommandant tat: Die Männer dösten, völlig nackt, und ließen sich auch durch die hin- und herhuschenden Ratten nicht stören.
Damit war es jetzt allerdings vorbei. Nachdem der Wachhabende Offizier den Kommandanten geweckt und dieser vor dem Schrein seine Gebete verrichtet hatte, gab er die nötigen Befehle, um die Besatzung in den Bereitschaftszustand zu versetzen. Die Geschwindigkeit des U-Boots wurde von zwei auf drei Knoten erhöht.
Hashimoto befahl, höher zu gehen auf eine Tiefe von nur knapp fünfzehn Metern. Dann fuhr er das Nachtsehrohr aus. Nachdem er das Okular eingestellt hatte, nahm er langsam und sorgfältig einen Rundblick vor: einen Blick in alle vier Himmelsrichtungen.
Der Mond stand in einer Höhe von gut zwanzig Grad über dem östlichen Horizont. Der Himmel war spärlich bewölkt. Zu sehen gab es nichts.
Hashimoto ging noch höher. Nur fünf Meter unter der Wasseroberfläche glitt das U-Boot jetzt dahin.
»Bereitschaftsradar Typ dreizehn ausfahren.«
Jetzt erhob sich ein Teil jenes Geräts knapp über die Dünung, das Flugzeuge orten konnte. Der Bedienungsmann meldete jedoch, daß sein Schirm leer blieb.
»Bereitschaftsradar Typ zweiundzwanzig ausfahren.«
Nun war das andere Radargerät an der Reihe: jenes, das im Umkreis von drei Meilen fremde Schiffe aufzuspüren ver-

mochte. Allerdings hatte Hashimoto mit diesem Gerät nicht immer die besten Erfahrungen gemacht. Es war vorgekommen, daß es Treibholz, ja, sogar Fischschwärme oder auch Felsvorsprünge als Schiffe ortete.

Erst nachdem sich der Spezialist für dieses Gerät sorgfältig vergewissert hatte, daß sich in der Nähe kein fremdes Schiff aufhielt, gab Hashimoto seinen nächsten Befehl: Bereitmachen zum Auftauchen.

Der Kommandant klappte die Handgriffe am Sehrohr herab.

Die übliche Prozedur wurde in die Wege geleitet. Durch Druckluft wurde aus den Tauchtanks das Wasser herausgedrückt, genauer: der letzte Rest des Wassers. Rasch glitt das Boot höher, tauchte empor.

Sofort ließ Hashimoto die Luke des Kommandoturms öffnen. Zusammen mit dem Wachhabenden kletterten der Navigationsoffizier und der Ausguckposten nach oben. Durch lichtstarke Nachtgläser hielten sie Ausschau.

Hashimoto, unten im Kontrollraum, fuhr fort, durch das Nachtsehrohr zu spähen. Der Mann am sogenannten Panoramagerät (jenem Radargerät, mit dem sich eine Oberfläche absuchen läßt) starrte angespannt auf seine Apparatur.

Plötzlich erklang von der Brücke her die Stimme des Wachoffiziers.

»Objekt gesichtet. Möglicherweise Feindschiff.« Er nannte die genaue Richtung.

Hashimoto zog das Sehrohr tiefer.

»Alle Mann auf Gefechtsstation!«

Die Alarmglocke schrillte, und während jeder Mann seinen Platz einnahm, stieg der Kommandant hastig zur Brücke hinauf. Durch sein Nachtglas spähend, machte er am Horizont im Mondschein deutlich etwas aus, das wie ein schwarzer Punkt aussah.

So schnell er konnte, kletterte er wieder hinunter.

»Alarm! Tauchen!«

Hinter ihm kam in aller Hast die Brückenwache. Die Luke knallte zu. Die Haupttauchtanks wurden geflutet, und das U-Boot verschwand fast im Handumdrehen unter der Wasseroberfläche. Währenddessen löste sich Hashimoto keine Sekunde vom Nachtsehrohr. Jenen schwarzen Punkt wollte er auf keinen Fall aus den Augen verlieren.

Es handelte sich um die *Indianapolis.*

Der alte Kreuzer war am Donnerstag, dem 26. Juli, von Tinian abgedampft, nachdem er dort seine geheimnisvolle Fracht gelöscht hatte. Kurz lief die *Indianapolis* Guam an, setzte sodann ihre Fahrt in Richtung Leyte in den Philippinen fort. Vermutlich würde man sie dann wieder nach San Francisco zurückbeordern, um dort weiteres nukleares Material an Bord zu nehmen.

Dieser Sonntag auf See hatte für die Besatzung soweit ganz den gewohnten Verlauf genommen: am Morgen Gottesdienst an Deck und währenddessen Rauchverbot auf dem ganzen Schiff. Danach allgemein Freizeit bis zum Mittagessen.

Gegen Abend wurde die ursprünglich leichte Dünung rauher. Aber sie war keineswegs so stark, daß sie den gewohnten Zickzackkurs des Kreuzers beeinträchtigte. Spezialisten hatten die Maschinen so reguliert, daß die vier Schiffsschrauben unregelmäßige Geräusche hervorriefen — auch dies zur Irritierung der Unterwasserhorchgeräte etwaiger feindlicher U-Boote.

Captain McVay sagte zu seinem Wachhabenden Offizier, nach Einbruch der Dunkelheit solle das Schiff vorerst nicht mehr Zickzackkurs laufen.

Es war ein verhängnisvoller Befehl.

Um 22.30 Uhr (bei noch immer schlechten Sichtverhältnissen) setzte McVay seinen Namen auf das Papier mit den Anweisungen für die Nacht. Und dort stand nichts davon, daß der Zickzackkurs wieder aufgenommen werden sollte, falls sich das Wetter besserte. Der Kapitän verschwand in seiner Kajüte nahe der Kommandobrücke, um sich schlafenzulegen.

Mit einer Geschwindigkeit von sechzehn Knoten dampfte die *Indianapolis* in gerader Linie auf U-Boot I.58 zu.

Jetzt, kurz vor Mitternacht, trennten die beiden Schiffe weniger als zehn Seemeilen.

In einer Tiefe von weniger als zehn Metern schwankte das U-Boot langsam nach Backbord herum. Hashimoto, unentwegt am Sehrohr, starrte so angestrengt, daß seine Augen zu tränen begannen. Durch hastiges Zwinkern gewann er wieder klare Sicht. Je mehr sich jener dunkle Flecken dort näherte, desto deutlicher traten die Umrisse hervor, Umrisse von der Form eines Dreiecks.

Hashimoto spürte die steigende Erregung. Dies war nicht nur

ein Handelsschiff. Dies war ein großes Kriegsschiff. Er gab weitere Befehle.
»Sämtliche Rohre feuerbereit halten. *Kaitens* — bereit zum Einsatz!«
Plötzlich packte den Kommandanten Furcht. Handelte es sich womöglich um einen Zerstörer, der im Begriff war, Wasserbomben zu werfen? Anders ließ sich dieser schnurgerade Kurs, den das feindliche Schiff beibehielt, eigentlich gar nicht erklären.
Als der Kommandant den nächsten Befehl gab, ließ er sich von seiner Besorgnis nichts anmerken.
»Sämtliche Torpedos sind gleichzeitig abzufeuern. *Kaiten* Sechs, einsteigen. *Kaiten* Fünf, bereithalten.«
Die Entfernung zwischen dem Unterseeboot und der *Indianapolis* betrug jetzt fünf Meilen.
Hashimoto, unentwegt am Sehrohr, schätzte die Höhe des Masttopps auf etwa dreißig Meter. Nein, das konnte kein Zerstörer sein. Ganz einfach zu groß dafür. Mußte entweder ein Schlachtschiff oder aber ein großer Kreuzer sein — ein Ziel, wie man sich's besser kaum wünschen konnte.
Stetig verringerte sich die Entfernung. Die Leute am Horchgerät meldeten jetzt Maschinengeräusche. Nur noch drei Meilen. Hashimoto stülpte sich Kopfhörer über. Das Feindschiff, eine deutlich umrissene Silhouette im Mondlicht jetzt, näherte sich dem U-Boot auf einem Fast-Kollisionskurs.
Hashimoto wollte seinen Augen nicht trauen. Er vermutete eine Falle: War das sich nähernde Schiff vielleicht nur ein Köder — Teil eines Ablenkungsmanövers, während sich feindliche Zerstörer bereithielten, um zum richtigen Zeitpunkt vernichtend zuzustoßen? Nervös hielt er Ausschau, doch nirgends war etwas zu sehen.
Er konzentrierte sich wieder voll auf den Kreuzer. Das Schiff näherte sich mit gleichmäßiger Geschwindigkeit und ohne die geringste Richtungsänderung. Hashimotos Worten zufolge verhielt sich die *Indianapolis* »wie bei einer Flottenparade«. Sie bildete ein so perfektes und einfaches Ziel, daß er an sein Glück nicht glauben mochte.
Nur noch zwei Meilen. Jetzt war er sicher, daß sein Erfolg Wahrheit würde. Er blickte zu den Männern, die um ihn herumstanden, und sagte:
»Wir haben sie!«

Keiner der Männer sprach. In angespanntem Schweigen wartete die Besatzung auf den Befehl zum Torpedoeinsatz.
Plötzlich forderten die *Kaiten*-Piloten ihren Einsatz gegen den Feind.
Hashimoto beschied sie kurz und bündig: Ihr Angriff komme nur in Frage, falls der normale Torpedoangriff fehlschlage.
Die Selbstmordpiloten verstummten mürrisch.
Als die Entfernung nur noch knapp 3000 Meter betrug, stellte Hashimoto letzte Berechnungen an.

Auf der *Indianapolis* (jetzt nur noch anderthalb Seemeilen von Hashimotos U-Boot entfernt) fand die übliche Wachablösung statt. Auf der Brücke befanden sich jetzt dreizehn Offiziere und Nicht-Offiziere, die Kurs und Geschwindigkeit überwachten. Auch anderswo auf dem Schiff hatten Leute Dienst. Wachen machten ihre Runde und befanden alles in bester Ordnung. Nirgends drang Licht nach außen. Luken, Türen, was immer sonst — sämtlich vorschriftsmäßig geschlossen. Der mächtige Schiffsrumpf glitt durch die See, während Mitternacht kam und vorüberging und ein neuer Tag begann.
Es sollte der letzte und kürzeste Tag im Leben der *Indianapolis* werden.

30. Juli 1945
Südwestlich von Tinian
Nach Mitternacht

Kommandant Hashimoto traf eine kritische Entscheidung. Ursprünglich hatte er die Geschwindigkeit der *Indianapolis* auf zwanzig Knoten geschätzt. Jetzt korrigierte er das. Aufgrund seiner Beobachtungen durch das Sehrohr sowie der Geräusche, welche das Horchgerät auffing, schätzte er die Geschwindigkeit des Kreuzers nunmehr auf nur zwölf Knoten. Er beschloß, mit dem Abfeuern der Torpedos zu warten, bis die Entfernung zum Feindschiff weniger als eine Meile betrug. Die Torpedos würden in vier Meter Tiefe mit einer Geschwindigkeit von dreißig Knoten durchs Wasser gleiten. Da es sich um sogenannte blasenfreie Torpedos handelte (also nicht um solche der herkömmlichen Bauart, die eine durch Preßluft verursachte Blasenbahn hinter sich herzogen), wür-

den selbst die aufmerksamsten Ausgucks auf der *Indianapolis* nicht die geringste Spur ausmachen können.
Deutlich fühlte Hashimoto, wie die Männer voll Anspannung auf seinen Befehl warteten. Als die Entfernung zwischen Kreuzer und U-Boot weniger als 1500 Meter betrug, rief er endlich: »Achtung. Feuer!«
In einem Abstand von jeweils zwei Sekunden klickte der Torpedo-Auslösemechanismus. Nach zwölf Sekunden meldete der Torpedo-Offizier:
»Sämtliche Rohre abgefeuert.«
Sacht gefächert, in einem Winkel von drei Grad, jagten sechs Torpedos auf die *Indianapolis* zu.
Es war zwei Minuten nach Mitternacht.
Seit man den Kreuzer vom U-Boot aus gesichtet hatte, war weniger als eine halbe Stunde vergangen.
Hashimoto, die Augen immer noch am Sehrohr, begann die Sekunden zu zählen.

Auf der Brücke der *Indianapolis* meinte einer der Offiziere, die Sicht werde jetzt, wo man dem steigenden Mond entgegenfahre, doch wesentlich besser.
Unterhalb der Brücke schliefen auf dem offenen Deck mehrere hundert Männer auf Matratzen und ähnlichen Unterlagen. Die kochende Hitze unter Deck war ihnen unerträglich.
In einer Kajüte vorn auf der Steuerbordseite fand gerade eine Party ihr Ende. Kapitän McVay tat das, was neunzig Minuten zuvor Hashimoto getan hatte: Er lag in seiner Koje, schlafend und splitternackt.

Während das U-Boot auf Parallelkurs zum Kreuzer ging, zählte Kommandant Hashimoto weiter die Sekunden.
»Einundfünfzig, zweiundfünfzig, dreiundfünfzig —«
Eine gigantische Wassersäule stieg in die Luft empor. Sie versperrte den Blick auf den vorderen Geschützturm der *Indianapolis.* Eine zweite Wassersäule schnellte hoch, dicht beim hinteren Geschützturm. Dann zuckten hier und dort in den Aufbauten des Schiffs Flammen empor. Und jedesmal, wenn ein Torpedo traf, schrie Hashimoto triumphierend:
»Ein Treffer! Ein Treffer!«
Die Besatzung der I.58 begann vor Freude zu tanzen. Sie rie-

fen und schrien und stampften mit den Füßen, bis das U-Boot einem Unterwasser-Tollhaus glich.

Panik brach an Bord der *Indianapolis* nicht aus. Nur konnte zunächst niemand fassen, daß das Schiff torpediert worden war. Doch dieser Augenblick ging schnell vorüber. Die Besatzung war bereit, alles Notwendige zu unternehmen.
Zu retten gab es allerdings nicht viel. Der Kreuzer stöhnte und ächzte, der Bug sackte tiefer.
Kapitän McVay gab Befehl an den Funkraum: SOS senden. Wenige Augenblicke später — während Rauch und Flammen das Vordeck einhüllten und sich zeigte, daß Licht und Energie ausgefallen waren (ein untrügliches Symptom für tödliche Gefahr) — erteilte er den Befehl, das Schiff zu verlassen.
Die *Indianapolis* rollte auf die Steuerbordseite. Mit ungeheurer Geschwindigkeit drang immer mehr Wasser in den Kreuzer ein. Jetzt hob sich das Heck hoch und höher in die Luft, bis vierzig oder fünfzig Meter des Schiffsrumpfs steil emporragten aus dem Pazifik, in dem jetzt Hunderte von Männern trieben, lebende und sterbende und tote.
Für einige furchtbare Augenblicke schien der feuchtglänzende Rumpf so zu verharren: bereit, herabzustürzen auf die Männer ringsum, sie mit sich in die Tiefe saugend. Irre Angstschreie erfüllten die Luft. Dann glitt — sehr rasch und fast ohne Spur in der Dünung — die *Indianapolis* unter Wasser. Sie war das letzte große Schiff, das im Zweiten Weltkrieg versenkt wurde, und ihr Untergang bildete die größte Katastrophe auf See in der Geschichte der US-Flotte.
Der Zeitpunkt: 30. Juli 1945, vierzehn Minuten nach Mitternacht.
Hashimoto ließ zunächst neue Torpedos in die Rohre laden, um notfalls eine zweite Salve gegen das feindliche Schiff abzufeuern. Auch die *Kaitens* blieben vorerst einsatzbereit. Dann ließ der Kommandant auftauchen. In der Dunkelheit war nichts weiter zu erkennen. Vor rund einer Stunde hatte das Unternehmen begonnen. Nun wußte er, daß er das Schiff versenkt hatte. Aber er wollte einen Beweis — irgendein Wrackteil, einen Überlebenden. Als er nichts finden konnte, befahl er, nordöstlichen Kurs zu nehmen. Er fürchtete die Vergeltung jener Schiffe oder Flugzeuge, die — er zweifelte nicht daran — diesen Kreuzer doch begleitet haben mußten.

Volle sechsundneunzig Stunden sollten vergehen, bevor das erste Rettungsschiff die wenigen Überlebenden der *Indianapolis* aus dem Wasser zu ziehen begann. Vier Fünftel der Besatzung waren umgekommen, und auf Tinian reagierte man auf diese Nachricht mit fassungslosem Entsetzen. Für Jake Beser verband sich damit auch ein Gefühl persönlicher Trauer. Ehe die *Indianapolis* von Tinian abgedampft war, hatte er sich noch an Bord des Kreuzers mit einem alten Schulfreund getroffen. Jetzt gehörte dieser zu den fast 900 Opfern von Hashimotos Torpedos.

Als Groves in Washington vom Untergang der *Indianapolis* erfuhr, reagierte er sozusagen erwartungsgemäß: Er war erleichtert, weil der Kreuzer seine kostbare Uraniumfracht noch vor der Katastrophe gelöscht hatte. Am selben Tag, an dem die *Indianapolis* unterging, setzte Groves seinen Namen unter ein Memo an den Stabschef. Darin umriß er sein Produktionsprogramm für die Zeit nach dem August: »Im September sollten wir drei oder vier Bomben haben . . . vier oder drei im Oktober . . . Im November mindestens fünf, und die Produktionsrate wird sich im Dezember auf sieben steigern und Anfang 1946 deutlich weiter ansteigen.«

Zweifellos würde der Chef des Manhattan Projekts eingehend darüber nachdenken müssen, ob der Transport per Schiff, wie mit der *Indianapolis,* wirklich die beste Methode war.

Doch das lag in der Zukunft. Und diese Zukunft sollte noch etwas bringen, wovon sich jetzt wahrhaftig noch nichts ahnen ließ: eine, wenn man so wollte, Wiederbegegnung des Kommandanten Hashimoto mit dem Kapitän McVay. In einem Gerichtssaal in Washington, D.C., sollten sie zusammentreffen — an dem Tag, wo Hashimoto gegen McVay als Hauptzeuge aufgerufen wurde bei der einzigen Kriegsgerichtsverhandlung, welche es in der Geschichte der US-Flotte je gegen einen Kommandierenden Offizier wegen des Verlusts seines Schiffes in *Kriegs*zeiten gab.

Im Augenblick jedoch konnte Hashimoto, während er den Schauplatz seines Triumphes mit seinem U-Boot immer weiter hinter sich ließ, nur auf eine kalte, unpersönliche Weise an den Kapitän des amerikanischen Schiffes denken.

»Ich war der Jäger. Er war die Beute. Und er wurde das Opfer.«

In der Hauptsache allerdings galten Hashimotos Gedanken seiner Frau und seinen Kindern. Er sehnte sich nach ihnen, mehr noch als zuvor. Denn jetzt hatte er seinen drei jungen Söhnen, die in seinem Heim in Kure auf ihn warteten, doch wahrhaftig einiges zu berichten.

Hiroshima

Die Handvoll Amerikaner, die abgeschossen worden waren, nachdem sie Kure — Hashimotos Heimathafen — bombardiert hatten, fragten sich, wie lange sie wohl noch zu leben haben würden.

Die dreizehn überlebenden Besatzungsmitglieder der beiden abgeschossenen Bomber wurden im Bereich von Hiroshima-Burg gefangengehalten. Bald nach ihrer Ankunft hatte man sie an drei verschiedenen Stellen in Einzelzellen untergebracht: Einige waren noch im Hauptquartier der Kempei Tai untergebracht, andere im eigentlichen Burgverlies, und zwei befanden sich — im Hauptquartier der 2. Infanteriedivision — in Zellen, in die normalerweise straffällige japanische Soldaten gesteckt wurden.

Keiner dieser Männer wußte etwas von den anderen — insgesamt zehn — amerikanischen Gefangenen, die sich innerhalb des Burgbereichs schon seit Wochen in Einzelhaft befanden.

Für alle dreiundzwanzig Kriegsgefangenen war das Leben in Hiroshima eine Mischung aus Furcht und Verzweiflung. In ihren Zellen gab es kein Möbelstück, nichts. Nur ein Waschbecken und eine Decke, auf der sie schliefen. Durchbrochen wurden die endlos langen Stunden der Einsamkeit lediglich durch harte Verhöre. Als Nahrung erhielten sie Maisbrei oder Reis, dreimal täglich eine Schüssel, kaum genug, um auch nur leidlich bei Kräften zu bleiben.

Ab und zu kamen auch Gruppen japanischer Soldaten zu den Zellen und starrten durch die Gitter neugierig den Feind an, den man sie hassen gelehrt hatte. Sie schmähten die Gefangenen. Diese sahen sich gelegentlich dabei überrascht, wie sie — in der Art der Japaner — über den stinkenden Latrinenlöchern im Fußboden hockten.

Die Gefangenen versuchten, den Hohn ebenso zu ignorieren

wie jene Drohungen, denen sie sich bei den Vernehmungen durch die Kempei ausgesetzt sahen. Einige der Amerikaner begannen, Geschichten zu erfinden: Sie hofften, solange am Leben zu bleiben, wie sie den Vernehmenden erzählten, was diese vermutlich hören wollten.
Die Gefangenen im Infanterie-Hauptquartier wurden vom Gefreiten Masuru Matsuoka bewacht. Wahrscheinlich hatten sie es von allen dreiundzwanzig kriegsgefangenen Amerikanern noch am besten getroffen. Matsuoka war kein Angehöriger der Kempei Tai, sondern regulärer Soldat. Sein Gewehr mit aufgepflanztem Bajonett über der Schulter, hielt er Wache bei den nebeneinanderliegenden Zellen, von wo die Gefangenen — durch die Bambusstäbe der einen Wand — hinausblikken konnten auf den Hof.
Matsuoka hatte jeweils drei Stunden Wachdienst. Danach hatte er ebenso lange dienstfrei. Doch ob in oder außer Dienst, nie sprach er mit den amerikanischen Gefangenen. Allerdings fiel ihm wie auch seinen Wachkameraden auf, wie abgerissen und ausgeblichen die Uniform der Gefangenen war, und das brachte ihn zu der Überzeugung: »Amerika muß sich in einem schlimmen Zustand befinden — wir können den Krieg doch noch gewinnen.«
Die Gefangenen taten Matsuoka leid. Er konnte nicht verstehen, weshalb sie nicht Selbstmord verübt hatten, um der Gefangennahme zu entgehen, »wie wir es getan hätten«. Für ihn wäre schon die Schmach, abgeschossen worden zu sein, genügend Grund zum Sterben gewesen.
Man hatte den Amerikanern Gürtel und Schnürsenkel fortgenommen. Auch der Besitz eines Rasierapparats wurde ihnen verweigert. Offensichtlich befürchteten die Japaner, ihre Gefangenen könnten jetzt womöglich doch noch Selbstmord begehen.
Während Matsuoka vor den Zellen Wache hielt, sah er seine hauptsächliche Pflicht darin, die Amerikaner vor sich selbst zu schützen.

31. Juli 1945
Washington, D. C.

In der amerikanischen Bundeshauptstadt — von den dreiundzwanzig Gefangenen in Hiroshima um, bildlich ausgedrückt, Lichtjahre entfernt — studierte Groves ein dringendes Kabel von Spaatz auf Guam. Darin wurden Fragen wegen anderer amerikanischer Kriegsgefangener in Japan gestellt. Der Text des Kabels lautete:

> Betrifft Operation CENTERBOARD, geplant für die Zeit nach 3. August gegen Nagasaki. Unbestätigten Meldungen zufolge befindet sich das Lager für alliierte Kriegsgefangene anderthalb Kilometer nördlich vom Stadtzentrum von Nagasaki. Ändert sich dadurch etwas an der Wahl dieses Ziels für Operation CENTERBOARD? Erwarte umgehend Antwort.

Die Mitteilung beunruhigte Groves — allerdings nicht so sehr, weil das Leben mehrerer hundert alliierter Kriegsgefangener in Gefahr sein würde, sondern: »wegen der Tatsache, daß die Angaben des Nachrichtendienstes, die sowohl Spaatz als auch uns zur Verfügung standen, in den Details offensichtlich falsch waren. Trafen die uns übermittelten Informationen nämlich zu, so mußte sich das Lager auf der westlichen Seite der Bucht von Nagasaki befinden. Viel wahrscheinlicher war jedoch, daß es auf der anderen Seite lag wegen der größeren Nähe zu den Hafenanlagen, wo man die Gefangenen vermutlich zur Arbeit einsetzte. Aber wo immer sich das Lager auch befinden mochte — voraussichtlich würden sich die Gefangenen zum Zeitpunkt einer Explosion im Hafengelände beim Arbeitseinsatz aufhalten und somit den zu erwartenden Gefahren voll ausgesetzt sein.«
Selbst Groves mußte einräumen, daß die Frage von Spaatz nicht leicht zu beantworten sei.
Denn in seinem Memo vom Tage zuvor, gerichtet an den Stabschef General Marshall, hatte Groves nicht nur sein Bombenproduktionsprogramm umrissen. Überaus eindringlich hatte er auch beschrieben, was all jene erwartete, die sich im Wirkungsbereich einer Kernexplosion befanden:

In einer Höhe von ungefähr 600 Metern über dem Erdboden gezündet, würde die Bombe durch den Explosionsdruck in einem Umkreis von mindestens 350 Metern wohl absolut tödlich wirken. Zwischen 800 und 1200 Metern ist, als Folge des Explosionsdrucks, noch mit einer verheerenden Wirkung auf Menschen zu rechnen. Hitze und Flammen sollten bis zu einer Entfernung von 500 oder gar 700 Metern tödlich wirken. Noch auf eine Distanz von sechzehn Kilometern wird für einen winzigen Sekundenbruchteil das Licht so hell sein wie tausend Sonnen; und nach einer Sekunde wohl immer noch so hell wie ein oder zwei. Wer immer in einem Umkreis von rund einem Kilometer direkt zur Explosionsstelle blickt, wird wahrscheinlich einen dauernden Augenschaden davontragen. Selbst in einer Entfernung von gut anderthalb Kilometern ist noch mit vorübergehender Blindheit zu rechnen, und sogar auf eine Distanz von sechzehn Kilometern und mehr kann zeitweilige Beeinträchtigung der Sehkraft die Folge sein. Bei völlig ungeschützten Personen können Gammastrahlen bis zu einer Entfernung von gut einem Kilometer tödlich wirken und Neutronen etwa bis zu 700 Meter.

Groves wußte, daß die Kriegsgefangenen in Nagasaki durch den Atomblitz blind werden konnten. Wahrscheinlich jedoch war, daß sie getötet würden.
Diesmal scheute er sich, für alles, was irgendwie mit dem Manhattan Projekt zusammenhing, die volle Verantwortung zu übernehmen. Er besprach die Angelegenheit mit General Handy, jenem Offizier, der Spaatz das »Stück Papier« übergeben hatte, in dem der geplante Atomschlag bestätigt wurde.
Handy meinte, das beste sei es, die Anfrage Stimson vorzulegen, der gerade von der Konferenz der Großen Drei zurückgekehrt sei.
Groves stimmte zu. Seiner Meinung nach würde der Kriegsminister auf diese Weise »sofern er nur wollte, die Gelegenheit erhalten, gegen uns zu entscheiden, bevor irgend etwas passieren konnte«.
Ehe er Stimson aufsuchte, bereitete Groves eine Erwiderung für Spaatz vor. Darin erklärte er, hinsichtlich der Ziele als solcher werde es wegen der Lage der Kriegsgefangenen keine Änderung geben. Allerdings stehe es Spaatz frei, die Stelle für

den Abwurf so zu wählen, daß die Möglichkeit, irgendein Kriegsgefangenenlager zu treffen, verringert wurde.
Als Groves beim Kriegsminister erschien, erinnerte er sich an jene Meinungsverschiedenheit, die er mit Stimson wegen der vorgeschlagenen Bombardierung von Kyoto gehabt hatte. Er reichte dem Minister das Kabel von Spaatz sowie die vorbereitete Antwort, wobei sich mehr oder minder implizit verstand, daß »ich sie ihm zwecks Kenntnisnahme zeigte. Ich erklärte, wir trügen die Verantwortung und wollten sie nicht auf ihn abwälzen. Daß er eine Änderung vornehmen konnte, wenn er wollte, betonte ich nicht. Aber ich versicherte, ich würde die Antwort sofort nach Verlassen seines Büros absenden. Seine einzige Reaktion bestand darin, mir dafür zu danken, daß ich ihm das Kabel gezeigt hatte, bevor ich es abschickte.«
Inzwischen hatte Spaatz General Handy eine weitere Top-Secret-Botschaft übermitteln lassen. Sie lautete:

> Berichten von Kriegsgefangenen zufolge ist Hiroshima die einzige von vier Zielstädten für CENTERBOARD, wo es keine Lager für alliierte Kriegsgefangene gibt. Erbitte Weisung.

Handy faßte seine Antwort nach einem kurzen Telefongespräch mit Groves ab. Dieser war gerade von Stimson zurückgekehrt: erleichtert, weil der Kriegsminister wegen des Kriegsgefangenen-Problems keine Einwände gemacht hatte. Das Kabel an Spaatz lautete:

> Sofern Sie Ihre Information für zuverlässig erachten, sollte Hiroshima oberste Priorität erhalten.

Spaatz hatte keinen Grund, an der Zuverlässigkeit seiner Information zu zweifeln. Auf der »Ziel-Liste« stand Hiroshimas Name jetzt ganz oben.

Tinian

Den ganzen Morgen über war auf der Insel ein Gerücht umgegangen. Ein Kampfverband von bisher noch nie erreichter Stärke sollte Japan bombardieren. Das Gerücht übertrieb nicht, ausnahmsweise: Es war geplant, daß — von Mittag an — nahezu tausend Bomber starteten, in gleichsam rollendem Einsatz. Ihre Angriffsziele waren ein Dutzend japanische Städte.

Vom Bodenpersonal verzichteten viele, die dienstfrei hatten, auf ihr Mittagessen, um auf North Field dem Start der gewaltigen Armada zuzusehen. Zu den wenigen von der 509., denen das imposante Schauspiel wichtiger war als »Perrys Lekkerbissen«, gehörte Beser, dessen Tatendrang trotz einer Reihe von Einsätzen über Japan unvermindert anhielt. Und genau wie sonst, wünschte er auch an diesem Tag, er könnte jetzt mitfliegen.

Kurz nach Mittag dröhnte das erste Wright-Cyclone-Triebwerk auf. Dann folgte das nächste und das nächste — bis aus dem Dschungel das Donnern von Hunderten von Motoren widerhallte.

Für Group Captain Leonard Cheshire bot das Schauspiel einen weiteren Beweis »für die phantastische amerikanische Fähigkeit, den pazifischen Krieg in der Art von Big-Business-Projekten zu führen«. Er hatte nur einen Wunsch: daß ihm sowie dem Wissenschaftler William Penney doch endlich einer der Direktoren dieses gigantischen Unternehmens bestätigen möge, ihre Teilnahme beim bevorstehenden Atombombeneinsatz stehe unverrückbar fest. Doch die »hohen Tiere« zeigten sich in ihren Äußerungen so vage wie eh und je.

Die Bomber gelangten zu den Startbahnen, die parallel zueinander lagen. Jeweils vier Maschinen erhoben sich gleichzeitig in die Luft.

Beser wußte, wie den Männern in den Flugzeugen unmittelbar vor dem Start zumute war. Insgeheim gelobte man dem Herrgott alles mögliche, auch berührte man sogenannte glückbringende Gegenstände, und vielfach benutzte man jeden Vorwand, um sich mit jemandem über die Bordsprechanlage unterhalten zu können. So jedenfalls war es bei den Einsätzen gewesen, die er mitgeflogen hatte. Bei anderen Besatzungen würde es gewiß ganz ähnlich sein.

Zwei Stunden dauerte es, bis sämtliche Bomber gestartet waren. Als sich die letzte Maschine in die Luft erhob, hatte der Führungsbomber bereits rund 1000 Kilometer zurückgelegt.

Noch eine Tatsache war Beser bewußt, eine verblüffende Tatsache: Die Gesamtladung von Sprengbomben, welche diese ungeheuer große Zahl von Maschinen an Bord hatte, besaß eine geringere Explosionskraft als jene, die von der ersten Atombombe erwartet wurde.
Und der Radaroffizier gehörte zu den wenigen Männern auf Tinian, die wußten, daß die Waffe jetzt endlich montiert war. In einer der Werkstätten im inneren Sperrgebiet ruhte sie auf einem Gerüst, einsatzbereit. In den Augen des prosaischen Beser sah die Bombe aus »wie eine längliche Mülltonne mit Flossen — bloß, daß es einen Haufen mehr gekostet hatte, diese hier zu produzieren als alle Mülltonnen in der freien Welt zusammen«.

Tibbets begegnete der nordwärts strebenden Bomberstreitmacht, während er selbst in südlicher Richtung flog, bei der Rückkehr von Iwo Jima nach Tinian.
Nach Iwo Jima war er, zusammen mit Ferebee und van Kirk, aus einem ganz bestimmten Grund geflogen. Es galt, jene Pläne zu überprüfen, denen zufolge diese Insel der Maschine mit der Atombombe an Bord gegebenenfalls als »Notlandeplatz« dienen sollte. Es ließ sich ja nicht ausschließen, daß bei der betreffenden B-29, während sie ihren Einsatz flog, plötzlich schwerwiegende Defekte auftraten. Dann mochte der Rückweg nach Tinian zu weit sein. Außerdem waren auf Iwo Jima nur wenige tausend amerikanische Soldaten stationiert. Schon rein rechnerisch ergab sich daher, daß man es notfalls eher riskieren mußte, sie zu gefährden, als die über 20000 Mann auf Tinian — von der dort lagernden, überaus kostbaren zweiten Superwaffe, der Plutoniumbombe, ganz zu schweigen.
Am Vormittag hatten Tibbets, Ferebee und van Kirk die Möglichkeiten und Vorkehrungen auf Iwo Jima sorgfältig überprüft. Wer sie waren oder was sie taten, wußte auf der Insel fast niemand.
Einen der Abstellplätze hatte man abgezäunt. In seiner Mitte befand sich eine große, tiefe, offene Grube, die in ihren Ausmaßen genau einer anderen Grube entsprach: der in einem ähnlich abgesperrten Bereich auf North Field, Tinian.
Die Grube auf Tinian war nötig, damit das Flugzeug die Bombe an Bord nehmen konnte. Zunächst würde man die

Bombe hineinstellen. Dann brachte sich die B-29 darüber in die richtige Position. Anschließend wurde die Bombe per Winde in den Bombenschacht hinaufbefördert.
Die Grube auf Iwo Jima war für die umgekehrte Prozedur gedacht. Im Falle einer Notlandung auf dieser Insel würde die defekte B-29 sich der Bombe auf diese Weise entledigen, ehe eine bereitstehende Reservemaschine sie an Bord nahm.
Ferebee und van Kirk hatten das speziell vorbereitete Kommunikationszentrum auf Iwo Jima überprüft. Es sollte als Relaisstation zwischen dem Atombombenflugzeug und Tinian fungieren. Kurz vor Beginn des Unternehmens würde Personal der 509. nach Iwo Jima fliegen, um das Zentrum zu übernehmen. Diese Leute würden dem Befehl des Sicherheitschefs der Group — Uanna — unterstehen.
Zufrieden hatten Tibbets und seine Begleiter den Rückflug angetreten — Männer, die genauso »mysteriös« verschwanden, wie sie gekommen waren. Als sie jetzt wieder in südlicher Richtung flogen, beobachteten sie, daß über viele hundert Kilometer hinweg ein langer Strom von Bombern den Luftraum einnahm. Tibbets ging ein Gedanke durch den Kopf: »Das wird bald alles überholt sein — falls die Atombombe funktioniert.«
Paul Tibbets war ein vorsichtiger Mann. Lange zuvor hatte seine Mutter, Enola Gay Tibbets, zu ihm gesagt: »Sohn, ehe du nicht siehst, daß etwas funktioniert, funktioniert es nicht.«
Er beschloß, diese Betrachtungsweise auch auf den Atombombeneinsatz anzuwenden: Bis zu jenem Augenblick, wo sie *wirklich* explodierte, würde er seine Zweifel haben.

1. August 1945
Tinian

Nach einem prachtvollen Frühstück von gewohnter Güte (Charles Perry leistete nach wie vor Erstaunliches) ging Tibbets in sein Büro im Hauptquartier der 509. Er schloß die Tür, setzte sich an seinen Schreibtisch und begann in schnellem Tempo zu schreiben. Nur wenige Minuten benötigte er zur Abfassung des Top-Secret-Befehls für den ersten atomaren Angriff in der Geschichte.

Dann schickte er die Order per Sonderkurier in einem versiegelten Kuvert zu LeMays Hauptquartier auf Guam.
Insgesamt sieben Maschinen vom Typ B-29 sollten bei dem Unternehmen eingesetzt werden. Auf Iwo Jima würde sich ein Bomber für den Notfall in Bereitschaft zu halten haben. Drei Maschinen sollten vorausfliegen, zur Aufklärung. Wenigstens eine halbe Stunde vor der B-29, welche die Bombe an Bord hatte, würden sie starten, um später jeweils Kurs zu nehmen auf eine der drei als Angriffsziele in Betracht gezogenen Städte. Dort sollten sie die lokalen Wetterverhältnisse feststellen, um sodann an das Flugzeug, das die Bombe mitführte, entsprechende Meldungen zu funken. Diese Maschine würde von zwei weiteren B-29 begleitet werden, zwecks Beobachtung.
Jetzt mußte Tibbets entscheiden, welche seiner Crews er bei dem Unternehmen einsetzen wollte und was für Aufgaben sie jeweils übernehmen sollten.
Er begann damit, daß er Major Claude Eatherly und dessen Crew eine bestimmte Aufgabe zuteilte: die Wetterbeobachtung über Hiroshima.

Manila

Während Tibbets die schicksalhafte Order für den Abwurf der Atombombe niederschrieb, informierte General Carl Spaatz einen Mann über *Centerboard,* der unglaublicherweise jetzt zum erstenmal davon hörte: General Douglas MacArthur, der Oberkommandierende der alliierten Luftstreitkräfte auf dem pazifischen Kriegsschauplatz.
Falls er sich in seinem Stolz verletzt fühlte, sozusagen als letzter aller Kommandeure im Pazifik ins Bild gesetzt zu werden, so ließ MacArthur sich nichts davon anmerken.
Nachdem Spaatz geendet hatte, beschränkte MacArthur seinen Kommentar auf einen einzigen Satz.
»Das wird unsere Vorstellungen von Kriegführung grundlegend ändern.«

Tinian

Auf Tinian ließ Tibbets um die Mittagszeit zwei Männer zu sich kommen: Lieutenant Colonel Hazen Payette, den Nachrichtenoffizier der 509., und Captain Joseph Buscher, den Nachrichtenoffizier der 393. Squadron.
Vor nunmehr fast einem Jahr hatte Buscher, während der ersten Tage in Wendover, den Männern den Rat erteilt, dem Ort »eine Chance zu geben« — und Eatherlys Frage ignoriert: »Wie steht's mit Weibern?«
Tibbets informierte die beiden Männer über den bevorstehenden Einsatz. Er erklärte ihnen, sie sollten sich bereithalten, um die ausgewählten Crews darüber ins Bild zu setzen, welchen Anblick die betreffenden japanischen Städte aus einer Höhe von 10000 Metern boten.

Guam

Auf Guam empfing Brigadier-General Thomas Farrell (Groves' Beauftragter, der gerade in den Marianen eingetroffen war, um für das Manhattan Projekt als »Augen und Ohren« zu fungieren) sein erstes Kabel von »Morose«, Groves' Washingtoner Hauptquartier. Es lautete:

> Ist hier oder dort irgend etwas unterlassen worden, das den Beginn des Einsatzes von Little Boy verzögert?

Farrell, ein Mann von wohltuend wenig Worten, kabelte zurück:
»Nein.«

Tinian

Nach dem Mittagessen ließ Tibbets kurz nacheinander drei Männer zu sich kommen: Perry, den Mess Officer; Sweeney, den Kommandeur der 393., und Classen, den stellvertretenden Kommandeur der 509.
Zu den Anweisungen, die er erteilte, gehörte unter anderem auch diese — Perry solle »vom 3. August an einen ausreichen-

den Vorrat an Ananas-Fritters bereithalten«. Die Fritters waren Tibbets Lieblingsleckerbissen. Vor einem Flug verdrückte er davon gern mehrere Portionen.
Dann kam Sweeney an die Reihe. Tibbets informierte ihn von dem bevorstehenden Einsatz. Er teilte dem »Bostoner Iren« mit, seine Maschine, die *Great Artiste,* werde in ein fliegendes Laboratorium verwandelt werden. Sie solle hochempfindliche Instrumente an Bord nehmen, um Explosionsdruck und weitere Wirkungen der Bombe zu messen. Sweeney würde Tibbets zwar begleiten, doch in einer anderen Maschine, die eigens dafür ausgerüstet war, fotografische Aufnahmen zu machen.
Classen wurde vom Colonel ganz allgemein informiert. Tibbets hatte den Eindruck, daß sein recht vernachlässigter Stellvertreter froh war, ins Bild gesetzt zu werden.
Der Colonel dachte nicht daran, auch Lewis zu sich kommen zu lassen, um ihm mitzuteilen, bei diesem Einsatz werde er als Copilot fungieren. Tibbets zufolge verstand sich das »so sehr von selbst, daß es nicht eigens dargelegt zu werden brauchte«.
Er irrte sich. Lewis war nach wie vor der Meinung, kein anderer als er werde den Befehl haben beim ersten Atombombeneinsatz.

Washington, D.C.

In Washington, D.C., empfing Groves ein weiteres lakonisches Kabel von Farrell. Darin stand, daß »gegen 10.00 Uhr östlicher Kriegszeit« die Atombombe über Japan abgeworfen werden würde.
Truman hatte darauf bestanden, der japanischen Führung mehrere Tage Zeit zu lassen, damit man dort die ursprüngliche Reaktion auf die Potsdamer Erklärung noch einmal überdenken könne.
Von einem »Überdenken« auf seiten der Japaner konnte jedoch offensichtlich nicht die Rede sein. Sämtliche gemeldeten Äußerungen der japanischen Führung schienen die ursprüngliche ablehnende Haltung nur zu bestätigen.
Für Groves setzte diese Reaktion »unser Unternehmen voll in Gang«.

2. August
Guam

Am frühen Nachmittag trafen Tibbets und Ferebee in LeMays Hauptquartier ein. Sie waren gekommen, um jene Details zu ergänzen und endgültig abzustimmen, die Tibbets in seinem tags zuvor nach Guam geschickten Einsatzbefehl noch hatte auslassen müssen.
LeMay war gerade zum Stabschef der strategischen Luftstreitkräfte ernannt worden. Er befand sich in einer aufnahmebereiten Stimmung.
Was die beiden Flieger als erstes wissen mußten, war dies: Welcher der »Ziel-Städte« gab LeMay persönlich den Vorzug? Als Groves seinerzeit Kyoto vorgeschlagen hatte, war er bei LeMay ja auf entschiedene Ablehnung gestoßen. Nach LeMays Überzeugung stellte diese Stadt »kein besonderes militärisches Ziel« dar. ». . . nur ein Haufen Schreine und ähnliches; und das Bombardieren der Bevölkerung bringt nicht viel — lohnt sich nicht.« Was Hiroshima betraf, so war LeMay jedoch einverstanden. Er wußte, daß es dort eine beträchtliche Zahl militärischer Einheiten und Rüstungsbetriebe gab.
Der General blickte zu Tibbets und sagte fast beiläufig: »Paul, an erster Stelle steht Hiroshima.«
Tibbets' Antwort kam prompt.
»Ich war schon immer für diese Stadt als Angriffsziel.«
LeMay führte seine Besucher zu einem großen Kartentisch. Dort lagen die jüngsten Luftbilder, die amerikanische Aufklärungsmaschinen von Hiroshima gemacht hatten. Während Tibbets und Ferebee die Fotos zu studieren begannen, rief LeMay Colonel Blanchard, den Operations Officer, in den Raum. Dieser blickte nicht ohne eine gewisse Befangenheit zu den beiden Männern am Kartentisch.
»Bei der vorgesehenen Bombenflughöhe«, sagte LeMay, »könnten Seitenwinde für Sie zu einem großen Problem werden.«
Ferebee nickte. Sein Bombenzielgerät, erklärte er, könne »25 bis 30 Grad Seitenwind verkraften, aber manchmal sind's dort oben 40 bis 50 Grad«.
Blanchard schlug eine Lösung vor.
»Dann sollten Sie mit Rückenwind fliegen. Hätte außerdem noch den Vorteil, daß sich Ihre Geschwindigkeit erhöht. Mit-

hin würden Sie sich kürzere Zeit über dem Zielgebiet befinden und entsprechend weniger gefährdet sein. Sie brauchten dann auch nicht so sehr wegen Seitenwind besorgt zu sein.«
Tibbets widersprach. Ihm erschien es günstiger, direkt gegen den Wind zu fliegen, und dadurch mögliche Seitenwindwirkungen weitgehend auszuschalten, so daß Ferebee die beste Gelegenheit zu genauem Bombardieren erhielt.
LeMay wies darauf hin, daß sich bei Gegenwind die Fluggeschwindigkeit verringern werde. Somit werde der Bomber über dem Zielgebiet längere Zeit gefährdet sein.
Ferebee blickte zu Tibbets, sprach dann für beide.
»Unsere Hauptaufgabe ist es, das Ziel zu treffen. Wir fliegen dorthin, um zu bombardieren, nicht, um auf Nummer Sicher zu gehen.«
»Okay, dann also Gegenwind.«
Sodann stellte LeMay die eine wichtige Frage, die noch blieb. Er forderte Ferebee auf, den sogenannten Zielpunkt zu präzisieren.
Ohne auch nur eine Sekunde zu zögern, deutete der Bombardier mit dem Zeigefinger auf die T-förmige Aioi-Brücke im Zentrum von Hiroshima.
LeMay nickte.
Tibbets stimmte zu: »Das ist der perfekteste Zielpunkt, den ich in diesem ganzen verdammten Krieg gesehen habe.«

Spaltung

3. August 1945 bis 8.16 Uhr, 6. August 1945

3. August 1945
Hiroshima

An einer freien Stelle des Geländes von Hiroshima-Burg, nur einen guten halben Kilometer von der Aioi-Brücke entfernt, stand völlig reglos und mit verbundenen Augen ein Amerikaner. Der Gefreite Matsuoka, sein Wachtposten, trat auf ihn zu. Indem er ihn erst an den Armen, dann an den Knien berührte, machte er dem Gefangenen klar, daß dieser die gewohnten Leibesübungen zu absolvieren habe: Heben und Senken der Arme sowie Kniebeugen.

Zu solchen Übungen wurden die dreiundzwanzig amerikanischen Kriegsgefangenen allmorgendlich ins Freie geführt. Obwohl es erst acht Uhr war, brannte die Augustsonne bereits so heiß herab, daß die verdreckte Uniform des Fliegers bald durchgeschwitzt war. Nach den Übungen mußte er, noch immer mit verbundenen Augen, eine Viertelstunde lang im Hof der Burg umhermarschieren.

Nur etwa fünfzig Meter von dort entfernt, im Rathaus, saß Bürgermeister Senkichi Awaya in seinem Amtszimmer. Aufmerksam hörte er seinem Assistenten Kazumasa Maruyama zu, der ihm eine Reihe aufschlußreicher statistischer Zahlen nannte. Bis zu diesem Morgen waren rund 30000 Erwachsene sowie 11000 Schüler zwischen elf und siebzehn Jahren, zu Arbeitsbataillonen formiert, bei der Schaffung der Feuerschneisen eingesetzt worden. Bei dieser Aktion hatten über 70000 Wohnungen abgerissen werden müssen. Von den ursprünglich 340000 Einwohnern waren inzwischen mehr als 60000 evakuiert. In wenigen Tagen sollte die nächste — die nunmehr sechste — Zwangsevakuierung beginnen; denn wegen der Schaffung weiterer Feuerschneisen verloren immer mehr Menschen ihr Heim. Nach Maruyamas Schätzung befanden sich an diesem Morgen noch zirka 280000 Zivilisten in der Stadt.

Beide Männer wußten: Für Hiroshimas schrumpfende Ver-

sorgungsmöglichkeiten waren das noch immer zuviel Menschen. Vor dem Krieg hatte es in der Stadt nahezu 2000 Lebensmittelgeschäfte gegeben. Jetzt waren es weniger als 150, und viele der größeren durften nur das Militär beliefern. Andererseits war es so, und Awaya wußte das sehr genau, daß man militärischerseits etwa so viele Zivilisten brauchte, wie sich jetzt in der Stadt befanden. Die Toyo-Werke beispielsweise benötigten rund 10000 Arbeitskräfte für eine Wochenproduktion von 6000 Gewehren. Ähnlich verhielt es sich bei der Firma Mitsubishi. Auch dort brauchte man eine gewaltige Zahl von Arbeitskräften; und genau wie im Komplex der Japanischen Stahl-Gesellschaft am Rande von Hiroshima wurde ohne Pause produziert: sieben Tage in der Woche, vierundzwanzig Stunden pro Tag.
Das Geld, das die Arbeiter verdienten, war kaum noch etwas wert — nicht einmal die hungrigen Huren im Bordellviertel wollten es noch akzeptieren; für sie wie für so viele andere in Hiroshima war ein Mundvoll Nahrung jetzt die einzig sinnvolle Bezahlung.
Während Maruyama die lange Liste der Beschwerden verlas, überlegte der Bürgermeister, daß es »nur eine Möglichkeit gab, die Situation zu ändern und diesen Wahnsinn zu beenden«.
Er sagte zu Maruyama, er werde sofort um eine Unterredung bei Feldmarschall Hata nachsuchen.
Maruyama mahnte ihn zur Vorsicht. Eine offizielle Unterredung werde sich als Fehlschlag erweisen. Hata sei dafür bekannt, daß er in solchen Situationen eine steife, kompromißlose Haltung einnehme. Da scheine es doch ratsamer, mit dem Feldmarschall unter Umständen zusammenzutreffen, die von seiner Seite eine entspanntere und aufnahmebereitere Stimmung erwarten ließen. Eine Gelegenheit dazu werde sich schon bald, nämlich am 5. August, also in nur zwei Tagen, ergeben: Der Bürgermeister sei ja zu einer Art Cocktailparty im Offiziersklub eingeladen, nur einen Katzensprung vom Rathaus entfernt. Und da könne der Bürgermeister dann ja, sozusagen zwischen Trinksprüchen, dem Feldmarschall seinen Standpunkt klarmachen.
Awaya erwiderte, er werde sich den Rat sorgfältig durch den Kopf gehen lassen.
Während die beiden Männer weiter Probleme besprachen,

empfing im Shima-Krankenhaus — nicht sehr weit vom Rathaus und nur knapp dreihundert Meter von der Aioi-Brücke entfernt — Dr. Kaoru Shima, der medizinische Direktor, einen Besucher, dessen Art so ernst, ja, geradezu feierlich wirkte, daß es dem Arzt ein kurzes Lächeln entlockte.
Bei dem Besucher handelte es sich um einen Bauern, der eine beträchtliche Anzahl von Kilometern zu Fuß zurückgelegt hatte, um in die Stadt und zu Dr. Shima zu gelangen. Der Doktor möge bei ihm doch einen Hausbesuch machen, denn seine Frau ...
Der Beschreibung des Bauern glaubte der Arzt entnehmen zu können, daß die Frau schwanger war. Er versprach dem Mann, zum Bauernhof zu kommen, sobald er ohnehin in der Gegend zu tun habe.

Tinian

In einem Lazarett auf Tinian (es mochte etwa zwanzigmal so groß sein wie Dr. Shimas Krankenhaus) stellte sich der Group Navigator der 509., Ted »Dutch« van Kirk, unwillkürlich immer wieder dieselbe Frage: Gab es irgendeinen Zusammenhang zwischen dem mysteriösen Hautausschlag, der ihn plötzlich erwischt hatte, und der Tatsache, daß ihm von Tibbets mitgeteilt worden war, er — van Kirk — werde den Atombombenangriff mitfliegen?
Am Tag zuvor war das gewesen, und der Colonel hatte betont, wie ungeheuer wichtig die präzise Navigation sein werde. Das beunruhigte van Kirk nicht weiter, er war ja erfahren genug. Was ihm Sorgen machte, war dies: Von Tinian aus hatten Tibbets, Ferebee und er noch keinen einzigen gemeinsam Einsatz geflogen, und eine Gelegenheit dazu würde sich vor *dem* Einsatz auch nicht mehr ergeben.
Aber das war nicht das einzige. Hinzu kam noch, daß einige der Männer, mit denen er fliegen würde, für ihn praktisch Fremde waren. Und so grübelte van Kirk darüber nach: »Jeder einzelne von ihnen verstand sich wahrscheinlich ausgezeichnet auf seinen Job, bloß als Team waren wir halt noch nie getestet worden; und eine Chance, zu einer richtigen, festen Einheit zusammenzufinden, blieb nicht mehr.«
Von diesen seinen Bedenken sagte van Kirk dem Colonel

nichts. Aber als er Tibbets' Büro verließ, bohrte diese Sache noch in dem Navigator.
Kurz darauf entdeckte er, daß an verschiedenen Stellen seines Körpers ein schmerzhafter Hautausschlag ausgebrochen war. Beunruhigt meldete er sich sofort bei Dr. Young, dem Arzt der Einheit. Dieser schickte ihn umgehend zum Lazarett und meldete die Angelegenheit seinerseits Colonel Tibbets.
Van Kirks mysteriöser Hautausschlag beunruhigte den Colonel noch mehr als den Navigator. Nach Tibbets' Überzeugung gab es »ganz einfach keinen, der Dutch in puncto präzises Navigieren auch nur das Wasser reichen konnte«.
Er schickte Ferebee ins Lazarett, damit dieser herausfand, wie schlimm es denn nun um van Kirk bestellt war.
Nachdem Ferebee wieder verschwunden war (fest davon überzeugt, van Kirk werde für »den« Feindflug einsatzbereit sein), besuchte Dr. Young den Navigator. Er begann, van Kirk auszufragen, weil er nach einer »möglicherweise emotionalen Ursache« für die Krankheit suchte.
»Machen Sie sich wegen des Einsatzes Sorgen?«
»Nein.«
»Wollen Sie wirklich mitfliegen? Sie haben jetzt doch eine Frau und einen Sohn«.
»Ich will mitfliegen.«
»Dann fliegen Sie.«
Innerhalb weniger Stunden war von van Kirks Hautausschlag absolut nichts mehr zu sehen.
Er verließ das Lazarett genauso schnell, wie er es betreten hatte.

In seinem Büro im Hauptquartier der 509. empfing Tibbets Befehle und gab Befehle aus. Unter anderem ordnete er an, es solle rund um die Uhr Wache gehalten werden um jenes Sperrgebiet auf North Field, wo sich die »Grube« befand. Er trug sich sogar mit dem Gedanken, vor dem Start seines Bombers die gesamte nördliche Hälfte der Insel räumen zu lassen. Diesen Einfall verwarf er dann wieder, als er sich klarmachte, daß eine vorzeitige Atombombenexplosion »vermutlich ganz Tinian in ein gewaltiges Krakatau verwandeln würde«.
LeMay kam in einem Militärflugzeug nach Tinian und brachte den Befehl mit für »Special Bombing Mission No. 13«. Im wesentlichen handelte es sich um das gleiche Doku-

ment, das Tibbets am 1. August aufgesetzt hatte; doch seit dem Treffen in LeMays Hauptquartier war eine Anzahl von Details hinzugefügt worden.
In der Order war das Datum für den Feindflug festgesetzt: der 6. August. Und zu den aufgeführten Zielen gehörten:
Erstens — Hiroshimas städtisches Industriegebiet.
Zweitens — Kokura, Arsenal und Stadt.
Drittens — Nagasaki, Stadtgebiet.
Die Order enthielt ausdrücklich den Hinweis darauf, daß keine Freundmaschine »außer den nachfolgend aufgeführten sich in einem Umkreis von achtzig Kilometern bei den genannten Zielen befinden wird, und zwar während eines Zeitraumes von vier Stunden vor und sechs Stunden nach der festgesetzten Zeit für den Bombenabwurf«.
Insgesamt zweiunddreißig Kopien dieses Befehls wurden an die verschiedenen Kommandostellen auf Guam, Iwo Jima und Tinian verteilt. Was Tibbets' Exemplar betraf, so schloß es der Colonel in den Safe in seinem Büro. Dann brach er gemeinsam mit LeMay auf, um im inneren Sperrgebiet — im Werkstättenbereich — »Little Boy« zu besichtigen.
Am Zugang zum »Allerheiligsten« nahm ein Sicherheitsagent General LeMay seine Zigarre samt Streichhölzer ab. Es war eine Geste, die eines Groves' würdig gewesen wäre.

4. August 1945
Tinian

Kurz nach 14.00 Uhr wurde die Baracke, in der die Einsatzbesprechungen stattzufinden pflegten, von Militärpolizisten mit Karabinern abgesperrt. Offenbar umgaben sie das gesamte länglich-schmale und sehr nüchtern wirkende Gebäude mit einem undurchlässigen Sicherheitskordon.
Für die Einsatzbesprechung zum ersten Atombombenangriff blieb eine Stunde.
In der Baracke zogen die Nachrichtenoffiziere Hazen Payette und Joseph Buscher an den Fenstern die Vorhänge zu. Das nüchterne künstliche Licht ließ das Innere der Baracke noch kahler und freudloser wirken.
Gegenüber einem Podium mit zwei schwarzen Wandtafeln sowie mehreren Stühlen standen viele Reihen einfacher Holz-

bänke. An den Wänden hingen zahlreiche Karten von Japan sowie ein Plakat mit der Mahnung, daß »unvorsichtiges Reden« Menschenleben gefährden könne.
Payette und Buscher begannen, Großfotos an die Wandtafeln zu heften, Aufnahmen der Luftbildaufklärung: von Hiroshima sowie den anderen potentiellen Zielen. Anschließend hängten sie große Tücher über die Tafeln — hängten sie quasi zu.
Um 14.15 Uhr erschien ein Techniker mit einem Filmprojektor und einer Leinwand. Unter der Aufsicht von Payette stellte er die Leinwand mitten auf das Podium und den Projektionsapparat in den hinteren Teil des Raums.
Um 14.30 Uhr traf Captain »Deak« Parsons mit einer Gruppe von Wissenschaftlern ein. Dazu gehörten auch Norman Ramsey und Ed Doll. Bei Doll befand sich 2nd Lieutenant Moris Jeppson, der wenige Tage zuvor mit einem anderen Elektronikoffizier darum »geknobelt« hatte, wer von beiden Parsons beim Einsatz zur Verfügung stehen solle. Genauer: Eine geworfene Münze hatte zwischen beiden entschieden, zu Jeppsons Gunsten. Jetzt saß der junge Mann ruhig und nachdenklich auf der linken Seite des Raums.
Aus einer Aktentasche holte Parsons eine Filmrolle, die der Techniker sodann in das Projektionsgerät einsetzte. Es handelte sich dabei um ein besonderes Dokument: um eine Kopie jener filmischen Aufzeichnungen, die vom Atombombentest bei Alamogordo gemacht worden waren.
Um 14.45 Uhr trafen die Briten ein. Beide — Cheshire wie Penney — zeigten grimmige Gesichter. Es war ihnen gerade eröffnet worden, daß sie *nicht* als Beobachter beim ersten Atombombeneinsatz dabeisein würden. LeMay hatte ihnen statt dessen versprochen, sie würden nach dem Flug den »offiziellen Bericht« erhalten. Cheshire fand dieses Angebot irritierend, wenn nicht demütigend. Er erinnerte LeMay daran, daß ihn die britische Regierung hergeschickt habe, damit er an dem Flug teilnehme, »und wenn man mich nun nicht ließ, ja, was, um alles auf der Welt, sollte dann mein ganzer Aufenthalt hier?«
LeMay gab nicht nach. Und er konnte es auch nicht. Denn er handelte auf ausdrückliche Weisung Washingtons — wobei es kaum einen Zweifel geben konnte, daß Groves dahintersteckte.

Aber so leicht gab Cheshire sich nicht geschlagen. Gemeinsam mit Penney schickte er der British Joint Staff Mission in Washington ein »wirklich deutliches Signal«. Die beiden Männer umrissen die Situation, in der sie sich befanden.

Die Antwort auf dieses »Signal« stand noch aus. Während sie sich jetzt mit den anderen zur Einsatzbesprechung versammelten, hatten Cheshire und Penney das Gefühl, daß »unser Pulver immer noch ziemlich feucht war, während uns die Zeit davonlief«. Sie nahmen hinter den Wissenschaftlern Platz.

Caron, Duzenbury, Shumard, Stiborik und Nelson kamen gemeinsam an, als erste von allen Crews. Sie trugen sogenannte Overalls — Fliegeranzüge. Mit Tibbets waren sie gerade von einem begrenzten Probeflug zurückgekehrt. Bei diesem Übungseinsatz hatte van Kirk (inzwischen wieder völlig hergestellt) die B-29 nach Rota navigiert. Dort machte Tibbets einen vier Minuten langen Bombenzielanflug. Sofort nachdem Ferebee die Übungsbombe ausgeklinkt hatte, drehte der Colonel scharf nach rechts ab. Irgendwelche Beanstandungen gab es nicht. Geräte, Instrumente — alles funktionierte einwandfrei.

Tibbets flog nach Tinian zurück. Nach der Landung manövrierte er die B-29 zu jenem Teil des Flugplatzes, wo sich die spezielle Grube befand. Er brachte das Flugzeug so in Stellung, daß die sogenannte Bombenklappe — die Klappe des Bombenschachts — unmittelbar über der Grube war. Rund um die B-29 postierten sich Militärpolizisten. Bis zum nächsten Start würde die Maschine keinen Augenblick unbewacht sein.

Während des gesamten Übungsfluges hatte Lewis auf dem Pilotensitz wenig gesprochen. Vor dem Start nach Rota war ihm eine unangenehme Aufgabe geblieben. Zwei regulären Mitgliedern seiner Crew, dem Bombardier und dem Navigator, mußte er »irgendwie beibringen«, daß sie den Atombombenangriff nicht mitfliegen würden.

Im übrigen hatte Tibbets seinerseits jetzt keinen Zweifel mehr daran gelassen, wie die Dinge lagen: daß während des Atomschlags nämlich er den Pilotensitz einnehmen werde, mit Lewis als Copilot. Dennoch hatte Lewis weiterhin das Gefühl, es sei »im Grunde meine Crew«, die schon bald in die Geschichtsbücher eingehen würde.

Als die Nicht-Offiziere unter den Besatzungsmitgliedern von

der Änderung erfuhren, akzeptierten sie das ohne irgendeine weitere Frage. Ihnen genügte, daß sie dabei sein würden.
Jetzt — in der Baracke — waren so viele Fremde zu sehen wie noch nie: Caron, der Bordschütze im Heck der B-29 registrierte es genau. Da waren nicht nur die Wissenschaftler, da waren auch Parsons und Ashworth in ihren flotten Marineuniformen; und Caron fragte sich unwillkürlich, was Leute von der Navy bei einer Einsatzbesprechung der Army Air Force zu suchen hatten. Eines stand für ihn jedenfalls fest: Um nichts in der Welt würde er seine Mütze der Brooklyn Dodgers absetzen, es sei denn, es wurde ihm ausdrücklich befohlen — von diesen »hohen Tieren« ließ er sich jedenfalls nicht so ohne weiteres beeindrucken.
Allerdings gab es für seinen Entschluß, die Kappe aufzubehalten, noch einen tieferen Grund. Am Abend zuvor hatte ihn, während sie sich beide in angetrunkenem Zustand befanden, Shumard dazu herumgekriegt, sich einen frischen Haarschnitt verpassen zu lassen. In nicht weniger beschwingter Verfassung befanden sich auch die beiden Männer, die sich an Carons Haarpracht zu schaffen machten: ein GI, der den Friseur mimte, sowie Duzenbury. Sie stutzten ihn zurecht, bis er aussah wie eine »Kreuzung zwischen Schwarzfußindianer und Präriegras«.
Zusammen mit Lewis betrat Eatherlys Crew die Baracke. Nach einer Nacht, in der es mit den Krankenschwestern »rund« gegangen war, schienen sie allerbester Stimmung. Sie setzten sich neben Sweeneys Crew. Diese Männer wirkten wesentlich stiller und nachdenklicher, was seinen Grund hatte: Sie folgten gleichsam dem Beispiel, das ihr Flugzeugkommandant gab.
Dieser hatte kurz zuvor drei Wissenschaftler zur *Great Artiste* begleitet. Diese hatten verschiedenes Gerät bei sich, unter anderem automatische Kameras sowie Empfangsapparate. Sie erklärten Sweeney, daß in Zielnähe drei Fallschirme mit zylinderförmigen Behältern abgeworfen werden sollten. Darin befanden sich kleine Sender, die an das Flugzeug bestimmte Daten funken würden. Sweeney begriff, daß er mit Tibbets in perfekter Synchronisation würde fliegen müssen, damit die per Fallschirm abgeworfenen Instrumente auch wirklich über dem dafür vorgesehenen Gebiet abgeworfen werden konnten.

Beser kam zusammen mit Tom Classen, dem stellvertretenden Kommandeur der 509. Sie nahmen im hinteren Teil des Raums, nicht weit vom Projektionsapparat, Platz. Für Beser war die Besprechung eine willkommene Erholung von dem mörderischen Tempo in den Werkstätten im inneren Sperrgebiet. Nachdem er ursprünglich bei der Montage der Uranbombe geholfen hatte, arbeitete er jetzt auch bei der Montage der Plutoniumbombe mit; und kurz bevor er zu dieser Einsatzbesprechung aufgebrochen war, hatte Doll ihm erklärt, er solle sich bereithalten, um auch den zweiten Einsatz mitzufliegen. Als Beser fragte, wie viele Einsätze denn geplant seien, erwiderte Doll: »So viele wie eben nötig sind, damit die kapitulieren.«

Hier in der Baracke, so schien es Beser, herrschte Hochspannung. »Nach einer Weile wurden sogar Eatherly und seine Leute ruhig. Wir saßen alle da, einfach nur so, und starrten zum Podium und den verhängten Wandtafeln.«

Kurz vor 15.00 Uhr traten Ferebee und van Kirk ein. Sie nahmen vorn, nicht weit von General Farrell, Platz.

Um Punkt 15.00 Uhr erschien Tibbets in frischgebügelter Khakiuniform. Flankiert wurde er von Payette und Buscher. Das Trio ging zum Podium. Die beiden Nachrichtenoffiziere hielten sich in der Nähe der Wandtafeln. Parsons gesellte sich zu Tibbets.

Sergeant Abe Spitzer konzentrierte sich voll auf alles, was rings um ihn vorging. Er führte ja heimlich Tagebuch und wollte sich möglichst nichts entgehen lassen. Und so bemerkte er auch, daß Parsons schwitzte. »Er räusperte sich dauernd und raschelte unaufhörlich mit seinen Papieren.«

Von der ungeheuren Verantwortung, die Parsons trug, hatte Spitzer natürlich keine Vorstellung. Parsons und Tibbets waren die beiden Männer, die bei diesem Unternehmen so etwas wie die Schlüsselpositionen einnahmen. Niemand wußte besser als Parsons, was alles schief gehen konnte — und auf der Liste nicht auszuschließender Schrecknisse stand auch die sehr reale Möglichkeit einer Katastrophe beim Start, wobei es dann durchaus denkbar schien, daß die Atombombe »zur unrechten Zeit explodierte und Tinian ins Jenseits pustete«.

Diese Besorgnis war keineswegs neu. Bereits zwei Monate zuvor, bei einer Besprechung in Los Alamos, hatte jemand aus Parsons' Stab vorgeschlagen, die Bombe erst während des

Flugs scharfzumachen. Groves und Oppenheimer hatten widersprochen. Sie vertraten die Auffassung, dabei könne allzu leicht etwas schiefgehen.
Dennoch waren entsprechende Vorbereitungen getroffen worden. Sobald sich die B-29 zu ihrem endgültigen Einsatz in der Luft befand, konnte der konventionelle Sprengsatz in die Bombe eingeführt werden, ohne den die atomare Explosion nicht möglich war — nicht *mit Sicherheit* möglich. Denn bei einem Absturz der Maschine mochte es durchaus sein, daß es dennoch dazu kam. Doch indem man den konventionellen Sprengsatz erst später in der Bombe anbrachte, verringerte man zweifellos das Risiko; und deshalb hatte — Groves sozusagen zum Trotz — Parsons sich für das Scharfmachen der Bombe nach dem Start der B-29 entschieden. Nur allzu deutlich war ihm bewußt, wie hoch auf Tinian die Rate jener Maschinen war, bei denen während des Starts irgend etwas passierte.
Allerdings hatte Parsons von seinen Absichten niemand etwas erzählt. Irgendwie fürchtete er, daß Groves, falls er davon erfuhr, seine Pläne noch im allerletzten Augenblick verhindern könne — über eine Entfernung von weit über 10000 Kilometern hinweg.
Die gedämpften Gespräche im Raum verstummten, als jetzt Tibbets zu sprechen begann.
»Es ist soweit. Dies ist der Augenblick, auf den wir alle hingearbeitet haben. Die Waffe, die wir einsetzen werden, hat man in den Staaten erst kürzlich erfolgreich getestet. Wir haben Befehl zum Bombenabwurf auf den Feind.«
Er nickte Payette und Buscher zu. Die beiden Offiziere entfernten das verhüllende Tuch von den Wandtafeln.
Tibbets nannte die Angriffsziele in der Reihenfolge ihrer Priorität: Hiroshima, Kokura, Nagasaki. Sodann bestimmte er jene drei B-29, die als Wetterflugzeuge fungieren sollten: Eatherlys *Straight Flush* würde vorausfliegen nach Hiroshima; *Jabbit III.* mit seinem Kommandanten Major John Wilson hatte Kokura zu übernehmen; für *Full House* mit Major Ralph Taylor im Pilotensitz blieb folglich noch Nagasaki.
Jack Bivans, Mechaniker, glaubte deutlich zu spüren, wie enttäuscht Eatherly darüber war, daß ihm nichts weiter zufiel als die Rolle eines »Wetterscouts«. Innerhalb der Crew hatte Bivans bislang immer die Rolle des ewig lustigen Witzboldes

gespielt, der es verstand, Eatherly bei guter Laune zu halten. Ob in dieser Hinsicht nach Hiroshima noch etwas zu machen war, erschien ihm mehr als fraglich.

Sweeneys *Great Artiste* sowie *No. 91* mit Major George Marquardt als Pilot und fotografischem Gerät an Bord sollten Tibbets zum eigentlichen Ziel begleiten — wobei dessen endgültige Entscheidung natürlich von jenen Wetterberichten abhing, die ihm die drei vorausfliegenden B-29 per Funk übermitteln würden.

Sofern über allen drei Angriffszielen »gutes Bombenwetter« herrschte, würde Tibbets zu Ziel Eins — Hiroshima also — fliegen. Fiel Hiroshima aufgrund von Schlechtwetterverhältnissen aus, so wählte er eines der beiden Alternativziele. Kam des ungeeigneten Wetters wegen an diesem Tag keines der drei Ziele in Frage, so flog Tibbets zurück, und zwar nach Iwo Jima, wo er erst landen würde, nachdem Parsons die Bombe in der Luft »entschärft« hatte — eine Maßnahme, über die sich die beiden Männer gerade an diesem Tag einig geworden waren.

Top Secret, die siebte B-29 mit Captain Charles McKnight im Pilotensitz, erhielt den Auftrag, nach Iwo Jima zu fliegen und sich mit seiner Maschine dort — im Sperrgebiet mit der eigens ausgehobenen Grube — bereitzuhalten.

Aufmerksam betrachtete Jeppson die Luftbilder. Was den bevorstehenden Einsatz betraf, so empfand der junge Mormone gemischte Gefühle.

Gegen einen Bombenabwurf auf ein rein militärisches Ziel hätte er nichts weiter einzuwenden gehabt. Die Bombardierung einer *Stadt* mit einer solchen Waffe widerstrebte ihm jedoch. Aufgrund seiner wissenschaftlichen Kenntnisse wußte er, daß die Schädigung durch radioaktive Strahlen ebenso schwerwiegend wie langfristig sein konnte.

Oben auf dem Podium stellte Tibbets jetzt Parsons vor. Dieser kam sofort zur Sache.

»Die Bombe, die Sie abwerfen werden, ist in der Kriegsgeschichte etwas Neues. Es handelt sich um die vernichtendste Waffe, die man je hergestellt hat. Wir nehmen an, daß sie in einem Umkreis von zirka fünf Kilometern fast alles zerstören wird.«

Die Anwesenden schienen vor Verblüffung buchstäblich den Atem anzuhalten.

Parsons umriß kurz, was es mit dem Manhattan Projekt auf sich hatte. Spitzer, vom soeben Gehörten noch wie betäubt, versuchte angestrengt, einen passenden Satz zu formulieren, um später im Tagebuch seine Reaktion festhalten zu können. Er versuchte diesen: »Es ist wie ein irrer Traum — geträumt von jemandem mit einer allzu lebhaften Phantasie.«
Mit fast starrem Blick beobachtete Lewis, wie Parsons zum Projektionsapparat ging. Der einzige Gedanke, den der Pilot hatte, war: »Spinnt der Kerl . . . oder was . . .?«
Parsons gab dem Techniker ein Zeichen. Er solle beginnen. Doch nichts tat sich. Der Mann fingerte am Apparat herum. Buscher trat zu ihm, um zu helfen.
Plötzlich setzte sich der Projektor in Gang. Und begann, den Filmstreifen zu zerfetzen, weil sich das Zelluloid in den winzigen Zähnchen des Räderwerks verfing.
Mit unbewegtem Gesicht befahl Parsons dem Techniker, den Apparat auszuschalten. Dann ging er zum Podium zurück und begann: »Der Film, den Sie nicht sehen werden . . .«
Er wartete, bis das dröhnende Gelächter abklang, die Anspannung sich löste.
». . . wurde beim einzigen Test gedreht, den wir bisher gemacht haben. Bei diesem Versuch geschah folgendes: Das Aufblitzen der Explosion wurde noch in einer Entfernung von über sechzehn Kilometern gesehen. Noch in einer Entfernung von über drei Kilometern wurde ein Soldat von den Füßen gerissen. Ein anderer Soldat, wenigstens acht Kilometer von der Explosionsstelle entfernt, war vorübergehend erblindet. Dagegen sah ein Mädchen, das ihr ganzes Leben blind gewesen war, in einer viele Kilometer entfernten Stadt aufblitzendes Licht. Zu hören war die Explosion noch in einer Entfernung von rund achtzig Kilometern. Für jene von uns, die dem Versuch beiwohnten, war es der Beginn eines neuen Zeitalters.«
Die Anspannung kehrte zurück.
Parsons wandte sich zu einer Wandtafel herum. Nachdem Payette rasch eines der dort angehefteten Luftbilder entfernt hatte, zeichnete der Navy-Captain einen Umriß, der an einen Pilz erinnerte.
Die Zuhörer im Raum wirkten wie erstarrt. Selbst Tibbets, der ja wußte, was kommen würde, fühlte sich »von der Art des Vortrags überwältigt«.
Parsons fuhr fort.

»Was geschehen wird, wenn man die Bombe aus der Luft abwirft, weiß niemand genau. Es ist noch nie versucht worden. Doch wir nehmen an, daß eine Explosionswolke von dieser Gestalt emporsteigen wird, und zwar bis zu einer Höhe von wenigstens 10 000 Metern — nach einem Explosionsblitz, der heller ist als die Sonne.«
Er schwieg, damit seine Worte nachwirken konnten. Van Kirk dachte: »Was soll das, daß uns ein Marineoffizier von einer so sonderbaren, viele Kilometer hohen Wolke erzählt?« Im Unterschied zu Ferebee wußte der Navigator noch nicht, daß Parsons beim Einsatz dabei sein werde.
Der Captain blickte zu Buscher. Dieser zog aus einer Pappschachtel eine Schutzbrille mit getönten Gläsern, jenen ähnlich, wie sie bei der Arbeit von Schweißern getragen werden. Er reichte sie Parsons.
Der Navy-Captain erklärte, eine solche Brille müsse von allen Besatzungsmitgliedern in jenen Maschinen getragen werden, die sich zum Zeitpunkt der Explosion in Zielnähe befinden würden. Er streifte sich die Brille über den Kopf, drehte dann am Nasenbügel an einem Knöpfchen. Auf diese Weise, versicherte er, lasse sich die durch die Gläser einfallende Lichtmenge regulieren. Über dem AP — dem Zielpunkt — müsse man die niedrigste Einstellung wählen.
Payette und Buscher begannen, die Schutzbrillen zu verteilen. Beser kam sich vor, »wie ein Kind mit einem neuen Spielzeug«; Nelson fragte sich, was für Gläser das wohl sein mochten; Lewis dachte daran, daß »dieser Einsatz ja einiges versprach«.
Tibbets unterstrich diese Ansicht gleichsam noch.
»Sie sind jetzt die ›heißesten‹ Crews in der Air Force«, erklärte er. Und warnte: »Keine Gespräche — mit niemandem. Auch nicht untereinander. Keine Briefe. Auch nicht an die engsten Angehörigen. Und zu niemandem auch nur ein beiläufiges Wort über einen möglichen Einsatz.«
Sodann beschrieb er detailliert die vorgesehene Route nach Japan, nannte die Reiseflughöhe während verschiedener Abschnitte, auch die Bombenflughöhe und die voraussichtliche Startzeit: die frühen Stunden des 6. August, einem Montag. Sofern alles planmäßig verlief, würde man sich sieben Stunden später über der »Zielstadt« befinden.
Bis dahin waren es noch ungefähr vierzig Stunden.

Der Offizier vom Luft-See-Rettungsdienst meldete sich zu Wort. Noch nie, so erklärte er, seien für einen Einsatz Eventualmaßnahmen von auch nur annäherndem Umfang getroffen worden. Vor der japanischen Küste würden Superdumbos patrouillieren — Maschinen vom Typ B-29 mit spezieller Ausrüstung für Rettungseinsatz und Feindbekämpfung. Überdies sollten Dumbos — Flugboote der Navy — die Flugstrecke zwischen den Marianen und Japan entlangpatrouillieren, um einer Crew, die aufs Wasser niedergehen mußte, sofort zu Hilfe eilen zu können. Auch Kriegsschiffe würden sich zum Rettungseinsatz bereithalten: Kreuzer, Zerstörer und »Lebensretter« — U-Boote, die gegebenenfalls »fast bis zur Feindküste kommen werden, um Sie aufzunehmen«.
Vor der Besprechung hatte Ed Doll zu Jeppson gesagt: »Falls du den Japanern in die Hände fällst, kannst du ihnen ruhig alles sagen, was du weißt. Uns wäre ja klar, was du ihnen gesagt hast, und am Ende kriegen sie's ohnehin raus.«
Doll war Zivilist, und er sah die Sache mit nüchternem Realitätssinn. Buscher dagegen, der jetzt an die Reihe kam, vertrat die offizielle Einstellung der Air Force: Im Falle einer Gefangennahme dürfe man dem Feind nur drei Dinge verraten — den Namen, den Dienstgrad und die Seriennummer. Im übrigen solle jeder seine Fliegertasche überprüfen, um sich zu vergewissern, daß sich darin keine Privatdinge befanden — Sachen, welche dem Feind irgendwelche Aufschlüsse geben könnten.
Tibbets schloß die Besprechung mit einer kurzen Ansprache. Doch an das, was er gesagt hatte, konnte er sich später nicht mehr genau erinnern. Der einzige, der seine Worte, zumindest sinngemäß, festgehalten hatte, war Sergeant Spitzer.

> Der Colonel begann, daß er sagte, was wir alle — auch er — bis jetzt getan hätten, sei nicht viel im Vergleich zu dem, was wir bald tun würden. Dann sagte er das übliche, aber er sagte es nicht so einfach daher, sondern so, als ob er es wirklich meinte: Er sei stolz auf die Zusammenarbeit mit uns, wir hätten eine hohe Moral bewiesen; schließlich könne es niemandem leichtfallen, etwas zu tun, wenn er überhaupt nicht wisse, worum es eigentlich gehe; vielleicht hätten wir manchmal das Gefühl gehabt, unsere Zeit zu vergeuden mit dem »Kinkerlitzchen«, das sich jemand »zu-

rechtgesponnen« haben mochte. Er empfinde es als eine persönliche Auszeichnung, wie gewiß wir alle, für ein solches Unternehmen ausgewählt worden zu sein: für ein Unternehmen — und während er das sagte, nickten all die hohen Tiere dazu —, das den Krieg mindestens um ein halbes Jahr abkürzen werde. Und man hatte den Eindruck, daß er wirklich meinte, diese Bombe würde den Krieg beenden, Punkt.

5. August 1945
Tinian
Morgen

An diesem Tag — dem letzten vor dem Einsatz, auf den Tibbets schon so lange wartete — reproduzierte das Kopiergerät im Hauptquartier den Einsatzbefehl Nummer 35: Dort fanden sich, auf einem einzigen Blatt Papier, die Anweisungen für letzte Vorbereitungen zum Atomschlag.
Der Befehl war im wesentlichen so etwas wie ein genauer Zeitplan für all das, was an diesem Tag noch getan werden mußte. Das begann, ganz buchstäblich, mit den Mahl*zeiten* und reichte bis zu jenem *Zeit*punkt, wo sich die Crews in ihre Baracken zurückziehen konnten, um sich auszuruhen — bis zur allerletzten Einsatzbesprechung kurz vor dem Start. Allerdings enthielt der Befehl auch noch so manches darüber hinaus.
Offiziere nahmen ihn als Richtlinie für das, was sie planten, abendliche Besprechungen mit den Crews mit vorbereiteten Diagrammen. Für das Bodenpersonal fanden sich entscheidende Hinweise: Welche Maschinen würden starten; wann würden sie starten; wieviel Treibstoff und Munition waren jeweils nötig. Die eine Bombe, die mitgenommen würde, war nur als »speziell« bezeichnet.
Die so entscheidend wichtige Wettervorhersage für das westliche Japan während der nächsten vierundzwanzig Stunden basierte zum Teil auf Informationen, die — auf Befehl von Mao Tse-Tung — aus Nordchina gefunkt worden waren. Der zukünftige Herrscher im kommunistischen China hatte beim »Debüt« der Atombombe seine Rolle gespielt.
Nach dem Besuch der Morgenandacht war Sweeney bereit,

zum letzten voratomaren Flug der 509. aufzusteigen. Von Tibbets erhielt er den Befehl, mit der *Great Artiste* auf eine Höhe von 10000 Metern zu gehen und über dem Ozean eine Übungsbombe ohne Sprengstoffladung auszuklinken: Mit Feldstechern bewaffnete Wissenschaftler würden die Fallkurve aufmerksam verfolgen.
Was den Zündertest betraf, so sollte er auf ähnliche Weise vorgenommen werden, wie Sweeney das mit seiner Crew bereits in Wendover getan hatte. Dort allerdings war die Sache vorzeitig über die Bühne — um nicht zu sagen: in die Hose — gegangen. Und es fiel jetzt nicht allzu schwer, sich vorzustellen, was wohl passiert wäre, hätte es sich damals nicht um eine Übungs-, sondern um eine Atombombe gehandelt.
Nachdem er zur vorgeschriebenen Höhe aufgestiegen war, meldete Sweeney per Funk, er sei bereit.
Unter den Wissenschaftlern, welche die Fallinie der Bombe verfolgen wollten, befand sich auch Luis Alvarez, Sohn eines wohlbekannten Chirurgen der Mayo-Klinik. Während seiner Zeit am Massachusetts Institute of Technology hatte Alvarez ein Anflugverfahren entwickelt, das eines Tages von fast jedem Flugplatz auf der Welt übernommen werden sollte. Überdies war er Leiter jenes Teams gewesen, das in Los Alamos an dem komplizierten Auslösemechanismus für die Bombe arbeitete. Auf Tinian hatte er schließlich ein Gerät entwickelt, das Sweeney beim Ernsteinsatz mit sich führen sollte, um — über dem Angriffsziel — die »Schockwelle«, den Detonationsdruck also, messen zu können.
Jetzt wartete Alvarez darauf, daß jenes stete Geräusch, das er in seinen Kopfhörern vernahm, durchbrochen werde. Das würde bedeuten, daß Sweeney die Übungsbombe abgeworfen hatte. Was sich, sofern alles plangemäß verlief, danach abspielen würde, wußte der Wissenschaftler genau. Und eben dies entsprach präzise dem Ablauf des Atombombenabwurfs, wie er für morgen zu erwarten stand.
In dem Augenblick, wo sich die Bombe vom Flugzeug löste, würden bestimmte Drähte an ihr herausgezogen werden. Dadurch wurde nicht nur ein Tonzeichen unterbrochen, sondern auch eine Art Schaltkreis in der Bombe geschlossen — der erste innerhalb einer ganzen Reihe. Und erst ganz am Ende konnte, von den Batterien in der Bombe, jener elektrische Impuls ausgehen, dessen es zur Zündung bedurfte.

Jetzt vernahm Alvarez, wie das Tonzeichen abbrach. Er wußte, daß die Übungsbombe abgeworfen worden war. Nun müßte der erwartete Ablauf beginnen. Sweeney drehte ab, im altgewohnten Winkel von 155 Grad. In der Bombe lief nun ein präzise eingestellter Zünder. Während eins ins andere griff, nahm alles seinen vorgeschriebenen Gang. In einer Höhe von rund 1700 Metern würde eine ganz bestimmte Prozedur beginnen. Sie umschloß auch, nicht zuletzt, ein Mini-Radargerät innerhalb der Bombe. Dieses Radargerät besaß einen winzigen Sender, der Funkwellen zur Erdoberfläche schickte. Von dort prallten sie gleichsam zurück — um aufgefangen zu werden von der Radarantenne am vorderen Teil der Bombe.
Ging alles programmgemäß, so schloß sich der letzte »Kreis« in der Bombe: In einer Höhe von 6000 Metern würde die Zündung erfolgen.
Bei diesem Übungswurf würde es keine Explosion geben. Als Zeichen dafür, daß alles wie gewünscht »gezündet« hatte, sollte die Bombe eine kleine Rauchwolke ausstoßen.
Durch Feldstecher beobachteten Alvarez und andere, was es zu beobachten gab — und warteten vergeblich auf den Rauch.
Die Testbombe fiel und fiel. Sie stürzte an dem entscheidenden Punkt — dem »Zünderpunkt« in 6000 Meter Höhe — vorbei und tauchte in den Ozean.
Ärgerlich blickte Alvarez zu seinen Kollegen.
»Einfach phantastisch. So ein Ding wollen wir nun morgen über Japan abwerfen, und das richtige Rezept kennen wir immer noch nicht.«
Sweeney seinerseits war über die Fehlzündung nicht weiter enttäuscht. Er wußte: Während japanische Bomben die Tendenz hatten, vorzeitig zu explodieren, gab es unter den konventionellen amerikanischen Bomben häufig Blindgänger. Daher war vorauszusehen, daß bei einer derart neuen und komplizierten Bombe die Erfolgschancen noch geringer sein mußten. Außerdem war Sweeney davon überzeugt, daß es »mit ersten Bomben sowieso nie klappt«.
Und so sagte er voraus, daß die Bombe, die Tibbets am folgenden Tag abwerfen sollte, garantiert ein Blindgänger sein werde.

Nachmittag

Während die Sonne glutheiß herabbrannte auf Tinian, war eine Gruppe von Männern unter der Führung von Bernard Waldmann, Physikprofessor von der Notre Dame University, damit beschäftigt, *No. 91* für seine Rolle als »Foto-Flugzeug« auszurüsten. Eine Schnellschuß-Filmkamera ersetzte das altgewohnte Bombenzielgerät. Als Kameramann sollte Waldmann selbst fungieren.

Um 14.15 Uhr spuckte der Telecon-Apparat im Hauptquartier der 509. etwas Wichtiges aus: die Bestätigung von LeMay auf Guam, daß die B-29 mit der Bombe in gut zwölf Stunden starten sollte, um dann am folgenden Morgen zwischen acht und neun Uhr über dem Ziel zu sein.

Um 14.30 Uhr schickte Ed Doll ein verschlüsseltes Telegramm nach Los Alamos. Darin meldete er, was er von Beser erfahren hatte: daß »die Frequenz, auf die das Radargerät der Bombe eingestellt sein wird, von Japanern augenscheinlich nicht benutzt« werde.

Gegen 15.00 Uhr waren Morris Jeppson und drei Offiziere der 1. Ordnance Squadron mit einer wichtigen Arbeit fertig. In die B-29, die Tibbets fliegen würde, hatten sie gerade, zwischen dem Bombenschacht und dem vorderen Teil des Flugzeugs, ein Instrumentenbrett eingebaut. Es war knapp achtzig Zentimeter hoch und etwa fünfzig Zentimeter breit. Darauf befanden sich Meßinstrumente, Indikatorlämpchen, Schalter. Auf seiner Hinterseite lagen vier dicke Kabel, von denen jedes aus vierundzwanzig verschiedenen Drähten bestand. Wie Nabelschnüre streckten sich diese Kabel zum Bombenschacht. Später würden sie sofort an die Bombe angeschlossen werden — um sich beim Abwurf wieder automatisch von ihr zu lösen.

Mit Hilfe der Instrumente würde man das Innere der Bombe unter ständiger Kontrolle haben, die Batterien, die barometerartige Vorrichtung, den Zünder, das Radargerät.

Während Jeppson und die anderen noch in der B-29 beschäftigt waren, lehnte draußen ein Mann eine Leiter gegen die Nase des Flugzeugs. Mit mürrischem Gesicht kletterte er hinauf. Er hatte eine Dose voll Farbe und einen Pinsel bei sich.

Für seine schlechte Laune gab es einen Grund. Auf Tibbets' ausdrücklichen Befehl war er mitten aus einem Baseballspiel

herausgeholt worden. Der Kommandeur der 509. hatte ihm, dem Schildermaler, ein Stück Papier gegeben und geagt, er solle »das da auf die Einsatzmaschine pinseln, und zwar hübsch groß«.
Auf dem Stück Papier standen zwei Wörter.
Enola Gay.
Daß Paul Tibbets das Flugzeug nach seiner Mutter benannte, bewies zweifellos, welch hohe Achtung er für sie empfand. Doch verriet die Wahl des Namens darüber hinaus noch mehr: Der Colonel war, was den bevorstehenden Einsatz betraf, keineswegs so zuversichtlich, wie er es seinen Leuten zu suggerieren versuchte. Der Kommandeur der 509. wählte den Namen seiner Mutter, weil sie ihm einmal versichert hatte: »Was immer in deinem Leben auch geschieht, dir wird nichts passieren.«
Mit dem Namen seiner Mutter auf dem Flugzeug, so schien es Paul Tibbets, nahm er auch ihre Verheißung mit. Und er hatte das Gefühl, daß er eben das brauchte.

Um 15.30 Uhr versammelte sich eine Gruppe von Männern um die Atombombe, die sich jetzt auf einer Art Karren befand. Zu der Gruppe gehörten Wissenschaftler, Militärpolizisten und Sicherheitsbeamte.
Nachdem die Bombe sorgfältig mit einer Plane umhüllt war, gab Major Uanna ein Zeichen. Der Karren wurde zu einer Zugmaschine geschoben und angekoppelt. Dann ging es hinaus aus der Werkbaracke, Traktor und Karren in der Mitte, auf der einen Seite sieben MPs, auf der anderen Seite ebenso viele Sicherheitsagenten. Draußen warteten Jeeps mit weiteren MPs, die die Vor- und Nachhut übernahmen.
Ein uneingeweihter Beobachter hätte sehr wohl meinen können, es handele sich um eine Beisetzung mit militärischen Ehren. Eine wahrhaft sonderbare Prozession bewegte sich fort aus dem inneren Sperrgebiet.
Knapp einen Kilometer entfernt verstärkte indessen eine weitere Abteilung MPs die Wachen, die sich bereits bei der *Enola Gay* befanden. Leute vom Bodenpersonal ließ man durch die Absperrung. Sie rollten den Bomber, der sich ja direkt über der Grube befand, ein Stück zurück.
Um 15.45 Uhr trafen Karren und Eskorte ein. Mit Hilfe einer Winde wurde die Bombe langsam hinabgelassen in die

Grube. Jetzt rollte man die *Enola Gay* wieder in ihre frühere Position. Für einen Augenblick bot das Ganze ein eigentümliches Bild. Die B-29 sah aus wie eine Henne über ihrem Nest mit einem Ei darin. Dann wurde die Bombe hinaufbefördert in den vorderen Bombenschacht und dort an ihrer speziellen Aufhängevorrichtung festgemacht. Die fünf Meter lange Klappe schloß sich.

Um 16.00 Uhr stellten MPs rund um den Bomber Warnschilder auf:

IM UMKREIS VON 30 METERN RAUCHEN VERBOTEN.

Bis zum Start blieben noch knapp über zehn Stunden.

Um 16.15 Uhr stellten sich Tibbets, Ferebee und van Kirk zusammen mit Lewis und den regulären Besatzungsmitgliedern der *Enola Gay* vor dem Hauptquartier der 509. für das offizielle Air-Force-Gruppenfoto auf. Die Stimmung war gelöst. Ein bißchen wurde darüber geflachst, daß Caron sich weigerte, seine Baseball-Mütze abzunehmen. Und Lewis riß irgendeinen Witz über das Berühmtwerden.

Tibbets kehrte in sein Büro zurück, um die letzten Einzelheiten für den Einsatz durchzugehen. Was Ferebee und van Kirk betraf, so gingen sie noch einmal in den sogenannten Operations Room, um Karten und Fotos zu studieren.

Lewis und die übrigen Besatzungsmitglieder, die bis zur Einsatzbesprechung unmittelbar vor dem Start kaum noch etwas zu tun hatten, fuhren wieder zum Bomber. Sie wollten sich sicherheitshalber noch einmal alles genau ansehen.

In der Nähe der *Enola Gay* wurden sie von MPs zurückgehalten. Einer der Militärpolizisten erklärte ihnen, vor dem Start dürfe niemand mehr zum Bomber. Lewis, enttäuscht zwar, doch noch immer in entspannter Stimmung, begann, um das Flugzeug herumzuwandern. Die übrigen Besatzungsmitglieder gingen langsam zu ihrem Laster zurück.

Plötzlich brüllte Lewis (wie Caron sich später erinnerte): »Was, zum Teufel, soll denn *das* auf *meinem* Bomber?«

Gleich darauf stand die Crew bei dem Piloten, der hinaufstarrte zu den beiden Wörtern: *Enola Gay*.

Lewis war, wie er später einräumte, »sehr wütend, und deshalb knöpfte ich mir den Offizier vor, der für die Wartung verantwortlich war, und fragte ihn: ›Wer hat den Namen dort anbringen lassen?‹ Er weigerte sich, mir das zu sagen. Er sah, daß ich vor Wut kochte. Ich sagte zu ihm: ›Okay, ich will, daß das wieder weggemacht wird. Sorgen Sie dafür, daß Ihre Leute den Namen vom Flugzeug entfernen.‹ Darauf er: ›Das kann ich nicht.‹ Und wieder ich: ›Was, zum Teufel, soll das heißen — Sie können nicht? Wer hat Ihnen denn befohlen, das draufzupinseln?‹ Sagt er: ›Colonel Tibbets.‹ Sage ich: ›Colonel Tibbets? Okay.‹«

Geradezu rasend vor Wut fuhr Lewis sofort zum Hauptquartier der 509. Und er stürmte in Tibbets' Büro.

Was folgte, ist umstritten. Lewis zufolgte »wußte Tibbets genau, warum, zum Teufel, ich so reingeplatzt kam. Ich sage: ›Colonel, haben Sie Leuten den Auftrag gegeben, auf mein Flugzeug einen Namen zu pinseln?‹ Sagt er: ›Ich dachte nicht, daß Ihnen das was ausmachen würde, Bob.‹ Mir schien, daß ihm das peinlich war.«

Tibbets hingegen behauptete später das genaue Gegenteil. Nichts, aber auch gar nichts sei ihm da peinlich gewesen. Bevor er den Bomber auf den Namen *Enola Gay* taufte, habe er sich sogar mit Ferebee, van Kirk und Duzenbury beraten, und von keinem seien irgendwelche Einwände gemacht worden. Lewis' Meinung hatte Tibbets allerdings nicht eingeholt, »weil es mich nicht weiter kümmerte, ob Bob das wichtig war oder nicht«.

Jetzt in seinem Büro erklärte Colonel Tibbets dem Captain Lewis jedenfalls mit Entschiedenheit, daß der Name bleiben werde. Es war eine Entscheidung, die zwischen den beiden Männern zu einem permanenten Konflikt führen sollte.

Abend

Ausdauernd hatte Parsons geübt, den Sprengsatz in die Bombe einzusetzen — zunächst am Morgen, im inneren Sperrgebiet, sodann am Abend bei stickiger Hitze am Bombenschacht der *Enola Gay* — eine überaus schwierige Angelegnheit bei den »beengten Verhältnissen und dem schlechten Licht«.

Als Parsons schließlich aus der *Enola Gay* hervortauchte, sah er, daß in der Nähe des Bombers General Farrell auf ihn wartete.

Besorgt deutete Groves' Stellvertreter auf Parsons' zerschundene Hände und zeigte sich bereit, ihm ein Paar Handschuhe aus Schweinsleder zu geben.
Parsons schüttelte den Kopf.
»Nein, wär nichts für mich. Ich muß das Gefühl dafür haben.«

Um 19.17 Uhr schickte Farrell an Groves eine Botschaft. Darin ließ er ihn wissen, daß Parsons die Absicht habe, die Bombe erst nach dem Start »scharfzumachen«. Bis Groves diese Mitteilung erhielt, war es auch für ihn zu spät, irgend etwas daran zu ändern.

Um 19.30 Uhr gab Classen, der stellvertretende Kommandeur der 509., auf Veranlassung von Tibbets einem Dutzend Offizieren des Bodenpersonals Anweisungen, wie sie sich von jetzt an bis zum Start zu verhalten hatten.
Zu den Männern, zu denen er sprach, gehörten allerdings auch eine ganze Reihe von Wissenschaftlern, die den Einsatz in Beobachtungsflugzeugen mitmachen sollten. Überdies waren »wichtige« Leute anwesend, die gegebenenfalls mit dafür sorgen würden, daß von den unersetzlichen Atomexperten keiner durch eine unplanmäßige Kernexplosion »verlorenging«. Allerdings: Während der entscheidende Zeitpunkt näherrückte, weigerten sich manche Wissenschaftler immer hartnäckiger, das Feld zu räumen. Sie behaupteten, im Fall eines Falles — sofern es nämlich beim Start eine Katastrophe gäbe — sei man auf Tinian genausowenig sicher wie irgendwo sonst.
Zu beiden Seiten der Startbahn A (die jetzt auf North Field dem Atombomber vorbehalten bleiben sollte) würden in einem Abstand von jeweils kaum zwanzig Metern Feuerlöschwagen Aufstellung nehmen. Young, der Militärarzt, erhielt folgenden Bescheid: Bei einem Unfall sollten die Männer der Rettungstrupps nichts berühren, ehe nicht ein Sonderkommando der 1. Ordnance Squadron die Unfallstelle auf Radioaktivität überprüft habe. Es war die einzige Bemerkung, die Young zumindest ahnen ließ, daß es sich um keine Bombe oder Bomben herkömmlicher Art handelte.
Gegen acht Uhr begannen Charles Perrys Köche mit der Zubereitung der Mahlzeiten, die für die Kampfbesatzungen unmit-

telbar nach Mitternacht bereitstehen sollten: Unter nicht weniger als dreißig Gerichten würden sie wählen können, um sich nach Belieben ein umfangreiches Frühstück oder auch einen Lunch oder ein Dinner zusammenzustellen. Anschließend konnten sie sich dann aussuchen, was für Sandwiches sie sich als Proviant für den Flug mitnehmen wollten. Was die »Ananas-Fritters« betraf, die Tibbets bestellt hatte, so ließ Perry es sich nicht nehmen, persönlich für die Zubereitung zu sorgen.

Das einzige, was man ihm gesagt hatte, war dies: Beim bevorstehenden Einsatz handele es sich um den »wichtigsten des Krieges«. Das genügte ihm. Er begann, Pläne zu machen für »eine vollausgewachsene kulinarische Feier« nach der Rückkehr der Flieger.

Hiroshima

In Hiroshima war bereits eine andere Feier voll im Gange. Seit sechs Uhr begannen sich im Kaiserlichen Armeeoffiziersklub die Gäste zu versammeln. Es handelte sich um einen Empfang zu Ehren von Feldmarschall Hatas neuem Stabschef. Zu den zivilen Gästen gehörten der hiesige Gouverneur, eine Anzahl höherer Beamter sowie Bürgermeister Senkichi Awaya. Gemeinsam mit rund fünfzig höheren Stabsoffizieren waren sie in einem Raum um Hata und seinen Stabschef versammelt, während sich die übrigen Gäste in einem benachbarten Empfangsraum befanden. Hier hatten sich Hata und sein Stabschef nur kurz blicken lassen, um der Formalität zu genügen. Anschließend waren sie sofort wieder in den inneren Salon zurückgekehrt, wo sie von Gruppe zu Gruppe gingen, Sake tranken und höfliche Konversation machten.

In regelmäßigen Zeitabständen schlenderte Awaya zur Tür des Salons. Dort wartete geduldig Kazumasa Maruyama, sein Assistent, mit einem Sakegefäß, gefüllt mit kaltem Tee. Awaya war Abstinenzler, und Maruyamas Aufgabe bestand darin, für den Bürgermeister Tee zum Nachfüllen bereitzuhalten, so daß diesem die Peinlichkeit erspart blieb, angebotenen Sake ausschlagen zu müssen.

Im übrigen konnte Bürgermeister Awaya bislang nicht gerade von Erfolg sprechen: Seine Versuche, mit Hata ernsthaft über

die sich immer mehr verschlechternde Lage in Hiroshima zu sprechen, waren fehlgeschlagen. Der Feldmarschall ließ ihn gar nicht richtig zu Wort kommen.
Doch Awaya, ein frischgefülltes Gefäß voll Tee in der Hand, war entschlossen, sich nicht wieder so ohne weiteres abspeisen zu lassen. Er wollte seinem Gastgeber unbedingt seinen Standpunkt klarmachen.
Im Gegensatz zum Bürgermeister hatte Oberstleutnant Oya, Hatas Nachrichtenchef, nicht die mindeste Schwierigkeit, beim Feldmarschall Gehör zu finden. Kaum war er auf dem Empfang aufgetaucht, so wurde er von Hata auch schon beiseitegenommen. Der Feldmarschall war geradezu begierig auf einen Bericht »aus erster Hand« über die Situation in Tokio — von dort war Oya gerade zurückgekehrt. Der Oberstleutnant verschwieg oder verniedlichte die schweren Zerstörungen in der Hauptstadt keineswegs. Doch er berichtete auch vom starken Widerstandswillen der Bevölkerung in Tokio wie im übrigen Japan. Kurz sprachen die beiden Männer über den jüngste militärischen Lagebericht, den Oya den ganzen Tag über vorbereitet hatte: Dieser Bericht sollte die Grundlage bilden für die allgemeine Lagebesprechung, die von Hata für den kommenden Vormittag einberufen worden war.
In knapp zwölf Stunden würden sie sich hier versammeln, die meisten jener Kommandeure, die für die Verteidigung des westlichen Japan verantwortlich waren. Der Beginn der Besprechung war für 9 Uhr festgesetzt, und sie sollte im selben Raum stattfinden.
Unwillkürlich fragte sich Oya, wie viele von jenen, die heute abend hier waren, am folgenden Morgen mit recht schwerem Kopf erscheinen würden: Gar nicht wenige hatten offenbar schon jetzt zuviel getrunken. Andererseits sprachen die höchsten Offiziere des 2. Armee-Hauptquartiers dem Alkohol nur mäßig zu, die Obersten Imoto und Katayama sowie der koreanische Prinz RiGu. Katayama behauptete, am nächsten Morgen um acht Uhr bei seinem Zahnarzt und deshalb nüchtern sein zu müssen.
Als es Bürgermeister Awaya schließlich wieder gelang, Hata zu einem Gespräch zu »stellen«, machte der Feldmarschall eine vage Versprechung: Man werde die Angelegenheit in einigen Tagen erörtern. Der deprimierte Bürgermeister befand, es sei an der Zeit, nach Hause zu gehen. Seine Frau war gerade

nach Hiroshima zurückgekehrt — mit dem dreijährigen Enkelchen, dem vorerst letzten Familienmitglied, das sie in Obhut nahmen.
Maruyama fuhr den Bürgermeister nach Hause. Mit der Versicherung, man werde einander am Morgen kurz nach acht Uhr sehen, trennte man sich. Es waren die letzten Worte, welche die beiden Männer je miteinander wechselten.

Kurze Zeit später, um 21.22 Uhr, gab Radio Hiroshima eine Luftwarnung durch. Schon acht Minuten darauf kam die Entwarnung.
Für Dr. Shima, der gerade auf dem Wege war zu den Außenbezirken von Hiroshima, bedeutete dies eine traurige Vorahnung: Den Patienten in seiner Klinik stand wieder einmal eine unruhige Nacht bevor. Wenn er nicht dort war, machte er sich um diese Menschen immer besondere Sorgen. Dennoch wäre es für ihn undenkbar gewesen, die geplanten Hausbesuche jetzt etwa nicht durchzuführen. Eine betriebsame Nacht erwartete ihn, das Herumziehen von einem Bauernhof zum anderen. Vor acht Uhr am nächsten Morgen würde er wohl kaum wieder in Hiroshima sein.
Dr. Shima konnte nicht wissen, daß sein Zeitplan recht genau übereinstimmte mit dem der *Enola Gay.*

Nach wie vor befanden sich die 23 amerikanischen Kriegsgefangenen im Bereich von Hiroshima-Burg, jeder in einer Einzelzelle. Die Art und Weise, in der man sie bisher behandelt hatte, ließ ihnen kaum irgendwelche Hoffnung. Sie fürchteten um ihr Leben und wußten, daß sie jeden Augenblick mit dem Tod rechnen mußten.

Tinian
Nacht

Kniend und mit beugtem Kopf bereitete sich Joe Stiborik, Radarmann der *Enola Gay,* sehr gefaßt auf das Schlimmste beim Einsatz vor. Nur wenige Stunden trennten ihn noch vom Start, und er war zur katholischen Kirche auf Tinian gegangen, um zu beichten, denn »falls mir irgendwas passierte, wollte ich sicher sein, in den Himmel zu kommen«.

Im Beichtstuhl bat Stiborik den Priester, ihn freizusprechen von allen Sünden, zumal Todsünden. Anschließend ging er »ein wenig erleichtert« zu seiner Baracke zurück, um auf den endgültigen Aufruf zu warten.
Im Lager der 509. gab es unter denen, die den Einsatz mitfliegen sollten, so manchen, dem sein Seelenheil alles andere als gleichgültig war.
Tibbets glaubte an »ein Gespräch unmittelbar mit Gott, ihn ein weiteres Mal um seinen Beistand bittend, damit alles so ausging, wie ich's mir wünschte — und daß wir auch wieder heil zurückkehrten«.
Lewis betete darum, daß »wir unseren Einsatz ordnungsgemäß durchführten, dabei heil blieben und dazu beitrugen, den Krieg zu beenden, weiter nichts«.
Eine Reihe von Fliegern genoß die von Perrys Köchen vorbereiteten Gerichte. Tibbets, Ferebee und van Kirk aßen mehrere Portionen Ananas-Fritters. Doch für viele war der Gedanke an Essen unerträglich. Sie lagen auf ihren Betten und dachten an ihre Lieben. Und mancher, den seine Gefühle zu überwältigen drohten, beschwichtigte Heimweh und Ängste mit einem kleinen — heimlichen — Schluck Whisky. Einigen wenigen gelang es sogar zu schlafen.
Um halb zwölf fanden die Besatzungen der drei Wetterflugzeuge zur letzten Einsatzbesprechung zusammen. Ferebee befand sich noch mitten in einem der Pokerspiele um hohe Einsätze, von denen es in dieser Nacht so viele gab. Und bei dieser Gelegenheit erzählte er jene Geschichte von einem der Offiziere der 509., wo dieser mit einer Krankenschwester nackt gebadet hatte: Die Kleider waren ihnen gestohlen worden, und die beiden hatten, wohl oder übel, nackt zu ihren Baracken zurückmarschieren müssen, nahezu drei Kilometer.
Die Geschichte trug dazu bei, die steigende Spannung zu mildern, die jeder empfand.
Van Kirk verbrachte die Zeit damit, seine Flugtasche sorgfältig zu überprüfen. Hatte er auch wirklich alle Navigationsinstrumente beisammen? Waren seine Bleistifte gespitzt? Caron saß sehr still und dachte an seine Frau; Nelson las in der jüngsten Ausgabe des *Reader's Digest;* Shumard und Stiborik versuchten zu schlafen; Parsons und Jeppson gingen eine Checkliste durch: Was würden sie als erstes tun, sobald sie in der Luft waren? Lewis wanderte draußen umher — von jenem

Raum, in dem, gegen Mitternacht, die letzte Einsatzbesprechung abgehalten werden sollte.
In dem bewußten Raum sprach Tibbets jetzt mit William Downey, dem Geistlichen der 509. Für Downey gab es nicht den leisesten Zweifel daran, daß richtig war, was Tibbets und seine Leute tun wollten, tun würden. Als Christ verabscheute er zwar das Geschäft des Tötens, doch »im Krieg gehört das Töten nun einmal dazu; und wer das nicht akzeptiert, der muß bereit sein, die Alternative zu akzeptieren — die Niederlage«.
Beser war mit einer Aufgabe beschäftigt, die seinem Temperament auf geradezu ideale Weise entsprach. Tibbets hatte ihn angewiesen, Bill Laurence, den Reporter der *New York Times,* der für das Manhattan Projekt zuständig war, in den bevorstehenden Einsatz einzuweihen. Und nicht zuletzt Besers eindringlichen Beschreibungen verdankte es Laurence, daß er für seine Arbeit später den Pulitzer-Preis erhielt.
Kurz vor Mitternacht — Beser war mit seinen engagierten Schilderungen noch nicht zu Ende — wurde er zur Einsatzbesprechung gerufen.
Draußen wartete der Wissenschaftler Ed Doll auf ihn. Er reichte Beser ein Stück Reispapier mit Nummern darauf. Sie betrafen jenes Frequenzband, welches das Radar der Bombe benutzen würde, um während des Sturzes — oder Falls — die Entfernung zur Erde zu messen. Die Zahlen, so erklärte Doll, habe man auf Reispapier geschrieben, damit Beser dieses schlucken könne, sofern er befürchten müsse, in Gefangenschaft zu geraten — ein recht ernüchternder Gedanke für den 24jährigen Radaroffizier.

6. August 1945
Mitternacht bis 8.16 Uhr
Tinian

Um Mitternacht betrat Paul Tibbets den großen Raum und begann mit seiner Ansprache an die 26 Flieger, die mit ihm nach Japan fliegen würden.
»Ich werde mich kurz fassen, weil es nicht mehr viel zu sagen gibt. Vergessen Sie nicht, daß die Bombe, die wir abwerfen werden, grundverschieden ist von jenen, die Sie bisher kann-

ten. Zweitens: Vergessen Sie nicht, daß die Zerstörungskraft dieser Bombe 20000 Tonnen TNT gleichkommt.«
Nicht ein einziges Mal, seit er die 509. kommandierte, hatte Tibbets die Wörter »atomar« oder »nuklear« gebraucht. Und auch jetzt, in dieser letzten Einsatzbesprechung, fuhr er fort, den Sicherheitsvorschriften zu genügen, indem er die Waffe als »sehr mächtig« bezeichnete sowie als »potentiell geeignet, den Krieg zu beenden«.
Er erinnerte die Besatzungen daran, daß sie zum Zeitpunkt der Explosion ihre Schutzbrillen tragen mußten. Und mit wenigen knappen Sätzen umriß er die Grundbedingungen für einen erfolgreichen Einsatz.
»Tut eure Arbeit. Befolgt die Befehle. Befolgt sie genau, und laßt euch auf keine unnötigen Risiken ein.«
Der Wetteroffizier trat vor und gab einen Überblick über die Vorschau. Während des Fluges nach Japan würde es nahezu wolkenfrei sein mit nur mäßigen Winden; was die Bewölkung über den Zielstädten betraf, so werde diese bei Tagesanbruch voraussichtlich weichen. Sodann verlas der Funkoffizier, welche Frequenzen während der verschiedenen Phasen des Einsatzes zu benutzen seien, und nannte die Positionen der Bergungsschiffe und -flugzeuge.
Abschließend richtete Tibbets noch einige Worte an jede der »Spezialdisziplinen« beim Einsatz: an die Navigatoren (die er an den »Rendezvous-Punkt« für die drei Flugzeuge über Iwo Jima erinnerte), an die Heckschützen (sie sollten sich vergewissern, daß sich in jedem Flugzeug 1000 Schuß Munition befanden), an die Ingenieure (sie sollten überprüfen, ob jede Maschine 7400 Gallonen Treibstoff getankt hatte, ausgenommen nur die *Enola Gay,* bei der es 400 Gallonen weniger zu sein hatten, des leichteren Starts wegen), an die Funker ...
Ihnen nannte er das neue Rufzeichen: »Dimples.« Vorsichtshalber verzichtete er auf das alte — »Victor«. Es hätte ja sein können, daß es den Japanern auf irgendeine Weise bekanntgeworden war.
Um Viertel nach zwölf war die Einsatzbesprechung zu Ende. Tibbets machte eine Handbewegung in Richtung Downey. Sofort eilte der Geistliche an seine Seite. Er forderte die Anwesenden auf, den Kopf zu beugen. Und dann las er mit sonorer Stimme das Gebet vor, das er eigens für diesen Augenblick verfaßt und auf einen Briefumschlag geschrieben hatte.

Allmächtiger Vater, der Du hören wirst das Gebet derer, die Dich lieben, wir bitten Dich, sei mit jenen, welche sich in die Höhen Deines Himmels wagen und die Schlacht zu unseren Feinden tragen. Schütze und schirme sie, darum bitten wir Dich, während sie ihren Einsatz fliegen. Mögen sie, genau wie wir, wissen um Deine Stärke und Deine Kraft, und möge es ihnen gelingen, bewaffnet mit Deiner Macht, diesen Krieg zu einem baldigen Ende zu bringen. Wir bitten Dich, daß der Krieg ein rasches Ende haben möge, so daß auf Erden wieder Frieden herrsche. Die Männer, welche diese Nacht fliegen, mögen sie sich sicher in Deiner Hut befinden und sicher zu uns zurückkehren. Auf Dich vertrauen wir, denn wir wissen uns geborgen in Dir, jetzt und in Ewigkeit. Im Namen Deines Sohnes Jesus Christus. Amen.

Beser blickte zu Spitze, dem einzigen anderen Juden, der den Einsatz mitfliegen sollte, und er dachte: »Wir sind wirklich so etwas wie ein interkonfessionller Kampfverband — Juden, Katholiken, Protestanten, alle miteinander.« Was seine persönliche Reaktion auf Downeys Gebet betraf, so meinte er: »Ich als Jude danke Gott *hinterher* dafür, Gefahren heil überstanden zu haben; um eine besondere Gunst bitte ich ihn vorher nicht.«

Hiroshima

Tibbets' Besorgnis wegen des japanischen Nachrichtendienstes war keineswegs unbegründet. Im 2. Armeehauptquartier fingen die Abhör-Fachleute immer wieder kurze Fetzen des Funkverkehrs zwischen Flugzeugen und Kontrolltürmen in den Marianen, Okinawa und Iwo Jima auf.
In dieser Nacht deutete beim Abhördienst alles darauf hin, daß Japan die gewohnten schweren Luftangriffe zu erwarten hatte. 30 Bomber befanden sich im Anflug, um über dem sogenannten Inlandmeer Minen abzuwerfen; 65 hielten auf Saga zu; 102 Flugzeuge waren im Begriff, auf Maebashi einen Brandbombenangriff zu starten; 261 Bomber strebten ins Gebiet von Nishinomiya-Mikage; für 111 Bomber war Ube das Ziel, für 66 Imabari.

Je mehr sich die Bomber Japan näherten, desto deutlicher zeichneten sich ihre spezifischen Routen ab; und eine ungefähre Einschätzung der von ihnen anzufliegenden Ziele ließ sich jetzt geben. Aufgrund dieser Informationen wurden dann die jeweiligen Flakbatterien alarmiert sowie die Flugplätze, auf denen die wenigen japanischen Nachtjäger stationiert waren.
Auf einem dieser Stützpunkte, bei Shimonoseki, etliche hundert Kilometer südwestlich von Hiroshima, befand sich Leutnant Matsuo Yasuzawa, jener Fluglehrer, den Yokoyama auf dem Flugplatz von Hiroshima mit den Kamikaze-Flugschülern gesehen hatte.
In dieser Nacht schlief Yasuzawa schlecht. Unaufhörlich beschäftigte ihn die Frage, weshalb er abermals zurückgewiesen worden war für Kampfeinsätze. Der Grund, den ihm sein Vorgesetzter nannte, war der gleiche wie zuvor: Yasuzawa sei ein viel zu wichtiger Fluglehrer, als daß man sein Leben bei einem Kampfeinsatz aufs Spiel setzen würde.
Doch der Kommandeur hatte offenbar gespürt, daß sich Yasuzawa in rebellischer Stimmung befand, denn er beschwichtigte ihn: Schon bald würde jeder von ihnen in eine Übungsmaschine klettern, um zu versuchen, eine angreifende B-29 zu rammen. Für Yasuzawa würde dies der *rippa na saigo* sein, der »glanzvolle Tod«, von dem die Kamikazes so oft zu ihm sprachen.
Als er jetzt, in dieser ersten Stunde des neuen Tages, unruhig auf seinem Bett lag, fragte sich der junge Fluglehrer, ob sein Kommandeur sein Versprechen zu halten gedachte, oder ob ... Nun, falls es nicht zum Kampfeinsatz ging, so würde Yasuzawa voraussichtlich eine leidige Pflicht erfüllen müssen: In gut sechs Stunden, um sieben Uhr früh, sollte er einen Major zu Feldmarschall Hatas Lagebesprechung in Hiroshima fliegen. Bei normalem Verlauf würde man dort kurz vor acht eintreffen.
Schlaflos lag der junge Offizier, und schließlich schaltete er das Radio neben seinem Bett an. Gerade wurde der neue Luftalarm für West-Honshu durchgegeben.
Wenige Augenblicke später, um 0.25 Uhr, riet der Stadtsender in Hiroshima der Zivilbevölkerung, die vorgesehenen »sicheren Bereiche« aufzusuchen.
Zwei Stunden würden die Menschen warten müssen, bevor

die Entwarnung kam, und dieser zweite falsche Alarm innerhalb kurzer Zeit trug wahrhaftig nicht dazu bei, die Stimmung unter der Zivilbevölkerung zu heben.

Tinian

Um 1.12 Uhr kletterten auf Tinian die Besatzungen jener beiden B-29 auf Laster, welche die *Enola Gay* unmittelbar begleiten sollten: die *Great Artiste,* geflogen und befehligt von Sweeney, und *No. 91,* geflogen und befehligt von Marquardt. Die *Great Artiste* hatte wissenschaftliche Instrumente an Bord; die *No. 91* führte fotografisches Gerät mit sich.
Um 1.15 Uhr war ein Wagen da, in den die Crew der *Enola Gay* stieg. Tibbets und Parsons saßen vorn beim Fahrer. Hinten hockten, dicht zusammengedrängt, van Kirk, Ferebee, Lewis, Beser, Jeppson, Caron, Shumard, Stiborik und Nelson. Alle trugen sie hellgrüne Kampfoveralls; und die einzige Identifikation, die sie bei sich hatten, war die Hundemarke um den Hals. Auf der von Beser war ein H eingeprägt für »Hebräer« — Jude.
Um 1.37 Uhr hoben zur selben Zeit auf drei verschiedenen Startbahnen auf North Field die drei Wetterkundungsflugzeuge ab. Eatherlys *Straigth Flush* hatte Hiroshima zum Ziel; *Jabbit III* und *Full House* sollten nach Kokura und Nagasaki.
Um 1.51 Uhr startete *Top Secret,* um sich später bei Iwo Jima bereitzuhalten.

Gleich nach der Einsatzbesprechung hatte es Duzenbury zur *Enola Gay* gezogen. Er hielt das seit jeher so: Wenigstens zwei Stunden widmete er regelmäßig dem »Vor-Flug«, und was immer ein Tibbets oder ein Lewis denken mochten, Duzenbury *»wußte,* daß die Mühle *meine* Kiste war«.
Als erstes umschritt er langsam den Bomber, überprüfte alles per Augenschein, »wobei ich scharf Ausschau hielt auch nach der geringfügigsten Veränderung«, mochte es sich auch nur um ein gelockertes Schräubchen handeln. Etwa um ein Uhr kletterte Duzenbury in die *Enola Gay.* In der Hand hielt er eine Checkliste.
Um etwa die gleiche Zeit begannen auf dem Abstellplatz auch Laster und Jeeps einzutreffen. Der Kordon der MPs zog sich

zurück, und eine kleine Heerschar von Technikern entrollte Kabel, näherte sich mit allerlei Gerät.
Als erstes nahm Duzenbury seine angestammte Position ein, unmittelbar hinter Lewis' Sitz. Dort hakte er einen Punkt nach dem anderen ab. Mit seinem eigenen Armaturenbrett war er praktisch im Handumdrehen fertig: Voll Stolz behauptete er, es befände sich stets in absoluter Ordnung. Dann ging er ins Cockpit und sah sich dort um. Nachdem er sich davon überzeugt hatte, daß es hier nichts zu beanstanden gab, kehrte er in jenen Bereich zurück, den er sich mit Navigator van Kirk und Funker Nelson teilte. Dort befand sich jetzt auch Jeppsons Armaturenbrett zwecks Kontrolle über die Bombe. Duzenbury fand, daß dieses Armaturenbrett das hübscheste war, das er »je im Leben gesehen hatte, lauter bunte Lampen und Anzeiger«.
Jetzt öffnete Duzenbury eine kleine, kreisförmige Luke. Sie befand sich unmittelbar unterhalb des Eingangs zum langen Tunnel, der zum hinteren Teil des Flugzeugs führte. Füße voraus, ließ er sich hinab in den Schacht und fand sich dann in unmittelbarer Nähe des Bombenendes: Die »Flossen« schienen die Schachtklappe beinahe zu berühren. In Duzenburys Hand blitzte eine Taschenlampe auf. Er schob sich rechts an der Bombe vorbei auf eine Art Steg, der über die ganze Länge des Schachts führte. Und von dort hatte er seinen ersten »Gesamtüberblick« über die teuerste Bombe der Welt.
Methodisch ließ er den Strahl seiner Taschenlampe über die Waffe gleiten, die an ihrem speziellen Haken hing und fast den gesamten Schacht einnahm. Im Zivilleben war Duzenbury Baumchirurg gewesen, und es schien ihm, daß die Bombe einem langen, schweren Baumstamm glich. Allerdings: sie war doch (mit ihren Kabeln, die zu Jeppsons Armaturenbrett führten, sowie ihrer Antenne) so ganz anders als all die Bomben, die er bisher gesehen hatte. Er ging weiter, überprüfte alles, gelangte an der »Bombennase« vorbei zur anderen Seite. Als er wieder zu den Flossen kam, fielen ihm zwei ungewohnte Behälter auf. Duzenbury fand, daß sie nicht hierher gehörten. Unwillkürlich bedachte er sie mit Fußtritten.
»Was soll das verdammte Zeug hier?«
Niemand hatte ihm gesagt, daß sie das Sprengpulver enthielten sowie jenes Instrumentarium, das Parsons später gebrauchen würde, um die Bombe einsatzbereit zu machen. Verwirrt

kletterte Duzenbury durch den Schacht zurück. Oben, in leidlicher Helle, ging er zum Cockpit. Und dort starrte er mit offenem Mund.

Die *Enola Gay* war in das flutende Licht von Scheinwerfern getaucht.

Zwischen den Scheinwerfern befanden sich, von mobilen Generatoren einmal abgesehen, Fotografen und Film-Crews. Und zu ihnen gesellten sich höhere Offiziere, Wissenschaftler, Sicherheitsagenten und Militärpolizisten. Alles in allem befanden sich dort an die hundert Personen. Verwirrt und gereizt richtete Duzenbury seine Aufmerksamkeit wieder auf seine Checkliste.

Groves im fernen Washington war es, der alles angeordnet hatte: die Scheinwerfer ebenso wie die Film-Crews. Ihm lag daran, den Flug der *Enola Gay*, soweit irgend möglich, im Bild festzuhalten; und nur Platzmangel verhinderte, daß er eine Film-Crew mitfliegen ließ.

Mit einem Einsatz, der einer gewaltigen Hollywood-Produktion würdig gewesen wäre, bildete die »Komparserie« auf der Rollbahn ein Spalier für die »Stars«, die sich in Autos näherten.

Tibbets stieg aus und fand sich von einer Film-Crew umdrängt. In einer Botschaft von Groves war er gewarnt worden: Auf ein wenig Publicity müsse man sich gefaßt machen. »Aber dies war eine vollausgewachsene Hollywood-Weltpremiere. Jeden Augenblick, so schien mir, mußte MGMs Löwe oder Warners Markenzeichen auftauchen und den Himmel erhellen. Es war verrückt.«

Der Kommandeur der 509. begriff, daß ein Protest keinen Sinn hatte; und so resignierte er und gehorchte den gebrüllten »Regieanweisungen«: zuerst in diese Richtung blicken, dann in jene; nun ein Lächeln, nun ein ernstes Gesicht; und jetzt »ein geschäftiges Aussehen«.

Parsons, durch die Karnevals-Atmosphäre irritiert, fragte immer wieder: »Was ist los?« Einer der Fotografen drängte ihn gegen das Fahrgestell der *Enola Gay* und sagte zu ihm: »Sie werden berühmt — also lächeln Sie!«

Parsons funkelte den Kameramann an: Ihm liege nichts daran, berühmt zu werden, erklärte er, und *zum Teufel* mit dem Lächeln.

Sein Gegenüber zuckte mit den Schultern und schloß sich der Gruppe von Kameraleuten an, die Beser umdrängte. Dieser stand Bill Laurence von der *New York Times* noch Rede und Antwort.
Beser, seinen eigenen Worten zufolge, genoß »meine ersten Augenblicke des Ruhms«; wohin er sich auch wandte, überall klickte eine Kamera, überall war ein Mikrophon bereit, um jedes von ihm gesprochene Wort aufzufangen.
Im übrigen hatte er selbst ein Aufnahmegerät bei sich. Mit diesem wollte er alles festhalten, was die Crew während der Atombombenexplosion an akustischen Reaktionen von sich gab. In rund sieben Stunden würde es damit soweit sein. Jetzt, zwischen ein und zwei Uhr morgens, war Beser zweifellos der Star der Crew.
Schließlich erklärte der Radaroffizier den Kameraleuten mit einem Lachen, sie sollten »einen anderen plagen«. Sie filmten weiter, bis Beser sie schließlich zu den Nicht-Offizieren unter den Besatzungsmitgliedern führte.
In großmütiger Stimmung versicherte Beser den Filmleuten: »Diese Jungs sind genauso wichtig wie wir anderen.«
Shumard und Stiborik verbeugten sich in gespielter Untertänigkeit; bislang hatten sie eher den Eindruck gehabt, daß Beser von ihrer Existenz überhaupt nichts wisse.
Funker Dick Nelson, in der unmittelbaren Nachbarschaft Hollywoods aufgewachsen, war der Meinung, daß sich »manche von denen so aufführten, als spielten sie in einem billigen Film mit«.
Lewis trat auf die Nicht-Offiziere zu. Er war genauso erregt wie Beser, und das womöglich aus besserem Grund. Der Reporter Laurence hatte ihn gerade gebeten, über den Flug der *Enola Gay* ein genaues Logbuch zu führen; dieses werde später von der *New York Times* veröffentlicht werden. Geld wurde nicht erwähnt, aber Lewis meinte, es könne ihm »ein paar Dollar« einbringen. Wie sich später erwies, brachte es ihm ein kleines Vermögen.
Jetzt und hier bereitete er sich auf eine kleine Ansprache an die Crew vor. Nelson beobachtete ihn aufmerksam: »Er sah uns lange an, und dann sagte er: ›Jungs, diese Bombe hat mehr gekostet als ein Flugzeugträger. Baut also keinen Mist. Wir müssen's schaffen; wir müssen den Krieg gewinnen, baut also keinen Mist. Sehen wir zu, daß wir's mit Glanz hinkrie-

gen!‹ Er ließ kaum einen Zweifel daran, daß wir, soweit es ihn betraf, noch immer seine Crew waren, und daß wir's für ihn taten.«

Während die Fotografen ihre Kameras klicken ließen, beendete Lewis seine anfeuernde Rede.

Jeppson, van Kirk und Ferebee nahmen die Situation hin — von Tibbets wußten sie, daß Washington die Filmerei »zwecks historischer Dokumentation« angeordnet hatte. Van Kirk befand, »diese Geschichte sei schon bald ausgestanden«.

Caron blickte heftig zwinkernd gegen das grelle Licht und lächelte rätselhaft, als jemand sagte, von einem Heckschützen mit Brille habe man eigentlich noch nie gehört. Im übrigen behielt er stur seine Baseballmütze auf.

Ihm erging es so wie vielen hier. So ganz vermochte Caron einfach nicht zu glauben, was da vor sich ging. Er fand die Szene »ein bißchen bizarr. Ich mußte meine Maschinengewehre aufprotzen, und zwischendurch hieß es immer wieder ›halt!‹, damit sie mich fotografieren konnten.«

Caron bedauerte, daß er seine eigene Kamera über all der Aufregung in seinem Quartier vergessen hatte.

Dennoch sollte am Ende er es sein, der das historischste Bild überhaupt machte. Ein Army-Captain drückte ihm eine Plattenkamera in die Hand und sagte zu ihm: »Fotografieren Sie über dem Ziel, soviel Sie nur können.«

Um 2.20 Uhr wurde das letzte Gruppenfoto gemacht. Tibbets wandte sich der Crew zu und sagte: »Okay, gehen wir an die Arbeit.«

Ein Fotograf packte Beser und bat ihn um den »letzten Adieu-Blick«.

Beser wirkte auf einmal gar nicht sehr freundlich.

»Adieu, Teufel auch! Wir kommen zurück!«

Der Fotograf ließ sich nicht beirren.

»Hoffentlich behalten Sie recht, Lieutenant, hoffentlich! Inzwischen schenken Sie uns doch bitte einen hübschen Adieu-Blick!«

Beser drehte sich um und kletterte die Leiter hinauf. Durch den Einstieg hinter dem Bugrad entschwand er ins Innere der Enola Gay. Plötzlich war er sie leid, die ganze Publicity.

Ihm folgten Ferebee und van Kirk, die, genau wie Tibbets, Baseballmützen trugen; Shumard und Nelson hatten GI-Arbeitsmützen auf, Stiborik eine Skimütze. Doch in puncto

Kopfbedeckung waren sie alle keine Konkurrenz für »Bob« Caron mit seiner Brooklyn-Dodgers-Mütze, die vorn mit einem großen »B« geschmückt war.
Schließlich standen nur noch Parsons und Tibbets unten. Sie sprachen mit General Farrell. Dieser deutete plötzlich auf Parsons' Overall.
»Wo ist Ihre Pistole?«
Für gewöhnlich dachte Parsons an alles. Diesmal jedoch hatte er vergessen, sich eine Waffe zu besorgen. Er winkte einen in der Nähe stehenden MP herbei, der sein Koppel samt Pistole abschnallte und ihm reichte. Parsons band es sich um, bedankte sich kurz und kletterte schwerfällig die vordere Leiter hoch. Wie die anderen auch, trug er unter seinem Overall eine sogenannte Überlebensweste mit Fischhaken, Trinkwasserbehälter, Erste-Hilfe-Päckchen und Eisernen Rationen. Darüber befand sich das Fallschirm-Gurtwerk mit Clips für einen Brustschirm und ein Ein-Mann-Schlauchboot. Doch das war noch nicht alles. Als nächstes kam ein panzerartiger »Flakanzug«, der gegen Granatsplitter schützen sollte.
Was die anderen nicht wußten: In einer Tasche seines Overalls hatte Paul Tibbets einen kleinen versiegelten Metallbehälter mit zwölf Kapseln. Jede dieser Kapseln enthielt eine tödliche Dosis Cyanid. Beim ersten Anzeichen außergewöhnlicher Schwierigkeiten über Japan sollte Tibbets die Cyanidkapseln an die Männer im Flugzeug verteilen. Sodann würde er ihnen erklären, welche Alternativen ihnen blieben, bevor sie in Gefangenschaft gerieten: Sie konnten sich erschießen oder aber vergiften. »Normale Air-Force-Prozedur«, nein, das war dies wirklich nicht, wie Tibbets sehr wohl wußte, es handelte sich um eine Sondermaßnahme, eigens getroffen für diesen atomaren Einsatz; denn »für den Fall, daß man abgeschossen wurde, ließ sich ja denken, daß die Japaner alles mit einem machen würden, um herauszufinden, was es mit der Geschichte auf sich hatte. Und so blieb eigentlich nur diese Alternative: Wer sich nicht den Folterungen aussetzen wollte, mit denen zu rechnen war, der griff besser zur Pistole oder zu einer Kapsel.«
Doch das waren Überlegungen für den Eventualfall. Als Tibbets sich jetzt von Farrell verabschiedete, kreisten seine Gedanken um ein ganz anderes Problem – um die Möglichkeit eines »Bruchs« beim Start. Während der letzten Wochen war

es auf Tinian so häufig zu solchen Katastrophen gekommen, daß Tibbets jede nur denkbare Vorsorge getroffen hatte, um einem derartigen Unglück nach Möglichkeit vorzubeugen. Womöglich gab es auf der ganzen Welt kein zweites Fugzeug, das so gründlich »auf Herz und Nieren« überprüft worden war wie die *Enola Gay.* Dennoch bot das keine absolute Gewähr dafür, daß es nicht in allerletzter Minute in der Maschine irgendwelche entscheidenden Ausfälle gab.

Lächelnd und gelassen — eine Maske für die lärmenden Fotografen — begab sich Tibbets an Bord der *Enola Gay;* er dachte an den bevorstehenden Start und daran, daß die Kamerateams vielleicht die erste nukleare Katastrophe der Weltgeschichte würden filmen können — sofern sie selbst sie überlebten.

Unten wimmelten noch immer Filmleute und Fotografen herum. Einer kletterte die Leiter empor und machte durch die Bugfenster Bilder von Ferebee in seiner Position als Bombardier. Ferebee war froh, daß er das Bodenpersonal angewiesen hatte, den Bomber gründlich zu durchsuchen und alles zu entfernen, »was nicht dorthin gehörte«. Unter den »Fundsachen« waren sechs Päckchen Kondome und drei seidene Damenslips gewesen. Ferebee fand, daß »solche Dinge in einem Bomber nichts verloren hatten«.

Als Tibbets seinen Sitz erreichte, tastete er automatisch nach seiner Brusttasche. Er wollte sich vergewissern, daß er sein verbeultes Zigarettenetui aus Aluminium dabei hatte. Dieses Etui betrachtete er als Talisman. Und nie wäre es ihm eingefallen, einen Flug ohne seinen Talisman anzutreten.

Caron schnallte sich an, dicht bei seinem Zwillingsgeschütz im Heck. Zwar hätte er diese Position jetzt noch keineswegs einnehmen müssen, doch er glaubte, daß er im Falle einer Katastrophe beim Start dort hinten »eine um Bruchteile bessere Überlebenschance« besaß. Überdies hatte auch er eine Art Talisman bei sich, ein Foto von seiner Frau und seiner kleinen Tochter. Shumard, der in einer der mittleren Kanzeln — sprich Schützenstände — hockte, vertraute auf eine winzige Puppe als Glücksbringer. Ihm gegenüber, in einer anderen Kanzel, befanden sich Beser und Stiborik. Sie glaubten nicht an die Wunderkraft von Talismanen, wenn auch Stiborik befand, seine Skimütze sei zumindest kein schlechterer Glücksbringer.

Nelson, dessen Position sich nahe der Einstiegsluke befand, zog ein halbgelesenes Taschenbuch hervor und legte es neben sich auf den Tisch. Ein kurzes Stück von ihm entfernt sorgte van Kirk dafür, daß Karte und Bleistifte bereitlagen.
Weiter vorn saßen Parsons und Jeppson auf Kissen auf dem Boden, neben einem Haufen Fallschirme. Geduldig warteten sie, während rings um sie die gewohnte Prozedur vor dem Start ablief. Schließlich wandte Tibbets sich an Duzenbury.
»Alles klar, Duus?«
»Alles klar, Colonel.«
Tibbets schob im Cockpit ein Seitenfenster auf und beugte sich hinaus.
Eine ganze Batterie von Kameras war auf ihn gerichtet, um festzuhalten, wie sein Kopf über dem neu aufgemalten Namen *Enola Gay* auftauchte.
»Okay, Jungs, löscht jetzt die Lichter aus. Wir müssen los.«
Endlich schien so etwas wie ein normaler Zustand wiederhergestellt.
Tibbets befahl Duzenbury, den Motor Nummer 3 anzulassen. Als dieser reibungslos lief, kamen die Nummer 4, dann die Nummer 1 und schließlich die Nummer 2.
In die Kladde, die er für die *New York Times* führte, machte Lewis eine weitere Eintragung: »Motoren um 2.27 Uhr angelassen.«
Der Copilot blickte zu Tibbets. Dieser nickte. Lewis schaltete die Bordsprechanlage ein. Sodann klang seine Stimme über Sprechfunk.
»Dimples acht-zwo an Nord-Tinian-Tower. Bereit, zur Startbahn zu rollen. Erwarten Startanweisungen.«
Um 2.35 Uhr erreichte die *Enola Gay* ihre Startposition.
Der Jeep, der den Bomber hierher geleitet hatte, fuhr jetzt weiter die Startbahn entlang. Mit aufgeblendeten Scheinwerfern vergewisserte er sich, daß es nirgends irgendwelche Hindernisse gab. Kurz huschten seine Strahlenkegel über die Feuerlöschwagen und die Ambulanzen hinweg, die in einem Abstand von jeweils knapp zwanzig Metern zu beiden Seiten der Startbahn bereitstanden.
Um 2.42 Uhr ließ der Jeep ganz am Ende der Startbahn seine Lichter aufblitzen. Sodann schwenkte er zur Seite und schloß sich den wartenden Bereitschaftsfahrzeugen an.
Tibbets sagte Lewis, er solle den Tower rufen.

Die Antwort kam sofort.
»Tower an Dimples acht-zwo. Alles startklar.«
Noch einmal überprüfte Tibbets sorgfältig das Armaturenbrett. Das Startgewicht betrug 150000 amerikansche Pfund. Anders ausgedrückt: Die 65 Tonnen schwere *Enola Gay* mit ihren 7000 Gallonen Treibstoff sowie der Fünf-Tonnen-Bombe würde genügend Schubkraft entwickeln müssen, um trotz einer Überbelastung von 15000 Pfund ordentlich vom Boden abzuheben. Tibbets traf eine Entscheidung: Er wollte den Bomber bis zum allerletzten denkbaren Augenblick auf dem Boden halten.
Lewis sagte er von dieser seiner Absicht allerdings nichts.
Der Copilot empfand eine unverkennbare Anspannung. Auch er wußte, daß die *Enola Gay* »übergewichtig« war; und er witterte sozusagen, daß die nächsten Sekunden »traumatisch sein konnten«.
Ferebee seinerseits fühlte sich völlig entspannt. Er war sicher, daß Tibbets »alles genau auskalkuliert« hatte.
Und das hatte Tibbets auch — soweit irgend möglich. Am Ende jedoch blieb ihm im Grunde nur »der Instinkt«, der ihm sagte, was er zu tun oder zu lassen hatte.
Van Kirk sah, wie der Minutenzeiger seiner Uhr auf 2.44 glitt. Zu tun gab es für ihn erst, wenn sich der Bomber in der Luft befand. Jetzt fragte er sich unwillkürlich, was wohl geschehen würde, falls Tibbets einen technischen Defekt entdeckte und sozusagen zum Ausgangspunkt zurückkehrte. Wie wohl würden die Filmmenschen reagieren? Da der Gedanke wenig verheißungsvoll schien, ließ er ihn fallen.
Um genau 2.45 Uhr sagte Tibbets zu Lewis: »Los!« und gab Gas.
Schon rollte die *Enola Gay* die Startbahn entlang. Angespannt starrte Tibbets auf das Armaturenbrett, prüfte die Umdrehungen, den Druck.
Nachdem zwei Drittel der Startbahn zurückgelegt waren, zeigte der Drehzähler noch immer weniger als 2550 rpm — Umdrehungen pro Minute, die Tibbets nach eigener Schätzung zum Abheben brauchte, und der sogenannte Ladedruck betrug nur vierzig Inch — nicht genug.
Shumard und Stiborik wechselten nervöse Blicke. Beser hingegen in ihrer Nähe lächelte unbesorgt. Er war sich der Gefahr nicht bewußt. Duzenbury, weiter vorn, bewegte sich unruhig:

Tibbets wollte die *Enola Gay* offenbar bis zum letztmöglichen Augenblick auf dem Boden halten, um dann mit der größtmöglichen Geschwindigkeit abzuheben. Allerdings begann Duzenbury sich zu fragen, ob Tibbets die Kiste »wohl überhaupt noch hochkriegen« würde.
Angespannt starrte Lewis auf die Instrumente — auf *seine* Instrumente, wenn man so wollte, denn sie bildeten ein »Duplikat« jener, die sich vor Tibbets befanden. Draußen huschte es schattenhaft vorbei: Ambulanzen, Feuerlöschwagen.
»Die Mühle ist zu schwer!«
Tibbets antwortete nicht auf Lewis' lauten Ruf.
»Abheben — jetzt!«
Auch diesen Zuruf beachtete Tibbets nicht. Unverdrossen hielt er den Bomber auf der Startbahn. Lewis' Hände streckten sich instinktiv in Richtung Steuersäule.
»Nein! Lassen Sie das!«
Lewis' Hände verharrten bewegungslos.
Caron, hinten im Heck, dachte für sich: »Braucht aber verflucht lange, bis er endlich abhebt, der Colonel!«
Beser spürte plötzlich die Furcht, die Stiborik und Shumard empfanden. Er rief: »He, viel Startbahn bleibt uns wohl nicht mehr, wie?«
Dieser Überzeugung war auch Lewis. Kurz blickte er zu Tibbets, der starr geradeaussah: zu einem lichteren Punkt in der Dunkelheit — dort, wo die Startbahn am Rande der Klippen endete.
Lewis konnte nicht länger warten. Doch im selben Augenblick, da sich seine Hände um den Steuerknüppel spannten, zog Tibbets den seinen zurück. Die Nase der *Enola Gay* hob sich, und der Bomber befand sich in der Luft. Lewis schien es, daß kaum eine Sekunde, nachdem sie abgehoben hatten, in der Tiefe auch schon die Schwärze des Meeres auftauchte.

Von seinem Versteck nahe dem Gipfel des Mount Lasso beobachtete Kizo Imai den Start. Bereits seit anderthalb Stunden betrachtete er fasziniert die Lichter, die Blitzlichter, die Kameras, die Menschen. Was das alles zu bedeuten haben mochte, wußte er nicht.
Der Bomber, der im Mittelpunkt des allgemeinen Interesses gestanden hatte, rollte davon, und er hob genau von der Startbahn ab, an der Kizo Imai einmal mitgebaut hatte.

Zwei Minuten nach der *Enola Gay* startete die *Great Artiste.* Ihr folgte, um 2.49 Uhr, *No. 91.*
Die drei Wettererkundundungsflugzeuge und die drei übrigen Maschinen — sie alle, die zur »Special Bombing Mission No. 13« gehörten, befanden sich nun in der Luft. Über einen Luftraum von mehreren hundert Kilometern verteilt, strebten sie Japan entgegen, genau auf Kurs und genau in der Zeit.

Zehn Minuten nach dem Start machte van Kirk die ersten Eintragungen ins Navigatorenbuch. Position: Nordspitze Saipan. Eigengeschwindigkeit: 213. Rechtweisender Kurs: 336. Rechtweisender Steuerkurs: 338. Temperatur: + 22°C. Entfernung bis Iwo Jima RV 622 Meilen. Höhe: 4700.
Um hier zu möglichst genauen Ergebnissen zu kommen, bedurfte es der engen Zusammenarbeit zwischen van Kirk und Radarmann Stiborik. Diese Kooperation zwischen den beiden Männern bewährte sich während des gesamten Fluges.
Was Nelson betraf, so hatte auch er alle Hände voll zu tun. Unmittelbar vor dem Start hatte er das Freund/Feind-Kenngerät angeschaltet. Jetzt galt es die sogenannten A-und-B-Frequenzen genau einzustellen. Als nächstes regulierte er das Sendegerät, überprüfte Markierungsfunkfeuer und Funkpeilkompaß.
Die *Enola Gay* befand sich in der vorgesehenen Höhe und auf jenem nord-nordwestlichen Kurs, den sie während der drei Stunden bis Iwo Jima beibehalten sollte. Indes der Bomber die Nacht gleichsam durchpflügte, hatten zehn der zwölf Männer an Bord unablässig zu tun.
Zu den beiden, die vorerst »beschäftigungslos« blieben, gehörte Ferebee. Entspannt saß er auf seinem Sitz. Noch sechs Stunden würden vergehen, bevor seine besonderen Fähigkeiten als hochqualifizierter Bombardier gebraucht wurden. Also war es das Vernünftigste, jetzt Kräfte zu sparen — später würde ihm in ganz besonderem Maße Konzentration abverlangt werden.
Ganz ähnlich verhielt sich auch Beser. Über vierzig Stunden war er ohne Schlaf gewesen. Jetzt lag er am hinteren Ende des Ganges auf dem Boden und schnarchte leise. Sein Einsatz wurde erst fällig, wenn die *Enola Gay* Iwo Jima hinter sich ließ.
Zwischen Tibbets und Lewis war außer dem, was sie sich rou-

tinemäßig zu sagen hatten, kein weiteres Wort gefallen. Doch beide wußten sehr genau, was geschehen war: daß nämlich Lewis im entscheidenden Augenblick des Starts das Kommando hatte an sich reißen wollen. Was Lewis betraf, so hätte er Tibbets nur zu gern erklärt, daß es sich bei ihm, Lewis, um eine Instinktreaktion gehandelt hatte. Mit irgendeinem Zweifel an Tibbets' fliegerischem Können habe das im Grunde nicht das geringste zu tun. Doch es war Lewis unmöglich, das auch wirklich zu sagen. Tibbets seinerseits fand die Reaktion seines Copiloten durchaus verständlich — »es war die Reaktion eines Mannes, der für gewöhnlich selbst am Steuer saß«. Doch auch Tibbets brachte kein Wort der Erklärung über die Lippen. Und so saßen sie in unbehaglichem Schweigen, während Tibbets sich auf das Fliegen konzentrierte und Lewis die Instrumente beobachtete und ein paar Zeilen in seine »Kladde« eintrug:
Ordnungsgemäßer Start, keine ungewöhnlichen Vorkommnisse.

Über die Bordsprechanlage bat Caron Tibbets um die Erlaubnis, Probeschüsse abgeben zu dürfen. Insgesamt verfügte er zur Verteidigung der *Enola Gay* gegen feindliche Angriffe über 1000 Schuß. Davon verfeuerte er jetzt rund fünfzig. Das Geratter hallte im Leitwerk wider, und in Carons »Heckturm« roch es nach Kordit und verbranntem Öl. Deutlich konnte Caron beobachten, wie die Leuchtspurmunition hinter dem Flugzeug in die Tiefe fiel, in Richtung Meer.
Caron war zufrieden. Weitere Aufgaben gab es für ihn im Augenblick nicht. Und so kroch er weiter nach vorn, in den hinteren Bereich des Bombers. Dort war Stiborik jetzt dabei, Fotos von Hiroshima zu studieren: Diese Stadt würde es ja sein, die später auf seinem Radarschirm erschien. Doch dem Heckschützen sagten diese unwirklich aussehenden Bilder beinahe nichts.

Kurz vor drei Uhr tippte Parsons Tibbets auf die Schulter.
»Geht los.«
Tibbets nickte. Er schaltete das Funkgerät ein und rief Tinian Tower.
»Richter geht an die Arbeit.«
Eine Bestätigung blieb aus — genauso, wie es verabredet wor-

den war. Doch im Kontrollturm auf North Field studierte eine kleine Gruppe von Wissenschaftlern eine Kopie jener Checkliste, die an Bord der *Enola Gay* Parsons aus einer Tasche seines Overalls gezogen hatte. Der Text lautete:

Checkliste zur Endmontage im Flugzeug (nach Abschluß sämtlicher 0-3 Tests).

1. Prüfen, ob grüne Stecker angebracht sind.
2. Hintere Platte entfernen.
3. Panzerplatte entfernen.
4. Schraubenschlüssel in Verschlußblock einführen.
5. Verschlußblock entfernen, auf Gummiunterlage legen.
6. Ladung einführen, 4 Teile, rote Enden in Richtung Verschluß.
7. Verschlußblock einführen und festmachen.
8. Zündverbindung herstellen.
9. Panzerplatte anbringen.
10. Hintere Platte anbringen.
11. Steg und Geräte entfernen und sichern.

Aus dieser so nüchtern klingenden Liste ließ sich nicht im entferntesten ablesen, wie kompliziert und heikel die Aufgabe war, die Parsons übernommen hatte.

Der Marineoffizier ließ sich durch die Luke in den Bombenschacht hinab. Jeppson, eine Taschenlampe in der Hand, folgte ihm.

Jetzt befanden sich die beiden Männer zusammengekauert unmittelbar unterhalb der Luke, gegenüber dem Schwanzende der Bombe. Aus einer Art Kiste holte Parsons jetzt allerlei Gerät.

Ferebee, der diesen kritischen Augenblick nicht verpassen wollte, verließ seinen Sitz und beobachtete alles durch die offene Luke.

In der Bombe, umgeben von einer halben Tonne Ballast, befand sich »am Mündungsende der Kanone« ein Ring aus Uran.

Und am Verschlußende war ein Metallstück, die »Kugel«. Rund zwölf Zentimeter lang, ähnelte sie einer kleinen Konservendose. Und diese »Dose« enthielt den Rest des spaltbaren Materials.

Parsons Aufgabe bestand darin, in den sogenannten Verschluß eine Ladung hochwertiges Schießpulver samt elektrischem Zünder einzuführen, unmittelbar hinter der »Kugel«. Im gegebenen Augenblick würde der Zünder das Pulver zur Explosion bringen. Sodann jagte die »Kugel« mit einer Geschwindigkeit von 300 Metern pro Sekunde das rund 130 Zentimeter lange Rohr entlang, in die Mitte des Uraniumrings. Auf diesem Weg begann eine kleine Vorrichtung aus Polonium 84 Neutronen auszustrahlen, somit die Kettenreaktion in Gang setzend. Dieser winzige Mechanismus hatte den Spitznamen »Abner« erhalten, nach dem Comic-Strip »Li'l Abner« von Al Capp.

In Ferebees Augen glichen die beiden Männer dort im Bombenschacht Automechanikern, wobei Jeppson auf Parsons' Zuruf das geforderte Werkzeug reichte.

War ein Punkt der Checkliste abgehakt, so gab Parsons über die Bordsprechanlage Tibbets Bescheid. Dieser seinerseits verständige über Funk Tinian.

Doch bei Punkt sechs — Einführen der Ladung und des Zünders — war die Funkverbindung zwischen Tibbets und Tinian unterbrochen. Aus Sicherheitsgründen hatte er darauf verzichtet, Nelsons — stärkeren — Sender zu benutzen. Er befürchtete, vom japanischen Abhördienst aufgefangen zu werden.

Um 3.10 Uhr begann Parsons, Schießpulver-Ladung und Zünder einzuführen. Er arbeitete langsam und in absolutem Schweigen; Augen und Hände waren völlig auf die Aufgabe konzentriert. Zwar wußte er besser als jeder andere, daß es bei dieser Bombe mehr Sicherheitsvorrichtungen gab als bei jeder anderen Waffe; dennoch blieb ein unkalkulierbares und nur allzu reales Risiko. Was, beispielsweise, würde passieren, wenn eine verirrte Kugel die Bombenhülle durchschlug und das Pulver, das er gerade einführte, zur Explosion brachte?

Behutsam tat er das Pulver in vier Teilen an Ort und Stelle. Anschließend befestigte er mit sechzehn genau bemessenen Drehungen wieder Verschlußblock, Panzerplatte und hintere Platte.

Die Waffe war jetzt *bereit* — abgesehen allerdings von einer Maßnahme, die noch getroffen werden mußte, wenn Jeppson später in den Schacht kroch, um die drei grünen »Sicherungen« durch rote zu ersetzen. Bis dahin, das wußte Jeppson,

konnte die Bombe nicht elektrisch gezündet werden, »es sei denn, das Flugzeug geriet in einen elektrischen Sturm«.
Um 3.20 Uhr kletterten die beiden Männer aus dem Bombenschacht.
Parsons ging nach vorn und meldete Tibbets, sie seien soweit fertig. Dann setzte er sich auf den Boden neben Jeppson, der mit Hilfe seiner Instrumententafel überprüfte, ob das »Leitungsnetz« der Bombe in Ordnung war.

Fünf Minuten, nachdem Parsons und Jeppson die Endmontage der Bombe abgeschlossen hatten, wurde in Hiroshima (wo es jetzt 2.25 Uhr war) Entwarnung gegeben. Die Menschen kehrten aus den Luftschutzräumen zurück.
Auf Mount Futaba ging der Leutnant Tatsuo Yokyama müde wieder in sein Quartier. Dies war eine schlimme Nacht, wie sich zeigte: dreimal Alarm und von einem Bomber keine Spur. Die Geschützbedienungen hatte er wegtreten lassen; seiner Ordonnanz befahl er, ihm eine Kanne Tee zu bringen.
Nervös hatten die 23 amerikanischen Kriegsgefangenen in Hiroshima-Burg auf Flugzeuggeräusche gewartet. Während des Alarms waren sie in ihren Zellen geblieben. Im Falle eines Luftangriffs, so befanden ihre japanischen Bewacher, solle man ihnen keinen Schutz gewähren.

Tibbets starrte hinaus in die Nacht. Oben standen die Sterne. Wie glühende Nadelspitzen durchstachen sie die Pechschwärze. Unten sah man die Wolken, sehr hell wirkend, eigentümlich licht. In der *Enola Gay* war es angenehm warm — normale Zimmertemperatur.
Neben Tibbets machte Lewis Eintragungen in seine Kladde.
Der Colonel hatte schließlich das Schweigen gebrochen, indem er seinen Copiloten fragte, was er denn da schreibe. Lewis sagte, er mache sich Aufzeichnungen. Tibbets fragte nicht weiter, und die beiden Männer saßen wieder wortlos Seite an Seite und starrten hinaus in die Dunkelheit.
Nelson beendete seine Überprüfung des Loran-Geräts. Dieses Gerät war eine sogenannte Fernbereichs-Navigationsanlage: Mit Hilfe der Funksignale von zwei Sendern (eventuell auch mehr), deren Positionen bekannt waren, konnte man mehr oder minder im Handumdrehen die Position des Flugzeugs

bestimmen. Nelson hatte zu diesem Zweck bei je einem Sender auf Iwo Jima und Okinawa auf Empfang gestellt.
Duzenbury und Shumard stimmten Generatoren aufeinander ab, damit die vier Motoren gleichmäßig synchronisiert blieben.
Um 4.01 Uhr sprach Tibbets zuerst mit Sweeney und dann mit Marquardt, die ihm beide in einem Abstand von rund fünf Kilometern folgten. Sowohl die *Great Artiste* als auch die *No. 91* meldeten: »Alles normal.«
Um 4.20 Uhr meldete sich van Kirk über die Bordsprechanlage bei Lewis, um ihm zu sagen, wann sie voraussichtlich über Iwo Jima sein würden: 5.52 Uhr.
Lewis trug dies in seine Kladde ein und fügte hinzu: »Wir werden sehen.«
Hatte Lewis ursprünglich in seine Kladde kaum mehr als die allernötigsten Sachbemerkungen geschrieben, so erweiterte er seine Eintragungen jetzt ganz wesentlich, indem er etwas vermerkte: »Der Colonel, besser unter dem Namen ›alter Bulle‹ bekannt, zeigt die Spuren eines harten Tages; nach all der Mühe, die er hatte, bis er mit diesem Einsatz endlich soweit war, hätte er ein paar Augen voll Schlaf verdient.«
In Wirklichkeit hatte sich Tibbets noch nie entspannter und weniger müde gefühlt. Bisher empfand er den Flug als Vergnügungsreise.
Um 4.25 Uhr übergab er die Führung des Flugzeuges Lewis. Er schnallte sich los und stand auf, um mit jedem Mann an Bord ein paar Worte zu wechseln.
Parsons und Jeppson bestätigten, daß die letzten Einstellungen an der Bombe in der Stunde vor Erreichen des Ziels vorgenommen werden würden.
Während er zu Duzenbury ging, spürte Tibbets an der Art, wie sich das Flugzeug verhielt, daß Lewis auf »George« schaltete, den sogenannten automatischen Piloten.
Tibbets unterhielt sich ein paar Minuten mit Duzenbury, ging dann zu Nelson weiter. Hastig legte der junge Mann das Taschenbuch aus der Hand, in dem er gerade gelesen hatte, und meldete: »Alles okay, Colonel.« Tibbets lächelte und sagte: »Ich weiß, daß Sie gute Arbeit leisten, Dick.« Nelson war unbeschreiblich stolz.
Als nächstes beobachtete Tibbets, wie van Kirk navigatorische Aufgaben löste. Ferebee gesellte sich zu ihnen. Zu dritt unter-

hielt man sich darüber, ob die Wetterverhältnisse eine Bombardierung des »Primärziels« zulassen würden. Tibbets erklärte dazu: Wie immer auch, Eatherlys Meldungen zufolge, das Wetter über Hiroshima aussehen mochte, er werde sich auf alle Fälle selbst von den gegebenen Verhältnissen überzeugen. Van Kirk meinte, es müsse doch ein leicht zu findendes Ziel sein. Ferebee behauptete, er habe sich das Bild der Stadt so genau eingeprägt, daß er sie im Schlaf sehen könne.

Sodann kroch Tibbets durch den zehn Meter langen Gang bzw. Tunnel, der über zwei Bombenschächte hinwegführte und die vorderen und hinteren Teile der *Enola Gay* miteinander verband.

Hinten befanden sich Caron, Stiborik, Shumard — und der noch immer inmitten seines Geräts schlafende Beser.

Tibbets kannte Stiborik und Shumard nicht besonders gut. Den Beurteilungen zufolge waren sie allerdings hochqualifizierte Leute. Caron andererseits kannte er gut, und zu ihm hatte er volles Vertrauen.

Er sah den Heckschützen an. »Bob, haben Sie inzwischen herausgeknobelt, was wir heute früh tun?«

»Colonel, ich habe keine Lust, an die Wand gestellt zu werden.«

Tibbets lächelte. Er erinnerte sich an jenen Tag in Wendover — im letzten September war es gewesen —, an dem Caron hoch und heilig gelobt hatte, den Mund zu halten. Seither war der Heckschütze in puncto Sicherheit für alle ein wahres Vorbild gewesen.

»Bob, wir sind jetzt auf dem Weg. Sie können sprechen.«

Soviel war Caron bereits klar: Die *Enola Gay* hatte eine »neue Super-Sprengwaffe« an Bord.

»Haben wir so was wie einen ›Chemiker-Alptraum‹ geladen?«

»Nein, nicht direkt.«

Caron unternahm einen zweiten Versuch.

»Und was ist mit einem ›Physiker-Alptraum‹?«

»Ja.«

Tibbets drehte sich um und begann, durch den Tunnel zurückzukriechen. Caron hielt ihn am Hosenbein fest.

Tibbets blickte zurück.

»Was ist?«

»Nur eine Frage, Colonel. Spalten wir vielleicht Atome?«

Tibbets starrte den Heckschützen an — und kroch dann weiter den Tunnel entlang.
Den Begriff der Atomspaltung kannte Caron aus einer populärwissenschaftlichen Zeitung. Doch was darunter eigentlich zu verstehen war, das wußte er nicht.
Wieder im Cockpit, schaltete Tibbets »George« aus und ging mit der *Enola Gay* auf eine Höhe von rund 3000 Metern, wegen des »Rendezvous« bei Iwo Jima.
Jeppson, der bislang weniger als hundert Flugstunden hinter sich hatte, betrat die Astronavigationskuppel. Im Osten sah er, wie der bleiche Mond aus den Wolkenbänken hervortauchte und wieder dahinter verschwand. Voraus war der Himmel, bis auf eine hohe, dünne Zirrusschicht, wolkenlos und tiefblau. Und nie vergaß Jeppson die Erhabenheit dieser Nacht, als sie jetzt in die Morgendämmerung überzuwechseln begann.
Lewis beugte sich zu Ferebee, der schlaff und mit halbgeschlossenen Augen dasaß.
»Wird jetzt nicht mehr lange dauern, Tom.«
Ferebee gab keine Antwort.
Lewis richtete sich wieder auf und vertraute dem Papier an: »Unser Bombenschütze ist sehr still, und mir scheint, daß er sich geistig zurückversetzt hat in den Mittelwesten der alten USA.«
In Wirklichkeit jedoch ließ er an seinem inneren Auge die eingeplanten Ziele vorüberspulen.
Die Nacht draußen wich immer rascher zurück. Als die *Enola Gay* den Luftraum über Iwo Jima erreichte, war der ganze Himmel in ein helles, leuchtendes Rot getaucht, und die ersten Sonnenstrahlen fielen durch die Cockpit-Fenster.
Genau zur vorgesehenen Zeit befand sich die *Enola Gay* am Treffpunkt.
Über Iwo Jima kreisend, wartete Tibbets auf die anderen Bomber.
Um 4.55 Uhr japanischer Zeit waren Sweeneys *Great Artiste* und Marquardts *No. 91* zur Stelle. Auf eine Höhe von 9000 Fuß (etwa 2700 Meter) gehend, schlossen sie sich der *Enola Gay* an.
Um 5.05 Uhr und eine halbe Minute (van Kirk vermerkte in seinem Navigatorbuch 6.05½, da er sich bei seinen Eintragungen auch weiterhin an die Ortszeit von Tinian hielt) flogen die

drei Bomber in loser V-Formation mit der *Enola Gay* an der Spitze. Sie nahm Kurs auf Shikoku, die größte Insel vor der japanischen Südwestküste.
Während sie sich noch über Iwo Jima befanden, setzte sich Tibbets per Sprechfunk mit Major Bud Uanna in Verbindung. Dieser war ja im sogenannten Kommunikationszentrum, das man auf der Insel eigens für diesen Einsatz eingerichtet hatte.
»Bud, wir setzen den Flug planmäßig fort.«
Durch die atmosphärischen Störungen drang Uannas kurze Antwort.
»Hals- und Beinbruch.«
Auf Iwo Jima atmeten McKnight und die Crew der *Top Secret* auf. Ihr Bereitschaftsbomber würde jetzt wohl kaum gebraucht werden.
Während die *Enola Gay*, die *Great Artiste* und die *No. 91* in Richtung Norden strebten, wurde an Bord aller drei Bomber ständig und routinemäßig die Windgeschwindigkeit gemessen und die sogenannte Windversetzung berechnet.
Lewis, der wenig zu tun hatte, konnte sich ausgiebig mit seiner Kladde beschäftigen. Doch wurden seine Eintragungen von Mal zu Mal spärlicher und rätselhafter. Als sich der Bomber dann in einer Höhe von 9200 Fuß befand, vermerkte er schließlich: »Hier werden wir bleiben, bis wir noch ungefähr 1 Stunde vom Kaiserreich weg sind.«
Beser wurde in seinem Schlaf plötzlich gestört. Von vorn rollte eine Orange durch den Tunnel und plumpste ihm sacht auf den Kopf.
Er schrak hoch — und sah Shumard und Stiborik, die ihn beide angrinsten. Caron reichte ihm einen Becher mit Kaffee. Beser trank und gab dann seinem »Kram den letzten Schliff«. Instrumente und Geräte hatte er bereits so angeordnet, daß sich alles, wo es etwas abzulesen gab, für ihn bequem in Augenhöhe befand. Anderes war, zumeist höher, an einem Spezialgestell untergebracht: Empfänger, Peilgeräte, Spektralapparate und sogenannte Entschlüssler. Mit Hilfe seines Instrumentariums war Beser imstande, den Funkverkehr von Feindjägern und Feindflak abzufangen, aber auch Radarsignale, welche die Bombe vorzeitig zur Detonation bringen konnten. Er trug Spezialkopfhörer, die es ihm ermöglichten, gleichzeitig zwei verschiedene Wellenlängen abzuhören.

Beser war jetzt in seinem Element. Er drehte an allen möglichen Schaltern und Knöpfen. Bald hatte er im einen Ohr die Stimme eines Flugleiters auf Okinawa, der einen vom Feindflug zurückkehrenden Bomberverband einwies; und mit dem anderen Ohr hörte er kurze Fetzen vom Bord-Bord-Verkehr zwischen Superdumbos, die vor der japanischen Küste kreisten. Mit einem Gefühl der Erleichterung registrierte Beser, daß sich die Bergungsmaschinen wie vorgesehen während des Atomschlags in Bereitschaft hielten.
Plötzlich verharrte Beser völlig bewegungslos. Seine Augen hafteten auf dem Überwachungsgerät. Er sah, wie »das japanische Frühwarnungssignal an uns vorüberglitt. Dann kam es zum zweitenmal, und diesmal hatten sie uns — und ließen nicht mehr locker.«
Mit dem Überraschungsmoment — dem besten Schutz, den es für die *Enola Gay* geben konnte — war es damit vorbei. Und feindlichem Radar zu entkommen, sofern es fachmännisch bedient wurde, schien ausgeschlossen.
Nach kurzer Überlegung befand Beser, es sei besser, das Geheimnis für sich zu behalten: »Wozu sollte sich Tibbets in dieser Phase unnötige Sorgen machen? Und der Rest der Crew würde bloß nervös werden, wenn jemand sagte: ›He, die beobachten uns.‹ Also fand ich's besser, den Mund zu halten.«
Kurz nach 6.30 Uhr japanischer Zeit kletterte Jeppson mit den drei roten »Sicherungen« in den Bombenschacht. Nachdem er sie gegen die grünen auswechselte (die in der Tat noch *Sicherheit* geboten hatten), wurde die Bombe zur »lebenden, einsatzbereiten Waffe«.
... würde es werden. Denn noch war es nicht soweit.
Über den sogenannten Steg näherte er sich der Bombe. Die Temperatur im Schacht entsprach in etwa der außerhalb des Flugzeugs: 18 Grad Celsius. Sorgfältig löste Jeppson die grünen Stöpsel heraus und ersetzte sie durch die roten. Und als sich der letzte an Ort und Stelle befand, zuckte es dem so eiskalten Jeppson plötzlich durch den Kopf: »Dies ist der Augenblick.«
In der Tat: Jetzt *war* die Bombe einsatzbereit.
Jeppson verließ den Schacht.
Parsons erstattete er militärisch vorschriftsmäßig Vollzugsmeldung.

Parsons seinerseits kroch nach vorn zum Cockpit und machte Tibbets Meldung.
Dieser schaltete die Bordsprechanlage ein und sprach zu der Mannschaft.
»Wir haben die erste Atombombe der Welt an Bord.«
Mehrere Besatzungsmitglieder atmeten hörbar die Luft ein. Lewis stieß einen leisen Pfiff aus. *Jetzt* ergab auf einmal alles einen Sinn.
Tibbets fuhr fort. »Nach dem Abwurf der Bombe wird Leutenant Beser unsere Reaktionen auf das Gesehene festhalten. Was er aufnimmt, ist als geschichtliches Dokument gedacht. Nehmen Sie sich also mit Ihrer Sprache in acht und verstopfen Sie mir nicht völlig die Bordsprechanlage.«
Abschließend richtete er noch ein paar Worte an Caron.
»Bob, Sie hatten recht. Wir spalten Atome. Kehren Sie jetzt auf Ihren Posten zurück. Wir gehen höher.«
Grübelnd kroch der kleine Caron zu seinem Heckstand zurück. Was sollte er bloß sagen, wenn's schließlich soweit war, einen Ausspruch von ihm »für die Geschichte« festzuhalten. Jedenfalls: Wenn die *so was* mit einplanten, mußte das schon ein tolles Ding von einer Bombe sein!
Um 6.40 Uhr, nicht mehr allzu weit von der japanischen Küste entfernt, begann der Bomber auf eine Höhe von über 9000 Meter zu steigen.

In Hiroshima – in diesem Augenblick rund 500 Kilometer von der *Enola Gay* entfernt – traf Oberstleutnant Kakuzo Oya um 7 Uhr im Zweiten Generalhauptquartier ein, um jenen Bericht des Nachrichtendienstes zu lesen, den er in zwei Stunden, während der Besprechung bei Hata, vorzulegen gedachte. Eingehend studierte er den Bericht. Inzwischen stellten sich weitere hohe Offiziere ein, unter ihnen Oberst Imoto. Bevor man sich zum Offiziersklub auf dem Burggelände begab, würde man die Ankunft von Oberstleutnant RiGu und Oberst Katayama abwarten. Im Offziersklub sollte das Treffen stattfinden. Feldmarschall Hata befand sich noch zu Hause, im Gebet am Familienschrein. Bald schon würde er in der Funktion des Gastgebers erscheinen bei der erlesensten Zusammenkunft von Kommandeuren in Hiroshima, die es seit Kriegsausbruch gegeben hatte.
Zu denen, die gleichsam durch Abwesenheit glänzten, ge-

hörte Kapitän Mitsuo Fuchida, Held von Pearl Harbour und jetzt Stabsoffizier bei den Luftoperationen der Kaiserlichen Kriegsmarine. Seit zehn Tagen befand sich Fuchida in Hiroshima und nahm an jenen Armee-Kriegsmarine-Konferenzen teil, die in Hatas Hauptquartier stattfanden: Ausgiebig diskutierte man über die Verteidigungspläne für den Fall der zu erwartenden amerikanischen Invasion. Am letzten Nachmittag war Fuchida aus der Besprechung fortgerufen worden, um im neuen Hauptquartier der Kriegsmarine in Nara bei Kyoto einige technische Probleme zu lösen. Trotz stundenlanger Arbeit war das Fuchida nicht gelungen. Etwa zur selben Zeit, da Oya den Bericht las, machte sich Fuchida in Nara erneut ans Rätsel gestörter Nachrichtenverbindungen; und eben dies rettete ihm vermutlich das Leben.

Auf dem Land westlich von Hiroshima entschieden gleichfalls unvorhergesehene Umstände über das Schicksal von Dr. Kaoru Shima. Bei seinen Krankenbesuchen hatte er Fälle vorgefunden, deren Behandlung wesentlich mehr Zeit erforderte, als zu erwarten gewesen war. Und gewiß würde er erst um die Mittagszeit zu seiner Klinik in Hiroshima zurückkehren können.
Etwa um dieselbe Zeit war weiter westlich Leutnant Matsuo Yasuzawa dabei, den Motor seines zweisitzigen Übungsflugzeugs anzulassen. Um sich zu vergewissern, daß sein Passagier auch richtig angeschnallt war, drehte er kurz den Kopf. Dann ließ er die Maschine zur Startbahn rollen. Gleich darauf gab man das »Start frei!« durch, und der 40-Minuten-Flug von Shimonoseki nach Hiroshima begann. Was Yasuzawas Flugkurs betraf, so befand er sich — grob betrachtet — im rechten Winkel zu dem der *Enola Gay,* die sich jetzt immer mehr dem japanischen Luftraum näherte.

Mit einer Geschwindigkeit von 500 Fuß pro Minute kletterte die *Enola Gay* hinauf zu einer Bombenflughöhe von rund sechs Meilen, etwa 10000 Metern.
Obwohl die Sonne jetzt sehr warm auf das Flugzeug strahlte, in dem Druck- und Temperaturausgleich herrschte, lag die Außentemperatur jetzt unter dem Gefrierpunkt.
An jenen Instrumenten, die per Kabel mit der Bombe verbunden waren, hielten Parsons und Jeppson unablässig Wacht.

Beide Männer hofften, daß es keinen Grund geben würde, erneut in den Bombenschacht zu kriechen — in jenen Schacht ohne Druckausgleich, wo jetzt eisige Temperaturen herrschten. Doch sofern es nötig wurde — ein rotes, wiederholt aufblinkendes Warnlicht auf ihrem Armaturenbrett würde ihnen darüber Auskunft geben —, war der eine wie der andere bereit, mit übergestülpter Sauerstoffmaske in den Schacht hinabzugleiten und den Schaden zu beheben.
Die Lichter blieben sämtlich auf grün.

Um 7.09 Uhr unterbrach Radio Hiroshima sein Programm wegen eines weiteren Luftalarms. Zur gleichen Zeit jammerte die Sirene ihre Warnung über die Stadt hinweg. Für einen Augenblick schien jedermann zu erstarren — und auf jenes Geräusch zu lauschen, das einen unmittelbar bevorstehenden Angriff ankündigte: in gleichmäßigen Abständen unterbrochene Sirenenstöße.

Im selben Augenblick, da in Hiroshima Sirenengeräusche erklangen, erreichte Claude Eatherlys *Straight Flush* jene Stelle etwa 25 bis 30 Kilometer von der Aioi-Brücke, die Ferebeee für sich als Zielpunkt gewählt hatte.
Das einzige, was Eatherly erkennen konnte, war die dichte Wolkendecke unter seinem Flugzeug.
In einer Höhe von rund 10000 Metern flog die *Straight Flush* in fast genau westlicher Richtung, und sie folgte mithin recht präzise jenem Kurs, den Tibbets und Ferebee für die *Enola Gay* auskalkuliert hatten — und dieser kurze Flug bildete später die Grundlage für Eatherlys absurde Behauptungen — Behauptungen, die ihn, genau wie er sich das wünschte, weltberühmt machen sollten.
Er hielt Ausschau nach einer Lücke in der Wolkendecke. Zunächst konnte er jedoch keine finden.
Dann jedoch, unmittelbar voraus und direkt über Hiroshima, entdeckte er in den Wolken ein großes Loch. Und rund 10000 Meter tiefer war die Stadt so deutlich zu sehen, daß die Besatzung der *Straight Flush* Grünstreifen erkennen konnte.
Eatherly quittierte das mit einem lauten Freudenschrei. Er flog über Hiroshima hinweg. Über der Peripherie der Stadt wendete er und versuchte sich zu vergewissern, daß das »Wolkenloch« noch immer vorhanden war.

Es war.
Und es handelte sich um ein gewaltiges »Loch«, das im Durchmesser etwa 15 bis 20 Kilometer maß, rings umrahmt von dickem Gewölk. Durch dieses Loch, diese riesige Lücke, fielen Lichtschäfte hinab. Man hätte meinen können, es seien Scheinwerferkegel, welche die Zielstadt für die Bombenflieger beleuchten sollten.
Etwa zur selben Zeit fanden die Flugzeuge, die das Wetter über Nagasaki und Kokura erkunden sollten, die Bedingungen dort ähnlich gut.
Und so standen denn, wenn man so wollte, alle drei Städte der *Enola Gay* zur Verfügung, die jetzt, in einer Höhe von rund 8000 Metern, bei gleichmäßiger Geschwindigkeit noch höher stieg.
Um 7.24 Uhr schaltete Nelson das Freund/Feind-Kenngerät aus. Eine Minute später empfing er über 7310 Kilohertz von der *Straight Flush* eine chiffrierte Meldung. Entschlüsselt lautete sie:

Wolkendecke weniger als 3/10 in allen Höhen.
Rate: Primärziel bombardieren.

Nachdem Tibbets die Meldung gelesen hatte, schaltete er die Bordsprechanlage ein und erklärte: »Es ist Hiroshima.«
Minuten später meldeten sich *Full House* und *Jabbit III.* Nelson kritzelte die Funksprüche auf einen Schreibblock und brachte sie Tibbets, der sie in eine Tasche seines Overalls steckte. Er befahl Nelson, an Uanna auf Iwo Jima eine Kurzmeldung zu schicken. Ein Wort nur:
Primärziel.
Lewis vermerkte in seiner Kladde: »Sehen alle enorm zuversichtlich aus.«
Allerdings: Besers Gesicht konnte er nicht sehen. Der junge Offizier konzentrierte sich voll auf das Feindradar, welches den Flug der *Enola Gay* still und stumm verfolgte. Und es schien, daß das Signal gleichsam von Minute zu Minute stärker wurde.

In Eatherlys *Straight Flush,* die sich gerade anschickte, den japanischen Luftraum zu verlassen, brach eine außergewöhnliche Debatte aus.

Wie die Piloten der beiden anderen Wettererkundungsflugzeuge, hatte Eatherly den strikten Befehl, auf direktem Wege nach Tinian zurückzukehren.
Dennoch (so jedenfalls Eugene Grennan, sein Ingenieur) schaltete Eatherly jetzt die Bordsprechanlage ein und meinte, sie sollten kreisen, bis Tibbets vorbei sei. Dem könnten sie dann folgen, »um zu sehen, was passiert, wenn die Bombe explodiert«.
Grennan seinerseits meinte, das sei nicht vernünftig. Ein weiteres Besatzungsmitglied widersprach (so jedenfalls erinnerte sich Grennan später): »Falls Tibbets und den anderen was passiert, so wären wir doch wenigstens da, um später alles zu berichten.« Der Mann nahm also recht eindeutig für Eatherly Partei. Und so fing's an, und so ging es weiter: Sollen wir, sollen wir nicht? Schließlich sagte Eatherly: »Hört mal, Jungs, wenn wir bis zwei Uhr nicht wieder auf Tinian sind, ist's mit dem Nachmittagspokern Essig.«
Trotzdem ging die Debatte weiter.
Was etwaige spätere Konsequenzen betraf, so machte sich, laut Grennan, niemand große Sorgen. »Aus Gründen der Disziplin hätten wir uns keinen Zwang auferlegt. Während noch hin- und herdebattiert wurde, fragte mich Eatherly: ›Haben wir genug Treibstoff, um wieder nach Hiroshima und dann zurück zum Stützpunkt zu fliegen?‹ Ich sagte, wir könnten ja gegebenenfalls auf Iwo Jima landen. Aber darauf schien er nicht scharf zu sein, weil er dort wohl nicht pokern wollte. Schließlich gab's so eine Art Abstimmung, und die allgemeine Meinung war, daß es sich nicht lohnte, in der Nähe zu sein, wenn die eine Bombe fiel. ›Was gibt's da schon zu sehen?‹ fragte Eatherly.«
Die Besatzung der *Straight Flush* beschloß, dieser Premiere nicht beizuwohnen: der Premiere der Atombombe.

Um 7.31 Uhr gab es in Hiroshima Entwarnung. Die Menschen atmeten auf. Sie machten Feuer in ihren Herden, bereiteten ihr Frühstück, lasen die *Chugoku Shimbun*.
Hiroshi Yanagita, jener Offizier der Kempei Tai, der an der Gefangennahme mehrerer amerikanischer Flieger mitgewirkt hatte (die sich jetzt in Hiroshima-Burg in ihren Zellen befanden), hörte in dieser Nacht nichts von irgendwelchen Warnungen oder Entwarnungen.

Er lag im Bett und schlief einen schweren Rausch aus.
Auf Mount Futaba sorgte Leutnant Tatsuo Yokoyama dafür, daß seine Leute an ihren Geschützen auf dem Posten blieben.
Yokoyama war mißtrauisch. Er fand es sonderbar, daß die Einzelmaschine über der Stadt gekreist hatte und dann ein zweites Mal über Hiroshima hinweggeflogen war.
Er befahl, den Kanonieren an den Geschützen ein Frühstück zu bringen: Reis, Suppe, Gesäuertes und Gemüse. Eine ähnliche Mahlzeit ließ Yokoyama sich in seiner Unterkunft servieren. Zum Zeichen des Respekts trug sein Bursche das Frühstückstablett hoch über dem Kopf, »um sicherzugehen, daß sein Atem nicht auf die Nahrung fiel«.
Im Bereich von Hiroshima-Burg wurden vor den Zellen der Gefangenen die Schüsseln voll Brei recht »unzeremoniell« hingestellt.
Im Heim des Bürgermeisters Senkichi Awaya, wie auch in der bescheideneren Wohnung seines Assistenten Kazumasa Maruyama — und in den Zehntausenden weiterer Unterkünfte in Hiroshima — verzehrte man zumeist ein recht frugales Frühstück, während im Hintergrund aus einem Rundfunkgerät das normale Programm von Radio Hiroshima klang: mehr oder minder martialische Musik.
Etwa 250 Meter von der Aioi-Brücke entfernt, im Shima-Hospital, löste sich, während die Patienten frühstückten, das Personal ab. Wie in japanischen Krankenhäusern allgemein Sitte, wurde die Mahlzeit von Verwandten zubereitet und serviert. Um 7.35 Uhr verließen die meisten das Hospital, um zu ihrem Arbeitsplatz zu eilen: ein weiterer langer Tag im Dienst der Kriegswirtschaft.
Nur wenige hatten Augen für jene Maschine — einen Zweisitzer —, mit der Leutnant Matsuo Yasuzawa quer über die Stadt hinweg auf den Flughafen zuhielt.
Nach der Landung rollte Yasuzawa um 7.40 Uhr zu einem Abstellplatz und kletterte aus der Übungsmaschine. Es war ein kurzer, ereignisloser Flug gewesen. Jetzt mußte er für seinen Passagier, einen Major, herausfinden, wo Hata seine Besprechung hielt. Yasuzawa hatte das Gefühl, zum Botenjungen degradiert zu werden.
Solange sich das Übungsflugzeug über ihm in der Luft befand, wartete Oberstleutnant RiGu, der koreanische Prinz.

Jetzt auf seinen Schimmel aufsitzen zu wollen, hatte keinen Sinn. Denn der Lärm von Flugzeugmotoren machte das Pferd nervös. Und RiGu war nicht in Eile. Bis zu der Besprechung bei Hata blieben noch 75 Minuten. In sachtem Trab ritt der Prinz nun in Richtung Aioi-Brücke und 2. Armee-Hauptquartier.
Eben dort, im Hauptquartier, über einen Kilometer von der Brücke entfernt, las Oya im Büro von Oberst Imoto seinen Bericht zu Ende und gesellte sich dann zu den vier übrigen Offizieren im Raum. Sie sprachen über den Krieg. Einer von ihnen erwähnte die demoralisierende Tatsache, daß die amerikanische 5. Flotte weiterhin die japanische Küste beschoß.

Um acht Uhr begannen im Zentrum von Hiroshima Hunderte von Jugendlichen an einer Feuerschneise zu arbeiten, die zur Aioi-Brücke führte.
Unweit davon, im Bereich von Hiroshima-Burg, absolvierten viele der 40000 Soldaten, die in der Stadt stationiert waren, ihren Frühsport. Und ganz in ihrer Nähe befahl man einem einzelnen Amerikaner ähnliche Übungen.
In einer Höhe von rund 10000 Metern — und noch 80 bis 90 Kilometer vom Zielpunkt entfernt — flog die *Enola Gay,* der in einem Abstand von wenigen Kilometern die beiden Beobachterflugzeuge folgten. Die einzige Stimme, die jetzt an Bord der Führungsmaschine zu vernehmen war, gehörte van Kirk, der Tibbets geringfügige Kurskorrekturen zurief.
Es war 8.05 Uhr. Van Kirk vermerkte den Augenblick.
»Noch zehn Minuten bis AP.« AP: Aiming Point — Zielpunkt.

Bob Caron, in seinem Heckstand, war im Begriff, seine Panzerweste anzulegen. Mit den übrigen Besatzungsmitgliedern stand er jetzt nur per Sprechfunk in Verbindung. Ansonsten war er in seinem keineswegs druckfesten Raum völlig isoliert.
Mit seinen Geschützen und der klobigen Kamera, die man ihm unmittelbar vor dem Start gegeben hatte, fand er es »allzu beengt«. Und so legte er seinen einzigen Schutz gegen Flaksplitter auf den Boden.
Es war 8.06 Uhr. Neun Minuten blieben noch.
Beser überwachte jenen Frequenzbereich, der im Funkverkehr

der japanischen Jäger bnutzt wurde. Nichts dort ließ auf Aktivität schließen. Stiborik starrte auf seinen Radarschirm. Shumard spähte durch eine Kanzel hinaus: Er hielt Ausschau nach etwaigen feindlichen Jägern.
Ferebee, bequem auf seinem Sitz, beugte sich vor, bis er mit der Stirn jene spezielle Bombardier-Kopfstütze berührte, die er und Tibbets vor Monaten in Wendover konstruiert hatten.
Dick Nelson beobachtete Parsons und Jeppson, die nicht weit von ihm bei der sogenannten Bombenkonsole knieten. Sie rührten sich nicht, aber Nelson hatte das Gefühl, »daß sie all die Lämpchen da geradezu beschworen, ja so zu bleiben, wie sie jetzt waren«. Parsons erhob sich und ging steif in Richtung Cockpit.
Es war 8.09 Uhr.
Jetzt stand auch Jeppson auf. Er schnallte seinen Fallschirm an. Dabei sah er, daß Nelson und van Kirk ihn eigentümlich musterten. Ihre Fallschirme lagen nach wie vor in einem Winkel.
Van Kirk gab eine weitere Kursänderung durch. Jetzt flog die *Enola Gay* mit Kurs 264°, von der präzisen Westrichtung eine Winzigkeit nach Süden abweichend. Die Höhe betrug nun 31060 Fuß und die Geschwindigkeit 200 Meilen.
Es war 8.11 Uhr.
Stiborik löste den Blick vom Radarschirm. Dicht bei seiner linken Hand befand sich eine Art Hebel. Dieser Hebel war verbunden mit einer Kamera, die man außen am Flugzeugrumpf angebracht hatte. Sie steckte in einem Gehäuse, und vor den Objektiven gab es bombenschachtähnliche Klappen. Stiborik betätigte den Hebel, und die Klappen öffneten sich langsam. Im selben Augenblick, da die Bombe fiel, würde die Kamera anfangen, Aufnahmen zu machen.
Über die Bordsprechanlage sagte van Kirk zu Tibbets: »IP.« IP, *initial point,* das hieß: Ausgangspunkt des Zielanflugs.
Es war 8.12 Uhr.
Van Kirk hatte die *Enola Gay* präzise zum IP navigiert. Alles stimmte: die Zeit, die Höhe, die Geschwindigkeit.
Drei Minuten blieben noch.

In diesem Augenblick entdeckte bei Saijo, rund dreißig Kilometer östlich von Hiroshima, ein Späher die *Enola Gay* und,

dahinter, die *Great Artiste* und *No. 91.* Sofort kurbelte er am Feldfernsprecher, über den er mit dem Fernmeldezentrum in Hiroshima-Burg in direkter Verbindung stand, und meldete seine Beobachtung. Das Zentrum war mit Schulmädchen besetzt, die man als Telefonistinnen verpflichtet hatte. Sie nahmen alle derartigen Anrufe entgegen und gaben Warnungen dann an den diensthabenden Sprecher des Senders von Hiroshima durch.
So auch jetzt. Das betreffende Mädchen notierte sich die Meldung und rief dann beim Sender an. Im Diktiertempo schrieb sich der Sprecher alles auf.

»8.13 Uhr. Chugoku Regional-Armee meldet drei große Feindflugzeuge, von Saijo in westlicher Richtung fliegend. Höchste Alarmstufe.«

Der Sprecher stürzte zu einem nahen Ansageraum.
Es war jetzt 8.14 Uhr.

Noch eine Minute.
Tibbets meldete sich über die Bordsprechanlage.
»Brillen auf.«
Von den zwölf Männern schoben sich neun Brillen aus Polaroidglas über die Augen — und waren jetzt in völliger Dunkelheit.
Nur Tibbets, Ferebee und Beser behielten die Brillen auf der Stirn. Es wäre ihnen sonst unmöglich gewesen, ihre Arbeit zu tun.
Bevor er sich die Schutzgläser vor die Augen schob, hatte Lewis noch eine Anmerkung in seiner Kladde gemacht.
»Während wir unser Ziel bombardieren, wird es eine kurze Unterbrechung geben.«
Noch dreißig Sekunden.
Mehrere Dinge ereigneten sich gleichzeitig. Ferebee rief, er bekomme jetzt Hiroshima in den Sucher. Beser meldete Parsons, daß der Annäherungszünder durch japanisches Radar nicht gefährdet sei. Parsons, der unmittelbar hinter Tibbets stand, schob kurz seine Brille hoch. Wie Tibbets war auch er der Meinung, dies konnte nur das Ziel sein. Während er seine Augen wieder schützte, sagte Tibbets ruhig über die Bordsprechanlage.

»Bereithalten für Tonausfall — und Wende.«
Die Brille noch auf der Stirn, den Blick auf dem Zielgebiet, erlebte Ferebee, wie das Schwarz-Weiß der Luftbilder (die ihm so deutlich vor dem inneren Auge standen) mehr und mehr ersetzt wurde von Grünschattierungen, sanften Pastelltönen und den trüberen Schatten der Gebäude auf den langen, fingerförmigen Ausläufern, welche sich ins Dunkelblau der Bucht von Hiroshima erstreckten. Die sechs Nebenflüsse der Ota waren braun, die Hauptzufahrtsstraßen wirkten metallisch grau. Leichter Dunst lag über der Stadt, doch beeinträchtigte dies keineswegs Ferebees Sicht auf den Zielpunkt, die T-förmige Aioi-Brücke, die immer dichter auf das Fadenkreuz seines Bombenvisiers zuglitt.
»Hab' ihn.«
Ferebee nahm letzte Korrekturen vor und setzte dann das Tonsignal in Gang. Es handelte sich dabei um ein ununterbrochenes tiefes Summen, das anzeigte, daß er die automatische Synchronisierung für die letzten fünfzehn Sekunden des Bombenzielanflugs ausgelöst hatte.
Falls die Bombe nicht gerade in ihrem Schacht festklemmte, gab es für Ferebee nichts weiter zu tun.
An Bord der *Great Artiste,* die in einem Abstand von einer Meile folgte, wartete der Bombardier Kermit Beahan darauf, die Bombenklappen zu öffnen, um — an Fallschirmen — jene Geräte abzuwerfen, welche den Explosionsdruck messen sollten.
In einem Abstand von einer weiteren Meile beschrieb Marquardts *No. 91* bereits eine Kurve von 90 Grad, um rechtzeitig in Position zu sein für fotografische Aufnahmen.
Das Tonsignal wurde auch von den drei Wetterflugzeugen empfangen — also auch von Eatherlys *Straight Flush,* die inzwischen bereits 225 Meilen von Hiroshima entfernt war und zum Stützpunkt zurückstrebte.
Vernommen wurde das Tonsignal aber auch auf Iwo Jima, und zwar von McKnight, der noch auf dem Pilotensitz der *Top Secret* saß, jenem Bereitschaftsflugzeug, das jetzt nicht gebraucht werden würde. McKnight machte Uanna Meldung, und dieser funkte nach Tinian:
»Abwurf steht unmittelbar bevor.«
Um genau 8.15.17 Uhr öffneten sich die Bombenklappen der *Enola Gay,* und ohne daß jetzt noch irgend jemand irgend et-

was zu tun brauchte, glitt die erste Atombombe der Welt von ihrer Aufhängevorrichtung.
Zur selben Zeit geschah dies: Die Kontrollkabel wurden aus der Bombe herausgezogen, und das Tonsignal brach ab.
Ruckartig gewann die *Enola Gay*, um rund 4 Tonnen erleichtert, ungefähr 3 Meter an Höhe.
Caron, im Heck, packte seine Plattenkamera noch fester und fragte sich, durch seine Schweißerbrille irritiert, in welche Richtung er sie denn wohl halten solle.
Tibbets drehte mit der *Enola Gay* schroff nach rechts ab.
An Bord der *Great Artiste* sah Sweeney, wie die Bombe aus dem Bauch der *Enola Gay* gleichsam hervorquoll.
Beahan warf die Detonationsmeßgeräte ab.
An Bord der *No. 91* begannen die Kameras zu surren.
Es war 8.15.20 Uhr.
In den drei Sekunden, die inzwischen vergangen waren, hatte Ferebee gerufen: »Bombe los!«, um sodann den Kopf von seinem Visier zu heben und nach unten sowie nach hinten zu blicken, durch das Plexiglas.
Er beobachtete, wie sich die Bombe sauber aus dem Schacht löste und die Klappen sich wieder schlossen.
Für den winzigsten, den allerwinzigsten Hauch einer Sekunde schien die Bombe durch eine unsichtbare Kraft festgebannt zu sein, dort unterhalb des Bombers. Doch dann sah Ferebee sehr deutlich, wie sie fiel und fiel und fiel.
»Zunächst schwankte sie ein bißchen, während ihr Fall sich immer mehr beschleunigte. Und dann stürzte sie glatt hinunter, wie's ja auch sein sollte.«
Vierzig Sekunden blieben noch.
Gleichzeitig geschah unten auf der Erde dies:
Oberstleutnant Oya stand im 2. Armee-Hauptquartier an einem Fenster und blickte hinauf zur *Enola Gay* und zur *Great Artiste*. Beide Bomber schienen sich im Sturzflug der Stadt zu nähern.
Feldmarschall Hata, der inzwischen seinen »Sieges«-Garten gepflegt und an seinem Schrein gebetet hatte, stand jetzt im Begriff, sich anzukleiden, bevor er sich zu seiner allgemeinen Besprechung begab. Was die amerikanischen Flugzeuge hoch oben am Himmel betraf, so war er völlig ahnungslos.
Genauso verhielt es sich mit Hiroshi Yanagita, dem Kempei-Tai-Offizier: Schnarchend lag er in seinem Bett.

Bei der hochsommerlichen Hitze saß Tatsuo Yokoyama mit bloßem Oberkörper, eine Schale mit Reis vor dem Mund, die Eßstäbchen in der Hand.
Tibbets, an Bord der *Enola Gay,* drehte mit dem Bomber weiter ab, und zwar in jenem bewußten Winkel von 155 Grad. Sweeneys *Great Artiste* führte praktisch ein identisches Manöver aus, nur nach der anderen, der linken Seite.
In der Bombe tickte inzwischen der Zeitmechanismus: Hier war alles sehr präzise darauf abgestimmt, daß der Detonator genau zur vorgesehenen Zeit funktionierte.
Tibbets fragte Caron, ob er irgend etwas sehen könne. Dieser, in seiner Heckkanzel auf allen vieren (während die Fliehkraft alles Blut aus seinem Kopf zu »saugen« schien) antwortete mit einem Wort: »Nichts.«
Beser, im Flugmanöver gleichfalls wie festgenagelt, versuchte, die Hand zu einem Aufzeichnungsgerät zu heben.
Niemand sonst bewegte sich.
Jetzt blieben noch zwanzig Sekunden.
Unten auf der Erde, zur selben Zeit:
Prinz RiGu trabte mit seinem Roß auf die Aioi-Brücke zu.
Ein weiterer höherer Offizier, Oberst Katayama, schwang sich in diesem Augenblick auf sein Pferd, nachdem er in der Stadtmitte seinen Zahnarzt besucht hatte.
Der Sprecher von Radio Hiroshima erreichte den Ansageraum, um die Luftwarnung durchzugeben.
Im Fernmeldezentrum auf dem Hiroshima-Flughafen (das sich halb unter der Erde befand) wartete Yasuzawa auf die Mitteilung, wo Hatas Besprechung denn nun eigentlich stattfinde.
In den Feuerschneisen ließen die Aufseher jetzt ihre Pfeifen ertönen: das Signal für die tausend und abertausend Arbeiter, unter ihnen viele Schulmädchen und Schuljungen, sich in aller Eile zu ihren Unterständen zu begeben.
Im Bereich von Hiroshima-Burg kommandierten die Ausbilder viele tausend Soldaten herum. Und jetzt befahlen sie ihnen, sich zu formieren und abzurücken.
An Bord der *Enola Gay* zählte Jeppson die Sekunden. Tibbets zog seine Brille vor die Augen. Doch er konnte nichts sehen. Und so zerrte er sie wieder weg.
Ferebee, im Bug, hatte sich gar nicht erst die Mühe gemacht, die Schutzbrille vorzuschieben.

Die *Enola Gay* hatte das Abdrehen, die atemberaubende schroffe Wende, jetzt praktisch beendet. Nun befand sie sich rund fünfzig Meilen von Ferebees AP entfernt und strebte von der Stadt fort.
Tibbets rief Caron. Abermals meldete der Heckschütze, es sei nichts zu sehen.
Unwillkürlich krümmte Lewis seine Finger über der Steuersäule. Besers Hände waren endlich imstande, das Aufzeichnungsgerät einzuschalten. Nelson starrte wie blicklos auf sein Sende- und Empfangsgerät. Stiborik stellte seinen Radarschirm so hell, daß sich selbst durch die dunklen Brillengläser einiges erkennen ließ. Shumard starrte praktisch blind aus der Kanzel im Mittelteil des Flugzeugs. Duzenbury andererseits, Hand auf dem Hebel, machte sich Sorgen, daß der Detonationsdruck der Bombe die Motoren der *Enola Gay* mehr oder minder stark beschädigen mochte.
Jeppson fuhr fort, die Sekunden zu zählen. Fünf blieben jetzt noch.
Zur selben Zeit:
Zur selben Zeit reagierte in der Bombe, in einer Höhe von 5000 Fuß, der Barometerschalter. Das Schrillen während des Sturzes steigerte sich immer mehr zum Dröhnen, das unten auf der Erde jedoch noch nicht zu vernehmen war.
Unten auf der Erde schritt Kazumasa Mayurama auf das Haus des Bürgermeisters Senkichi Awaya zu, um ihn, wie jeden Morgen, zur Arbeit abzuholen.
Nicht weit davon, im Bereich von Hiroshima-Burg, fuhr ein amerikanischer Kriegsgefangener, dem man die Augen verbunden hatte, befehlsgemäß fort, ganz bestimmte »Leibesübungen« zu vollführen.
In Radio Hiroshima drückte der Sprecher auf jenen Knopf, der die Alarmsirene auslöste. Und dann begann er, in das Mikrophon zu sprechen, wie gehetzt und mit beklemmender Atemlosigkeit.
»8.13 Uhr — Chugoku Regional-Armee meldet, im Anflug befinden sich . . .«
Jeppson war mit seiner Zählung der Sekunden jetzt bei vierzig, einundvierzig, zweiundvierzig . . .
Der Sprecher fuhr fort: ». . . drei große Feindflugzeuge, in Richtung . . .«
Gleichzeitig:

Jeppson war jetzt bei dreiundvierzig.
Der Zünder der Bombe würde in einer Höhe von rund 600 Metern über dem Erdboden für die Detonation sorgen ...

Um genau 8.16 Uhr, dreiundvierzig Sekunden, nachdem sie aus dem Schacht der *Enola Gay* geglitten war und nach einer Fallstrecke von nahezu 9000 Metern, verfehlte die Atombombe die Aioi-Brücke um etwa 250 Meter und explodierte direkt über Dr. Shimas Klinik.

Schockwelle

6. August 1945, 8.16 Uhr bis Mitternacht

In der ersten Tausendstelsekunde nach 8.16 Uhr — einem winzigen Zeitsplitter, den keine Taschen- oder Armbanduhr in Hiroshima hätte messen können — wuchs ein Punkt aus purpurrotem Licht zu einem glühenden Feuerball mit einem Durchmesser von Hunderten von Metern. Die Temperatur im Zentrum betrug 50 000 000 Grad.
Selbst im sogenannten Bodennullpunkt (dem Punkt in Bodenhöhe unterhalb der explodierenden Atombombe), in der Shima-Klinik, stieg die Temperatur auf mehrere tausend Grad Celsius.
Von den etwa 320 000 Soldaten und Zivilisten in der Stadt fielen der Explosion auf der Stelle über 80 000 zum Opfer, sofort tot oder tödlich verwundet. Die meisten Toten gab es in dem rund zehn Quadratkilometer umfassenden Bereich rings um die Aioi-Brücke, wo sich die Hauptwohnbezirke befanden sowie die Geschäfts- und Militärzentren.
Die Steinsäulen, die den Eingang der Shima-Klinik flankierten, wurden buchstäblich in den Boden gerammt. Das gesamte Gebäude stürzte ein. Seine Insassen lösten sich gleichsam in nichts auf.
62 000 weitere Gebäude (von insgesamt 90 000) fielen der Vernichtung anheim. Zerstörung traf sämtliche öffentliche Versorgungs- und Verkehrsbetriebe. Es gab über 70 000 Hauptwasserrohrbrüche. Nur sechzehn Feuerlöschgeräte blieben soweit instand, daß sie an das vielfach geborstene Wasserleitungssystem angeschlossen werden konnten.
Von den 200 Ärzten in der Stadt waren 180 tot oder verwundet. Beim Pflegepersonal hatte es — von insgesamt 1780 — 1654 ähnlich getroffen. Und von den 55 Krankenhäusern und Unfallstationen blieben nur noch drei einsatzfähig.
Die größte Einzelgruppe fiel der Atombombe im Bereich von Hiroshima-Burg zum Opfer, etwa 300 Meter vom Epizentrum

entfernt. Dort befanden sich zu diesem Zeitpunkt viele Menschen im Freien: mehrere tausend japanische Soldaten sowie ein amerikanischer Kriegsgefangener. Ihrer aller Schicksal war es, auf der Stelle verbrannt zu werden. Ihre verkohlten Körper verschmolzen gleichsam mit dem Boden des Exerzierplatzes. Ein ähnliches Schicksal erlitten die vielen tausend Helfer, die in den Feuerschneisen arbeiteten.

Hiroshima-Burg wurde völlig zerstört.

Von jenen, die sich in diesem Bereich befanden, starben etwa neunzig Prozent. Zu den Opfern gehörten auch die Schulmädchen, die im Fernmeldezentrum Dienst getan hatten, sowie die meisten amerikanischen Kriegsgefangenen.

Die Strahlungshitze setzte Radio Hiroshima in Brand. Und ein Opfer der Flammen wurden auch Straßenbahnwagen, Eisenbahnwaggons, Laster. Steinmauern, Stahltüren, asphaltierte Straßen — sie verwandelten sich in rote Glut. Die Hitze verbrannte Bücher und Zeitungen, und sie schweißte den Menschen die Kleidung gleichsam in die Haut. Zwei und mehr Kilometer vom Epizentrum entfernt wurden Männer ihre Kopfbedeckungen in die Kopfhaut eingeätzt, wurden Frauen die Muster ihrer Kimonos in die Körper tätowiert, wurden Kindern die Socken in die Beine gebrannt.

Die Explosion legte fünf der Pumpstationen für die Abwässerregulierung lahm, und sie beeinflußte sogar den Grundwasserspiegel. Im Zerstörungsgebiet entfachte sie einen Wirbelsturm aus Glassplittern.

Und all dies geschah in fast derselben Zeitspanne, in der Bob Caron hinter seiner Schutzbrille die Augen schloß — seine erste, unkontrollierte Reaktion auf den Atomblitz.

Jeder an Bord der *Enola Gay* hatte es wahrgenommen, das grelle Licht, und alle waren wie überwältigt von seiner Schärfe.

Keiner sprach.

Tibbets konnte die »Strahlkraft schmecken; sie schmeckte wie Blei«.

Eine wie ätherische Helle beleuchtete die Instrumente im Cockpit sowie auf Duzenburys Armaturenbrett; sie breitete sich auch auf Nelsons Empfangs- und Sendegerät aus und auf der Vielzahl der Instrumente vor Beser.

Als Caron seine Augen wieder öffnete, war der Blitz vorbei.

Doch was sich statt dessen jetzt bot, war nicht weniger bestürzend. Carons Worten zufolge war es ein »ein Blick in die Hölle«.

In Hiroshima wütete ein Feuersturm. Aus einem Zentralgebiet, dessen Durchmesser nahezu zwei Kilometer betragen mochte, erhob sich jetzt, himmelhoch, eine brodelnde Masse aus Rot und Purpur. Und die Flammensäule schien, zumal an ihrem unteren Teil, alles in Brand zu setzen, das überhaupt entflammbar war.

Als Oberstleutnant Oya das Bewußtsein wiedererlangte, fand er, daß er — mit dem Gesicht nach unten — im zerstörten Zweiten Armee-Hauptquartier lag. Sand regnete herab — aus jenen Sandsäcken oberhalb der nunmehr eingestürzten Zimmerdecke. Die Explosion hatte Oya drei Meter vom Fenster fortgeschleudert. Überdies sengten ihm die Hitzestrahlen die Haut von Hinterkopf und Genick. Glassplitter durchlöcherten seine Haut, und eben dort quoll Blut hervor. Oberst Imoto und die übrigen Offiziere im Raum befanden sich in einem ähnlichen Zustand. Sie waren nur knapp zwei Kilometer vom Bodennullpunkt entfernt.

Auf Mount Futaba, ein wenig weiter vom Zentrum entfernt, konnte sich Leutnant Tatsuo Yokoyama an den »ursprünglichen Blitz«, an jenen vernichtenden Hitzedruck im Anfangsstadium, überhaupt nicht erinnern. Was in seinem Bewußtsein als erstes *wieder*auftauchte, war dies: Fast nackt stand er draußen vor seinem Quartier und schwang sein Zeremonienschwert. Beschwörend rief er seinen Geschützmannschaften zu, das Feuer zu eröffnen. Doch es gab für sie nichts, worauf sie hätten schießen können. Über seine eigene Ohnmacht empört, drehte Yokoyama sich um — und zum erstenmal blickte er hinab auf Hiroshima. Er wurde sich bewußt, daß »ein eigentümlicher, dichter Nebel die Stadt zu umhüllen begann«.

Gleichsam im Zentrum dieses Nebels hatten zwei für Yokoyama überaus wichtige Menschen den Tod gefunden: Oberst Abe sowie Abes Tochter. In der Tat — Yokoyama war in Zukunft der Mühe enthoben, nach Ausflüchten für eine Nicht-Heirat zu suchen.

Kazumasa Maruyama befand sich nur rund anderthalb Kilometer vom Bodennullpunkt entfernt. Er fiel wie eine Stein-

säule. Als er das Bewußtsein wiedererlangte, fiel über Hiroshima bereits Dunkelheit: Der gewaltige Atompilz sackte zusammen und löschte das Tageslicht aus. Sich hochraffend, stolperte Maruyama zu seinem Zuhausezurück. Später jedoch konnte er sich an nichts mehr erinnern.
Unweit der Stelle, wo Maruyama lag, befand sich der Mann, der so treu gedient hatte: Bürgermeister Senkichi Awaya. Das Haus des Bürgermeisters, weitgehend zerstört bereits, stand in Flammen. Und Bürgermeister Awaya, sein vierzehnjähriger Sohn sowie seine dreijährige Enkelin waren auf der Stelle getötet worden. Seine Frau und seine Tochter sollten später sterben. Am folgenden Tag ging Maruyama, nachdem er sich von seinen Verletzungen leidlich erholt hatte, zu den noch schwelenden Hausruinen und grub aus, was vom Körper des Bürgermeisters übriggeblieben war.
Jetzt jedoch, während Maruyama noch bewußtlos unter dem Sauerstoffzelt lag, zerfiel die Stadt, bei deren Verwaltung er mitgeholfen hatte, gleichsam in nichts.

Bob Caron, im »Schwanz« der *Enola Gay,* die sich jetzt, im Abflug, rund 15 bis 20 Kilometer von Hiroshima entfernt befand, bemerkte als erster das erschreckende Phänomen, das sich entwickelte. Mit Schallgeschwindigkeit breitete sich eine gewaltige Luftmasse aus. Sie dehnte sich nach außen und nach oben, auf die *Enola Gay* zu. Der Heckschütze, wie versteinert, versuchte, eine Warnung zu rufen.
Seine Worte waren uanverständlich.
Caron war der erste Mensch, welcher jene besondere »Schockwelle« der Atombombe erlebte, die sich in einer solchen Dichte präsentierte, daß sie eine körperliche Form anzunehmen schien. Auf Caron wirkte sie wie »der Ring um irgendeinen fernen Planeten, der sich dort losgelöst hatte und auf uns zukam«.
Wieder rief er.
Zur selben Zeit traf ein gewaltiger Kreis aus Luft auf die Tragflächen und das Leitwerk der *Enola Gay.* Es riß den Bomber höher. Fester packte Tibbets die Steuersäule. Der Lärm, der die Schockwelle begleitete, entsetzte ihn am meisten. Bei der Erinnerung an seine Bombeneinsätze über Europa hatte er das Gefühl, »daß unmittelbar neben uns eine 8,8-Flakgranate krepierte«. Und so schrie er denn auch sofort: »Flak!«

Ferebee reagierte auf die gleiche Weise.
»Die Schweinehunde schießen auf uns!«
Unverzüglich begannen die beiden kampferprobten Männer den Himmel rund um den Bomber nach »Rauchwölkchen« abzusuchen. Und plötzlich schienen im Flugzeug alle verrückt zu spielen.
Dann jedoch, über dem allgemeinen Stimmengewirr in der Bordsprechanlage, schrie Caron kaum vier Sekunden später:
»Da kommt wieder so ein Ding!«
Mit hartem Aufprall traf der zweite Wall aus Luft auf die *Enola Gay.* Erneut wurde der Bomber aufwärts geschleudert. Nelson stürzte halb aus seinem Sitz, und Beser schien völlig das Gleichgewicht zu verlieren.
Irgendeine Stimme schrie in Panik auf. Tibbets brachte sie zum Schweigen.
Und dann legte sich die Schockwelle, so schnell wie sie gekommen war. Die *Enola Gay* befand sich wieder in ruhiger Luft.
Tibbets sprach zur Crew.
»Okay. Das war der Rückprall der Schockwelle. Vom Erdboden wurde das nach oben zurückgeworfen. Mehr davon wird's nicht geben. Flak war's nicht. Ruhe bewahren. Jetzt können wir die Aufzeichnungen in Gang setzen. Alles klar, Beser?«
»Jawohl, Colonel.«
»Ich möchte, daß Sie im Bomber zu jedem Besatzungsmitglied gehen und sich von jedem seine Eindrücke sagen lassen. Halten Sie's kurz und klar. Also los, Bob!«
»Mann, Colonel. Ist einfach phantastisch.«
»Beschreiben Sie, was Sie sehen. Stellen Sie sich vor, dies sei eine Radioreportage.«
Caron hielt sich an diesen Ratschlag. Während sich die *Enola Gay* in einer Höhe von weniger als 10000 Metern von Hiroshima fortbewgte, lieferte der Heckschütze einen anschaulichen Augenzeugenbericht, dessen Wortlaut er niemals vergessen sollte.

Eine rasch hochsteigende Rauchsäule. Darin ein feurig-roter Kern. Eine wie blubbernde Masse, purpur-grau, mit jenem roten Kern. Wilder Wirbel. Überall springen Feuer auf. Flammen scheinen emporzuschießen aus einem Bett aus Kohlen. Ich beginne, die Feuer zu zählen. Eins, zwei, drei, vier, fünf, sechs . . . vierzehn, fünfzehn . . . es ist unmöglich. Es gibt zu viele, die man zählen müßte. Hier kommt's, jene Pilzform, von der Captain Parsons sprach. Es scheint auf uns zuzukommen. Es ist wie eine Masse aus blubbernder Melasse. Immer weiter breitet sich der Pilz aus. Er hat jetzt etwa einen Durchmesser von drei Kilometern und ist etwa einen knappen Kilometer hoch. Doch er wächst höher und höher und höher. Er ist jetzt ziemlich so hoch wie wir und strebt immer weiter in die Höhe. Er ist sehr schwarz, doch die Wolke scheint getönt wie von purpurfarbenem Hauch. Die »Basis« des pilzförmigen Gebildes wirkt wie eine dichte Unwetterdecke, aus der Flammen hervorschießen. Darunter muß die Stadt liegen. Flammen und Rauch hüllen alles ein, wirbeln hinaus zu den Vorgebirgen. Die Hügel verschwinden unter dem Rauch, Alles, was ich von der Stadt jetzt noch sehen kann, ist das Hauptdock und — ich nehme es jedenfalls an — der Flugplatz. Das kann ich noch sehen. Dort unten erkenne ich Flugzeuge.

In weitem Bogen wich Tibbets dem Atompilz aus, der bis zu einer Höhe von nahezu 20000 Metern stieg.
Während er darauf wartete, in Besers Aufzeichnungsgerät zu sprechen, suchte Lewis nach Worten, die er in seine Kladde eintragen konnte. Eine Reihe von Besatzungsmitgliedern behauptete später, seine erste verbale Reaktion auf den Atompilz habe gelautet: »Mein Gott, nun seht euch doch bloß dieses Saustück an!«
Lewis seinerseits vermerkte indes schriftlich: »Mein Gott, was haben wir getan?«
Tibbets sagte später: »Ich war überrascht, sogar schockiert. Ich hatte erwartet, etwas Mächtiges zu sehen. Doch was *ist* mächtig? Was ich sah, gehörte einer solchen Größenordnung an und barg in sich eine solche Zerstörungsgewalt, daß all meine Erwartungen weit übertroffen wurden.«
Beser beschränkte sich für die Nachwelt auf wenige Worte.
»Es ist ziemlich toll. Nur gut, daß es auch funktioniert hat.«
Nelson, Shumard und Duzenbury gebrauchten Ausdrücke wie »einfach ungeheuer«, »unglaublich«, »beklemmend« und »bestürzend«, um ihre Eindrücke wiederzugeben. Stiborik

meinte, »dies ist das Ende des Krieges«. Ferebee und Parsons waren zu sehr mit Abwurfberichten beschäftigt, um ihre persönlichen Eindrücke zu vermerken.
Hinten im Heck machte Caron jetzt Fotos, die später ihren Weg rund um die Welt antraten.
Mit einer Stundengeschwindigkeit von weniger als 400 Kilometern und in einer Höhe von rund 9000 Metern vollendete die *Enola Gay* bei einer Außentemperatur von minus 18 Grad Celsius ihren ersten Kreis um die heimgesuchte Stadt.
Währenddessen konnten weitere Besatzungsmitglieder unten in der Tiefe den Flugplatz von Hiroshima erkennen — mit Maschinen, die im Dunst kaum noch auszumachen waren.

Auf eines dieser Flugzeuge lief jetzt Leutnant Matsuo Yasuzawa zu. Es handelte sich um eben jene Übungsmaschine, mit der er vor kaum einer Stunde in Hiroshima gelandet war. Und während er lief, sah er, daß alle Flugzeuge, an denen er vorüberkam, durch den Explosionsdruck schwer beschädigt waren. Ein Teil der Maschinen brannte.
Der Flugplatz war nur drei bis vier Kilometer vom Epizentrum entfernt, doch mit voller, ungehemmter Wucht traf der Explosionsdruck dieses Gebiet nicht mehr. Dennoch genügte die Zerstörungskraft, um den meisten umliegenden Gebäuden schwere Schäden zuzufügen und fast alle Fensterscheiben zu zertrümmern.
Nachdem Yasuzawa und sein Passagier sich aus dem zerstörten (unterirdischen) Fernmeldezentrum herausgegraben hatten, schlossen sich ihnen eine ganze Reihe von Offizieren an, die alle auf dem Wege zu Hatas Besprechung gewesen waren. Für einen Augenblick starrten sie wie betäubt auf das Bild der Zerstörung. Sodann faßten sie sich und sprangen auf einen Lastwagen, der sie zum Offiziersklub bringen sollte, während Yasuzawa in Richtung seines Flugzeugs zu laufen begann.
Der Leutnant wollte sich auf die Jagd nach den Bombern machen. Beim ersten freien Blick zum Himmel hatte er dort oben drei Punkte entdeckt. Jetzt fühlte er sich »erniedrigt und zornig«, weil diese Bomber bislang kein Abwehrfeuer von Jägern oder Flakgeschützen zu spüren bekommen hatten.
Seine Maschine stand ganz am Ende des Feldes. Keuchend, völlig außer Atem, erreichte er sie. Und schüttelte in totaler Verblüffung den Kopf.

Das Flugzeug war krumm wie eine Banane.
Die Wucht der Druckwelle hatte die Maschine seitlich getroffen, sämtliches Glas zersplittern lassen und das Leitwerk in eine Art konkaves Gebilde verbogen.
Der Schwanz des Flugzeugs wich jetzt wenigstens zehn Grad vom normalen Verlauf ab, und ähnlich verhielt es sich mit dem Bug. Irgendeine übernatürliche Macht schien das Flugzeug gleichsam aus den Gelenken gezerrt zu haben. Aber noch immer war die Maschine in einem Stück.
Yasuzawa ging um das Flugzeug herum. Sofern auch nur die leiseste Möglichkeit dazu bestand, wollte er die Maschine fliegen. Er kletterte in die Pilotenkanzel und ließ den Anlasser an. Der Motor reagierte, und dann, hustend, prustend, setzte er sich sogar richtig in Bewegung.
Plötzlich nahm Yasuzawa dort unten etwas wahr, das ihn erschaudern ließ. Es war ein Zug »lebender Leichname«, dessen Spitze auf den Flugplatz einbog. Diese Menschen bluteten, sie waren schwarz, wie voll Ruß; ihre Haut schien in Fetzen zu hängen, ihr Haar war bis auf die Wurzeln abgesengt — sie waren die ersten Überlebenden, die irgendwo Zuflucht suchten.
Viele von ihnen waren völlig nackt. Glut hatte ihnen die Kleidung von den Körpern weggebrannt. Einige der Frauen trugen Babys.
Entsetzt wandte Yasuzawa den Blick ab.
Die geisterhaften Gestalten wankten vorbei. Das Dröhnen des Flugzeugmotors nahmen sie offenbar gar nicht wahr.
Und plötzlich nistete sich in Yasuzawas Kopf ein neuer Gedanke fest: Er mußte sehen, daß er von hier fortkam, um zu berichten, was in Hiroshima geschehen war.
Langsam manövrierte er sein Flugzeug die Rollbahn entlang.
Der Flugplatz, am Ende eines der »Finger«, welche Hiroshima sozusagen in dei Bucht hinausstreckte, befand sich — im Hinblick auf den Atompilz — in einer relativ günstigen Lage. Der Wind, der vom Hafen her wehte, hielt die Rollbahn weitgehend von Rauch frei.
Yasuzawa manövrierte seine Maschine so herum, daß sie nicht in Richtung des Atompilzes zeigte. Dann brachte er den Motor richtig auf Touren und rollte, Gas gebend, die Startbahn entlang.
Er zog den Steuerknüppel zurück, und die Schulmaschine

hob ab, wenn auch unsicher und seitlich abweichend. Nur wenige Sekunden hielt Yasuzawa sie in der Luft, ein kurzes Stück über dem Erdboden. Dann setzte er wieder auf.
Doch jetzt war er zuversichtlich, daß die Maschine fliegen würde. Er rollte zum Ende der Startbahn zurück. Was ihm jetzt bevorstand, war der richtige Start. Und darauf konzentrierte er sich in einem solchen Maße, daß er sich jener Pilzgestalt über Hiroshima kaum noch bewußt war.

Nelson, an Bord der *Enola Gay,* hatte bereits per Funk erfolgreichen Einsatz gemeldet. Jetzt reichte Parsons ihm einen weiteren Text. Im Original lautete er: »82 V 670. Able Line 1, Line 2, Line 6, Line 9.«
Für General Farrell, der seit Stunden voll Anspannung im Befehlsstand der 509. auf Tinian wartete, sollte sich nach der Dechiffrierung die folgende Meldung ergeben:

> Planmäßiger Verlauf. In jeder Hinsicht erfolgreich. Sichtbare Wirkung größer als Alamogordo. Normale Lage in Flugzeug nach Abwurf. Rückkehr zur Basis.

Zum drittenmal hatte die *Enola Gay* über Hiroshima einen weiten Kreis beschrieben. Jetzt nahm Tibbets Kurs in Richtung Tinian. Die *Great Artiste* und die *No. 91* schlossen sich ihr an. Gemeinsam strebten die drei Bomber über den »Hirohito Highway« dem Heimatflughafen entgegen.
Rund 9000 Meter tiefer, auf dem Flugplatz von Hiroshima, hatte Matsuo Yasuzawa seine verzogene und verbogene Maschine jetzt endgültig startklar.
Plötzlich sah er jenen Offizier herbeistolpern, den er nach Hiroshima geflogen hatte. Der Major erklärte, es sei ihm unmöglich gewesen, zum Offiziersklub zu gelangen, weil die Straßen voller Flüchtlinge und Trümmer seien. »Die Stadt«, sagte er, »ist ein Flammenmeer.«
Er bestand darauf, mit Yasuzawa mitzufliegen. Davon konnte ihn auch die Warnung des Leutnants nicht abbringen, daß die Maschine eigentlich nicht flugtauglich sei. Der Major kletterte auf den Sitz hinter dem Piloten.
Das verkrümmte Schulflugzeug rollte los, und beide Männer lehnten sich nach links: So fanden sie ein wenig Schutz hinter den Resten von Glas, die es auf dieser Seite noch gab. Einem

krabbelnden Insekt nicht unähnlich, bewegte sich die Maschine voran. Fast am Ende der Startbahn zog Yasuzawa den Steuerknüppel zurück, und das Flugzeug hob in Schräglage ab.

Über dem Hafen wendete Yasuzawa. Er strebte wieder in Richtung Hiroshima — in Richtung jener riesigen Rauchwolke.

Daß diese durch eine Atomexplosion verursacht worden war, ahnte er natürlich nicht.

Mehr und mehr gewann er an Höhe und war sich bewußt, daß jeder Flugfehler katastrophale Folgen haben konnte. Die Maschine »würde abschmieren, und das bedeutete das Ende«. Der erfahrene Fluglehrer nahm Kurs direkt über Hiroshima.

In der offenen Pilotenkanzel war das Heulen des Windes zu hören. Doch das vernahm Yasuzawa kaum. Er konzentrierte sich ganz darauf, seine verkrümmte Maschine in der Luft zu halten, und das einzige, was er registrierte, waren dichter Dunst, Staub und Rauch und Flammen.

Er stieg auf eine Höhe von gut 600 Metern — und tat jetzt genau das, was Tibbets in einer Höhe von nahezu 10000 Metern getan hatte: Über der Stadt beschrieb er mit seiner Maschine einen Kreis, um sich von der Zerstörung ein Bild machen zu können.

Doch während die *Enola Gay* sich in sicherer Entfernung von der Wolke gehalten hatte, flog Yasuzawa in und durch den Rauch, ohne auch nur im mindesten zu ahnen, welcher Gefahr er sich selbst und seinen Passagier aussetzte.

Etwa fünf Minuten später nahm er mit seiner verkrüppelten Maschine Kurs auf den Luftstützpunkt Kyushu, rund 180 Kilometer von Hiroshima entfernt.

Nach seiner Landung dort (zweifellos hatte er einen der ungewöhnlichsten Flüge in der Geschichte der Luftfahrt hinter sich gebracht) kletterte er von seiner »krummen Banane« in eine Transportmaschine und holte für den Rest des Tages Überlebende aus Hiroshima heraus.

Auf Tinian rüstete man mit allen Kräften zum Empfang der *Enola Gay*.

Als Mess Officer Charles Perry um 10.30 Uhr hörte, daß der Luftangriff ein voller Erfolg gewesen war, rief er seinen Köchen zu: »Die Party findet statt!«

Das Küchenrevier der 509. wurde zum Zentrum von Aktivitäten, für die sich in den Annalen des Krieges durchaus »Präzedenzfälle« fanden. Einem Feldherrn gleich lenkte und leitete und überwachte Charles Perry die Vorbereitungen zur Empfangsfeier für die zurückkehrenden Sieger. Bereits seit dem frühen Morgen (als die *Enola Gay* auf dem Weg nach Hiroshima Iwo Jima überflog) war Perry dabei, seinen Plänen den letzten Schliff zu geben. Und etwa von dem Zeitpunkt an, da die Atombombe hinabstürzte auf die nichtsahnende Stadt, zeigte sich der Mess Officer entschlossen, das Ereignis mit »einer Party zu feiern, bei der es an nichts fehlen sollte«. Mit Charme und Geschwätz gelang es Perry, all das zu »schnorren«, was er brauchte, damit alle in der 509. »sich richtig amüsieren konnten«.

Die Köche bereiteten Hunderte von Pasteten vor: für einen Pasteten-Eßwettbewerb. Kisten mit Bier und Limonade wurden kaltgestellt. Und man bereitete Tausende von Hot Dogs vor und Scheiben aus Rindfleisch und Salami, auch Kartoffel- und Obstsalate.

Überzeugt, daß er alles unter Kontrolle hatte für das größte Gelage, das auf Tinian jemals gegeben worden war, setzte sich Charles Perry an eine Schreibmaschine und bereitete ein Programm vor, »um das Ereignis festlich zu begehen«. Es lautete:

509.
FREIBIERPARTY HEUTE 14.00 UHR
HEUTE HEUTE HEUTE HEUTE HEUTE
ORT — 509. BALL DIAMOND
FÜR ALLE MÄNNER DER 509. COMPOSITE GROUP
VIER (4) FLASCHEN BIER PRO MANN
RATIONIERUNGSKARTE NICHT ERFORDERLICH
LIMONADE FÜR JENE, DIE KEIN BIER MÖGEN
ALLSTAR SOFTBALLSPIEL UM 14.00 UHR
JITTERBUGWETTBEWERB
HEISSE MUSIK
NEUE DARBIETUNGEN
ÜBERRASCHUNGSWETTBEWERB IHR WERDET SEHEN
EXTRA — ZUSÄTZLICHE ATTRAKTION, BLOND, TEMPERAMENTVOLL
KURVENREICH, STARLET DIREKT AUS??????
PREISE — AUCH GUTE

UND UNRATIONIERTES BIER

ÜPPIGES ESSEN VON PERRY & CO. CATERERS

SONDERFILMVORFÜHRUNG FOLGT UM 19.30 UHR:

»IT'S A PLEASURE.«

IN TECHNICOLOR MIT

SONJA HENIE UND MICHAEL O'SHEA

WEITERE EINZELHEITEN IN DER SCHREIBSTUBE ZU ERFRAGEN

ALTE SACHEN ANZIEHEN ALTE SACHEN ANZIEHEN

6. AUGUST 1945

EMPFANGSPARTY ANLÄSSLICH DER RÜCKKEHR DER

ENOLA GAY

VOM

HIROSHIMA-EINSATZ

330

Kapitän Mitsuo Fuchida, Führer des Angriffs auf Pearl Harbour, und jetzt in seinem Marinebomber auf dem Flug nach Hiroshima, fragte sich, welche Gewalt jene sonderbare Wolke verursacht haben mochte, die sich über der Stadt erhob.

Über Funk wandte er sich an den Kontrollturm des Flugplatzes von Hiroshima.

Doch eine Antwort erhielt er nicht.

Je mehr er sich Hiroshima näherte, desto deutlicher erkannte Fuchida, daß die Stadt, die er erst am vorigen Nachmittag verlassen hatte, »einfach nicht mehr existierte. Überall gab es riesige Brände. Doch die meisten dieser Feuer schienen nicht in Gebäuden zu wüten; sie loderten in Ruinen.«

Wie er sein Flugzeug zum Landen brachte (auf derselben Bahn, auf der Yasuzawa seinen denkwürdigen Start absolviert hatte), wußte Fuchida später nicht mehr. Woran er sich als nächstes erinnerte, war dies: daß er, in eine makellos weiße Uniform gekleidet und mit fleckenlosen Handschuhen an den Händen, auf den Ausgang des Flughafens zuschritt und sich unvermittelt »einer Prozession von Menschen gegenübersah, die aus der Hölle gekommen zu sein schienen«.

Entsetzt begann Fuchida in Richtung Hiroshima zu gehen. Die schwarzen Flecken, die seine Uniform besudelten, kümmerten ihn nicht. Überall sah er Tote und Sterbende. Sie blok-

kierten die Straßen, sie verstopften die Gullys, sie schwemmten die Flüsse hinab.
Je weiter er sich dem Stadtzentrum näherte, desto größer wurde sein Entsetzen. Ganze Stadtviertel schienen sich buchstäblich in nichts aufgelöst zu haben. Hunderte von Metern schritt er durch ein absolutes Nirwana. Und wie ziellos wanderte Fuchida weiter: der Mann, der Japan ganz buchstäblich in den Zweiten Weltkrieg geführt hatte. Erschöpft und tief bedrückt ging er, und die Zerstörung ringsum war ein unerbittlicher Beweis dafür, daß ein Überraschungsangriff eine überaus zweischneidige Angelegenheit sein kann.

Als sich die *Enola Gay* nahezu 600 Kilometer von Hiroshima entfernt befand, meldete Caron, die »Pilzwolke« sei nicht mehr sichtbar. Und erst jetzt ließ sich Tibbets von Lewis ablösen und hielt ein kleines »Nickerchen«.
Um 14.20 Uhr (Tinian-Zeit) wurde Tibbets wieder geweckt: Vom North Field Tower meldete sich General Farrell, um zu gratulieren.
Um 14.30 Uhr (inzwischen hatte er sich mit einer Dose Obstsaft gestärkt) übernahm Tibbets wieder die Führung des Flugzeugs.
Um 14.58 Uhr landete die *Enola Gay* auf North Field.
Zwölf Stunden und dreizehn Minuten war der Bomber in der Luft gewesen. Jetzt, mit leerem Bombenschacht und nach einem Treibstoffverbrauch von rund 24000 Litern, war das Flugzeug etwa 20000 Kilo leichter als beim Start. Ungefähr 5000 Kilometer war es geflogen — ein Flug in die Geschichtsbücher.

Zweihundert Offiziere und Nicht-Offiziere waren bei der Landebahn versammelt, um die *Enola Gay* willkommen zu heißen. Nicht weit davon drängten sich weitere Tausende.
Als Tibbets an der Spitze der Besatzung aus der Luke stieg, wurden Jubelrufe laut. Hinter ihm kamen Parsons, Jeppson und Beser. Sofort wurden sie umdrängt von Filmleuten, von Fotografen, von Gratulanten. Ein Brigadegeneral kommandierte die Masse zurück. In den Raum, der dadurch frei wurde, trat General Spaatz. Er ging auf Tibbets zu und heftete ihm das Kriegsverdienstkreuz an die Brust. Sodann trennten sich die beiden Männer wieder voneinander, ohne auch nur

ein einziges Wort gewechselt zu haben, und salutierten. Nun drehte sich Spaatz um und schritt — an der Spitze einer Gruppe hoher Offiziere — davon. Für die anderen in der Nähe war dies eine Art Signal: Wieder drängte sich alles um die Flieger und drang mit Fragen auf sie ein.

Ein Offizier las Carons Kameras zusammen. Ein anderer Offizier nahm Besers Tonbandgerät.

Die Fotografien wurden entwickelt und in aller Eile nach Washington befördert, zwecks »weltweiter Verteilung«. Die akustischen Aufnahmen verschwanden.

Die Besprechung nach dem Einsatz war eine entspannte, wenig förmliche Angelegenheit, bei der weder an Bourbon-Whisky noch an Gratiszigaretten gespart wurde.

Als man mit diesem — dem »dienstlichen« — Teil fertig war, befand sich Perrys Party bereits voll im Gang.

Doch irgendwie schien sie nicht weiter wichtig zu sein.

Der einzige Wunsch, den Paul Tibbets und die übrigen Besatzungsmitglieder der *Enola Gay* hatten, war dieser: schlafen, schlafen.

Und es fiel ihnen wahrhaftig nicht schwer, eben dies zu tun.

Nachwehen

7. August 1945 bis Mittag 15. August 1945

Bis zum Morgen des 7. August verbreitete sich unter den japanischen Führern allmählich die Nachricht, daß es sich bei jener Bombe, die Hiroshima getroffen hatte, um eine Bombe ganz neuer Art handelte. Die Zerstörungen, so hieß es, seien wahrhaft ungeheuerlich; doch im von Luftangriffen so stark mitgenommenen Tokio hörten sich derartige Berichte bestürzend vertraut an.

Die Erklärung von Präsident Truman (zum Erstaunen der Welt und zum Entzücken Amerikas) am Tage zuvor über gewisse Einzelheiten der Waffe erreichten nun auch Japan. Doch von vielen Politikern wurde sie als Propaganda abgetan.

Die japanische Öffentlichkeit erfuhr von ihren Führern nicht das geringste.

Als das Kabinett über die Bombe ins Bild gesetzt wurde, ernannte man Generalmajor Seizo Arisue zum Leiter einer Gruppe hoher Offiziere und Wissenschaftler, welche sich nach Hiroshima begeben sollten, um dort Untersuchungen anzustellen.

Zu den Wissenschaftlern gehörte auch Professor Asada, jener Physiker, der an der japanischen Atombombe mitgearbeitet hatte und noch immer damit beschäftigt war, seine Todesstrahlen zu vervollkommnen.

Präsident Trumans öffentliche Verlautbarung enthielt eine eindeutige Warnung an Japan: Wenn man dort nicht umgehend zur Kapitulation bereit sei, würden weitere Zerstörungen folgen. Jetzt wartete Truman in Washington auf eine Antwort — auf irgendeine Reaktion.

Auf Tinian machten sich Flugzeugbesatzungen der 509. zum Einsatz bereit: dem Atomschlag sollte — im Nachstoß — ein konventioneller Massenbombenangriff folgen. Tibbets befahl Sweeney und der *Great Artiste,* sich zur Verfügung zu halten. Sie sollten bereit sein, die zweite Atombombe abzuwerfen.

In Hiroshima bot sich die folgende Lage: Da der Bürgermeister tot war, übernahm Feldmarschall Hata die Verwaltung der Stadt. Er selbst war glimpflich davongekommen, seine Frau hingegen hatte schwere Verbrennungen erlitten. Hata verlegte sein Hauptquartier in den unterirdischen Bunker, den man unten in den Mount Futaba getrieben hatte.

Viele seiner höheren Offiziere waren tot. Prinz RiGu und sein Schimmel — vom Erdboden verschwunden. Ähnlich verhielt es sich mit Oberst Katayama, dessen Roß man, auf die Hälfte zusammengepreßt, in einer Bodenspalte gefunden hatte. Die Befehle des Feldmarschalls wurden von Oberst Imoto weitergeleitet, der, wenn auch übel zugerichtet, Hatas höchster noch verwendungsfähiger Offizier blieb.

Mit ziemlicher Verzögerung trafen in Hiroshima Notstandsarbeiter ein, die man gerade jetzt so dringend brauchte. Die erste Hilfe kam von den in Ujina stationierten Soldaten. Der Hafen lag über drei Kilometer vom Epizentrum entfernt und war nur wenig in Mitleidenschaft gezogen worden. Marinesoldaten nahmen sich jener mit Sprengstoff gefüllten Selbstmörder-U-Boote an, die gegen die erwartete amerikanische Invasion bereitgestellt worden waren. Man entledigte sie ihrer Sprengladungen, band sie aneinander, bedeckte sie mit Planken. Flößen gleich bewegten sie sich langsam flußaufwärts, in Richtung auf das Zentrum von Hiroshima; sie nahmen Verwundete auf und brachten sie zum Lazarett in Ujina. Leicht war diese Fahrt nicht, denn überall wurde sie von im Wasser treibenden Toten behindert. Noch tagelang schwemmten mit den Gezeiten Leichen herein und wieder hinaus.

Was das Schicksal der amerikanischen Kriegsgefangenen betrifft, so herrscht Ungewißheit. Von zweien wurde berichtet, sie seien, verwundet zwar, doch »marschfähig«, nach Ujina geleitet worden. Von einem weiteren heißt es, daß man ihn, in rotweißen Unterhosen unter einer Brücke gesehen habe, offenbar im Sterben. Und zwei andere sollen im Bereich von Hiroshima-Burg von ihren japanischen Gefängniswärtern zu Tode geprügelt worden seien.

Hiroshi Yanagita, jener Offizier der Kempei Tai, der mitgeholfen hatte, einige der amerikanischen Flieger nach ihrem

Abschuß am 28. Juli gefangenzunehmen, litt zum Zeitpunkt der Bombenexplosion an einem Kater. Kaum 800 Meter vom Epizentrum entfernt, wurde er nackt aus seinem Bett geschleudert. Das Haus stand in Flammen. Er trat zum Fenster seines Zimmers, das sich im ersten Stock befand, und sprang – um sofort darauf zu entdecken, daß das Haus inzwischen eingestürzt war und sein Zimmer jetzt in Straßenhöhe lag.

In ein Laken gehüllt, machte er sich auf den Weg nach Ujina. Dort beschaffte er sich zunächst Kleidung. Sodann trommelte er zehn Soldaten zusammen. Mit diesen begab er sich zu jener eingeebneten Stelle, wo sich zuvor Hiroshima-Burg befunden hatte. Amerikanische Kriegsgefangene konnte er nirgends sehen.

Doch als er das Bezirkshauptquartier der Kempei Tai im Westen der Stadt erreichte, meldete ihm einer seiner Leute, er habe versucht, zwei Gefangene zum Hauptquartier zu bringen. Da das jedoch unmöglich gewesen sei, habe er sie bei der Aioi-Brücke zurückgelassen. Dort berichtete dann jemand, er habe sie gesehen: die Hände auf dem Rücken zusammengebunden, während man sie zu Tode steinigte.

Amerikanischen Unterlagen zufolge (soweit sie bislang verfügbar sind) haben zumindest der Pilot Thomas Cartwright und der Heckschütze William Abel den Krieg überlebt. Beiden verlieh man das Verwundetenabzeichen. Cartwrights Offizierspatent erlosch im Jahre 1953; Abel nahm 1968 von den amerikanischen Streitkräften seinen Abschied. Möglich, daß sie – wie auch andere Kriegsgefangene – vor dem Abwurf der Atombombe von Hiroshima verlegt worden waren.

Während die Menschen in Hiroshima weiterleiden mußten, sprachen die Politiker miteinander.

In Moskau war, am Spätnachmittag des 8. August, dies die Lage: Naotake Sato, der japanische Botschafter, der so nachdrücklich versucht hatte, seine Regierung rechtzeitig zur Kapitulation zu bewegen – er erhielt von Außenminister Molotow die schroffe Mitteilung, ab Mitternacht befinde sich die Sowjetunion mit Japan im Krieg.

Am folgenden Morgen trafen sich in Tokio die sechs Mitglieder des Inneren Kabinetts zum erstenmal seit dem Atombombenabwurf auf Hiroshima. Sie erfuhren, daß russische Truppen in die Mandschurei einmarschiert waren. Außerdem hatten die Amerikaner eine zweite Atombombe abgeworfen, auf Nagasaki. Über das, was dies bedeutete, konnte es schlechterdings keinen Zweifel geben; Arisue und seine Kollegen hatten bereits aus Hiroshima berichtet.

Dennoch brachte es das Innere Kabinett nicht über sich, die Kapitulation zu beschließen. Die Kabinettsmitglieder debattierten vom Morgen bis zum Abend. Jene, die sich für die Fortführung des Krieges aussprachen, argumentierten unter anderem folgendermaßen: Die Millionen japanischer Soldaten seien bislang noch kaum erprobt worden; bei ihrer Kampfbegier müsse man damit rechnen, daß sie sich jeglichen Befehlen zur Kapitulation widersetzen würden.

Verzweifelt versuchte Premierminister Suzuki die verfahrene Situation zu retten, indem er den anwesenden Kaiser darum bat, die endgültige Entscheidung zu treffen. Der Tenno tat es. Am 10. August um 2.00 Uhr begann er zu sprechen. Er rügte die Militärs: Häufig hätten sie ihm Erfolge versprochen, doch den Worten seien entsprechende Taten nicht gefolgt. Sodann erklärte er, er stimme rückhaltlos der von seinem Außenminister vorgetragenen Auffassung zu. Anschließend verließ er die Versammlung.

Die von Außenminister Togo vertretene Ansicht ließ sich folgendermaßen umreißen: Japan solle die in der Potsdamer Erklärung niedergelegten Kapitulationsbedingungen akzeptieren, unter der Voraussetzung, daß sie nichts enthielten, »was die Hoheitsrechte Seiner Majestät als souveräner Herrscher beeinträchtigt«.

Als Truman und seine Berater hiervon erfuhren, zeigte sich, daß die Meinung unter ihnen geteilt war. Schließlich fand Außenminister Byrnes eine Kompromißformel. Man ließ keinen Zweifel daran, daß — vom Zeitpunkt der Kapitulation an — die Staatsführung des Kaisers wie auch der japanischen Regierung dem Oberbefehlshaber der Alliierten Streitkräfte untergeordnet sei.

Im übrigen wurde wiederholt, daß es dem japanischen Volk später freistehen werde, sich für die von ihm gewünschte Staatsform zu entscheiden.

Großbritannien machte einen Vorschlag, der Trumans Zustimmung fand: In der amerikanischen Antwort solle *nicht* darauf bestanden werden, daß der Kaiser persönlich die

Schmach auf sich nehme, die Kapitulationsurkunde zu unterzeichnen.
In Tokio kam es zu heftigem Streit. Togo vertrat die Auffassung, die amerikanische Antwort sei zufriedenstellend. Die Gegenpartei allerdings meinte, die Unterordnung des Monarchen unter eine fremde Autorität sei unannehmbar. Man debattierte am 12. August, am 13., auch noch am 14. Wieder war es Kaiser Hirohito, der handelte. Nach eingehenden Gesprächen mit seinen engsten Vertrauten (darunter auch Feldmarschall Hata, der gerade mit dem Flugzeug von Hiroshima gekommen war) berief er eine Versammlung ein und verkündete den Militärs und Politikern, sie müßten »das Untragbare tragen und die Bedingungen der Alliierten akzeptieren«. Er erklärte sich bereit, am folgenden Tag sein Volk über die Entscheidung zu unterrichten.
Es war wohl Kaiser Hirohitos glorreichste Stunde.

Von der japanischen Kapitulation erfuhr die amerikanische Öffentlichkeit am späten Nachmittag des 14. August. Den Berichten zufolge konnte es kaum einen Zweifel geben, daß es die Atombombe gewesen war, welche das rasche Ende des Krieges herbeigeführt hatte.
In der Sowjetunion hieß es allerdings, die Rote Armee habe Japan zur Kapitulation gezwungen.
In Wahrheit war es wohl die Bombe *und* die Furcht vor den Russen, was die Japaner zur Kapitulation brachte oder — anders gesagt — ihnen diese Kapitulation *ermöglichte.*
Am 15. August, um die Mittagszeit, warteten überall in Japan die Menschen auf die Rundfunkerklärung ihres Kaisers. Opfer der Propaganda, glaubten auch jetzt noch die meisten, man sei im Begriff, den Krieg zu gewinnen. Von dem, was in Hiroshima und Nagasaki geschehen war, hatten sie keine Vorstellung.
In Hiroshima hatte sich rings um den zerstörten Bahnhof eine Menschenmenge versammelt. Dort war ein Lautsprecher aufgebaut worden, damit man den heiligen Worten des göttlichen Herschers lauschen konnte.
Kaiser Hirohito gebrauchte derart formell und vage Wendungen — das Wort »Kapitulation« fiel kein einziges Mal —, daß die meisten seiner Zuhörer gar nicht recht begriffen, worum es überhaupt ging.

Viele allerdings meinten jetzt nicht mehr, man werde den Krieg gewinnen. Sie waren davon überzeugt, ihn bereits gewonnen zu haben. Denn (so erinnerte sich später einer von jenen, die sich an diesem Tage beim Bahnhof von Hiroshima versammelten): »Wir dachten, auf andere Weise könne dieser Krieg gar nicht enden.«

Epilog

Anfang September 1945 flogen Tibbets, Ferebee und van Kirk nach Japan, um Nagasaki zu besichtigen. Doch zu diesem Zeitpunkt gab es »keine Verbrannten mehr zu sehen; nur Menschen, die ihrer Tätigkeit nachgingen und zu überleben versuchten«. Nach einem Spaziergang durch die Stadt, der bei Tibbets wenig emotionale Wirkung hinterließ, endete das Ganze für ihn schließlich mit Shopping: »Ich kaufte Reisschüsseln und handgeschnitzte Tabletts, wie auch Ferebee; und wir wurden zu typischen amerikanischen Touristen.«
Tibbets nahm seine Souvenirs nach Amerika mit und entdeckte, daß er zu einer »umstrittenen Gestalt der Zeitgeschichte« geworden war. Im Gegensatz zu manchen anderen Beteiligten lag ihm wenig an Publicity. Er haßte sie sogar. Gern nahm er eine Berufung an das Air War College in Alabama an. Dort konnte er mehr oder minder sein gewohntes Leben leben — er beschäftigte sich mit der Taktik erfolgreicher Kriegführung. Eine von ihm verfaßte Studie handelte von der »Anwendung von Atombomben«, eine Schrift, die Beachtung fand beim Strategic Air Command, Amerikas Antwort auf Rußlands weltweites Manövrieren.
In den Nachkriegsjahren nahm Tibbets' Karriere einen recht ereignislosen Verlauf. Ende der 50er Jahre diente er als höherer Offizier bei der NATO in Frankreich. Nach seiner Rückkehr in die Vereinigten Staaten kam er zum Strategic Air Command — wieder ein Flieger-Job, wie er ihn liebte.
Inzwischen hatte er weitgehend sein »privates Verteidigungssystem« perfektioniert, einen Schutzmechanismus, der es ihm gestattete, seine Gefühle recht erfolgreich zu verbergen. Tibbets war entschlossen, »niemanden in mich hineinblicken zu lassen. Ich wollte nichts erklären, und ich brauchte nichts zu erklären.«
Er heiratete wieder. Da es mit dieser Ehe unbedingt klappen

sollte, griff er zu einer besonderen Vorkehrung: Absichtlich errichtete er zwischen sich und seiner Frau eine »emotionale Barriere«. Die Ehe besteht noch heute, und Tibbets behauptet, er sei mit seiner selbstauferlegten geistigen Isolation zufrieden.

Im Mai 1965 wurde Tibbets — er war inzwischen 50 und bekleidete den Rang eines Brigadier-Generals — zum stellvertretenden Leiter der U.S. Military Supply Mission für Indien ernannt. Seit dem Abwurf der Atombombe über Hiroshima waren nahezu zwanzig Jahre vergangen; doch bereits wenige Tage nach seiner Ankunft in Neu-Delhi stempelten ihn die Schlagzeilen der dortigen prokommunistischen Presse zum »größten Mörder aller Zeiten«.

Man teilte ihm einen Gurkha-Leibwächter zu. Doch vor der ständigen Beschimpfung durch die Presse konnte ihn niemand schützen. Dem amerikanischen Außenministerium war die Sache schließlich so peinlich, daß Tibbets zurückbeordert und »die Mission« geschlossen wurde. Wieder in Washington, erhielt Tibbets einen Schreibtisch-Job.

Mit seiner Karriere in der Air Force, so sah er es selbst, war es vorbei. Und so quittierte er nach dreißig Jahren den Dienst. Er sah sich selbst als »unwichtiges Opfer« einer sich wandelnden öffentlichen Meinung: Was man ihm befohlen hatte — den Abwurf der Atombombe über Hiroshima —, stellte sich in den Augen der Welt jetzt in einem gänzlich anderen Licht dar.

Er lebt in sich zurückgezogen, selbst im Kreis seiner eigenen Familie. Seiner ersten Liebe ist er jedoch treu geblieben — der Luftfahrt. Als Präsident einer Flugzeugfirma im Mittelwesten hat er regelmäßig Gelegenheit, Lear-Jets zu fliegen, mitunter sogar eine B-29. Nach seinem Tod wird man, seiner Verfügung zufolge, seine Asche »im Himmel« verstreuen.

Was Claude Eatherly betrifft, so hat er bereits für die eigene »Unsterblichkeit« gesorgt. Für Millionen Menschen, zumal in den kommunistischen Ländern, ist er der Pilot, der »den Angriff auf Hiroshima führte«. Und den man »in das Militärirrenhaus in Waco, Texas, einsperrte, weil er das Verbrechen von Hiroshima bereute«. Er ist der Mann, der sich »dem gewöhnlichen Verbrechen zuwandte, da er Strafe für ein größeres Verbrechen suchte«. Er ist »der Märtyrer, welcher der amerikanische Dreyfuß wurde«.

Bertrand Russell sagte: »Man hat ihn nur deshalb bestraft, weil er Reue empfand über seine vergleichsweise unschuldige Teilnahme an einem grauenvollen Massenmord.« Robert Jungk, Verfasser zweier Bücher über Hiroshima, erklärte in einem Vorwort zu einer Sammlung von Eatherlys Briefen in leidenschaftlicher Prosa sinngemäß dies: Der Eatherly-Fall sei eine erneute Bestätigung für das in der Menschheitsgeschichte immer wiederkehrende Phänomen — wo ein heiliger Narr, anders als all jene um ihn herum, die jeweils herrschende Klasse herausfordert und dadurch das System ihrer Ethik als dekadent entlarvt.
Hochgestochene Ansichten — doch kaum anwendbar auf den publicitysüchtigen Eatherly, mit dem sich so manches Buch und eine schier endlose Zahl von Zeitungs- und Zeitschriftenartikeln beschäftigte.
Eatherly schied 1947 aus der Air Force aus. Unter denen, die ihn gut kannten, galt er als Spielernatur und Trunkenbold. Nach seiner Entlassung nahm er bald diesen, bald jenen Job an. Seine Ehe zerbrach. Mit einer Spielzeugpistole inszenierte er einen Raubüberfall — und floh ohne Beute. Schließlich wies man ihn in eine Heilanstalt für Veteranen ein — und säte damit die Saat für eine Legende: als er mit dem deutschen Schriftsteller Günther Anders zu korrespondieren begann, der das *Tagebuch aus Hiroshima und Nagasaki* schrieb.
Anders zufolge war Eatherly »ein typischer *unkomplizierter* junger Amerikaner, als er sich 1939 freiwillig zur Luftwaffe meldete«. 1943 hatte man Eatherly nach 13monatigem Einsatz im Pazifik wegen »Kampfmüdigkeit« behandelt. Doch bereits nach zwei Wochen schien er wieder erholt zu sein und wurde zum Führer jener Bombergruppe bestimmt, die für die Angriffe auf Hiroshima und Nagasaki verantwortlich war.
So jedenfalls hieß es dort. Das war eine gewaltsame Verzerrung der Tatsachen. Doch sie wurde geglaubt.
Günther Anders und seine Verleger hatten — zweifellos ungewollt — das Fundament gelegt für eine überaus erfolgreiche antiamerikanische kommunistische Propaganda. Überdies wurde Eatherly gleichsam über Nacht zu einem der Helden der »Weg-mit-der-Bombe-Gruppen«.
Selbst eine nüchtern-sachliche Reportage des ausgezeichneten Reporters William Huie konnte die von Kommunisten in

die Welt gesetzten Lügen nicht zurückdämmen. Huies Buch *Der Hiroshima-Pilot* ist ein mutiger Versuch, gegen jene Woge aus Phantasie anzugehen, die Eatherly offenbar nach wie vor »inspiriert«.

Was Eatherlys Ruhmsucht betrifft, so hat diese »üppige Erfüllung« gefunden. 1974 befiel ihn eine Kehlkopfkrankheit und beraubte ihn der Stimme, doch 1976, mit 57 Jahren, heiratete er erneut. Und jetzt schien er, der Vater zweier junger Töchter, endlich seinen Frieden gefunden zu haben. Er lebte in sozialer Sicherheit. Mit seinen Bezügen als Versehrter konnte er sich bei Houston, Texas, ein bescheidenes Leben leisten. Gern saß er vor dem Fernseher. Ansonsten spielte er mit Vergnügen Pool-Billard oder angelte. Am 1. Juli 1978 starb er an Krebs, ein stark ergrauter Mann mit Strohhut und Cowboystiefeln, den die Gewißheit seines baldigen Todes nicht erschüttern zu können schien.

Was die Besatzungsmitglieder der *Enola Gay* betrifft, so ging jeder von ihnen seine eigenen Wege. Beser bedauert noch immer, »daß ich keine Gelegenheit hatte, die Bombe über *Berlin* abzuwerfen — wegen dem, was die Deutschen den Juden angetan haben«. Ein gut Teil seiner Zeit wendet er dafür auf, die Zusammenkünfte der 509. zu organisieren, die alle drei Jahre stattfinden.

Lewis gelang es 1971, seine Kladde für 37000 Dollar an den Mann zu bringen. Mit diesem Geld konnte er sich Marmor kaufen, aus dem er heutzutage gern Skulpturen mit religiösen Motiven herausschlägt. Und dreißig Jahre nach Hiroshima, im Jahre 1976, hat er noch immer das Gefühl, es sei *sein* Flugzeug und *seine* Crew gewesen, welche den Einsatz flogen.

Van Kirk studierte später wieder. Mit Glanz bestand er sein Examen. Seit 1950 arbeitet er als Industriechemiker bei DuPont.

Nelson führt in Kalifornien ein recht angenehmes Leben. Caron sammelt noch immer Erinnerungsstücke an den Atombombeneinsatz. Allerdings ist es ihm bisher nicht gelungen, durch den Verkauf von Farbfotos der *Enola Gay* »richtiges Geld« zu machen.

Duzenbury und Stiborik führen ein ruhiges Leben. Unter den Atombombeneinsatz haben sie schon lange einen Schlußstrich gezogen. Shumard verstarb im April 1967.

Parsons brachte es bis zum Rear Admiral. Er starb am 5. Dezember 1953.
Morris Jeppson, sein Assistent über Hiroshima, ist heute noch derselbe ruhige, bescheidene Mann wie damals, wenn natürlich auch reifer — und reicher. Er hat sein Geschäft verkauft und fungiert jetzt als wissenschaftlicher Berater.
Ferebee blieb zunächst bei der Air Force. Nach einem »Zwischenspiel« in Vietnam quittierte er den Dienst. Inzwischen hat er sich als Immobilienhändler etabliert, hält sich für sein Leben gern in seinem großen Blumen- und Gemüsegarten auf, und gelegentlich frönt er einem besonderen Hobby: Camping im Freien.
An den Besuch, den er (gemeinsam mit Tibbets) Nagasaki abstattete, erinnert er sich »mit Schrecken«. Doch er entsinnt sich auch noch jener vielen hundert Kamikaze-Flugzeuge, die er in getarnten Hangars sah. Auf seine Erlebnisse als der Welt erster A-Bombardier blickt er ohne das geringste Bedauern zurück und glaubt, »es war ein Job, der getan werden mußte«.

Nach Kriegsende wurde Feldmarschall Hata als einer der 25 japanischen Hauptkriegsverbrecher vor Gericht gestellt. Man befand ihn für schuldig. 1948 erhielt er eine lebenslängliche Gefängnisstrafe. 1962 starb er.
Auch Kommandant Hashimoto fand sich in einen Prozeß verwickelt: in die Kriegsgerichtsverhandlung gegen seinen ehemaligen Feind, den Kapitän der *Indianapolis,* Charles McVay. Am 8. Dezember 1945, dem Jahrestag des japanischen Überfalls auf Pearl Harbour, meldete die Navy Hashimotos bevorstehende Ankunft in Amerika. Der Empfang für den breitbrüstigen U-Boot-Kommandanten gestaltete sich kühl. Er konnte nur wenig Englisch, und was er verstand, gefiel ihm nicht. Während der Kriegsgerichtsverhandlung hatte er oft das Gefühl, daß man seine Aussagen unrichtig übersetzte. Er hielt es für wahrscheinlich, daß die *Indianapolis* einem Zickzackkurs gefolgt war; doch als man ihn aufforderte, den Kurs des Schiffes auf eine schwarze Tafel zu zeichnen, zog er eine gerade Linie, »weil ich verwirrt und unsicher war«. McVay wurde der Pflichtversäumnis für schuldig befunden und degradiert. Später allerdings revidierte man dieses Urteil. Hashimoto wurde Kapitän eines Handelsschiffs, und häufig lief er

amerikanische und britische Häfen an. Inzwischen hat er sich ins Privatleben zurückgezogen und dient als Hauptpriester in einem Shinto-Schrein in Kyoto.
Oberstleutnant Oya wurde eingehend von den Amerikanern verhört. Man befragte ihn über die Art und Weise, in der er Kriegsgefangene behandelt hatte. Er versuchte die Tatsache zu verbergen, daß zehn Kriegsgefangene nach Kriegsende in Fukuoka auf Kyushu ermordet worden waren. Den ihn vernehmenden Amerikanern gegenüber behauptete er, diese Gefangenen seien zusammen mit anderen in Hiroshima umgekommen. Als man ihn immer mehr in die Enge trieb, sagte Oya einfach: »Seit der Bombe ist mein Gedächtnis weg.« Oya lebt noch und ist gesund; häufig besucht er die Vereinigten Staaten.
Nach dem Krieg konvertierte Mitsuo Fuchida, der Held von Pearl Harbour, vom Buddhismus zum Christentum. Als »fliegender Missionar« reiste er durch die USA und wurde von seinen Zuhörern nicht immer willkommen geheißen. Er verfaßte eine Broschüre mit dem Titel: *Keine Pearl Harbours mehr* — und fühlte sich abgestoßen durch die militärischen Ehren und rühmenden Erwähnungen, die man ihm nach wie vor zudachte. Fuchida starb am 30. Mai 1976.
Der Fluglehrer Matsuo Yasuzawa, der es geschafft hatte, mit seiner »bananenkrummen« Maschine von der Startbahn in Hiroshima abzuheben, erhielt nach dem Krieg von der Besatzungsmacht bis 1952 Flugverbot. Doch inzwischen hatte sich sein Augenlicht verschlechtert, und ein ständiger Husten plagte ihn. Mit seinem alten Traum, der Karriere eines Piloten der Zivilluftfahrt, war es daher aus. Und heute, in steter Todesangst wegen der »A-Bomben-Krankheit«, lebt er von der geringen Invalidenrente, die er seit kurzem erhält.
Imai, dessen früheren militärischen Rang man wohl am besten mit »Hauptfeldwebeloffizier« umschreibt, kapitulierte als letzter Mann seiner Gruppe, nachdem er sich über ein Jahr auf Tinian verborgen gehalten hatte. Er ergab sich im September 1945. Jetzt ist er Präsident eines großen Bauunternehmerverbandes in Tokio.

Tinian verfügt heute, im Rahmen der USA, über eine Art Commonwealth-Status. Es handelt sich um eine Treuhandverwaltung für bestimmte Gebiete im Pazifik. Der Dschungel hat so gut wie alle Kriegsspuren getilgt. In Wellblechhütten in San José, dem einzigen Ort auf der Insel, hausen rund 700 Tinianeser. Ein Capuchin-Priester in weißer Robe und Kapuze sorgt — in einer imposanten rosafarbenen katholischen Kirche — für ihre geistigen Belange. Tabernakel und Taufbecken dienten der US-Marine im Zweiten Weltkrieg einst als Nebelgeräte. Und besonders innen besteht die Kirche aus Material vom »Werkstattbereich« der ehemaligen 509.

Am 14. Dezember 1970 erhielt General Curtis LeMay von den dankbaren Bewohnern Tinians eine ehrenvolle Erwähnung wegen des »außergewöhnlichen Dienstes«, den er ihnen geleistet hatte, und seiner »unermüdlichen Arbeit zur Verbesserung des Wohlstands und des Lebensstandards«.
Sechs Jahre zuvor war LeMay von der japanischen Regierung mit dem Orden Erster Klasse des Großen Bandes der Aufgehenden Sonne ausgezeichnet worden: weil er mitgewirkt hatte am Aufbau der japanischen Nachkriegsluftabwehr. Diese Ordensverleihung wurde im Parlament scharf kritisiert, doch Minoru Genda, der »geistige Vater« des Angriffs auf Pearl Harbour, verteidigte die Entscheidung.
Genda seinerseits erhielt 1969 den begehrten amerikanischen Verdienstorden, der ihm von Präsident Kennedy verliehen wurde. Heute ist Minoru Genda Senator im japanischen Parlament.
Bei all den Orden, die man ihm an die Brust heftete, empfindet LeMay (der in Kalifornien ein ziemlich zurückgezogenes Leben führt) einen ganz besonderen Stolz auf das ihm von Winston Churchill persönlich verliehene Fliegerverdienstkreuz.

Hiroshima ist heute ein wirbelndes Durcheinander von einer Stadt mit nahezu 900 000 Einwohnern. Verglichen mit der Zeit Mitte 1945 hat sich die Bevölkerungszahl also fast verdreifacht. Von jenem 6. August 1945 sprechen die Bürger von Hiroshima nur selten. Jene, die aus dieser Zeit noch sichtbare Verletzungen davongetragen haben, neigen dazu, für sich zu bleiben. Oft werden sie von Schuldgefühlen gequält: Weil sie noch leben, während doch so viele starben. In Hiroshima gibt es ein Gebäude, welches man den A-Bomben-Dom nennt, und man hat es stehen lassen, in all seiner Gräßlichkeit — als schreckliche Erinnerung. Schaulustige Touristen, die es zu Gesicht bekommen, schaudern zusammen, wenden die Augen ab, bewegen sich weiter.

Im Oktober 1976 gab es in der internationalen Presse über Paul Tibbets wieder Schlagzeilen. Bereitwillig hatte er die Einladung akzeptiert, anläßlich einer Flugschau in Texas eine alte B-29 zu fliegen. Den Höhepunkt der Darbietung sollte ein simulierter Atombombenabwurf bilden aus eben jener Maschine, die Tibbets flog. Ingenieure der US-Army bereiteten Sprengkörper vor, welche eine pilzförmige Wolke hervorrufen sollten.
Viele Menschen waren entsetzt. Die japanische Regierung protestierte, und die amerikanische Regierung entschuldigte sich.
Tibbets ist der Meinung, die ganze Aufregung sei »lächerlich« gewesen. Er — wie auch die übrigen Organisatoren der geplanten Darbietung — vertritt die Auffassung, die beabsichtigte Demonstration wäre »als übliches geschichtliches Schauspiel« zu bewerten gewesen, »ähnlich wie es regelmäßig überall auf der Welt gezeigt wird«.

Im Jahre 1977 lag die *Enola Gay* auf dem Boden eines Hangars gleichsam in Stücken. Und sie schien darauf zu warten, eines Tages zusammengefügt zu werden, um — vielleicht — dem Publikum zugänglich zu sein.

Anmerkungen zu den Kapiteln

Wie es dem Thema dieses Buches gebührt, haben wir uns durchgehend um Objektivität und Unvoreingenommenheit bemüht. Die Tatsachen sollen für sich selbst sprechen. Einzig von ihnen — den von uns gefundenen Fakten — sowie von unserem Gewissen ließen wir uns bei der Abfassung unseres Berichts leiten. Daher sind für unsere Darstellung auch ausschließlich wir selbst verantwortlich.

Das von uns verwendete Quellenmaterial fällt hauptsächlich unter zwei Kategorien. Zum einen handelt es sich dabei um ausführliche Gespräche, die wir in den Jahren 1975 und 1976 sowohl in Japan als auch in den Vereinigten Staaten mit Personen führten, die an den geschilderten Ereignissen beteiligt waren. Zum anderen sind es Dokumente aus beiden Ländern, ursprünglich häufig als *Top Secret* klassifiziert und erst kürzlich für die Öffentlichkeit freigegeben. Über ihre primäre Bedeutung hinaus hat dieses dokumentarische Material uns dazu gedient, per Kontrolle und Gegenkontrolle Fakten gleichsam im Wechselverfahren zu überprüfen, um unseren Bericht so authentisch und so geschichtstreu wie nur möglich zu gestalten.

Wann immer wir es mit der japanischen Sprache zu tun hatten, blieben wir uns der Tatsache bewußt, daß eine wörtliche Übertragung ins Englische nur selten möglich war; mit Hilfe unserer Dolmetscher, denen wir besonderen Dank schulden, haben wir uns alle erdenkliche Mühe gegeben, bei der Übersetzung den Sinngehalt ebenso zu wahren wie den Ton des Originals.

Bei den folgenden detaillierten Angaben bezüglich des jeweils benutzten Quellenmaterials haben wir, soweit es sich um Dokumente handelt, die unseres Wissens zur Zeit unserer Niederschrift noch unveröffentlicht waren, entsprechende Bezeichnungen benützt. *Privatpapiere,* eine dritte wichtige Materialquelle, bezeichnet und umfaßt persönliche Tagebücher, Notizen, Briefe, Manuskripte. *Transcripts* meint die schriftliche Aufzeichnung von Interviews, die andere geführt haben, oder auch von Dokumentarsendungen. Überdies werden Bücher, Zeitungsartikel, Zeitschriftenbeiträge aufgeführt, die sich als nützlich erwiesen.

Folgende Abkürzungen finden Verwendung:
AI = Autoreninterviews
B = Bücher
K = Korrespondenz
D = Dokumente und Berichte
M = Magazine, Zeitschriften und Broschüren
Z = Zeitungen
PP = Privatpapiere
T = Transcripts

Eine Zusammenstellung sämtlichen schriftlichen Materials findet man in der Bibliographie; eine Liste mit den Namen der Interviewten unter »Besonderer Dank«.

1. September 1944
AI: Tibbets, LeMay.
B: *The Birth of the Bomb* (Clark); *Victor's Justice* (Minear); *No High Ground* (Knebel/Bailey); *The Great Decision* (Amrine); *Now It Can Be Told* (Groves); *The New World* (Hewlett/Anderson); *Britain and Atomic Energy* (Gowing); *Manhattan Project* (Groueff).
K: Montgomery.
D: Brief, Einstein an Roosevelt, 2. August 1939; Protokoll einer Zusammenkunft im Büro des Kriegsministers, 23. September 1942 (unveröffentlicht); Brief, Groves an Dill, 17. Januar 1944 (unveröffentlicht); Brief, Stimson an Truman, 13. August 1944 (unveröffentlicht); Memo, Derry an Groves, 29. August 1944 (unveröffentlicht).
M: *Air Force Magazine,* August 1973: Training the 509th für Hiroshima (Tibbets).
Z: *Chicago Tribune,* 10. — 22. März 1968, Interviews mit Tibbets (Thomis); *The Register,* Newport Beach, Kalif., 3. August 1975.
PP: Tibbets (Aufzeichnungen, die sich auf hier geschilderte Ereignisse beziehen).
T: Ashworth; *The Building of the Bomb* (BBC-TV).

6. September 1944
AI: Tibbets, Beser, Jeppson, Brode.
D: Brief, undatiert, geschrieben im April 1943, von Condon an

Oppenheimer; White House Appointments Register, 26. August 1944; Memo, Somervell an Chief of Engineers, USA, 17. September 1944; Harrison-Bundy Files.
M: *Bulletin of the Atomic Scientist,* Juni 1970; April 1975; Mai 1975.
T: Groves.

8. September 1944
AI: Tibbets.

9. September 1944
AI: Yokoyama, Kaizuka, Kosakai, Genda, Fuchida.
B: *Hiroshima in Memoriam* (Takayama); *A History of Modern Japan* (Storry); *Hiroshima* (Hersey); *The Fall of Japan* (Craig); *Death in Life* (Lipton); *Japan Subdued* (Feis); *Hirohito* (Mosley); *The Glory and The Dream* (Manchester); *The Hiroshima Memoirs* (Hiroshima City).
D: U.S. Strategic Bombing Surveys (USSBS); *Mission Accomplished.*
PP: Aufzeichnungen von Yokoyama aus den Jahren 1944/45.

12. September 1944
AI: Tibbets, Ferebee, Beser, King, Slusky, Grennan, Gackenbach, Perry, Caron, Strudwick, Biel, Jernigan.
B: *The Hiroshima Pilot* (Huie).
D: Roster of Officers, 393rd Squadron (unveröffentlicht); 509th Pictorial Album; Short Narrative History, 509th Group (unveröffentlicht); Historical report, medical activity 509th (unveröffentlicht); History 509th/20th Air Force (unveröffentlicht).
PP: Beser, Tibbets, Perry, Gackenbach.
T: Interview mit Tibbets, USAF 5-4410-90 (unveröffentlicht); Interview mit Tibbets, Air Historical Branch, USAF, September 1966 (unveröffentlicht).

17. September 1944
AI: Hashimoto.
B: *Sunk* (Hashimoto); Abandon Ship (Newcomb).

19. September 1944
AI: Tibbets, Beser, Brode, Jeppson.
B: *Dawn Over Zero* (Laurence); *Heller als tausend Sonnen* (Jungk); *Now It Can Be Told* (Groves); *Atomic Quest* (Compton); *A Peril and a Hope* (Smith); *The Great Decision* (Amrine).
D: United States Atomic Energy Commission, In the Matter of J. Robert Oppenheimer; United States Atomic Energy Commission, *Historical Document No. 279;* Harrison-Bundy Files.

M: *Bulletin of the Atomic Scientists,* Oktober 1958; *Look,* 13. August 1963; *American Historical Review,* Oktober 1973; *Journal of American History,* März 1974.
T: Ashworth, Birch, Burroughs, Groves, Hayward.

1. Oktober 1944
Osaka:
AI: Asada, Suzuki, Nizuma.
B: *Imperial Tragedy* (Coffey).
D: Manuskript von Asada über japanische Flotte und Atomenergie, 12. Mai 1965 (unveröffentlicht); Asada, Forschungsdokument 19 176-2-18 (unveröffentlicht).
PP: Asada (Aufzeichnungen, die sich auf hier geschilderte Ereignisse beziehen).
Tokio:
AI: Arisue, Oya.
D: Office of Strategic Services: Reports und Intelligence Data (unveröffentlicht); U.S. Army, Supreme Commander of the Allied Powers, Counter Intelligence Section: Reports und Intelligence Data.
PP: Oya (Aufzeichnungen, die sich auf hier geschilderte Ereignisse beziehen).
Hiroshima:
AI: Yokoyama.

21. Oktober 1944
AI: Tibbets, Lewis, Beser, van Kirk, Duzenbury, Caron, Perry, King, Slusky, Jernigan, Biel, Grennan.
B: *No High Ground* (Knebel/Bailey); *The Hiroshima Pilot* (Huie); *Seven Hours to Zero* (Marx).
D: B-29 Familiarisation File, beschriftet »Enola Gay«, Seriennummer: 15 (unveröffentlicht); Short narrative History, 509th Group (unveröffentlicht).
PP: Aufzeichnungen von Tibbets, Beser, Perry, van Kirk; Briefe von Lewis.

25. Oktober 1944
AI: Arisue. Sakai.
B: *The Fall of Japan* (Craig); *Imperial Tragedy* (Coffey); *The Nobility of Failure* (Morris); *Samurai* (Sakai).
D: Intelligence Summary No. 17 (Vol. 2) HQ, 7th Air Force, Central Pacific area; analysis of Japanese radio broadcasts; 20th Air Force Intelligence report ACESEA-WIS, No. 87 (unveröffentlicht); Japanese Research Division (ATIS) monographs nos. 45, 53, 83.
Z: *Sunday Times,* London, 23. November 1975.

24. November 1944

AI: Tibbets, Lewis, King, van Kirk, Ferebee, Olivi, Sweeney, Beser, Grennan, Jernigan, Perry.
B: *Seven Hours to Zero* (Marx); *The Hiroshima Pilot* (Huie).
D: Short Narrative History, 509th Group (unveröffentlicht).
PP: Tibbets, Beser, Lewis, van Kirk.

6. Dezember 1944

AI: Yokoyama, Maruyama, Kosakai.
B: *Imperial Tragedy* (Coffey); *The Fall of Japan* (Craig); *No High Ground* (Knebel/Bailey); *The Hiroshima Memoirs.*
D: USSBS.

7. Dezember 1944

B: *The Glory and The Dream* (Manchester); *Now It Can Be Told* (Groves).
D: Sachs' Memo an Roosevelt, 8. Dezember 1944.
Z: *New York Times, Washington Post, Los Angeles Times, San Francisco Chronicle, Denver Post, Chicago Tribune,* sämtlich von obigem Datum.

12. Dezember 1944

AI: Arisue, Oya.
B: *The Fall of Japan* (Craig); *Hiroshima Decision* (Baldwin); *In Hiroshima Plus 20 (New York Times).*
D: Office of Strategic Services: Reports und Intelligence Data (unveröffentlicht).

14. Dezember 1944

AI: Asada.
D: Manuskript von Asada über japanische Flotte und Atomenergie, 12. Mai 1965 (unveröffentlicht); Asada, Forschungsdokument 19176-2-18 (unveröffentlicht).
PP: Asada.

17. Dezember 1944

AI: Tibbets, Sweeney, Beser, Lewis, Ferebee, van Kirk, Grennan, Caron, Duzenbury, Stiborik.
D: General Order No. 6 USAAF (unveröffentlicht).
PP: Beser, Lewis, Tibbets.

25. Dezember 1944

AI: Perry, Tibbets, Beser, Downey, van Kirk, Ferebee.
PP: Beser (Briefe); van Kirk (Aufzeichnungen).

29. Dezember 1944
AI: Hashimoto.
B: *Sunk* (Hashimoto).

30. Dezember 1944
AI: Tibbets.
D: Memo, geschrieben von Groves über Zusammenkunft von Stimson und Roosevelt im Weißen Haus (unveröffentlicht); Notiz zu den Akten, von Groves (unveröffentlicht), sämtlich von obigem Datum.
T: Groves.

6. Januar 1945
AI: Tibbets, Lewis, Slusky, Grennan, Caron, Ferebee, van Kirk, Perry, Beser, Sweeney, LeMay.
PP: Perry (Speisepläne); Lewis (Briefe).

16. Januar 1945
AI: Hashimoto.
B: *Sunk* (Hashimoto); *Abandon Ship* (Newcomb).

17. Januar 1945
AI: Tibbets.
B: *The Glory and The Dream* (Manchester); *Now It Can Be Told* (Groves).
D: Troop movement order 6105 (unveröffentlicht); Notiz zu den Akten, von Groves, 6. Januar 1945 (unveröffentlicht).

20. Januar 1945
AI: LeMay, Tibbets, Lewis, Sweeney.
B: *The Fall of Japan* (Craig); *Mission With LeMay* (LeMay).
D: USSBS.

27. Januar 1945
D: Brief, King an Nimitz; Memo, Derry an Groves, 10. Februar 1945 (unveröffentlicht).
T: Groves, Ashworth.

28. Januar 1945
AI: Tibbets, King, Lewis, Duzenbury.

1. Februar 1945
AI: Yokoyama.
B: *The Hiroshima Memoirs.*
PP: Yokoyama.

2. Februar 1945

AI: Beser, Perry, Duzenbury.

D: Short Narrative History of 509th Group (unveröffentlicht); Historical report, medical activity 509th Group (unveröffentlicht); 509t Pictorial album; History 509th/20th Air Force (unveröffentlicht).

PP: Beser, Perry.

2. März 1945

B: *The Glory and The Dream* (Manchester); *Heller als tausend Sonnen* (Jungk); *On Active Service in Peace and War* (Stimson/Bundy).

D: Memo von Patterson an Styer, 15. Februar 1945 (unveröffentlicht).

M: *Harper's Magazine*, Februar 1947.

PP: Stimson.

3. März 1945

AI: Shima.

B: *The Hiroshima Memoirs.*

D: USSBS; Mission Accomplished.

4. März 1945

Los Alamos:

AI: Beser, Tibbets.

B: *Heller als tausend Sonnen* (Jungk).

M: *Bulletin of the Atomic Scientists*, Juni 1970, April 1975, Mai 1975.

T: Groves, Ashworth.

Washington, D.C.

B: *Now It Can Be Told* (Groves); *The Great Decision* (Amrine); *Heller als tausend Sonnen* (Jungk); *Speaking Frankly* (Byrnes).

D: Memo, Byrnes an Roosevelt, 3. März 1945 (unveröffentlicht); Notiz zu den Akten, Groves, 3. März 1945 (unveröffentlicht).

T: Groves.

7. März 1945

AI: Tibbets, Jeppson, Beser, van Kirk, Jernigan, Caron, Perry, Grennan, Lewis, Gackenbach.

D: Short Narrative History of 509th Group (unveröffentlicht); 509th Pictorial Album; History 509th/20th Air Force (unveröffentlicht).

PP: Beser, Lewis.

8. März 1945
B: *Now It Can Be Told* (Groves); *On Active Service in Peace and War* (Stimson/Bundy).
D: Memo, Groves an Stimson, 8. März 1945 (unveröffentlicht).
T: Groves.

9. März 1945
AI: LeMay.
B: *The Army Air Forces in World War Two,* Vol. V, *The Pacific: Matterhorn to Nagasaki,* Juni 1944 bis August 1945 (Craven/Cate); *The Fall of Japan* (Craig).

10. März 1945
AI: Lewis, Ferebee, Jeppson, Slusky, Duzenbury.

11. März 1945
AI: Arisue.
B: *The Fall of Japan* (Craig); *Imperial Tragedy* (Coffey).
D: Office of Strategic Services: Reports und Intelligence Data; U.S. Department of Defense: military plans (1941–1945) for the entry of the Soviet Union into the war against Japan; USSBS.

12. März 1945
AI: Maruyama.
B: *The Hiroshima Memoirs.*

22. März 1945
AI: Tibbets, Jeppson, Slusky, Brode, Ferebee.
K: Alvarez.

1. April 1945
AI: Yokoyama, Maruyama, Kosakai.
B: *The Hiroshima Memoirs.*
D: USSBS.

12. April 1945
Früher Nachmittag
B: *The Glory and The Dream* (Manchester); *Japan's Decision to Surrender* (Butow); *I was Roosevelt's Shadow* (Reilly); *F.D.R. My Boss* (Tully); *Thank You, Mr. President* (Smith); *When F.D.R. Died* (Asbell); *F.D.R.'s Last Year* (Bishop).
Z: *New York Times,* 13. April 1945.

Später Nachmittag

B: *Year of Decisions* (Truman); *Plain Speaking* (Miller), deutsche Übers.: *Offen gesagt.*

Z: *New York Times,* 13. April 1945.

PP: Truman.

Früher Abend

AI: Tibbets, Lewis, Beser, King, Gackenbach, Grennan, Perry, Caron.

Später Abend

B: *Now It Can Be Told* (Groves).

D: Bericht von Groves, betitelt »Atombomben«, Seriennummer NND 750152 (unveröffentlicht).

13. April 1945

B: *The Glory and The Dream* (Manchester); *The Great Decision* (Amrine); *Speaking Frankly* (Byrnes); *Year of Decisions* (Truman).

PP: Truman.

15. April 1945

AI: Arisue, Oya.

B: *The Fall of Japan* (Craig); *Hirohito* (Mosley); *Japan Subdued* (Feis).

D: USSBS.

19. April 1945

AI: Tibbets, Sweeney, Lewis, Spitzer, Olivi.

PP: Spitzers Tagebuch.

21. April 1945

AI: Yokoyama.

23. April 1945

AI: Tibbets, Lewis, King, Strudwick, Biel.

B: *We Dropped The A-Bomb* (Miller/Spitzer).

D: Briefe von Bowen und Thornhill, zitiert in *The Hiroshima Pilot.* (Huie)

PP: Spitzers Tagebuch.

24. April 1945

AI: Asada.

D: USSBS.

Z: *New York Times,* 8. August 1976.

PP: Asada.

25. April 1945

B: *Now It Can Be Told* (Groves); *Heller als tausend Sonnen* (Jungk); *The Great Decision* (Amrine); *On Active Service in Peace and War* (Stimson/Bundy).

D: Memo, Groves an Stimson, 23. April 1945 (unveröffentlicht); Memo, Stimson an Truman, 25. April 1945 (unveröffentlicht); Brief, Stimson an Truman, 24. April 1945.

26. April 1945

AI: Arisue.

B: *The Fall of Japan* (Craig).

28. April 1945

AI: Yokoyama, Maruyama, Yasuzawa.

D: USSBS.

29. April 1945

AI: Lewis, Nelson, Beser, Duzenbury, Caron, Stiborik, Grennan.

B: *The Hiroshima Pilot* (Huie).

30. April 1945

Kure

AI: Hashimoto.

B: *Sunk* (Hashimoto).

Hiroshima

AI: Shima, Kosakai.

B: *The Hiroshima Memoirs.*

D: USSBS.

8. Mai 1945

B: *The Fall of Japan* (Craig); *Hirohito* (Mosley); *Japan Subdued* (Feis); *Japan's Decision to Surrender* (Butow); *Year of Decisions* (Truman).

D: USSBS.

9. Mai 1945

AI: Tibbets.

27. Mai 1945

AI: Arisue.

B: *The Fall of Japan* (Craig).

D: Japanisches Verteidigungsministerium, Geschichtl. Abteilung, Tokio; Auswahl von Dokumenten betreffs Heeres- und Flottenaktivitäten, März bis September 1945 (unveröffentlicht); Office of Strategic Services; Reports und Intelligence Data.

28. Mai 1945
AI: Tibbets, Beser.
D: Report of Target Committee, 12. Mai 1945 (unveröffentlicht).
PP: Beser.

30. Mai 1945
AI: Maruyama, Oya, Yanagita.
B: *The Knights of Bushido* (Russell); *History of the U.N. War Crimes Commission* (HMS, 1948); *Imperial Tragedy* (Coffey).
D: Anmerkungen zur Vernehmung von Kriegsgefangenen, IJA, herausgegeben am 6. August 1943; Berichte des Internationalen Militärtribunals für den Fernen Osten, Mai 1946 bis November 1948; Berichte der United Nations Commission for the Investigation of War Crimes 1946; USSBS.

1. Juni 1945
B: *On Active Service in Peace and War* (Stimson/Bundy); *The Great Decision* (Amrine); *The Fall of Japan* (Craig); *Atomic Quest* (Compton); *A History of the U.S. Atomic Energy Commission* (Hewlett/Anderson); *Speaking Frankly* (Byrnes).
D: Memo, Samford an Stabschef, 20th Air Force, 5. Mai 1945 (unveröffentlicht); Interim Commitee Notes and Minutes, 1. Mai, 4. Mai, 9. Mai, 15. Mai, 18. Mai, 31. Mai, 1. Juni 1945 (sämtlich unveröffentlicht); The Decision to Use the Atomic Bomb, Auszug aus *Command Decisions,* veröffentlicht vom Office of the Chief of Military History, Department of the Army, 1971.
M: *Harper's Magazine,* vol. 194 (No. 1161), Februar 1947; *U.S. News & World Report,* vol. 1 (49), 15. August 1960; *Bulletin of the Atomic Scientists,* vol. 26, Juni 1970 und vol. 31, Februar 1975.
T: Groves.

12. Juni 1945
B: *Now It Can Be Told* (Groves); *On Active Service in Peace and War* (Stimson/Bundy).
D: Memo, Groves an Marshall (unveröffentlicht).
T: Groves.

14. Juni 1945
AI: Lewis, Duzenbury, Stiborik, Nelson, Caron.
PP: Lewis (Dokumente und Briefe); Caron (Aufzeichnungen).

15. Juni 1945
AI: Arisue.
B: *The Fall of Japan* (Craig).

18. Juni 1945

B: *No High Ground* (Knebel/Bailey); *The Great Decision* (Amrine); *The Fall of Japan* (Craig); *On Active Service in Peace and War* (Stimson/Bundy); *The Glory and the Dream* (Manchester); *The Challenge to American Foreign Policy* (McCloy).

D: Memo, Stabschef, über Olympic Invasionsplan für Japan (1945) und Stabsstudie, Coronet Invasionsplan vom selben Monat (beide unveröffentlicht); Recommended Bombing Program Study, Mai 1945 (unveröffentlicht); the Decision to Use the Atomic Bomb, Auszug aus *Command Decisions.*

T: Eric Sevareid im Gespräch mit John J. McCloy (CBS News Special, 20. Juli 1975).

19. Juni 1945

AI: Yokoyama, Imoto, Oya, Endo, Kosakai, Genda, Miura.

B: *The Hiroshima Memoirs.*

D: Berichte des Internationalen Militärtribunals für den Fernen Osten, Mai 1946 bis November 1948, soweit sie Hata betreffen; USSBS.

23. Juni 1945

AI: Tibbets, LeMay.

B: *Now It Can Be Told* (Groves).

D: Preliminary report on operational procedures von D. M. Dennison, 5. Mai 1945 (unveröffentlicht); Protokoll der ersten Sitzung des Target Committee, 27. April 1945 (unveröffentlicht); 20th Air Force target reports and summaries (unveröffentlicht); USAAF target photographs (unveröffentlicht).

27. Juni 1945

AI: Lewis, Caron, Nelson, Duzenbury, Stiborik.

PP: Lewis (Briefe); Caron (Aufzeichnungen).

28. Juni 1945

AI: Imai, Saito, Beser, Perry, Tibbets, Gackenbach, Caron, King, LeMay.

B: *US Marines and Amphibious Warfare* (Isley); *History of the United States Naval Operations in World War Two* (Harrison); *The Two-Ocean War* (Morrison).

D: Memos, 10. Juni und 21. Juli, von Kirkpatrick an Groves (beide unveröffentlicht); CINPAC analysis of air operations, Juli 1944 (unveröffentlicht); USSBS interrogations of Fuchida; Bericht über N.A.B. Tinian (unveröffentlicht).

M: *Saturday Evening Post,* 23. Dezember 1944.

1. Juli 1945

AI: Arisue, Oya.

B: *Japan's Decision to Surrender* (Butow); *The Fall of Japan* (Craig); *No High Ground* (Knebel/Bailey); *Imperial Tragedy* (Coffey); *Hirohito* (Mosley).

2. Juli 1945

AI: Lewis, Stiborik, Caron, Nelson, Duzenbury.

D: Karte von Tinian, 6th Naval Construction Brigade (unveröffentlicht); Short Narrative History of the 509th Group (unveröffentlicht); 509th Pictorial Album.

PP: Lewis (Briefe); Caron und Nelson (Aufzeichnungen).

6. Juli 1945

AI: Elsey.

B: *Between War and Peace* (Feis); *Year of Decisions* (Truman); *The Glory and The Dream* (Manchester).

D: Memo, Stimson an Truman, 2. Juli 1945; Tagebucheintragungen über Präsidentenreise zur Potsdamer Konferenz, 6. Juli bis 7. August (unveröffentlicht).

9. Juli 1945

AI: Oya, Arisue.

12. Juli 1945

AI: Perry, Beser, Lewis, Jeppson, van Kirk, Duzenbury, Nelson.

D: 509th Pictorial Album.

13. Juli 1945

B: *A Peril and a Hope* (Smith) hinsichtlich des vollständigen Textes des »Franck Report«; *Now It Can Be Told* (Groves); *Command Decisions* (Morton); *Speaking Frankly* (Byrnes).

D: Harrison-Bundy Files; Memo, Groves an Kriegsminister über Szilard, 29. Oktober 1945 (unveröffentlicht): MED TS Files (unveröfentlicht).

M: *Bulletin of the Atomic Scientists,* vol. 26, Juni 1970; vol. 31, No. 2 Februar 1975; *U.S. News & World Report,* vol. 49, 15. August 1960.

T: Groves.

14. Juli 1945

B: *No High Ground* (Knebel/Bailey); *The Great Decision* (Amrine); *Now It Can Be Told* (Groves); *Abandon Ship* (Newcomb).

D: Memos, Parsons an Tibbets, 30. Juni 1945 (unveröffentlicht); Oppenheimer und Parsons an Groves, 29. Juni 1945 (unveröffentlicht).

15. Juli 1945
Wiesbaden
AI: Arisue.
B: *No High Ground* (Knebel/Bailey); *Fall of Japan* (Craig).

Wendover
AI: Tibbets, Ferebee.
D: Memo, Parsons an Tibbets, 15. Juli 1945 (unveröffentlicht); Memo, Parsons und Oppenheimer an Groves, 29. Juni 1945 (unveröffentlicht); Memo, Parsons an Tibbets, 30. Juni 1945 (unveröffentlicht).
T: Ashworth.

16. Juli 1945
Alamogordo
AI: Tibbets.
B: *Dawon Over Zero* (Laurence); *The Glory and The Dream* (Manchester); *All in Our Time* (Wilson); *Now It Can Be Told* (Groves).
D: Report on Test II at Trinity, 16. Juli 1945, Warren an Groves (unveröffentlicht); Memo, Groves an Stabschef, 30. Juli 1945 (unveröffentlicht).
M: *Bulletins of the Atomic Scientists:* vol. 31, April 1975, *Prelude to Trinity,* vol. 31, Mai 1975, *A Foul and Awesome Display* (beides von Bainbridge); vol. 26, Juni 1970, *Some Recollections of July 16, 1945* (Groves).
Z: *The New York Times,* Artikel in Nummern zwischen 9. September und 9. Oktober 1945, Autor William Lawrence.
T: *The Day the Sun Blew up* (BBC-TV); *The Building of the Bomb* (BBC-TV); Groves.
San Francisco
AI: Hashimoto.
B: *Abandon Ship* (Newcomb); *History of the United States Naval Operations in World War Two* (Morison); *Sunk* (Hashimoto); *No High Ground* (Knebel/Bailey).
T: Ashworth.

17. Juli 1945
AI: Elsey.
B: *Between War and Peace* (Feis); *Japan Subdued* (Feis); *Year of Decisions* (Truman); *Triumph and Tragedy* (Churchill); *On Active Service in Peace and War* (Stimson); *Japan's Decision to Surrender* (Butow).
D: Telegramme. Harrison an Stimson und Stimson an Harrison, 16. und 17. Juli 1945; Tagebuch der Präsidentenreise (unveröffentlicht).

Z: *New York Times*, 18. Juli 1945; *Daily Mirror*, London, 2. August 1945.
PP: Tagebücher, Stimson, Truman.

18. Juli 1945
AI: Tibbets, Ferebee, Lewis, Caron, Beser, Duzenbury, Nelson, van Kirk, Perry, LeMay, Spitzer, Grennan, Gackenbach, Jernigan, Sweeney, Arisue.
B: *Japan Subdued* (Feis); *We Dropped the A-Bomb* (Miller/Spitzer); *Hirohito* (Mosley); *Japan's Decision to Surrender* (Butow).
D: Memos, Kirkpatrick an Groves, 10. Juni und 21. Juli 1945 (unveröffentlicht).
PP: Spitzers Tagebuch.

19. Juli 1945
AI: Tibbets, LeMay, Ferebee, van Kirk, Hashimoto.
B: *Sunk* (Hashimoto); *Abandon Ship* (Newcomb).

20. Juli 1945
AI: Arisue, Imai, Lewis, Tibbets, Caron, Beser, Grennan, Duzenbury.
B: *Japan Subdued* (Feis); *The Hiroshima Pilot* (Huie); *The Fall of Japan* (Craig); *Between War and Peace* (Feis); *Japan's Decision to Surrender* (Butow); *No High Ground* (Knebel/Bailey); *Seven Hours to Zero* (Marx).
D: History of the 509th (unveröffentlicht); 509th Pictorial Album; Bericht des Combined Intelligence Committee, Juli 1945.
PP: Stimson.

21. Juli 1945
AI: Imoto, Endo, Oya, Maruyama, Yanagita, Kaizuka, Yokoyama, Tibbets, Lewis.
D: USSBS Interrogations of Hata (unveröffentlicht); Berichte des Internationalen Militärtribunals für den Fernen Osten, Mai 1946 bis November 1948, bezüglich Hata.

22. Juli 1945
AI: Arisue, Oya.
B: *On Active Service in Peace and War* (Stimson); *Japan Subdued* (Feis); *Japan's Decision to Surrender* (Butow); *Year of Decisions* (Truman); *Triumph and Tragedy* (Churchill).
D: Memo, Groves an Stimson, 18. Juli 1945; Tagebuch der Präsidentenreise (unveröffentlicht).

23. Juli 1945
AI: Beser, Imai, Tibbets, Ferebee, van Kirk, Duzenbury.

27. Juli 1945
AI: Arisue, Oya.
B: *Hirohito* (Mosley); *The New World* (Hewlett); *Ten Years In Japan* (Grew); *Imperial Tragedy* (Coffey); *The Fall of Japan* (Craig); *Japan Subdued* (Feis); *Japan's Decision to Surrender* (Butow); *On Active Service in Peace and War* (Stimson).
Z: *Nippon Times,* 29. und 30. Juli sowie 1. August 1945; *Asahi Shimbun,* 28. Juli 1945.

28. Juli 1945
Tinian
AI: Tibbets, Beser, Lewis, Jernigan, Grennan, King, van Kirk, Downey, Duzenbury, Caron, Nelson, Jeppson, Stiborik, Biel, Cheshire.
B: *No High Ground* (Knebel/Bailey).
D: History of 509th Group (unveröffentlicht); 509th Pictorial Album.
Hiroshima
AI: Yanagita, Shima, Maruyama. Matsuoka, Kosakai, Hiroto, Yokoyama, Imoto, Endo.
B: *The Hiroshima Memoirs; Hirohito* (Mosley); *The Fall of Japan* (Craig).
D: Crew's Records (unveröffentlicht); zwei Missing Air Crew Reports, 866 Bombardment Squadron (H), 494th Bombardment Group (H), 30. Juli 1945 (unveröffentlicht); Reports, CINCAFCAP, 23. September und 9. Oktober 1945 (unveröffentlicht); mission orders, VII Bomber Command, 494th Bomb Group, Field Order 45-92, 27. Juli 1945 (unveröffentlicht); mission report, 494th Bomb Group (unveröffentlicht).
PP: Yokoyama (Aufzeichnungen), Hiroto, Matsuoka.

29. und 30. Juli 1945
Tinian, Guam
AI: Tibbets, Lewis, LeMay, Sweeney.
B: *Now It Can Be Told* (Groves); *No High Ground* (Knebel/Bailey); *The Hiroshima Pilot* (Huie).
D: Memo, Oppenheimer an Parsons, 23. Juli 1945 (unveröffentlicht); Memo, Groves an Marshall, 18. Juli 1945 (unveröffentlicht); History of the 509th Group (unveröffentlicht).
Südwestlich von Tinian
AI: Hashimoto, Beser.
B: *Sunk* (Hashimoto); *Abandon Ship* (Newcomb); *Now It Can Be Told* (Groves).

D: Memo, Groves an Stabschef, 30. Juli 1945 (unveröffentlicht).

Hiroshima

AI: Matsuoka, Oya, Kosakai, Yanagita.

B: *The Hiroshima Memoirs.*

31. Juli 1945

Washington

B: *Now It Can Be Told* (Groves).

D: Kabel Nr. 1005, Spaatz an Kriegsministerium, 31. Juli 1945 (unveröffentlicht); Kabel Nr. 10027, Spaatz an Kriegsministerium, 31. Juli 1945 (unveröffentlicht); Kabel Nr. 3542, Handy an Spaatz, 31. Juli 1945 (unveröffentlicht); Memo, Groves an Stabschef, 30. Juli 1945 (unveröffentlicht).

Tinian

AI: Beser, Cheshire, Ferebee, van Kirk, Tibbets.

B: *No High Ground* (Knebel/Bailey); *Now It Can Be Told* (Groves).

K: Lord.

D: Daily Intelligence Summaries, 20th Air Force, Guam, Juli 1945 (unveröffentlicht).

PP: Beser.

1. August 1945

Tinian

AI: Tibbets, Ferebee, Perry, LeMay.

D: Field Order No. 13, 20th Air Force (unveröffentlicht).

Manila

B: *Now It Can Be Told* (Groves); *No High Ground* (Knebel/Bailey).

Tinian

AI: Tibbets.

Guam

AI: LeMay.

D: Kabel, Groves an Farrell und Farrell an Groves, 30. Juli 1945 (unveröffentlicht).

Tinian

AI: Tibbets, Sweeney, Perry, Lewis.

Washington, D.C.

B: *Now It Can Be Told* (Groves).

D: Kabel, Farrell an Groves, 30. Juli 1945 (unveröffentlicht).

2. August 1945

AI: LeMay, Ferebee, Tibbets.

3. August 1945

AI: Matsuoka, Maruyama, Kosakai, Kaizuka, Shima, LeMay, Ferebee, Tibbets, van Kirk.

B: *The Hiroshima Memoirs; No High Ground* (Knebel/Bailey).
D: Field Order No. 13, 20th Air Force (unveröffentlicht); USSBS.

4. August 1945
AI: Tibbets, Lewis, Beser, Jeppson, Jernigan, Caron, Duzenbury, Nelson, Stiborik, Slusky. Gackenbach, Grennan, Ferebee, van Kirk, King, Spitzer, Sweeney, Cheshire, LeMay, Brode, Strudwick.
B: *We Dropped The A-Bomb* (Miller/Spitzer).
K: Alvarez.
PP: Spitzers Tagebuch.

5. August 1945
Tinian
AI: Tibbets, LeMay, Lewis, Beser, Jeppson, Caron, Duzenbury, Brode, Sweeney, van Kirk, Perry, Downey, Nelson, Stiborik, Ferebee, King, Jernigan.
B: *Now It Can Be Told* (Groves).
K: Alvarez.
D: Operations Order No. 35, 509th Group (unveröffentlicht); telecom message, LeMay an 509th, 5. August 1945 (unveröffentlicht); Telegramm, Doll an Oppenheimer, 5. August 1945 (unveröffentlicht).
T: Ashworth.
Hiroshima
AI: Maruyama, Oya, Imoto, Shima, Matsuoka, Kosakai.
B: *The Hiroshima Memoirs.*
PP: Oya, Maruyama.

Mitternacht bis 8.16 Uhr
6. August 1945
Tinian
AI: Tibbets, Lewis, Jeppson, Duzenbury, Nelson, Stiborik, Caron, Beser, Ferebee, van Kirk, Imai, Downey, Spitzer, Sweeney, Grennan, King, Jernigan.
B: *Now It Can Be Told* (Groves).
M: *Time Out* (Downeys Gebet); *Yank,* 7. September 1945.
T: Ashworth.
Hiroshima
AI: Yasuzawa, Oya, Kosakai, Yokoyama.
B: *The Hiroshima Memoirs.*
D: Daily Intelligence Summaries, August 1945 (unveröffentlicht).
An Bord der Enola Gay
AI: Tibbets, Lewis, Jeppson, Duzenbury, Nelson, Stiborik, Caron,

Beser, Ferebee, van Kirk; außerdem Sweeney, Spitzer, Gackenbach, Grennan, King, Brode.

B: *We Dropped The A-Bomb* (Miller/Spitzer); *Seven Hours to Zero* (Marx).

K: Alvarez.

D: Mission Reports, August 1945 (unveröffentlicht); Parsons' Checkliste (unveröffentlicht); Navigator-Logbuch, von van Kirk geführt; Twentieth Air Force Intelligence Summary für den 6. August 1945 (unveröffentlicht); B-29 Crew Instruction Manual.

PP: Spitzers Tagebuch, Lewis' »Kladde«.

T: Ashworth, Groves.

Hiroshima

AI: Maruyama, Oya, Shima, Yasuzawa, Fuchida, Imoto, Endo, Kosakai, Kaizuka, Yanagita.

B: *The Hiroshima Memoirs.*

D: USSBS Interrogations von Oya, Hata, Fuchida.

M: Philosophical Transactions of the Royal Society, London, vol. 266, no. 1177, Juni 1970.

PP: Imoto, Oya, Endo (soweit sich Aufzeichnungen auf geschilderte Ereignisse beziehen).

8.16 Uhr bis Mitternacht, 6. August 1945

AI: Tibbets, Ferebee, Lewis, van Kirk, Beser, Stiborik, Caron, Jeppson, Nelson, Duzenbury, Sweeney, Spitzer, Grennan, Perry, Maruyama, Oya, Imoto, Endo, Yanagita, Hiroto, Matsuoka, Shima, Kosakai, Yokoyama, Yasuzawa, Fuchida, Kaizuka, King, Downey, Matsushige, Hatsuka, Cheshire.

B: *The Hiroshima Memoirs; Imperial Tragedy* (Coffey); *Hiroshima in Memoriam and Today* (Takayama); *No High Ground* (Knebel/Bailey).

D: Report, Manhattan Engineering District, »The Atomic Bombing of Hiroshima and Nagasaki«; Final Report, Mission No. 13, HQ, 509th Composite Group, datiert vom 6. August 1945, abgefaßt von Stevenson (unveröffentlicht); Bericht an COMGENUSTAF, Guam, über Mission No. 13 (unveröffentlicht); USSBS.

M: Broschüren: *A Bomb, A City Tells its Story* (zusammengestellt von Kosakai); Hiroshima (Vorwort von Araki).

PP: Oya, Endo, Imoto, Perry, Matsuoka, Hiroto, Maruyama.

T: *Hot to Handle* (BBC-TV); Groves, Ashworth.

7. August – 15. August

AI: Miura, Endo, Imoto, Oya, Tibbets, Sweeney, Yanagita, Hatsuko, Arisue, Asada, Nizuma, Suzuki, Matsushige.

D: USSBS; Reports: CINCAFPAC an COMGEN Sixth Army, 23. September 1945 (unveröffentlicht); CG 6th Army an CINCAFPAC, 9. Oktober 1945 (unveröffentlicht); Crews Records (unveröffentlicht).
B: *Japan Subdued* (Feis); *Hirohito* (Mosley); *Year of Decisions* (Truman); *Japan's Decision to Surrender* (Butow); *Hiroshima, 1945* (Ichiro Osako); *The Hiroshima Memoirs.*
M: *Time,* 9. August 1971.
PP: Asada, Hiroto, Oya, Imoto, Endo, Matsuoka.

Epilog

AI: Tibbets, Beser, Ferebee, van Kirk, Beser, Jeppson, Stiborik, Nelson, Grennan, Caron, Duzenbury, Lewis, King, Hashimoto, Oya, Fuchida, Yasuzawa, Imai, LeMay, Genda.
B: *The Hiroshima Pilot* (Huie); *Burning Conscience* (Anders); *Abandon Ship* (Newcomb).
D: Berichte des Internationalen Militärtribunals für den Fernen Osten, Mai 1946 bis November 1948, bezüglich Hata; Nachrichtenmeldungen, Confederate Air Force, Oktober 1976.
Z: *Los Angeles Times,* 15. Juni 1969; *The Japan Times,* 26. Februar 1976; *The Washington Post,* 14. Oktober 1976; *The New York Times,* 17. Mai 1965.
M: *People Magazine,* 11. August 1975.

Besonderer Dank

Autoreninterviews

Arisue, Seizo
Asada, Tsunesaburo

Beser, Jacob
Biel, Raymond
Bock, Frederick
Brode, Robert

Caron, George
Casey, John
Cheshire, Leonard
Cole, Leon
Costa, Thomas
Costello, Edward

Downey, William
Duzenbury, Wyatt

Elsey, George
Endo, Shin

Ferebee, Tom
Fuchida, Kitaoka
Gackenbach, Russell
Genda, Minoru
Grennan, Thomas
Gruning, Wayne

Hashimoto, Mochitsura
Hatanaka, Kuniso
Hatsuko, Tominaga
Hiroto, Kanai

Iki, Haruki
Imai, Kizo
Imoto, Kumao

Jeppson, Morris
Jernigan, Norris

Kaizuka, Yoshiro
King, John
Kosakai, Yoshiteru

LeMay, Curtis
Lewis, Robert
Maruyama, Kazumasa
Matsuoka, Masaru
Matsushige, Yoshito
Matubara, Miyoko
McKnight, Charles
Miura, Hiroshi
Moritaki, Ichiro

Nasu, Yoshio
Nelson, Richard
Nizuma, Seichi

Olivi, Frederick
Osaka, Ichiro
Oya, Kakuzo

Perry, Charles

Saito, Masatoshi

Sakai, Saburo
Shima, Kaoru
Slusky, Joseph
Spitzer, Abe
Stiborik, Joseph
Strudwick, James
Suzuki, Tatsusaburo
Sweeney, Charles

Takahashi, Akahiro
Takai, Sadao
Tibbets, Paul

van Kirk, Theodore

Yanagita, Hiroshi
Yasuzawa, Matsuo
Yokoyama, Tatsuo

(und in Korrespondenz)
Alvarez, Luis
Lord, Edmund
Montgomery, J. B.

Übersetzer

Wie bereits erwähnt, schulden wir unseren Übersetzern besonderen Dank.
In Japan vollbrachte John Silver immer wieder das Unmögliche, indem er Fragen, die unter den Umständen überaus heikel, wenn nicht peinlich waren, auf eine akzeptable Weise zu stellen verstand. Er erwies uns unschätzbare Dienste.
Eine große Hilfe war für uns Shizuko Pritchard, die in Hiroshima lebt. Über sie erhielten wir die Korrespondenz zu bestimmten für unsere Arbeit wichtigen Personen aufrecht. Außerdem verdanken wir ihr tadellose Übersetzungen vieler Dokumente.

Andere

In Tokio standen uns insbesondere zwei Menschen mit Rat und Tat bei: Sen Matsuda, der Chefredakteur von *Reader's Digest,* und Ko Shioya, sein Stellvertreter. Im Unterschied zu manchen anderen Personen aus dem Kommunikationsbereich versuchten sie nie, uns ihre persönlichen Ansichten über den Krieg und die Bombe aufzudrängen. Sehr zu schätzen wußten wir auch die Hilfe zweier Mitarbeiter, Fräulein Katsuko Konno und Herr Sekiya Hashimoto.
In Hiroshima erwiesen sich zwei Reporter, Kawamoto und Kaneguchi von der *Chugoku Shimbun,* als besonders hilfbereit; Yoshiteru Kosakai, Leiter der historischen Abteilung der Bibliothek in Hiroshima, lieferte viel Hintergrundinformation; Hideo Sasaki, Direktor des Hiroshima-Friedenskulturzentrums, überließ uns großzügigerweise eine der letzten noch vollständigen Ausgaben von *Hiroshima Genbaku Sensai Shi,* einem fünfbändigen Nachschlagewerk von fundamentaler Bedeutung.
In Washington half uns, genau wie bei unseren früheren Büchern, in ganz besonderem Maße John Taylor von den National Archives. Das gleiche gilt für Sheila McGouch von der Carnegie Institution, für Dr. Allard vom Naval Historical Center und für Air-Force-Archivarin Gail Guido.
In New York half, ohne lange zu fragen, Bill Maxwell, und zwar gerade dann, wenn es am nötigsten war.
In Dublin erhielten wir, genau wie früher, von Bill Moloney fachmännischen Beistand in technischen Fragen der Bombe.
Und in London war, wie stets, Michael Weigall da, um uns auf seine besondere Weise zu helfen.

Weiterer Dank an folgende Organisationen:

A-Bomb Survivor's Relief Organisation, Hiroshima (K. Shimuza).
Albert F. Simpson Historical Research Center, Maxwell, Alabama (Gloria Atkinson und Allen Striepe).
Amerikanische Botschaft, London.
American National Red Cross, Washington, (George Elsey, Mac Slee).
Atombombenhospital, Hiroshima (J. Sadama).
Atomic Energy Commission, Historical Office, Washington.
Britische Botschaft, Washington (Peter Bond).
British Library, Reference Division, London; Newspaper Library Colindale.
Chugoku Shimbun, Hiroshima (Akira Matsuura).
Hiroshima-Friedenskulturzentrum (K. Kiyama).
Kaiserlicher Armeeoffiziersklub, Tokio (Herr Senno).
Japanisches Verteidigungsamt, Historische Abteilung, Tokio.
National Archives, Washington; Modern Military Section (Johan Taylor); Historical Office State Dept., Bureau of Public Affairs; General Archives Division (Janet Hargett).
National Personnel Records Center, St. Louis.
Naval Historical Center, Washington (D. C. Allard).
Naval Weapons Center, China Lake (A. B. Christman).
New York Public Library.
Franklin D. Roosevelt Library, Hyde Park, N. Y. (W. R. Emerson).
Rathaus, Hiroshima (A. Takahashi).
Harry S. Truman Library, Independence (P. H. Lagerquist).

Bibliographie

Bücher

Gegenüber Veröffentlichungen, die sich mit dem Thema dieses Buches befassen, ist grundsätzlich eine kritische Haltung angezeigt: Die verbrannte Erde von Hiroshima hat sich als ein fruchtbarer Boden für Propagandisten erwiesen.
Jenen Lesern, die mehr erfahren möchten über die Auswirkungen der Bombe im Hinblick auf menschliche Schicksale, empfehlen wir die Lektüre des dokumentarischen Romans *Black Rain* von Masuji Ibuse.

Alperovitz, Gar. *Atomic Diplomacy – Hiroshima and Potsdam.* Simon & Schuster, New York 1965.
Amrine, Michael. *The Great Decision.* G. P. Putnam's Sons, New York 1959.
Anders, Günther. *Der Mann auf der Brücke,* 1959, 1963.
Arisue, Seizo. *Memoirs.* Fuyo Shobo, Tokio 1974.
Arnold, Henry H. *A. Global Mission.* Harper & Bros, New York 1949.
Asahi Shimbun. *A-Bomb.* Hiroshima-Friedenskulturzentrum, 1972.
– (Vorwort von E. O. Reischauer). *The Pacific Rivals,* Tokio 1972.
Asbell, Bernard. *When F.D.R. Died.* Holt, Rinehart and Winston, New York 1961.
Baldwin, Hanson W. *Great Mistakes of the War.* Harper & Bros., New York 1950.
Batchelder, Robert C. *The Irreversible Decision.* Houghton Mifflin, Boston 1962.
Bateson, Charles. *The War With Japan* Ure Smith Pty. Ltd., Sidney 1968.
Bishop, Jim. *F.D.R.'s Last Year.* W. Morrow & Co., New York, 1974.
Blackett, P. M. S. Fear, *War and the Bomb.* Whittlesey House, New York 1948.
Boyle, Andrew. *No Passing Glory.* Collins, London 1955.
Braddon, Russell. *Cheshire V. C.* Evans Bros. Ltd., London 1965.

Bush, Vannevar. *Pieces of the Action.* W. Morrow & Co., New York 1970.
Butow, Robert J. *Japan's Decision to Surrender.* Stanford Universtiy Press 1954.
— *Tojo and the Coming of the War.* Princeton University Press 1961.
Byrnes, James F. Speaking Frankly. Harper & Bros., New York 1947.
Campbell, J. W. *The Atomic Story.* Henry Holt & Co., New York 1947.
Churchill, Winston S. *The Second World War.* (hauptsächlich 6. Band). Bantam Books Inc., New York 1962. Deutsch: *Der Zweite Weltkrieg,* Scherz.
Clark, R. W. *The Birth of the Bomb.* Phoenix House, London 1961.
Coffey, Thomas M. *Imperial Tragedy.* World Publishing Co., New York 1970.
Compton, Arthur Holly. *Atomic Quest.* Oxford University Press, New York 1956.
Craig, William. *The Fall of Japan.* Weidenfeld & Nicolson, London 1968.
Craigie, Sir Robert. *Behind the Japanese Mask.* Hutchinson & Co., London 1945.
Craven, W. F. & Cate, J. L. (Herausgeber) *The Army Air Forces* in World War II (hauptsächlich Band 5). University of Chicago Press 1953.
Crowl, Philipp A. U.S. *Army in World War II, The War in The Pacific, Campaign in the Marianas.* Dept. of the Army, Washington D.C. 1960.
Feis, Herbert. *The Road to Pearl Harbour.* Princeton University Press 1950.
— *Between War and Peace.* Oxford University Press 1960.
— *Japan Subdued.* Princeton University Press 1961.
— *The Atomic Bomb and the End of World War II.* Princeton University Press 1966.
Fuchida, Mitsuo und Okumiya, Masatake. *Midway, the Battle that Doomed Japan.* U.S. Naval Institute, Annapolis 1955.
Gigon, Fernand (Übers. Constantine FitzGibbon). *Formula For Death.* Allan Wingate, London 1958.
Giovannitti, Len und Freed, Fred. *The Decision to Drop the Bomb.* Coward-McCann Inc, New York 1965.
Gowing, Margaret. *Britain and Atomic Energy 1939–1945.* Macmillan & Co., London 1964.
Grew, J. C. *Ten Years in Japan.* Simon & Schuster Inc., New York 1944.
Groueff, Staphane. *Manhattan Projekt.* Collins, London 1967.
Groves, Leslie R. *Now It Can Be Told.* Andre Deutsch, London 1963.

Hachiya, Michihiko (Übers. Wells W.). *Hiroshima Diary.* University of North Carolina Press, Chapel Hill 1955.
Hashimoto, Mochitsura. *Sunk, The Story of the Japanese Submarine Fleet. 1942–45.* Cassell & Co., London 1954.
Hewlett, Richard G. und Anderson, Oscar E. *A. History of the United States Atomic Energy Commission* (hauptsächlich Band 1). The Pennsylvania State University Press, University Park 1962.
Hillman, William. *Mr. President.* Hutchinson, London 1952.
Hines, Neal O. *Proving Ground.* University of Washington Press, Seattle 1962.
Hiroshima City. Hiroshima Rathaus 1971.
Hirschfeld, Burt. *A Cloud Over Hiroshima.* Bailey Bors. and Swinfen Ltd., Folkestone 1974.
History of the U.N. War Crimes Commission, H.M.S.O. London 1948.
Huie, William Bradford. *The Hiroshima Pilot.* Wm. Heinemann Ltd., London 1964.
Hull, Cordell. *The Memoirs of Cordell Hull* (hauptsächlich Band 2). The Macmillan Co., New York 1948.
Inoguchi, Rikihei und Nakajima, Tadashi. *The Divine Wind.* U.S. Naval Institute, Annapolis 1958.
Irving, David. *The Virus House.* William Kimber, London 1967.
Isely, J. A. und Crowl, P. A. *The U.S. Marines and Amphibious Warfare.* Princeton University Press 1951.
James, David H. *The Rise and Fall of the Japanese Empire.* Allen & Unwin Ltd., London 1951.
Jungk, Robert. *Heller als tausend Sonnen.* Scherz & Goverts Verlag, Stuttgart 1956.
Knebel, Fletcher und Bailey, Charles W. *No High Ground.* Harper & Row, New York 1960.
Konoye, Funimaro. *Memoirs.* Asahi Shimbun, Tokio 1946.
Lansing, Lamont. *Day of Trinity.* Athaneum Publishers, New York 1965.
Lapp, Ralph E. *Kill and Overkill.* Weidenfeld & Nicolson, London 1962.
Laurence, William L. *Dawn Over Zero.* Knopf, New York 1967.
Leahy, William D. *I Was There.* Whittlesey House, New York 1950.
LeMay, Curtis E. (mit Kantor, M.). *Mission With LeMay.* Doubleday & Co. Inc., New York 1965.
Lipton, Robert J. *Death in Life.* Random House, New York 1967.
Lord, Walter. *Day of Infamy.* Longmans, Green & Co., London 1957.
MacArthur, Douglas. *Reminiscences.* McGraw-Hill Inc., New York 1964.
Major, John. *The Oppenheimer Hearing.* Stein & Day, New York 1971.
Manchester, William. *The Glory and the Dream.* Michael Joseph Ltd., London 1975.

Marx, Jseoph L. *Seven Hours to Zero.* G. P. Putnam's Sons, New York 1967.
McCloy, John J. *The Challenge to American Foreign Policy.* Harvard University Press 1953.
Miller, Merle. *Plain Speaking.* Gollancz, London 1974. Deutsch: *Offen gesagt.* DVA.
— und Spitzer, Abe. *We dropped the A-Bomb.* Thos. E. Cromwell Co., New York 1946.
Millis, Walter. *This is Pearl!* Wm. Morrow & Co. Inc., New York 1947.
Minear, Richard H. *Victor's Justice.* Princeton University Press 1971.
Morison, Samuel Eliot. *History of the United States Naval Operations in World War II* (hauptsächlich Band 3, 8 und 14). Little, Brown & Co., Boston 1947—1962.
— *The Two-Ocean War.* Little, Brown & Co., Boston 1963.
Morris, Ivan. *The Nobility of Failure.* Secker & Warburg, London 1976.
Morton, Louis. *Command Decisions.* Dept., of the Army, Washington D.C. 1971.
Mosley, Leonard. *Hirohito.* Weidenfeld and Nicolson, London 1966.
Moss, Norman. *Men Who Played God.* Gollancz, London 1968.
Nakamoto, Hiroko und Pace, M. M. *My Japan 1930—51.* McGraw Hill, New York 1970.
Newcomb, Richard F. *Abandon Ship.* Constable, London 1960.
New York Times. *Hiroshima Plus 20.* Delacorte Press, New York 1965. (Baldwin, H. W. *Hiroshima Decision;* Lapp, R. E. *The Einstein Letter).*
Osada, A. *Children of the A-Bomb.* Putnam's, New York 1963.
Osako, Ichiro. *Hiroshima 1945.* Chuko Shinsho, Tokio 1975.
Ota, Y. *Shikabane no Machi.* (Stadt der Toten). Kawade Shobo, Tokio 1955.
Oughterson, A. W. und Warren, S. *Medical Effects of the Atomic Bomb in Japan.* McGraw-Hill, New York 1956.
Reilly, Michael F. *I Was Roosevelt's Shadow.* W. Foulsham & Co. London 1946.
Russell, Lord, of Liverpool. *The Knights of Bushido.* Cassell & Co., London 1958.
Ryder, Sue. *And Tomorrow is Theirs.* Burleigh Press, Bristol 1975.
Sakai, Saburo. *Samurai.* E. P. Dutton and Co., New York 1957.
Shoenberger, Walter S. *Decision of Destiny.* Ohio University Press, Athens 1969.
Shigemitsu, Mamoru. *Japan and Her Destiny.* E. P. Dutton & Co., New York 1958.
Smith, Alice Kimball. *A Peril and a Hope.* University of Chicago Press 1965.

Smith, Merriman. *Thank You, Mr. President.* Harper & Brothers, New York 1946.
Stimson, Henry Lewis und Bundy, McGeorge. *On Active Service in Peace and War.* Harper & Row, New York 1947.
Storry, Richard A. *A History of Modern Japan.* Penguin Books Ltd., London 1960.
Takayama, Hitoshi (Hg.). *Hiroshima in Memoriam and Today.* Hiroshima-Friedenskulturzentrum 1973.
Taylor, A. J. P. *The Origins of the Second World War.* Atheneum, New York 1962.
Teller, Edward mit Brown, Allen. *The Legacy of Hiroshima.* Doubleday, Garden City, N. Y. 1962.
Togo, Shigenori. *The Cause of Japan.* Simon & Schuster, New York 1956.
Toland, Johan. *The Rising Sun.* Random House, New York 1970.
Truman, Harry S. *Year of Decisions, 1945.* Doubleday, Garden City, N. Y. 1955.
— *Mr. Citizen.* Hutchinson, London 1961.
Trumbull, Robert. *Nine Who Survived Hiroshima and Nagasaki.* E. P. Dutton & Co., New York 1957.
Trully, Grace. *F.D.R. My Boss.* Charles Scribner's Sons, New York 1949.
Wilson, Jane (Hg.). *All in Our Time.* The Bulletin of the Atomic Scientists, Chicago 1975.
Zacharias, Ellis M. *Secret Missions.* G. P. Putnam's Sons, New York 1946.

Dokumente/Berichte

Einzelheiten zum Thema, die wegen ihrer Fülle hier nicht aufgezählt werden könnöen (viele unterliegen erst seit kurzem nicht mehr der Geheimhaltung), sind zu finden in:

The National Archives, Washington: *Record Group No. 77: MED Top Secret Files, MED H & B Files, Top Secret Files of Special Interest To General Groves: Record Group No. 165: OPD Projekct Decimal Files, OPD Olympic; U.S. Strategic Bombing Surveys etc.*
Albert F. Simpson Historical Research Centre, Maxwell AFB: *Record Groups: GP-509-SU, HI, RE (Comp), HI (Comp), OP-5, ral interviews.*
Historical Office, State Dept., Bureau of Public Affairs, Washington: Interim Committee etc.
Naval Historical Centre, Washington: *Tinian NAB, USS Indianapolis, Oral Intrerviews etc.*

American National Red Cross, Washington: *Tinian, medical and social.*

Atomic Energy Commission, Historical Office, Washington: *Oppenheimer, Research and Development etc.*

Japanisches Verteidigungsamt, Historische Abteilung, Tokio: *General and Specific Naval and Army Activities during World War II.*

B-29 Flight Manual (Familiarisation File, USAAF).

Dull, Paul S. und Umemura, Michael T. *The Tokyo Trials.* University of Michigan Press, Ann Harbor 1957.

Franck, James. *Report of the Committee on Social and Political Implications, June 1945 (The »Franck Report«,* vollständiger Text in *A Peril and a Hope).*

History of the 509th Composite Group, 313 Bombardment Wing, Twentieth Air Force — Activation of to 15 August, 1945. *Official Historian,* Tinian, 31 August 1945.

International Military Tribunal For the Far East (Nat. Archives, hauptsächlich die Bände 60, 61, 64, 65, 74).

Log of the Preisdent's Trip to the Berlin Conference, July 6, 1945 to August 7, 1945. Verfaßt und zusammengestellt von Wm. M. Rigdon, USN, 1946, mit einem Vorwort von Lieut. George M. Elsey, USNR.

Manhattan Engineer District. *The Atomic Bombings of Hiroshima and Nagasaki.* Washington, D.C. 1957.

Ossip, Jerome J. (Hg.) *509th Pictorial Album, Tinian 1945.*

Report of the British Mission to Japan, The Effect of the Atomic Bombs at Hiroshima and Nagasaki. H. M. Stationery Office, London 1946.

Short History of the 509th Group. Roswell, N. M. 1947.

Smyth, H. D. *A General Account of the Development of the Metholds of Using Atomic Energy for Military Purposes under the Auspices of the United States Government, 1940–1945.* Government Printing Office, Washington, D.C. 1946.

US Army Air Forces, *Mission Accomplished* (Vernehmungen japanischer Politiker, Militärs und Industrieller, die während des Zweiten Weltkriegs eine führende Rolle spielten). U.S. Government Printing Office, Washington, D.C. 1955.

US Strategic Bombing Surveys: *Interrogations; The Effects of Strategic Bombing on Japan's War Economy; Japan's Struggle to End the War; The Effects of the Atomic Bombs on Hiroshima and Nagasaki; The Effects of Strategic Bombing on Japanese Morale; Effects of Air Attack on the City of Hiroshima; Effects of the Atomic Bomb on Hiroshima, Japan.* Sämtlich veröffentlicht vom US Government Printing Office, Washington 1945–1947.

Magazine/Zeitschriften/Broschüren

Araki, Takeshi (Vorwort). *Hiroshima.* Hiroshima-Friedenskulturzentrum 1975.

Bainbridge, Kenneth T. *Prelude to Trinity, in Bulletin of the Atomic Scientists, vol. 31, No. 4.* April 1975; *A Foul and Awesome Display in vol. 31, No. 5,* Mai 1975.

Batchelor, John (Hg.) *Battle of the Pacific.* Purnell, London 1975.

Bishop, John. *The Trick That Was a Steppingstone to Japan,* in *der Saturday Evening Post,* 23. Dezember 1944.

Caron, George R. *Mission Destruction,* in *Veterans of Foreign Wars Magazine,* November 1959.

Compton, Karl T. *If the Atomic Bomb Had Not Been Used,* in *Atlantic Monthly,* Dezember 1946.

Coronet Magazine, Fifteen Years Later — The Men Who Bombed Hiroshima, Vol. 48, No. 4, 1960.

Frisch, David H. *Scientists and the Decision to Bomb Japan,* in *Bulletin of the Atomic Scientists,* vol. 26, Juni 1970.

Groves, Leslie R. *Some Recollections of July 16, 1945,* in *Bulletin of the Atomic Scientists,* vol. 26, 1970.

Kosakai, Yoshiteru (Kompilator) *A-Bomb: A City Tells its Story.* Hiroshima-Friedenskulturzentrum 1972.

Laurence, William L. *The Story of the Atomic Bomb.* The New York Times 1946.

Leighton, Alexander H. *That Day at Hiroshima,* in *Atlantic Monthly.* Oktober 1946.

Lewis, Robert A. *How We Dropped the Bomb,* in *Popular Science,* vol. 171, No. 2, August 1957.

New Yorker Magazine, Ausgabe vom 31. August 1946; enthält die ursprüngliche Arbeit von John Hersey: *Hiroshima.*

People Magazine. Memories of Hiroshima, vol. 4, No. 6, 11. August 1975.

Philosophical Transactions of the Royal Society. *The Nuclear Yields at Hiroshima and Nagasaki,* in vol. 266, No. 1177, 11. Juni 1970, von Lord Penney, D. E. J. Samuels und G. C. Scorgie.

Ransom, Jay Ellis, *Wendover, Home of the Atomic Bomb,* in Code 41, November 1973, Ely, Nevada.

Schwartz, Robert L. *Atomic Bomb Away,* in Yank Magazine, 7. September 1945; *The Week the War Ended,* in *Life Magazine,* 17. Juli 1950.

Siemes, P. T. *The Atomic Bomb on Hiroshima,* in *Irish Monthly* März und April 1946.

Smith, Alice Kimball. *Los Alamos: Focus of an Age,* in *Bulletin of the Scientists,* vol. 26, Juni 1970.

Small, Collie. *The Biggest Blast,* in *Colliers Magazine,* 13. August 1949.

Steiner, Arthur. *Baptism of the Atomic Scientists,* in *Bulletin of the Atomic Scientists,* vol. 31, No. 2, Februar 1945.
Stimson, Henry L. *The Decision to Use the Atomic Bomb,* in *Harper's Magazine,* vol. 194, No. 1161, Februar 1947.
Tibbets, Paul W. *Ten p.m. August 5 — and After,* in *Survey Graphic Magazine,* vol. 35, Januar 1946; *How to Drop An Atom Bomb,* in der *Saturday Evening Post,* 8, Juni 1946 (mit Wesley Price); *Training the 509th for Hiroshima,* in *Air Force Magazine,* August 1973.
Time Magazine, The Unmentioned Victims, in der Ausgabe vom 9. August 1971.
Time Out, Prayer or Curse? (Downeys Gebet) in vol. 1, No. 4, April 1961, Luther League of America, Philadelphia, Penn.
U.S. News & World Report. *Was A-Bomb on Japan a Mistake?,* in vol. 49, 15. August 1960.

Zeitungen

Im folgenden sind die zweckdienlichsten aufgeführt:
Asahi Shimbun, Chicago Tribune, Chugoku Shimbun, Los Angeles Times, Mainichi Shimbun, The New York Times, San Francisco Chronicle, The Times von London, *Washington Post, Japan Times and Advertiser,* überdies die Ausgaben vom Juli und August 1945 der *Daily Mission,* herausgegeben vom 313th Bombardment Wing Information Office, Tinian, Marianen.

Private Papiere

Tsunesaburo Asada
Jacob Beser
George Caron
Shin Endo
Russell Gackenbach
Leslie Groves
Kanai Hiroto
Kumao Imoto
Robert Lewis
Kazumasa
Masaru Matsuoka
Richard Nelson
Kakuzo Oya
Charles Perry
Abe Spitzer
Henry L. Stimson
Paul Tibbets
Harry S. Truman
Theodore van Kirk
Tatsuo Yokoyama

Transcripts

Offizielle Interviews, geführt von A. B. Christman, NOTS, China Lake:
Vice Admiral F. L. Ashworth, April 1969.
Dr. A. Francis Birch, Februar 1971.

Mrs. Robert Burroughs (ehemals Mrs. W. S. Parsons), April 1966.
Lieutenant General Leslie R. Groves, Mai 1967.
Vice Admiral John T. Hayward, Mai 1966.

Andere:

Brigadier General Paul W. Tibbets, Dezember 1960 (Kenneth Leish); September 1966 (Arthur Marmor)
General Nathan F. Twining, November 1965 (Arthur Marmor)

Fernseh-Dokumentarsendungen:

The Building of the Bomb, BBC-TV, März 1975.
Hot to Handle, BBC-TV, September 1966.
Eric Sevareid im Gespräch mit John J. McCloy, CBS News Special, in zwei Teilen, Juli 1975.
The Day the Sun Blew Up, BBC-TV, Oktober 1976.